Günther Fetzer

Droemer Knaur

DIE VERLAGSGESCHICHTE

1846—2017

DROEMER ✪

1. Auflage Oktober 2017
© 2017 Droemer Verlag
Ein Imprint der Verlagsgruppe
Droemer Knaur GmbH & Co. KG, München
Alle Rechte vorbehalten. Das Werk darf – auch teilweise –
nur mit Genehmigung des Verlags wiedergegeben werden.
Covergestaltung, Innengestaltung und Satz: Nadine Clemens, München
Coverabbildung: Verlagsgruppe Droemer Knaur / Markus Röleke
Druck und Bindung: Kösel, Krugzell
ISBN 978-3-426-27686-0

INHALT

Vorbemerkung 9

VON DER BUCHBINDEREI ZUM KLASSIKERVERLAG
1846–1901 11

Ein altes Gewerbe 15
Die nächste Generation übernimmt und weitet
das Geschäft aus 22
Die Klassiker – Stütze des Verlags 27
Anthologien, Erbauliches und Unterhaltungsliteratur 49

»AUCH KNAUR MUSS SEIN, DENN ER IST MÖGLICH.«
1901–1933 59

Programmübernahme, Programmrevision,
Programmerweiterung 64
Klassikerrenovierung und Programmerweiterung 72
Die Buchbranche in der Weimarer Republik 98
»Romane der Welt« 102
Die »Bücherkrise« 133
Erfolgreiche Bücher als Volksausgaben 137
Die neue Idee der Buchgemeinschaften 139
Denken in Reihen 141
Ludwig Ganghofer als ökonomische Stütze 147
Ein Lexikon zum Kampfpreis 153
»Knaurs Welt-Atlas« und »Knaurs Gesundheits-Lexikon« 157
Richard Hamanns »Geschichte der Kunst« 159
Die dritte Generation der Klassiker 162
Das weitere Programm 165

ZWISCHEN OPPORTUNISMUS, ANPASSUNG UND KOLLABORATION
1934–1945 173

Das weitere Schicksal der Familie Hendelsohn 181
Knaur und die nationalsozialistische Literaturpolitik 183
Grundstrukturen des Programms 192
Wenige neue Belletristikautoren 194
Ludwig Ganghofer im Dritten Reich 200
Das Non-Fiction-Programm unter den neuen Bedingungen 204
Neu im Programm: illustrierte Bücher 213
Zwischen *business as usual* und Anpassung 217
Anpassungsleistungen 223
Vater und Sohn 244
Die Stellung des Publikumsverlags Knaur im Dritten Reich 253

DIE ÄRA WILLY DROEMER
1945–1981 261

Der Neuanfang als Droemersche Verlagsanstalt 262
Der Verlagssitz in der Provinz 275
Rückkehr der Altverleger 279
Das Programm der frühen Jahre 285
Von der Provinz in die Großstadt 305
Die Rückkehr Richard Friedenthals 310
Die Zeit von Fritz Bolle 321
Neuansatz und Ausbau der Belletristik 324
Fokussierung auf Non-Fiction 332
Spät, aber erfolgreich: die Knaur Taschenbücher 349
Die Büchermacher 358
Eine wirtschaftliche Stütze: die Buchgemeinschaften 361
Weitere unternehmerische Aktivitäten 365
Von Gesellschaftsformen, Umsätzen und Gehältern 372
Das Ende einer Ära 382

DER ERFOLG WIRFT SEINE SCHATTEN VORAUS
1981–1998 — 385

Die neue Verlagsleitung — 389
Das Knaur Taschenbuch: viele Reihen, viele Titel — 409
Eine kurze Interimszeit — 416

DER GROSSE COUP UND DIE RÜCKKEHR ZU DROEMER KNAUR
1998–2017 — 421

Die neue Verlagsgruppe — 424
Die ersten Maßnahmen — 433
Der große Schnitt — 439
Stärkung der Belletristik — 444
Das breite Sachbuchprogramm — 451
Wachsende Bedeutung des Geschenkbuchs — 459
Programmreduktion und Profilierung im Taschenbuch — 461
Neue Programmfelder — 464
Die elektronische Herausforderung — 465
Neue Besitzverhältnisse — 469
Der Markt im Wandel — 471

NACHWORT — 485

ANHANG — 491

Anmerkungen — 492
Literaturverzeichnis — 521
Personenregister — 533
Bildnachweis — 543

VORBEMERKUNG

Eine Verlagsgeschichte braucht kein Jubiläum, keine runde Jahreszahl, wie das bei vielen Publikationen der Fall ist. Schon gar nicht, wenn es sich um einen Verlag handelt, dessen Geschichte im 19. Jahrhundert als Teil einer Dampfbuchbinderei begann und der im 21. Jahrhundert zu den großen Publikumsverlagen in Deutschland gehört.

Verlagsgeschichten, die nach wissenschaftlichen Prinzipien erarbeitet sind, zugleich aber auch auf einen Auftrag des Verlags zurückgehen, unterliegen dem generellen Verdacht, dass ihre jeweiligen Verfasser »wie Hofhunde an der langen Leine« des Auftraggebers liegen. Die verdiente Buchhistorikerin Monika Estermann geht mit solchen Büchern scharf ins Gericht: »Diese Geschichten dienen in erster Linie zur Positionierung der Verlage im Umkreis ihrer Konkurrenten auf dem Markt. [...] Es handelt sich hier um Firmenschriften, die die Intentionen des Verlages vertreten bzw. nicht gegen diese handeln können.«[1]

Das mag zwar im einen oder anderen Fall so sein, jedoch gibt es viele Gegenbeispiele. Dazu gehört herausragend die zweibändige Geschichte, die der C. H. Beck Verlag zu seinem 250-jährigen Bestehen veröffentlichte. Er hat den beiden Autoren der voluminösen Bände[2] die Freiheit gelassen, sich kontrovers zu einer Frage zu äußern, die durchaus das Selbstverständnis des Verlags berührt.[3]

Im vorliegenden Fall der Geschichte des Verlags Droemer Knaur unterlag der Verfasser nicht dem zitierten Leinenzwang, wofür er dankbar ist. Zwar hat der Verlag die Geschichte in Auftrag gegeben, doch gab es für den Verfasser keinerlei Vorgaben, Restriktionen oder gar Eingriffe. Er konnte das Archiv uneingeschränkt nutzen und war auch in der Verwertung der in Fremdarchiven recherchierten Materialien völlig frei. Daher stellt die Geschichte des Verlags, wie sie hier präsentiert wird, die Sicht des Verfassers dar. Damit gehen auch gegebenenfalls lückenhafte oder gar fehlerhafte Darstellungen ausschließlich zu seinen Lasten.

Die Gliederung des Bandes orientiert sich an den Besitzverhältnissen, die in der mehr als 150-jährigen Geschichte des Verlags nur fünf Mal wechselten: vom Anhängsel an eine etablierte Buchbinderei im 19. Jahrhundert über die Zugehörigkeit zu einer kleinen Berliner Verlagsgruppe und den Privatbesitz über zwei Verlegergenerationen bis zur Zugehörigkeit zu einem Verlagskonzern mit der zeitweisen Verschmelzung mit einem buchhändlerischen Großunternehmen. Neben der Geschichte des Verlags im engeren Sinn wird auch immer versucht, dessen Entwicklung in die jeweils zeitgenössischen Entwicklungen einzubetten. Aufgrund der Datenlage und des vorliegenden Forschungsstands konnte das leider für die früheren Abschnitte der Verlagsgeschichte nicht mit der gleichen Stringenz durchgehalten werden. Die rund 400 Abbildungen konzentrieren sich naturgemäß auf das Programm, doch sind auch – wo immer vorhanden – Unterlagen zu Werbung und Vertrieb aus dem Verlagsarchiv sowie wichtige zeitgenössische Dokumente aufgenommen worden.

VON DER BUCHBINDEREI ZUM KLASSIKERVERLAG

1846–1901

Am 14. August 1846 gründete der achtundzwanzigjährige Wilhelm Theodor Knaur (1818–1877) mit drei Gesellen eine Buchbinderei. So hat es die Enkelin des Firmengründers, Luise Böhme, in ihrem handschriftlich erhaltenen *Bericht über die alte Firma Th. Knaur, Leipzig* notiert.[1] Ein offizielles Dokument ist nicht erhalten, jedoch wird Knaur im Gründungsjahr als Mitglied der Buchbinderinnung verzeichnet. In den historischen Adressbüchern der Stadt Leipzig erscheint er erstmals ein Jahr später. Der Familienname ist mit »Knauer« angegeben; als Beruf wird »Buchbindermeister« genannt. Im selben Jahr findet sich, ebenfalls unter »Knauer«, der Eintrag im Handelsregister als »Bürger und Buchbindermeister« sowie im *Handbuch für Leipzig* in der Rubrik »Berufsklassen und Gewerbebetriebe«. Dort sind neben Knaur weitere achtzig Buchbinder verzeichnet – eine erstaunlich hohe Zahl, wenn man weiß, dass es zur gleichen Zeit nur neunundzwanzig Buchdrucker in der Stadt gab, darunter noch heute bekannte Firmen wie Breitkopf und Härtel, Brockhaus, Reclam oder Teubner.

Leipzig, die Hauptstadt des Königreichs Sachsen, hatte in den Jahren des unternehmerischen Starts von Wilhelm Theodor Knaur 62 000 Einwohner und befand sich im Eisenbahngründungsfieber, denn 1839 wurde die erste deutsche Ferneisenbahnstrecke eröffnet. Mit 116 Kilometer Gesamtlänge verband sie Leipzig mit Dresden. Ein Jahr danach wurde die Strecke nach Magdeburg in Betrieb genommen; damit ergab sich von dort aus eine Wasserverbindung über die Elbe nach Hamburg. In der prosperierenden Stadt war 1825 von 101 Verlagen und Buchhandlungen der Börsenverein der Deutschen Buchhändler, der heutige Börsenverein des Deutschen Buchhandels, gegründet und 1836 die Buchhändlerbörse eingeweiht worden. Hier fanden neben der Handelstätig-

Eintrag im *Handbuch für Leipzig auf das Jahr 1847.* Leipzig 1847.

In den Buchbindereien realisierte sich dieser Wandel im Einsatz neuer Maschinen, die nach Vorläufern in England und den USA seit der Mitte des 19. Jahrhunderts vor allem in Deutschland entwickelt wurden. Vom 17. Jahrhundert bis etwa 1840 war Buchbinden im wörtlichen Sinn ein Hand-Werk ohne technische Hilfsmittel und Maschinen. Einzige Ausnahme war die Stockpresse. Jetzt kamen u. a. die Schneidemaschine (Frankreich, seit 1837), die Falzmaschine (England, seit 1849), die Drahtheftmaschine (Deutschland, seit 1875) und die Fadenheftmaschine (Deutschland, seit 1884) hinzu.[10]

Mit diesen Maschinen konnten die Buchbinder auf die neuen Anforderungen des Markts reagieren. Bis zur Mitte des Jahrhunderts hatten die Verleger vorwiegend ungebunden bzw. broschiert geliefert, und der Kunde musste seinen individuellen Einband selbst in Auftrag geben. Mit der Erfindung der maschinellen Buchbinderei wurde es möglich, die Verlagsauflage oder Teile davon maschinell preiswert aufzubinden und lieferbar bereitzuhalten. Der sogenannte Verlegereinband war geboren.

Das Barsortiment machte sich diese neuen technischen Möglichkeiten zunutze und gab dem Buchhändler die Möglichkeit, ein Buch gegen einen entsprechenden Aufpreis gebunden zu bekommen. Dabei war die Geschäftsidee, gut gehende Titel beim Verlag einzukaufen, sie auf eigene Rechnung in den entstehenden buchbinderischen Großbetrieben auf eigene Rechnung binden zu lassen und sie dann an das Sortiment weiterzuverkaufen. Knaur gehörte mit zu den Großbuchbindereien, die zumeist im Auftrag von zwischenbuchhändlerischen »Großsortimenten« Massenbindearbeiten ausführten. Weitere wichtige Firmen waren J. F. Bösenberg, Gustav Fritsche, F. Halle, Groebel & Barthel, H. Föste, G. Kappelmann und W. Schäffel.[11]

*

Beim Übergang von der handwerklichen zur industriellen Buchbinderei war zunächst Berlin führend, doch mit der Einführung der Gewerbefreiheit in Sachsen im Jahr 1862 überholte Leipzig die preußische Metropole bei der Etablierung von Großbuchbindereien. Im selben

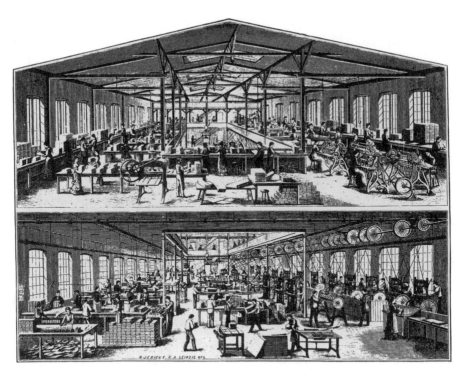
Die Dampfbuchbinderei H. Sperling in Leipzig in einer Darstellung aus dem Jahr 1880.

rund 36 Millionen auf 65 Millionen. Die Zahl der Großstädte versechsfachte sich zwischen 1870 und 1910 von acht auf 48.

Zweitens die Bildungsexpansion im Gefolge der Einführung der allgemeinen Schulpflicht: Zwischen 1830 und 1900 stieg der Alphabetisierungsgrad der Bevölkerung von 40 auf 90 Prozent. Neue Leserschichten drängten auf den Markt, der mit einer Massenproduktion, vor allem von Unterhaltungsliteratur, reagierte. Drittens die Industrialisierung und die dadurch ausgelösten technischen Innovationen im Buchwesen: So fand zwischen 1830 und 1880 eine »Revolutionierung der Buchherstellung« statt.[9] Erfindungen bei der Papierherstellung, im Satzbereich, bei der Reproduktion von Abbildungen, in der Drucktechnik und in der Buchbinderei veränderten die Produktionsprozesse und Abläufe grundlegend.

Anzeige aus den 1890er-Jahren. Bemerkenswert, dass zwar die Verlagsbuchhandlung erwähnt wird, es jedoch keinen Hinweis auf das Programm gibt.

herstellung in der Werkstatt des Buchbinder-Handwerkers, in der – vom Meister persönlich überwacht – vom Falzen bis zum Vergolden ein Arbeitsschritt auf den anderen folgte, wurde ersetzt durch mehrere, nebeneinander existierende Herstellungsstufen.

Damit änderte sich grundlegend das Berufsbild des Buchbinders. Von einem nach festen Innungsregeln ausgebildeten und arbeitenden Handwerker, der in einer nach patriarchalischen Prinzipien aufgebauten Werkstatt arbeitete, wurde der Buchbinder zum Fabrikbesitzer, der über eine mehr oder minder große Anzahl von Arbeitskräften und Maschinen verfügte.

Die Gründe dieses Wandels sind vielfältig und im großen Rahmen der Entstehung einer Massenkommunikationsgesellschaft im 19. Jahrhundert zu sehen. Drei treibende Faktoren sind auszumachen. Erstens die Bevölkerungsentwicklung, einhergehend mit einer zunehmenden Verstädterung: In dem halben Jahrhundert zwischen 1860 und 1910 verdoppelte sich die Einwohnerzahl Deutschlands fast und stieg von

Notizbüchern und Blocks. Bezeichnenderweise trug die *Allgemeine Buchbinder-Zeitung* im Jahr 1878 den Untertitel »Organ für Buchbinder, Portefeuiller, Etuis-Cartonnage-Arbeiter und Liniirer«.

Bei Knaur zeigt sich das darin, dass 1852 der Eintrag in das Handelsregister um den Zusatz »Portefeuille- u. Galanteriearbeiter« ergänzt wurde. Seit 1893 findet sich die Firmenbezeichnung »Buchbindereigeschäft, Comptoir-Bedarfsartikel u. Geschäftsbücher«. In einer undatierten Anzeige, die aus den 1890er-Jahren stammt und die mit der Nennung des Gründungdatums 1846 auf die Tradition der Firma verweist, firmiert Knaur als »Dampfbuchbinderei, Verlagsbuchhandlung und Einbanddeckengeschäft«. Neben »Prachteinbanddecken für die gangbarsten Zeitschriften, Lexika u. Prachtwerke« werden u.a. »Kaffeehausmappen«, »Speise- und Weinkarten in Leder und Leinen« sowie »Photographiemappen in allen Grössen« angeboten.[6] Der Geschäftsumfang wird im ungewöhnlich ausführlichen Eintrag im *Adressbuch des Deutschen Buchhandels* für 1896 deutlich: »Empfehle mein Lager von Einbanddecken für Zeitschriften, Lexika u. verschiedene Prachtwerke, besonders auch Mappen für Diplome in künstlerischer Ausführung, Photographie-Mappen in reichster Pressung, Meldekarten und Umschläge, sowie Meldekarten-Etuis für Offiziere. Wetterfeste Durchlesetaschen zum Schutz für Karten-Pläne, Schriftstücke etc. Ferner mein Lager aller gangbaren Geschäftsbücher und Anfertigung nach jedem Schema, ebenso die in neun verschiedenen Einbänden je in einfachen und in Doppelbänden vorrätigen *Klassiker-Oktav-Ausg.* [Hervorhebung im Original] etc. Kataloge bitte gefl. zu verlangen. Meine Buchbinderei mit Dampfbetrieb halte ich zur gefl. Benutzung bestens empfohlen.«[7] Das heißt, Knaur agiert hier einerseits als traditionelles Handwerksunternehmen, andererseits auch als »Großbuchbinderei«, wie die Firma später im Leipziger Adressbuch (1906) verzeichnet ist, und als Verlag, was aber nur am Ende des Eintrags und eher beiläufig erwähnt wird.

Knaur gründete seine Buchbinderei zu einer Zeit, als der Umbruch vom traditionsreichen Handwerksbetrieb zur industriellen Großbuchbinderei gerade begann.[8] Die traditionelle Form der Einband-

nicht angehörende Buchbindereien beschäftigten etwa die Hälfte. Nur zwölf der Innungsmitglieder arbeiteten mit Dampfkraft, darunter auch Knaur, was den Schluss zulässt, dass die Innungsmitglieder weiterhin überwiegend handwerklich orientiert waren, während viele der Großbuchbindereien nicht der Innung angehörten.

Buchbinder war zwar seit alters ein angesehener Berufsstand, aber das Buchbindereigeschäft, das heißt die wirtschaftliche Lage der Betriebe, war oft schlecht. Das führte häufig dazu, dass die Betriebe vom Buchbinden allein nicht leben konnten und daher weitere Produkte anboten. Der Historiker des Buchbinderhandwerks, Hellmuth Helwig, hat das plastisch beschrieben: »Das Buchbindergewerbe besaß einen ›universalen‹ Charakter, denn alles, was mit Kleistertopf und Leimpinsel in Berührung stand, gehörte zu seinem Arbeitsgebiet.«[5] Das reichte von der Herstellung von Geschäftsbüchern und Alben, von Kartonagen, Kalendern, Bilderrahmen, Lampenschirmen und Futteralen bis zur Verarbeitung von Papier zu Schreibheften,

Ein aufwendig gestalteter Leistungskatalog der Buchbinderei Knaur aus dem Jahr 1882. Rechts eine Einbanddecke für die beliebte Familienzeitschrift *Daheim*.

EIN ALTES GEWERBE

Die Buchbinder schotteten sich seit dem 16. Jahrhundert durch einen strengen Zunftzwang, seit Beginn des 19. Jahrhunderts durch einen entsprechenden Innungszwang gegen unliebsame Konkurrenz ab. Dabei wurde u.a. die Zahl der Lehrlinge und Gesellen je Buchbindermeister in der Regel durch die Innung begrenzt. Eine Niederlassung eines ortsfremden Meisters war fast nur durch Verwandtschaft oder Einheirat in einen bestehenden Buchbinderbetrieb möglich. Wie es Wilhelm Theodor Knaur unter diesen Voraussetzungen möglich war, seine Firma in einer Stadt mit derart vielen Buchbindereien zu gründen, ist nicht überliefert. Jegliche Information über die Herkunft der Familie fehlt. Knaur war bei der Gründung des Betriebs achtundzwanzig Jahre alt und musste als Buchbindermeister damit die Stationen als Lehrling und Geselle bereits durchlaufen haben. Das bedeutete in der Regel eine Lehrlingszeit von drei oder vier Jahren und eine ebenso lange Wanderzeit als Geselle.

Wie stark die Buchbinderinnung auf Abschottung des Gewerbes gegenüber neuen Anbietern aus war, zeigen Entscheidungen der Leipziger Innung. So verbot sie 1816 Breitkopf und Härtel sowie 1824 Teubner, eigene Buchbindergesellen einzustellen, und 1833 wurde Brockhaus auf Drängen der Innung untersagt, eine eigene Buchbinderei zu errichten.

Auch nach Einführung der Gewerbefreiheit in Sachsen im Jahr 1862 bestanden vielerorts die Innungen als freiwillige Vereinigungen fort – so auch in Leipzig, wo die Innung 1894 stolz ihr 350-jähriges Bestehen feierte.[4] Zur Sicherung ihres Vertretungsanspruchs öffnete sie sich hier für selbstständige Buchbinder, die bisher außerhalb der Innung standen. Auch die Großbuchbindereien gehörten diesen Innungen an; ihre Inhaber standen oft an deren Spitze. 1894 hatte die Leipziger Innung 118 Mitglieder mit rund 2200 Beschäftigten, was einen relativ geringen Zuwachs gegenüber der Zeit der Knaurschen Betriebsgründung rund fünfzig Jahre zuvor bedeutet. Der Innung

maschine aufgestellt, die mitten im Raume stand« – so die Enkelin des Firmengründers. Knaur gehörte zu den Leipziger Buchbindereien, die »namentlich für das Volckmar'sche Sortiment« arbeiteten.[3] Ende des 19. Jahrhunderts waren im Graphischen Viertel rund 1000 Unternehmen des herstellenden und verbreitenden Buchhandels, des Buchdrucks und des typografischen Maschinenbaus konzentriert.

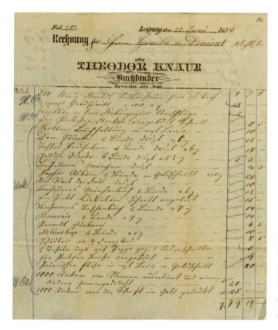

Rechnung des Buchbinders Theodor Knaur vom 22. Juni 1854 an Giesecke & Devrient. Diese 1852 gegründete Druckerei spezialisierte sich bald auf den Banknoten- und Wertpapierdruck – ein Geschäftsfeld, auf dem der Konzern heute noch führend ist. Knaur lieferte u. a. Bände mit Goldschnitt sowie »1000 Decken wovon die Schrift in Gold gedruckt«.

Von der Buchbinderei zum Klassikerverlag 1846–1901

Bericht über die alte Firma Th. Knaur, Leipzig von Luise Böhme, der Enkelin des Firmengründers, aus dem Jahr 1965.

keit zu den Ostermessen auch die Hauptversammlungen des Börsenvereins statt. Politisch war Leipzig in den Jahren der Knaurschen Unternehmensgründung eines der Zentren der gescheiterten bürgerlichen Revolution von 1848/49.[2]

Knaur bezog mit seiner Firma Räume im dritten Stock des alten Volckmar-Gebäudes am Grimmaischen Steinweg 3 und siedelte sich damit im Kern des entstehenden Graphischen Viertels in der Leipziger Ostvorstadt an. Als der Kommissionsbuchhändler Volckmar 1878 in die Hospitalstraße 10 (heute Prager Straße) umzog, folgte ihm Knaur und mietete in dem neu errichteten Gebäudekomplex »2 schöne geräumige Arbeitssäle. In einem der Säle wurde nun eine Dampf-

Jahr wie Knaur gründete auch Karl Wilhelm Heinrich Sperling eine Buchbinderei, die sich schnell durch Anschaffung neuartiger Maschinen zu einer führenden Großbuchbinderei entwickelte und bald Reclam als ständigen Kunden gewinnen konnte. Sperling installierte 1866 als erste Firma in Leipzig eine Dampfmaschine zum Antrieb der buchbinderischen Maschinen. Damit hinkte die Buchbinderei der allgemeinen Tendenz hinterher, Dampfmaschinen in den verschiedensten Produktionssektoren einzusetzen. So wurde schon 1830 in Leipzig die erste Dampfmaschine in einer Kammgarnspinnerei installiert, und vier Jahre später nutzte Brockhaus die Technik als Antrieb für die drei Schnellpressen, die das Haus seit 1826 nach und nach angeschafft hatte.[12]

Ab den 1870er-Jahren fand die Dampfmaschine in allen Großbuchbindereien Verwendung, darunter auch bei Knaur. Die Firma zählte 1896 neben Fikentscher, Sperling, Hübel & Denck und Enders zu den bedeutendsten der 32 Großbuchbindereien, die damals in Leipzig rund 2500 Arbeitnehmer beschäftigten. Die Kapazität solcher Großbuchbindereien war enorm. So fertigte die Buchbinderei des Bibliographischen Instituts um die Jahrhundertwende jährlich etwa 600 000 Broschuren und 800 000 gebundene Bücher.[13]

Die weitere Entwicklung der industriellen Buchbinderei ist durch die Ablösung der kostspieligen Dampfmaschine durch kleinere Elektromotoren gekennzeichnet. Nicht alle Dampfbuchbindereien überlebten am Ende des 19. Jahrhunderts diesen technischen Wandel. So mussten in den ersten Jahren nach 1900 vier namhafte Leipziger Großbuchbindereien aufgeben. Knaur konnte hingegen seine buchbinderischen Kapazitäten deutlich ausbauen.

Am Ende des Jahrhunderts existierten Großbetriebe mit teils mehr als 400 Mitarbeitern zur Befriedigung des Bedarfs an konfektionierter Massenware. Demgegenüber gab es für den individuellen Einband weiterhin den Kleinhandwerker, der in vielen Fällen auch von der Spaltung des Markts und der Entstehung buchkünstlerischer Richtungen in der Tradition der von William Morris angestoßenen Reformbewegung profitierte.

DIE NÄCHSTE GENERATION ÜBERNIMMT UND WEITET DAS GESCHÄFT AUS

Nach dem Tod von Wilhelm Theodor Knaur im Jahr 1877 übernahm im Alter von 29 Jahren sein ältester Sohn Wilhelm Emil Otto Knaur (1848–1923) am 1. Juni desselben Jahres die Firma. Ein Jahr später erschien er im Handelsregister als Inhaber der Firma Th. Knaur Buchbindereigeschäft in der Hospitalstraße 16. Unter seiner Führung begann Knaur neben dem Kerngeschäft der Buchbinderei auch damit, Bücher zu verlegen. Dass Buchbindereien als Verleger tätig wurden, war in dieser Zeit keine Seltenheit.[14] In der Festschrift zum fünfzigjährigen Bestehen des Verlags im Jahr 1951 findet sich dazu nur die lapidare Bemerkung: »Ein Knaur Verlag, der Klassikerausgaben herausgab, bestand schon Ende des vorigen Jahrhunderts in Leipzig.«[15] Die Website des Verlags ist hier präziser: »Nach gelegentlichen Einzelpublikationen wird ab 1884 ein reguläres Programm von der Verlagsbuchhandlung Theodor Knaur angeboten.« Die Jahresangabe geht auf den ersten Eintrag, der die Verlagstätigkeit dokumentiert, im *Adressbuch des Deutschen Buchhandels* des Jahrs 1886 zurück. Dort ist auch vermerkt, dass Knaur von Anfang an Mitglied des Börsenvereins war. Dieser Eintrag blieb bis zum Verkauf des Unternehmens

Erster Eintrag als Verlag im *Adressbuch des Deutschen Buchhandels* von 1886.

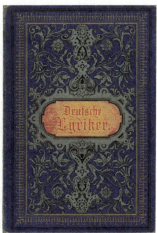

Zwei Bücher, die bereits vor Beginn der offiziellen Verlagstätigkeit im Jahr 1884 erschienen waren, *Erkenne dich selbst!* (1879) von Hermann Opitz und die von Emil Kneschke herausgegebene Anthologie *Deutsche Lyriker seit 1850* (1883).

im Jahr 1901 so gut wie unverändert; hinzugefügt wurde 1888 das Gründungsdatum der Buchbinderei.

Die ersten heute nachgewiesenen Publikationen erschienen 1879 mit dem Erbauungsbüchlein *Erkenne dich selbst!* von Hermann Opitz und 1883 mit der von Emil Kneschke herausgegebenen Anthologie *Deutsche Lyriker seit 1850,* die bereits 1889 die siebte Auflage erlebte.

Wilhelm Emil Otto Knaur vollzog den Schritt der Geschäftsausweitung zu einer Zeit, als Leipzig unumstritten zum führenden deutschen Buchhandelsplatz aufgestiegen war. Dieser Aufstieg ist eng mit den Faktoren verbunden, die oben bereits beschrieben wurden. Die verschiedenen technischen Neuerungen, die Entwicklung der Verkehrs- und Transportwege und vor allem einschneidende Veränderungen im buchhändlerischen Geschäftsverkehr hinsichtlich Bestellung, Lagerhaltung, Auslieferung und Abrechnung führten dazu, dass sich zwischen etwa 1830 und der Reichsgründung im Jahr 1871 Leipzig zum führenden Kommissionsplatz entwickelte – die Kurzformel dafür lautete »Leipziger Platz«. Zwar gab es bereits vorher wichtige Verleger und Buchhändler in der Stadt wie Breitkopf, Göschen oder Voß, doch kamen mit Brockhaus, Teubner, Reclam, Tauchnitz, Hirzel weitere hinzu. Aber diese großen Verlegerpersönlichkeiten und Verlage waren nicht ausschlaggebend; entscheidend für den Aufstieg zur führenden Buchmetropole in Deutschland war, dass Leipzig das logistische Zentrum des deutschen Buchhandels wurde und damit dem konkurrierenden Messeplatz Frankfurt den Rang ablief. Das hängt zum einen mit der Ablösung des norddeutschen Nettohandels und des süddeutschen Tauschhandels durch den Konditionshandel zwischen Verlagen und den Buchhändlern zusammen; zum anderen ist diese Entwicklung dem Aufkommen des Zwischenbuchhandels in der uns heute bekannten Form zu verdanken. So gründete Friedrich Volckmar 1833 das erste Kommissionsgeschäft, Friedrich Fleischer 1842 die Bestellanstalt für Buchhändler-Papiere und Louis Zander zehn Jahre später das erste Barsortiment.

»Spätestens seit dem letzten Drittel des 19. Jahrhunderts gab es nirgendwo in der Welt eine derartige Ansammlung von Verlagen, Sortiments- und Kommissionsbuchhandlungen, grafischen Betrieben, beruflichen Organisationen, spezifischen Bildungseinrichtungen und Bibliotheken.«[16] Das *Börsenblatt für den Deutschen Buchhandel* bezeichnete 1875 die Stadt als »Mekka des Buchhandels«.[17] Zu ergänzen ist noch, dass in Leipzig auch führende Hersteller von typografischen Maschinen aller Art angesiedelt waren.

*

Besonders auf dem Land und in kleineren Städten handelten Buchbinder mit Gesang- und Gebetbüchern, mit Almanachen und Kalendern sowie mit Unterhaltungsliteratur. Damit traten sie in Konkurrenz zum traditionellen Buchhandel, was oft zu Streitigkeiten führte. Vierzig Jahre nach Gründung des Unternehmens hatte Knaur sein Geschäftsfeld in dieser Richtung erweitert. Ab 1886 wird der Eintrag im *Leipziger Adressbuch* um »Verlagsbuchhandlung« ergänzt. Ab 1892 wird als Sitz des Verlags Thalstraße 15, zwei Jahre später Thalstraße 29 mit Zweitsitz in der Hospitalstraße 10, also am Ort der Buchbinderei, angegeben. Seit 1893 findet sich der Eintrag »Buchbindereigeschäft, Comptoir-Bedarfsartikel u. Geschäftsbücher«.

*

Wilhelm Emil Otto Knaur startete seinen Verlag in einer Boomzeit sowohl für Leipzig als auch für die Verlagsbranche. Leipzig wandelte sich nach der Reichsgründung von 1871 von der Handels- zur Industriestadt. Die Schaffung eines einheitlichen Wirtschaftsraums durch die Reichseinigung führte zu einem enormen Aufschwung von Handel, Industrie und Verkehr. Die Einwohnerzahl von 62 000 im Jahr 1848 stieg auf 107 000 im Jahr 1871; nach zahlreichen Eingemeindungen bis 1910 wurden 590 000 Einwohner registriert. Leipzig war damit vor dem Ersten Weltkrieg nach Berlin, Hamburg und München die viertgrößte Stadt Deutschlands.[18]

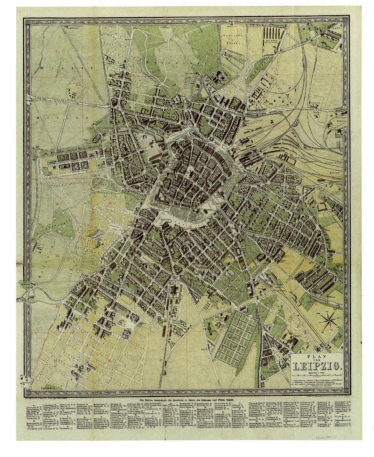

Stadtplan von Leipzig aus dem Jahr 1882.

In den Jahren seit dem Vormärz – also seit der Gründungszeit der Knaurschen Buchbinderei – bis Mitte der 1880er-Jahre – also der Expansion des Unternehmens in die verlegerische Tätigkeit – wuchs sowohl die Zahl der Verlage als auch der produzierten Titel steil an. Waren 1846 im Gebiet des deutschen Buchhandels 362 Verlage tätig, so belief sich die entsprechende Zahl im Jahr 1885 auf 1399, was fast einer Vervierfachung entspricht. Dabei sind noch nicht einmal die Sortimentsbuchhandlungen berücksichtigt, die einen eigenen Verlag hatten.[19] Zu den Gründungen nach der Jahrhundertmitte gehörten als größere Verlage mit konstanter Produktion u. a. Adolf Bonz, Georg D. W. Callwey, Deutsche Verlagsanstalt, S. Fischer und Max Hesse.[20]

Die Titelproduktion fiel nach dem vormärzlichen Hoch von 14 039 Titeln im Gefolge der Revolutionswirren 1851 auf den Tiefstand von 8346 Titeln[21] und stieg dann vor allem nach der Reichsgründung (10 669 Titel im Jahr 1871) wieder steil an. Beim Start des Knaurschen Verlags lag sie bei 16 253 Titeln – eine Steigerungsrate von mehr als 50 Prozent in eineinhalb Jahrzehnten. Der Titelboom setzte sich ungebremst fort; im Jahr 1901, also zum Zeitpunkt des Verkaufs des Verlags, wurden 25 331 Titel verlegt, was wiederum eine Erhöhung des Titelausstoßes um mehr als die Hälfte bedeutet.[22] Die »schöne Literatur« (vor allem Klassiker, Romane und Erzählungen) wuchs noch wesentlich stärker, denn von 1871 bis 1890 stieg die Zahl der Neuerscheinungen um fast 90 Prozent.[23]

DIE KLASSIKER – STÜTZE DES VERLAGS

In dem gerade beschriebenen prosperierenden Umfeld begann Knaur sein verlegerisches Wirken. In den Jahren bis zum Verkauf des Verlags im Jahr 1901 nach Berlin bestand das Programm aus den Segmenten preiswerte Klassikerwerkausgaben, Einzelausgaben von Klassikern, Anthologien, erfolgreiche populäre Literatur, (christliche) Erbauungsbücher, romanhafte Biografien und Werkausgaben heute vergessener Autoren.

Stütze des Verlagsprogramms waren Klassikerausgaben, die nicht nur von urheberrechtlichen Veränderungen, sondern auch vom gesamtgesellschaftlichen Klima profitierten.[24] In Ermangelung der staatlichen Einheit, des Nationalstaats, wurde seit der Romantik die Kulturnation als funktionales Äquivalent postuliert. Die Klassiker wurden Nationalreligion, was sich zum Beispiel in den großen Feiern und Gedenkveranstaltungen zu Friedrich Schillers einhundertstem Geburtstag im Jahr 1859 dokumentierte. Der Dichterfürst wurde zum geistigen Führer proklamiert und die kulturelle und nationale Einheit beschworen, »ein Fest, das das Bestehen der Deutschen als eines einheitlichen Volkes erst bewusst« machte.[25]

Die von Knaur verlegten Klassikerausgaben wurden rechtlich erst durch die Änderung des Urheberrechts zum 9. November 1867 möglich. Bis dahin hatte die bereits 1659 gegründete Cotta'sche Verlagsbuchhandlung die Alleinherrschaft auf dem deutschen Klassikermarkt, nicht zuletzt durch die *Volksbibliothek deutscher Classiker*, die der Stuttgarter Verlag von 1853 bis 1862 in drei Reihen zu 518 Lieferungen herausgab und die nur geschlossen abgegeben wurde.[26] Johann Friedrich Cotta hatte Herder, Goethe und Schiller verlegt und 1838 durch den Ankauf des Verlags Göschen in Leipzig auch die Rechte an Lessing, Klopstock und Wieland erworben. In der *Volksbibliothek* wurden neben den genannten Autoren auch die großen zeitgenössischen Autoren wie Fichte, Hölderlin, Kleist, Jean Paul, Hegel, Schelling und Alexander von Humboldt verlegt. Daneben erschienen aber auch durchaus drittklassige Autoren. Erst durch die am 6. November 1856 beschlossene Regelung, dass alle Autoren, die vor dem 9. November 1837 verstorben waren, am 9. November 1867 gemeinfrei wurden, war es jedermann möglich, Werke dieser Autoren honorarfrei nachzudrucken. Von da an betrug die Schutzfrist gegen unerlaubten Nachdruck dreißig Jahre nach dem Tod des Autors.

Das neue Urheberecht wurde im *Börsenblatt für den Deutschen Buchhandel* vom 16. Mai 1868 hymnisch begrüßt: »Das Jahr 1867 bildet für die Geschichte des deutschen Buchhandels einen bedeutsamen Abschnitt. […] Der 9. November 1867 hat sehr schnell eine Anzahl großartiger zum Theil mit Geschick vorbereiteter Unternehmungen einzelner deutscher Verleger hervorgerufen, wie wir sie bis dahin im deutschen Buchhandel kaum gekannt haben; wir sehen unsere Classiker in Auflagen und zu Preisen auf den Markt gebracht, die wir früher gar nicht für möglich gehalten und welche die Absicht des sehr weise beschränkten Verlagsrechtes verwirklichen: die Werke unserer Classiker wahrhaft zum Gemeingut des Volkes zu machen.«[27]

Durch diese Neuregelung im sogenannten Klassikerjahr entstand ein Wettlauf um preiswerte Klassikerausgaben, die oft auch als »Leseausgaben« oder »Volksausgaben« bezeichnet wurden. Daran beteiligten sich etablierte Verlage wie Brockhaus, Hempel und Meyers Bibliographisches Institut. Bekanntestes Beispiel für die neuen Verhältnisse auf dem Klassikermarkt ist die bis heute existierende *Universalbibliothek,* die 1867 mit Goethes *Faust* als Nummer 1 vom Verlag Philipp Reclam in Leipzig gestartet wurde. Aber auch neue und kleinere Firmen versuchten, von dieser gewandelten urheberrechtlichen Situation zu profitieren, darunter rund zwanzig Jahre später auch die Großbuchbinderei Th. Knaur.

Die großen Klassikerausgaben

Unter dem Label *Knaur's Klassiker-Octav-Ausgaben,* das allerdings nur in der Werbung erscheint und nicht in den Werken selbst, veröffentlichte der Verlag ab den 1890er-Jahren Werkausgaben von zwölf Autoren.[28] Zu den verlegten Autoren gehörten selbstverständlich William Shakespeare (1564–1616), Gotthold Ephraim Lessing (1729–1781), Johann Wolfgang Goethe (1749–1832) und Friedrich Schiller (1759–1805), die den Kernbestand des zeitgenössischen Klassikerkanons bildeten und auch in vielen anderen Verlagen und Ausgaben publiziert wurden. Ferner veröffentlichte der Verlag Werkausgaben von Adelbert von Chamisso (1781–1838), Wilhelm Hauff (1802–1827) und Theodor Körner (1791–1813), die zeitgenössisch ebenso zu den »Klassikern« unter den Klassikern zählten und die in so gut wie allen Programmen konkurrierender Verlage erschienen.

Die erste Seite einer mehrseitigen Eigenanzeige für *Knaur's Klassiker-Octav-Ausgaben* in *Gedichte und Dramen* (um 1893) von Ludwig Uhland.

Ausgaben von Heinrich von Kleist (1777–1811), Nikolaus Lenau (1802–1850), Heinrich Heine (1797–1856) und Ludwig Uhland (1787–1862) ergänzten die Palette der deutschsprachigen (mit Ausnahme von Shakespeare) Klassiker. Insgesamt bot Knaur damit ein Programm, wie es zeitüblich war. Die wichtigsten Konkurrenten neben den oben genannten etablierten Verlagen waren Max Hesse in Leipzig und Bong & Co. in Berlin und Leipzig. Aus dem Rahmen fällt bei Knaur die Ausgabe des schwedischen Lyrikers Esaias Tegnér (1782–1846). Bei allen Autoren war der dreißigjährige Urheberschutz erloschen.

Hier eine Liste von *Knaur's Klassiker-Octav-Ausgaben* – ein stattliches Programm mit insgesamt fast 32 000 Seiten:

Adelbert von Chamisso: Werke in zwei Bänden, 950 Seiten.

Johann Wolfgang von Goethe: Ausgewählte Werke in acht Bänden, 3349 Seiten.

Johann Wolfgang von Goethe: Sämtliche Werke in neun Bänden, 7733 Seiten.

Wilhelm Hauff: Werke in vier Bänden, 1514 Seiten.

Heinrich Heine: Sämtliche Werke in sechs Bänden, 2752 Seiten.

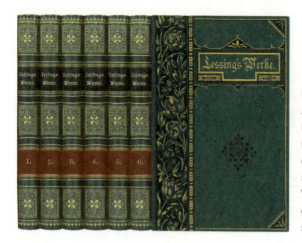

Im Unterschied zu manch anderen Ausgaben sind Gotthold Ephraim Lessings *Werke in sechs Bänden* (um 1891) buchbinderisch aufwendig verarbeitet. Auf dem Rücken sind die Bünde angedeutet und die Vorderseiten mit floralen Motiven gestaltet. Die undatierte Ausgabe stammt aus den 1890er-Jahren.

Heinrich von Kleist: Sämtliche Werke in zwei Bänden, 819 Seiten.

Theodor Körner: Werke in zwei Bänden, 810 Seiten.

Nikolaus Lenau: Sämtliche Werke in zwei Bänden, 748 Seiten.

Gotthold Ephraim Lessing: Werke in sechs Bänden, 2314 Seiten.

Friedrich Schiller: Werke in sechs Bänden, 2216 Seiten.

Friedrich Schiller: Sämtliche Werke in zehn Bänden, 3633 Seiten.

William Shakespeare: Dramatische Werke in zehn Bänden, 2834 Seiten.

Esaias Tegnér: Schwedensang. Epische und lyrische Dichtungen, 369 Seiten.

Ludwig Uhland: Werke in vier Bänden, 1316 Seiten.

Knaur preist in einer aufwendig gestalteten Werbebroschüre[29] um 1895 seine *Klassiker-Octav-Ausgaben* an. Unter dem schönen Titel *Lagerverzeichnis der gangbarsten Bücher & Verlagsartikel von Th. Knaur, Leipzig* werden hier elf Klassikerausgaben aufgeführt. Was der Firma aber offenkundig noch wichtiger war, ist die Präsentation von neun Einbandvarianten im Vierfarbendruck, wobei die buchbinderischen Details ausführlich aufgezählt werden. Die Broschüre weist

Die Werbebroschüre *Lagerverzeichnis der gangbarsten Bücher & Verlagsartikel von Th. Knaur, Leipzig* (um 1895) legt großen Wert auf die Präsentation von Einbandvarianten der Klassikerausgaben.

Werbeseiten für die Goethe-Ausgabe aus dem *Lagerverzeichnis*.

Werbeseiten für die Körner-Ausgabe aus dem *Lagerverzeichnis*.

neben dem übrigen lieferbaren Buchprogramm auch auf die »Photographie-Albums« und die »Mappen für Photographien« hin, die dem Publikum angeboten werden.

Die Klassiker-Ausgaben zeichneten sich, wie der Verlag betonte, »durch sorgfältigste Textbehandlung sowie durch großen leserlichen Druck, holzfreies Velinpapier und durch das handliche Format ganz besonders aus. Das Papier ist holzfrei und daher ein Vergilben unmöglich.«

Ähnlich wird auch in der Eigenanzeige in Uhlands *Gedichte und Dramen* argumentiert. Tatsache ist, dass diese Ausgaben – mit Ausnahme von Esaias Tegnér – reine Textausgaben sind und weder Einleitung noch Kommentar enthalten, sodass man über die Textgrundlage nichts erfährt.[30] Geradezu erheiternd ist es, wenn Knaur in der genannten Eigenanzeige postuliert: »Bei Anschaffung von Klassikern wolle man genau den Inhalt prüfen.« Auch wird man die Bezeichnung »sämtliche Werke« nach heutigen editorischen Standards nicht so genau nehmen dürfen. So wurden beispielsweise Shakespeares *Dramatische Werke* in der textidentischen Ausgabe nach 1901 in *Sämtliche dramatischen Werke* umgetitelt.

Der »große leserliche Druck« erscheint uns heute bei einem Satzbild mit wenig Durchschuss eher klein. Weitgehend ist ein Einheitspapier verwendet worden, das heute naturgemäß mehr oder weniger stark gebräunt ist. Alle Bände der aufgeführten Ausgaben haben das einheitliche Format von 11,7 mal 17,5 cm (beschnittener Buchblock), was in etwa dem heutigen Taschenbuchformat entspricht. In der Regel umfassen die Einzelbände ca. 400 Seiten, sodass die Buchbinderbände einen Umfang von rund 800 Seiten aufweisen.

Die Bindeform der jeweiligen Ausgaben unterscheidet sich oft von der genannten Bandzahl. So ist zum Beispiel die Chamisso-Ausgabe in einem Band gebunden. Dabei folgen Band 1 und 2 unmittelbar aufeinander. Band 2 hat eine eigene Titelei und ist eigenständig durchnummeriert. Das erklärt sich aus dem Stereotypieverfahren bei der Herstellung. Die Lessing-Ausgabe dagegen ist ein Beispiel, bei dem die Bandzahl mit der Zahl der Bände der vorliegenden Ausgabe übereinstimmt.

Die Bände haben durchweg keinen Schmutztitel. Verlagsort und Verlagsname erscheinen am Fuß des Haupttitels mit »Leipzig, Verlag von Th. Knaur«. Es gibt kein Impressum mit den heute üblichen Angaben. Der Vermerk mit Name des Druckers und Ort findet sich entweder auf der Rückseite des Haupttitels oder auf der letzten Seite des

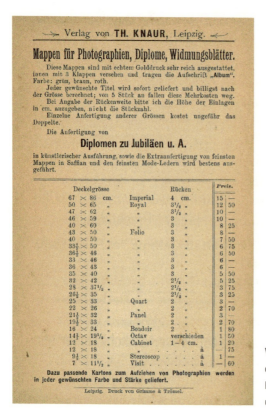

Werbung im Buch für weitere buchbinderische Leistungen des Verlags (aus Ludwig Uhland, *Gedichte und Dramen*, um 1893).

Bands. Es gibt keine Angaben zur Buchbinderei; allerdings liegt es nahe, hier die Großbuchbinderei Knaur zu vermuten. Alle Bände sind undatiert, und sie enthalten keine Anzeigen. Ausnahme ist die bereits genannte Uhland-Ausgabe. Dort werden neben den oben beschriebenen Einbandarten Ausgaben von Schiller, Lessing, Körner, Chamisso und Uhland in den verschiedensten Einbandvarianten mit Preisangabe, auch »Miniaturausgaben« vorwiegend klassischer Texte sowie eine ganze Reihe allgemeiner Titel präsentiert. Auch in dieser Eigenanzeige in einem Buch werden die Leistungen der Buchbinderei angepriesen und dem Buchkäuferpublikum »feinste Tagebücher, Gedichtbücher etc.«, »Mappen für Photographien, Diplome, Widmungsblätter« sowie »Diplome zu Jubiläen u.a.« angeboten. Sonderfälle sind die achtbändige Ausgabe (in der Regel in vier Bänden aufgebunden) der *Sämtlichen Werke* von Fritz Reuter sowie *Schwedensang. Epische und lyrische Dichtungen* von Esaias Tegnér. Dieser Band enthält eine ausführliche »Lebensbeschreibung« des Autors sowie einen umfangreichen Anhang mit Anmerkungen. Auch ist der Erscheinungstermin (1897) im Unterschied zu allen anderen Klassikerausgaben genannt.

Bei der Reuter-Ausgabe agiert Knaur als »Generalvertrieb« für den Reuter-Verlag E. Weißenturn in Doetinchem, wobei Knaur auf dem Titelblatt typografisch hervorgehoben ist. Besonderer Wert wird auch darauf gelegt, dass es sich hier um die »rechtmässige Original-Ausgabe in 8 Bänden« handelt, nicht zuletzt deshalb, weil Reuter zum Zeitpunkt der Publikation noch urheberrechtlich geschützt war. Anders als bei den anderen *Klassiker-Oktav-Ausgaben* steht dem ersten Band ein Frontispiz mit dem Bild des Autors voran. Auch enthält die Ausgabe fast 100 Seiten Einleitung und Ausführungen über Leben und Werk von Reuter. Sie wurde bei Paul Dünnhaupt in Köthen gedruckt, während alle anderen Klassikerausgaben von Knaur durch Grimme & Trömel in Leipzig produziert wurden.

Bei allen Ausgaben wurde der Text in Bogen à 16 Seiten gedruckt. Vor dem Textblock mit der ersten Bogensignatur stehen in der Regel Titelei und Inhaltsverzeichnis, die teils römisch paginiert sind oder keine Seitenzählung haben. Der herstellerische Hintergrund, der sogenannte Stereotypiedruck, wird unten beschrieben.

Alle Ausgaben sind gebunden und ohne Schutzumschlag. Manchmal sind die Einbanddecken rundum geprägt; in der Mehrzahl der Fälle ist nur der Rücken gestaltet. Auffällig ist, dass oft die Rücken der Halblederbände mit falschen Bünden und goldgeprägten floralen Motiven gestaltet sind, aber einen schmucklosen Deckel besitzen. Das verweist darauf, dass es sich hier um »Bücherschrankbücher« handelt, die vor allem der Repräsentation im bildungsbürgerlichen Haushalt dienten.

Generelle Aussagen über die buchbinderische Verarbeitung der einzelnen Ausgaben lassen sich nicht machen. Aufschlussreich ist, dass

Ein schönes Beispiel für »Bücherschrankbücher« sind die *Sämtlichen Werke* von Heinrich Heine. Hier sind die sechs Einzelbände zu drei Bänden zusammengefasst. Die Rücken sind mit Goldprägung ausgeführt; die Marmorierung des Buchdeckels wiederholt sich im Beschnitt.

in der erwähnten Broschüre nicht weniger als neun verschiedene Einbände vom »imit. Halbfranzband« bis zum feinsten Einband »in echten Saffianlederrücken und Ecken« dem Kunden angeboten werden: »Die Verlagshandlung sucht allen Ansprüchen des Publikums betreffs geschmackvoller Einbände gerecht zu werden und hat darin nicht nur eine selten vorräthige Auswahl zu Lagersorten, sondern fertigt auch Einbände in ganz besonderen Geschmacksrichtungen auf Bestellung an.«

Ein Beispiel für die verschiedenen Bindeformen und Einbandvarianten sind die Kleist-Ausgaben. Insgesamt hat der Verlag zwölf verschiedene Ausgaben herausgebracht, fünf davon in zwei Bänden, sieben in einem Band. Die Sammlung »Kleist in Klassikerausgaben« im Kleist-Museum in Frankfurt (Oder) dokumentiert für den Zeitraum von 1898 bis 1901 neun Einbandvarianten, für die Zeit danach nicht weniger als weitere 56![31]

Die Broschüre bewirbt also nicht nur das Programm des Verlags, die Klassikerausgaben, sondern auch das Kerngeschäft des Unternehmens, die Buchbinderei. Die Firma Th. Knaur war in dieser Zeit eine Großbuchbinderei, die Einbanddecken für das *Konversationslexikon* von Brockhaus, für *Westermanns Monatshefte* oder die Familienzeitschriften *Gartenlaube* und *Daheim* fertigte, mit einem angeschlossenen Verlag.

Von der Buchbinderei zum Klassikerverlag   1846–1901

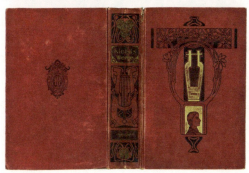

Die Einbände von drei der zahlreichen Kleist-Ausgaben. Oben eine Ausgabe von 1898. Die beiden anderen wurden nach 1901 von Th. Knaur Nachf. in Berlin verlegt.

Das zeigt auch die Tatsache, dass Knaur in der Broschüre den Kunden »vornehme Regale zu Th. Knaur's Klassiker-Oktav-Ausgaben« anbot. Für Preise zwischen 20 und 25 Mark gab es das Regal mit zwei Fächern in imitiertem Nussbaumholz sowie in »echt Eichenholz« und »echt Nussbaum«. Dem Verlag wichtig war aber der Hinweis auf die Qualität der Einbände: »Mit den feinen Einbänden der Knaur'schen Ausgaben gefüllt, ist ein solches Regal eine wertvolle Zierde für jeden Salon.«[32] Bei Sammlern und Liebhabern von Maschineneinbänden sind die Knaur-Ausgaben noch heute »wegen ihrer guten und z. T. ausgeklügelten Arbeit und Materialien geschätzt; besonders der Schnitt ist meist sehr gut gearbeitet«.[33]

Klassiker in Parallelproduktionen

Die populären Volksklassikerausgaben dieser Zeit sind so gut wie nicht erforscht; das weite Feld der billigen, oft in textidentischen Ausgaben unter verschiedenen Verlagsnamen vorhandenen Editionen bleibt unbeackert. Das hängt nicht zuletzt mit der schlechten Materi-

Der Knaur Verlag bot seinen Kunden nicht nur eine breite Palette von Klassikerausgaben an, sondern lieferte auch noch die passenden Regale dazu. Die Abbildung stammt aus dem erwähnten *Lagerverzeichnis der gangbarsten Bücher & Verlagsartikel von Th. Knaur, Leipzig.*

allage zusammen, denn diese Ausgaben waren nicht »sammlungswürdig« und wurden daher von Bibliotheken nicht in ihren Bestand aufgenommen. So hat etwa die Staatsbibliothek zu Berlin solche Volksklassikerausgaben grundsätzlich nicht gesammelt. Wenn eine Aufnahme erfolgte, dann wurden die Ausgaben nur unzureichend bibliografisch verzeichnet (etwa fehlt – zwar regelgerecht – ein zweiter vorhandener Verlagsort), zumal in den meisten Fällen in den Ausgaben kein Datum der Veröffentlichung angegeben ist. Beispiel für die völlig unzureichende bibliografische Erfassung solcher volkstümlichen Ausgaben ist eine Kleist-Ausgabe, die nach Ausweis der Deutschen Nationalbibliothek einmal, nämlich »um 1925« erschienen sei. Tatsächlich liegen jedoch von etwa 1904/05 bis Anfang der 1930er-Jahre über 30 Ausgaben vor.[34]

Ein eindrückliches Beispiel für solche Parallelproduktionen sind die Kleist-Ausgaben des Leipziger Knaur Verlags, seines Berliner Nachfolgeverlags, der Literarischen Verlagsanstalt Leipzig, des Berliner Globus Verlags und der Ausgaben von Bonneß & Hachfeld in Leipzig. Insgesamt fünf verschiedene Drucker in Leipzig und Berlin erscheinen in den Bänden der genannten Verlage.

Auch die Ausgaben von Lessings *Werken* in sechs Bänden sowie Schillers *Sämtlichen Werken* in zehn Bänden (gebunden in fünf Bänden) gehören hierher. Beide Ausgaben wurden von Grimme & Trömel in Leipzig gedruckt und verlegt; sie sind jeweils datiert. So erschienen dort Lessing 1883 und 1889, Schiller 1882, 1885 und 1887. Die Knaur-Ausgaben wurden wie alle anderen Klassikerausgaben mit Ausnahme der Werke Reuters ebenfalls bei Grimme & Trömel gedruckt. Da sie ohne Jahresangabe sind, lässt sich nicht feststellen, ob sie während der »Laufzeit« der Grimme & Trömel-Ausgabe oder danach auf den Markt kamen. Bibliografisch werden die Knaur-Ausgaben mit den erschlossenen Angaben »ca. 1891« für Lessing und »1892« für Schiller verzeichnet.[35] Ein weiteres Beispiel ist das schmale Bändchen *Erkenne dich selbst!* von Hermann Opitz, das 1879 bei Knaur und ein Jahr später im Verlag Oswald Mutze in Leipzig erschien.[36]

Hintergrund dieser Parallelproduktionen ist die Herstellungsweise. Um kostengünstig produzieren zu können, waren die Bände wie die vergleichbaren Ausgaben in Konkurrenzverlagen oder auch im eigenen Verlag im sogenannten Stereotypiedruck hergestellt. Das heißt, das einmal in Blei erstellte Satzbild wurde nach einer Abformung in Gips und später in einer Papiermasse mit Schriftmetall ausgegossen. Der Text war damit »stereotypiert«, und das teure Letternmaterial konnte für andere Satzaufgaben genutzt werden. Dieses Verfahren war etwa seit 1820 für immer wieder gedruckte oder in Massen hergestellte identische Texte allgemein üblich.[37]

Das gilt auch für die preiswerten Volksklassiker, die alle Stereotypiedrucke waren. So warb Cotta 1852 damit, dass »sämmtliche Werke der genannten Autoren stereotypirt sind«.[38] Zudem ließen sich die leichten Papiermatern ohne großen Aufwand unter den Druckereien austauschen, ausleihen oder verkaufen. Verlage brachten so text- und seitenidentische Ausgaben auf den Markt, die sich nur durch die dem Text vorangestellten Titeleien und Inhaltsverzeichnisse unterschieden. Diese Teile sind oft römisch paginiert oder bleiben ohne Seitenzählung.

Die *Sämtlichen Werke in zehn Bänden* von Friedrich Schiller erschienen im Leipziger Verlag Grimme & Trömel (Mitte), der zugleich Drucker der identischen Knaur-Ausgabe war, die undatiert ist.

Identische Textblöcke wurden etwa bei den beiden im Zeitraum bis 1901 erschienenen Goethe-Ausgaben der *Sämtlichen Werke in acht Bänden* (gebunden in neun Bänden) und der *Ausgewählten Werke in acht Bänden* (gebunden in vier Bänden) verwendet. Die jeweiligen Teile sind bis hin zu den römisch paginierten Seiten gleich.

Es gibt auch Fälle, in denen die Textblöcke – entweder aus Versehen oder um Restbestände an Rohbogen aufzubrauchen – mit verschiedenen Titeleien versehen wurden. Ein Beispiel dafür ist eine vorliegende Ausgabe von Uhlands Werken in vier Bänden. Buchbinderisch wurden die vier Bände zu zwei Büchern zusammengefügt. Dabei sind die Textblöcke der Bände 1, 3 und 4 mit der Titelei »Leipzig, Verlag von Th. Knaur.« versehen, bei Band 2 wurde die Titelei »Berlin, Verlag von Th. Knaur Nachf.« eingebunden.

*

Durch die Herstellung im Stereotypiedruck, den Einsatz billigeren holzschliffhaltigen Papiers und die maschinelle Bindung in Großbuchbindereien wie Knaur konnten auch für das breite Publikum erschwingliche Ladenpreise erzielt werden. Der Preis für einen Gewebeband betrug um 1900 zwischen 1 Mark 75 und drei Mark. Die Kaufhausausgabe kostete bei Wertheim 1 Mark 10 und die Kleist-Ausgabe in einem Band bei Reclam 1 Mark 75. Für die Knaur-Produktion gibt die zitierte Eigenanzeige in Uhlands *Gedichte und Dramen* aus der Mitte der 1890er-Jahre detailliert Auskunft. So kostete dieser Band in der einfachsten Version 1 Mark 75, als »feiner Halbkalbslederband« vier Mark. Die Uhland-Werkausgabe in zwei Bänden kostete vier Mark, in vier Bänden wegen des erhöhten Aufwands bei der Bindung fünf Mark. Für die deutlich umfangreichere Ausgabe von Schillers *Sämtlichen Werken* in zehn Bänden waren zehn Mark, bei einer Bindung in fünf Bänden acht Mark zu bezahlen. Einzelbände wie Lessings *Meisterdramen* oder Goethes *Gedichte* kosteten – immer in der preiswertesten Ausführung – eine Mark.

Von welcher Auflagenhöhe bei der Kalkulation dieser Ladenpreise ausgegangen wurde, wissen wir nicht, doch lässt ein zeitgenössisches

Beispiel einer Musterkalkulation gewisse Rückschlüsse zu. Danach kostete ein Band mit einem Umfang von 320 Seiten in der Herstellung einschließlich Honorar bei einer Auflage von 800 Exemplaren 1 Mark 92.[39] Bei der damals üblichen Drittelkalkulation ergibt das einen Ladenpreis von rund sechs Mark.[40] Die oben erwähnte Ausgabe von Uhlands *Gedichte und Dramen* hat einen Umfang von etwas mehr als 300 Seiten, ist also mit der Musterkalkulation vergleichbar. Da dieser Band nur 1 Mark 75 in der einfachsten Bindeversion kostete, muss die Gesamtauflage des Titels deutlich höher gewesen sein. Das wird durch eine weitere zeitgenössische Musterkalkulation bestätigt, die die Kostendegression bei steigender Auflage deutlich macht. Die Einzelherstellungskosten betrugen in diesem Fall (der Umfang ist nicht genannt) bei einer Auflage von 800 Exemplaren 4 Mark 33, bei einer Auflage von 3000 waren es 1 Mark 50, und bei einer Auflage von 5000 Exemplaren fiel der Herstellungspreis pro Exemplar auf 1 Mark 09.[41] Es ist zu vermuten, dass bei den populären Klassikerausgaben die Auflagen eher bei 5000 als bei 3000 Exemplaren lagen.

Die oben genannten Ladenpreise haben ohne Bezug zu den Einkommen der damaligen Zeit keinen großen Aussagewert. Leider gibt es nur spärliche Aussagen zu den Löhnen und Gehältern in Mark und Pfennig, da die großen Untersuchungen indexiert sind; sie geben jeweils die Steigerung oder den Rückgang in Relation zu einem bestimmten Jahr an.[42] Generell lässt sich sagen, dass die Lebenshaltungskosten zwischen Reichsgründung und der Jahrhundertwende relativ stabil geblieben sind; sie stiegen jedoch bis zum Ausbruch des Ersten Weltkriegs um rund 30 Prozent an – ein Vorbote der Inflation in der Weimarer Republik.[43] Der Stundenlohn eines Industriearbeiters stieg im Zeitraum von 1871 bis 1913 von 20 Pfennig auf 50 Pfennig – also um mehr als das Doppelte.[44] Zum Zeitpunkt der Knaurschen Preisfestsetzung, also Mitte der 1890er-Jahre, lag der Stundenlohn bei etwa 35 Pfennig pro Stunde, sodass ein Beschäftigter in der Industrie rund drei Stunden für einen schmalen Goethe-Band oder zwischen 20 und 30 Stunden für die große Schiller-Ausgabe arbeiten musste.

Klassiker, Kaufhaus, Kolportagehandel

Vertriebswerke für die Volksklassiker waren in dieser Zeit neben den Sortimentsbuchhandlungen vor allem der Kolportagebuchhandel und das Warenhaus. Als Vorbild für die deutschen Warenhäuser gilt das 1852 in Paris gegründete Kaufhaus Le Bon Marché. Rund zwei Jahrzehnte später eröffneten Abraham und Ida Wertheim 1875 in Stralsund das erste deutsche Warenhaus. Es folgten 1879 Leonhard Tietz, ebenfalls in Stralsund, mit der späteren Kaufhof-Gruppe, 1881 Rudolph Karstadt in Wismar und ein Jahr später Oscar Tietz mit Hertie in Gera. Bemerkenswert, dass diese Gründungen im letzten Viertel des 19. Jahrhunderts in der Provinz und nicht in den Metropolen stattfanden. Wann die Warenhäuser zum ersten Mal Bücher anboten, lässt sich nicht mehr feststellen. Wahrscheinlich hielten sie schon bald nach ihrem Entstehen in den Schreibwarenabteilungen vor allem zu Weihnachten Bücher zum Verkauf bereit.

Dem Geschäftsprinzip folgend, möglichst viele verschiedene Waren unter einem Dach anzubieten, haben Warenhäuser wohl schon sehr bald nach ihrer Etablierung begonnen, den Kunden in eigenen Abteilungen Bücher zu offerieren – so etwa der Kaufhauspionier Wertheim, der 1892 bei der Eröffnung der Berliner Filiale in der Leipziger Straße eine »Abteilung für Buchhandel« einrichtete, die sogar in das *Adressbuch des Deutschen Buchhandels* eingetragen wurde. Klassiker müssen in den Warenhäusern ein lukratives Geschäft gewesen sein,[45] wenngleich Bilderbücher, Jugendschriften, leichte Unterhaltungslektüre und Kochbücher umsatzträchtiger waren.[46]

Dass die Warenhäuser trotz Buchpreisbindung, die seit der Krönerschen Reform im Jahr 1888 galt, Bücher billiger anbieten konnten, lag an verdeckten Bezugswegen über Strohmänner sowie an Verlagen, die fast ausschließlich für Warenhäuser arbeiteten und durch Massenauflagen billige Preise erzielen konnten. Vor allem wegen dieses Preisdumpings kam es zu heftigen Auseinandersetzungen mit dem Sortimentsbuchhandel, der wie auch bei anderen (neuen) Vertriebsformen (Kolportagebuchhandel und Bahnhofsbuchhandel) nach dem

Kaufhäuser waren ein wichtiger Vertriebsweg für die Knaur-Klassiker. Hier das Berliner Haus des Kaufhauspioniers Wertheim, in dem es bereits seit 1892 eine Abteilung für Bücher gab.

Muster reagierte: »Ablehnung, vor allem durch das traditionelle Sortiment; Ausgrenzung bis hin zum Lieferboykott, mit juristischen Auseinandersetzungen um Geschäftspraktiken und die Ladenpreisbindung; schließlich ein mühsam errungener und nur halbherzig vollzogener, weil durch die Kräfte des Marktes erzwungener Kompromiss.«[47] Ein zeitgenössisches Dokument für die Stellung des Buchhandels gegenüber dem Warenhaus ist der Artikel *Der Buchhandel im Warenhaus* von Fritz Hansen aus dem Jahr 1900: »Dieses neue Kaufhaus [von Hermann Tietz] hat neben seinen zahlreichen und verschiedenartigsten Warenabteilungen einen buchhändlerischen Betrieb vorgesehen, der unstreitig zu den grössten seiner Art zählt. Man findet hier vom Reclambändchen für 16 Pfennig bis zum wertvollen Prachtwerke eine reiche Auswahl von Büchern aus den verschiedensten Gebieten.«[48] Danach kommt der Autor auf die Auseinandersetzungen der Verlage mit den Kaufhäusern zu sprechen: »Bekanntlich war der Buchhandel lange Zeit die einzige Branche, die es durch ihre vorzügliche Organisation fertig bekommen hatte, den Warenhäusern nichts zu liefern. Trotzdem hat heute jedes Warenhaus seine Abteilung für Bücher, die auf verschiedenen Wegen bezogen werden.«

Ein Beispiel ist die Auseinandersetzung mit dem Kaufhaus Wertheim. Am 20. April 1896 verhängte der Börsenverein eine Liefersperre über Wertheim, in deren Gefolge im November und Dezember 1897 rund 30 Verlage im *Börsenblatt für den Deutschen Buchhandel* versicherten, dass sie keine Bücher an Wertheim geliefert hätten. Darunter waren die Verlage Cotta, Perthes, Max Hesse, Reclam und Deutsche Verlagsanstalt; Knaur nicht. Wertheim reagierte mit Gegenerklärungen. Knapp vier Jahre später wurde die Auseinandersetzung auf Initiative von Wertheim beendet. Das Warenhaus gab in einer Anzeige im *Börsenblatt* am 5. August 1901 bekannt, dass der Vorstand des Börsenvereins die Sperre gegen das Kaufhaus aufgehoben habe, und bat um Zusendung von Katalogen. Seither stieg die Zahl der Warenhausbuchhandlungen, die durch den Börsenverein anerkannt wurden, stetig. Für die Warenhäuser bedeutete das, dass sie an den organisierten Buchhandel angeschlossen waren und dessen buchhändlerische Einrichtungen nutzen konnten. Eine Aufnahme in den Börsenverein war aber damit nicht automatisch gegeben.

Wegen der Querelen mit dem Sortiment gründete Wertheim in Berlin 1898 einen eigenen Verlag, den Globus Verlag – wohl auch wegen der Rentabilität des Buchgeschäfts, denn die entsprechenden Abteilungen standen hinsichtlich der Rendite an dritter oder vierter Stelle des Gesamthauses. Dass der Knaur Verlag in den 1890er-Jahren zum Lieferantenkreis für die Kaufhäuser gehörte, ist zwar nicht belegt, lässt sich aber begründet vermuten.

Gemeinhin gilt der Kolportagebuchhandel als Vertriebsweg von minderwertigen Lesestoffen, von »Schmutz und Schund«, von Genres wie Kriminalgeschichten, Liebes-, Wildwest- und Abenteuerromanen. Das ist falsch, denn die »Schund- und Schauerromane« machten nur einen kleinen Anteil an den Produkten aus, die über Kolportage vertrieben wurden. Neben Konversationslexika, aber auch Musterbüchern für Schreiner, Schlosser und andere Berufe wurden auf diesem Vertriebsweg wohlfeile Klassikerausgaben an ein Publikum gebracht, das entweder in ländlicher Umgebung keine Buchhandlung vorfand oder wegen »Schwellenangst« den Besuch einer Buchhandlung mied. Kolporteure, also selbstständige wandernde Buchverkäufer, verdienten vor allem durch den Verkauf mehrbändiger Lexika wie die von Brockhaus und Meyer, von Unterhaltungszeitschriften wie der *Gartenlaube,* von illustrierten Volkskalendern (einem Vorläufer der Ratgeber) und von Lieferungsromanen (»Kolportageromanen«) ihr Geld. Daneben boten sie auch Klassiker in billigen Ausgaben an. So wurden zum Beispiel Reclams *Universalbibliothek* und die Cotta'sche *Bibliothek der Weltliteratur* über Kolporteure vertrieben. Dies belegt das Loblied, das Gustav Uhl in seinen *Unterrichtsbriefen für Buchhändler* 1903 auf die Kolporteure sang: »Aber, Hand aufs Herz, waren sie es nicht, die im wahrsten Sinne des Wortes die Werke unserer Klassiker in das Volk getragen haben? [...] Sage man nicht, der Bursch aus dem Volke würde den Schiller und Körner und Hauff auch ohne den Kolporteur kaufen und lesen.«[49] Welche Rolle Knaurs Klassiker in diesem Vertriebskanal spielten, ist nicht erforscht. Da Buchbindereien in jener Zeit oft nebenbei Kolportagebuchhandel betrieben, ist es durchaus wahrscheinlich, dass Knaur die verlagseigenen Klassiker auch selbst auf dieser Schiene vertrieb, zumal das Klassikerprogramm »kolportagekompatibel« war, wie eine Empfehlung von Klassikerausgaben für diesen Vertriebsweg zeigt.[50] 1887 empfahlen die *Praktischen Winke für die Einrichtung und den Betrieb der Kolportage* von Friedrich Streissler Ausgaben von Goethe, Heine, Körner, Lenau, Lessing, Schiller und Shakespeare – und all diese Autoren hatte Knaur im Programm.[51]

Keine Rolle spielten die Klassikerausgaben in den zeitgenössischen Leihbibliotheken. Hier dominierten deutsche Unterhaltungsautoren wie Luise Mühlbach, Friedrich Wilhelm Hackländer und Friedrich Gerstäcker sowie ihre ausländischen Pendants wie Alexandre Dumas, Eugène Sue und Walter Scott.[52]

Zu den Gesamtauflagen der populären Klassikerausgaben im Allgemeinen und bei Knaur im Speziellen liegen keine Zahlen vor. Zeitgenössische Berichte – so etwa des Buchhändlers Emil Strauß –, wonach in wenigen Tagen 500 000 Exemplare verkauft worden seien, sind mit großer Skepsis zu betrachten.[53] Bei den in Halb- bzw. Ganzleder gebundenen Ausgaben muss man von mehreren Hunderten und nicht Tausenden von Exemplaren ausgehen.

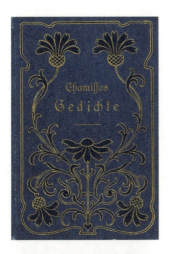

Einzelausgaben klassischer Texte ergänzten das umfangreiche Programm der mehrbändigen Klassikerausgaben: *Gedichte* von Adelbert von Chamisso (um 1893) und *Lichtenstein* von Wilhelm Hauff (vor 1901) als »Auskoppelungen« aus den zugrunde liegenden Ausgaben sowie *Aus dem Leben eines Taugenichts* von Joseph von Eichendorff (vor 1901) und *Buch der Lieder* von Heinrich Heine als sogenannte Miniaturausgaben, deren Innenteil typografisch gestaltet war.

Neben den Werkausgaben veröffentlichte Knaur Einzelausgaben von klassischen Texten. Das waren u.a. Chamissos *Gedichte*, Eichendorffs *Taugenichts*, Hauffs *Lichtenstein*, Heines *Buch der Lieder*, Lessings *Meisterdramen* und *Laokoon* sowie Schillers *Gedichte*. Sie wurden zum Teil im Klassikerformat als »Auskoppelungen« aus den Werkausgaben (z.B. Chamisso und Lessing), zum Teil im kleineren Format mit eigener Gestaltung und Schmuckausstattung publiziert (z.B. Eichendorff, Heine und Schiller).

ANTHOLOGIEN, ERBAULICHES UND UNTERHALTUNGSLITERATUR

Der Gesamtumfang des Klassikerprogramms in Relation zur übrigen Produktion ist beträchtlich. Aus dem Rahmen des klassisch-literarischen Programms fallen eine zweibändige, großformatige Prachtausgabe des *Don Quijote* von Cervantes mit den Illustrationen von Gustav Doré, vor allem aber die Erstausgabe der posthum herausgegebenen Sammlung *Spät erblüht* von Gedichten von Ernst Moritz Arndt. Mit Werkausgaben sind heute vergessene Autoren vertreten: Adolf Böttger (*Gesammelte Dichtungen* in 6 Bänden), Otto Ruppius (*Gesammelte Erzählungen aus dem deutschen und deutsch-amerikanischen Volksleben* in 15 Bänden) und Moritz Gottlieb Saphir (*Humoristische Werke* in 4 Bänden).

Zum weiteren Programm gehörten populäre Anthologien wie das über 400-seitige *Breviarium* zu Heinrich Heines hundertstem Geburtstag im Jahr 1897 sowie die ins Poesiealbumhafte reichenden Sammlungen *Das Fichtelgebirge im Lichte der Poesie* von Ludwig Zapf, *Gedenke mein!*, herausgegeben von Max Arnold (später auch unter den Titeln *Vielliebchen* und *Perlen deutscher Dichtung* publiziert), *Perlen griechischer Dichtung,* herausgegeben und übersetzt von Hermann Griebenow, *Zwei Mädchenbilder* und *Kleeblatt* von Sophie von Adelung, *Ähre und Garbe* von J. Schaub und das *Buch des Lebens und der Liebe* von Leopold Schefer. Bei diesen Titeln wird in der Werbung die Ausstattung herausgestrichen: »Druck mit bunten Kopfleisten und Blumenverzierungen in feinstem Prachtband.«

Durchaus anspruchsvoller ist die von Emil Kneschke herausgegebene, über 800 Seiten umfassende Anthologie *Deutsche Lyriker seit 1850,* die einen guten Eindruck vom Zeitgeschmack gibt. Neben Eduard Mörike, Heinrich Heine und natürlich Emanuel Geibel sind unter den fast 200 Autoren auch Dichter vertreten, die man heute kaum noch in einem Nachschlagewerk findet.

Ein Beispiel der Knaurschen Wiederverwertungskunst: In der vierten Auflage (um 1891; frühere Auflagen liegen nicht vor) erschien die von Max Arnold herausgegebene Anthologie unter dem Titel *Gedenke mein!*. Bei nur farblich und natürlich in der Texturierung verändertem Umschlag lautete die Titelformulierung in der fünften Auflage *Vielliebchen*. Schließlich wurde das Werk Anfang des neuen Jahrhunderts als *Perlen deutscher Dichtung. Eine Festgabe für junge Herzen* auf den Markt gebracht. Das Poesiealbum war prächtig ausgestattet: Goldschnitt ringsum, bunte Kopfleisten und viele farbige Abbildungen. Der Buchblock blieb bei allen Auflagen unverändert.

Von der Buchbinderei zum Klassikerverlag 1846–1901

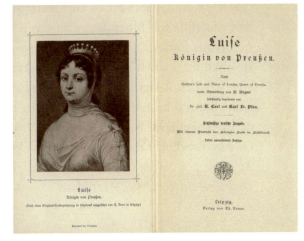

Äußerlich aufwendig mit Deckelprägung und Goldschnitt kam *Luise. Königin von Preußen* (um 1900) von R. Carl Pfau und Karl Friedrich Pfau daher. Der Innenteil war ein völlig schmuckloser Text von mehr als 450 Seiten.

Einen kleineren Programmteil bilden zeitgenössische Unterhaltungsliteratur von Georg Ebers, dessen *Eine ägyptische Königstochter* bis heute lieferbar ist, der international erfolgreiche Kinderbuchklassiker von Jacques-Henri Bernardin de Saint-Pierre *Paul und Virginie* und Hans Christian Andersens in vielen Auflagen verbreitetes *Bilderbuch ohne Bilder*.

Zur erbaulichen, teils christlichen Literatur gehören die Textsammlungen *Merkbüchlein für alle Tage des Jahres* und *Christliches Geburtstags-Album* des Pastors G. Jung, *Psalter und Harfe* von dem lutherischen Theologen Karl Johann Philipp Spitta, das Buch *Von Heimat zu Heimat* von Gustav Weck, *Erkenne dich selbst! Beiträge zu einer einheitlichen Welt- und Lebensanschauung* von Hermann Opitz sowie das *Buch der Sinnsprüche* und *Vermächtnis* von Sieveking. Hierzu zählt auch die bereits erwähnte Publikation des schwedischen Lyrikers und lutherischen Bischofs Esaias Tegnér (1782–1846) mit den Bänden *Frithjofs-Sage* und *Schwedensang. Epische und lyrische Dichtungen*.

Der Anteil des Sachbuchs am Gesamtprogramm ist sehr gering. Zu den romanhaften Biografien gehören R. Carl Pfaus und Karl Friedrich Pfaus *Luise. Königin von Preußen* – in einer Prachtausgabe mit Goldschnitt – sowie das Buch von Hermann Pilz über Joseph Victor von Scheffel, dessen Roman *Ekkehard* zwar bereits 1855 erschienen war, aber erst nach der Reichsgründung riesige Auflagen erzielte.[54] In der vierbändigen Reihe *Deutsche Dichter der Gegenwart* werden Gustav Freytag, Julius Wolff, Georg Ebers und Scheffel porträtiert. An diese populären Darstellungen schließen auch die *Lebenswege im Dichterwald* von Max Arnold an.

*

Wie andere Verlage beteiligte sich auch Knaur an der Publikationsschwemme des *Bürgerlichen Gesetzbuchs (BGB)*. Nachdem das Gesetz am 24. August 1896 im *Reichsgesetzblatt* veröffentlicht worden war, brachten allein in Berlin und Leipzig nicht weniger als 22 Verlage Textausgaben des *BGB* heraus, meist mit Einführungsgesetz und Register.[55] Mit einer Textausgabe samt einem »praktischen Führer […] und volkstümlichen Erläuterungen« zum *Bürgerlichen Gesetzbuch* von Fritz Eberhardt sowie einer Ausgabe des *Handelsgesetzbuchs* etablierte Knaur einen kleinen juristischen Programmteil. Kurios ist die hier abgebildete Doppelseite, die im zuletzt genannten Titel enthalten und die mitten im Abdruck des Margarine-Gesetzes platziert ist.

Das in einer Anzeige erwähnte *Illustrierte Pracht-Album der Weltausstellung in Paris 1889* von Eduard Hubert ist nicht nachzuweisen. Das gilt auch für eine um rund 100 Seiten erweiterte Ausgabe des mehrfach aufgelegten populären Ratgebers *Die richtige und billige Ernährung. Kochbuch und Haushaltungslehre*

Wie andere Verlage brachte auch Knaur das *Bürgerliche Gesetzbuch* nach seinem Inkrafttreten am 24. August 1896 heraus und versprach »volkstümliche Erläuterungen«.

für den sparsamen Haushalt von Ottilie Palfy. Anzumerken ist an dieser Stelle, dass eine Reihe von Titeln, die in Eigenanzeigen des Verlags genannt werden, nicht nachgewiesen werden konnten.

Bis auf sehr wenige Ausnahmen (u. a. *Spät erblüht* von Ernst Moritz Arndt, *Von Heimat zu Heimat* von Gustav Weck, *Perlen deutscher Dichtung* von Max Arnold) besteht das Programm durchweg aus Titeln, deren Erstausgaben in anderen Verlagen erschienen waren und dort ihre Marktfähigkeit bewiesen hatten. Das Beispiel der oben erwähnten Anthologie *Deutsche Lyriker seit 1850* ist in dreierlei Hinsicht interessant. Zum einen ist es eines der beiden vor 1884 von Knaur verlegten Bücher; es trägt die Jahresangabe 1883 auf dem Titelblatt. Zweitens ist die Sammlung ein Beleg dafür, dass Knaur in der Regel nur erfolgreiche Bücher verlegte, denn der Verlag übernahm dieses Buch in der fünften Auflage mit dem Vermerk, es handele sich um eine »vollständig neu bearbeitete Auflage«; sie umfasste nun 816 Seiten. Und drittens ist die Anthologie ein sprechendes Beispiel für die »Wanderung« solcher Titel in der damaligen Zeit. Die erste Auf-

Auch das seit dem 10. Mai 1897 geltende Handelsgesetzbuch erschien im Knaur Verlag. Am Ende des Buchs – noch nach dem Register – ist das Margarine-Gesetz abgedruckt. Darin ist die hier abgebildete Werbe-Doppelseite eingeblockt. Das lässt die Vermutung zu, dass es sich hier um eine Ausgabe handelt, die für ein Unternehmen produziert wurde.

lage mit 568 Seiten erschien 1864 im Leipziger Carl B. Lorck Verlag. Die zweite »verbesserte und vermehrte Auflage« mit 679 Seiten brachte 1868 der Verlag Albert Fritsch, ebenfalls Leipzig, heraus. Kurioserweise existiert zur Knaur-Ausgabe von 1883 ein text- und seitenidentischer Druck mit der Verlagsangabe Rudolf Lincke's Verlag, Leipzig. Beide Ausgaben sind von Frankenstein und Wagner in Leipzig gedruckt worden und enthalten wie die vorherigen Auflagen ein Frontispiz mit einem Stahlstich Emanuel Geibels von A. Weger. Am Fuß der Abbildung in der Lincke-Ausgabe steht der Vermerk »Rudolf Lincke, Verlagsbuchhandlung Leipzig«, der sich exakt so in der Knaur-Ausgabe wiederfindet. Man hat sich also nicht einmal die Mühe gemacht, für die Knaur-Ausgabe auch auf dem Frontispiz die Verlagsangabe zu ändern.

Insgesamt besteht das Programm, das bis 1901 rund 70 bisher identifizierte Titel umfasst, zum überwiegenden Teil aus gemeinfreien Texten oder Lizenzausgaben, ohne dass jeweils die Rechteherkunft ausgewiesen wäre. Leider gibt es bislang keine Untersuchungen über die Abwicklung der Geschäfte zwischen den Verlagen sowohl hinsichtlich der Eigentumsverhältnisse an den Druckunterlagen für die Stereotypiedrucke und der finanziellen Regelung bei Austausch der Unterlagen als auch über das in dieser Zeit entstehende Lizenzgeschäft zwischen den Verlagen.

Knaur war seit den Anfängen bis in die Weimarer Republik hinein in erster Linie ein – wie man heute sagen würde – Nebenmarktverlag. Sein Feld war das »Massenbuch«, das zeitgenössisch vom »Kulturbuch« scharf abgegrenzt wurde.[56] Während als »Kulturbuch« eine Publikation bezeichnet wurde, »die von dem Verleger mit der bewussten Absicht einer ›Kulturförderung‹« auf den Markt gebracht wurde, war das »Massenbuch« als die »reine Benutzung gangbarer populärer Ideale als Mittel wirtschaftlichen Gewinnens« charakterisiert.[57] »Sein geistiger Grund – sofern es überhaupt einen solchen hat – liegt natürlich in der im 19. Jahrhundert immer mehr erstarkenden Gesinnung, die auch den mittleren und unteren Volksschichten Genuß und Belehrung des Buches zukommen lassen möchte.«[58] Die

Die von Emil Kneschke herausgegebene Anthologie *Deutsche Lyriker seit 1850* in der Ausgabe von Rudolf Lincke's Verlag in Leipzig (rechts) und des Knaur Verlags.

Entgegensetzung von Kultur und Kommerz ist mit Sicherheit keine Erfindung des ausgehenden 19. Jahrhunderts, doch verschärft sie sich in dieser Zeit durch das Aufkommen massenhaft verbreiteter Literatur (und Zeitschriften). Samuel Fischer hat die Position des Kulturverlegers in einem Gespräch mit Franz Pfemfert, dem Herausgeber der Zeitschrift *Die Aktion,* programmatisch auf den Punkt gebracht: »Dem Publikum neue Werte aufzudrängen, die es nicht will, ist die wichtigste und schönste Mission des Verlegers.«[59] Der Massenbuchverleger aber – so ließe sich ergänzen – bedient nur die (Unterhaltungs-)Interessen des Publikums.

Für die Tatsache, dass Knaur ein Nebenmarktverlag war, spricht eine Reihe von Indizien. Zum einen lassen sich zum Start des Verlags im Jahr 1884 (und auch später) keine Anzeigen im *Börsenblatt für den Deutschen Buchhandel* finden.[60] Solche Anzeigen lägen nahe, wenn man den Sortimentsbuchhandel auf den neuen Verlag und seine Pro-

```
              - 1846 -    - 1884 -    - 1896 -
              Trinkspruch zur J u b e l - F e i e r
                      am 14.August 1896.
              Verfaßt    von    Fr. Ohnesorge in Sebnitz.
```

Aus kleinen Anfang ist zu allen Zeiten
Hervorgegangen,was zur Größe wuchs.
Aus kleinen Anfang ist dies Haus entstanden,
Das heute beim fünfzigjährigen Jubelfeste
Sich freuen kann so stattlichen Bestandes,
Wie wir es kennen aus den Arbeitsräumen
und hier im festgeschmückten Saale sehn.
Gewachsen ist nicht nur an äußerem Umfang
Das alte hochansehnliche Geschäft;
Auch einen neuen Zweig der Tätigkeit
Hat diese Firma ihrem Ehrenkranze
Hinzugefügt in ihrem Buchverlage.
Aus kleinen Anfang ist auch der entstandenen,
Und,erst 12 Jahre alt,kann er an Umfang
Sich nicht vergleichen mit den großen Häusern,
Die Leipzig's Weltenruhm begründet haben
Als Mittelpunkt und Hauptstadt des Buchhandels.
Allein auch jene Häuser haben ehrbar
Aus kleinen Anfang sich emporgeschwungen,
Sind nicht im Nu in schwindelhafter Größe
Wie aus dem Nichts ins Dasein eingetreten,
Vielmehr bei regelrecht gesundem Wachstum
In Menschenaltern erst zu dem geworden,
Was sie dem Vaterlande heute sind.
Das ist ihr Ruhm und Ihrer Dauer Grund.

So hat auch dieses Haus in wenig Jahren
Mit seines jungen Buchverlages Richtung
Bei allen,die das klassisch Schöne schätzen,
Im deutschen Lande Ehre eingelegt,
Und gibt mit seinem steten stillen Wachstum
Gewähr für einen zukunftssicheren Aufschwung
Zu schöner Blüte u. zu reicher Frucht.
Und hat nicht jedes Werk,das hier herauskam,
Sich wie im Sturm die Leserwelt erobert,
So lobt es doch den idealen Sinn
Des Mannes,der in diesem Hause waltet
Und wahren Wert der Kinder ächten Geistes
Mit scharfen Blick erkennt,und freien Mutes
Das Gute an das Licht des Tages führt.
Mag lange noch sein kritisches Verständnis,
Sein sicherer Geschmack das Scepter führen,
Und sich vererben einst auf Sohn und Enkel.
Mag sein Verlag an glänzenden Erfolgen
Wie ihm so manche schon zu Teil geworden,
Mit jedem ferneren Jahre reicher werden,
Und immer herrlicher gedeihn u. blühn
Das walte Gott, der Geber alles Guten
Hoch lebe der Verleger Otto Knaur !
Frisch wachse stets u. blühe sein Verlag!
Der Knaur'sche Buchverlag, er lebe hoch !

"Esaias Tegnér's
Frithjofs-Sage
übersetzt von
Fr. Ohnesorge

Auf den Tag genau 50 Jahre nach der Gründung der Buchbinderei fand am 14. August 1896 eine »Jubelfeier« statt. Dabei trug Friedrich Ohnesorge, der Übersetzer des von Knaur verlegten schwedischen Lyrikers Esaias Tegnér, diesen Trinkspruch vor. Er endet mit den Zeilen »Hoch lebe der Verleger Otto Knaur!
Frisch wachse stets u. blühe sein Verlag!
Der Knaur'sche Buchverlag,
er lebe hoch!«.

duktion aufmerksam machen will. Zum anderen ist in den Anzeigen, in denen die Buchbinderei auf ihre Leistungen hinweist, die Verlagsproduktion, wenn überhaupt, nur am Rande erwähnt. Bestes Beispiel dafür sind die oben beschriebenen Eigenanzeigen in der Ausgabe von Uhlands *Gedichten und Dramen*. Drittens spricht auch die Tatsache, dass das die einzige bekannte Klassikerausgabe mit Eigenanzeigen ist, dafür, dass die Produktion gleichsam auf Bestellung von Großabnehmern, vor allem Warenhäusern, erfolgte. Viertens erinnert die Praxis, das Druckjahr nicht zu nennen, an die Praxis der Buchgemeinschaften nach dem Zweiten Weltkrieg. Ein Werk ohne Erscheinungsjahr reklamiert so einen gewissen »Ewigkeitsanspruch«. Bezeichnend ist schließlich in diesem Zusammenhang, dass Knaur unmittelbar nach dem Verkauf des Verlags mindestens drei Anzeigen im *Börsenblatt* über den Verkauf von tausend Rohbogen des *Bürgerlichen Gesetzbuchs* schaltete, also buchherstellerisch und nicht verlegerisch in Erscheinung trat.[61] Die Übernahme und Übersiedelung des Verlags nach Berlin wurde dagegen im *Börsenblatt* nicht angezeigt, was durchaus branchenunüblich war: Wilhelm Emil Otto Knaur verkaufte im Jahr 1901 den Verlag an den Berliner Verlagsbuchhändler Gabriel Hendelsohn.

»AUCH KNAUR MUSS SEIN, DENN ER IST MÖGLICH.«

1901–1933

Am 18. Juli 1901 wurde der Verlag Th. Knaur Nachfolger in das Berliner Handelsregister eingetragen. Erwerber des Verlagsteils der Leipziger Firma Th. Knaur war der Berliner Verlagsbuchhändler Gabriel Hendelsohn. Mit großer Wahrscheinlichkeit hat Hendelsohn nur die Klassiker erworben; der Eintrag in den *Verlagsveränderungen im deutschen Buchhandel 1900–1932* lautet: »Knaur, Th., Leipzig, sämmtl. Klassiker-Ausgaben jetzt: Berlin, Th. Knaur Nf.«[1] Diese Vermutung wird auch durch die Tatsache gestützt, dass nach 1901 die Anthologien, die erbaulichen Schriften und die wenigen Sachbuchtitel nicht mehr im Programm auftauchten.

Der neue Verlagsstandort ist die »schnell ins Gigantische gewachsene Weltstadt«; sie ist »voller Morgenstimmung. Es ist das Bewusstsein vom Aufbruch ins neue Jahrhundert«, heißt es in einem Bildband über die Hauptstadt des Deutschen Reichs um 1900.[2] Die früher eher provinzielle Residenzstadt entwickelte sich vor allem durch die Textilindustrie und die Elektroindustrie (Siemens, AEG) zu einem bedeutenden Wirtschaftszentrum. Ende der 1850er-Jahre lebten nicht einmal eine halbe Million Menschen in Berlin; bis 1875 wuchs die Bevölkerung auf mehr als das Doppelte und erreichte im Jahr 1895 die Zahl von rund 1,7 Millionen. Die expandierende Metropole hatte mittlerweile auch Leipzig den Rang als wichtigste Medienstadt in Deutschland abgelaufen. So bestimmten die drei Konzerne von Rudolf Mosse (gegründet 1867), Leopold Ullstein (gegründet 1877) und August Scherl (gegründet 1883) den Zeitungs- und Zeitschriftenmarkt. Die Zahl der in Berlin ansässigen Buchverlage verdreifachte sich in den rund vier Jahrzehnten zwischen 1869 und 1911 und stieg von 178 Verlagen auf 572. Zu den alteingesessenen Verlagen wie Paetel mit der Übernahme von Duncker, Grote und Hempel kamen Neugründungen wie S. Fischer (1886), Bondi und Schuster & Löffler (beide 1895) sowie der 1903 von Ullstein gestartete Buchverlag. Nicht nur in der Zahl der Verlage, sondern auch in der Titelproduktion lag Berlin, wenn auch knapp, vor Leipzig.

Aber nicht nur Berlin expandierte als Medienstadt, der Buchmarkt insgesamt weitete sich zwischen 1880 und dem Beginn des Ersten

Weltkriegs stark aus. So stieg die Produktion von 15 000 auf 35 000 Titel, die Zahl der Verlage verdreifachte sich auf 3200 und die der Sortimentsbuchhandlungen wuchs in fast demselben Ausmaß, nämlich von 3000 auf 7300.

Gabriel Hendelsohn wurde am 11. Juni 1861 in Barcin (dt. Bartschin) in der Nähe von Bydgoszcz (dt. Bromberg) als Sohn von Benjamin Hendelsohn und Friederike Rogowska geboren. 1889 heiratete er die sieben Jahre jüngere Martha Sandberg in Breslau. Bereits 1886 gründete er die Verlagsbuchhandlung G. Hendelsohn. Ein Jahr später taucht er in den Berliner Adressbüchern als Mitinhaber der Schreib- und Lederwarenhandlung Kantorowicz & Hendelsohn auf, die er drei Jahre danach als alleiniger Besitzer übernahm: »Papier, Schreibmat. Lederwr. Engros«. 1899 wird er als Verlagsbuchhändler und Inhaber der Schreiter'schen Verlagsbuchhandlung geführt, die erst ein Jahr zuvor gegründet worden war. Weitere zwei Jahre später kaufte Hendelsohn den Knaur Verlag, der nun als Th. Knaur Nachf. geführt und von Leipzig nach Berlin übersiedelt wurde. 1906 erwarb Hendelsohn schließlich den nur drei Jahre zuvor von Walther Bloch-Wunschmann gegründeten Verlag Jugendhort, der danach als Verlag Jugendhort (Walther Bloch Nachf.) firmierte. In diesem Jahr trat Hendelsohn mit der Mitgliedsnummer 7709 in den Börsenverein ein und repräsentierte als persönliches Mitglied auch die vier Verlage. Nach seinem Tod 1916 erlosch die Mitgliedschaft, und an seine Stelle trat Friedrich Maurer, einer der persönlich haftenden Gesellschafter und Schwiegersohn Hendelsohns.[3]

Mit dem Erwerb von Jugendhort war der zügige und zielstrebige Aufbau der Verlagsgruppe abgeschlossen.[4] Zu ihr gehörten also die Verlagsbuchhandlung G. Hendelsohn, die Schreiter'sche Verlagsbuchhandlung, der Verlag Th. Knaur Nachf. und der Verlag Jugendhort (Walther Bloch Nachf.). Warum Gabriel Hendelsohn den Verlagsteil des Leipziger Unternehmens Theodor Knaur kaufte, ist offenkundig: Das umfangreiche Klassikerprogramm passte hervorragend in sein

Das Gebäude der Buchbinderei Th. Knaur im Leipziger Täubchenweg 3 in einer Abbildung um 1912.

im Aufbau befindliches Portfolio. Warum aber verkaufte der Sohn des Unternehmensgründers? Einen Hinweis gibt die Enkelin von Theodor Knaur, Luise Böhme, in ihren Aufzeichnungen: »Leider sah die Kundschaft in dem Verlag eine Konkurrenz, da der größere Teil selbst Verleger waren u. Herr Otto Knaur sah sich veranlaßt den Verlag 1901 zu verkaufen.«[5] Das muss man wohl so verstehen, dass das Geschäft der Buchbinderei nach wie vor die tragende Säule des Unternehmens war und der Buchverlag eher ein Beiprodukt. Und um das Buchbindegeschäft mit den anderen Verlagen und Zwischenbuchhändlern nicht zu gefährden, konzentrierte sich Knaur auf das Kerngeschäft, wie man heute sagen würde. Diese Überlegung wird auch durch die Tatsache gestützt, dass sich Knaur nach der Trennung vom Verlagsteil zur Großbuchbinderei entwickelte.[6] Im *Adressbuch des Deutschen Buchhandels* von 1905 stellt Wilhelm Emil Otto Knaur sein Unternehmen selbstbewusst vor: »Meine Großbuchbinderei, ausgestattet mit allen Neuerungen, Leistungsfähigkeit 2 000 000 Bände, halte ich für bestens empfohlen.«[7] Eine kleine Buchproduktion wurde unter dem Verlagsnamen Th. Knaur aufrechterhalten.[8] Wilhelm Emil Otto Knaur starb 1923. 1931 fusionierte die Firma unter dem Namen Th. Knaur – Hübel & Denck mit der ebenfalls in Leipzig ansässigen Buchbinderei Hübel & Denck, die 1928 hatte Konkurs anmelden müssen.

PROGRAMMÜBERNAHME, PROGRAMM-REVISION, PROGRAMMERWEITERUNG

Welche Programmbereiche deckte die neu entstandene Verlagsgruppe von Gabriel Hendelsohn ab? Die folgenden Programmanalysen der einzelnen Verlage versuchen, den Stand beim Aufbau der Verlagsgruppe zu erfassen. Unschärfen sind dabei nicht zu vermeiden, denn so gut wie alle Bücher der drei Verlage Hendelsohn, Schreiter'sche Verlagsbuchhandlung und Jugendhort sind – wie die von Knaur – ohne Publikationsdatum, und bei den wenigen Ausgaben mit einer Druckdatumsangabe muss diese nicht zwangsläufig mit dem ersten Publikationsdatum übereinstimmen.

In der Verlagsbuchhandlung G. Hendelsohn erschienen Klassiker der Kinder- und Jugendliteratur, die oft für die jungen Leser bearbeitet oder nacherzählt wurden (*Onkel Toms Hütte* von Harriet Beecher-Stowe, *Lederstrumpf* von James Fenimore Cooper, *Robinson Crusoe* von Daniel Defoe und *Gullivers Reisen* von Jonathan Swift), Abenteuerliteratur (*Der Waldläufer* von Gabriel Ferry sowie *Der weiße Häuptling* und *Die Skalpjäger* von Thomas Mayne Reid), Märchen, Fabeln und Sagen (*Märchen und Sagen* von Hans Christian Andersen, *Till Eulenspiegel*, *Reineke Fuchs*, *Tausend und eine Nacht* und *Die schönsten Sagen des klassischen Altertums* von Gustav Schwab), »Backfischliteratur« mit Erzählungen für junge Mädchen (*Das Blumen-Käuzchen* von Hermine Villinger, *Die Frühverlobten* von Caroline Pichler, *Jugendliebe* von Elise Polko sowie *Ein Kind des Glücks* von Elisabeth von Hülsen, die den gleichnamigen Roman von Charlotte Birch-Pfeiffer »durchweg frei bearbeitet« hatte) sowie drei po-

Die Verlagsbuchhandlung G. Hendelsohn hatte kein grafisches Logo, sondern firmierte mit diesem Schriftzug.

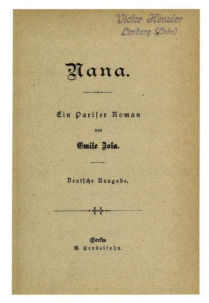

Émile Zola war einer der erfolgreichsten Autoren des 19. Jahrhunderts. Seinen Roman *Nana*, der erstmals 1881 auf Deutsch erschienen war, druckte die Verlagsbuchhandlung G. Hendelsohn in einer undatierten Ausgabe und ohne Angabe des Übersetzers.

puläre Autoren des 19. Jahrhunderts, allen voran Émile Zola, der in einer zeitgenössischen Statistik über Ausleihzahlen in Arbeiterleihbibliotheken mit großem Abstand die Spitze einnimmt, Alphonse Daudet und Leo Tolstoi.[9]

Aus dem schmalen Sachbuchprogramm stechen die *Briefe* Otto von Bismarcks und eine Hagiografie des Reichskanzlers von Oskar Höcker *(Fürst Bismarck, der eiserne Kanzler. Ein Vorbild deutscher Treue und Vaterlandsliebe)* hervor. Daneben lassen sich drei Kochbücher nachweisen (*Das Lette-Kochbuch der Hausmannskost* von Helene Faber, *Margarethe Hertwig's Bürgerliches Kochbuch für die sparsame Haufrau* und *König's Victoria-Kochbuch für die bürgerliche Küche*). Um 1910 wurde die Verlagsproduktion eingestellt.[10]

*

Ein ähnlich breites Programm bot die Schreiter'sche Verlagsbuchhandlung. Auch hier wurden die oben genannten Klassiker der Kinder- und Jugendliteratur sowie *David Copperfield* von Charles

Dickens verlegt. Hinzu kamen eine Reihe von national gesinnten »vaterländischen Jugendschriften« wie *1870 und 1871. Zwei Jahre deutschen Heldentums* von Gustav Höcker, *Der alte Nettelbeck oder Der Retter in der Not* von Luise Pichler, *Der Held der Hansa* von Rudolf Scipio oder *Von Sieg zu Sieg* von Fritz Werdermann. Reisen und Abenteuer waren u. a. vertreten durch *Tahiti* von Friedrich Gerstäcker, *Der letzte Bombardier* von Friedrich Wilhelm Hackländer sowie *Auf Steppen und auf Schneefelder* von Luise Pichler und Theodor Ebner. Für den Bereich Märchen sind die Anthologie *Märchen für Kinder*, die *Volksmärchen der Deutschen* von Johann Carl August Musäus sowie *Die schönsten Sagen des klassischen Altertums* von Gustav Schwab charakteristisch. Für die Mädchenbücher sind *Backfischchens Kaffeekränzchen* und *Dreißig Jahre nach Backfischchens Kaffeekränzchen* von Henriette Schmidt sowie *Martina und Gertrud* von Klara Cron typisch. In der populären Belletristik wurden gängige Titel der Zeit verlegt, die auch in anderen Verlagen zu finden waren (*Die letzten Tage von Pompeji* von Edward Bulwer-Lytton, *Die Totenhand* von Alexandre Dumas, *Die Ahnen* von Gustav Freytag, *Der Trompeter von Säckingen* von Joseph Victor von Scheffel und *Ben Hur* von Lewis Wallace). Daneben gab es mit dem Kochbuchklassiker *Praktisches Kochbuch für die bürgerliche und feinere Küche* von Henriette Davidis in Bearbeitungen von Helen Reinhold und Helene Faber, mit *Hausmannskost. Bürgerliches Kochbuch für die sparsame Hausfrau* von Marie Magdalene Grundmann und der *Koch- und Haushaltungsschule für die bürgerliche Familie* von J. von Hackewitz ein kleines Kochbuchsegment.

Nach dem Erwerb des Verlags durch Hendelsohn wurde das Programm ganz auf populäre Unterhaltungsliteratur ausgerichtet. Dazu gehörten erfolgreiche ausländische Autoren wie Alexandre Dumas,

BERLIN W 50
SCHREITERSCHE VERLAGSBUCHHANDLUNG

Auch die Schreiter'sche Verlagsbuchhandlung hatte kein grafisches Logo, sondern firmierte mit diesem Schriftzug.

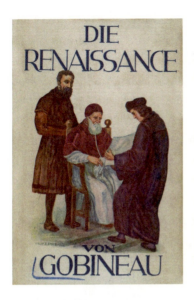

Ein Titel in der Schreiter'schen Verlagsbuchhandlung, der später auch von Knaur wieder aufgelegt wurde, war *Die Renaissance* von Arthur de Gobineau. Das Buch erschien in der Reihe *Kulturhistorische Romane*, die fast 120 Titel umfasste.

Gustave Flaubert, Victor Hugo sowie Maurice Leblanc mit seinen Kriminalgeschichten um den Meisterdieb Arsène Lupin aus Frankreich, Fjodor Dostojewski und Leo Tolstoi aus Russland sowie die deutschen Erfolgsautoren Joseph Victor von Scheffel und Gustav Freytag mit ihren historischen Romanen sowie die Frauenromane von Louise von François, Wilhelmine Heimburg und Eugenie Marlitt. Auch erschienen hier früh Science-Fiction-Romane wie die von John Merriman. Um 1930 stellte der Verlag die Neuproduktion ein.[11] Bereits Mitte der 1920er-Jahre hatte der Musikverlag Friedrich Hofmeister, Leipzig, das umfangreiche Musikalienprogramm der Schreiter'schen Verlagsbuchhandlung aufgekauft. 1952 wurde die Firma formal nach München verlegt und 1960 aus dem Handelsregister gestrichen. Die Rechte gingen an Droemer Knaur.

Am klarsten positioniert war der Verlag Jugendhort (Walther Bloch Nachf.). Er verlegte ausschließlich Kinder- und Jugendliteratur. Neben einigen Klassikern dieser Literatur (*Onkel Toms Hütte* von

Harriet Beecher-Stowe, *Robinson* in der Fassung von Joachim Heinrich Campe, *Lederstrumpf* von James Fenimore Cooper und *Gullivers Reisen* von Jonathan Swift) bildeten »vaterländische Jugendschriften«, Abenteuer- und Reiseliteratur, Märchen und Sagen sowie Mädchenromane die Schwerpunkte des Programms. Diese Programmstruktur war auch für andere zeitgenössische Verlage dieser Art typisch. Die nationalistisch orientierten Jugendschriften führten vorbildliches bis heldenhaftes Leben vor (*Der alte Fritz* von Wilhelm Oertel von Horn, *Blücher. Ein Lebensbild für die deutsche Jugend* von Fedor von Koeppen, *Scharnhorst. Eine Erzählung für die deutsche Jugend* von Franz Kühn, *Lebensbilder deutscher Männer und Frauen* von J. Stiegler). Die Abenteuer- und Reiseliteratur reichte von den Büchern von Eginhard Barfus *(Die Meuterer in der Südsee, Aus fernen Zonen. Erlebnisse und Abenteuer deutscher Seefahrer in Polynesien und Nord-West-Borneo, Treue Freunde. Erlebnisse zweier Deutscher in Nord-West-Borneo)* über *Unter schwarz-weiß-roter Flagge* von J. H. O. Kern bis *Unter Eisbären und Pinguinen* von Anton Oskar Klaußmann. Mit vielen Titeln ist das Segment Märchen, Fabeln und Sagen vertreten. Neben mehreren Sammlungen der Gebrüder Grimm und von Gustav Schwab sind auch Hans Christian Andersen *(Ausgewählte Märchen, Aus der Märchenwelt)*, Ludwig Bechstein *(Märchenbuch)* und Wilhelm Hauff *(Schönste Märchen, Im Zauberland)* sowie mehrere Anthologien mit Fabeln erschienen.

Vom Verlag Jugendhort (Walther Bloch Nachf.) sind in den Büchern zwei Logos überliefert.

Ein Schwerpunkt des Jugendhort-Programms waren Sammlungen von Märchen, Fabeln und Sagen, hier die »für die Jugend« gesammelten Anthologien *Götter- und Heldensagen* sowie *Rübezahl* (beide nach 1903).

Schließlich veröffentlichte der Verlag eine breite Palette von Mädchenromanen wie *Schulmädelgeschichten* und *Backfischgeschichten* von Marie Beeg, *Rosen und Dornen* von Thekla von Gumpert und *Glückswechsel* von Caroline Pichler. Eindeutig wichtigste Autorin ist Ottilie Wildermuth mit mehr als zehn Titeln. Die Autorin war durch den Abdruck ihrer Geschichten in viel gelesenen Familienzeitschriften wie *Daheim* und *Die Gartenlaube* zu einer der bekanntesten Schriftstellerinnen ihrer Zeit geworden.

Nach dem Kauf des Verlags durch Hendelsohn wurden diese Programmlinien weiter gepflegt und durch Titel vor allem im Segment der Abenteuer- und Reiseliteratur sowie der Backfischbücher ergänzt. Der Bereich der nationalistischen Ertüchtigungsbücher wurde durch die teilweise Übernahme der erfolgreichen Reihe *Carl Flemmings Vaterländische Jugendschriften* vom Verlag Carl Flemming erweitert, und im Ersten Weltkrieg wurde diese Linie mit der Serie *Im Schlachtengetümmel des Weltkriegs* mit den martialischen Büchern von Georg Gellert *(Im Granatfeuer der Schlachtfelder, Der Kampf im Feindesland, Kampf in Urwald und Sümpfen)* fortgesetzt. Der Verlag stellte die Produktion während des Ersten Weltkriegs ein.[12] 1952 wurde die Firma formal nach München verlegt und 1960 aus dem Handelsregister gestrichen. Die Rechte gingen an Droemer Knaur.

*

Die Verlagsgruppe von Gabriel Hendelsohn umfasste fast 300 Titel. Dabei entfielen auf Hendelsohn und die Schreiter'sche Verlagsbuchhandlung je rund 50 Titel, auf Knaur etwa 80 Titel und auf Jugendhort ca. 100 Titel. Legt man die Programme zum Zeitpunkt der Entstehung der Verlagsgruppe übereinander, ergeben sich erstaunlich wenige Überschneidungen und Doubletten. Knaur war eindeutig als Klassikerverlag, Jugendhort als Kinder- und Jugendbuchverlag positioniert. Hendelsohn und die Schreiter'sche Verlagsbuchhandlung ergänzten das Programm mit den Bereichen Reise- und Abenteuerliteratur, Märchen, Sagen und Fabeln sowie Mädchenbücher, ohne dass es im Einzelnen viele Überschneidungen gegeben hätte. Die meisten Doubletten waren zum Zeitpunkt des Zusammenschlusses im Bereich der oben genannten Klassiker der Kinder- und Jugendbücher (*Onkel Toms Hütte, Lederstrumpf, Gullivers Reisen, Die schönsten Sagen des klassischen Altertums*) sowie bei der populären Belletristik (*Die letzten Tage von Pompeji, Quo vadis, Ben Hur*) zu finden. Betrachtet man die Überschneidungen von den Verlagen her, so gab es hier die meisten zwischen Hendelsohn und Jugendhort, was später dadurch gelöst wurde, dass die Kinder- und Jugendbuchtitel zu Jugendhort wanderten und die Mädchenbücher in der Schreiter'schen Verlagsbuchhandlung konzentriert wurden. Für die zeitliche Fixierung solcher Übernahmen ist sehr oft der in der Titelei enthaltene Hinweis »nach neuer Rechtschreibung« wichtig, der vor allem bei Kinder- und Jugendbüchern häufig auftaucht. Im Jahr 1901 fand die Orthographische Konferenz statt, deren Beschlüsse als amtliche Rechtschreibung ab dem 1. Januar 1903 für alle Behörden des deutschen Sprachraums, ab dem Schuljahr 1903/04 für die Schulen des Deutschen Reichs und der Schweiz galten.

In einem 132 Seiten umfassenden Katalog, der 1924 oder 1925 entstanden ist, präsentierte die Verlagsgruppe ihr gesamtes Programm.

Der einzige erhaltene Katalog, in dem die drei Verlage Gabriel Hendelsohns gemeinsam ihr Programm präsentierten. Er ist 1924 oder 1925 entstanden.

Es ist der einzige erhaltene Katalog dieser Art. Auf das Knaur-Programm mit etwa 25 Seiten folgten Jugendhort auf 45 Seiten und die Schreiter'sche Verlagsbuchhandlung auf rund 50 Seiten. Schreiter nahm deshalb einen so großen Raum ein, weil zu diesem Zeitpunkt noch in großem Umfang Musikalien angeboten wurden. Dieser Programmteil wurde 1925 vom Friedrich Hofmeister Musikverlag in Leipzig übernommen.[13] Knaur präsentierte in dieser Broschüre detailliert 27 *Oktav-Klassiker* in verschiedenen Einbandvarianten – von Ganzleinenbänden bis zu »biegsamen Ganzlederbänden mit Kopfgoldschnitt« im Kartonschuber. Lieferbar zu diesem Zeitpunkt waren neben Sachbüchern »über Natur und Menschheit« auch die unten beschriebene *Kollektion Phönix* sowie zehn Bände aus dem *Hausschatz des Wissens,* Titel, die ursprünglich innerhalb der umfangreichen Sammlung im Verlag J. Neumann in Neudamm erschienen waren.

KLASSIKERRENOVIERUNG UND PROGRAMMERWEITERUNG

Nach dem Kauf des Leipziger Knaur Verlags durch Hendelsohn wurde der Verlag Th. Knaur Nachf. in Berlin ganz auf Klassikerausgaben fokussiert, auf *Knaurs Oktav-Klassiker*. Dabei wurde das Programm einerseits deutlich ausgeweitet, andererseits wurden die »alten« Ausgaben »renoviert«, das heißt, man hat sie mit Einleitungen versehen, das Textkorpus aber beibehalten. Dies geschah im Wesentlichen im ersten Jahrzehnt des neuen Jahrhunderts und stellte insgesamt eine beträchtliche Innovation und große Investition für den neuen Inhaber dar.

Vor der Übernahme durch Hendelsohn bot Knaur zwölf Autoren mit Werkausgaben an, nun hatte sich die Zahl fast verdoppelt. Das umfangreiche Angebot ist in identischen Eigenanzeigen aus dem Jahr 1910 dokumentiert: Hier bietet Knaur über die bisherigen Autoren hinaus Werkausgaben folgender elf Autoren an: Ferdinand Freiligrath (1810–1876), Franz Grillparzer (1791–1872), Friedrich Hebbel (1813–1863), Henrik Ibsen (1828–1906), Eduard Mörike (1804–1875), Johann Nestroy (1801–1862), Ferdinand Raimund (1790–1836), Fritz Reuter (1810–1874), Moritz Gottlieb Saphir (1795–1858), Adalbert Stifter (1805–1868) und Heinrich Zschokke (1771–1848). Bis auf Ibsen und Reuter waren alle Texte gemeinfrei; es fielen also keine Autorenhonorare an. Und bis auf Saphir und Zschokke gehören diese Klassiker auch heute noch dem literaturwissenschaftlichen Kanon an, wenngleich nicht dem Lesekanon. Insgesamt bot Knaur am Ende des ersten Jahrzehnts des 20. Jahrhunderts 23 Autoren in 29 Ausgabenvariationen an.

Die Ausgabe der Werke in sechs Bänden von Joseph Victor von Scheffel (1826–1886) muss ein Rätsel bleiben. Einerseits deutet die Typografie des Titelblatts auf eine Produktion zu Beginn des Jahrhunderts hin. Andererseits ist sie mit einer Einleitung von Alfred

»Auch Knaur muss sein, denn er ist möglich.«   1901–1933

Nach der Übernahme des Knaur Verlags durch Gabriel Hendelsohn wurden mehrere Logos entwickelt. Sie erschienen auf dem Vorsatz oder auf der Rückseite der Bände in Prägung, jedoch nicht in der Titelei.

Klaar versehen, die mit »Dezember 1916« datiert ist. Da Scheffel 1917 gemeinfrei wurde, spricht die Datierung dafür, dass die Ausgabe in diesem Jahr erschienen ist.

Zunächst wurden die Leipziger Ausgaben unverändert weiter vertrieben. So erschien die Kleist-Ausgabe der *Sämtlichen Werke* nach der Verlagsübernahme noch mindestens zwölfmal unverändert. Sie wurde von vier verschiedenen Druckereien in Berlin und Leipzig hergestellt.[14]

Nach und nach wurden bei unveränderten Texten die Ausgaben durch Einleitungen ergänzt, die römisch paginiert vorangestellt wurden. Knaur vollzog hier nach, was bei den wichtigen Konkurrenzverlagen wie dem Deutschen Verlagshaus Bong & Co., dem Bibliographischen Institut oder bei Hesse & Becker bereits üblich war. Teils waren dort auch manche Ausgaben mit Anmerkungen versehen.

Die Autoren der Knaur-Einleitungen wurden bezeichnenderweise nicht als Herausgeber aufgeführt, da ja die Texte unverändert blieben. Die neu in das Programm aufgenommenen Werkausgaben waren mit Ausnahme von Zschokke von vornherein mit einer Einleitung versehen. Geschickt akquirierte der Verlag für diese Einführungen renommierte Universitätsprofessoren, einflussreiche Journalisten und Spezialisten. So gewann man zum Beispiel für Hebbel den Dresdener Professor für Literaturgeschichte Adolf Stern, der 1886 *Die Deutsche Nationallitteratur vom Tode Goethes bis zur Gegenwart* veröffentlicht hatte, für Lessing den heute noch in Fachkreisen bekannten Robert Petsch, für Goethe den jungen aufstrebenden Germanisten Franz Schultz und für Shakespeare den Innsbrucker Anglisten Rudolf Fischer. Unter den Journalisten sind Monty Jacobs, der Feuilletonchef der *Vossischen Zeitung* in Berlin (Kleist), Alfred Klaar, der Literaturkritiker in Prag und später Berlin (Grillparzer und Scheffel), und Adolph Kohut, ein hochdekorierter ungarischer Journalist und Kulturhistoriker (Heine), zu erwähnen. Rudolf Krauß hatte sich durch seine *Schwäbische Literaturgeschichte* in zwei Bänden (1897–1899) für die Einleitung zur Uhland-Ausgabe empfohlen. Diese Riege der Mitarbeiter verschaffte nicht nur Renommee und wurde ausdrücklich in den Anzeigen für *Knaurs Oktav-Klassiker* aufgeführt, sondern wird auch im eigenen Interesse durch Werbung für den Absatz der Werke gesorgt haben.

Aus ökonomischen Gründen blieben diese Einleitungen über viele Jahre hinweg unverändert. So verzeichnet die Deutsche Nationalbibliothek im Jahr 1925, also 20 Jahre nach Erscheinen, die Ausgabe von Goethes *Sämtlichen Werken* in 45 Bänden fälschlicherweise, als sei es eine Neuerscheinung.

Wie erwähnt, blieben die Texte der »alten« Ausgaben unverändert, doch sind einige Modifikationen festzustellen. So wurde in mehreren Fällen die ursprüngliche Bezeichnung *Werke* großzügig durch *Sämtliche Werke* ersetzt (Chamisso, Körner, Lessing und Shakespeare). In manchen Fällen änderte man die Bandaufteilung, behielt dabei aber wie bei der sechsbändigen Uhland-Ausgabe und der großen repräsentativen 45-bändigen Goethe-Ausgabe die Seitenzählung der jeweiligen Ursprungsausgabe bei. Die Goethe-Ausgabe ist die einzige, die textlich erweitert wurde, indem drei deutlich dünnere Bände mit ergänzenden Werken angehängt wurden.

Wie im Kapitel über den Leipziger Verlag sollen auch hier der Übersichtlichkeit halber in tabellarischer Form die Werkausgaben von *Knaurs Oktav-Klassiker* gelistet werden, wie sie in Eigenanzeigen in verschiedenen Klassikerausgaben um 1910 aufgeführt sind:

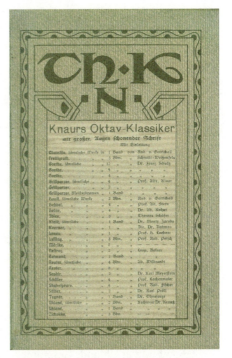

Adelbert von Chamisso: Sämtliche Werke in vier Bänden. Mit einer Einleitung von Rudolf von Gottschall. 976 Seiten.

Ferdinand Freiligrath: Werke in neun Bänden. Mit einer Einleitung von Eduard Schmidt-Weißenfels. 1734 Seiten.

Johann Wolfgang von Goethe: Sämtliche Werke in fünfundvierzig Bänden. Herausgegeben und eingeleitet von Franz Schultz. 9355 Seiten.

Johann Wolfgang von Goethe: Werke in sechzehn Bänden. Eingeleitet von Franz Schultz. 3366 Seiten.

Franz Grillparzer: Sämtliche Werke in sechzehn Bänden. Mit Einleitungen von Alfred Klaar. 3421 Seiten.

Eigenanzeige, in der die lieferbaren Klassikerausgaben aufgeführt wurden – hier aus dem Band *Sämtliche Werke in zwei Bänden* (um 1910) von Theodor Körner.

Franz Grillparzer: Dramatische Werke in vier Bänden. Mit einer Einleitung von Alfred Klaar. 1086 Seiten.

Wilhelm Hauff: Sämtliche Werke in sechs Bänden, 1547 Seiten.

Friedrich Hebbel: Sämtliche Werke in zwölf Bänden. Herausgegeben und eingeleitet von Adolf Stern. 3098 Seiten.

Heinrich Heine: Sämtliche Werke in zwölf Bänden. Mit Einleitung von Adolph Kohut. 2773 Seiten.

Heinrich von Kleist: Sämtliche Werke in vier Bänden. 843 Seiten.

Theodor Körner: Sämtliche Werke in zwei Bänden. Mit einer Einleitung von Joseph Dahmen. 824 Seiten.

Nikolaus Lenau: Sämtliche Werke in zwei Bänden. 773 Seiten.

Gotthold Ephraim Lessing: Sämtliche Werke in sechs Bänden. Mit einer Einleitung von Robert Petsch. 2334 Seiten.

Eduard Mörike: Werke in vier Bänden. Mit einer Einleitung von Walther Eggert-Windegg. 831 Seiten.

Johann Nestroy: Werke. Neunzehn Theile in zwei Bänden. Eingeleitet von Leopold Rosner. 1203 Seiten.

Ferdinand Raimund: Dramatische Werke in drei Bänden. Mit Einleitung von Leopold Rosner. 694 Seiten.

Fritz Reuter: Sämtliche Werke in acht Bänden. [Einleitung von Adolf Wilbrandt]. 2962 Seiten.

Moritz Gottlieb Saphir: Humoristische Werke in vier Bänden. Ausgewählt und herausgegeben von Karl Meyerstein. 1597 Seiten.

Friedrich Schiller: Sämtliche Werke in vierzehn Bänden. Mit einer Einleitung von Gotthilf Lachenmaier. 3664 Seiten.

William Shakespeare: Sämtliche dramatische Werke in zwölf Bänden. Mit einer Einleitung von Rudolf Fischer. 2990 Seiten.

Adalbert Stifter: Werke in sechs Bänden. Mit Einleitung von Karl Pröll. 1553 Seiten.

Esaias Tegnér: Schwedensang. Epische und lyrische Dichtungen. 369 Seiten.

Ludwig Uhland: Gesammelte Werke in sechs Bänden. Mit einer Einleitung von Rudolf Krauß. 1336 Seiten.

Heinrich Zschokke: Novellen. [Zehn Bände]. 1995 Seiten.

»Auch Knaur muss sein, denn er ist möglich.« 1901–1933

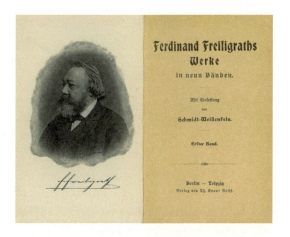

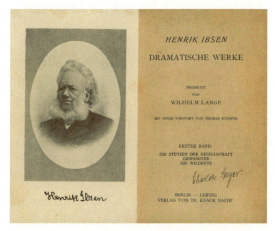

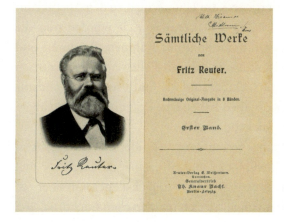

Um die Klassikerausgaben »wertiger« zu machen, wurden einige im ersten Jahrzehnt des 20. Jahrhunderts mit einem Frontispiz ausgestattet, das den Autor zeigte, hier als Beispiele die *Werke* (um 1905) von Ferdinand Freiligrath, die *Dramatischen Werke* (um 1910) von Henrik Ibsen und *Sämtliche Werke* (um 1904) von Fritz Reuter.

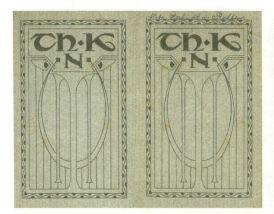 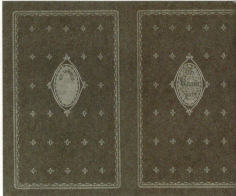

Auch gestaltete Vorsatzpapiere machten die Ausgaben wertiger, hier die *Sämtlichen Werke* (um 1903) von Franz Grillparzer (links) und die *Sämtlichen Werke* (um 1906) von Wilhelm Hauff.

Um die Ausgaben »wertiger« zu machen, waren einige jetzt mit einem Frontispiz ausgestattet, das den Autor zeigte (Freiligrath, Heine, Lessing, Ibsen und Reuter). Im Innenteil entfielen oft die grafischen Schmuckelemente am Kapitelanfang oder -ende. In den Jahren um 1910 wurden häufig Vorsatzpapiere verwendet, die das Verlagskürzel »Th•K•N« oder den Verlagsnamen »Th. Knaur Nachf.« als optisches Element präsentierten.

Auch bei den Umschlägen passte sich Knaur der Konkurrenz an, die teilweise schon in den 1880er-Jahren dem Kunden aufwendige Einbandprägungen offeriert hatte. Im Unterschied zu den Ausführungen mit schmucklosem Deckel der Leipziger Zeit wurden nun die Einbände durchweg mit Goldprägung, mit Rahmen, Bordüren und stilisierten Elementen gestaltet – in einigen Fällen auch mit grafisch reduzierten Autorenporträts. Dabei sind die Einflüsse des Jugendstils unverkennbar. Manche Ausgaben haben eine Prägung der oben abgebildeten Logos auf dem Rückendeckel.

Das Format wurde ganz geringfügig verändert. Statt 11,7 mal 17,5 cm (beschnittener Buchblock) maßen die Bände jetzt 11,5 mal 17,8. Die meisten Ausgaben wurden zunächst bei Greßner & Schramm gedruckt, später einige bei der Spamerschen Buchdruckerei

»Auch Knaur muss sein, denn er ist möglich.« 1901–1933

Knaurs Oktav-Klassiker mit floralen Motiven in Goldprägung, hier die Ausgaben von Wilhelm Hauff, Theodor Körner und Gotthold Ephraim Lessing.

Knaurs Oktav-Klassiker mit stilisierten Autorenporträts und Goldprägung, hier die Ausgaben von Adelbert von Chamisso, Ferdinand Freiligrath (obere Reihe), Fritz Reuter und Heinrich Zschokke.

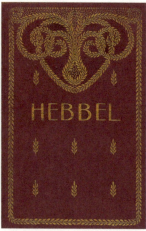

Knaurs Oktav-Klassiker in zwei weiteren Ausstattungsvarianten, hier die Ausgaben von Johann Wolfgang von Goethe (links) und Friedrich Hebbel.

sowie bei Hallberg & Büchting (alle in Leipzig), einige wenige bei Paul Dünnhaupt in Köthen.

Wie die Leipziger Ausgaben waren die Ausgaben nach der Jahrhundertwende selbstverständlich auch in Fraktur gesetzt, da ja die Textblöcke unverändert blieben. Nur die Ibsen-Ausgabe ist in einer modernen Antiqua gesetzt.

Die Langlebigkeit dieser Ausgaben zeigt das Beispiel von Kleist. Die Ausgabe erschien ab 1904/05 mit einer Einführung in Leben und Werk des Autors von Monty Jacobs und war – wie alle Knaur-Ausgaben dieser Zeit – »eine klassische Volksausgabe mit den wesentlichen Texten, einer guten Einleitung in einem schönen Gewand zu erschwinglichem Preis«.[15] In den Jahren zwischen 1906 und 1909 erschien sie mit einer Jahresangabe – eine seltene Ausnahme im Bereich der wohlfeilen Klassikerausgaben. Intensive bibliografische Recherchen haben ergeben, dass diese Ausgabe in immer wieder neuem Gewand und mit anderen Beigaben bis Anfang der 1930er-Jahre publiziert wurde. Nachweisbar sind in diesem Zeitraum mindestens 51 Ausgaben, die alle bei Greßner & Schramm in Leipzig gedruckt wurden.[16] Nach 1933 erschien die Ausgabe mit der Einleitung von Monty Jacobs nicht mehr. Sie wurde nach dem Krieg durch eine Ausgabe sämtlicher Werke mit einer Einleitung von Erwin Laaths ersetzt, die 1952 erstmals erschien und bis in die 1960er-Jahre lieferbar war.

In den Jahren nach 1910 wurde das ohnehin schon umfangreiche Klassikerprogramm durch drei Ausgaben ergänzt, die wie die anderen Ausgaben zuvor mit dem Druckort »Berlin – Leipzig«, manchmal auch »Leipzig – Berlin« versehen sind:[17]

> Henrik Ibsen: Dramatische Werke. Mit einem Vorwort von Thomas Schäfer. 1263 Seiten.
>
> Gottfried Keller: Gesammelte Werke in fünf Bänden. Mit einer Einleitung von Rudolf Fürst. 2962 Seiten.
>
> Theodor Storm: Sämtliche Werke in sechs Bänden. Mit einem Lebensbild Storms eingeleitet von Friedrich Düsel. 1987 Seiten.

Der Umfang der Werkausgaben bei Knaur betrug damit rund 58 000 Seiten und verdoppelte sich so fast gegenüber der Leipziger Zeit.

Die Einzelausgaben von Klassikertexten wurden weiter verlegt, und es wurden auch neue hinzugefügt. So traten neben Hauffs *Lichtenstein*, Heines *Buch der Lieder* und Schillers *Gedichte* u. a. Charles

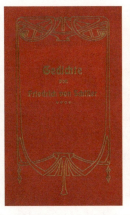

Nicht zu *Knaurs Oktav-Klassikern* zählten die Einzelausgaben klassischer Texte, die in einer einheitlichen Ausstattung erschienen, hier die *Gedichte* von Johann Wolfgang von Goethe, *Lichtenstein* von Wilhelm Hauff, *Gedichte* von Friedrich Schiller und Heines *Buch der Lieder*.

Das Programm der ungefähr zwischen 1905 und 1910 erschienenen Reihe der Einzelausgaben geht aus einer Eigenanzeige im *Buch der Lieder* von Heinrich Heine hervor.

Dickens mit *Heimchen am Herd* sowie drei Goethe-Bände in einer einheitlich ausgestatteten Reihe. Schließlich stechen im Klassiker-Gesamtprogramm großformatige Prachtausgaben von Gustav Freytags *Soll und Haben* und *Die verlorene Handschrift* heraus, beide mit Lithografien von Otto Heinrich Engel.

*

Weitere neue Titel im Programm passen ergänzend sehr gut zum Klassikerbereich, so der *Briefwechsel zwischen Goethe und Schiller* sowie Johann Peter Eckermanns *Gespräche mit Goethe* (beide herausgegeben von Adolph Kohut). Weiterhin lieferbar waren die beiden umfangreichen *Breviarien*, also Auszüge aus dem Gesamtwerk, zu Heine (erschienen zu seinem hundertsten Geburtstag 1897 und lieferbar gehalten bis zu seinem fünfzigsten Todestag 1906) und zu Schillers hundertstem Todestag im Jahr 1905.

Neben dem kompakten Klassikerprogramm wurden vor dem Ersten Weltkrieg nur wenige Titel neu verlegt, darunter Selma Lagerlöfs

»Auch Knaur muss sein, denn er ist möglich.« 1901–1933

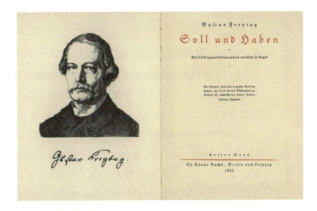

Die Prachtausgaben von Werken Gustav Freytags erschienen 1923. Die zweibändige Edition von *Soll und Haben* mit zusammen 950 Seiten enthielt 64 ganzseitige Tafeln von Otto Heinrich Engel (1866–1949), einem der Gründungsmitglieder der Berliner Secession.

Gösta Berling (1911; zuerst 1902 im Langen-Verlag, München) und die romanhafte Biografie *Friedemann Bach* von Albert Emil Brachvogel. Sie erschien 1858 erstmals und war in vielen Ausgaben verbreitet. Knaur publizierte sie 1912 und legte sie später mehrfach wieder auf. Dazu gehören auch zwei populäre Anthologien: die *Neue Deutsche Lyrik,* als Erstausgabe herausgegeben von Maximilian Bern, und *Liebe und Leben. Eine Sammlung deutscher Lyrik,* die von Friedrich von Bodenstedt zusammengestellt wurde und – 1904 bei Jacobi & Zocher, Leipzig, erschienen – bereits in mehreren Auflagen vorlag und 1911 von Knaur erheblich erweitert auf den Markt gebracht wurde.

Vertriebswege für Klassiker

Es ist zu Recht bemerkt worden, dass wir zwar viele Forschungsarbeiten zu Verlagsgeschichtsschreibung generell und insbesondere zur Geschichte einzelner Verlage haben und in jüngerer Zeit auch zum Lektorat,[18] dass es aber zu Einzelheiten des Buchvertriebs über einige verdienstvolle Überblicke hinaus kaum Untersuchungen gibt.[19] Diese Unkenntnis gilt auch für die Hendelsohnsche Verlagsgruppe. Sicher ist, dass der Verlag Gabriel Hendelsohn wie der Leipziger Knaur Verlag ein Nebenmarktverlag war. Das zeigt ein buchhändlerisches Geschäftsrundschreiben, das Wilhelm Emil Otto Knaur im Oktober 1898 an seine Kunden verschickte und das dem (leider nicht erhaltenen) Katalog »Klassiker-Ausgaben und Geschenkwerke« beilag. Knaur bietet seinen Kunden »50 % Rabatt bei größeren Bezügen«, und weiter heißt es dort: »In Anbetracht der erheblichen Konkurrenz im Klassikerverlage bestehe ich nicht auf Einhaltung der angegebenen Ordinärpreise, sondern stelle Ihnen frei, gegebenen Falls davon abzuweichen. *Mein Hauptbestreben ist, Ihnen die Verwendung für meine Klassiker so lohnend als möglich zu machen.*«[20] Knaur macht hier deutlich, dass sich seine Kunden nicht an den vom Verleger festgesetzten Ladenpreis halten müssen. Da aber für den Verkehr mit dem Sortimentsbuchhandel nach der Krönerschen Reform von 1888 der gebundene Ladenpreis Voraussetzung war, zeigt dieses Geschäftsrundschreiben, dass Knaur ein Nebenmarktverlag war.

Das wird auch durch eine Kontroverse bestätigt, die 1912 zwischen dem Mitteldeutschen Buchhändler-Verband und dem neuen Besitzer von Knaur, Gabriel Hendelsohn, ausgetragen wurde. Die Buchhändler warfen im *Börsenblatt für den Deutschen Buchhandel* vom 8. März 1912 Knaur, Jugendhort und der Schreiter'schen Verlagsbuchhandlung vor, im Herbst 1911 bei Lieferungen an das moderne Antiquariat und an Kaufhäuser gegen die buchhändlerische Verkaufsordnung verstoßen zu haben. Hendelsohn reagierte scharf: »Nicht das moderne Antiquariat oder das Warenhaus – nicht die Verleger populärer, dem heutigen Geschmack des kaufenden Publikums

Geschäftsrundschreiben des Knaur Verlags an seine buchhändlerischen Kunden.

entsprechender Verlagsartikel sind es, die das Sortiment schädigen. […] Die großväterlichen Zeiten sind auch für den Buchhandel endgültig vorüber und nicht zum Nachteil für den modernen Buchhändler, der mit der Zeit gegangen ist. – Alle diejenigen Handlungen, die versuchten, dagegen zu arbeiten, sind ihres Ansehens und Zuspruches verlustig gegangen.«[21] Bei allen starken Worten musste Hendelsohn jedoch »durch Unterzeichnung eines Verpflichtungsscheins künftighin gewissenhafte Beachtung der Verkaufsordnung« zusichern.[22]

Beschwerde des Mitteldeutschen Buchhändler-Verbands über die Geschäftspraktiken der Verlage von Gabriel Hendelsohn im *Börsenblatt für den Deutschen Buchhandel* vom 8. März 1912. Die Buchhändler prangern die Usancen als »eine Schädigung des Sortiments und einen Verstoß gegen die Verkaufsordnung« an.

Für die Hendelsohn-Verlagsgruppe war das Kaufhaus über lange Zeit hinweg der wichtigste Vertriebsweg, gehörte Hendelsohn doch zu den Verlagen, »welche ihre Verlagswerke direkt an Warenhäuser liefern, ja, diese nicht selten zu ihren Hauptkunden zählen«.[23] Die Verlagsgruppe war als Zulieferer für Warenhäuser geradezu prädestiniert, denn sie bot eine breite Palette an: »Von diesen Verlegern werden den Warenhäusern hauptsächlich Bilderbücher, Märchenbücher, Jugendschriften, Belletristik und billige Klassikerausgaben geliefert.«[24] Das traf mit Ausnahme der Bilderbücher für die Verlage der Gruppe zu. Knaur war also für Hendelsohn nicht nur im Programmbereich eine passende Portfolioausweitung, sondern agierte auch auf denselben Märkten.

Nach den heftigen Querelen zwischen Kaufhäusern, insbesondere Wertheim, und dem Börsenverein, wie sie im vorhergehenden Kapitel geschildert wurden, stieg die Akzeptanz dieser Verkaufsstellen. Zunächst durften die Warenhäuser den buchhändlerischen Geschäftsverkehr nur dann nutzen, wenn sie die Verkehrsordnung einhielten.

Auf Beschwerden des Sortiments wegen vorschriftswidriger Lieferung im *Börsenblatt für den Deutschen Buchhandel* vom 17. Februar 1916 reagierte der Knaur Verlag nicht gerade diplomatisch, was auch ein Indiz dafür ist, dass der Vertriebsschwerpunkt zu dieser Zeit auf den Nebenmärkten lag.

Im April 1920 teilte der Börsenverein mit, dass Warenhaus-Buchabteilungen Mitglieder des Börsenvereins werden konnten: »Gegen den Anschluss buchhändlerisch geleiteter Warenhausabteilungen an den Buchhandel lässt sich aus volkswirtschaftlicher Sicht nichts anführen. […] Auf jeden Fall haben wir keine Bedenken getragen, den buchhändlerisch vorgebildeten Leitern der Buchhandlungsabteilung eines Warenhauses, das nicht nur vom Lager verkauft, sondern auch Bestellungen entgegennimmt, dann den Erwerb der Mitgliedschaft in unserem Verein freizustellen, wenn sie im Handelsregister eingetragen sind und wenn ihm die zuständigen Kreis- und Ortsvereine zustimmen.«[25] Die Bedeutung dieses Vertriebswegs nahm Anfang des Jahrhunderts sicher auch für die Buchbranche zu, denn der gesamte Warenhausumsatz stieg zwischen 1903 und 1912 um mehr als das Doppelte von 143 Millionen Mark auf 296 Millionen.[26]

*

Der Kolportagebuchhandel als Vertriebsweg spielte im neuen Jahrhundert kaum noch eine Rolle; dieser konzentrierte sich zunehmend auf Zeitschriften. Der Anteil der Klassiker, der 1894 noch bei insgesamt 30 Prozent lag, ging im Jahr vor dem Ersten Weltkrieg zusammen mit den Lexika auf acht Prozent zurück.[27] Symptomatisch für die stark abnehmende Bedeutung dieser Vertriebsschiene ist, dass in das Standardwerk zur *Geschichte des deutschen Buchhandels* in der Weimarer Republik kein Artikel über diesen Vertriebsweg aufgenommen wurde.[28]

Ein weiterer Vertriebsweg war der Reise- und Versandbuchhandel, der in den 1860er-Jahren entstanden war. In der Anfangszeit war er nicht immer trennscharf vom Kolportagebuchhandel abzugrenzen, wie eine zeitgenössische Stimme zeigt: »Dem Colportage-Buchhandel am nächsten verwandt ist der Reise-Buchhandel. Während Ersterer durch Prospecte oder erste Hefte sich Abonnenten zu gewinnen sucht, bedient sich der Reise-Buchhandel des ersten vollständigen Bandes,

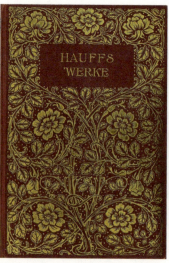

Drei Hauff-Ausgaben im Vergleich, als *Knaurs Oktav-Klassiker,* als Ausgabe in der *Goldenen Klassiker-Bibliothek* des Deutschen Verlagshauses Bong & Co. sowie in der *Deutschen Klassiker-Bibliothek* von Hesse & Becker (von links).

gewöhnlich gebunden, um sich daraufhin Abnehmer zu schaffen, und denen er dann sehr häufig das complette Werk gegen Ratenzahlung überlässt.«[29] Wesentlicher Vorteil für den Reisebuchhandel, weil auch mit pekuniären Vorteilen für den Kunden verbunden, war das Angebot von bereits gebundenen Büchern, während bei den Lieferungswerken der Kunde auf eigene Kosten für die Bindung sorgen musste. Der in Massen hergestellte Verlegereinband war deutlich kostengünstiger. Zudem lieferte der Reisebuchhandel – dies als Vorteil gegenüber dem stationären Sortiment – an den Endkunden aus.

Der Reisebuchhandel erlebte in den beiden Jahrzehnten vor und nach der Jahrhundertwende einen rasanten Aufschwung. Gab es 1887 noch 39 Reisebuchhandlungen, so stieg deren Zahl bis 1908 auf 439, also auf mehr als das Zehnfache.[30] Das war nicht zuletzt eine Folge der Verbesserungen des postalischen Leistungsspektrums in Deutschland und damit auch der Versorgung der Buchkäufer auf diesem Weg.[31] Die zunehmende Bedeutung dieses Buchhandelszweigs zeigt sich auch in der Tatsache, dass 1901 der Verein der Reisebuchhändler gegründet wurde und diese Berufsgruppe ab 1904 eine eigene Rubrik im *Adressbuch des Deutschen Buchhandels* erhielt.

Wichtige Vertriebsobjekte waren neben Lexika und Nachschlagewerken jeglicher Art, neben Fachbüchern für alle Berufsgruppen, Loseblattsammlungen und wissenschaftlicher Literatur auch Klassiker.[32] So standen nach einer Übersicht aus dem Jahr 1907 die Klassikerausgaben zusammen mit Literaturgeschichten und Unterhaltungsliteratur zahlenmäßig an der Spitze der Vertriebsobjekte und machten mehr als 20 Prozent der Titel aus.[33]

Die für den Reisebuchhandel bestimmten Ausgaben waren deutlich aufwendiger gebunden als die entsprechenden Ausgaben für das Warenhaus. Daher rüstete Knaur auch in diesem Bereich nach und ersetzte den schmucklosen Pappband mit Rückenprägung durch eine bessere Gestaltung. Die neuen Knaur-Ausgaben standen damit auch optisch den Konkurrenzausgaben von Bong & Co. und Hesse & Becker in nichts nach.

Der Reisende Adalbert Droemer

Ob bei der Renovierung und Ausweitung des Klassikerprogramms Adalbert Droemer durch seine Reiseerfahrungen als treibende Kraft wirkte oder aber der Verleger Gabriel Hendelsohn, wissen wir nicht. Ebenso wenig lässt sich feststellen, wer die renommierten Autoren der Einführungen für den Verlag akquirierte. Auf jeden Fall waren diese Programmkosmetik und der Programmausbau ein erster wichtiger Schritt, den Verlag aus der Ecke als Nebenmarktverlag zu führen und ihn so zu positionieren, dass er zunehmend im Sortiment wahrgenommen und ernst genommen wurde.

Das ist das einzige überlieferte Foto von Adalbert Droemer. Es stammt vom Ende der 1920er-Jahre.

Über Adalbert Droemer wissen wir erstaunlich wenig, was nicht zuletzt damit zusammenhängt, dass die Ikonografie des Verlags ganz auf seinen Sohn Willy fokussiert ist. Hermann Adalbert Ernst Drömer – so der volle Name und die damalige Schreibung – wurde am 12. April 1878 in Pforzheim als jüngster Sohn von Friedrich und Karoline Drömer geboren. Die Eltern waren in den 1860er-Jahren nach New York ausgewandert. Dort sind 1869 und 1873 zwei Brüder Adalbert Droemers geboren. Nach der Rückkehr aus den Vereinigten Staaten ließ sich der in Berlin geborene Vater als »Etuifabrikant« im badischen Pforzheim nieder. Er verstarb bereits 1882, als der Sohn erst vier Jahre alt war.

Über die schulische Entwicklung und die berufliche Ausbildung von Adalbert Droemer wissen wir nichts – auch nicht, wann er nach Berlin übersiedelt ist. Er war mit Mary Ernst verheiratet. Der spärlichen Überlieferung zufolge trat er 1902 »als untergeordnete Kraft« in den Verlag ein, den Gabriel Hendelsohn ein Jahr zuvor erworben hatte, und er hatte »als dessen Reisender ungeahnte Verkaufserfolge«.[34] Der Wiener Universitätsbuchhändler Walter Krieg spricht in seinen *Erinnerungen eines jüngeren Freundes* von »Jahrzehnten des Reisens und regelmäßigen Besuchen fast aller deutschsprachigen Sortimentsbuchhandlungen Europas«. Krieg attestiert Droemer ein ungewöhnliches Verkaufstalent: »Das ging so weit, dass ihm der erste optische Eindruck einer Buchhandlung vollauf genügte, um sagen zu können, was in ihr von seinen Verlagswerken abgesetzt werden könnte, und […] mehr lieferte er auch dieser Firma nicht, eine Verkaufsweisheit, die gar nicht hoch genug bewertet werden kann. Beide Teile, Verkäufer oder Käufer, wurden durch die strikte Anwendung dieses Grundsatzes vor Enttäuschungen bewahrt, und – getäuscht hat sich Adalbert Droemer wohl nie.« Diese Hymne auf den späteren Verlagsinhaber erschien in der Festschrift zum fünfzigjährigen Jubiläum des Knaur-Buchs und zum fünfjährigen Bestehen der Droemerschen Verlagsanstalt im Jahr 1951.[35] Bei den Formulierungen sind wohl die genretypischen Überhöhungen in einer solchen Schrift zu berücksichtigen.

Droemer gilt als einer der ersten Verlagsvertreter, der den Buchhandel bereiste. Verlagsvertreter war eine Tätigkeit, die erst seit Ende des 19. Jahrhunderts dokumentiert ist. So suchte 1897 ein Verleger im *Börsenblatt für den Deutschen Buchhandel* per Annonce einen »Buchhandlungs-Reisenden«, der auf Provisionsbasis arbeiten sollte. Die Ausdifferenzierung der Funktion des Verlagsvertreters hängt eng mit der oben geschilderten Ausweitung des Buchmarkts zusammen. Zwar wuchsen Titelproduktion, Zahl der Verlage und Buchhandlungen, doch dem stand ein deutlich geringeres Wachstum des Lesepublikums gegenüber: Die Bevölkerung wuchs zwischen 1880 und dem Ersten Weltkrieg »nur« von 45 auf 65 Millionen. Damit stieg auch der Konkurrenzdruck der Verlage untereinander und in ihrem Verhältnis zum verbreitenden Buchhandel. Nach dem Bedeutungsverlust der Leipziger Buchmesse als Warenmesse wurden seit der Mitte des 19. Jahrhunderts die Novitäten vor allem durch Ankündigung im *Börsenblatt,* durch »Circulare« und durch private Inseratenblätter, sogenannte Wahlanzeiger, bekannt gemacht, wobei Einführungsrabatte angeboten und manchmal auch ein Remissionsrecht eingeräumt wurde. Nun aber genügten diese Informationskanäle nicht mehr, um aus der Sicht des Verlags den Buchhändler zu hinreichenden Bestellungen zu veranlassen.

In einer kurzen historischen Darstellung des Verlagsvertreters heißt es zur damaligen Situation, die oben zitierte Anzeige »könnte ein Zufallsfund sein, denn andere Verleger könnten schon früher mit Vertretern aus den eigenen Reihen oder gar mit Provisionsreisenden gearbeitet haben. Zu denken ist an Verleger, deren Klassikerausgaben oder Romanserien unter starkem Konkurrenzdruck standen [...]. Neben den neuen Kulturverlagen [...] werden auch Kinderbuchverlage schon früh mit Vertretern gearbeitet haben.«[36] Diese Beschreibung trifft auf Knaur und Jugendhort zu, denn gerade auf dem Sektor der wohlfeilen Klassikerausgaben und der Kinder- und Jugendbücher gab es eine heftige Konkurrenz auf dem Markt.

Diese geänderte Situation im Umgang der Verlage mit dem verbreitenden Buchhandel wird sehr schön durch zwei zeitgenössische

Dokumente illustriert. So schrieb der Verleger Samuel Fischer am 26. März 1913 an seinen Autor Hermann Hesse, dessen Buch *Aus Indien* im Herbst des Jahres veröffentlicht werden sollte: »Die Verhältnisse im Buchhandel spitzen sich darauf zu, dass der Vertrieb über den gewohnten Rahmen hinaus durch kaufmännische Mittel unterstützt werden muss. Wir müssen einen Reisenden auf den Weg schicken, um für die Novitäten dieses Jahres durch Extrarabatte die Sortimenter zur Bestellung größerer Partien und damit zu energischerer Verwendung zu interessieren.«[37] Der Verlagsvertreter als Beruf fand auch Eingang in das 1912 in der dritten Auflage erschienene *Lehrbuch des Deutschen Buchhandels* von Max Paschke und Philipp Rath: »Der von Fabrikanten und Großkaufleuten allgemein angewendete Weg des Warenvertriebes durch Reisende wird zwischen Verlags- und Sortimentsbuchhandel erst in neuerer Zeit und auch nur vereinzelt benutzt. Einige große Verlagsanstalten, die zahlreiche auf weite Verbreitung berechnete Werke (Jugendschriften, Geschenkliteratur) verlegen, lassen jährlich ein oder mehrere Male die Sortimenter durch eigene Vertreter besuchen, um durch Vorlage von Musterbänden, meist vor der Ankündigung und vor dem Erscheinen im Buchhandel, größere Verwendung für ihre Verlagswerke und umfangreichere feste Bestellungen zu erzielen.«[38]

Aus heutiger Sicht erstaunlich ist der Umfang des Reisegebiets, das ein Vertreter abdeckte. Das wird auch durch die oben zitierte Beschreibung des Droemerschen Aktivitätsradius deutlich: »Ganz Deutschland, noch bis Königsberg und Breslau reichend, die Schweiz, Österreich, die Tschechoslowakei und deutschsprachige Gebiete des angrenzenden Auslands: das war nicht selten das Reisegebiet eines Verlagsvertreters. Bei den damaligen Verkehrsmöglichkeiten eine beachtliche Leistung.«[39] Hinzu kommt die damals wesentlich höhere Zahl von deutschen Buchhandlungen im Ausland.

Es liegt nahe, dass Adalbert Droemer eingestellt wurde, um die Verlagsgruppe und damit auch den Verlag Th. Knaur Nachf. im Sortiment zu positionieren. Dafür sprechen zum Beispiel die Sonderausgaben, die der Verlag für die K. André'sche Buchhandlung, eine große deutsche Buchhandlung in Prag, produzierte.[40] Aber auch der Kaufhausmarkt blieb wichtig. So bot zum Beispiel Globus, der Buchverlag des Kaufhauskonzerns Wertheim, nach 1907 unter eigenem Namen die Kleist-Ausgabe mit der Einleitung von Monty Jacobs an.[41] Droemer soll bis Anfang der 1920er-Jahre als Reisender tätig gewesen sein.[42]

Die Verlagsführung nach dem Tod Gabriel Hendelsohns

Es liegen keine Daten zum Umsatz und zur Anzahl der Mitarbeiter oder andere wirtschaftliche Kennzahlen der Verlagsgruppe vor. Das Verlagsgeschäft muss jedoch insgesamt recht einträglich gewesen sein, denn Hendelsohn ließ sich 1913 durch den Berliner Architekten Hans Hermann in der Siemensstraße 23 (jetzt Lassenstraße) in der vor der Jahrhundertwende entstandenen Villenkolonie Grunewald ein Haus erbauen, das heute unter Denkmalschutz steht.

Mit seinen Unternehmen hatte sich Hendelsohn in den 1890er-Jahren zunächst in der Wallstraße 16 in Berlin-Mitte angesiedelt. In dem

Die Villa Gabriel Hendelsohns in der Siemensstraße 23 in Berlin-Grunewald.

Gebäude hatte auch die große Graphische Kunstanstalt Gebr. Hartkopf ihren Firmensitz. Um 1905 zog die Verlagsgruppe dann in die Lützowstraße 107–118, wo seit einigen Jahren der Reimer-Verlag (der spätere Verlag de Gruyter) residierte. 1912 übersiedelte Hendelsohn seine Firmen in die Prager Straße 14 im gutbürgerlichen Stadtteil Wilmersdorf.

*

Gabriel Hendelsohn starb am 24. April 1916. Das *Börsenblatt* beschrieb ihn in der Meldung zu seinem Tod als einen Verlagsbuchhändler, »der einen ausgedehnten Verlagsbetrieb unter den Firmen G. Hendelsohn, Th. Knaur Nachf., Schreiter'sche Verlagsbuchhandlung und Verlag Jugendhort Walter Bloch Nachf. ausübte. Besonders hervorzuheben sind die aus dem Verlag Knaur hervorgegangenen billigen Klassikerausgaben und die Jugendschriften des Verlags Jugendhort.«[43] Das Gesamtunternehmen wurde mit dem Todestag Hendelsohns in eine offene Handelsgesellschaft (OHG) umgewandelt. Der älteste Sohn Erich Hendelsohn (1895–1949) und der Schwiegersohn Friedrich Maurer (verheiratet mit der Tochter Irma Hendelsohn) waren persönlich haftende Gesellschafter, Adalbert Droemer und die Witwe Martha Hendelsohn Kommanditisten. Geschäftsführer war bis 1932 Alfred Wiener. Seit 1917 war die OHG Mitglied des Börsenvereins. Der zweite Sohn, Willy (später William H.; 1904–1975), wurde 1926 Mitgesellschafter. 1933 wurden als persönlich haftende Gesellschafter genannt: Adalbert Droemer, Erich Henders (er hatte sich 1922 umbenannt), Irma Rahn verw. Maurer geb. Hendelsohn und Willy Hendelsohn.[44]

Es ist davon auszugehen, dass Droemer und Willy Hendelsohn in den 1920er-Jahren das Programm bestimmten; mit den Jahren mehr und mehr Adalbert Droemer, wie sich spätestens bei der Reihe *Romane der Welt* zeigen wird. Nach heutigen Begriffen war er der Vertriebsleiter des Verlags. Der Einfluss Adalbert Droemers auf den Gang der Dinge wird naturgemäß in der Festschrift von 1951 sehr positiv dargestellt: »Als Ende des Ersten Weltkriegs der Seniorchef

Hendelsohn starb und dessen beide Söhne als junge Teilhaber neben Adalbert Droemer traten, wurde sein Einfluss, schon vorher als treibende Kraft wirksam, entscheidend.«⁴⁵ Karl Rosner, der Jahrzehnte dem Berliner Büro der Cotta'schen Verlagsbuchhandlung vorgestanden hatte, bestätigt das an gleicher Stelle: »Der Zeitpunkt, da Adalbert Droemer mitbestimmend an das Steuer des Verlages trat, bedeutet die entscheidende Wende in dessen Entwicklung«, allerdings habe es zunächst gegolten, »den Verlag durch die schwierigen Kriegsjahre und durch die Stürme der Inflation, der Nachkriegszeit hindurchzuführen«, und erst in der zweiten Hälfte der 1920er-Jahre setzte »die neue, zu immer bedeutenderen Leistungen aufsteigende Regsamkeit des Verlages ein«.⁴⁶

*

Nach allen vorhandenen Unterlagen hat Knaur die Neuproduktion von Titeln spätestens mit Beginn des Ersten Weltkriegs eingestellt und erst Anfang der 1920er-Jahre wieder aufgenommen. Damit reagierte der Verlag wie andere Verlage, die zumindest ihre Produktion stark einschränkten, auf das Zeitgeschehen. In den Jahren des Kaiserreichs war die Zahl der Titel enorm ausgeweitet worden; sie hatte sich von 10 108 Titeln im Jahr 1870 auf 35 078 im Vorkriegsjahr 1913 um das Dreieinhalbfache erhöht. In den beiden ersten Kriegsjahren war der Rückgang noch relativ gemäßigt, doch in den Jahren 1917 und 1918 sank die Zahl der publizierten Titel auf das Niveau von 1880.

Der starke Rückgang der Titelzahlen bedeutet jedoch nicht, dass das verlegerische und buchhändlerische Geschäft weitgehend zum Erliegen kam. Inhaltlich stieg die Zahl der Neuerscheinungen zum Thema »Krieg« deutlich an. Das gilt sowohl für die Belletristik wie für Titel zu Kriegsereignissen und -erlebnissen sowie allgemeine Sachbuchtitel. So erschien *Das praktische Kriegskochbuch* von Luise Holle 1918 in der siebten Auflage. Spezielle Kriegsreihen schossen aus dem Boden, beispielsweise die *Ullstein Kriegsbücher.*⁴⁷ Bei einigen Verlagen wie S. Fischer, Insel, Piper oder Diederichs übertrafen Umsätze und Gewinn das Vorkriegsniveau. Einzelne Titel erreichten eine Auflage von mehreren Hunderttausend Exemplaren, darunter Günther Plüschows *Der Flieger von Tsingtau*. Reclam bot eine »geistige Futterkiste« an, eine verschließbare »tragbare Feldbücherei«, die 100 Nummern der *Universalbibliothek* enthielt. Ausgesprochene Kriegsgewinnler waren Verlage, denen es gelang, sich als Heereslieferant zu etablieren. So verkaufte der Verlag E. S. Mittler und Sohn während des Kriegs acht Millionen Gesangbücher.[48]

Dass Knaur mit seinen umfangreichen Klassikerausgaben im Feldbuchhandel zum Zug kam, ist kaum vorstellbar. Denn diese waren nicht »kriegswichtig«. Eher dürfte aus der Verlagsgruppe der Verlag Jugendhort mit *Carl Flemmings Vaterländischen Jugendschriften* und mit der Serie *Im Schlachtengetümmel des Weltkriegs* reüssiert haben.

DIE BUCHBRANCHE IN DER WEIMARER REPUBLIK

In der Weimarer Republik sind drei Entwicklungen für die Buchbranche charakteristisch. Nachdem im Kaiserreich der Warenhausbuchhandel sich als Konkurrenz für den Sortimentsbuchhandel etablieren konnte, wurde die Situation nach dem Ersten Weltkrieg durch die Entstehung der Buchgemeinschaften und das Phänomen des »billigen Buchs« geprägt. Positionierten die Buchgemeinschaften sich aus verschiedenen Gründen gegen das Sortiment, so profitierte dieses nach anfänglichem Zögern von den »Volksausgaben«. Beide Entwicklungen sind nicht zuletzt auf die Inflationsjahre mit dem deutlich gesunkenen Budget der einzelnen Haushalte zurückzuführen. Auf vertrieblicher Seite war die »Entdeckung« der Werbung prägend.

Die ökonomische Situation nach 1918 war in erster Linie durch die Inflation geprägt. Allerdings setzte sie entgegen der allgemeinen Auffassung bereits mit Beginn des Weltkriegs ein, denn bis 1918 hatten sich die Großhandels- und Lebensmittelpreise etwa verdoppelt. Besonders im Herbst und Winter 1919/20 kam es zu extremen Preissteigerungen. Im Sommer 1921 beschleunigte sich dann der Währungsverfall, und ein Jahr später begann die Hyperinflation, die im November 1923 mit der Währungsreform beendet werden konnte. Da der Mittelstand, die wichtigste Käuferschicht der Buchbranche, von der Inflation besonders betroffen war, schlug sich diese Entwicklung auch im Buchhandel nieder.[49] Interessant ist allerdings, dass der Index der Buchproduktion in den Jahren der Inflation zum Teil deutlich über dem der Industrieproduktion lag; in der Buchproduktion waren es im Jahr der Hyperinflation 86 Prozent des Vorkriegsstands von 1913, in der Industrie nur 47 Prozent.[50]

Für den Buchhandel war die Aufrechterhaltung des gebundenen Ladenpreises in der Inflationszeit ein zentrales Problem, da kein Branchenteilnehmer daran interessiert sein konnte, diese Errungenschaft aus den 1880er-Jahren aufzugeben. Im September 1922 empfahl der Börsenverein daher die Einführung einer »Grundzahl«, die sich am Wert der Goldmark vor dem Ersten Weltkrieg orientieren und eine stabile Verrechnungseinheit sein sollte. Multipliziert mit einer sich ständig steigernden »Schlüsselzahl«, ergab das den (ständig steigenden) Ladenpreis. Zunächst war die Schlüsselzahl an die Entwicklung der Lieferantenpreise von Druckereien, Buchbindereien etc. gebunden, später an den Wechselkurs des US-Dollars.

Die detaillierte Studie *Buchhandel und Verlag in der Inflation* kommt zu dem für alle Interessenvertreter überraschenden Ergebnis: »Generell hat der Buchhandel die Inflation wirtschaftlich relativ unbeschadet überstanden, was sich zu einem großen Teil schon damit erklären lässt, dass die Buchhändler als Inhaber von Handelsgewerben ihr Betriebskapital in Form von Sachvermögen gebunden hatten, das im Gegensatz zum Geldvermögen weit weniger durch die Inflation gefährdet war.«[51] Leider liegen keine konkreten Informationen vor, wie Knaur die Inflation überstanden hat.

Der Verlag war in dieser Zeit noch auf den Nebenmärkten positioniert, wie oben ausführlich dargestellt worden ist. Dass Knaur damals nicht als traditioneller Verlag wahrgenommen wurde und wohl auch nicht wahrgenommen werden wollte, zeigen die beiden folgenden Beispiele. In der 1924 von dem Verleger Karl Rauch im eigenen Verlag herausgegebenen Schrift mit dem pathetischen Titel *Die planmäßige Arbeit zur geistigen Versorgung des deutschen Volkes* war Knaur nicht unter den 36 Verlagen vertreten, die sich durch »programmatische Selbstdarstellungen« – so im Untertitel – präsentierten. Programmatisch handelte es sich hier jeweils »um einen Kulturverlag und nicht um den in jeder Hinsicht abzulehnenden Spekulationsverlag«.[52] Neben heute unbekannten Verlagen (Anthropos, Die Kuppel, Zwißler) oder nicht mehr existenten Firmen (Greifen, Heimeran, Kurt Wolff) porträtierten sich u.a. C.H. Beck, Diederichs, Deutsche Verlagsanstalt (DVA), Piper und Rauch selbst. Knaur gehörte also offenkundig zu den »Spekulationsverlagen«, die »um des Gewinnes wegen« wagen.[53]

Ein Jahr später erschien eine Festschrift zum hundertjährigen Bestehen des Börsenvereins. Darin waren viele Verlage mit Anzeigen vertreten, neben den »alten« Verlagen wie Bruckmann, DVA, Oldenbourg, Reclam und Vieweg auch »Kulturverlage« wie Cassirer, Diederichs, Piper, Rowohlt und Kurt Wolff. Doch auch Verlage mit populären Programmen wie Karl May und Bonz mit Ganghofer und Scheffel fehlten nicht. Knaur dagegen inserierte nicht.

*

Anfang der 1920er-Jahre erschienen bei Knaur nur wenige neue Titel. Nachgedruckt wurden vor allem Klassikerausgaben wie Goethe, Ibsen, Keller, Kleist, Körner und Schiller. Wirklich neu im Programm war die Publikation von Wilhelm Bölsches zweibändiger *Entwicklungsgeschichte der Natur* im Jahr 1922, die bereits 1894 und 1895 im Verlag J. Neumann, Neudamm, erschienen war. Es war eines der ersten modernen Sachbücher, die versuchten, naturwissenschaftliche Sachverhalte zu popularisieren. Zur Berühmtheit des Journalisten und Herausgebers von Klassikern trug vor allem sein zwischen 1898

Fast 30 Jahre nach der Erstveröffentlichung brachte Knaur 1922 die zweibändige *Entwicklungsgeschichte der Natur* von Wilhelm Bölsche heraus, eines der ersten modernen Sachbücher, die versuchten, naturwissenschaftliche Sachverhalte zu popularisieren.

und 1903 in drei Bänden bei Diederichs erschienenes Werk *Das Liebesleben in der Natur* bei, dessen Erfolg sicher nicht zuletzt auf dem Titel beruhte.

Aus der Zeit kurz nach dem Ersten Weltkrieg ist auch von einem gescheiterten Projekt zu berichten. Der Verlag versuchte, die Gesamtausgabe von Gerhart Hauptmann herauszugeben. Wir wissen davon aus einem Brief des Autors an seinen Verleger Samuel Fischer, in dem er sich darüber beschwert, dass die »Angelegenheit mit Baron Schey […] eingeschlafen« sei. Das Schreiben vom 28. Mai 1921 bezieht sich in einer Randbemerkung auf einen Vorgang, der zu diesem Zeitpunkt etwas mehr als ein Jahr zurücklag. »Im März 1920 war ein namentlich nicht genauer genannter Baron Schey – vermutlich Philipp Schey von Koromla (1881–1957) – an Hauptmann mit dem Plan herangetreten, dessen Gesammelte Werke in einer Auflage von 300 000 Exemplaren bei einem Honorar von einer Million Mark auf den Markt zu bringen. Die Geldmittel würden von einem Bankenkonsortium aufgebracht werden. Verlegen sollte die Ausgabe [der Knaur Verlag]. Die im April geführten Verhandlungen waren erfolglos, vornehmlich weil Schey das nötige Geld nicht beibringen konnte.«[54]

Wege aus der Nebenmarktnische

Der erste wichtige Schritt auf dem Weg aus der Nebenmarktnische war die Akquisition eines hoch geschätzten Literaten als Herausgeber für eine Romanreihe, der zweite der Erwerb der Rechte eines zeitgenössischen Bestsellerautors, der dritte die Publikation eines preiswerten Volkslexikons und der vierte die Veröffentlichung eines üppig illustrierten, qualitätsvollen Kunstbandes zu einem sensationellen Preis. Dieses neue Programm wurde vertrieblich durch eine konsequente Niedrigpreispolitik unterstützt, die dem Verlag nicht nur Freunde einbrachte. Zudem gehörte Knaur zu den Verlagen, die früh die Bedeutung der Werbung und des Marketings erkannt hatten.

»ROMANE DER WELT«

Am 1. April 1927 erschien bei Knaur der Roman *Bildnis eines Rothaarigen* von Hugh Walpole in der Übersetzung von Paul Baudisch. Der Schauerroman in der Tradition von Edgar Allan Poe war zwei Jahre zuvor in England auf den Markt gekommen. Mit ihm startete der Verlag eine Buchreihe mit dem anspruchsvollen Titel *Romane der Welt*. Die eigentliche Sensation aber war die Tatsache, dass Thomas Mann zusammen mit Hermann Georg Scheffauer als Herausgeber zeichnete und ein Geleitwort verfasst hatte.[55] Thomas Mann (1875–1955) war in diesen Jahren eine der literarischen Leitfiguren der Weimarer Republik. Das beruhte zum einen auf dem großen Erfolg des 1905 erschienenen Romans *Buddenbrooks,* zum anderen auf der schnellen Resonanz auf den *Zauberberg,* der 1924 veröffentlicht wurde und nach wenigen Jahren einen Verkauf von 100 000 Exemplaren erreichte, sowie vor allem auf seinem publizistischen Eintreten für die Demokratie.

Thomas Mann hat in einem Brief vom 27. Oktober 1928 an Hanns Martin Elster beschrieben, wie es zur Zusammenarbeit mit dem Verlag kam: »Es war der verstorbene Herman George Scheffauer, der mich für den Plan gewann.«

Über sein Verhältnis zu Scheffauer, der seine Vornamen zu Herman George anglisiert hatte, schrieb Mann an gleicher Stelle: »Ich hatte den Mann persönlich gern, ich war ihm dankbar, weil er mehrere meiner Arbeiten mit außerordentlicher Kunst und Liebe ins Englische übersetzt hatte, zudem galt er als ausgezeichneter Kenner der angelsächsischen Literatur.«[56] Weitere Details sind nicht bekannt, da entspre-

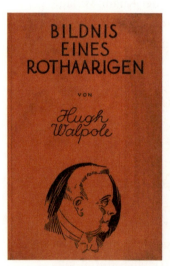

Als erster Band der *Romane der Welt* erschien ein Schauerroman in der Tradition von Edgar Allan Poe, nämlich *Bildnis eines Rothaarigen* von Hugh Walpole.

Die Herausgeber der 1927 gestarteten Reihe *Romane der Welt*, Thomas Mann (1875–1955, links) und Hermann Georg Scheffauer (1878–1927).

chende Briefe nicht (mehr) vorhanden sind und Thomas Mann die Tagebücher jener Jahre verbrannt hat.

Der deutsch-amerikanische Schriftsteller und Übersetzer Hermann Georg Scheffauer (1878–1927) schrieb in englischer Sprache und übersetzte zahlreiche Werke von Klabund und Georg Kaiser. Mit Thomas Mann war er durch die Übertragung von dessen Erzählungen *Herr und Hund* und *Unordnung und frühes Leid* sowie von frühen Erzählungen verbunden. Nach dem Willen des Autors sollte er auch den 1924 erschienenen *Zauberberg* ins Englische übersetzen, doch Manns amerikanischer Verleger Alfred A. Knopf bestand auf Helen Tracy Lowe-Porter, mit deren Arbeit Mann gar nicht zufrieden war.[57]

Thomas Mann und Hermann Georg Scheffauer sind auf dem Schmutztitel der ersten 58 Bände unter dem Reihennamen als Herausgeber genannt. Wie Mann im Brief an Elster schreibt, war das Geleitwort zur Romanserie »der Niederschlag meiner Unterhaltungen mit dem sympathischen Deutsch-Amerikaner und kennzeichnete mit natürlicher Wärme mein Verhältnis zu der Idee des Unternehmens«.[58] Mann und Scheffauer wurden in allen Bänden der ersten Staffel bis März 1928 als Herausgeber genannt. Da der Walpole-Band nur schwer zugänglich ist, wird das Geleitwort hier vollständig wiedergegeben.

»Das ist ein weiträumiger Titel und ein Unternehmen, jenem Geiste massenfreundlicher Großzügigkeit entsprungen, der soviel Anrecht auf die Zeit und das Leben hat wie der Geist der Verfeinerung und Vertiefung – der vielleicht *mehr* Anrecht auf sie hat, wenn wir gerecht und freimütig sein wollen. Etwas wild und demokratisch atmet es her aus dieser Welt abenteuerlicher Modernität ... Rümpfen wir nicht esoterisch die Nase! Flüchten wir nicht auf ein Elfenbeintürmchen vor ihrem pöbelhaft jugendlichen Andrang! Seien wir tapfer, gutwillig und vertrauensvoll – in Erwiderung eines Vertrauens, das freilich kaum unserer Existenzform, sondern eben nur unserem guten Willen und unserer guten Laune gilt! Gut denn, tun wir mit! Stellen wir uns an die Spitze! Helfen wir und machen wir uns nützlich, indem wir zugleich der Zeit dienen und das bestürmte Niveau verteidigen ...«

Nach dieser Rechtfertigung des eigenen Engagements verteidigt Thomas Mann die Kunstform des Romans: »Wäre das hoffnungslos? Könnte das Massenhafte, das Massengerechte nicht einmal gut sein? Was ist massengerecht? Das Äußerliche? Aber Goethe hat gesagt, dass große Kunst immer die Tendenz habe, ganz äußerlich zu werden. Wer insonderheit sich aufs Wesen der *Erzählung* versteht, der weiß, dass es dabei auf Innerlichkeit oder Äußerlichkeit zum mindesten nicht ankommt, sondern darauf, dass die Leute Augen, Münder und Ohren aufsperren. Dass sie stillhalten. Dass sie *zuhören*. Die Kunst der Erzählung ist die Kunst, zum Zuhören zu zwingen – weiter nichts, aber das ist nicht wenig und heut zumal! Es ist ein Geheimnis, für dessen Walten die Frage des Innerlichen und Äußerlichen entschieden unwichtig ist und das sich in einem hinlockenden und verzaubernden Tonfall, also in etwas Äußerlichem, beinahe erschöpfen mag. Jedenfalls hat große Erzählung nicht nur wiederholt, sondern geradezu fast immer die Neigung gezeigt, ins wild Unterhaltende, ins Kolportagehafte, ja ungescheut ins Sentimentale und Aufregende zu steigen, – wobei zu bemerken ist, dass große Erzählung dieses äußerlich epischen Sinnes bei uns in Deutschland nicht viel Boden und Überlieferung hat. Wir haben keinen Dickens und Balzac, auch keinen Dostojewski. Der deutsche Roman großen Stils ist aristokratisch und innerlich, denn er ist der Entwicklungs- und Bildungsroman Goethescher Prägung. Ob er darum *Erzählung* großen Stiles ist, bleibt strittig. Solcher eignet etwas Mitreißendes, etwas groß Populäres im modernen Sinn, nicht mehr in dem romantischer Volkstümlichkeit, wovor das deutsche Wesen sich lange verschloss. Lassen wir uns doch durch politische Unumgänglichkeiten nicht verdummen gegen die Wahrheit einer wesentlich aristokratischen Anlage des deutschen Geistes! Es ist bezeichnend genug, dass noch bis vor kurzem das Drama hier für die unbedingt höchste Dichtungsform und der Erzähler für den ›Stiefbruder des Dichters‹ galt. Daran ist wahr, dass in der Tat der Roman, im Vergleich mit dem Drama, die modern-populärere, eine demokratische Kunstform bedeutet: wie denn schließlich die Kino-Sensation von ihm herkommt und keineswegs vom Drama, mit dem sie gar nichts zu tun hat.

Hat sich aber – letzte Unveränderlichkeiten und Unveräußerlichkeiten des Charakters aus dem Spiel gelassen – nicht manches verändert in Deutschland? Ist nicht seiner politischen Entromantisierung ein jahrzehntelanger rein kultureller – oder zivilisatorischer – Prozess vorangegangen, den man in gewissem Sinn als die ›Europäisierung‹ Deutschlands bezeichnen könnte: eine lange und scharfe Übung in prosaischer Form und kritischer Psychologie, als deren Ergebnis die Tatsache dasteht, dass heute das Drama (es ist nicht vom *Theater* die Rede) im öffentlichen Interesse weit hinter den Roman zurücktritt, welcher, einfach weil seine Leistungen die größeren sind, was aber niemals ein Zufall ist, augenblicklich den ersten Platz darin behauptet?

So ist es, wir waren ›demokratisiert‹, – in dieser unpolitischen Bedeutung des Wortes – lange bevor das Kaiserreich abdankte. Das Problem kultureller Demokratie aber ist das des Niveaus, der Hebung des Niveaus: davon lebt sie, darin besteht sie. Ja, man kann wirklich zu ihrem Lobe sagen, dass sie die Hebung des Niveaus, das auf anständige, ja vorzügliche Art Massengerechte, das Gutgemacht-Mittlere bedürfnisweise in sich trägt; denn sie ist eine intelligent-fortgeschrittene Gesellschaftsform von ausgesprochener Empfindlichkeit und hohnlachender Ungeduld gegen das Rückständig-Blöde (welches in älteren Stadien der Entwicklung neben dem hohen Werke viel freundlicher geduldet wurde), von ausgesprochenem Sinn für das intelligent und unblamabel Fortgeschrittene auf jedem Gebiet, auch dem der Kunst und der Unterhaltung, wo sie denn die ehemals offene Kluft zwischen hoher Dichtung und gemütvoller Weise noch nicht als blamabel empfundener Blödheit durch das vorzüglich gemachte Mittlere zu schließen versucht. Dies, wie gesagt, ist ihr Lebensbedürfnis, und jedes Bedürfnis zeitigt seine Befriedigung. Wir haben heute in Deutschland Bücher, von denen man sagen kann, dass sie viel schlechter würden gewesen sein, wären sie vor dreißig Jahren geschrieben worden. Einfacher gesagt: Sie hätten damals überhaupt nicht geschrieben werden können. Ihre Autoren waren nicht erzogen, und im Publikum fehlte das Bedürfnis danach, denn dieses venerierte das ›Klassische‹ und las das Blöde. Das ist nun anders geworden. Die Bücher sind da, die vorzügliche Unterhaltung ist da, das Massengerechte von durchaus unlächerlicher Qualität; und namentlich ist das Bedürfnis nach dieser Qualitätsware entwickelt – in einem Grade, einem Umfange sogar, mit welchem die einschlägige Produktion bei uns zulande, anders als in andern Ländern, nicht Schritt hält.«

Eine Reihe, die sich *Romane der Welt* nennt, darf für Thomas Mann nicht den Markt mit ausländischen Büchern überschwemmen, sondern muss »dem deutschen Talent« einen entsprechenden Raum bieten: »Dies ist ein Punkt, der eine Rolle spielte bei dem Entwurf des Unternehmens, das wir hier ankündigen. Man bezweifelte eine heimische Fruchtbarkeit dieser Art, man wollte ausscheiden, was nicht weit her war, wollte international sein im Sinne des nur Ausländischen, und wenn man ›Romane der Welt‹ verhieß, so sollten es unbedingt Romane fremder Welt und fremden Schicksals sein. Man berichtigte sich schnell. Das ging nicht. Die grundsätzliche Einbeziehung der deutschen Produktion, die ohne Zweifel vorhanden ist und durch einen marktschaffenden Publikationsapparat, wie diesen, kräftig belebt werden kann, vervollständigte erst die Idee. Sie war geboten, um den Doppelcharakter des Unternehmens zu wahren, der im Seeli-

Die Titelei der Ausgabe von Hugh Walpoles *Bildnis eines Rothaarigen* mit der ersten und letzten Seite des Geleitworts von Thomas Mann.

schen expansiv, im Wirtschaftlichen sozial sein muss. Sozial: Dazu genügte nicht die Vereinigung von Wohlfeilheit und Gediegenheit, nicht das holzfreie Papier, der propere Leinenband – zu einem Preise, der mit der gegenwärtigen Wirtschaftslage des deutschen Volkes in zauberhaftem Einklang steht. Es genügte nicht, dass ein Stab von Lektoren und Korrektoren, ein Heer von Übersetzern durch den Apparat in Brot gesetzt werden würde. Mit Recht hätte jedenfalls das einheimische Schriftstellertum gegen eine ausstechende Überschwemmung des Marktes mit fremden Gütern gemurrt, wenn nicht zugleich dem deutschen Talent, wenigstens einer besondern Art von Talent, dem auf unblamable Unterhaltung gerichteten, und gerade dem beginnenden Talent, das seinen öffentlichen Weg auch nur anzutreten durch die wirtschaftliche Niedergeschlagenheit der Verleger so oft gehindert ist, eine große Chance gewährt worden wäre.

Räumen wir aber ein, dass seelische Ausdehnung das Wesentliche der Idee ausmacht! Ein derzeit armes, ein derzeit eingeengtes und auf sich selbst zurückgeworfenes Volk und ein von Natur grenzenloses und weltliebendes Volk: Da gab es gestaute Wünsche zu befreien, Sehnsucht zu befriedigen, die Sehnsucht nach Welt und Weite, nach Entrückung aus der Alltäglichkeit, aus *sich selbst,* nach Abenteuern in fremden Ländern und Zeiten, nach Vertiefung in fremde Schicksale, nach Aufgehen in fremdem Glück und Unglück. Wie wäre es, ein solches Volk einmal buchhändlerischerweise mit Welt nur so zu überschütten? Eine Maschinerie von technisch höchst neuzeitlicher Fortgeschrittenheit zu konstruieren, welche, nach sorgfältiger Vorbereitung des Angriffs, ein Mitrailleusenfeuer von lebenstraumschwangeren Leinenbänden auf es eröffnete? Großbetrieb, Großbetrieb! Jede Woche ein Buch, geschleudert zwar, denn technische Kraft und Präzision geben den Nachdruck, doch durchaus nicht Schleuderware, sondern gut gemacht außen und innen, in demokratisierten Luxus gehüllt, wohlfeil durch Massenhaftigkeit. In einem Deutsch, auf das wir achthaben wollen, mögen die Seelen der Völker zu diesem verlangenden Volke sprechen, das immer die Stätte zum Stelldichein der Völkerseelen abgegeben hat: der virile Humor der Angelsachsen, die harte Leidenschaft des Südens, Frankreichs Form und Klarheit, die weiche und wilde Menschlichkeit des Ostens. Gleich geht es an mit dem überraschenden *Bildnis eines Rothaarigen* von Hugh Walpole. Aber was wird nicht folgen an Bildern und Geschichten aus allen Gebieten des Daseins, an bunter Außenwelt, an kräftig gestalteter Wirklichkeit! Unterhaltung? Sagt dafür: Steigerung des Lebensgefühls; das klingt schon ernster. Und vielleicht ist für den ›Wiederaufbau‹ auf diesem Wege manches zu leisten.«

Was will Thomas Mann mit diesem Text sagen? Man merkt ihm deutlich an, dass der spätere Nobelpreisträger das Projekt nur mühsam – auch vor sich selbst – rechtfertigen kann. Darauf deutet schon formal die merkwürdige Häufung der Ausrufezeichen hin, als wolle sich der Verfasser in seinen Aussagen selbst bestärken. Argumentativ arbeitet Mann zunächst mit dem ganz großen Besteck und holt weit aus, indem er den Roman, der ästhetisch immer als eine mindere Gattung galt, poetologisch gegenüber dem Drama verteidigt und aufwertet. Das setzt sich mit der bemühten Legitimierung der Unterhaltungsfunktion der »Erzählung« als demokratische Kunstform fort sowie mit der Rechtfertigung des Niveaus, des »Mittleren«, des »Unblamablen«. Mit den Formulierungen »Seien wir tapfer, gutwillig und vertrauensvoll […] Gut denn, tun wir mit!« wird er nicht gerade große Begeisterung beim Verlag ausgelöst haben. Das gilt sicher auch für die deutliche Distanzierung von der Ursprungskonzeption: »Man bezweifelte eine heimische Fruchtbarkeit dieser Art […] Man berichtigte sich schnell. Das ging nicht.« Das Unbehagen mit dem Reihenprojekt verdichtet sich schließlich in dem merkwürdigen Bild vom »Mitrailleusenfeuer von lebenstraumschwangeren Leinenbänden«, mit dem das Volk »buchhändlerischerweise mit Welt nur so zu überschütten« sei.

Die heftige Kritik am Herausgeber Thomas Mann

Dass ein renommierter Literat wie Thomas Mann sich auf die Herausgabe einer Reihe mit dem anspruchsvollen Titel *Romane der Welt* in einem Verlag wie Knaur einließ, rief schnell Kritiker aus den verschiedenen Lagern auf den Plan.[59] So polemisierte bereits kurz nach dem Start der Serie Herbert Ihering, einer der wichtigsten Theaterkritiker der Weimarer Republik, im *Berliner Börsen-Courier*: »Thomas Mann wird der Großonkel der Literatur. Im Cut geht er steif von Buch zu Buch und begleitet jede Speise mit Empfehlungen und verbeugt sich und ruft ›Mahlzeit‹. Aber gleichzeitig ist er etwas Besseres; gleichzeitig geniert er sich; gleichzeitig bleibt er in Reserve. Er gibt sich einen Ruck, dass die Bügelfalten knarren. ›Helfen wir und machen wir uns nützlich!‹ Thomas Mann ist eine der wenigen repräsentativen Erscheinungen der deutschen Literatur. Aber wenn er seinen Akademierock nicht ausziehen kann, soll er nicht populäre Buchfolgen einleiten. Entweder sagt man ja, oder man bleibt fern.«[60]

Kurz danach verschärfte der Schriftsteller und Feuilletonist Hans Sochaczewer im *Berliner Tageblatt* vom 12. Juni 1927 den Ton: »Nun, nichts lässt sich dagegen einwenden, dass die Firma Th. Knaur Nachf. hofft, durch mäßige Preisfestsetzung Romane, die nichts mit Kunst, und nur einiges mit Unterhaltung zu tun haben, zu Abertausenden absetzen zu können. […] Würde Romain Rolland eine derartige Reihe mit seinem Namen schmücken lassen? Ich kenne nicht den Vertrag zwischen Knaur und Mann. Aber wenn es geht, dann trenne sich Thomas Mann von einem Plane, dessen Schwäche keineswegs darin besteht, dass er ›demokratisch‹ ist, sondern vielmehr darin, dass er den Namen Thomas Mann nicht verdient. Es handelt sich keineswegs um Schundliteratur, es handelt sich um gewichtlose Unterhaltungsware. Thomas Mann dabei? Aber! Romane der Welt? Nun, die Übertreibung eines wagelustigen Verlegers.«[61]

Der später stramm nationalsozialistische Schriftsteller und Literaturkritiker Will Vesper schrieb in der von ihm herausgegebenen Zeitschrift *Die schöne Literatur:* »Der Name Thomas Mann an der Spitze dieses Unternehmens beweist nur, dass die Buchfabrik Knaur es sich etwas hat kosten lassen, eine täuschende Flagge über ihr Schmugglerschiff aufzuziehen. Er bedeutet nicht, dass ein großer Dichter mit Gewissenhaftigkeit und Ernst sich seiner Stellung und Aufgabe bewusst ist. Alle Eiertänze voll geistreicher Entrüstung und fauler Entschuldigungen, die Thomas Mann aufführt, ändern daran nichts. Wann wird unser Volk endlich wieder die geistigen Führer haben, die nicht nur schöner Worte mächtig, sondern auch anständiger Haltung fähig sind, auch wenn noch so viel Mammon lockt?«[62]

Das finanzielle Argument spitzte der katholische Publizist Friedrich Muckermann zu und hielt Thomas Mann vor, dass nach seinen Schätzungen Mann wohl 15 000 Mark pro Band als Herausgeberhonorar erhalten werde: »Hören Sie doch auf, in Zukunft noch zu behaupten, es sei das, was Ihr Mund spreche, nur der Ausdruck der Allgemeinheit. Keine drei Pfennige werden wir für eine Weisheit noch geben, die am Tage vom Wunderbrunnen der Kunst spricht, den sie bei Nacht vergiftet.«[63]

Eine ruhige und sachliche Kritik brachte Stefan Großmann am 7. Mai 1927, also einen Monat nach Erscheinen des ersten Bandes, in der unabhängigen, überparteilichen Wochenschrift *Das Tagebuch* vor. Er lobt die ersten Bände der Reihe insgesamt, vor allem den Preis von 2,85 Mark je Buch, weil damit »in diese selbstmörderische Politik der hohen Bücherpreise eine Bresche« geschlagen werde.[64] Dann spricht er *den* wunden Punkt der Konzeption an, das Fehlen deutscher Autoren. Und so fragt Großmann: »Was aber verdankt die Sammlung Thomas Mann als Herausgeber? Bis zum heutigen Tag ist kein deutscher Roman bei Knaur erschienen und unseres Wissens auch keiner angekündigt. Es könnte also sein, dass Thomas Manns verdienstvolle Wirksamkeit darin besteht, dass er das Erscheinen von deutschem Schund energisch verhindert. Auch für diese unsichtbare Tätigkeit müsste man ihm dankbar sein. Ist es aber wirklich unmöglich die Sammlung Knaur dann und wann durch einen deutschen Roman zu ergänzen? Gewiss, ein Verleger muss kalkulieren, Übersetzungen sind billig, Originalarbeiten kosten größere Honorare. Aber wird sich eine deutsche Buchsammlung durchsetzen können, in der nur englische und französische Autoren erscheinen? Macht denn eine solche Bücherreihe ohne Deutsche Thomas Mann Freude? […] Aber – respektvolle Frage an Thomas Mann – kann das billige Buch in Deutschland nur durch den Ausschluss der deutschen Autoren erreicht werden? Und ist dies ein Ziel für den Präsidenten der deutschen Literaturrepublik?«[65]

Drei Wochen später antwortete Thomas Mann im *Tagebuch,* zu einem Zeitpunkt also, als die oben zitierten rüden Angriffe noch gar nicht erschienen waren. Gleichwohl schreibt er: »Wie in Deutschland heute gehasst wird, das ist grässlich«, und zitiert »so eine Blüte« der aus seiner Sicht ungerechtfertigten Kritik: »Nach dem unerträglich geschwätzigen *Zauberberg* offenbar ausgeschrieben, leitet er nunmehr ein Ramschgeschäft.« Über weite Strecken wiederholt er danach zunächst die Argumente aus seinem Geleitwort und bezeichnet dabei »diese *Romane der Welt*-Idee [als] gut und lustig« – eine merkwürdige Formulierung bei einem so sorgfältig die Worte setzenden

Autor. Dann geht er auf Großmanns Frage nach deutschen Autoren ein und nennt deren bisheriges Fehlen »die böse Wunde«. Er betont, dass er »die Aufnahme deutscher Werke in die Sammlung zur ersten Bedingung [seiner] Beteiligung gemacht« habe.[66] Er nennt Namen von Autoren, die in Betracht kommen, darunter Walter Mehring, Lion Feuchtwanger und Hans Friedrich Blunck. Seine Erwiderung schließt mit dem Versprechen, »dass in nächster Zeit deutsche Bände erscheinen werden. [...] Sollten wir unser Wort nicht halten, [...] so wird mein Name vom Titelblatt der Romanreihe verschwinden.«[67] Der Anteil deutscher Autoren blieb äußerst gering. 1927 waren unter den 38 Titeln, die bis Ende des Jahres erschienen, gerade einmal vier deutschsprachige Werke.

Nicht nur die Reaktion Thomas Manns auf den offenen Brief von Stefan Großmann, dem er am 19. Mai 1927 geantwortet hatte, sondern auch seine Briefe aus dieser Zeit zeigen, wie tief der Verfasser des Geleitworts zur Reihe von der Kritik getroffen war. Bezeichnend dafür ist der Brief vom 18. Juni 1927 an den preußischen Kultusminister Carl Heinrich Becker. Zunächst beschwert Mann sich über Wilhelm von Scholz, den Präsidenten der Sektion für Dichtkunst der Preußischen Akademie der Künste, weil dieser von ihm »einen Bericht über die Angelegenheit *Romane der Welt*« angefordert habe. Dann erläutert er dem Minister »an Hand von Unterlagen die literarische Berechtigung dieses Unternehmens, das aus Konkurrenzgründen oder aus kulturpolitischer Gegnerschaft heftiger Kritik ausgesetzt sei«. Dabei nennt er zur Verteidigung der Reihe die Autoren George Bernard Shaw, John Galsworthy, Pio Baroja und Sinclair Lewis. Er »betont sein Bemühen, deutsche Autoren heranzuziehen«, ohne allerdings Namen zu nennen.[68] Die hatte er Adalbert Droemer in einem Schreiben vom 29. Mai 1927 genannt und dabei Walter Mehring *(Paris in Brand)*, Oskar Maurus Fontana *(Gefangene der Erde)*, Eugen Binder von Krieglstein *(Aus dem Lande der Verdammnis)*, Oskar Beste *(Jan Gerit)* und Rudolf Schneider-Schelde *(Der Frauenzüchter)* erwähnt. Am selben Tag informiert Thomas Mann auch seinen Mitherausgeber Scheffauer über seine Vorschläge.

In der Tat erschienen zwei Romane Binder von Krieglsteins im Sommer und Herbst 1927, Fontanas Buch 1928 und Walther Harichs *Angst* erst 1929. Beste und Schneider-Schelde wurden nicht in die *Romane der Welt* aufgenommen. Manns Einfluss auf die Programmgestaltung war also offenkundig recht gering, auch wenn er im Schreiben an Droemer »sich wegen der heftigen Kritik, der die Romanreihe ausgesetzt sei, das Recht vor[behalte], ein entscheidendes Wort bei der Auswahl der Bände mitzureden«.[69] Bemerkenswert ist, dass er drei Wochen später in dem zitierten Schreiben an den preußischen Kultusminister Becker die Absicht äußert, »sich wieder von dem Unternehmen zu trennen, da er, fern von Berlin, die schnelle Produktion dieser Romanreihe nicht genügend überwachen« könne.[70]

Knapp eineinhalb Jahre später bestätigt er diesen mangelnden Einfluss auf das Projekt in dem Brief an Hanns Martin Elster: »Ich hatte einiges durchgesetzt, vor allem die Aufnahme von Deutschen, aber nicht genug, zum Beispiel nicht die Opferung der meist schlimm illustrierten Umschläge und die Einbeziehung russischer Literatur; überhaupt aber hatte ich bald einsehen müssen, dass bei dem programmmäßigen Produktionstempo eine wirkliche Kontrolle dessen, was der Verlag mit seinen Lektoren und Übersetzern veranstaltete, besonders von München aus, nicht möglich war [...]«[71]

Am 18. September 1927 schreibt er an den befreundeten Josef Ponten und distanziert sich deutlich. Die Reihe sei besser geworden, werde aber vielleicht gerade deshalb eingehen und »mit ihr meine Schande, über das [sic!] dann bald Gras wachsen wird«.[72]

Das Programm der »Romane der Welt«

Wie sah nun das Programm aus, das das »Massengerechte von durchaus unlächerlicher Qualität« zur Richtschnur hatte? Der Anteil deutscher Autoren im ersten Jahr war, wie bereits erwähnt, äußerst gering. Veröffentlicht wurden vier deutschsprachige Werke: *Oh Ali!*, ein im Orient spielender Abenteuerroman von Kurt Aram, *Aus dem Lande der Verdammnis* sowie *Zwischen Weiß und Gelb* von Eugen Binder von Krieglstein und *Angst* von Walther Harich. Zwei Drittel der Romane, nämlich 26, stammten aus dem angelsächsischen Sprachraum, fünf aus Frankreich, zwei aus Spanien und einer aus Schweden. Mit diesen Werken aus dem Ausland publizierte Knaur zum ersten Mal deutsche Erstausgaben.

Kurt Aram ist das Pseudonym für Hans Fischer (1869–1934), einen deutschen Journalisten und Schriftsteller, der u. a. Redakteur beim *Berliner Tageblatt* und Mitherausgeber der Literaturzeitschrift *März* war. Er verfasste eine Reihe von Unterhaltungsromanen. Eugen Binder von Krieglstein (1873–1914) war ein österreichischer Kriegsberichterstatter und Reiseschriftsteller. Beide in den *Romanen der Welt* veröffentlichten Titel, nämlich *Aus dem Lande der Verdammnis* und *Zwischen Weiß und Gelb*, sind Sammlungen von Abenteuer- und Kriegserzählungen und fast 20 Jahre zuvor, nämlich 1909, im Deutschen Verlagshaus Vita, Berlin, erschienen. Zum ersten Titel hat Hanns Heinz Ewers ein Geleitwort geschrieben. Walther Harich (1888–1931) ist heute den Fachleuten als Herausgeber der *Gesammelten Werke* von E. T. A. Hoffmann in 15 Bänden bekannt. Neben

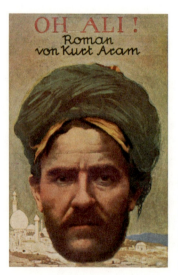

Einer der wenigen deutschen Autoren, die in den *Romanen der Welt* veröffentlicht wurden, war Kurt Aram mit seinem im Orient spielenden Abenteuerroman *Oh Ali!*. Solche Schutzumschläge mag Thomas Mann vor Augen gehabt haben, als er von den »meist schlimm illustrierten Umschlägen« sprach.

seiner literaturwissenschaftlichen Arbeit verfasste er elf Romane. 1928 ist in der Serie der Titel *Die Schatten der Susette* erschienen.

Die wichtigsten ausländischen Autoren im Startjahr waren George Bernard Shaw (1856–1950), der Literaturnobelpreisträger von 1925, mit seinem Frühwerk *Cashel Byrons Beruf* (1886) in einer Neuauflage der deutschen Erstausgabe von 1908 und mit einer Einführung von Hermann Georg Scheffauer sowie die späteren Nobelpreisträger John Galsworthy (1867–1933) mit seinem frühen Roman *Jenseits* (1917) in einer Neuübersetzung von Hermynia zur Mühlen und Sinclair Lewis (1885–1951) mit *Hauptstraße* (1920) in einer Neuübersetzung von Franz Fein. Herman Melville (1819–1891) ist mit drei Werken vertreten, den deutschen Erstausgaben von *Taipi* (1846) und *Omu* (1847) sowie – literaturgeschichtlich besonders interessant – *Moby Dick oder Der weiße Wal* (1851), übersetzt und bearbeitet von Wilhelm Strüver.

Neben diesen prominenten Autoren haben nur wenige andere die Zeitläufte überstanden. Bekannt ist heute noch P. G. Wodehouse

Nobelpreisträger in den *Romanen der Welt:* George Bernard Shaw (1856–1950) mit *Cashel Byrons Beruf,* John Galsworthy (1867–1933) mit *Jenseits* und Sinclair Lewis (1885–1951) mit *Hauptstraße* (von links).

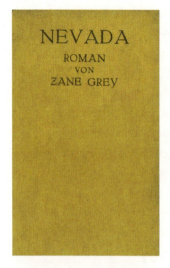
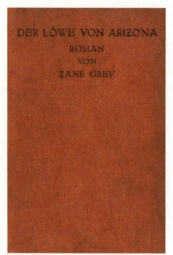
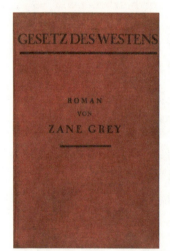

Nicht weniger als 42 Romane veröffentlichte der amerikanische Autor Zane Grey (1872–1939) bis 1939 bei Knaur, davon 16 in der Reihe *Romane der Welt*.

(1881–1975) mit seinen heiteren Romanen. Knaur veröffentlichte *Nimrods Tochter* und *Ein Glücklicher*. Der Franzose Maurice Leblanc (1864–1941) gehört ebenfalls dazu; von ihm erschienen im ersten Jahr der Reihe der Schauerroman *Die Insel der dreißig Särge* und einer der Romane um den Meisterdieb Arsène Lupin, *Die Dame mit den grünen Augen*. Das Programm war eindeutig auf Spannungs-,

»Auch Knaur muss sein, denn er ist möglich.« 1901–1933

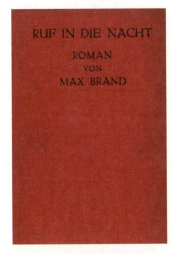

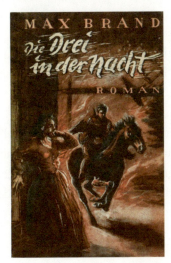

Max Brand war das Pseudonym, unter dem in Deutschland die Western des amerikanischen Schriftstellers und Hollywood-Drehbuchautors Frederick Faust (1892–1944) veröffentlicht wurden. Im Unterschied zu Zane Grey erschienen seine Werke auch nach dem Zweiten Weltkrieg in der Droemerschen Verlagsanstalt, so die beiden Titel in der unteren Reihe.

Abenteuer- und einige Frauenromane ausgerichtet. Von den allermeisten Autoren (kaum Autorinnen) weiß selbst die allwissende Enzyklopädie Wikipedia kaum etwas zu berichten.

Im Startjahr wurden auch zwei Autoren publiziert, die in den folgenden Jahren zahlreiche Bücher in der Reihe veröffentlichten – Zane Grey und Frederick Faust. Beide schrieben vor allem Western. Zane

Grey (1872–1939) war 1927 mit vier Romanen und damit am häufigsten vertreten. Nach den Titeln *Die Grenzlegion*, *Der eiserne Weg*, *Der Mann aus dem Walde* und *Der Texasreiter* erschienen bis 1931 noch weitere zwölf Western aus der Romanfabrik des amerikanischen Autors. Grey war damit der Autor, der mit Abstand die meisten Titel in den *Romanen der Welt* hatte. Seine jährlich publizierten Western erreichten in den 1910er- und 1920er-Jahren in den USA Millionenauflagen. Dazu trugen auch die Verfilmungen seit 1916 bei. Paramount Pictures produzierten allein in den sieben Jahren zwischen 1922 und 1929 nicht weniger als 54 Filme nach Romanen von Grey. Der Autor veröffentlichte bis 1939 bei Knaur 42 Romane.

Nach Grey folgte in der Romanreihe nach Titelzahlen der amerikanische Schriftsteller und Hollywood-Drehbuchautor Frederick Faust (1892–1944) mit zehn Büchern, allerdings nicht unter eigenem Namen, sondern unter den Pseudonymen Max Brand (acht Titel) und George Chailly (zwei Titel). Im Startjahr erschienen unter George Chailly die beiden Spannungsromane *Der Teufelskerl* (1926) und *Der Despot*, ab 1928 dann die Max-Brand-Western. Frederick Schiller Faust, wie er mit vollem Namen hieß, veröffentlichte zu Lebzeiten unter neunzehn Pseudonymen – Max Brand ist das berühmteste – über 900 Kurzgeschichten und Romane und war einer der ökonomisch erfolgreichsten Autoren seiner Zeit. Bei Knaur erschienen bis 1940 unter dem Pseudonym Max Brand 44 Romane.

Das Logo der Reihe *Romane der Welt* auf dem Rücken und dem Schmutztitel der Bände.

Nur wenige der späteren Bände in der Reihe enthielten zusätzliche Texte, so zum Beispiel die Vorworte von Scheffauer zu *Taipi* von Herman Melville und *Cashel Byrons Beruf* von George Bernard Shaw. Ein Geleitwort zu Eugen Binder von Krieglsteins *Aus dem Lande der Verdammnis* schrieb der zeitgenössische Bestsellerautor Hanns Heinz Ewers, und der Übersetzer Hans Jacob, der auch für Knaur als Lektor tätig war, leitete Zane Greys *Grenzlegion* ein.

Die Bände der Reihen erschienen im Oktavformat, waren mit »Vierfarben-Bildumschlägen von ersten Künstlern«[73] ausgestattet, kosteten in der Ganzleinenausgabe jeweils den »Volksbuchpreis« von 2 Mark 85 und kamen am Freitag jeder Woche auf den Markt. Der Verlag bot auch Ausgaben in Halbleder für 3 Mark 75 und in Ganzleder für 4 Markt 80 an. Die Bände trugen auf dem Rücken und dem zweifarbigen Schmutztitel das Logo »RdW«, das auch in der Werbung verwendet und später modifiziert wurde.[74]

Aufwendige Werbung für die »Romane der Welt«

Zum Start der Reihe schaltete Knaur am 19. März 1927 im *Börsenblatt für den Deutschen Buchhandel* eine doppelseitige Anzeige mit der markigen Botschaft: »Am 1. April beginnt Ihr großes Geschäft«. Dann wurde das Vorhaben ausführlich beschrieben und vor allem die Ausstattung und der niedrige Preis hervorgehoben. Dabei sprach der Verlag die Buchhändlerin und den Buchhändler direkt an: »Bestes, holzfreies, federleichtes Papier. Druck erster Leipziger Offizinen. Jeder Band in andersfarbigem Ganzleinen mit Titel- und Silhouetten-Aufdruck. Vierfarb-Bildumschläge von ersten Künstlern.

Von der Schönheit der Ausstattung, der Güte des Papiers, den farbenfreudigen Einbänden, den eindrucksvollen, packenden Bildumschlägen werden Sie sich am besten durch Augenschein überzeugen können.

Nehmen Sie einen Band der Serie zur Hand, dann werden Sie von dem unfassbar niedrigen Preis verblüfft sein und die unerhörten Verkaufsmöglichkeiten ermessen. In Amerika und in England z. B. würden diese Bände nicht nur das Doppelte, sondern zumeist mehr als das Dreifache kosten.

Jeder Band bringt dem deutschen Leser einen – nicht nachdruckfreien – berühmten oder völlig neuen Meister der modernen Erzählung. Werke bester deutscher Autoren sind in Vorbereitung.

Alle Völker und Kulturen kommen zu Worte.«[75]

Das Vorwort Thomas Manns zum ersten Band wurde zu Werbezwecken in der Presse in Auszügen veröffentlicht. Bemerkenswert ist, dass sich die Werbung ganz auf äußere Details wie Preis und Ausstattung sowie die Herausgeberschaft Manns konzentrierte, ohne dass ein einziger Titel konkret genannt wurde. Das geschah erst in der Einführungswerbung in der *Literarischen Welt* am 25. März 1927: »In der Sammlung ›Romane der Welt‹ erscheint jede Woche ein neuer Roman in vornehmem Ganzleinband und glänzender Ausstattung.

Die Einführungswerbung für die *Romane der Welt* in der *Literarischen Welt* vom 25. März 1927, also wenige Tage vor Erscheinen des ersten Bands.

Durchschnittlicher Umfang 330 Seiten. Preis pro Band Mk. 2,85. Alle Völker und Kulturen kommen zu Wort. Für die literarische Qualität bürgen die Namen der Herausgeber.«[76]

Im Anschluss daran werden drei Abschnitte aus dem Text von Thomas Mann zitiert und das Erscheinen von Hugh Walpoles *Bildnis eines Rothaarigen* zum 1. April angekündigt: »Das bedeutende und erfolgreiche Werk des bisher noch nicht ins Deutsche übersetzten berühmten englischen Schriftstellers, ein Buch, das unerhörte Spannung mit zauberhafter Anmut der Schilderung und einer Kunst der Steigerung vereinigt, wie man sie in solcher Eindringlichkeit und Kraft wohl selten kennt.«[77]

Nach dem Start der Reihe bewarb der Verlag die Romanserie großformatig im *Börsenblatt für den Deutschen Buchhandel* und platzierte in der *Literarischen Welt* bis Mitte Oktober 1927 wöchentlich die Ankündigung des nächsten Romans. Danach erschienen in dieser Zeitschrift im Startjahr keine Anzeigen mehr, auch nicht in den beiden umfangreicheren Weihnachtsnummern vom 16. und 22. Dezember 1927.

Eine weitere wichtige Marketingmaßnahme war der am 23. Juni 1927 angekündigte große Schaufensterwettbewerb, bei dem Preisgel-

Ein Verkaufserfolg in der Reihe *Romane der Welt*: John Galsworthys *Jenseits* belegte auf der ersten deutschen Bestsellerliste, die am 14. Oktober 1927 von der *Literarischen Welt* veröffentlicht wurde, Platz 5.

der von zusammen 10 000 Mark ausgeschüttet wurden. Den ersten Preis errang die Amelangsche Buchhandlung in Berlin-Charlottenburg; weitere Preise gingen nach Dortmund, Magdeburg, Stuttgart, Prag, Dresden, Frankfurt und München.[78]

Besonders intensiv wurde John Galsworthys früher Roman *Jenseits* beworben. Der Autor war zu diesem Zeitpunkt durch die Veröffentlichung der *Forsyte-Saga,* für die er später den Nobelpreis erhielt, bereits weltberühmt. Am 29. Juli sowie am 1., 5. und 8. August 1927 erschienen ganzseitige Anzeigen im *Börsenblatt,* in denen auch der sechzigste Geburtstag des Autors am 14. August des Jahres als Verkaufsargument angeführt wurde.[79] Die Investitionen scheinen sich gelohnt zu haben, denn Galsworthy erschien auf der ersten deutschen Bestsellerliste, die am 14. Oktober 1927 von der *Literarischen Welt* veröffentlicht wurde und die die meistverkauften Titel des Monats September auflistete, auf Platz 5.

*

Nach Angaben des Verlags war das erste Jahr der Romanserie ein riesiger Erfolg. So schaltete Knaur am 24. März 1928 im *Börsenblatt* eine Anzeige mit nicht weniger als sieben Seiten. Unter den Slogans »Unser Buch«, »Unser Gedanke«, Unsere Leistung«, »Unsere Pläne«, »Unsere Romane« und »Unser Erfolg« wurde die Reihe als »Sensation des Jahres« gefeiert. Es seien »viele, viele Hunderttausende« von Exemplaren abgesetzt worden, und Presse und Buchhandel würden enthusiastisch reagieren: »Staunen, Anerkennung und Bewunderung in der ganzen Welt.«[80]

*

Nach dem Tod Herman George Scheffauers, der sich im Oktober 1927 das Leben nahm, blieb Thomas Mann bis Ende des ersten Jahres formal Herausgeber. In der zweiten Staffel ab April 1928 wurde auf die Herausgeberzeile im Buch verzichtet, und es erschien nur noch das *RdW*-Logo auf dem Schmutztitel. In der Werbung ersetzte man unter dem Reihentitel die Herausgeber, die noch in der siebenseitigen Anzeige genannt worden waren, durch den Slogan »Gegenwarts-Werke der besten Autoren«. Der Programmumfang wurde reduziert. So veröffentlichte der Verlag nach 38 Titeln in den neun Monaten des Startjahres 34 Titel 1928, ein Jahr danach 22. Ab 1930 erschienen nur noch sporadisch Bände der Reihe *Romane der Welt*. Insgesamt lassen sich 123 Titel für den Zeitraum von 1927 bis 1933 nachweisen. In den Jahren nach 1929 dominierten dabei die Spannungsautoren Max Brand und Zane Grey das Programm.[81]

Die Reihe wurde nach der starken Anfangswerbung in der *Literarischen Welt* von April bis Okober 1927 im darauffolgenden Jahr nur noch mit drei Titeln präsentiert. Erst im Mai 1929 setzte ein weiterer Schub ein. In Einzelanzeigen wurden bis Dezember des Jahres 15 Titel beworben, in der Regel mit Quotes von Autoren wie Börries von Münchhausen, Arnold Zweig und Melchior Fischer. Besonders hervorgehoben wurde Philip MacDonald mit vier Anzeigen. Insgesamt wurde bis auf ganz wenige Ausnahmen die Jahresproduktion von 1929 in der *Literarischen Welt* mit Anzeigen präsentiert. Vermutlich war es der Versuch, der Serie einen neuen Push zu geben. Dem diente auch die Großanzeige, mit der die gesamte Reihe unter dem Slogan »Die beliebteste Romanreihe der Gegenwart« mit allen zu diesem Zeitpunkt lieferbaren Büchern am 28. Juni 1929 vorgestellt wurde. Aufgeführt sind 86 Titel, deren bisherige Gesamtauflage »rund 1 ¾ Millionen« Exemplare betrage. Nicht mehr lieferbar waren nur wenige Bücher, darunter der erste, von Thomas Mann eingeleitete Roman von Hugh Walpole *Bildnis eines Rothaarigen*. Danach findet sich keine weitere Werbung in der *Literarischen Welt*.

Der Kampf um die »Buddenbrooks«

Das bei Weitem interessanteste Projekt für die zweite Staffel der Serie war der Versuch Adalbert Droemers, Thomas Manns 1901 erschienenen Erfolgsroman *Buddenbrooks* zu veröffentlichen. Gottfried Bermann Fischer schildert in seinen Erinnerungen *Bedroht – Bewahrt* die

»Die beliebteste Romanreihe der Gegenwart«: Knaur war nicht sonderlich zurückhaltend mit seinen werblichen Aussagen. In dieser Anzeige in der *Literarischen Welt* vom 28. Juni 1929 wurden die zu diesem Zeitpunkt lieferbaren Titel aufgeführt.

Situation: »Dieser außerordentlich geschäftstüchtige Verleger hatte eine Serie wohlfeiler Romane zu einer der erfolgreichsten deutschen Verlagsunternehmungen gemacht.« Er fährt fort: »Ich beobachtete die Entwicklung dieser Reihe mit Sorge, denn ich sah den Augenblick kommen, da Droemer versuchen würde, die Bücher lebender deutscher Autoren an sich zu ziehen.« So kam es denn auch: »Im August 1929 platzte die Bombe. Thomas Mann teilte uns mit, vor einigen Tagen habe ihn ein Herr Droemer aus Leipzig besucht und ihm 100 000 RM buchstäblich auf den Tisch gelegt – als Honorar für eine billige Sonderausgabe der *Buddenbrooks* – in einer Auflage von einer Million Exemplaren. Thomas Mann schrieb dazu, sein Freund S. Fischer würde ihm doch wohl die Erlaubnis zu diesem Seitensprung nicht verweigern, denn er könne doch so einen Betrag nicht einfach in den Wind schreiben.«[82] Für damalige Verhältnisse war das eine exorbitante Garantiesumme. Der Ladenpreis sollte wie bei allen anderen Romanen der Reihe 2 Mark 85 betragen. Das war ein veritabler Dumpingpreis, denn in den 1920er-Jahren verkaufte der Fischer Verlag das Buch zu einem Preis von 17 Mark.

Als loyaler Autor informierte Thomas Mann seinen Verleger Samuel Fischer und fuhr eigens nach Berlin, um mit ihm darüber zu sprechen. Fischer lehnte das Angebot ob. Zwei Tage nach der Rückkehr aus Berlin machte der Autor aus seiner Enttäuschung keinen Hehl und schrieb am 15. September 1929 an seinen Verleger. Wenn man davon ausgeht, dass Mann in seinem Brief Formulierungen verwendet, die so oder so ähnlich auch im Gespräch gefallen sind, so dürfte das sicher keine sehr freundliche Unterhaltung gewesen sein: »Ich äußerte vorgestern Abend, man möge die Gegenargumente gegen den Drömer'schen Plan nicht bei den Haaren herbeiziehen; Sie leugneten, dass Sie das täten, und doch ist ja klar, dass alle Ihre Einwände und Ausstellungen nur peripherer Natur sind, und dass das Entscheidende bei Ihrer Haltung eine tiefe grundsätzliche Abneigung gegen alle Unternehmungen dieser Art ist, so dass eigentlich jede neue Konzession, die Ihnen die Kontrahenten zu machen bereit sind, Ihnen ein Ärgernis ist.«[83]

Nach dieser Analyse der Motive Fischers, die dem Verleger sicher nicht gefallen haben dürfte, deutet Mann an, dass es wohl nicht der erste Fall ist, bei dem Verleger und Autor uneins über die Verwertung von Werken des Schriftstellers sind: »Es sind bestimmt nicht nur materielle Gründe, die mich zu einer anderen Auffassung der Dinge bestimmen, sondern ich bin überzeugt, dass die immer wiederkehrenden Konflikte dieser Art zwischen Ihnen und mir sich nicht zufällig einstellen, sondern dass die Zeit selbst es ist, die sie herbeiführt, und dass diese neue Zeit ihre Notwendigkeiten hat, denen man Rechnung tragen muss.«[84]

Thomas Mann streicht dann die Vorzüge des Knaur-Angebots heraus, nicht ohne dabei zu betonen, dass der Fischer Verlag zu einer solchen vertrieblichen Leistung nicht fähig sein würde: »Der von

Samuel Fischer (1859–1934) gründete 1886 den S. Fischer Verlag in Berlin und war einer der großen Kulturverleger am Ende des 19. Jahrhunderts und in den ersten Jahrzehnten des letzten Jahrhunderts. Thomas Mann veröffentlichte bereits sein erstes Buch, die Novellensammlung *Der kleine Herr Friedemann* (1898), bei Fischer und blieb zeit seines Lebens Autor des Verlags.

Drömer angebotene Vertrag stellt etwas so Einmaliges dar, und die Sicherstellungen und Schadloshaltungen, die er Ihnen bietet, sind so großzügig und weitgehend, dass schon die ganze, wesentliche Antipathie, die Sie gegen Versuche dieser Art hegen, nötig ist, um sich so ablehnend gegen ihn zu stellen. Ich werde nie verstehen, wie Sie etwas Ehrenrühriges darin sehen und wie Sie es als unerträgliche Zumutung empfinden können, wenn man Ihnen vorschlägt, gegen eine materiell durchaus angemessene Entschädigung die Volksausgabe eines Buches wie ›Buddenbrooks‹ einem Verleger zu übertragen, der technisch auf Derartiges eingestellt ist, wie Ihr Verlag es seiner Natur nach nicht ist und nicht sein kann.«

Natürlich unterlässt es Mann nicht, auf die eigene Bedeutung zu verweisen: »Es handelt sich um einen einmaligen Fall, und mit keinem anderen Buch der Gegenwart, so kann man wohl sagen, wäre das zu verwirklichen, was Drömer verwirklichen will. Es ist etwas Einmaliges, Neues unter dem sozialen Gesichtspunkt Großes, dass das Buch eines Lebenden, heute dreißig Jahre in der Welt und von besonderer Popularität getragen, in einer Reihe mit klassischen Werken der Weltliteratur in einer Volksausgabe der geplanten Art unter die breiten Massen geworfen werden soll. Das ist etwas, was einem deutschen Autor noch nicht geschehen ist.«

Thomas Mann wirft hier alles in die Debatte und bezeichnet die von ihm herausgegebene Romanserie als »Reihe mit klassischen Werken der Weltliteratur«, was angesichts des Programms füglich bezweifelt werden muss. Und er scheut sich nicht, mit einem Angebot der Konkurrenz zu dem gerade entstehenden Roman *Joseph und seine Brüder* zu drohen: »Es liegt mir wegen dieses Buches, aus dem bisher nur kurze Bruchstücke in die Öffentlichkeit gelangt sind, dem man aber offenbar Vertrauen entgegenbringt, ein Angebot, nicht aus der Knauersphäre, sondern von Seiten der literarischen Konkurrenz, vor, wie Sie es mir nie gemacht haben und nach Ihrer geschäftlichen Überlieferung niemals machen könnten.«

Dann deutet er an, dass er damit einverstanden wäre, vom Droemer-Plan Abstand zu nehmen, wenn eine Buchgemeinschaftsausgabe des Romans und »eine wohlfeile Ausgabe Ihres Stils« herausgebracht würden, betont aber: »Trotzdem möchte ich alles aufrecht halten, was ich zugunsten dieser Sache eben vorzubringen versuchte, und muss Sie bitten, die Drömerschen Vorschläge sich doch noch einmal von Ihrer Seite zu überlegen, wobei ich glaube hinzufügen zu dürfen, dass Drömer in jedem Einzelpunkt, der Ihnen noch anstößig oder schwierig scheinen sollte, zu jedem Entgegenkommen bereit sein wird.«

Die Ausgabe in den *Romanen der Welt* erschien trotz aller Eloquenz und aller Argumente Manns nicht. Stattdessen veröffentlichte der Fischer Verlag noch zum Weihnachtsgeschäft des Jahres 1929 eine Ausgabe zum Preis von 2 Mark 85, den Gottfried Bermann Fischer abschätzig als »Warenhauspreis« bezeichnet hatte. Nach heftigen internen Auseinandersetzungen obsiegte er über seinen Schwiegervater und setzte die Volksausgabe der *Buddenbrooks* bei Samuel Fischer durch. Hatte dieser 1911 in einem Beitrag zum *Fischer-Almanach* das billige Buch als Chance zur Markterweiterung gesehen,[85] so argumentierte er nun hinsichtlich einer entsprechenden Ausgabe der *Buddenbrooks:* »Das können wir dem deutschen Buchhandel nicht zumuten. Ein Buch, das Jahrzehnte hindurch seinen ständigen Absatz zum Normalpreis [17 Mark] gefunden hat, auf einen Warenhauspreis herabzusetzen, würde die Grundlagen des deutschen Buchhandels erschüttern. Zu einem solchen Ramschgeschäft darf der S. Fischer Verlag nicht seine Hand reichen.« Bermann Fischer, der diese Aussage in seinen Erinnerungen *Bedroht – Bewahrt* zitiert, fährt fort: »S. Fischers erbitterter Widerstand hatte natürlich seine tieferen Gründe. Er wusste, dass es sich nicht nur um eine Episode im Konkurrenzkampf handelte, sondern um einen Einbruch in das traditionelle Verlagswesen, der zu neuen Verlags- und Vertriebsformen führen würde.« Er fürchtete »eine Erschütterung des gesamten Preissystems« und glaubte, dass die Preisherabsetzung »beim Publikum den Eindruck hervorrufen [würde], dass die allgemein üblichen Buchpreise überhöht seien«.[86] Der Erfolg der »Volksausgabe« der *Buddenbrooks,* wesentlich unterstützt von der Bekanntgabe des Nobelpreises für Thomas Mann am 12. November 1929, gab Bermann Fischers Strategie recht. Im Dezember 1929 waren 450 000 Exemplare gedruckt und ausgeliefert, im August 1930 bereits 900 000 Exemplare.[87] Die Buchgemeinschaftsausgabe erschien 1930 bei der Deutschen Buch-Gemeinschaft.

Geschicktes Marketing avant la lettre

Mit der Serie *Romane der Welt* hat Knaur die pragmatische und praktische Antwort auf die Frage gegeben, die der Verleger Eugen Diederichs auf der ersten Lauensteiner Tagung, einem Treffen kritischer Branchenteilnehmer, im Jahr 1922 gestellt hatte: »Wir haben uns alle beide, Verleger und Sortimenter, in erster Linie den Kopf zu zerbrechen: Wie bringen wir unsere Bücher ›preiswert‹ und ›in der richtigen Weise‹ unter das Volk.«[88] Der Verlag unter der Führung Adalbert Droemers hat eindrucksvoll gezeigt, wie konsequentes Marketing in einem sehr modernen Sinn zum Erfolg führt. Damit setzte der Verlag in die Praxis um, was wenige Jahre später Gottfried Bermann Fischer bei einem Vortrag vor dem Schutzverband Deutscher Schriftsteller ausführte. Er schloss seine Ausführungen mit dem immer wieder zitierten Satz: »Neben dem speziell Verlegerischen liegt in dem Organisatorischen und Vertriebsmäßigen eine der wichtigsten Aufgaben des modernen Verlegers.«[89]

In der Produktpolitik griff der Verlag den seit Anfang des Jahrhunderts verstärkt einsetzenden Trend zur Reihenbildung auf und professionalisierte ihn. Bereits 1889 hatte der Fischer Verlag seine *Nordische Bibliothek* gestartet, der die *Collection Fischer* (1894) und *Fischers Bibliothek zeitgenössischer Romane* (1908) folgten. Ab 1910 erschienen die *Ullstein-Bücher,* und Anton Kippenberg veröffentlichte ab 1912 die *Insel-Bücherei*. Mit einem Programm, das durchaus mit der Knaurschen Konzeption der *Romane der Welt* vergleichbar ist, hatte Otto Reichl 1911 seine *Deutsche Bibliothek* gestartet, die – anders als der Name vermuten lässt – in ihrem Programm international ausgerichtet war.

Auch den regelmäßigen Erscheinungsrhythmus in Anlehnung an das Zeitschriftenwesen hatten einige Reihen vorgegeben, so *Fischers Bibliothek zeitgenössischer Romane* das monatliche Erscheinen neuer Titel oder *Engelhorn's allgemeine Roman-Bibliothek,* in der ab 1884 alle zwei Wochen ein neuer Titel erschien und die 1912 über 700 Bände umfasste. Knaur verdichtete den Erscheinungsrhythmus noch einmal, indem man wöchentlich publizierte.

Die Bücher bei früheren Reihen waren in der Regel gebunden und zum Teil mit Schutzumschlag ausgestattet. Auch der niedrige Einheitsladenpreis war konstitutiv. Fischer und Ullstein kosteten eine Mark, Engelhorn sogar nur 50 Pfennig. Kurz vor dem Ersten Weltkrieg betrug der Ladenpreis so gut wie für alle Bände solcher Reihen zwischen einer und zwei Mark.[90] Der konsequente Einheitspreis von 2 Mark 85, den Knaur schon zu Beginn der 1920er-Jahre für seine Produktion einführte, lag also durchaus nach den Erhöhungen durch die Inflation in der Größenordnung der Preisgestaltung der Vorkriegszeit. Knaur aber drehte die Produktspirale noch weiter, indem der Verlag die literarische Galionsfigur Thomas Mann als Herausgeber gewann, was vor allem im Hinblick auf das bildungsbürgerliche Publikum ein genialer Schachzug war.

In der Distributionspolitik waren die Hauptabsatzwege für solche Reihen zunächst das Warenhaus und der Bahnhofsbuchhandel.[91] Und so ist es bezeichnend, dass die genannte *Deutsche Bibliothek* aus dem Reichl-Verlag als gemeinsames Unternehmen mit dem Kaufhaus A. Wertheim erschien. Mit steigendem Erfolg kam auch der Sortimentsbuchhandel an diesen Reihen nicht mehr vorbei: »Bei hohen Rabatten auf viel verlangte Verlagsartikel bietet die Pflege der Bücherreihe durch das Sortiment so erhebliche Vorteile, dass jetzt wohl kaum noch eine Buchhandlung von ihrem Bezuge sich ausschließt.«[92] Als einer der Ersten hat das Samuel Fischer erkannt und schon 1911 im Almanach zum 25-jährigen Bestehen des Verlags unter dem Titel *Der Verleger und der Büchermarkt* geschrieben: »Es handelt sich bei dem billigen Buch gar nicht um eine Umgestaltung, sondern um eine Erweiterung des Büchermarkts fürs Volk. Das billige Buch wird, wenn es die große Zukunft bekommt, die mir vorschwebt, das Sortiment auf eine breite und gesunde Basis stellen. Ein neuer großer Käuferkreis kann dem Buchhandel erschlossen werden. Heute ist es das billige Buch; aber morgen kann der Leser dieses Buches schon in die Reihe der verwöhnteren Bücherkäufer einrücken, denn wer einmal Bücher in sein Haus geschafft hat, ist in die Kulturschicht der Bücherkäufer eingetreten.«[93] Welche Konditionenpolitik Knaur betrieb, ist mangels Unterlagen nicht bekannt, doch sprechen Zeitgenossen von üblichen Rabatten von 50 Prozent und mehr.[94]

Auch in der Kommunikationspolitik erhöhte Knaur die Schlagzahl mit wöchentlichen Anzeigen, starkem Einsatz in- und ausländischer Pressestimmen zu den Bänden, mit Schaufensterwettbewerb und mit der Herausstellung Thomas Manns als Herausgeber – der Mitherausgeber Hermann Georg Scheffauer wurde nur am Rand erwähnt. Mit diesem starken Akzent auf der Werbung nahm Knaur einen allgemeinen zeitgenössischen Trend auf, denn um die Mitte des Jahrzehnts fand der »Durchbruch absatzorientierten Denkens in der Wirtschaft« statt, was zu einer Etablierung von Werbeabteilungen in den Unternehmen führte.[95] Und es passt in dieses Bild, dass der Börsenverein 1923 eine »Werbestelle« einrichtete, die den Verlagen Empfehlungen für eine adäquate Werbung gab, und dass in diesem Jahr erstmals der durchaus ratgeberhafte Titel *Die Werbung fürs Buch* von Horst Kliemann erschien. Das Buch erlebte sehr schnell eine Nachauflage und erschien sowohl während des Dritten Reichs als auch in der Nachkriegszeit in entsprechenden Ausgaben.

Betrachten wir die umfangreiche Serie der *Romane der Welt* unter ökonomischen Gesichtspunkten, so muss man sich fragen, wie die Investitionen für Rechte und Übersetzungen finanziert wurden, denn im Unterschied zum Klassikerprogramm fielen hier Kosten an, die sich zwar mit den heutigen Lizenzkosten nicht vergleichen lassen, in der Summe aber erheblich sein mussten. Mag auch das Angebot an Thomas Mann und den Fischer Verlag, die *Buddenbrooks* in die Reihe aufzunehmen, von der finanziellen Größenordnung weit jenseits der üblichen Konditionen gelegen haben, so hätte doch auch die Vorauszahlung von 100 000 Mark finanziert werden müssen. Verlage wie Georg Müller, Kiepenheuer, Kurt Wolff und S. Fischer wurden Anfang der 1920er-Jahre in Aktiengesellschaften umgewandelt und beschafften sich auf diese Weise Kapital über die Börse; diesen Weg konnte Knaur als Privatverlag nicht gehen.

Ob die Reihe über den nach Verlagangaben riesigen Anfangserfolg hinaus wirklich erfolgreich war, lässt sich nur schwer einschätzen. Karl Rosner schrieb in seinem Beitrag *Neue Wege und Aufstieg des Verlages* in der Festschrift von 1951 nur wenige Zeilen über die *Romane der Welt* und erwähnte dabei fast nebenbei, dass sich Droemers »Erwartungen nicht ganz erfüllten, die Auflagenhöhen weit hinter der anderer Bücher des Verlages zurückstanden«.[96] In einer Einschätzung der ökonomischen Situation des Verlags vom 9. September 1931, die sich im Nachlass Richard Hamanns, des Autors der *Geschichte der Kunst,* findet, heißt es: »Die finanziellen Verhältnisse gelten seit Mitte 1928 [also mit dem Start der zweiten, titelzahlmäßig deutlich reduzierten Serie der *Romane der Welt*] als stark angespannt und die Firma kann ihren Verbindlichkeiten nur langsam nachkommen. [...] Die Verhältnisse haben sich besonders dadurch beengt gestaltet, dass die Gesellschaft einen großen Lagerbestand an nicht verwertbaren Romanen hat.«[97] Es ist durchaus naheliegend, dass sich darunter auch Titel aus den *Romanen der Welt* befanden.

Ein externer Grund für diese Entwicklung könnte die Situation der Belletristik nach 1925 gewesen sein. Die schöne Literatur hatte den Ersten Weltkrieg im Vergleich mit anderen Warengruppen relativ unbeschadet überstanden, denn bereits 1919 wurde das Produktionsniveau des Vorkriegsjahres 1913 wieder erreicht. Danach stiegen die Titelzahlen von 4845 im Jahr 1919 auf 6338 im Jahr 1925, eine Ausweitung um 30 Prozent. Ein Jahr später gab es einen scharfen Knick in dieser Kurve, und es kamen nur noch 4617 belletristische Werke auf den Markt. Diese sinkende Tendenz setzte sich bis zum Ende der Weimarer Republik fort; 1933 publizierten die Verlage nur noch 3282 Titel in diesem Segment, also deutlich weniger als im ersten Nachkriegsjahr.[98] Knaur startete die *Romane der Welt* also in einem Branchenumfeld, in dem die belletristische Produktion stark schrumpfte.

DIE »BÜCHERKRISE«

Wie sah dieses Branchenumfeld über die genannten Titelproduktionszahlen hinaus aus, als Knaur den verlegerischen (und damit auch ökonomischen) Mut hatte, die Reihe *Romane der Welt* zu starten? Das zeitgenössische Stichwort heißt »Bücherkrise«.[99] Die Diskussion in den Jahren 1926 bis 1929 war eine Reaktion auf die wirtschaftlichen Rahmenbedingungen, die allgemeine Kulturkrise am Ausgang der 1920er-Jahre und auf die Medienkonkurrenz. Sie fand ihren Niederschlag in der Branchendiskussion, vor allem im *Börsenblatt für den Deutschen Buchhandel*. Beklagt wurde immer wieder eine angebliche Überproduktion, doch betrachtet man die reine Titelproduktion, so ist eher von einer »Stagnation auf sehr hohem Niveau« zu sprechen.[100] Allerdings wurden bei manchen Titeln deutlich höhere Erstauflagen gedruckt als noch zehn Jahre zuvor.[101]

Immer wieder wurde auch die »Novitätensucht« des lesenden Publikums gegeißelt, u.a. von dem Verleger Kurt Wolff, der 1927 im *Börsenblatt* feststellte: »Wer noch Bücher kauft, fragt zuerst und nur, was es ›Neues‹ gibt. Das vor sechs oder zehn Monaten erschienene Buch, das der Käufer nicht gelesen hat, ist uninteressant, weil es nicht ›Novität‹ ist. Kam nun ein Buch im Februar oder Juni anstatt kurz vor Weihnachten – der einzigen Zeit des Bücherkaufens im größeren Stil – auf den Markt, so geht es unter Umständen einfach unter.«[102] Diese Klage ist allerdings ein Topos, der spätestens seit der ersten Leserevolution am Ende des 18. Jahrhunderts immer wieder auftaucht. Der Übergang von der intensiven Lektüre, also dem mehrfachen Lesen *eines* Buches, zur extensiven Lektüre, also dem Lesen *vieler* Bücher, hatte zwangsläufig zur Folge, dass das Publikum immer neue Titel nachfragte.

Ferner wurden die Ladenpreise der Bücher diskutiert. Prominentestes Beispiel dafür ist Kurt Tucholskys Beitrag im Jahr 1928 in der *Weltbühne* mit der Frage *Ist das deutsche Buch zu teuer?*: »Das deutsche Buch ist deshalb mit acht und mit neun Mark zu hoch bezahlt, weil die Monatsgehälter der Angestelltenschaft, die Beamtengehälter und die Arbeitslöhne in gar keinem Verhältnis dazu stehen – die Spanne ist zu groß. Ein Mann mit einem Monatsgehalt von dreihundertundfünfzig Mark gehört schon zu den qualifizierten Angestellten [...]. Ein solcher Mann [...] verdient bei fünfundzwanzig Arbeitstagen im Monat und achtstündiger Arbeitszeit 1,75 RM in der Stunde. [...] Der Angestellte muss demnach, um einen deutschen Roman für zehn Mark zu erwerben, etwa sechs Stunden arbeiten: den 33. Teil seiner monatlichen Arbeitskraft. Das ist zuviel.«[103]

Wie immer lohnt auch hier ein Blick auf die Zahlen. Zwar war der Durchschnittsladenpreis nach dem Ersten Weltkrieg von 3 Mark 76 im Jahr 1918 auf 5 Mark 21 im Jahr 1926, also zwei Jahre vor Tucholskys Beitrag, geklettert, doch lag bei über 60 Prozent aller Titel, und das dürften vor allem belletristische Bücher gewesen sein, der Durchschnittspreis unter drei Mark.[104] Sieht man den durchschnittlichen Ladenpreis bei fünf Reichsmark, so liegt der Anteil der Gesamtproduktion sogar bei fast 80 Prozent. Tucholsky geht mit seinem Beispiel also von einem Buchpreis aus, der wesentlich über dem Durchschnitt liegt und der wohl vor allem auf literarische Neuerscheinungen zutrifft. Auch im Vergleich mit der Vorkriegssituation schneiden die Buchpreise relativ gut ab, denn der Preisindex auf der Basis von 1913 stieg auf 128, während er sich für die gesamten Lebenshaltungskosten auf 142 erhöhte.[105] Die Preissteigerung für Bücher war also geringer als die für andere Wirtschaftsgüter.

Schließlich wurden die Medienkonkurrenz durch Radio und Film sowie Freizeitaktivitäten wie Sport für die Situation der Branche verantwortlich gemacht, u.a. von Samuel Fischer: »Es ist nun sehr bezeichnend, dass das Buch augenblicklich zu den entbehrlichsten Gegenständen des täglichen Lebens gehört. Man treibt Sport, man tanzt, man verbringt die Abendstunden am Radioapparat, im Kino, man ist neben der Berufsarbeit vollkommen in Anspruch genommen und findet keine Zeit zu lesen.«[106] Was das private Zeitbudget angeht, so sind nicht Radio und Kino die größten Konkurrenten für die Lektüre, sondern der Sport, der damals, was die Mitgliedsbeiträge in Vereinen angeht, ein relativ preiswertes Vergnügen war. Und was das monetäre Budget für den Bücherkauf angeht, so geht aus der Studie *Die Lebenshaltung von 2000 Arbeiter-, Angestellten- und Beamtenhaushaltungen,* die in den Jahren 1927/28 vom Statistischen Reichsamt durchgeführt worden war, hervor, dass nur ein sehr geringer Teil der Gesamtausgaben der Haushalte auf Bücher, Zeitungen und Zeitschriften sowie Kino, Rundfunk sowie Theater und Konzerte entfielen.[107] Zwar variieren die Ausgaben je nach Haushaltstyp und Einkommensklassen leicht, doch liegen sie für Bücher, Zeitungen und Zeitschriften nur zwischen 1,0 und 1,6 Prozent. Wiederum für alle Haushaltstypen und Einkommensklassen gilt, dass die Ausgaben für Kino, Rundfunk, Theater und Konzerte selbst in der Summe die Ausgaben für den Bereich Bücher, Zeitungen und Zeitschriften nur in wenigen Fällen überstiegen. Dabei ist zu berücksichtigen, dass die Ausgaben für Bücher nicht getrennt erfasst wurden und die Kosten für Zeitungen und Zeitschriften wahrscheinlich deutlich höher lagen als für Bücher. Zudem enthalten die Kosten für den Rundfunk die Anschaffungskosten eines Radioapparats. Insgesamt gilt, dass »der Anteil, der überhaupt für Lektüre zur Verfügung stehen konnte, im Einzelhaushaltsbudget verschwindend gering«[108] war.

Analysiert man die sogenannte Bücherkrise im Detail, so erweist sich, dass insgesamt, gerade von Verlegern, ein Lamento nach dem Motto »Klagen, ohne zu leiden« angestimmt wurde, eine in Unternehmerkreisen auch heute noch anzutreffende Kommunikationsstrategie. Nach einem Resümee zum *Buch in der Medienkonkurrenz der zwanziger Jahre* kann nicht von einer krisenhaften Verfassung der Branche die Rede sein: »Das Buch geriet unter die Bedingungen eines technischen Zeitalters, wurde zum verbreitetsten Medium seiner Geschichte und gleichzeitig zum Symbol für traditionelles Kulturgut. Die Sorge um seinen Untergang wurde mit kulturpessimistischer Miene betrieben und gebetsmühlenartig beschworen. Die Absatzzahlen, die Alltagspraxis sah anders aus: Sowohl das ausgefeilte Pressenbuch wie das gemeine Unterhaltungsbuch erlebten eine ungeahnte Blüte.«[109] Die Branche war vielmehr auf interne Probleme und Konflikte fixiert: »Anstatt nach konkreten Lösungen zu suchen oder verlegerische und buchhändlerische Maßnahmen z. B. gegen die Konkurrenz der Buchgemeinschaften zu ergreifen, verallgemeinerten viele die eigenen Probleme. Sie empfanden die individuellen Schwierigkeiten als Symptome einer tiefen Krise, die alle Bereiche des Lebens umfasse.«[110] Dieser Befund der Historiker wird durch die Stimme eines Zeitgenossen vollkommen bestätigt. Walter Hofmann, der Direktor der Bücherhalle in Leipzig, resümierte in seiner Rede zum ersten »Tag des Buches« 1929 in Leipzig: »Fassen wir das alles zusammen, dann ist ganz klar, dass das Wort von der Krise des Buches, so absolut, wie es zumeist gebraucht wird, eine ungeheure Übertreibung darstellt. Ja, ich bin sogar fest davon überzeugt, dass wir in keiner früheren Epoche unserer nationalen Bildungsgeschichte eine Bereitschaft zum Buche gehabt haben, die in Breite und Wert die Buchbereitschaft unserer Zeit überträfe. Es waren andere Schichten, die vorzugsweise lasen, es waren andere Bücher, die gelesen wurden, die Beziehung bestimmter Schichten zu bestimmten Buchwelten war anders, fester geformt, – aber dass es heute anders ist, sich anders darstellt, dass an Stelle der relativ geschlossenen Buchkultur einer privilegierten Schicht heute Buchleben und Buchinteresse weniger leicht überschaubar an allen Stellen der Gesellschaft hervorbricht, – das berechtigt nicht, von einer Buchkrise zu sprechen.«[111]

ERFOLGREICHE BÜCHER ALS VOLKSAUSGABEN

Bezeichnend ist, dass der Versuch, eine verlegerische Lösung der »Krise« zu schaffen, von einem Verlag kam, der zunächst nicht und später kaum in die bestehenden Strukturen integriert war. Knaur versuchte damit das, was nach Ansicht vieler Verlegerzeitgenossen zwar nötig war, nämlich die Erschließung neuer Märkte, jedoch als konkrete Verlagspolitik weitgehend unterblieb. Dazu gehörte neben der Reihenbildung mit Originalausgaben oder deutschen Erstausgaben – wie den *Romanen der Welt* – auch der Nachdruck erfolgreicher Bücher zum billigen Einheitspreis als Volksausgabe. Eine solche Ausgabe wurde zeitgenössisch definiert als »die wohlfeile, einbändige, meist auch ungekürzte und nicht etwa minderwertig ausgestattete, sondern häufig gar noch illustrierte Neuauflage eines im besten Sinn erfolgreichen Werkes«.[112] Diese Politik war für Knaur nicht neu, sondern gehörte seit Beginn der verlegerischen Tätigkeit zum Geschäftsmodell, doch in der Situation nach der Mitte der 1920er-Jahre waren Volksausgaben für viele Verlage eine wichtige Erlösquelle. Prominentestes Beispiel ist sicherlich die oben geschilderte *Buddenbrooks*-Ausgabe bei S. Fischer, die dem Verlag ein Rekordumsatzjahr bescherte.[113] Bei Fischer war sie der Anstoß für weitere Sonderausgaben, u.a. von Alfred Döblin, Gerhart Hauptmann, Hermann Hesse und Arthur Schnitzler. Gottfried Bermann Fischer erinnert sich: »Damit war dem billigen Buch die Bahn geebnet, und ein Schauer von 2,85 RM Ausgaben der Werke lebender Autoren ergoss sich über den Büchermarkt.«[114]

Doch diese Entwicklung, dass nämlich auch Kulturbücher zu Massenbüchern wurden, war nicht unumstritten: »Knaur und andere Verlage, die eine große Serienproduktion hochwertiger und weniger anspruchsvoller, literarischer und nichtliterarischer Werke, zum Teil auch in billigen Ganzlederausgaben aufbauten, mussten sich harte

Kritik gefallen lassen: Hoher Umsatz mit vielen einzelnen Büchern bedeute keine angemessene Rendite fürs Sortiment, der Käufer werde verunsichert, die notwendig teurere moderne Literatur werde in der Verbreitung, ja in der Existenz gefährdet.«[115]

Die Dichotomie von Kultur- und Massenbuch, wie wir sie um die Jahrhundertwende gesehen haben, taucht in der zeitgenössischen Diskussion wieder auf, übertragen auf die Verlage. Wilhelm Stapel, der Mitherausgeber der Zeitschrift *Deutsches Volkstum,* schrieb 1930: »Wir befinden uns zur Zeit in einer ›Aufspaltung des Verlagswesens‹ in große Betriebe, die vom Absatz aus denken, und in kleine Unternehmungen, die von der Qualität der Produktion denken. […] Wenn der ›Anpassungssturm‹ dieser Jahre durchgekämpft sein wird, so wird man dort die großen rationalisierten Buchwarenhäuser sehen, die gute Geschäfte machen, hier aber den vornehmen Kreis kleiner Verleger, deren Arbeit die Geistesgeschichte verzeichnen wird.«[116] Dies ist ein Argumentationsmuster, dessen Wirkmächtigkeit bis heute ungebrochen ist. Zu diesen »Buchwarenhäusern« zählte für ihn Knaur: »Ich sage gar nichts gegen die großen Buchwarenproduktionsbetriebe, die eine gewisse Durchschnittsliteratur oder anerkannte Literatur in Massen unters Volks bringen – auch Knaur muss sein, denn er ist möglich.«[117]

DIE NEUE IDEE DER BUCHGEMEINSCHAFTEN

Die Volksausgaben boten nicht nur eine Chance zur Markterweiterung, wie Samuel Fischer schon 1911 das »billige Buch« verstanden hatte, sondern sie waren auch gegen die Buchgemeinschaften gerichtet, die in den 1920er-Jahren in Deutschland aufkamen.[118] Das zeigte sich insbesondere in der Preisgestaltung, denn der Ladenpreis von nur 2 Mark 85 für einen Leinenband bei den Volksausgaben entsprach auch dem Preisniveau der Buchgemeinschaften. Für Knaur hat Walter Krieg berichtet, dass es Adalbert Droemer darum ging zu beweisen, dass der »freischaffende« Verlag imstande sei, »den billigen Buchgemeinschaftsprodukten hochwertige eigene Bücher entgegenzustellen, die das Publikum von seiner Leistungsfähigkeit und der Ordnungsmäßigkeit einer gewissenhaften scharfen Kalkulation überzeugen sollten«.[119]

In den Jahren der Weimarer Republik wurden 42 Buchgemeinschaften gegründet. Die größten waren der Volksverband der Bücherfreunde und die Deutsche Buch-Gemeinschaft. Der 1919 gegründete Volksverband hatte 1924 nach eigenen Angaben 190 000 Mitglieder, sieben Jahre später waren es bereits 750 000 Mitglieder. Sein Programm war deutschnational. Die Deutsche Buch-Gemeinschaft startete 1924 und zählte – ebenfalls nach eigenen Angaben – schon ein Jahr später 250 000 Mitglieder, Anfang der 1930er-Jahre über 400 000. Sie bot ihren Mitgliedern ein Programm mit bürgerlicher Ausrichtung.

Die Entstehung der Buchgemeinschaften gehört zu den prägenden Entwicklungen der Buchbranche in der Weimarer Republik. Hier wurde erstmals die Idee realisiert, Bücher preiswert an einen festen Kunden- und Mitgliederstamm statt an eine wechselnde Kundschaft zu verkaufen. Dabei sollten nicht nur einzelne Titel u. a. wegen des Wegfalls der Buchhandelsrabatte preisgünstig angeboten werden, sondern es ging auch um den Vertrieb eines strukturierten Programms über neue Distributionskanäle. Die Mitglieder der Buchgemeinschaften verpflichteten sich, eine bestimmte Zahl von Titeln pro Jahr abzunehmen, was den Unternehmen eine verglichen mit den Verlagen deutlich höhere Kalkulationssicherheit verschaffte.

Dieses Geschäftsmodell – der Aufbau eines Produktions- und Vertriebsapparats außerhalb des etablierten Sortimentsbuchhandels – wurde von diesem als starke Bedrohung empfunden. Das führte zunächst zu einer Reaktion »zwischen Überheblichkeit und Ignoranz«,[120] später zu einem grotesken Boykottaufruf des Börsenvereins, die Sortimenter sollten Autoren, die in Buchgemeinschaften publizierten, nicht mehr ihren Kunden anbieten.[121] Auch hier zeigte sich wieder das Reaktionsmuster des organisierten Buchhandels: »Das Verhalten gegenüber den Buchgemeinschaften ist paradigmatisch für viele andere Konflikte und Anpassungsprozesse im Buchhandel. Auf Verunsicherung und Furcht vor negativen Einflüssen auf die Branche folgt zunächst Protest. Dieser geht meistens einher mit dem Hinweis auf die vermeintlich große und unersetzbare kulturelle Bedeutung des Buchhandels in seiner bestehenden Verfassung. Liegen die bestimmenden Faktoren einer als gefährlich eingestuften Entwicklung außerhalb des eigenen Einflussbereichs – was meistens der Fall ist –, folgt die rasche Anpassung an die neuen Bedingungen und Erfordernisse.«[122]

DENKEN IN REIHEN

Die Serie *Romane der Welt* war die bei Weitem umfangreichste und wichtigste im Knaur-Programm der 1920er-Jahre. Noch vor den *Romanen der Welt* brachte der Verlag 1924 und 1925 unter der Bezeichnung *Kollektion Phönix* 26 Bände auf den Markt. In gewisser Weise war der Name Programm, denn fast die Hälfte der Titel stammte aus der Substanz der Schreiter'schen Verlagsbuchhandlung, einige aus dem Knaur-Fundus und nur ganz wenige, wie etwa Jens Peter Jacobsens *Frau Marie Grubbe* oder Selma Lagerlöfs *Jerusalem*, wurden neu produziert. Das Programm war eine bunte Mischung und reichte von der Anthologie *Neue deutsche Lyrik* über Heinrich Heines *Buch der Lieder,* über Eckermanns *Gespräche mit Goethe* und Bertold Auerbachs *Barfüßele* bis zu den in vielen Ausgaben verbreiteten Unterhaltungsklassikern wie *Quo vadis?* von Henryk Sienkiewicz, *Ivanhoe* von Walter Scott und *Ben Hur* von Lew Wallace. Alle Bände waren, zum Teil in anderen Verlagen, vorher vielfach aufgelegt worden. Die Reihe erschien im ungewöhnlichen, fast quadratischen Format 13 mal 16,5 cm und war entweder als Leinen- oder als Lederausgabe, jeweils im Schuber sowie mit Kopfgoldschnitt und Leseband, erhältlich.

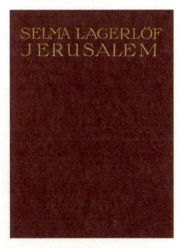

Die *Kollektion Phönix* erschien im ungewöhnlichen, fast quadratischen Format. Hier eine der wenigen Neuausgaben in dieser Reihe, Selma Lagerlöfs *Jerusalem*.

Sehr deutlich von dieser Wiederverwertungsreihe unterschieden sich die *Knaur-Bücher,* von denen zwischen 1927 und 1931 insgesamt 47 Titel veröffentlicht wurden. Der zeitliche Schwerpunkt lag eindeutig auf den Jahren 1927 mit zehn Titeln und 1928 mit 25 Titeln. Die Bände waren von einheitlichem Umfang (256 Seiten) und broschiert im Format Kleinoktav (10 mal 15,5 cm), also eine frühe Taschenbuchreihe. Der Umschlag zeigte in der Regel eine Montage mit freigestelltem Schwarz-Weiß-Foto auf gelblichem Grund.[123] Sie kosteten eine Reichsmark, was prominent auf dem Umschlag vermerkt war. Die Reihennummer ist unten auf dem Rücken platziert. Hier erschien, durchaus vergleichbar mit den *Romanen der Welt*, internationale Unterhaltungsliteratur, und daher ist es nur folgerichtig, dass uns in dieser Reihe etliche Autoren aus der Romanserie wieder begegnen: Arnold Bennett, Max Brand, James Oliver Curwood, Rosita Forbes, Harry Hervey, Maurice Leblanc, Francis Brett Young und Gösta Segercrantz, der mit vier heiteren Romanen am häufigsten in den *Knaur-Büchern* vertreten war. Ferner wurden neben anderen Autoren zwei Titel von Gaston Leroux, dem Autor des Romans *Das Phantom der Oper* (1910), und *Der Neger Juma* von Edgar Wallace veröffentlicht. Zane Grey scheint nicht auf.

Die deutschen Autoren waren deutlich häufiger als in den *Romanen der Welt* vertreten. Abgesehen von Frank Arnau wird aber heute kaum noch einer der Namen geläufig sein.[124] Aus heutiger Sicht am überraschendsten in dieser Programmmischung ist der Name Scott Fitzgerald (1896–1940). Knaur publizierte 1928 die deutsche Erstausgabe des 1925 in den USA erschienenen Romas *Der große Gatsby*

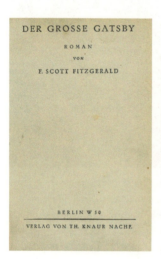

In den *Knaur-Büchern* erschien als deutsche Erstausgabe *Der große Gatsby* von Scott Fitzgerald. Das Buch ist leider nur als abgegriffene Bibliotheksausgabe erhalten. Das Umschlagdesign der Reihe zeigt *Lord Hunter spielt Hasard* von Gösta Segercrantz.

in der kleinformatigen Reihe *Knaur-Bücher*. Das war eine von nur drei fremdsprachigen Ausgaben vor dem Tod des Autors im Jahr 1940. Diese geringe Zahl dürfte darauf zurückzuführen sein, dass das Buch bei seinem Erscheinen in Amerika kaum Aufmerksamkeit erregte. Diese Ausgabe ist heute sehr selten – man spricht von nur fünf Exemplaren weltweit – und wird im Antiquariatshandel zum astronomischen Preis von rund 8500 Euro angeboten.

Ende der 1920er-Jahre wurde eine weitere Reihe mit dem pathetischen Titel *Knaurs ewige Bücher* begründet. 1928 wurden zunächst 16 Bücher publiziert, ein Jahr danach waren es noch drei weitere. Auch hier handelte es sich um eine Wiederverwertungsreihe, die keine besonderen Ausstattungsmerkmale aufwies und die eine nicht sehr homogene Mischung präsentierte. Das

Solche Eigenanzeigen für die *Knaur-Bücher* fanden sich auf der Rückseite der Bücher.

reichte von Büchmanns *Geflügelten Worten* bis *Ben Hur* von Lew Wallace, von Fjodor Dostojewski über Theodor Fontane und Wilhelm Hauff bis Joseph Victor von Scheffel sowie von Louise von François über Selma Lagerlöf bis Oscar Wilde.

Knaurs Standard-Bände ist im Unterschied zu den genannten Reihen keine Serienbezeichnung, sondern ein Marketingbegriff, der sich in erster Linie auf den Standardpreis von 2 Mark 85 für einen Leinenband bezog. Die Halblederausgabe kostete 3 Mark 75, die in Ganzleder 4 Mark 80. In zwei identischen Sammelanzeigen in der *Literarischen Welt* vom 15. November und 9. Dezember 1929 wurden die bis zu diesem Zeitpunkt erschienenen 26 Bände beworben. Neben den Klassikern Dostojewski, Fontane, Freytag, Goethe, Keller und Meyer waren auch neuere Autoren wie Hamsun und Ganghofer vertreten. Hier erschienen ferner Immanuel Kants *Kritik der reinen Ver-*

Anzeige für *Knaurs Standard-Bände* in der *Literarischen Welt* vom 15. November 1929.

nunft (zuerst 1781),[125] Anselm Feuerbachs *Vermächtnis* (zuerst 1882), Wilhelm Scherers *Geschichte der deutschen Literatur* (zuerst 1883) und Otto von Bismarcks *Gedanken und Erinnerungen* (zuerst 1898 und 1919), aber auch Dantes *Göttliche Komödie* mit den Illustrationen von Gustave Doré (1928), das kulturgeschichtliche Werk *Die Kultur der Renaissance in Italien* von Jacob Burckhardt (1818–1897) und *Die Renaissance* von Arthur de Gobineau (1816–1882), der mit seinem Essay *Die Ungleichheit der Menschenrassen* (1853–1855) Aufmerksamkeit erregt hatte. Auch *Knaurs Welt-Atlas* ist genannt.

Burckhardts umfangreiches Renaissancebuch war auf seine Art ein Klassiker. Es kam 1860 erstmals im Basler Verlag Schweighauser heraus und erlebte danach viele Ausgaben und Auflagen in verschiedenen Verlagen. Knaur veröffentlichte den Titel 1928. Obwohl der

Titel es vermuten lässt, war Gobineaus Renaissancebuch kein kulturhistorisches Werk; vielmehr handelt es sich bei den »historischen Szenen« (1877) um reine Dialoge. Sie erschienen 1896 zum ersten Mal bei Reclam auf Deutsch, bei Knaur dann 1927. Der Band war textidentisch mit der kurz zuvor in der Schreiter'schen Verlagsbuchhandlung erschienenen Ausgabe in der Reihe *Kulturhistorische Romane* [sic!] und wurde 1952 erneut von Droemer sowie 1955 vom Bertelsmann Lesering publiziert.

In der Sondernummer des *Börsenblatts* für das Weihnachtsgeschäft 1933 wird für die *Standard-Bände* mit dem Slogan »Die wertvolle Deutsche Buchreihe« geworben: »Knaurs Standard-Bände waren die erste deutsche Buchreihe der Nachkriegszeit, die wertvolle Werke zeitgenössischer deutscher Dichter und die bedeutendsten Erscheinungen der großen Weltdichtung in Ausgaben von hervorragend schöner Ausstattung zu einem bisher nicht für möglich gehaltenen niedrigen Preis brachten.«

In einem erhaltenen Werbeprospekt aus dem Jahr 1935 sind fast alle 1929 beworbenen Titel verzeichnet, was für eine Konstanz der Backlistverkäufe spricht. Hinzu kamen als inzwischen neu erschie-

Werbeprospekt für *Knaurs Standard-Bände* aus dem Jahr 1935. Aufschlussreich, dass die Titel nach 1933 als »Deutsche Buchreihe« bezeichnet wurden, obwohl es keinerlei Reihengestaltung gab.

nene Werke neben der Werkausgabe von Theodor Storm vor allem Émile Zola mit sechs und Clara Viebig mit zwei Romanen sowie neben dem *Welt-Atlas* auch *Knaurs Gesundheits-Lexikon* und *Knaurs Konversations-Lexikon,* dieses in der Neuausgabe von 1934.

Unter dem Label *Knaurs Standard-Bände* wurden auch Titel aus der Reihe *Romane der Welt* wieder verwertet, so zum Beispiel die Bücher von Bruno Frank, John Galsworthy und Sinclair Lewis, ferner Romane von Max Brand, Rudolf Herzog, Ludwig Ganghofer und Richard Voß.

Wie sehr und wie lange der eingeführte Knaursche Standardpreis von 2 Mark 85 umstritten war, zeigt die Tatsache, dass Adalbert Droemer noch 1931 diese Preispolitik in einem längeren Artikel im *Börsenblatt für den Deutschen Buchhandel* glaubte verteidigen zu müssen und zunächst die kulturelle Leistung seines Verlags betonte: »Es wurden für breite neue Käuferschichten, die zum guten Teil buchfremd geblieben wären, Standardwerke der berühmtesten Autoren im Umfang von 40 und mehr Bogen geschaffen.« Dann strich er vor allem den Nutzen für das Sortiment heraus und fuhr fort: »Was Wunder, dass das Publikum sich danach drängte und dem Sortimenter mit diesen Mk. 2.85-Bänden Bedarfswerke geliefert waren, deren normale Rabattierung ihm bei dem Massenabsatz einen erheblichen dauernden Nutzen brachte und eine Kundschaft anzog, die bisher selten oder nie seinen Laden betreten hatte.«[126]

LUDWIG GANGHOFER ALS ÖKONOMISCHE STÜTZE

War die Akquisition von Thomas Mann als Herausgeber der *Romane der Welt* ein entscheidender Schritt bei der Positionierung des Verlags in Hinsicht sowohl auf die Akzeptanz im Sortiment als auch auf die Akzeptanz beim bürgerlichen Lesepublikum, so war der Erwerb wichtiger Ganghofer-Rechte eine Maßnahme von hoher ökonomischer Relevanz, denn der bayerische Erfolgsautor brachte nicht nur in den ersten Jahren des Erscheinens bei Knaur reiche Deckungsbeiträge, sondern vor allem dann später im Dritten Reich.

Wie Ganghofer in den Knaur Verlag kam, schildert der Wiener Buchhändler Walter Krieg in der Festschrift zum fünfjährigen Bestehen des Droemer Verlags, natürlich nicht ohne das verlegerische Gespür Adalbert Droemers herauszustreichen: »Droemers alte Freunde, ich weiß heute nicht mehr genau, war es Karl Rosner oder Fritz Cohn, beide dem Verlage Jahre hindurch beratend verbunden, hatten nun auf diese Gelegenheit [die Rechte zu erwerben] aufmerksam gemacht, und Droemer begann daraufhin Ganghofer zu lesen. Karl Rosner, der von 1919 bis 1934 dem Berliner Büro der Cotta'schen Verlagsbuchhandlung vorgestanden hatte, und Clara Viebigs Gatte, Fritz Cohn, der als ehemaliger Mitinhaber der Verlage Schuster & Löffler und Egon Fleischel & Co. in Berlin sein Handwerk nicht minder gut verstand, hatten Droemer wohl nicht voll zu überzeugen vermocht. Er machte sich selbst an die Lektüre und fand schon in den ersten Bänden das, worüber die neue Zeit hochmütig und oberflächlich hinweggegangen war, weil sie sich gar nicht mehr die notwendige Muße genommen hatte, ihre Aufmerksamkeit diesen Büchern ernsthaft, ehrlich und vorurteilslos zu widmen. […] Ganghofers künftiger Verleger hatte ein sehr feines Gefühl für das, was echt war und was bei zahllosen Nachahmern mit ›salontirolerhaft‹ abgetan werden konnte.«[127]

Ludwig Ganghofer (1855–1920), Sohn eines bayerischen Forstbeamten, wechselte nach naturwissenschaftlich-technischen Studien zu den Geisteswissenschaften, promovierte mit einer vergleichenden Studie über Rabelais und Fischart, gab den Plan der Habilitation auf und widmete sich nach dem Erfolg des dramatischen Erstlings *Der Herrgottschnitzer von Ammergau* und einer kurzen Tätigkeit als Dramaturg am Wiener Ringtheater ganz der Schriftstellerei. In den beiden Jahrzehnten vor und nach der Jahrhundertwende verfasste er die Romane, die ihn berühmt gemacht haben: *Der Klosterjäger* (1892), *Die Martinsklause* (1894), *Schloss Hubertus* (1895), *Das Schweigen im Walde* (1899), *Der hohe Schein* (1904) und *Der Mann im Salz* (1906). Er schrieb über siebzig Romane, Erzählungen und Schauspiele, die eine Gesamtauflage von heute über 30 Millionen erreicht haben.

Ganghofers Erfolg beruhte auf seiner scharfen Opposition zur Moderne. Er setzte in seinen Hochlandromanen die ländlich-bäuerliche Lebensweise in positiven Kontrast zur verdorbenen Großstadtzivilisation, ein gängiges Klischee der zeitgenössischen Heimatkunstbewegung: »Wurde die Großstadt als Ort der Dekadenz, der kulturellen ›Niederung‹, der Industrialisierung, der unnatürlichen Enge durch massenhafte Bevölkerungszunahme empfunden, so versinnbildlichte das ›Hochland‹ einen natürlichen Ort der reinen und wahren ›Höhenkunst‹.«[128]

Das umfangreiche Œuvre – das Verzeichnis der Erstausgaben umfasst 81 Positionen – wurde bis auf wenige Ausnahmen im Stuttgarter Verlag Adolf Bonz publiziert. Der veröffentlichte zum 70. Geburtstag des Autors im Jahr 1925 – Ganghofer war zu diesem Zeitpunkt bereits fünf Jahre tot – eine vierteilige Kasset-

Ludwig Ganghofer (1855–1920) war ein ebenso produktiver wie erfolgreicher Volksschriftsteller. Als sein Verlag, Adolf Bonz in Stuttgart, in Schwierigkeiten geriet, griff Adalbert Droemer zu und sicherte sich ein Paket mit lukrativen Rechten.

»Auch Knaur muss sein, denn er ist möglich.« 1901–1933

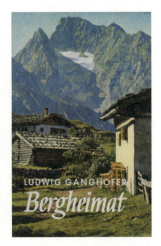

Ludwig Ganghofer wurde von Knaur und später von Droemer Knaur immer wieder neu aufgelegt. Von den Ausgaben der 1930er-Jahre sind nur schmucklose Bibliotheksausgaben erhalten (links oben). Die vier anderen Titel stammen aus den Jahren 1948, 1974, 1980 und 1985.

tenausgabe der *Gesammelten Schriften* mit insgesamt 40 Bänden, die nach Aussage des Verlags bereits ein Jahr später eine Gesamtauflage von 300 000 Exemplaren erreicht haben sollen. Und die Gesamtauflage der Ganghofer-Bücher bei Bonz soll 4,5 Millionen betragen haben.[129] Daher verwundert es nicht, dass »alle Fachleute der Meinung [waren], dass damit Ganghofers Werk buchhändlerisch ausgeschöpft sei« – so Walter Krieg in dem zitierten Artikel. Als Bonz Ende der 1920er-Jahre in Schwierigkeiten geriet, sicherte sich Knaur ein Paket mit 17 Romanen und drei Bänden mit Erzählungen. Die Verkaufszahlen beliefen sich zum Zeitpunkt des Rechteerwerbs bei allen Titeln mit Ausnahme von *Der Ochsenkrieg* deutlich über 100 000 Exemplaren. Spitzenreiter war *Der Klosterjäger* mit rund 300 000 Exemplaren, gefolgt von *Schloss Hubertus* mit knapp 220 000 Exemplaren.[130] Zum Zeitpunkt des Vertragsabschlusses waren auch bereits zehn Romane verfilmt, was zum Verkaufserfolg nicht unerheblich beigetragen haben dürfte.[131]

Bei Knaur erschienen die Titel ab 1929 in dichter Folge. In einer Anzeige aus dem Jahr 1934 mit dem Slogan »Deutsche Dichter der Berge« wurden neben Jacob Christoph Heer und Richard Voß zehn Ganghofer-Romane beworben. Ihre Gesamtauflage, also auch die Verkäufe bei Bonz, soll zu diesem Zeitpunkt 3,8 Millionen Exemplare betragen haben. Man weiß, dass solche in Anzeigen genannten Verkaufszahlen nicht immer der Realität entsprechen. Doch zeigt eine Analyse der Bestseller zwischen 1915 und 1940, dass Ganghofer zu dieser Zeit der meistverkaufte Autor war. Vierundzwanzig seiner Bücher hatten bis zum Ende des Untersuchungszeitraums eine Auflage von 200 000 Exemplaren und mehr erreicht. Nur sechs davon waren nicht bei Knaur erschienen. Die Spitzenseller waren *Der laufende Berg*, *Der Klosterjäger* und *Der Dorfapostel*.

Die Akquisition der Ganghofer-Rechte hat Walter Krieg als große Leistung seines Freunds Adalbert Droemer gewürdigt: »Aus den besten Romanen hat er im Laufe der Jahre in geduldiger, zäher Arbeit Brotartikel für seinen Verlag und für den deutschen Buchhandel gemacht.«[132]

Neben Ganghofer sicherte Knaur sich auch die Nachdruckrechte an drei absoluten Verkaufsschlagern der Weimarer Republik. In der zitierten Bestselleranalyse sind die drei Bücher mit zusammen eineinhalb Millionen Exemplaren verzeichnet. 1932 erschienen *Die Wiskottens* (zuerst 1905) von Rudolf Herzog (1869–1943). Der Autor, der später das nationalsozialistische Regime erwartungsvoll begrüßte, war zu Beginn des 20. Jahrhunderts ein Bestsellerautor, und die meisten seiner Bücher erreichten Auflagen von mehreren Hunderttausend.

Bücherbestellzettel für die »Deutschen Dichter der Berge«, allen voran Ludwig Ganghofer.

Sie erschienen zunächst meist in der renommierten Cotta'schen Verlagsbuchhandlung – dem Verlag der deutschen Klassiker – und später im Vier Falken Verlag seines Sohns. Der Roman schildert die Geschichte einer Industriellenfamilie und spiegelt die rigide Werteordnung des Kaiserreichs. Insofern überrascht es nicht, dass Herzog ein Liebling des bürgerlich-nationalistischen Lesepublikums war.

Mit Jakob Christoph Heer (1859–1925), einem Schweizer Schriftsteller, der um die Jahrhundertwende Redakteur der *Gartenlaube* war, schloss Knaur an die Ganghofersche Hochland-Ideologie an. Vor allem der Roman *An heiligen Wassern* (zuerst 1898 bei Cotta) übt Kritik an der modernen Technik und am Eindringen des Fremdenverkehrs in die heile Welt der Berge. Knaur veröffentlichte das Buch, das bezeichnenderweise den Untertitel *Roman aus dem schweizer Hochgebirge* trägt, 1933, ein Jahr nachdem der Roman verfilmt worden war. Auch der Roman *Der Wetterwart* (zuerst 1905) spielt in den Schweizer Alpen; er erschien 1932 bei Knaur.

»Auch Knaur muss sein, denn er ist möglich.« 1901–1933

EIN LEXIKON ZUM KAMPFPREIS

Neben der umfangreichen Reihe *Romane der Welt* und dem Erwerb der Ganghofer-Rechte war die Publikation von *Knaurs Konversations-Lexikon A –Z* (ab 1939 *Knaurs Lexikon A –Z*) der dritte Schritt weg vom Nebenmarkt- und hin zum im Sortiment akzeptierten Publikumsverlag. Das einbändige Lexikon wurde Ende 1931 ausgeliefert; im Buch ist als Erscheinungsjahr 1932 vermerkt. Der Leinenband im Kleinoktavformat bietet auf 1875 Spalten laut Haupttitel 35 000 Stichwörter, 2600 Abbildungen, 70 Tafeln und geografische Karten, 20 Übersichten und 115 statistische Schaubilder im Text. Gedruckt wurde aus Kostengründen im Rotationsdruck, was »bei so dünnem Papier noch nie versucht worden war; es gab angstvolle Momente, als die ersten Probebogen zu ›flattern‹ begannen, weil sie elektrisch aufgeladen waren durch die heiße Witterung; ein erfahrener alter Faktor beruhigte das Papier mit Kellerkühle und rettete die Sache, die schon verloren schien«.[133]

Droemer »wollte ein Lexikon des allgemeinen Wissens schaffen, ein von jedem Ballast freies und doch alles Wesentliche umfassendes

Knaurs Konversations-Lexikon A –Z erschien Ende 1931 und erzielte in immer neuen Bearbeitungen und Neuausgaben eine Millionenauflage – hier die Erstausgabe und die 77. und letzte Auflage aus dem Jahr 2000.

Nachschlagewerk, das, mit verlässlichem Text, durch Tausende von Abbildungen, Karten, Tabellen sinnvoll ergänzt, bei bester Ausstattung einen derart niedrigen Verkaufspreis haben sollte, dass seine Anschaffung im Grunde jedem ermöglicht war«.[134] Doch er musste gegen die Konkurrenz der etablierten Lexikonverlage ankämpfen. 1925 war Brockhaus, der schon Anfang des 19. Jahrhunderts das mehrbändige *Conversationslexikon* herausgebracht hatte, mit dem einbändigen *Kleinen Brockhaus* auf den Markt gekommen. Dieser wurde mehrmals nachgedruckt und erschien 1930 in der zweiten Auflage. Im selben Jahr wie *Knaurs Konversations-Lexikon* veröffentlichte Brockhaus den *Volks-Brockhaus*. Ebenfalls 1931 publizierte der zweite Anbieter von mehrbändigen Lexika, das Bibliographische Institut (Meyer), den Einbänder *Meyers Blitzlexikon. Die Schnellauskunft für Jedermann in Wort und Bild*.[135] Alle drei Titel enthielten viele Abbildungen und nahmen damit einen Trend der Zeit auf. Es ist »der immer lauter ertönende Ruf nach der Abbildung, die ein viel rascheres Ergreifen des Inhalts möglich macht, als es die zu Worten und Sätzen geordneten Buchstaben vermögen« – so der Verleger Friedrich Oldenbourg in seinen Gedanken *Über die Zukunft des Buches* aus dem Jahr 1925.[136]

Der *Volks-Brockhaus* kostete 7 Mark 80, und das *Blitzlexikon* war mit 6 Mark 90 nur unwesentlich billiger. Knaur blieb bei seiner Preisstrategie des niedrigen Einheitspreises und brachte *Knaurs Konversations-Lexikon A –Z* für 2 Mark 85 auf den Markt. Da das Buch in Umfang und Ausstattung mit der Konkurrenz mithalten konnte, schaffte der Verlag damit den Einbruch in die Domäne der klassischen Lexikonverlage. Das zeigt die Reaktion einer kleinen Buchhandlung in Osterode in Ostpreußen, die bald nach Erscheinen 500 Exemplare orderte, und das bei einem Ort mit gerade einmal 16 000 Einwohnern. Aus Amsterdam kam das Telegramm »lexikon ist fabelhaft und hoehepunkt deutscher verlagsarbeit« mit einer Bestellung über 3500 Bände.[137] Aber auch die Konkurrenz war beeindruckt. So besorgte sich der Verleger des Bibliographischen Instituts ein Exemplar: »Er hoffte, irgendwelche Übereinstimmungen, wo-

Cartoon aus der Festschrift von 1961. Eigentlich müsste es heißen: »Sie sprechen mit Adalbert Droemer« – oder: »Sie sprechen mit Richard Friedenthal.«

möglich wörtliche, zu entdecken. Es endete damit [...], dass er zwölf Exemplare bestellte und an seine Redaktionsmitglieder verteilte.«[138]

Der Anfangserfolg wurde durch die weitere Publikationsgeschichte des Werks bestätigt. Bis 1983 erschienen 43 Folgeauflagen und teils mehrbändige Lizenzausgaben des Werks. 1961 belief sich die Gesamtauflage nach Angaben des Verlags auf fünf Millionen,[139] die sich nach dem Erscheinen als Taschenbuch im Jahr 1963 bis 1976 auf über sechs Millionen erhöhte.[140] Darüber hinaus erschienen in England, Amerika, Polen und Norwegen »Ableger, die sich an ihrem erfolgreichen deutschen Vorbild ›orientierten‹ – bis hin zur Piraterie, mit Übernahme der Tafeln und des Textes, in Übersetzungen von teils geringer Qualität«.[141]

Aus den vielen bewundernden Stimmen wird hier nur eine zitiert. Rückblickend stellte Willy Haas, der Gründer der Wochenzeitung *Die literarische Welt*, 1956 fest: »Wenn man mich fragen würde, welches das nützlichste Buch in deutscher Sprache ist – nicht das größte oder das schönste, sondern ganz genau das nützlichste –, so würde ich keinen Augenblick zögern: es ist Knaurs kleines Konversationslexikon. Ich könnte keinen Tag ohne dieses Buch auskommen, und wenn ich es verlegt habe, ist meine Verzweiflung ohne Grenzen.«[142]

Die Idee zu diesem einbändigen Konversationslexikon stammte von Richard Friedenthal, der das Projekt 1928 dem Verlag vorschlug, nachdem die großen Lexikonverleger Knaur keine Lizenz für die eigenen Produkte verkaufen wollten. Friedenthal erstellte das Lexikon zusammen mit einem Stab von 30 Mitarbeitern. In der Festschrift von 1961 hat er unter dem von Willy Haas entlehnten Titel *Das nützlichste Buch in deutscher Sprache* über die Arbeit berichtet.

Richard Friedenthal (1896–1979) war nicht nur Herausgeber von *Knaurs Konversations-Lexikon,* sondern nach dem Zweiten Weltkrieg eine der prägenden Persönlichkeiten des Verlags.[143] Nach Fronteinsatz im Ersten Weltkrieg, Studium und Promotion war er zunächst als Schriftsteller tätig und wurde dabei u.a. von Stefan Zweig gefördert. Friedenthals Bücher wurden auch von der Deutschen Verlagsanstalt und vom Insel Verlag veröffentlicht. Ab 1928 war er in der Buchbranche als Lektor und Herausgeber in Berlin für den Axel Juncker Verlag tätig und stieg 1930 als Verlagsdirektor bei Knaur ein, nachdem er für den Verlag einige Gutachten geschrieben hatte, die Droemer offenkundig gefielen. Dort wurde er »zum Vater der Knaur-Sach- und Gebrauchsbücher«, wie es Willy Droemer in seinem Brief zum achtzigsten Geburtstag Friedenthals formulierte. Dort heißt es weiter: »Mit ruhiger, behutsamer, sicherer Hand hegten und pflegten Sie die anfangs so zarten Pflanzen, die sich dann sehr bald zu sehr lebenskräftigen, vielbestaunten Dauererfolgen […] auswuchsen: Weltatlas und Gesundheitslexikon.« Richard Hamann habe er die *Geschichte der Kunst* »buchstäblich abgerungen«.[144] Die Nazis erzwangen 1937 sein Ausscheiden aus dem Verlag; dabei erhielt er eine »Abfindung« in Höhe von 15 000 Reichsmark, worin auch die Herausgeberschaft einer zweibändigen Goethe-Ausgabe sowie nicht ausgezahlte Honorare enthalten waren.[145] Er emigrierte im Spätherbst 1938 nach England.[146]

»KNAURS WELT-ATLAS« UND »KNAURS GESUNDHEITS-LEXIKON«

Begonnen hatte die Erfolgsgeschichte der Lexika und Nachschlagewerke im Verlag mit dem 1928 erschienenen *Knaurs Welt-Atlas*. Herausgeber war Johannes Richter; das Copyright für das Material lag beim Berliner Columbus Verlag. Der 411 Seiten umfassende Band wurde – um nur wenige Seiten erweitert und mit unveränderter Zahl der Karten – 1932 als »vollständig neue Ausgabe« wieder aufgelegt. Wirklich erweitert wurde der *Welt-Atlas* erst in der Ausgabe von 1936.

1930 erschien *Knaurs Gesundheits-Lexikon*. Der Text auf dem Haupttitel enthält alle wichtigen inhaltlichen Daten: »Ein Handbuch der Medizin, Hygiene, Körperkultur und Schönheitspflege. Nach dem neuesten Stand der Wissenschaft. 5150 Stichworte. 650 Aufsätze und Artikel«. Herausgegeben wurde der 536 Seiten starke Band von Josef Löbel, einem Franzensbader Kurarzt, der ein Jahr zuvor im Grethlein Verlag ein Buch mit dem verheißungsvollen Titel *Von der*

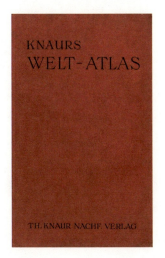

Der von Johannes Richter herausgegebene *Knaurs Welt-Atlas* wurde 1928 veröffentlicht und erschien im Dritten Reich in veränderter Auflage.

Ehe bis zur Liebe herausgebracht hatte. Auch das *Gesundheits-Lexikon* kostete 2 Mark 85 in Leinen, 3 Mark 75 in Halbleder und 4 Mark 80 in Leder. Eine Nachauflage ist nicht verzeichnet. Vielmehr musste es im Dritten Reich aus dem Programm genommen werden, da der Herausgeber Jude war.

Das von Josef Löbel herausgegebene *Knaurs Gesundheits-Lexikon* erschien 1930. Im Dritten Reich musste es aus dem Programm genommen werden, da der Herausgeber Jude war.

RICHARD HAMANNS
»GESCHICHTE DER KUNST«

Das vierte Großprojekt am Ende der 1920er-/Anfang der 1930er-Jahre war die Veröffentlichung von Richard Hamanns *Geschichte der Kunst*,[147] eines großformatigen, umfangreichen, üppig bebilderten Kunstbandes zu einem sensationellen Preis. Wie *Knaurs Konversations-Lexikon* entstand auch dieses Werk als Idee im Verlag selbst und wurde nicht von außen an ihn herangetragen. Durch die Vermittlung des Marburger Germanisten Leopold Heinemann, der für Knaur die 1929 erschienene Neuausgabe von Büchmanns *Geflügelten Worten* bearbeitet hatte, kamen Verlag und Autor zusammen.

Richard Hamann (1879–1961) war seit 1913 Professor für Kunstgeschichte an der Universität Marburg, wo er bis zu seiner Emeritierung im Jahr 1949 tätig blieb. Im Vertrag vom August 1930 wurde der Umfang mit 600 Textseiten und 1200 Abbildungen festgelegt. Als Honorar wurden Hamann 10 000 Mark für je 100 000 Exemplare zugesagt. Da der Vorschuss 20 000 Mark betrug, ging der Verlag also davon aus, wenigstens 200 000 Exemplare absetzen zu können. Schon Mitte der 1930er-Jahre wurde diese Marke erreicht.

Hamann hielt, wie er in einem Brief vom 24. Oktober 1930 an Adalbert Droemer schrieb, eine Veröffentlichung im Jahr 1931 für realistisch. Doch die Manuskriptablieferung verzögerte sich, auch weil es immer wieder Diskussionen um den Inhalt und die Auswahl der Abbildungen gab. So wurde heftig darum gestritten, ob ein Werk Kandinskys auf einer der Farbtafeln abgebildet werden solle. Droemer äußerte »allerschwerste« Bedenken und befürchtete, »dass eine solche Tafel die Wirkung des ganzen Buches ›zerschmettere‹«. Droemer rechnete wohl auch mit politisch bedingter Kritik – Kandinsky gehörte später zu den Künstlern, die die Nationalsozialisten als »entartet« einstuften. Hamann sagte ihm in einem Brief vom 25. April 1932 zu, er werde »einzelne Änderungen gern mit Ihnen besprechen,

Eine verlegerische und vor allem auch kalkulatorische Großtat war Richard Hamanns *Geschichte der Kunst von der altchristlichen Zeit bis zur Gegenwart*. Der Umfang betrug 968 Seiten im Großoktavformat, der Band enthielt 1110 Abbildungen sowie zwölf Farbtafeln. Der Leineneinband hatte eine Goldprägung – und das alles zum Ladenpreis von 4 Mark 80.

etwa die richtige Formulierung von Gedankengängen, die zu politischen Angriffen führen können«.

Zudem verzögerten Unstimmigkeiten über die Bezahlung von acht Mitarbeitern Hamanns und von Reisen den Fortschritt des Projekts, sodass Droemer und Willy Hendelsohn, der die praktischen Fragen mit einem Mitarbeiter Hamanns regelte, befürchteten, dass der Band nicht 1932 erscheinen könne. Obwohl die letzten Manuskriptteile erst im Oktober des Jahres abgegeben wurden, gelang es dem Verlag in einem Parforceritt das Buch bereits Anfang Dezember mit der Jahreszahl 1933 im Impressum auf den Markt zu bringen. Der vollständige Titel lautete *Geschichte der Kunst von der altchristlichen Zeit bis zur Gegenwart*. Der Umfang betrug 968 Seiten im Großoktavformat (24,7 mal 17,8 cm), und der Band enthielt 1110 Abbildungen sowie zwölf Farbtafeln – und das alles zum unglaublichen Ladenpreis von 4 Mark 80.[148] Gedruckt wurden 50 000 Exemplare.

Der Band wurde mit den beiden größten Buchgemeinschaften, dem Volksverband der Bücherfreunde und der Deutschen Buch-Gemeinschaft, koproduziert; die Verlagsausgabe und die Buchgemeinschaftsausgaben erschienen gleichzeitig. Ob die hier genannte Auflagenhöhe die Buchgemeinschaftsausgaben einschloss, ist nicht bekannt.

Bereits im Dezember 1932 wurden weitere 50 000 Exemplare produziert. Diese wurden als »neue, durchgesehene Auflage« bezeichnet und hatten einen geringfügig höheren Umfang. Die Zahl der Abbildungen wurde auf 1091 verringert, die der Farbtafeln auf 21 erhöht. Da der Verkaufserfolg anhielt, gab der Verlag im Januar/Februar 1933 erneut 50 000 Exemplare in Auftrag. 1935 und 1937 erschienen überarbeitete Auflagen des Werks, 1951 wurde die erste Nachkriegsauflage publiziert. 1945 war zuvor im New Yorker Verlag von Mary S. Rosenberg, einer jüdischen Emigrantin, die sich auf deutsche Buchimporte und deren Vertrieb spezialisiert hatte, ein Nachdruck der ersten Auflage erschienen. Insgesamt erreichte die Kunstgeschichte bis 1965 mehr als 20 Auflagen mit rund 360 000 verkauften Exemplaren.[149] Von Richard Hamann erschien 1944 als eines der letzten Bücher während des Zweiten Weltkriegs der aufwendig illustrierte Titel *Ägyptische Kunst. Wesen und Geschichte.*

DIE DRITTE GENERATION DER KLASSIKER

Etliche der Klassikerausgaben wurden auch in der Weimarer Republik angeboten. So verzeichnet die Deutsche Nationalbibliothek »um 1925« einen Nachdruck der 20 Jahre alten großen Goethe-Ausgabe in 45 Bänden. Auch die Hebbel- und Kleist-Ausgaben wurden lieferbar gehalten. Nach den reinen Textausgaben der Leipziger Zeit und den mit Einleitungen versehenen Werkausgaben vor allem im ersten Jahrzehnt des 20. Jahrhunderts versuchte Knaur gegen Ende der 1920er-Jahre, mit mehr oder weniger prominenten Herausgebern eine dritte Generation von Klassikerausgaben zu etablieren. Begonnen wurde 1928 mit einer Lizenzausgabe der Werke Conrad Ferdinand Meyers aus dem Leipziger H. Haessel Verlag. Meyer war bis dahin nicht im Korpus der Knaur-Ausgaben vertreten gewesen; der Herausgeber war der Schweizer Literaturwissenschaftler Robert Faesi, ab 1922 Professor für Literaturgeschichte in Zürich.

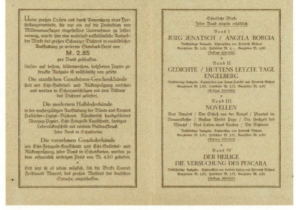

Bestellzettel für die Ausgabe der *Sämtlichen Werke* von Conrad Ferdinand Meyer, die als Lizenz des Leipziger Verlags H. Haessel erschien.

Von ganz anderem Kaliber waren die Herausgeber der jeweils zweibändigen Ausgaben von Goethes *Werken*, von Oscar Wildes *Werken* und den *Sämtlichen Werken* Theodor Storms (die beiden Letzteren ebenfalls neu in der Klassikerpalette). Die Einführung zu Storm (1930) schrieb Thomas Mann, die zu Wilde (ebenfalls 1930) Arnold Zweig und die zu Goethe (1931) Gerhart Hauptmann. Das Hin und Her um eine Aufnahme der *Buddenbrooks* in die *Romane der Welt* hatte also den Kontakt zu Thomas Mann nicht abreißen lassen.

Weitere Klassiker-Werkausgaben wurden nicht verlegt. Stattdessen veröffentlichte der Verlag zahlreiche Einzelausgaben deutscher wie ausländischer Texte. Darunter waren viele Titel aus der Backlist, die neu aufgelegt wurden und die zum Teil auch in den oben beschriebenen Reihen *Knaurs Ewige Bücher* und *Knaurs Standard-Bücher* erschienen waren oder dort später erschienen. Die nach Titelzahlen wichtigsten Autoren waren Fjodor Dostojewski, Theodor Fontane, Gustav Freytag, Conrad Ferdinand Meyer und Émile Zola. Otto Ludwig mit in diesem Zeitraum drei Ausgaben von *Zwischen Himmel und Erde* ist ein schönes Beispiel für die Knaursche Wiederverwertungsmaschinerie.

In den 1920er-Jahren ist *Zwischen Himmel und Erde* von Otto Ludwig in drei verschiedenen Ausgaben erschienen – hier der Band aus der Reihe *Knaurs Ewige Bücher* aus dem Jahr 1928.

Zu dieser Maschinerie gehört auch der Titelaustausch mit dem Gruppenverlag Schreiter'sche Verlagsbuchhandlung, der unter dem Reihentitel *Kulturhistorische Romane* ab Mitte der 1920er-Jahre fast 120 Werke herausbrachte, die teilweise bereits zu Beginn des Jahrhunderts dort erstmals erschienen waren. Knaur hat davon etwa 20 unverändert ins Programm genommen.

DAS WEITERE PROGRAMM

Im allgemeinen belletristischen Programm publizierte Knaur Ende der 1920er- und Anfang der 1930er-Jahre über die Titel in den beiden Serien *Romane der Welt* und *Knaur-Bücher* hinaus und neben Ludwig Ganghofer letztlich nur zwei Autoren, die jedoch mit einigen Werken auch in den Reihen vertreten waren, nämlich Max Brand und Zane Grey. Brand wird mit 13 Titeln im allgemeinen Programm verzeichnet, Grey sogar mit 20 Titeln. Neben einigen wenigen weiteren Spannungsautoren, die heute so gut wie unbekannt sind, bleiben aus dieser Zeit noch zwei Lizenzausgaben von Werken zu erwähnen, die eine große Erfolgsgeschichte vor der Publikation bei Knaur vorweisen konnten. 1930 erschienen die *Notizen eines Vagabunden* von Waldemar Bonsels (1880–1952), ein Buch, das sich aus drei Einzelbänden zusammensetzt, die Bonsels bereits in den Jahren 1917 bis 1923 im Frankfurter Verlag Rütten & Loening herausgebracht hatte. Bei Erscheinen des Knaur-Bands hatten diese Bücher zusammen Verkäufe von über 300 000 Exemplaren erreicht. Berühmt war Bonsels zu dieser Zeit bereits vor allem durch *Die Biene Maja und ihre Abenteuer* (1912), die 1930 in fast 700 000 Exemplaren verbreitet war.[150]

Ein weiterer erfolgreicher Titel der Zeit war der zunächst anonym veröffentlichte Briefroman *Briefe, die ihn nicht erreichten* von Elisabeth von Heyking (1861–1925), der 1903 im Verlag Paetel in Berlin erschienen war. Noch im Erscheinungsjahr wurden rund 50 000 Exemplare von dieser sentimentalen Story einer unerfüllt gebliebenen Liebe verkauft.

*

Insgesamt ist das Sachbuchprogramm im Vergleich zur Belletristik schmal. Neben den beiden Lexika und dem Weltatlas springen thematisch in diesem Segment vor allem romanhafte Biografien ins Auge. Lizenzausgaben waren die beiden Lebensbeschreibungen von Dmitri Mereschkowski *Leonardo da Vinci* (zuerst auf Deutsch 1903;

bei Knaur 1928) und *Napoleon* (zuerst auf Deutsch 1928; bei Knaur 1930). Albert Emil Brachvogels *Friedemann Bach* (zuerst 1858, zuerst bei Knaur 1912) legte der Verlag zwischen 1924 und 1930 drei Mal wieder auf. Thomas Carlyles umfangreiche Biografie *Friedrich der Große* aus dem 19. Jahrhundert veröffentlichte der Verlag 1928 in einer einbändigen Auswahl, die auf einer deutschen Ausgabe in sieben Bänden von 1916 bis 1918 basierte. Die im Jahr 1933 von dem französischen Schriftsteller Guy de Pourtalès verfasste Biografie *Richard Wagner. Mensch und Meister* war eine deutsche Erstausgabe.

Zu solchen lebensgeschichtlichen Darstellungen gehören auch die ungeheuer erfolgreichen *Tagebuchblätter und Briefe 1853–1871* von Richard Wagner an Mathilde Wesendonck, die Knaur um 1912 erstmals als Lizenz veröffentlichte. Das Buch hatte zuvor 1910 bei Duncker bereits die 37. Auflage erreicht; Knaur legte es 1925 in der *Kollektion Phönix* wieder auf.

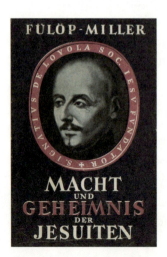

Mit *Macht und Geheimnis der Jesuiten* von René Fülöp-Miller veröffentlichte Knaur 1932 ein Werk, das immer wieder aufgelegt wurde und auch nach dem Zweiten Weltkrieg mehrfach im Programm auftauchte – hier die Ausgabe von 1947.

Mit *Macht und Geheimnis der Jesuiten* von René Fülöp-Miller (1891–1963) veröffentlichte Knaur 1932 ein in zahlreiche Sprachen übersetztes und in vielen Auflagen erschienenes Buch, das drei Jahre zuvor im Leipziger Verlag Grethlein & Co. auf den Markt gekommen war. Fülöp-Miller hatte mit *Der Heilige Teufel. Rasputin und die Frauen* bereits 1927 einen Erfolg gelandet und stand damit auf der Bestsellerliste der *Literarischen Welt*.

Am interessantesten ist auch im Sachbuchprogramm ein gescheitertes Projekt, und wie bei den *Romanen der Welt* geht es um Thomas Mann. Dieses Mal wollte Knaur jedoch nicht ein bereits erschienenes Werk des Nobelpreisträgers veröffentlichen. Vielmehr machte Adalbert Droemer ihm den Vorschlag, eine Goethe-Biografie zu schreiben, die zum 100. Todestag des Dichters am 22. März 1932 erscheinen sollte.

Wieder informierte der Autor seinen Verleger und schrieb ihm am 9. Dezember 1930, er habe in den letzten Tagen Besuch erhalten: »Von wem, das werden Sie vielleicht schon erraten haben, es war unser alter Freund Drömer. Er trug mir von sich aus den Goethe-Gedanken vor und war wahrscheinlich erstaunt, ihn mir so vertraut zu finden.« Thomas Mann hatte nämlich im Mai des Jahres mit Samuel Fischer den Plan erörtert, ein Goethe-Buch zum Jubiläum zu schreiben. Droemer – so Thomas Mann weiter – »rechnete, indem er sich ein Buch von ungefähr 300 Seiten vorstellte, das mit Bildern versehen sein würde und 2,85 Mark kosten sollte, mit einer Auflage von garantiert einer Million Exemplaren, die er mit 20 Pfennig pro Stück honorieren würde, und zwar in der Form, dass er mir das Buch mit 100 000 Mark bei Abschluss des Vertrages und weiteren 100 000 Mark, die schon jetzt auf einer Bank sicher gestellt werden sollten, bei Ablieferung des Manuskriptes honorieren würde«.[151]

Wie bei den *Buddenbrooks* warb Mann auch hier für Knaur. Dabei führte er einerseits die Marketingpower des Verlags an: »So ist es Drömer schon zu glauben, dass bei der Betriebs- und Verkaufs-Organisation, die der Mann sich geschaffen hat, unter diesen Umständen die Verbreitungsmöglichkeit durch seinen Verlag wirklich die höchste erreichbare wäre.«[152] Darüber hinaus führte er ins Feld, dass Droemer bei den *Buddenbrooks* nicht zum Zug gekommen sei: »Ein gewisses menschliches Moment, das für ihn spricht, will ich auch nicht ganz unterdrücken, den Gedanken nämlich, dass Drömer ja tatsächlich der geistige Urheber der Idee einer Volksausgabe von ›Buddenbrooks‹ war, die ihm schließlich entgangen ist und entgehen musste, – sehr zu seinem Schaden.«[153]

Drittens – und Thomas Mann wäre nicht Thomas Mann – wog natürlich der finanzielle Aspekt schwer, zumal Adalbert Droemer in einem geschickten Schachzug Mann die Übersetzungsrechte überlassen wollte, was für ihn »sehr ins Gewicht fiele«. Mann fasste zusammen: »Ich führe das alles an, um Ihnen zu zeigen, dass immerhin Einiges dafür spricht, das Goethebuch, wenn ich es schreibe, außer der Reihe, nicht bei Ihnen, sondern bei Drömer herauszubringen.«[154] Wieder setzte der Autor seinen Verleger unter Druck und bat ihn, »sich Ihrerseits zu überlegen, ob Sie in dieses Angebot, das selbstverständlich doch einen starken Antrieb für mich bedeutet und stark ins Gewicht fällt bei der Frage, ob ich das Buch schreiben will oder nicht, eintreten wollen, das heißt, ob Sie über die Möglichkeiten des Buches ebenso denken wie Drömer und das gleiche Risiko übernehmen könnten«.[155]

Fischer machte wohl ein Angebot, das unter dem von Droemer lag, denn Mann schrieb am 15. Januar 1931 an den Verleger, er habe Droemer darüber informiert, dass Fischer in die von Knaur vorgeschlagenen Bedingungen einträte: »Das Letztere ist ja nicht einmal ganz richtig, aber ich habe es erklärt, damit er mich in Ruhe lässt.«[156] Schlussendlich ist das Goethe-Buch nicht geschrieben worden, denn Thomas Mann fürchtete die Konkurrenz durch ein vergleichbares Buch bei Knaur, das Droemer als Alternative für seinen Verlag argumentativ ins Spiel gebracht hatte: »Ob wir klug gehandelt haben, als wir Drömer den Plan abnahmen, scheint mir angesichts dieser Lage recht zweifelhaft.«[157] Er sagte Samuel Fischer ab: »Es liegt tatsächlich so, dass ich das Buch für Drömer wohl hätte machen können, dass ich es aber für Sie, wenn neben mir für Drömer ein anderes geschrieben wird, nicht machen kann.«[158]

Damit blieb Manns Einführung zur zweibändigen Ausgabe der *Sämtlichen Werke* Theodor Storms, die mit Juni 1930 datiert ist, neben dem Geleitwort zu den *Romanen der Welt* der einzige bei Knaur gedruckte Text. Er sollte aber nach dem Machtantritt der Nationalsozialisten nicht lange auf dem Markt bleiben. Für den Text gilt, was die Herausgeber der Thomas-Mann-Briefausgabe zu »Gefälligkeiten« dieser Art geschrieben haben: »Zum Alltagsgeschäft eines am literarischen Leben so aktiv teilnehmenden Autors wie Thomas Mann gehört das Verfassen von Gebrauchstexten für den Tag und die Stunde wie Rezensionen, Gutachten, Vorworten und dergleichen mehr.« Und »er war sich selten zu gut für solche Gefälligkeiten«.[159]

Im Goethe-Jahr publizierte Knaur dann *Das Leben Goethes* von Georg Witkowski (1863–1939). Der Autor war Professor für deutsche Sprache und Literatur an der Universität Leipzig; 1932 wurde ihm die Goethe-Medaille für Kunst und Wissenschaft durch den Reichspräsidenten Paul von Hindenburg verliehen. Nach der Machtergreifung durch die Nationalsozialisten entzogen ihm diese die Lehrbefugnis und sämtliche Ruhegehälter. 1939 emigrierte Witkowski in die Niederlande. Zeit seines wissenschaftlichen Lebens hatte sich der Germanist mit Goethe beschäftigt. Seine erste Biografie des Dichters erschien bereits 1899; sie wurde 1912 und 1923 jeweils überarbeitet neu aufgelegt und bildete den Grundstock für die Lebensbeschreibung bei Knaur.

Geht man die Autoren des Verlags in der Weimarer Republik durch, so überrascht neben Scott Fitzgerald der Name von Lion Feuchtwanger (1884–1958).[160] Im Jahr 1931 publizierte Knaur seinen Roman *Jud Süß*. Das Buch war 1925 von dem Theaterverlag Drei Masken veröffentlicht worden, für den Feuchtwanger als Lektor arbeitete. Der Erfolg war mäßig. Erst als Viking Press in den USA und Martin Secker in England das Buch in englischer Übersetzung publizierten und allein im ersten Jahr in England 23 Auflagen verkauft wurden, strahlte dieser Erfolg auf Deutschland zurück. Der Drei Masken Verlag setzte bis 30. Juni 1931 insgesamt 100 000 Exemplare der deutschen Ausgabe ab. Von den ausländischen Ausgaben waren zu diesem Zeitpunkt 638 000 Exemplare verkauft worden. Auslöser für den Erfolg in England war wohl eine Besprechung von Arnold Bennett im *Evening Standard,* und über Arnold Bennett dürfte auch der Hinweis auf dieses Buch an Knaur gelangt sein. Bennett war nämlich 1927 und 1928 mit zwei Titeln in den *Romanen der Welt* vertreten, *Theater* und *Teresa.*

Knaur erwarb vom Drei Masken Verlag die Verlagsrechte und druckte 1931 weitere 100 000 Exemplare.[161] Feuchtwangers Werke gehörten zu den Büchern, die am 10. Mai 1933 verbrannt wurden. Sein Name findet sich auch in einer Erklärung des Gesamtvorstands des Börsenvereins, die drei Tage danach auf der Titelseite des *Börsenblatts für den Deutschen Buchhandel* veröffentlicht wurde. Die dort genannten Schriftsteller – neben Feuchtwanger unter anderen auch

Heinrich Mann, Erich Maria Remarque, Kurt Tucholsky und Arnold Zweig – seien »für das deutsche Ansehen als schädigend zu erachten [...]. Der Vorstand erwartet, dass der Buchhandel die Werke dieser Schriftsteller nicht weiter verbreitet.«[162] Feuchtwangers Name stand im Sommer 1933 auch auf der ersten Ausbürgerungsliste.

*

Betrachten wir rückblickend die Produktion des Knaur Verlags in den Jahren der Weimarer Republik, so sehen wir bis zum Jahr 1927, dem Start der Reihe *Romane der Welt,* eine zahlenmäßig kleine Produktion, die sich im Wesentlichen auf Nachdrucke von Klassikern und Übernahmen aus dem Programm der Schreiter'schen Verlagsbuchhandlung konzentrierte. Nur wenige Titel waren neu im Programm. Das änderte sich mit den *Romanen der Welt* und den *Knaur-Büchern* grundlegend. Jetzt kamen viele deutsche Erstausgaben hinzu. Allein in der Reihe *Romane der Welt* trugen über 90 Prozent aller Bücher den Vermerk »einzig berechtigte Übersetzung«. Der Nachdruck der Klassiker ging zurück; gleichwohl wurden sie lieferbar gehalten.

Die Jahre 1927 und 1928 waren die mit Abstand produktionsstärksten Jahre des Knaur Verlags. Hier erschienen zusammen knapp 130 Titel der insgesamt über 400 Titel während der Weimarer Republik.[163] Für das Jahr 1927 gibt es interessante Vergleichszahlen. Eine zeitgenössische Statistik zur Titelproduktion der Verlage ordnet Knaur mit 56 in diesem Jahr herausgebrachten Titeln auf Rang 84 ein. An der Spitze stehen naturgemäß die wissenschaftlichen Verlage Teubner mit 590 und Springer mit 436 Titeln. Verlage wie Ullstein und Fischer publizierten 113 bzw. 112 Titel, Cotta 91 und Diederichs 68 Titel. Der 1922 gegründete Goldmann Verlag brachte 51, der Ganghofer-Verlag Bonz 46 Titel auf den Markt. Der Durchschnittsladenpreis der im Jahr 1927 veröffentlichten Bücher betrug bei Knaur 2 Mark 65; bei Fischer lag er mit 5 Mark 13 fast doppelt so hoch.[164]

Diese Zahlen sagen zunächst nichts über die wirtschaftliche Lage des Verlags aus. Mehr dazu erfahren wir aus dem oben zitierten Do-

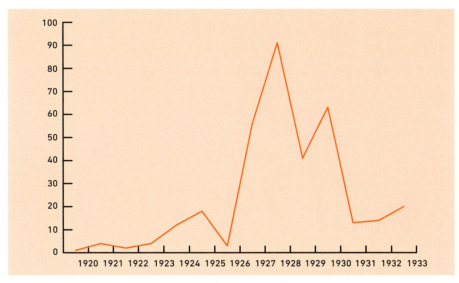

Die Titelproduktion des Knaur Verlags 1901–1933. Für die Jahre bis Ende des Ersten Weltkriegs lässt sich keine Jahresübersicht ermitteln, da die Ausgaben durchweg undatiert waren. Erst nach der Erfassung durch die 1913 gegründete Deutsche Nationalbibliothek und deren Versuch, die undatierten Ausgaben zeitlich einzuordnen, ist das möglich geworden. Berücksichtigt sind auch die zahlreichen Neuauflagen sowie die Übernahmen aus den anderen Gruppenverlagen. Die relativ hohe Zahl für das Jahr 1930 erklärt sich damit, dass schwer datierbare Ausgaben mit »um 1930« eingeordnet wurden.

kument vom 9. September 1931. Über die Charakterisierung der finanziellen Verhältnisse als »stark angespannt« hinaus wird der Wert des Lagerbestands mit 1,75 Millionen Mark bei einem Umsatz von 3,3 Millionen Mark im Jahr 1928 und von 2,9 Millionen im Jahr 1930 angegeben. 1929 habe sich der Umsatz gegenüber dem Vorjahr »weiter gehoben«. Der Verlag beschäftigte zum Zeitpunkt der Expertise etwa 25 Angestellte.

Aufschlussreich ist, dass in dem Dokument Knaur vorrangig als Klassikerverlag eingeschätzt wird: »Die Gesellschaft hat an der obigen Adresse große Parterreräume gemietet und betreibt ein Verlagsgeschäft von Klassikern. Außerdem gibt sie eine Roman-Bibliothek heraus.« Bei allen finanziellen Schwierigkeiten wird jedoch ein positives Fazit gezogen: »In Branchenkreisen wird dem Unternehmen trotz der angespannten Verhältnisse Vertrauen entgegengebracht und es besteht die Meinung, dass die Gesellschaft über die Krisis hinwegkommen wird. Von den Gesellschaftern ist der eigentliche Leiter der Kaufmann Adalbert Drömer, der in Branchenkreisen als außerordentlicher und tüchtiger Organisator und Verkäufer gilt.«[165]

```
                        A b s c h r i f t!
208537/ chu                                Berlin, den 9.9.31
Firma Sinsel & Co., G.m.b.H.               Leipzig
                                           Eilenburgerstr. 19

Betr.: Th. Knaur Nachf.                    Berlin
       Verlagsbuchhandlung                 Pragerstr. 14
_____

Gegründet:    1895 in Leipzig
Eingetragen   19.7. 1901
pers.haftende Gesellschafter: Erich Henders
              Irma Rahn verw. Maurer geb. Hendelsohn
              Adalbert Drömer und Willi Hendelsohn
              ------------------------

      Die Gesellschaft hat an der obigen Adresse grosse parterreräume
gemietet und betreibt ein Verlagsgeschäft von Klassikern. Ausserdem
gibt sie eine Roman-Bibliothek heraus. Das Unternehmen hat sich im
Laufe der Jahre günstig entwickelt. Die Gesellschaft unterhält Bü-
ro- und Personalunion mit den Firmen G. Hendelsohn Verlag, Schreiter/
sche Verlagsbuchhandlung und Walter Block Nachf., die die gleichen
Inhaber haben wie die obige Gesellschaft.
      Es werden im Betriebe insgesamt etwa 25 Angestellte beschäftigt
und der vorhandene Lagerbestand wird auf etwa 1 3/4 Millionen RM
geschätzt. An obiger Adresse befindet sich das Musterlager, während
sich das Hauptauslieferungslager in Leipzig befindet. In 1928 wurde
ein Umsatz von etwa 3,3 Millionen RM erzielt. In 1929 hat sich der
Umsatz gegen das Vorjahr weiter gehoben. 1930 wurden etwa 2,9 Mil-
lionen RM Umsatz getätigt.
      Die finanziellen Verhältnisse gelten seit Mitte 1928 als stark
angespannt und die Firma kann ihren Verbindlichkeiten nur langsam
nachkommen. Sie reguliert grösstenteils in Akzepten, die bisher in
Ordnung gingen. Die Verhältnisse haben sich besonders dadurch beengt
gestaltet, dass die Gesellschaft einen grossen Lagerbestand in
nicht verwertbaren Romanen hat. 1929 und 1930 hat sie eine neue Se-
rie von Romanen herausgebracht, die sich gut eingeführt haben und
es ist in den Verhältnissen eine Entspannung eingetreten.
      Bankverbindung ist die Deutsche Bank und Diskonto-Gesellschaft,
die Bank für auswärtigen Handel und Reichsbank,Berlin.
      In Branchekreisen wird dem Unternehmen trotz der angespannten
Verhältnisse Vertrauen entgegengebracht und es besteht die Meinung,
dass die Gesellschaft über die Krisis hinwegkommen wird. Von den
Gesellschaftern ist der eigentliche Leiter der Kaufmann Adalbert
Drömer, der in Branchekreisen als ausserordentlicher und tüchtiger
Organisator und Verkäufer gilt. Der angefragte Kredit von 5.000 RM
(fünftausend) gilt als gewährbar.
```

Expertise zur wirtschaftlichen Situation des Knaur Verlags im Jahr 1931.

ZWISCHEN OPPORTUNISMUS, ANPASSUNG UND KOLLABORATION

1934–1945

Der »außerordentliche und tüchtige Organisator und Verkäufer«, der dem Verlag seit 1902 angehört, ihn seit 1916 mitgeführt und spätestens seit Mitte der 1920er-Jahre verlegerisch entscheidend geprägt hatte, übernahm die Firma Th. Knaur Nachf. Verlag, Berlin W 50, Prager Straße 14, zum 1. Januar 1934 von den Mitbesitzern, nachdem die »drei nichtarischen Mitinhaber der Firma« Willy Hendelsohn, Erich Henders und Irma Rahn »mit Wirkung vom 31. Dezember 1933 aus der Firma« ausgeschieden waren.[1] Im *Adressbuch des Deutschen Buchhandels* von 1934 war vermerkt, dass die Firma G. Hendelsohn, Berlin, »erloschen« sei, »Bestände sind nicht mehr vorhanden«. Unter Th. Knaur Nachf. wurde die Gesellschafterstruktur genannt, die vorher bei der OHG aufgeführt worden war. Das galt auch für den Verlag Jugendhort und die Schreiter'sche Verlagsbuchhandlung. Erst seit 1935 erschien Adalbert Droemer für alle Verlage als Alleininhaber. Erwähnt sind auch die drei Prokuristen Margarete Bürckner (sie gehörte dem Verlag seit 1918 an), Arthur Dröbeljahr und Berta Konzack.

Im »Auseinandersetzungsvertrag« vom 13. Januar 1934 wurde eine »Abfindungssumme« von 450 000 Reichsmark vereinbart. Davon wurde rechnerisch der Kapitalanteil der drei Hendelsohns von zusammen 201 519,75 Reichsmark abgezogen. So ergab sich ein »Bekomm-Rechnungsüberschuss von 82 826,75 RM« für jeden der ehemaligen Teilhaber. Die daraus resultierende Gesamtsumme von 248 480,25 Reichsmark buchte die Firma »zu Lasten des Verlust- und Gewinnkontos« und machte sie damit steuerlich geltend. Der Betriebsprüfungsbericht des Landesfinanzamts Berlin, Finanzamt Wilmersdorf-Nord, vom 7. April 1938, aus dem die Zitate und Zahlen stammen, hält fest: Das Unternehmen »begründet diese Ausbuchung damit, dass Herr Droemer genötigt gewesen sei, den ausscheidenden, nichtarischen Gesellschaftern einen über den Kapitalanteil hinausgehenden Betrag zu zahlen, um dieselben zum Ausscheiden aus der Firma, für die sie nicht mehr tragbar waren, zu bewegen«. Das Finanzamt erkannte die geltend gemachte Summe nicht als »Unkosten« an und begründete das damit, »dass es sich bei dem fraglichen

```
Landesfinanzamt Berlin          Abschrift Nr.6 für die Gew.St.Akten
    Finanzamt Wilmersdorf - Nord
    S 1443 - Auftrags Nr.114/37
    Reichs-Nr. 44606
    Gewerbegruppe IX,3
                                                    1937

                       B e r i c h t

         des Betriebsprüfers Steuerinspektor B a i e r
         über die in der Zeit vom 18.Januar bis 9.Februar 1938
    bei der Firma Th.Knaur Nachf. Verlag,Berlin W 50, Pragerstrasse 14
                    vorgenommene Betriebsprüfung

                       ( 19 1/2 Prüfungstage )
```

          Wie bereits in Tz.3 des Prüfungsberichts vom 31.Okt.1934
geschildert,schieden die 3 nichtarischen Mitinhaber der Firma nach
dem Vetrage vom 13.Januar 1934 mit Wirkung vom 31.Dezember 1933 ab
aus der Firma aus.Am Gewinn des Jahres 1933 waren sie nach dem Aus-
einandersetzungsvertrage nur in Höhe ihrer Privatentnahmen beteiligt
gewesen. Nach Ausgleichung dieser Privatkonten mit den entsprechenden
Gewinnanteilen aus 1933 waren die Privatkonten vom 1.1.1934 ausge-
glichen.Als Kapitalanteil der ausscheidenden Gesellschafter stand daher am 1.1.1934 nur noch der Betrag von insgesamt RM 201.519.75 oder
für jeden 67.173.25 RM auf dem Kapitalkonto, sowie die Hälfte der
steuerbegünstigten Rücklage aus 1932 mit insgesamt 23.415.--RM oder
7.805.-- RM für jeden, auf dem Rückstellungskonto zu Buche.Die an
die ausscheidenden Gesellschafter nach dem Vertrage zu zahlende Abfindungssumme betrug 450.000.-- RM oder/für jeden 150000.--RM .Der
über den buchmässigen Kapitalanteil hinausgehende Betrag beträgt
248.480.25 RM , wenn man nur das Guthaben auf dem reinen Kapitalkonto und 225.065.25 RM wenn man auch den Anteil der ausscheidenden
Gesellschafter auf dem Rückstellungskonto in Betracht zieht.Die
Firma buchte im Jahre 1934 den Betrag von 450.000.-- RM ,den sie an
die ausscheidenden Gesellschafter zahlte mit je 150.000.--RM auf
einem besonderen Konto,dem sie andererseits das jeweilige Guthaben
des Gesellschafters mit 67.173.25 RM gutschrieb, so dass das Konto
nunmehr einen Bekommt-Rechnungsüberschuss von 82.826.75 RM aufwies,
den die Firma zu Lasten des Verlust-und Gewinnkontos ausbuchte.Sie
begründete diese Ausbuchung damit,dass Herr Droemer genötigt gewesen
sei,den ausscheidenden, nichtarischen Gesellschaftern, einen über
den Kapitalanteil hinausgehenden Betrag zu zahlen, um dieselben zum
Ausscheiden aus der Firma, für die sie nicht mehr tragbar waren , zu
bewegen.--

Details der Eigentumsübertragung von den Mitgliedern der Familie Hendelsohn auf Adalbert Droemer gehen aus dem Betriebsprüfungsbericht des Landesfinanzamts Berlin, Finanzamt Wilmersdorf-Nord, vom 7. April 1938 hervor. Der ursprüngliche »Auseinandersetzungsvertrag« ist nicht erhalten.

Betrage um die Bezahlung des Firmenwertes oder bisheriger stiller Reserven handele«. Ein nachfolgender Rechtsstreit mit dem Finanzamt wurde Ende 1936 dadurch beigelegt, dass Droemer »außer den bereits geleisteten Vorauszahlungen noch eine Abschlusszahlung von 35 000 RM leistete«.

Der »Auseinandersetzungvertrag« ist nicht erhalten. Aus den Unterlagen des Wiedergutmachungsverfahrens nach dem Krieg geht hervor, dass zum Zeitpunkt der Verlagsübernahme Adalbert Droemer zur Hälfte Eigentümer von Knaur war, die Kinder von Gabriel Hendelsohn also je ein Sechstel besaßen.

Wie ist die gezahlte Abfindungssumme in Höhe von 450 000 Reichsmark größenordnungsmäßig einzuschätzen? Womit kann man sie vergleichen? Hier einige Zahlen.[2] Im Jahr 1934 betrug der Umsatz von Knaur rund 1,6 Millionen Reichsmark. Das heißt, Adalbert Droemer bezahlte rund 28 Prozent des entsprechenden Jahresumsatzes für die Hälfte des Unternehmens.

Der Verlag C. H. Beck, München, erwarb den juristischen Verlag des jüdischen Verlegers Otto Liebmann in Berlin Ende 1933 für 250 000 Reichsmark. Das Garantiehonorar für *Die Geschichte der Kunst* von Richard Hamann betrug 20 000 Reichsmark, die Abfindung Richard Friedenthals im Jahr 1937 belief sich auf 15 000 Reichsmark, Erich Henders versteuerte 1933 ein Einkommen von rund 31 000 Reichsmark als Gewinn aus der Firma Knaur.[3] Und das Durchschnittsentgelt für einen abhängig Beschäftigten betrug 1605 Mark im Jahr 1934.[4]

*

Eigentumsübertragungen von jüdischem Besitz auf »arische« Neueigentümer werden in der historischen Forschung als »Arisierung« bezeichnet, wobei dieser Begriff deshalb in Anführung gesetzt wird, weil es sich um einen Terminus handelt, der »dem Umfeld des völkischen Antisemitismus [entstammt], der schon in den 20er Jahren die Forderung nach einer ›Arisierung‹ der Wirtschaft bzw. einer ›arischen Wirtschaftsordnung‹ erhob und darunter die vollständige, mindestens jedoch weitgehende Verdrängung der Juden aus dem Wirtschaftsleben verstand«. Im NS-Jargon bezeichnete »Arisierung« im weiteren Sinn »den Prozess der wirtschaftlichen Verdrängung und Existenzvernichtung der Juden, im engeren den Eigentumstransfer von ›jüdischem‹ in ›arischen‹ Besitz«.[5]

Die Verdrängung jüdischer Unternehmen nach der Machtergreifung durch Adolf Hitler ging »nicht allein auf gesetzliche und administrative Maßnahmen des Staates und Initiativen der NSDAP zurück«. Diese prägten zwar das politische Klima und die Rahmenbedingungen, »doch vollzog sich die ›Arisierung‹ als solche in erster Linie im gesellschaftlichen Raum. [...] Die ›Arisierung‹ als politisch-gesellschaftlicher Prozess wäre ohne die direkte oder indirekte Beteiligung Millionen Deutscher nicht möglich gewesen.«[6]

Die »Arisierung«, die also keineswegs ein »Prozess ›von oben‹ durch bloße Exekution reichsweiter Anordnungen«[7] war, vollzog sich schleichend. Jüdischen Unternehmern war es »in den ersten dreieinhalb Jahren nationalsozialistischer Herrschaft noch möglich, ihr Unternehmen zu einem angemessenen Preis zu verkaufen«.[8] Ab 1936/37 verengte sich dieser Handlungsspielraum, denn Verträge über Eigentumsübertragungen mussten zunächst Parteiinstanzen, ab April 1938 staatlichen Stellen zur Genehmigung vorgelegt werden. Erst ab diesem Zeitpunkt gab es gesetzliche Bestimmungen, die das Recht jüdischer Bürger auf gewerbliche Tätigkeit einschränkten.

Im kulturellen Bereich war die Reichskulturkammer das Steuerungsinstrument für die »Arisierung«. Sie wurde mit dem Gesetz vom 22. September 1933 etabliert und gliederte sich in sieben Kammern, darunter die Reichsschrifttumskammer. Bereits in der Ersten Durchführungsordnung des Gesetzes vom 1. November des Jahres wurde die Mitgliedschaft in einer dieser Kammern ab Dezember 1933 für alle zur Pflicht gemacht, die »bei der Erzeugung, der Erhaltung, dem Absatz oder der Vermittlung des Absatzes von Kulturgut« mitwirkten. Zunächst konnten auch Juden in der jeweiligen Kammer (mit Ausnahme der Reichspressekammer) Mitglied werden. Jedoch wies Goebbels bereits Anfang Februar 1934 die Präsidenten der Einzelkammern an, »Nichtarier« von der Mitgliedschaft auszuschließen und neue Anträge abzulehnen.

Im Verlagswesen und im Buchhandel erfolgte die »Arisierung« im Wesentlichen zwischen 1935 und 1937.[9] Sie setzte im Frühjahr 1935 ein, nachdem durch eine Mitteilung des Vorstehers des Börsenvereins, Wilhelm Baur, vom 12. November 1934 alle innerhalb des Reichsgebiets selbstständigen Verleger und Buchhändler »zu Zwangsmitgliedern des Bundes Reichsdeutscher Buchhändler [erklärt wurden], während ihre Mitgliedschaft im Börsenverein auf freiwilliger Basis weiter bestehen konnte«.[10] Am 18. Mai 1935 kündigte Baur an, dass nun die »Aufforderung zum Geschäftsverkauf oder zur Liquidation in Kürze an die Nichtarier versandt« werden sollte.[11] Zu diesem Zeitpunkt waren noch 200 jüdische Verleger Mitglied im Bund Reichsdeutscher Buchhändler. Seit der Einführung der Nürnberger Gesetze im September 1935 war dann der »Ariernachweis« zurück bis in das Jahr 1800 nicht nur von jedem Mitglied oder Antragsteller, sondern auch für dessen Ehepartner zu erbringen.

Der erste Verlag, den die Nationalsozialisten »arisierten«, war Ullstein; er ging am 30. Juni 1934 in den Besitz des Zentralverlags der NSDAP, des Eher Verlags, über. Es folgten – um nur die prominentesten Beispiele zu nennen – der Verlag Rütten & Loening (1935), der Julius Springer Verlag (in Etappen ab 1935) und der S. Fischer Verlag (1936). Betrachtet man den Eigentümerwechsel im Detail, so wird deutlich, dass dieser in der Regel nicht als Anordnung »von oben« vollzogen wurde, sondern oft das Ergebnis von Verhandlungen war.[12] Es gab also in den ersten Jahren der nationalsozialistischen Herrschaft noch einen gewissen Handlungsspielraum für jüdische Unternehmer. Das wird auch durch den besten Kenner der nationalsozialistischen Literaturpolitik, Jan-Pieter Barbian, bestätigt, der davon spricht, dass es »bis Ende 1936 offenbar noch Spielräume« für die Verlage gegeben habe.[13]

Für den Knaur Verlag liegen über den zitierten Betriebsprüfungsbericht des Landesfinanzamts Berlin aus dem Jahr 1938 hinaus keine Informationen zu weiteren Details und zu den Hintergründen der vollständigen Eigentumsübertragung der Familie Hendelsohn auf Adalbert Droemer vor. Beim frühen Datum des Vorgangs, dem 1. Januar 1934, könnte man von einer »Arisierung« vor der »Arisierung«[14] sprechen, denn die Anteilsübertragung fand in einem Zeitfenster statt, als die oben genannte Anweisung von Goebbels vom Februar 1934 noch nicht existierte und Juden noch Mitglied der Reichsschrifttumskammer werden konnten. Daher ist auch auf den ersten Blick die Begründung für die Eigentumsübertragung befremdlich, die jüdischen Mitbesitzer seien »nicht mehr tragbar« gewesen. Hierbei ist allerdings zu berücksichtigen, dass diese Einschätzung im Jahr 1938 geäußert wurde, zu einem Zeitpunkt also, als »Arisierungen« amtlich verordnet worden waren. Zudem ist diese Schutzbehauptung auch in einem anderen Kontext zu sehen. Droemer führte das Argument gegenüber dem Finanzamt ins Feld mit dem Ziel, Steuern zu sparen. Da schien ihm eine Begründung zielführend, die in das NS-Vorhaben der »Entjudung« der deutschen Wirtschaft passte.[15]

Über die Motive der beiden Seiten – Droemers und der Hendelsohns – lässt sich nur spekulieren. Adalbert Droemer hatte ein verständliches Interesse daran, dass seine dominierende Rolle im Verlag und seine Verdienste für die Position des Verlags sich auch in einer neuen Eigentumsverteilung niederschlugen. Wie politisch weitblickend Droemer war, um bereits zu diesem frühen Zeitpunkt der Naziherrschaft im jüdischen Mitbesitz eine Gefahr für das Fortbestehen des Verlags zu sehen, wissen wir nicht. Ebenso wissen wir nicht, ob den Hendelsohns daran gelegen war, in Ahnung kommender Entwicklungen einen guten Preis für ihre Anteile zu erzielen. Ein unmittelbarer Handlungsdruck für alle Beteiligten ist nicht zu erkennen. In den Wiedergutmachungsverfahren brachten die ehemaligen jüdischen Mitbesitzer vor, sie hätten »unter dem Druck der Nazis« verkaufen müssen, doch kann dieses Argument durchaus als verhandlungstaktisch bedingt betrachtet werden.[16]

Frank Bajohr, einer der renommiertesten Arisierungsforscher, hat bei den Motiven und beim Verhalten der Erwerber jüdischen Eigentums drei Typen unterschieden, den »skrupellosen Profiteur«, den

»stillen Teilhaber« und den »gutwilligen Erwerber«.[17] Dabei darf nicht außer Acht gelassen werden, »dass die jüdischen Unternehmer sich einem ganzen Verfolgungsnetzwerk gegenübersahen, innerhalb dessen das Verhalten der Erwerber ihrer Betriebe nur ein Faktor unter mehreren war. Insofern sollte die Vorstellung, die Übernahme jüdischer Unternehmen ließe sich als unmittelbare Begegnungsgeschichte ›von Mensch zu Mensch‹ konzeptualisieren, nicht überstrapaziert werden.«[18] In einer Reihe von Fällen erfolgte die »Arisierung« auch aus dem Unternehmen heraus, etwa durch leitende Angestellte – also durch eine frühe Form des Management-Buy-out.[19] Alles zusammengenommen, wird man Adalbert Droemer als eine Mischung zwischen »stillem Teilhaber« und »Gutwilligem« einordnen können.[20] Für »gutwillig« spricht, dass Droemer Erich Henders weiter beschäftigt hat.

DAS WEITERE SCHICKSAL
DER FAMILIE HENDELSOHN

Irma Rahn, die Tochter von Gabriel Hendelsohn, wurde am 23. September 1892 in Berlin als ältestes Kind geboren. Sie war in erster Ehe mit Friedrich Maurer verheiratet. Nach dessen Tod heiratete sie den Oberleutnant a. D. Günther Rahn. 1934 wanderte sie mit ihm und Marie Luise, der Tochter aus erster Ehe, nach Spanien aus. Dort starb sie am 8. Dezember 1944. Den Erben wurde in einem Wiedergutmachungsverfahren in einem Vergleich vom 6. Juli 1967 die gezahlte Reichsfluchtsteuer in Höhe von 30 000 Reichsmark mit 6000 DM entschädigt.

Erich Hendelsohn, der sich 1920 in Henders umbenannte, wurde am 11. Februar 1895 als ältester Sohn von Gabriel Hendelsohn in Berlin geboren. 1921 wurde er im Berliner Adressbuch als Verlagsbuchhändler geführt, wohnhaft im Grunewald. Zusammen mit seinem Schwager Friedrich Maurer war er Inhaber der Firma G. Hendelsohn. Nach einer kurzen Internierung im Konzentrationslager Sachsenhausen im November und Dezember 1938 emigrierte er mit einem Pass, der am 28. Dezember 1938 ausgestellt worden war, Ende März 1939 nach Brasilien. Bis dahin zahlte ihm der Verlag das Gehalt fort, das er zuvor als Mitgeschäftsführer, danach als kaufmännischer Berater in Höhe von monatlich 1500 Reichsmark bezogen hatte. In Brasilien erhielt er am 8. März 1939 zusammen mit seiner Ehefrau Martha eine zeitweilige Aufenthaltsgenehmigung. Laut den vorläufigen Papieren der brasilianischen Behörden waren sie ohne Kinder unter 18 Jahren. Als Beruf wurde Kaufmann angegeben. In Brasilien blieb Henders bis zum Frühjahr 1949. Danach übersiedelte er in die USA. Am 13. Juli 1949 beging er in Los Angeles Selbstmord. Seine Tochter Stefanie erhielt in einem Wiedergutmachungsverfahren in einem Vergleich vom 14. Februar 1962 eine Entschädigung von 10 000 DM für »Schaden im beruflichen Fortkommen durch rassistische

Die zeitweilige Aufenthaltsgenehmigung in Brasilien für Erich Henders und seine Frau, die dort zwischen 1939 und 1949 blieben.

Verfolgung und Emigration« sowie eine pauschale Rentenzahlung in Höhe von 24 600 DM.

Willy Hendelsohn, der seinen Vornamen später in William H. anglisierte, wurde am 26. Juli 1904 in Berlin geboren. Ab 1922 war er Mitgesellschafter im Knaur Verlag und wie sein Bruder Erich persönlich haftender Gesellschafter der Firma G. Hendelsohn, die 1933 als erloschen gemeldet wurde: »Bestände nicht mehr vorhanden«, wie es lakonisch in den *Verlagsveränderungen 1933–1937* heißt.[21]

William Hendelsohn war wie sein Bruder Erich Henders als Mitgeschäftsführer im Verlag tätig. Diese Tätigkeit musste er Anfang 1937 aufgeben. Wie sein Bruder wurde er im November 1938 kurz im Konzentrationslager Sachsenhausen inhaftiert. Unmittelbar danach emigrierte er mit seiner Ehefrau Edith Maria und seiner Tochter Martha Marion in die USA und ließ sich in New York nieder.[22] Alle drei waren auf der Liste 219 der ausgebürgerten deutschen Staatsbürger vom 14. Februar 1941 verzeichnet.[23] 1940 und 1941 war Hendelsohn beim New Yorker Verlag Doubleday tätig, danach als leitender Redakteur und Herausgeber bis zu seinem Tod bei dem Enzyklopädieverlag Funk & Wagnalls. Er erhielt in einem Wiedergutmachungsverfahren in einem Vergleich vom 29. August 1960 eine Entschädigung von 3960 DM zur Abgeltung aller Forderungen. Hendelsohn starb am 28. Mai 1975 in New York.

KNAUR UND DIE NATIONAL-SOZIALISTISCHE LITERATURPOLITIK

Die Nationalsozialisten versuchten von Anfang an, die Kultur und damit auch die Literatur unter ihre Kontrolle zu bringen. Eine Vielzahl von Organisationen mischte dabei mit, oft ohne Koordination, oft auch gegeneinander eigene Machtinteressen vertretend: »Das Durcheinander von Dienststellen, Kompetenzen und persönlichen Rivalitäten ist nur mit Mühe zu überblicken.«[24] Von einer in sich geschlossenen nationalsozialistischen Literaturpolitik kann nicht die Rede sein. Hellmuth Langenbucher, einer der führenden Literaturfunktionäre des Dritten Reichs und von 1933 bis 1945 »Hauptschriftleiter« des *Börsenblatts für den Deutschen Buchhandel,* hatte 1938 in dem von ihm herausgegebenen Band *Die Welt des Buches* eine grafische Darstellung vom »Gesamtaufbau der staatlichen Welt des Buches« wiedergegeben.[25]

Die nationalsozialistische Überwachung der Buchbranche zwischen 1933 und 1945 lässt sich in vier Phasen gliedern: die Vorbereitung einer institutionellen Buchzensur im Jahr 1933, der Aufbau des Zensursystems, begleitet von internen Machtkämpfen, in den Jahren 1934 bis 1936, das routinemäßige Funktionieren der Buchzensur von 1936 bis 1939 und die Umstellung des Buchhandels auf die Kriegswirtschaft zwischen 1939 und 1945.[26]

Die zentrale Organisation der Lenkung war die Reichsschrifttumskammer (RSK), eine der sieben Einzelkammern der Reichskulturkammer. In ihr mussten Autoren und Übersetzer, Verleger und Buchhändler sowie Bibliothekare und Betreiber von Leihbibliotheken Mitglieder sein, um ihren Beruf und ihre Tätigkeiten ausüben zu können. Die Modalitäten wurden in einer Bekanntmachung vom 21. Dezember 1933 veröffentlicht. Auch durften die Verlags- und Buchhandelsunternehmen nur mit Mitgliedern der RSK in Geschäftsverbindungen treten. Die Reichsschrifttumskammer gab ferner die

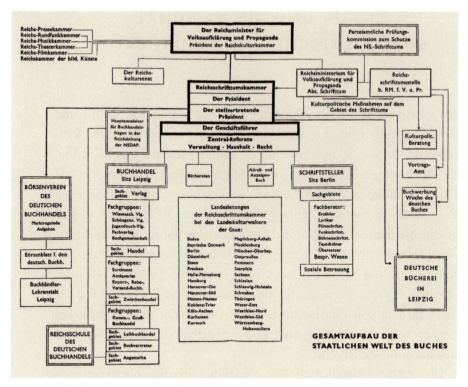

Die offizielle zeitgenössische Darstellung »der staatlichen Welt des Buches« aus dem von Hellmuth Langenbucher herausgegebenen Band *Die Welt des Buches* (1938). Langenbucher war einer der führenden Literaturfunktionäre des Dritten Reichs und von 1933 bis 1945 »Hauptschriftleiter« des *Börsenblatts für den Deutschen Buchhandel*.

Listen heraus, auf denen das »schädliche und unerwünschte Schrifttum« aufgeführt war.

Mit der Reichsschrifttumskammer konkurrierten die Schrifttumskammer, die seit dem 1. Oktober 1934 im Reichsministerium für Volksaufklärung und Propaganda unter Joseph Goebbels angesiedelt war, sowie die – so der vollständige Titel – Reichsstelle zur Förderung des deutschen Schrifttums/Hauptstelle Schrifttumspflege beim Beauftragten des Führers für die Überwachung der gesamten geistigen und weltanschaulichen Schulung und Erziehung der NSDAP.

Diese Reichsstelle war von Goebbels' kulturpolitischem Kontrahenten Alfred Rosenberg im Juni 1934 gegründet worden.

Die Schwierigkeiten, die kulturpolitischen Zielsetzungen des Regimes durchzusetzen, schlugen bis in Teilbereiche der Buchbranche durch. Charakteristisches Beispiel dafür ist der Bericht über *Die erste Arbeitswoche der Verlagsvertreter in der Reichsschrifttumskammer*, die 1939 stattfand, also fünf Jahre nach der Etablierung dieser Einrichtung.[27] Dass diese Schulung offenkundig nötig war, da die bisherige Arbeit ihr Ziel weitgehend nicht erreicht hatte, zeigt die Tatsache, dass ein hochrangiger Kulturfunktionär referierte. Karl Thulke war der Geschäftsführer der Abteilung III, Gruppe Buchhandel, der Reichsschrifttumskammer und hatte »durch seine Stellung entscheidend zur Säuberung und nationalsozialistischen Ausrichtung des deutschen Buchhandels beigetragen«.[28] Auf der Tagung sprach er ausführlich über »die Ausrichtung der buchhändlerischen Berufsarbeit auf den Kulturwillen des Nationalsozialismus«. Dabei wurde er sehr deutlich: »Obgleich wir bereits im sechsten Jahr des Bestehens der Reichskulturkammer stehen, tritt immer noch zuweilen unter unseren Berufsgenossen eine Unkenntnis über ihre eigene berufsständische Eingliederung zutage. Sie ist nicht damit zu entschuldigen, dass im Laufe der Zeit zu viele neue Anordnungen erschienen oder Veränderungen eintraten. Wer sich mit solchen Einwänden entschuldigt, zeigt nur, dass er das Wesen dieser berufsständigen Organisation noch nicht begriffen hat. Wer dieser Organisation gleichgültig gegenübersteht, sollte gleich seinen Beruf aufgeben […]«[29]

An anderer Stelle der Tagung waren die »Aufgaben des Verlagsvertreters nach den Richtlinien der Kulturkammergesetzgebung seit 1933« Gegenstand der Schulung, denn Ziel war es, den versammelten 29 Vertretern, darunter Adolf Herr von Knaur, »das notwendige Eingehen der buchhändlerischen Arbeit in das völkische Leben« klarzumachen. Der Bericht eines Teilnehmers, des späteren Verlegers Curt Vinz, lässt bezweifeln, ob das gelang: »Die Mehrheit versagte sich stillschweigend allen von der RSK vertretenen Gleichschaltungsbestrebungen. Von Widerstand zu sprechen, wäre übertrieben, passender ist der Begriff Widersetzlichkeit. [...] Was verständlicherweise unausgesprochen blieb, die Verlagsvertreter aber im tiefsten mit ihren Buchhändlerfreunden verband, waren der gemeinsame Freiheitsdrang und die Aversion gegenüber dem Nationalsozialismus in seinen vielseitigen Auswirkungen.«[30]

Die Reichsschrifttumskammer gab Listen heraus, auf denen das »schädliche und unerwünschte Schrifttum« aufgeführt war. Auch bei diesen Listen herrschte ein auffälliges Kompetenzwirrwarr wie bei den Organisationen der Literaturlenkung. Zunächst gab es »schwarze Listen«, wie zum Beispiel die am 16. Mai 1933 im *Börsenblatt für den Deutschen Buchhandel* veröffentlichte Liste des Volksbibliothekars Wolfgang Herrmann. Sie war die erste amtliche Liste verbotener Bücher für Preußen. Fast zwei Jahre später erfolgte am 25. April 1935 die *Anordnung über schädliches und unerwünschtes Schrifttum*. Daraus entsprang die *Liste 1* des *schädlichen und unerwünschten Schrifttums* mit Stand Oktober des Jahres. Sie wurde jedoch erst Ende 1935 vorgelegt und umfasste 3601 Einzeltitel sowie 524 Gesamtverbote. Die Nachträge I bis III stammten vom 31. März, 30. April und

Adolf Herr (1909–1976) begann mit 15 Jahren als Lehrling im Knaur Verlag und war bereits vor dem Zweiten Weltkrieg Buchhandelsvertreter. Hier eine Aufnahme um 1950. Neben ihm ist nur noch Ludwig Hartung als Droemer-Vertreter namentlich bekannt.

10. Juni 1936. Die Reichsschrifttumskammer legte für den Zeitraum vom 15. Oktober 1936 bis zum 15. Februar 1937 eine Ergänzungsliste vor. Im Dezember 1938 verfügte Goebbels, dass er für den Zuständigkeitsbereich seines Ministeriums ausnahmslos persönlich über Fragen der Indizierung entscheiden werde.

Mit Stand 31. Dezember 1938 wurde 1939 im Auftrag des Propagandaministeriums durch die Deutsche Bibliothek in Leipzig die bearbeitete *Liste des schädlichen und unerwünschten Schrifttums* veröffentlicht: »Streng vertraulich! Nur für den Dienstgebrauch!« Sie umfasste nun 4175 Einzeltitel und 565 Verbote für sämtliche Schriften. Vorneweg stand eine *Anordnung des Präsidenten* der Reichsschrifttumskammer, Hanns Johst: »Es gehört zu den Obliegenheiten der Reichsschrifttumskammer, das deutsche Kulturleben von allem schädlichen und unerwünschten Schrifttum rein zu halten. […] Die Verbreitung dieser Bücher und Schriften durch öffentlich zugängliche Büchereien und durch den Buchhandel in jeder Form (Verlag, Ladenbuchhandel, Versandbuchhandel, Reisebuchhandel, Leihbüchereien

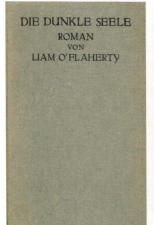
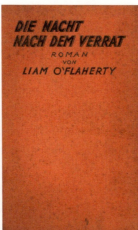
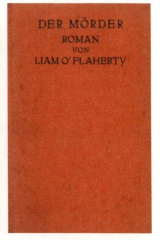

Drei Werke des Knaur-Autors Liam O'Flaherty wurden 1939 von den Nationalsozialisten auf die *Liste des schädlichen und unerwünschten Schrifttums* gesetzt, womit die Verbreitung untersagt war. Alle sind in der von Thomas Mann herausgegebenen Reihe *Romane der Welt* erschienen.

usw.) ist untersagt.«[31] Nachträge zu dieser Liste erschienen für die Jahre 1939 bis 1941.

Auf der Liste standen die bei Knaur veröffentlichten Romane *Himmelsstürmer* von Ralph Fox sowie *Die Nacht nach dem Verrat*, *Die dunkle Seele* und *Der Mörder* von Liam O'Flaherty. Ferner waren einzelne, nicht bei Knaur erschienene Werke der Autoren Frank Arnau, Hilaire Belloc, Lilli Braun, Blaise Cendrars, René Fülöp-Miller, Joseph Kessel, Sinclair Lewis und Josef Löbel sowie »sämtliche Schriften« von Eve Curie, Lion Feuchtwanger, Bruno Frank, Josef Kastein und Walter Mehring verzeichnet.

Auf der *Liste der für Jugendliche und Büchereien ungeeigneten Druckschriften*, die 1943 in der zweiten ergänzten Auflage vom Börsenverein herausgegeben wurde, ist Knaur nicht vertreten. Hier waren vor allem Kriminalromane aufgeführt, allen voran mit 150 Titeln so gut wie die gesamte Produktion von Edgar Wallace.

*

Ein weiteres Mittel der Literaturlenkung durch die Reichsschrifttumskammer waren die zwischen 1934 und 1937 eingerichteten »Beratungsstellen« für einzelne Bereiche der Buchproduktion. Die für Knaur entscheidende Stelle war die im Juli 1935 etablierte Beratungsstelle für Unterhaltungsliteratur.[32] Die Verleger solcher Literatur, insbesondere aber Verleger für Leihbibliotheksliteratur und Verleger von »Volksliteratur«, sollten ihre Novitäten schon vor Drucklegung der Stelle vorlegen. Die einzelnen Stellen wurden im Frühjahr 1937 zu der Beratungsstelle Verlag zusammengeführt, die ein Jahr später der Schrifttumsabteilung im Propagandaministerium von Goebbels unterstellt wurde.

Zur Konzentration der steuernden Organisationen und Stellen im Propagandaministerium gehörte auch, dass Goebbels die 1935 gegründete Wirtschaftsstelle des deutschen Buchhandels, die sich ursprünglich mit dem Export beschäftigte, in seinen Machtbereich zog. Im Oktober 1939 wurde der Wirtschaftsstelle auch die Zuständigkeit für die Papierkontingentierung übertragen, ein wichtiges Instrument der Produktionssteuerung. So mussten die Verlage ab 1940 für jede Novität, Nachauflage und Neuausgabe Menge und Art des Papiers angeben. Das war zunächst kein Instrument der Vorzensur, weil der Papierverbrauch erst nach der Publikation des betreffenden Buchs gemeldet wurde. Doch wurden die Bestimmungen nach und nach verschärft und die Verlage dazu verpflichtet, bereits vor der Drucklegung möglichst genaue Angaben zu Verfasser, Titel, Inhalt, Aufbau, Umfang, Auflage und vorgesehenem Ladenpreis zu machen.

Nach dem Überfall auf die Sowjetunion im Juni 1941 verfügte das Regime eine allgemeine Rohstoffrationierung, was für die Buchbranche bedeutete, dass eine Kommission der Wirtschaftsstelle vom Herbst des Jahres an über jeden einzelnen Produktionsantrag eines Verlags entschied. In dieser Kommission waren neben der Reichsschrifttumskammer mehrere Ministerien sowie das Oberkommando der Wehrmacht (OKW) und die Parteikanzlei der NSDAP vertreten. Entsprechende Richtlinien für die Anträge finden sich in der *Amtlichen Bekanntmachung Nr. 148*, die am 30. September 1941 im *Börsenblatt für den Deutschen Buchhandel* verbreitet wurde.

In den Archivalien zum Knaur Verlag haben sich Unterlagen zu einem solchen Vorgang erhalten.[33] Die Reichsschrifttumskammer fragte am 24. August 1942 an, wann die von Wilhelm von Scholz herausgegebene und im Jahr 1941 erschienene Anthologie *Das deutsche Gedicht* fertiggestellt und warum die erforderliche Zulassung nicht beantragt worden sei. Der Verlag antwortete drei Tage später, dass das Buch im Juni 1941 ausgedruckt vorgelegen hätte, also bereits vor der *Amtlichen Bekanntmachung Nr. 148*. Im selben Brief meldet der Verlag, dass die *Balladen*-Anthologie, über die mit dem Herausgeber Wilhelm von Scholz im August 1941 ein Vertrag geschlossen worden sei, ausgedruckt sei, »aber wegen Erschwerung der Bindearbeit voraussichtlich erst zu Beginn des Jahres 1943 ausgeliefert werden« könne. Der Verlag betrachte die *Gedicht*-Anthologie und den *Balladen*-Band als »Einheit« und sei »dankbar, wenn diese unsere Auffassung von Ihnen anerkannt würde«. Fünf Tage danach widersprach die Reichsschrifttumskammer: »Da der Balladenband noch nicht erschienen ist, ist die Zulassung nach der Amtlichen Bekanntmachung Nr. 148 erforderlich.« Am 9. September bittet der Verlag um Zulassung des Bands, worauf die Kammer mit der Bitte um Übersendung eines Exemplars reagiert.

Am 17. Oktober 1942 erfolgt eine weitere Bitte um Zulassung, dieses Mal für eine Sammlung von Anekdoten. Das Schreiben enthält eine inhaltliche Beschreibung des Projekts, jedoch keine Angaben zu Auflage und vorgesehenem Ladenpreis. Hervorgehoben wird, dass das Werk »dem Bedürfnis nach im besten Sinne gehobener Unterhaltung in der Heimat sowie bei den Soldaten« diene und »in seiner Anlage die Möglichkeit einer Aufteilung in Feldpostbändchen« vorsehe. Beigefügt war die an potenzielle Autoren verschickte Einladung zur Mitarbeit sowie eine Liste der Beiträger. Beide Anthologien wurden mit dem Schreiben der Kammer vom 2. November 1942 zur Publikation freigegeben. Der Titel *Die Ballade* erschien 1942, *Die deutsche Anekdote* 1944. Als Feldpostausgaben veröffentlichte Knaur zwei Bändchen mit Anekdoten noch vor der Buchpublikation.

Der zunehmend verschärft angewandte Steuerungsmechanismus der Papierkontingentierung sollte dazu führen, dass die folgenden Buchtypen und Genres als kriegswichtig realisiert wurden, so ein Aufsatz in der Zeitschrift *Buchhändler im neuen Reich* im Jahr 1942: »das politische und das Wehrschrifttum der Zeit, das Schrifttum der Forschung aller wesentlichen wissenschaftlichen Gebiete, die Dichtung der Vergangenheit und der Gegenwart, unterhaltende und entspannende Literatur aller Sparten, das deutsche Schulbuch der entscheidenden Gruppen, das Fachschrifttum der kriegswichtigen Berufsgruppen, das Kinder- und Jugendschrifttum«.[34] Liest man diese Liste genau und kritisch, so stellt man allerdings fest, dass so gut wie die gesamte Bandbreite verlegerischer Produktion abgedeckt und damit weiterhin möglich war: von Wissenschaft und Fachbuch über belletristische Literatur verschiedener Niveaus und politische Literatur bis zu Schulbuch und Kinder- und Jugendliteratur.

TH. KNAUR NACHF. VERLAG
BERLIN W 50 · PASSAUER STRASSE 3

Dr.Z/Gr

den 17. Oktober 1942

An die
Reichsschrifttumskammer
Berlin-Charlottenburg
Hardenbergstr. 6

Im Sinne der Bekanntmachung Nr. 148 vom 12. 9. 41 bitten wir um die Zulassung des Sammelwerkes
Karl Lerbs, " Die Anekdote ", 640 Seiten,
illustriert von Kurt Stordel, mit einem grundlegenden Aufsatz des Verfassers über das Wesen und die Entwicklung der Anekdote.

2.11.1942.

III Z - 023928- Sohne

An den
Th. Knaur Nachf. Verlag
Berlin W 50
Passauerstr. 3.

Betr.: Zulassung von Anthologien.
Bezug: Ihr Antrag vom 17.10.42.

Auf Ihren obengenannten Antrag erteile ich Ihnen hiermit die nach meiner Amtlichen Bekanntmachung Nr. 148, § 1d, erforderlichen Zulassungen für die Anthologien:

1.) " Die Ballade "
Menschen und Mächte
Schicksale und Taten,
herausgegeben von Wilhelm von Scholz

2.) " Die Anekdote "
herausgegeben von Karl Lerbs.

Voraussetzung ist:
1.) Sie haben die Einwilligung der Inhaber der Original-

-2-

Die Bürokratie der Zulassung von Publikationen: hier für die von Karl Lerbs herausgegebene Sammlung *Die Anekdote* und die Genehmigung zusammen mit der von Wilhelm von Scholz zusammengestellten Anthologie *Die Ballade*.

GRUNDSTRUKTUREN DES PROGRAMMS

Das Programm des Knaur Verlags in den Jahren 1934 bis Kriegsende war gegenüber den Titelzahlen ab Mitte der 1920er-Jahre stark eingeschränkt. Es wurden in diesen elf Jahren rund 130 Titel publiziert. Zwischen 1934 und 1939 erschienen zwischen zehn und 20 Titel pro Jahr mit dem zahlenmäßigen Schwerpunkt 1934 und 1935. 1940 wurden sieben und 1941 nur drei Titel publiziert. 1942 und 1943 schnellte die Zahl auf 31 Titel, doch waren 26 davon schmale Feldpostausgaben, die aus der vorhandenen Substanz generiert wurden. 1944 brachte Knaur noch sieben Titel auf den Markt, davon eine Feldpostausgabe; im letzten Kriegsjahr stellte der Verlag die Buchproduktion ein. Die Knaur-Produktion war damit in den Kriegsjahren zahlenmäßig ein Spiegelbild der gesamten Buchproduktion, die sich zwischen 1939 und 1944 von 20 378 Titeln auf 9552 Titel mehr als halbierte.

Deutlich mehr als die Hälfte aller Titel von Knaur zwischen 1934 und 1944, nämlich 74, stammten von nur vier Autoren. Das waren Ludwig Ganghofer (27 Titel), Max Brand (23 Titel), Luis Trenker

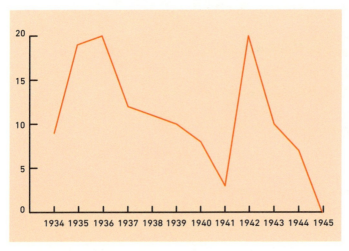

Die Titelproduktion des Knaur Verlags 1934–1945. Auch hier wurden Neuauflagen berücksichtigt. Insgesamt wurden fast 130 Titel veröffentlicht.

(17 Titel) und Zane Grey (7 Titel). Die einzige Neuakquisition darunter war Trenker; Ganghofer, Brand und Grey waren bereits in der Weimarer Republik wichtige Autoren für den Verlag. Die Belletristik war eindeutig der Schwerpunkt des Programms in diesen Jahren. Damit folgte Knaur der allgemeinen Entwicklung der Titelzahlen, denn die schöne Literatur konnte zwischen 1933 und 1944 bei sinkender Gesamtproduktion ihren Anteil von rund 15 Prozent auf etwas mehr als ein Viertel aller Titel steigern:[35] »Statistisch betrachtet hatte die konforme Schöne Literatur im Dritten Reich also zweifellos Konjunktur, ihre Verleger konnten nach der Wirtschaftskrise wieder auf ökonomische Prosperität hoffen.«[36]

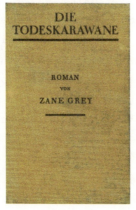

Deutlich mehr als die Hälfte aller Titel zwischen 1934 und 1944 stammten von diesen vier Autoren.

WENIGE NEUE BELLETRISTIKAUTOREN

In der Belletristik kam etwas mehr als eine Handvoll neuer Schriftsteller hinzu – als wichtigster Luis Trenker, der jedoch mit dem Verkaufspotenzial von Ludwig Ganghofer nicht wirklich vergleichbar war. Gleichwohl wurde Trenker neben Ganghofer und Max Brand zum umsatzstärksten belletristischen Autor in den Jahren des Dritten Reichs.

Der Südtiroler Luis Trenker (1892–1990) war Bergsteiger, Schauspieler, Regisseur und Schriftsteller. Als Autor debütierte er 1931 mit *Berge in Flammen. Ein Roman aus den Schicksalstagen Südtirols*. Schon hier hatte er einen Ghostwriter zu Hilfe genommen, wie das auch bei seinen späteren Werken der Fall war. Wie bei Ganghofer steht bei ihm eine ideale Heimat- und Bergwelt der dekadenten Stadt gegenüber. Diese Bücher und mehr noch die Filme brachten Trenker das Wohlwollen Adolf Hitlers und Benito Mussolinis ein. Einige seiner Bücher erschienen im NSDAP-Zentralverlag, Franz Eher. Zwischen 1934 und 1942 verlegte Knaur 16 Bücher von ihm, darunter *Berge im Schnee*, das 1935 und 1939 veröffentlicht wurde. Fünf Titel waren schmale Feldpostausgaben von knapp 80 Seiten, die aus anderen Werken destilliert worden waren. Vier Romane erschienen als Originalausgaben, nämlich *Helden der Berge* (1934), die Kriegserinnerungen aus dem Ersten Weltkrieg *Sperrfort Rocca Alta* (1937) mit dem martialischen Untertitel *Der Heldenkampf eines Panzerwerkes*, *Der Feuerteufel* (1940) und *Sterne über den Gipfeln* (1942). Die übrigen Titel waren Lizenzausgaben von Neufeld & Henius, Berlin; für je einen Roman wurde eine Lizenz von Rowohlt und Ullstein erworben. Zum Verkaufserfolg der Bücher trugen auch die Verfilmungen *Berge in Flammen* (1931), *Der Rebell* (1932) und *Der Feuerteufel* (1940) bei.

Nach dem Zweiten Weltkrieg erschien bei Droemer 1946 noch einmal *Der Feuerteufel*; neue Romane verlegte dann vor allem Bertelsmann. In der Sowjetischen Besatzungszone bzw. der DDR erschienen

Zwischen Opportunismus, Anpassung und Kollaboration 1934–1945

Luis Trenker (1892–1990) war Bergsteiger, Schauspieler, Regisseur und Schriftsteller. Von ihm erschienen vier Romane als Originalausgaben. Unter den zahlreichen Romanen Luis Trenkers war auch die Originalausgabe *Der Feuerteufel*. Eines seiner berühmtesten Werke war *Berge in Flammen*.

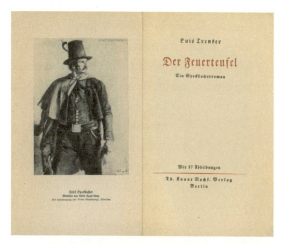

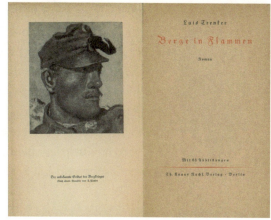

1946, 1948 und 1953 sieben Romane auf Listen der auszusondernden Literatur, darunter vier bei Knaur erschienene Bücher. Die Listen dienten dazu, vor allem aus öffentlichen Bibliotheken ideologisch verdächtige Bestände der Literatur aus der Zeit des Nationalsozialismus auszusondern.

Weitere neue deutschsprachige Autoren in Lizenz waren Julius Wolff und Wilhelm von Polenz. Beide passten sehr gut zu Ganghofer und Trenker. Von Julius Wolff (1834–1910) erschienen als Lizenz des List Verlags 1936 die vier historisch-deutschtümelnden Romane *Der Sülfmeister* (1883), *Der Raubgraf* (1884), *Das schwarze Weib* (1894) und *Der Sachsenspiegel* (1909). Den bekanntesten Roman von Wilhelm von Polenz (1861–1903), *Der Büttnerbauer* (1895), brachte Knaur 1944 als eines der letzten Bücher des Verlags vor Kriegsende heraus. Dieser Hochlandroman, »dem deutschen Nährstande gewidmet«, hatte einen stark antisemitischen Einschlag, denn die Titelfigur kommt in wirtschaftliche Not und verschuldet sich »ausgerechnet« bei einem Juden. Bevor Knaur dieses Machwerk verlegte, war es vorher mehrfach im Dritten Reich in anderen Verlagen erschienen.

Mit *Der Büttnerbauer* von Wilhelm von Polenz verlegte der Knaur Verlag ein Werk mit stark antisemitischem Einschlag, das bereits ein halbes Jahrhundert zuvor erschienen war.

In Originalausgaben brachte Knaur zwei deutsche Autoren auf den Markt, die dem Regime nahestanden. Von Hanns Sassmann (1882–1944) publizierte der Verlag kurz vor dem Tod des Autors dessen letzten Roman *Xanthippe. Die Ehrenrettung einer klassischen Frau* (1944). Der Österreicher Sassmann, der seit 1934 in Berlin lebte, wurde 1938 Mitglied der NSDAP.[37] Deutlich früher bekannte Hans Franck (1879–1964) sich zur NS-Ideologie. Er unterschrieb das *Gelöbnis treuester Gefolgschaft*, das am 26. Oktober 1933 in der *Vossischen Zeitung* veröffentlicht wurde. Es war ein Treuegelöbnis von 88 deutschen Schriftstellern und Schriftstellerinnen gegenüber Adolf Hitler. Darunter waren Gottfried Benn, Rudolf G. Binding, Hermann Kasack und Ina Seidel. Von den Knaur-Autoren

Von Julius Wolff veröffentlichte Knaur 1936 vier seiner historisch-deutschtümelnden Romane.

unterschrieben neben Franck auch Rudolf Herzog, der dort ein Jahr zuvor mit seinem Bestseller *Die Wiskottens* verlegt worden war, ferner die künftigen Knaur-Autoren Hans Friedrich Blunck und Wilhelm von Scholz sowie Johannes von Guenther, der nach dem Krieg von Droemer publiziert wurde. Ein Jahr nach diesem Treuebekenntnis veröffentlichte Franck *Adolf Hitler. Ein Volks- und Jugendbuch*. Bei Knaur erschien 1942 von ihm eine Geschichten- und Anekdotensammlung mit dem sprechenden Titel *Bewährung ist alles*. Auch einige von Francks Büchern standen auf dem Index in der Sowjetischen Besatzungszone, natürlich auch das Buch über Hitler.

Nur ganz wenige ausländische Autoren kamen neu ins Programm, durchweg als Lizenzausgaben. Das waren *Die Dschungelbücher* von Rudyard Kipling (1865–1936), die 1894 und 1895 in London erschienen waren und 1898 erstmals auf Deutsch publiziert wurden. Knaur veröffentlichte sie 1936

Dem nationalsozialistischen Regime nahe stand auch Hanns Sassmann, dessen letzten Roman *Xanthippe* der Knaur Verlag 1944 herausbrachte.

Hans Franck gehörte zu den Autoren, die 1933 das *Gelöbnis treuester Gefolgschaft,* ein Treuegelöbnis von 88 deutschen Schriftstellern und Schriftstellerinnen gegenüber Adolf Hitler, unterzeichnet hatten. Bei Knaur erschien von ihm 1942 *Bewährung ist alles.*

in einer bearbeiteten »Originalübersetzung« mit »Bildschmuck« von Arthur Kampf. Von dem 1907 mit dem Literaturnobelpreis ausgezeichneten Autor brachte Knaur 1938 *Das Licht erlosch* (1891) heraus.

Ebenfalls 1936 veröffentlichte Knaur *Gold. Der abenteuerliche Roman des Generals Johann August Suter,* das Leben jenes Mannes, der in Kalifornien Gold entdeckte. Autor war der Schweizer Blaise Cendrars (1887–1961). Die 1925 auf Französisch in Paris erschienene Romanbiografie wurde noch im selben Jahr in der deutschen Übersetzung von Ivan Goll im Zürcher Arche Verlag publiziert.

Adalbert Droemer hatte auch versucht, den in der Schweiz lebenden Hermann Hesse mit älteren Werken für den Verlag zu gewinnen. Hesse berichtet das in einem Brief vom 21. März 1935 an Thomas Mann, in dem er »um einen kollegia-

Rudyard Kiplings weltberühmte *Dschungelbücher* erschienen 1936 bei Knaur in einer Ausgabe mit Illustrationen von Arthur Kampf.

len Rat« bat: »Es handelt sich um den Verlag Knaur, dessen Leiter Troemer [sic] bei mir war und mir über den Wert und die Ausnutzungsmöglichkeiten, die meine früheren Bücher für ihn hätten, allerlei Flöhe ins Ohr setzte. Ich habe seit 2 Jahren so geringe Einkünfte, dass ich die Sache immerhin ernstlich überlegen muss. […] Wie es scheint, hat Knaur in der Schweiz so viel Absatz, dass er, falls direkte Geldanweisungen unmöglich werden, mich aus diesem Guthaben honorieren könnte; dieser Punkt seiner Anerbietungen gefiel mir besonders.« Thomas Mann antwortete drei Tage später: »Er [Droemer] ist ein etwas wilder, aber phantasievoller und tüchtiger Mann, mit dem ich immer mit vielem Vertrauen zusammenarbeiten würde. […] Zu einer wirklichen geschäftlichen Verbindung zwischen Knaur und mir ist es kaum gekommen. Ich habe ihm einmal für seine Storm-Ausgabe eine Vorrede geschrieben, die er coulant honoriert hat, seine übrigen Pläne mit mir (denn er hatte im Laufe der Zeit mehrere) sind an Fischers Widerstand gescheitert, der sich des betreffenden Planes immer selbst annahm.«[38]

Hermann Hesse ist – wohl aus politischen Gründen – nicht auf das Angebot Adalbert Droemers eingegangen, seine früheren Werke erneut auf den Markt zu bringen.

Hermann Hesse ist nicht auf das Angebot Droemers eingegangen, wohl aus politischen Gründen, denn er war zu dieser Zeit heftigen Angriffen der Nationalsozialisten ausgesetzt. Erst nach dem Zweiten Weltkrieg, im Jahr 1952, hat er für den Verlag eine Eichendorff-Ausgabe ausgewählt und eingeleitet. Seine Erzählung *Peter Camenzind* erschien 1964 als Band 39 der ein Jahr zuvor gestarteten Knaur Taschenbücher.

LUDWIG GANGHOFER IM DRITTEN REICH

Nach dem Erwerb der Ganghofer-Rechte vom Bonz Verlag erschien ziemlich genau die Hälfte der unter Vertrag genommenen Romane und Erzählungsbände noch in der Weimarer Republik, die übrigen Titel zwischen 1934 und 1943. Der Erfolg war ungebrochen, ja steigerte sich noch durch die Verfilmungen von *Schloss Hubertus* (1934), *Der Klosterjäger* (1935), *Das Schweigen im Walde* (1937) und *Der Edelweißkönig* (1939). Von den vier zugrunde liegenden Romanen wurden allein zwischen 1933 und 1945 jeweils um die 300 000 Exemplare verkauft.[39] Damit ist Ganghofer in der Bestsellerliste für diesen Zeitraum zusammen mit K. A. Schenzinger, dem Autor von *Anilin* und des berüchtigten Buchs *Hitlerjunge Quex*, der Schriftsteller mit den meisten Nennungen.[40]

Der eineinhalb Jahrzehnte zuvor verstorbene Autor blieb vermutlich deshalb so erfolgreich, »weil er mit seinen Heimatromanen bestimmte Forderungen der neuen Zeit bediente, ohne aber dem NS-Schrifttum im eigentlichen Sinn zuzugehören. Die Leser konnten etwas in die Hand nehmen, das vermeintlich nach ›Blut und Boden‹ roch, in Wirklichkeit aber vor allem Bilder aus der guten alten Zeit transportierte.«[41]

Mit seinen Romanen passte Ganghofer in die Goebbelssche Linie der Verteidigung der Unterhaltungsliteratur gegen seinen kulturpolitischen Widersacher Alfred Rosenberg und die Parteiamtliche Prüfungskommission zum Schutz des NS-Schrifttums (PPK). Der Reichspropagandaminister forderte »leichtes, fesselndes Schrifttum, das keinen großen seelischen Aufwand erfordert, sondern unaufdringlich vom Alltag hinwegführt«.[42] Ihm war bewusst, dass die Deutschen im Alltag des Weltkriegs keine nationalsozialistische Propagandaliteratur oder Kriegsromane lesen wollten. Sie suchten vielmehr Unterhaltung und Ablenkung: »Meine Betreuungsaktion für die Unterseeboote läuft im großen Stil an. Die Männer von den U-Booten haben das verdient. Vor allem sorge ich dafür, dass sie leicht und entspannende Literatur bekommen. [...] Es gibt unter uns immer noch Ideologen, die glauben, dass der U-Boot-Mann, wenn er verdreckt und verölt aus dem Maschinenraum kommt, am liebsten zum ›Mythus des 20. Jahrhunderts‹ greift. Das ist purer Unsinn.«[43]

So nimmt es nicht wunder, dass von den Bestsellern der Zeit drei Viertel unpolitische Unterhaltungsromane ohne nationalsozialistische Prägung waren, darunter auch viele Bücher aus dem Ausland. Das heute noch bekannteste Beispiel dafür ist Margaret Mitchells *Vom Winde verweht*. Der Roman erschien 1937 bei Goverts, war 1941 bereits in der 16. Auflage und erreichte bis Kriegsende einen Verkauf von über 300 000 Exemplaren. Das korrigiert auch den Eindruck, der teilweise in der Forschung erweckt wird, dass nämlich Literatur zur Zeit des Dritten Reichs entweder NS-Literatur, Literatur der inneren Emigration oder Exilliteratur gewesen sei.

Ausländische Unterhaltungsliteratur bei Knaur zwischen 1933 und 1945 – das waren mit Ausnahme einer Neuauflage von James Oliver Curwoods *Neewa, das Bärenkind* (1937) ausschließlich die Abenteuerromane von Zane Grey und Max Brand, mit deren Publikation der Verlag, wie im vorhergehenden Kapitel dargestellt, bereits nach der Mitte der 1920er-Jahre begonnen hatte.[44] Grey wurde bis 1939, Brand bis 1940 verlegt.

Das entspricht durchaus der allgemeinen Situation, denn populäre Genres wie Krimis, Abenteuer- und Wildwestromane aus den USA verdoppelten ihren Anteil an der Produktion von 29 Prozent in den Jahren 1914 bis 1930 auf 61 Prozent zwischen 1931 und 1938. Der Anteil ausländischer Werke in deutscher Übersetzung belief sich auf vier bis zwölf Prozent der Gesamtproduktion. Dabei erschienen in den Jahren zwischen 1933 und 1944 insgesamt 4315 Titel. Auffallend ist der große Anteil von amerikanischer Belletristik, denn im genannten Zeitraum kamen aus diesem Segment mehr Erstausgaben, Neuausgaben und Nachauflagen als zur Zeit der Weimarer Republik auf den Markt.[45]

Dieser Bestellzettel zeigt die Bedeutung der beiden Autoren Max Brand und Zane Grey. Aufgeführt sind alle Romane, die bis 1937 erschienen waren.

Vermutlich wurden die Werke der Amerikaner Max Brand und Zane Grey bei Knaur lieferbar gehalten, bis nach der Kriegserklärung Hitlers am 11. Dezember 1941 an die USA am 22. Dezember vom Reichsführer-SS ein Verbreitungsverbot für amerikanische Bücher, Zeitungen und Zeitschriften erlassen wurde. Zur Kontrolle des Verbots wurde im folgenden Jahr mit Unterstützung der Deutschen Bücherei in Leipzig das *Verzeichnis englischer und nordamerikanischer Schriftsteller* veröffentlicht, in dem mit Nachträgen 481 Autoren aus den USA aufgeführt sind.[46] Bereits seit Mitte 1935 hatten sich die Verlage Übersetzungen aus dem Ausland durch den Präsidenten der Reichsschrifttumskammer genehmigen lassen müssen.

Insgesamt war trotz aller Behinderungen die Zahl ausländischer und speziell amerikanischer Werke auf dem deutschen Markt mit einem Höhepunkt in den Jahren 1937 und 1938 erstaunlich hoch.[47] Knaur rangierte in der Liste der 20 Verlage, die Übersetzungen publizierten, mit 58 Titeln an Position elf, wobei zu berücksichtigen ist, dass Knaur im Unterschied zu Verlagen, die besser platziert waren, fast ausschließlich Übersetzungen aus dem Englischen publizierte. Spitzenreiter in diesem Ranking waren Langen-Müller mit 397 Titeln, Goldmann (235) und Insel (185).[48]

Im vorher so dominanten Segment der Klassiker, das noch in der Weimarer Republik durch Nachauflagen gepflegt wurde, tat sich nicht mehr viel. Gustav Freytag wurde mit zwei Einzelausgaben von Romanen, *Die verlorene Handschrift* (1935) und *Die Ahnen* (1936), weiter verlegt. Hinzu kam eine zweibändige großformatige Ausgabe der *Sämtlichen Werke* von Fritz Reuter (1936). Da Reuter (gest. 1874) inzwischen gemeinfrei geworden war, lag das Copyright nun bei Knaur.

DAS NON-FICTION-PROGRAMM UNTER DEN NEUEN BEDINGUNGEN

Im relativ schmalen Non-Fiction-Programm standen die überarbeiteten Versionen von *Knaurs Konversations-Lexikon*, des *Gesundheits-Lexikons* und des *Welt-Atlas* sowie Richard Hamanns *Geschichte der Kunst* im Vordergrund. Darauf wird unten ausführlich eingegangen. Neben wenigen neuen Lizenztiteln erschienen Originalausgaben zur Welt-, Literatur- und Kunstgeschichte.

Ein ambitioniertes Projekt war *Knaurs Weltgeschichte*. Nach den autobiografischen Aufzeichnungen von Richard Friedenthal war sie zunächst als internationales Projekt mit einem Gelehrtenstab aus Paris, New York, Leiden und England geplant, darunter auch Johan Huizinga, dessen 1919 veröffentlichtes Buch *Herbst des Mittelalters* heute zu den Hauptwerken der Geschichtsschreibung des 20. Jahrhunderts zählt. Nach der Machtübernahme durch die Nationalsozialisten war ein derartiges internationales Projekt nicht mehr möglich, und es mussten ausschließlich deutsche Mitarbeiter akquiriert werden.

Das voluminöse Buch erschien 1935 unter den Herausgebern Karl Alexander von Müller und Peter Richard Rohden. Der Großoktavband hatte 884 Seiten Text, 520 Abbildungen, sieben farbige Tafeln sowie 52 Kartentafeln und war in Leinen gebunden. Dennoch kostete er mit Schutzumschlag und im Schuber nur 6 Mark 50.

Für die Herausgeberschaft wählte Knaur die Konstellation, die sich schon bei den *Romanen der Welt* erfolgreich bewährt hatte. Als Galionsfigur gewann der Verlag eine prominente Persönlichkeit, die Detailarbeit hingegen wurde von einem Mitherausgeber und im Verlag geleistet. Karl Alexander von Müller (1882–1964) war einer der führenden Historiker des Dritten Reichs. Seit 1928 war er Professor für Bayerische Landesgeschichte und ab 1935 auch Ordinarius für Mittlere und Neuere Geschichte an der Universität München. Er sympathisierte schon früh mit der NSDAP und wurde im Mai 1933 Parteimitglied. Zu seinen Schülern gehörten u.a. Baldur von Schirach, Rudolf Heß und Hermann Göring. Durch Unterstützung von Walter Frank, dem Referenten für Geschichte beim Stellvertreter des Führers und beim Beauftragten des Führers für die gesamte weltanschauliche Erziehung der NSDAP – so der vollständige Titel – wurde er 1935 Herausgeber der bedeutendsten Fachzeitschrift, der *Historischen Zeitschrift,* und damit Nachfolger des liberalen Friedrich Meinecke (1862–1954), der die Zeitschrift seit 1896 geleitet hatte und kompromisslos für die Weimarer Republik eingetreten war. In Franks Reichsinstitut für die Geschichte des Neuen Deutschlands leitete von Müller zumindest nominell die Forschungsabteilung Judenfrage. Er wurde nach Kriegsende von der amerikanischen Militärverwaltung zwangsemeritiert und verlor auch seine außeruniversitären Ämter und Mitgliedschaften. Gleichwohl nahm ihn die Bayerische Akademie der Schönen Künste 1953 als Mitglied auf.

Müllers Mitherausgeber, Peter Richard Rohden (1891–1942), lehrte als Privatdozent Geschichte an der Universität Berlin. Elf Fachhistoriker wurden als Beiträger gewonnen, darunter Johannes Haller,

Für die umfangreiche *Knaurs Weltgeschichte* gewann der Verlag prominente Herausgeber und Mitarbeiter.

Karl Haushofer, Bolko von Richthofen und Wilhelm Weber, die entweder überzeugte Nationalsozialisten waren oder dem Regime sehr nahestanden. Welchen Geist das Werk atmet, wird schon im Vorwort der Herausgeber deutlich, wo die nationalsozialistische Machtergreifung von 1933 ganz im Jargon der Zeit als »große Revolution« benannt und herausgestrichen wird, das Werk füge »zum Raumgesichtspunkt den Rassestandpunkt« hinzu. Besonders herausgearbeitet würden »die schicksalschaffenden Grundlagen unseres Volkes, wie der germanischen Rasse überhaupt«.[49] Im abschließenden »Ausblick« wird »das ungeheure Verdienst Adolf Hitlers« hervorgehoben, die »Schande der Nation« erkannt und »mit aller Energie die Massen des Volkes mit seiner Gedankenwelt erfüllt zu haben«, sodass »die Bewegung [...] von Jahr zu Jahr revolutionärer werden« musste, »um schließlich der übrigen politischen Welt vor Augen zu führen, dass nur allein noch der Führer Adolf Hitler die Möglichkeit und die Macht hatte, als verantwortlicher Leiter der Reichspolitik, die Nation vor dem Bürgerkrieg und dem Kommunismus zu retten«.[50]

Schriften von Müller und Rohden, aber auch von Haushofer und Weber wurden 1946 in der Sowjetischen Besatzungszone auf die *Liste der auszusondernden Literatur* gesetzt.[51] In der Droemer-Knaur-Festschrift von 1951 feierte Karl Rosner das Werk als »Großtat verlegerischen Schaffens«. Seine nachfolgende Aussage erscheint reichlich merkwürdig: »Die politische Entwicklung verhinderte bisher eine Neuauflage bzw. eine vollständige Neugestaltung dieses Werks.«[52] Während der Zeit des Nationalsozialismus erlebte *Knaurs Weltgeschichte* keine weitere Auflage.

*

Im Jahr 1941 veröffentlichte Knaur die *Geschichte der deutschen Literatur. Von den Anfängen bis zur Gegenwart* von Paul Fechter. Dieses Werk war mit 815 Seiten im Großoktavformat ähnlich umfangreich wie die *Weltgeschichte* und mit 500 Abbildungen im Text und acht farbigen Tafeln ebenfalls reich illustriert. Paul Fechter (1880–1958) war während der Weimarer Republik und des Dritten

Reichs Redakteur und Herausgeber von Tageszeitungen und Zeitschriften, darunter der *Vossischen Zeitung,* der *Deutschen Allgemeinen Zeitung,* des *Berliner Tageblatts* und der *Deutschen Rundschau.*

1932 hatte Fechter bei der Deutschen Buch-Gemeinschaft seine Literaturgeschichte *Dichtung der Deutschen* vorgelegt, die weitgehend textidentisch mit der Knaur-Ausgabe neun Jahre später ist – ergänzt um das Kapitel *Das Zeitalter der Gemeinsamkeit.* In der neuen Ausgabe zollt Fechter der neuen Zeit Tribut. Zwar hatte er bereits 1932 recht völkisch geschrieben: »Allein vom Volkhaften her kann der geistige Raum der ganzen Nation entstehen.«[53] Doch nun wird er in den Abschnitten *Die große Wendung* und *Die neue Zeit* deutlicher: »Das Reich entsteht nicht nur als politische, sondern als seelische Wirklichkeit, die unter der Induktion eines Mannes, dem die Natur ein ganz besonders starkes Gefühl für die Realität eben dieser überpersönlichen Seele der Gemeinschaft gegeben hat, nun mit ihren ungeheuren Wirkungsmöglichkeiten in die politische Geschichte, in die Weltgeschichte eintritt.«[54]

Hitler wird jedoch nicht nur als Politiker, sondern ausführlich als Schriftsteller gewürdigt. Sein »großes Bekenntnisbuch« *Mein Kampf* ist für Fechter das Buch, »das alle die verschiedenartigen Strebungen und Tendenzen der großen nationalsozialistischen Bewegung in sich zusammenfasst, das den Übergang zu der neuen Form des Sprechens zum Leser am schärfsten vollzieht und damit die Grundlagen der Literatur schafft, die zur Gesamtseele, nicht mehr zum Einzelnen reden will. [...] Es ist, als ob ein Mann nicht mehr allein sich selber Ausdruck gibt, sondern dem gesamten Willen des Volkes, der Gesamtseele der Nation, als ob er nicht mit einer Stimme, sondern aus seiner Seele mit den Stimmen von all den Tausenden redet, die er zugleich in sich fühlt.«[55]

Auch Fechters Literaturgeschichte setzten die sowjetischen Militärbehörden auf die *Liste der auszusondernden Literatur.*[56] In Westdeutschland brachte Bertelsmann 1952 eine um solche Passagen wie die oben zitierten gereinigte Fassung heraus, von der zwei Jahre später bereits 37 000 Exemplare aufgelegt waren.

Vom Autor der erfolgreichen *Geschichte der Kunst,* Richard Hamann, veröffentlichte Knaur als eines der fünf 1944 noch erschienenen Bücher *Ägyptische Kunst. Wesen und Geschichte.* Das Inhaltsverzeichnis verspricht ein Vorwort, das aus heutiger Sicht sehr interessant sein könnte, doch ist es im Buch nicht enthalten.

Die älteste Tochter von Queen Victoria, Victoria von Großbritannien und Irland (1840–1901), nannte sich nach dem Tod ihres Mannes, des 99-Tage-Kaisers Friedrich III., »Kaiserin Friedrich«. Aus ihrem umfangreichen Briefnachlass kompilierte der Engländer Frederick Ponsonby den Band *Briefe der Kaiserin Friedrich,* der 1929 im Verlag für Kulturpolitik und 1936 als Lizenz bei Knaur erschien. Eine weitere Kompilation ist *Das römische Weltreich* von Theodor Birt (1852–1933), in der zwei alte Einzelpublikationen des Altphilologen zusammengefasst wurden. *Römische Charakterköpfe* (1913) und *Charakterbilder Spätroms* (1919) waren bei Quelle & Meyer in Leipzig erschienen; Knaur publizierte den Band 1941.

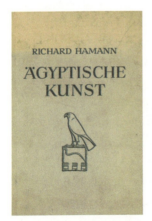

Nach dem erfolgreichen Werk *Geschichte der Kunst* brachte der Knaur Verlag *Ägyptische Kunst* von Richard Hamann heraus, eines der letzten Bücher, das der Verlag vor Kriegsende publizierte.

Verglichen mit den *Briefen der Kaiserin Friedrich* und den alten Texten von Theodor Birt war Eve Curies Biografie ihrer Mutter, der 1934 verstorbenen Physikerin Marie Curie, das verlegerisch weitaus bedeutendere Projekt. Doch es führte zu einer hässlichen Auseinandersetzung mit Gottfried Bermann Fischer, die dieser in seinen Erinnerungen *Bedroht – Bewahrt* ausführlich dokumentiert hat. Der Schwiegersohn des Verlagsgründers Samuel Fischer, der nach dessen Tod im Jahr 1934 die alleinige Verlagsführung übernommen hatte, übersiedelte unter politischem Druck den Verlag Ende 1935 nach Wien. Er übernahm dabei vom in Deutschland verbliebenen Teil des Fischer Verlags unter Leitung von Peter Suhrkamp die Rechte der bei den Nationalsozialisten unerwünschten Autoren wie Alfred Döblin, Hugo von Hofmannsthal, Alfred Kerr, Thomas Mann und Carl Zuckmayer sowie die Lagerbestände der Werke dieser Autoren. Anfang 1936 nahm die Bermann Fischer Verlagsgesellschaft ihre Geschäftstätigkeit auf. Nach der Annexion Österreichs durch Hitlerdeutschland im März 1938 flüchtete Bermann Fischer nach Stockholm, wo er den Bermann Fischer Verlag gründete.

Madame Curie von Eve Curie erschien im Herbst 1937 im renommierten Pariser Verlag Gallimard und fast zeitgleich in der Übersetzung von Maria Giustiniani bei Bermann Fischer in Wien. Noch im selben Jahr erreichte das Buch die 16. Auflage, 1938 die 23.–32. Auflage. Die rechtliche Unsicherheit, inwieweit der Stockholmer Verlag Rechtsnachfolger des Wiener Verlags war, nutzte Adalbert Droemer zu einem Vorstoß, die deutschsprachigen Rechte für Deutschland und Österreich an sich zu bringen.[57]

Über diese Rechte hatte Bermann Fischer im August 1936 mit Eve Curie einen Vertrag geschlossen. Nach der Flucht des Verlegers aus Wien habe Knaur die deutschen Verlagsrechte vom kommissarischen Leiter des Wiener Verlags erworben – so der Berliner Justizrat Dr. Rosenberger in einem Telefongespräch, das er im Auftrag von Adalbert Droemer am 5. November 1938 mit Bermann Fischer führte.

Aus einem Anwaltsschreiben vom 7. Dezember 1938 geht hervor, dass Knaur am 22. Oktober des Jahres durch eine Vereinbarung zwi-

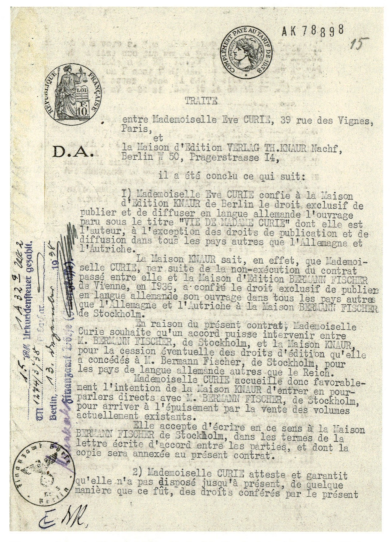

Die erste Seite des Verlagsvertrags zwischen Eve Curie und dem Knaur Verlag vom 28. Oktober 1938. Der in französischer Sprache abgefasste Vertrag mit Eve Curie über das Leben ihrer Mutter, der 1934 verstorbenen weltberühmten Physikerin Marie Curie, ist mit dem »Überwachungsvermerk« des Finanzamts Börse in Berlin versehen; Knaur hatte die übliche Urkundensteuer zu entrichten. Zahlungen an Curie wurden 1938 und 1939 geleistet, danach »auf Grund des Kriegs« nicht mehr.

schen dem Bermann Fischer Verlag in Wien und dem Knaur Verlag »diese Rechte an dem Werk über Madame Curie einschließlich des Rechts an der deutschen Übersetzung von Maria Giustiniani käuflich erworben« habe und »damit Rechtsnachfolger des Wiener Verlags geworden« sei. Das bestätigt auch der Verlagsvertrag zwischen Eve Curie und Droemer vom 28. Oktober 1938.[58] Der Vertrag ist wie nur wenige Dokumente der Zeit im Verlagsarchiv erhalten geblieben.

Gottfried Bermann Fischer (1897–1997) hatte nach dem Tod seines Schwiegervaters Samuel Fischer im Jahr 1934 die Leitung des S. Fischer Verlags übernommen.

Über das genannte Telefongespräch berichtet Bermann Fischer, Droemer habe »erfahren, dass ich angeblich über die Auslandsrechte verfüge und lasse mir mitteilen, dass das Propagandaministerium Schritte gegen Frau S. Fischer unternehmen würde [die in Berlin lebte], wenn ich diese Rechte nicht unverzüglich auf ihn übertrüge«. Bermann Fischer fasste Droemers Vorgehen als »Bluff« und »späte Rache für meine Ablehnung seines *Buddenbrook*-Planes im Jahre 1929« auf. Es folgte ein Briefwechsel zwischen den beiderseitigen Anwälten vom 7. Dezember und 19. Dezember 1938, den Bermann Fischer vollständig wiedergibt und den er abschließend kommentiert: »Von Herrn Droemer ward danach nichts mehr gehört.«[59]

Tatsache ist, dass gemäß der Erfassung der Ausgaben durch die Deutsche Nationalbibliothek Bermann Fischer nach der 23.–32. Auflage 1938 im Wiener Verlag in Stockholm mehrere Auflagen herausbrachte.[60] 1945 erschien die 51.–54. Auflage der deutschsprachigen Originalausgabe, die als 19.–22. Auflage der Stockholmer Ausgabe bezeichnet wurde. Knaur schloss sich entsprechend seiner Rechtsauffassung an die Auflagenzählung des Wiener Verlags an und brachte 1938 das 33. bis 65. Tausend heraus, zunächst in der Übersetzung von Maria Giustiniani. 1940 druckte Knaur das 66. bis 115. Tausend, nun in der Übersetzung von Franz Eckstein. Offenkundig sprach also

Eve Curies Buch *Madame Curie* über ihre Mutter. Links die Knaur-Ausgabe von 1940, das 66. bis 115. Tausend. Nach dem Krieg erschienen auf Dünndruckpapier und im papiersparenden engen Satz das 115. bis 125. Tausend (unten).

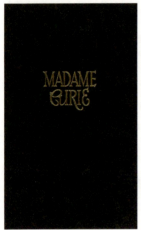
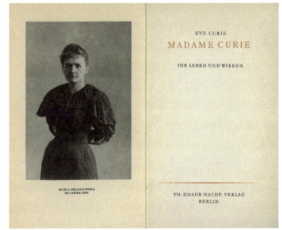

die rechtliche Lage nicht so eindeutig für Knaur, wie der Verlag das gegenüber Bermann Fischer behauptet hatte.

Nach dem Krieg erschien 1946 in der gerade lizenzierten Droemerschen Verlagsanstalt das 115. bis 125. Tausend. Am 25. Juli 1949 bestätigte Willy Droemer den Rechterückfall an den Suhrkamp Verlag.[61] Bermann Fischer veröffentlichte 1947 noch die 55. bis 59. Auflage; danach erschien das Buch im Fischer Verlag in Frankfurt. Dort ist es noch immer als Taschenbuch lieferbar.

NEU IM PROGRAMM: ILLUSTRIERTE BÜCHER

Wirkliche Innovationen im Programm waren illustrierte Märchenbücher und Anthologien. Der Verlag gewann mit Ruth Koser-Michaëls (1896–1968) Mitte der 1930er-Jahre eine Illustratorin, mit der er bis 1960 zusammenarbeitete.[62] Das erste Ergebnis waren im Jahr 1937 die *Märchen* der Brüder Grimm. Danach folgte in fast jedem Jahr ein Buch mit den Illustrationen der Künstlerin, 1938 die *Märchen* von Hans Christian Andersen, 1939 die von Wilhelm Hauff, 1940 *Märchen und Sagen* von Ludwig Bechstein. Die Auswahl dieser Titel besorgte der Bibliothekar und passionierte Kinderbuchsammler Karl Hobrecker. 1942 erschien eine von Hans Friedrich Blunck zusammengestellte Auswahl von *Märchen*, 1943 der von Wilhelm von Scholz bearbeitete *Till Eulenspiegel* sowie dessen Nacherzählung von *Münchhausen* und 1944 die von Karl Lerbs zusammengestellte Anthologie *Die deutsche Anekdote*.

In der Regel hatten die Bücher einen Umfang von 430 Seiten und enthielten zunächst 100, später 80 Illustrationen von Koser-Michaëls. Die Großoktavbände kosteten in der Leinenausgabe den Knaurschen Einheitspreis von 2 Mark 85, in Halbleder 3 Mark 75 und in Leder gebunden 4 Mark 80. Möglich waren derart niedrige Preise durch enorme Druckauflagen. So wird bei den *Grimmschen Märchen* von einer Startauflage von 100 000 Exemplaren berichtet.[63] Die von Koser-Michaëls illustrierten Bücher wurden von Droemer mehr oder weniger ständig lieferbar gehalten. Zuletzt erschienen Grimms *Märchen,* Hauffs *Märchen* und *Märchen aus 1001 Nacht* im Jahr 2012 als Sonderausgabe.

Die Auswahl der Herausgeber beruhte weniger auf Kompetenz, sondern erfolgte auch hier eher nach dem Prominenzprinzip. Zwar hatte Blunck schon in den 1920er-Jahren drei Bände *Märchen von der Niederelbe* herausgegeben, und Hobrecker konnte aufgrund seiner riesigen Sammlung von Kinderbüchern als Fachmann gelten, doch waren sicher letzten Endes Funktionen und Positionen der Herausgeber entscheidend.

Hans Friedrich Blunck (1888–1961), der nordisch-völkisch orientierte Jurist, Autor zahlreicher belletristischer Werke und Herausgeber von Märchen- und Sagensammlungen, führte während der Zeit

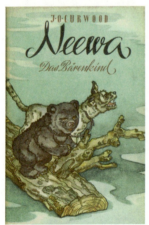

Mit der Illustratorin Ruth Koser-Michaëls (1896–1968) verband der Verlag eine enge Zusammenarbeit. Sie bebilderte zahlreiche Werke mit ihren Aquarellen, darunter auch das erste Buch, *Märchen der Brüder Grimm*. Nach dem Krieg erschienen Jugendbücher, die sie zusammen mit ihrem Mann Martin Koser-Michaëls illustrierte.

der Weimarer Republik ein »großes Haus«. Auch Thomas Mann und John Galsworthy verkehrten dort. Er hat es immer verstanden, sich mit bedeutenden Namen zu umgeben und um ihr Wohlwollen zu heischen: »Er lief hinter allem Schreibervolk her, hinter jedem, der etwa einmal eine Besprechung über eines seiner vielen Bücher schreiben konnte, ohne Ausnahme, auch hinter Sozialisten und Juden.«

Dieser »wirklich sehr anpassungsfähige Charakter«[64] gehörte zu den Unterzeichnern des *Gelöbnisses treuester Gefolgschaft* von 1933, wurde bald nach der Machtübernahme Hitlers zum zweiten Vorsitzenden der Sektion für Dichtung der Preußischen Akademie der Künste gewählt und wenig später zum ersten Präsidenten der Reichsschrifttumskammer ernannt, ein Amt, das er bis 1935 innehatte. Er wurde mit Ehrungen überhäuft und war u.a. Reichskultursenator und Präsident des Deutschen Auslandswerks. 1937 trat er der NSDAP bei. Er forderte öffentlich von Autoren, dem nationalsozialistischen Staat zu dienen.

In der Endphase des Zweiten Weltkriegs nahm Hitler den »Erfüllungsgehilfen der NS-Kulturpolitik«[65] in die sogenannte Gottbegnadetenliste, auch »Führerliste« genannt, auf, in der 1041 Künstler aufgeführt waren, die dem nationalsozialistischen Regime wichtig waren. Er gehörte zu den Spitzenverdienern unter den Autoren des NS-Staates. 1942 gab Blunck gegenüber der Reichsschrifttumskammer ein Jahreseinkommen von 150 000 Mark an.[66] Mit seinem Roman *König Geiserich* rangierte er unter den 40 Bestsellerautoren mit Rang 26 und mehr als 320 000 verkauften Exemplaren noch vor Ludwig Ganghofer.

Von Blunck war bei Knaur vor der Märchensammlung 1938 die Anthologie *Deutsche Heldensagen* erschienen, illustriert von Arthur Kampf. Viele seiner Schriften indizierten die Sowjets nach dem Krieg.[67] In mehreren Fällen hat Adalbert Droemer Blunck um Rat und Vermittlung gebeten, der im Gegenzug darauf drängte, dass der Verleger »in der Auswahl seiner Bücher eine besondere politische Rücksichtnahme« auf ihn walten lasse,[68] was dieser offenkundig tat: »Kurz, die Art, wie er […] auf meine Anregungen eingegangen ist und bei der Auswahl seiner Bücher auf mich Rücksicht nahm, ist sehr erfreulich.«[69]

Karl Hobrecker (1876–1949) leitete verschiedene öffentliche Bibliotheken und begann früh mit seiner Sammlung von Kinder- und Jugendbüchern, die 1933 rund 12 000 Bände umfasste und in diesem Jahr in die neu gegründete Reichsjugendbücherei in Frankfurt überführt wurde. Zugleich wurde Hobrecker zu deren Kustos ernannt.

Auch Wilhelm von Scholz (1874–1969) gehörte zu den Unterzeichnern des *Gelöbnisses treuester Gefolgschaft* und stand auf der »Gottbegnadetenliste«. Schon im März 1933 unterschrieb er eine Loyalitätserklärung der Deutschen Akademie der Dichtung, der umbenannten Sektion Dichtung der Preußischen Akademie der Künste, deren Präsident er von 1926 bis 1928 gewesen war. Zu Hitlers fünfzigstem Geburtstag im Jahr 1939 und 1944 verfasste Scholz Huldigungsgedichte auf den »Führer«. Neben *Till Eulenspiegel* und *Münchhausen* erschienen von ihm 1941 *Das deutsche Gedicht. Ein Jahrtausend deutscher Lyrik*, ein Band von 640 Seiten, und ein Jahr danach der ebenso umfangreiche Titel *Die Ballade. Menschen und Mächte, Schicksale und Taten*. Beide Bücher waren nicht illustriert. Auch Scholz erschien 1946 auf der Liste der auszusondernden Literatur in der Sowjetischen Besatzungszone.

ZWISCHEN BUSINESS AS USUAL UND ANPASSUNG

Wenn in einem Verlagsprogramm von rund 130 Titeln fast 60 Prozent von vier Autoren bestritten wurden, die nicht im Verdacht stehen konnten bzw. standen, aktive Nationalsozialisten zu sein, weil einer davon bereits tot, zwei weitere Ausländer und der vierte, Luis Trenker, ein Anpassungsvirtuose war, so kann man mit Fug und Recht von *business as usual* – nicht zuletzt bei den Klassikerausgaben – sprechen. Zudem hat Knaur keine dezidierten Naziautoren wie etwa Edwin Erich Dwinger, Gustav Frenssen, Erwin Guido Kolbenheyer, Agnes Miegel oder Will Vesper verlegt. Und nur wenige Knaur-Autoren wie Hans Friedrich Blunck, Hans Franck und Wilhelm von Scholz wurden als »volkshafte Dichtung« kanonisiert.[70] Ferner wurden gegen Knaur keine expliziten Bücherverbote ausgesprochen wie bei zahlreichen anderen Verlagen und Autoren.

Auf welche politischen Rücksichtnahmen und Einflussnahmen ein Verlag wie Knaur zu achten hatte, zeigt die Veröffentlichung von *Das Buch von San Michele* des schwedischen Arztes und Schriftstellers Axel Munthe (1857–1949). 1931 legte List die deutsche Übersetzung vor, die auf der 26. Auflage (!) des nur zwei Jahre zuvor auf Englisch erschienenen Buchs beruhte (auf Schwedisch erst 1930). Die Mischung aus exklusivem Bericht aus aristokratischen Kreisen, exotischen Reiseschilderungen, Andeutungen erotischer Abenteuer und philosophierenden Bemerkungen zur menschlichen Existenz machte das Buch zu einem Welterfolg. Es erschien 1937 bei Knaur.

List war bereit, die Lizenz für eine preiswerte Volksausgabe zu vergeben. Droemer wandte sich Rat suchend an Hans Friedrich Blunck, der in einem Schreiben an einen Herrn Schirmer im Reichsministerium für Volksaufklärung und Propaganda darüber berichtete. Droemer »habe gehört, dass Munthe zwar nur literarisches Mittelgut sei, dass ferner früher politische Bedenken vorgelegen hätten,

> Der Herr Generaloberst sei deshalb der Ansicht, daß es nicht
> nötig sei, den Fall der Kriegspropaganda jetzt noch zu verfolgen
> und daß es besser sei, die Wirkung der von Munthe zugesagten werben=
> den Arbeit abzuwarten. In diesem Sinne sei es auch wünschenswert,
> wenn der Verbreitung von Munthes Arbeit "Das Buch von San Michele"
> in Deutschland kein weiterer Widerstand entgegengesetzt würde.

> 159 -3-
>
> Verunglimpfungen ein.
>   Die Haltung des Verlags Knaur, das muß ich in diesem Fall
> besonders betonen, war durchaus korrekt. Er hat sich erst zur
> Veröffentlichung des Buches entschlossen, nachdem der Verlag List
> ihm vermeintliche Beweise gebracht hatte, daß die Veröffentlichung
> des "Buches von San Michele" vom Herrn Generaloberst Göring
> gewünscht werde. Auch dann hat er zunächst noch mit mir in dem
> geschilderten Sinn Fühlung genommen.
>   Heil Hitler !

Auszüge aus dem Brief von Hans Friedrich Blunck vom 1. August 1937 an das Reichsministerium für Volksaufklärung und Propaganda.

dass Munthe aber jetzt persönlich mit führenden Staatsmännern des Dritten Reichs in enger Beziehung stünde«. So habe der List Verlag erklärt, »dass der Herr Generaloberst Göring die Veröffentlichung wünsche«.[71] Daraufhin hielt Blunck Rücksprache mit einem Vertrauten Görings und erhielt die Nachricht, es sei »wünschenswert, wenn der Verbreitung von Munthes Arbeit *Das Buch von San Michele* in Deutschland kein weiterer Widerstand entgegengesetzt würde«. Blunck schließt den Brief mit einer Bewertung des »korrekten« Verhaltens des Verlags: »Er hat sich erst zur Veröffentlichung des Buches entschlossen, nachdem der Verlag List ihm vermeintliche Beweise gebracht hatte, dass die Veröffentlichung des *Buches von San Michele* vom Herrn Generaloberst Göring gewünscht werde. Auch dann hat er zunächst noch mit mir in dem geschilderten Sinn Fühlung genommen.«[72]

*

Zum alltäglichen Verlagsgeschäft gehörten ab 1942 die Feldpostausgaben. Schon kurz nach Kriegsbeginn begannen die Überlegungen, wie die Soldaten an der Front mit Lektüre versorgt werden könnten. Zunächst wurden ausschließlich Normalausgaben aus der laufenden Produktion an die Front geschickt. Vor allem durch die Aktion »Bücherspende der NSDAP für die Deutsche Wehrmacht«, zu der Alfred Rosenberg aufrief, wurden in mehreren Sammlungen insgesamt mehr als 43 Millionen Bücher an die kämpfende Truppe und an Soldaten in Lazaretten, Krankenhäusern und Sammellagern verteilt. Doch nicht immer hatte die Literatur die erwünschte Qualität, und so beschwerte sich bereits 1942 das Oberkommando der Wehrmacht bei der NSDAP über den »oft beschämend dürftigen Inhalt der gespendeten Bücher«.[73]

Noch im Jahr des Kriegsbeginns starteten Verlage wie Eher, der Zentralverlag der NSDAP, Böhlau, Kohlhammer, Reclam und Bertelsmann mit der Herstellung spezieller Feldausgaben. Nicht zuletzt aus Gründen der Papierrationierung und -zuteilung, aber auch um die Buchproduktion besser kontrollieren zu können, wurde im Sommer 1942 die Sonderaktion Feldpost gestartet.

Als Erstes erhielten die Verlage am 29. Juni die Aufforderung, geeignete Titel und Reihen an das Reichsministerium für Volksaufklärung und Propaganda zu melden. Am 28. August erfolgten dann die genaueren Durchführungsbestimmungen: »Die Sonderausgaben müssen auf der Decke wie auf dem Titelblatt ausnahmslos in sichtbarer Form den Aufdruck ›Feldpostausgabe‹ aufweisen. [...] Die Auswahl der in Frage kommenden Titel dieser Reihen erfolgt durch das Reichsministerium für Volksaufklärung und Propaganda. [...] Die höchste Auflage eines Titels [soll] 20000 Exemplare betragen. [...] Die einzelnen Hefte müssen unter allen Umständen unter der 100-Gramm-Gewichtsgrenze liegen.«[74]

Eine Übersicht nennt 71 Verlage, die sich an der Aktion 1942 und an den Aktionen in den beiden Folgejahren beteiligt haben.[75] Insgesamt wurden etwa 30 bis 35 Millionen dieser broschierten Feldpostausgaben hergestellt. Allein Bertelsmann hat davon rund 14 Millionen

Eine hausinterne Aufstellung der Feldpostausgaben.

produziert und ausgeliefert,[76] was zu einer exorbitanten Gewinnsteigerung des Verlags führte.[77]

Knaur gehörte, was die Feldpostausgaben angeht, nicht zu den großen Playern. In der genannten Übersicht werden drei Ganghofer- und zwei Trenker-Feldpostausgaben genannt.[78] Laut Deutscher Nationalbibliothek sind es deutlich mehr. Danach wurden in den Jahren 1942 und 1943 fünfundzwanzig Titel mit einem Umfang von maximal 77 Seiten zu einem Preis von 95 Pfennig produziert. Darunter waren 15 Titel von Ludwig Ganghofer (darunter wiederum drei Nachauflagen) und fünf von Luis Trenker. Dazu kamen vier Anthologien (Anekdoten und deutsche Gedichte) sowie zwei Auszüge aus Romanen von Theodor Fontane. Da jedoch die bibliografische Verzeich-

 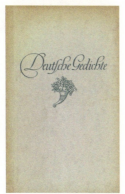 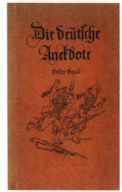

Auf dem Titelblatt war jeweils vermerkt, dass es sich um eine Feldpostausgabe handelte.

nung der Feldpostausgaben lückenhaft ist, kann die Zahl auch höher gewesen sein.

Wie vom Propagandaministerium vorgeschrieben, war die Ausstattung ohne jeden Aufwand: einfache Broschuren, billiges Papier (daher die heutige starke Bräunung), einfarbiger Aufdruck mit Autor, Titel und in manchen Fällen einer schlichten Strichzeichnung. Ein Text auf der Rückseite fehlte. Der Preis scheint günstig, doch wenn man bedenkt, dass Romane von mehreren Hundert Seiten Umfang bei Knaur 2 Mark 85 kosteten, so ist leicht nachzuvollziehen, dass diese Feldpostausgaben zum Preis von 95 Pfennig – wie auch das Beispiel Bertelsmann zeigt – hohe Deckungsbeiträge abwarfen. Dazu trugen auch die vereinfachten Vertriebswege bei: »Welcher Verleger wünscht sich nicht, statt des mühsamen Geschäfts mit einer unüberschaubaren Vielzahl von Einzelkunden, den Verkauf von Großauflagen an einige, wenige Abnehmer bzw. an einen Kundenkreis mit klar definierten Interessen?«[79]

Insgesamt haben weit mehr als hundert deutsche Verlage gute Geschäfte mit der Wehrmacht gemacht. Zehn Verlage verkauften dabei über eine Million Exemplare, allen voran Bertelsmann mit 20,4 Millionen und der Zentralverlag der NSDAP, Franz Eher, mit 14 Millionen Exemplaren. In diesen Zahlen sind neben den Feldpostausgaben auch Frontbuchhandelsausgaben für die Wehrmacht sowie Sonderausgaben für das Oberkommando der Wehrmacht enthalten. Knaur taucht auf der Liste der ersten zehn Verlage nicht auf.[80]

ANPASSUNGSLEISTUNGEN

Über das *business as usual* hinaus verstand es der Verlag, Funktionsträger und prominente Autoren, die dem Regime nahestanden, an sich zu binden. Das geschah bei Hans Friedrich Blunck und Wilhelm von Scholz über das Medium der Anthologie, bei *Knaurs Weltgeschichte* über die Herausgeberschaft. Damit hatte man den prominenten Namen im Programm, ohne dass man mit den Inhalten der anderen Schriften dieser Autoren identifiziert werden konnte. Insgesamt war es ein Programm, mit dem man politisch nicht aneckte, das jedoch auch genügend Nähe zum Regime signalisierte.

In einem System, das durch eine Vielzahl von Institutionen, Organisationen und die Gleichschaltung von Verbänden das kulturelle Leben und damit auch die Buchbranche unter Kontrolle zu bekommen suchte, waren Anpassungsleistungen vonseiten eines Verlags unumgänglich. Das geschah auf verschiedene Weise und in verschiedener Intensität.

Bei der Lizenzübernahme der 1936 von Knaur veröffentlichten Romanbiografie *Gold. Der abenteuerliche Roman des Generals Johann August Suter* vom Schweizer Blaise Cendrars (1887–1961) wurde die Übersetzung des Juden Ivan Goll durch die von Franz Eckstein ersetzt, dem Übersetzer der Abenteuerromane von Zane Grey und Max Brand.

Ähnlich geräuschlos verschwand das Vorwort von Arnold Zweig zu Oscar Wildes *Werken* in zwei Bänden und wurde in der Neuausgabe aus dem Jahr 1937 durch eine Einleitung von Wolfgang Goetz (1885–1955) ersetzt. Goetz war als Bühnenschriftsteller erfolgreich, u.a. mit dem Schauspiel *Kampf ums Reich* aus dem Jahr 1940.

Entsprechend verfuhr der Verlag mit Thomas Manns Einleitung zu der 1930 erschienenen Ausgabe von Theodor Storms *Sämtlichen Werken* in zwei Bänden. Sie wurde um 1937 seitengenau durch einen Text des Literaturhistorikers Paul Fechter ersetzt, von dem Knaur 1941 die *Geschichte der deutschen Literatur* veröffentlichte. Das

Thomas Manns Einleitung zu der 1930 erschienenen Ausgabe von Theodor Storms *Sämtlichen Werken* in zwei Bänden wurde um 1937 seitengenau durch einen Text des Literaturhistorikers Paul Fechter ersetzt.

heißt, der Umbruch des ersten Bands musste nicht verändert werden. Manns Werke standen nach der Ausbürgerung im Dezember 1936 auf dem Index und waren danach in den Barsortimentskatalogen nicht mehr enthalten.

Massiver war der Eingriff bei Lion Feuchtwangers Roman *Jud Süß,* den Knaur, wie bereits erwähnt, 1931 verlegt hatte. Er wurde aus dem Programm genommen. Am 10. Mai 1933 wurden dann Feuchtwangers Werke zusammen mit den Büchern von Heinrich Mann, Erich Maria Remarque, Kurt Tucholsky und Arnold Zweig und vielen anderen verbrannt.

Unter besonderer Beobachtung der nationalsozialistischen Behörden standen Lexika und Nachschlagewerke. Zur Begutachtung und Überwachung der Schriften, die sich mit historischen Darstellungen der NSDAP und ihrer Untergliederungen sowie den Biografien führender NS-Persönlichkeiten befassten, wurde am 16. April 1934 die Parteiamtliche Prüfungskommission zum Schutze des nationalsozialistischen Schrifttums (PPK) installiert: »Die NSDAP hat als Trägerin der politischen Macht und als Verkörperung des nationalen Lebens- und Behauptungswillen der Nation von ihrem souveränen Recht Gebrauch gemacht und bestimmt, dass über sie, über ihre Bestrebungen, über ihre Zielsetzungen und über ihre führenden Männer nur *das* unter Berufung auf den Nationalsozialismus geschrieben werden darf, was sie selbst als richtig anerkennt.«[81]

Nach und nach weitete die PPK unter ihrem Leiter Philipp Bouhler ihre Kompetenzen aus, was vor allem dadurch gelang, dass Bouhler im November 1934 zusätzlich zum Chef der Kanzlei des Führers aufstieg und damit Hitler persönlich unterstand. Lexikonverlage wurden generell der PPK unterstellt, ihre Veröffentlichungen einer genauen Kontrolle und Vorzensur unterworfen. So erschien zum Beispiel im Fall der achten Auflage des zwölfbändigen *Meyers Lexikon* der zuständige Prüfer einmal wöchentlich im Verlag, um Manuskripte und Druckfahnen einzusehen. Alle politisch relevanten Artikel schrieben die PPK-Mitarbeiter gleich selbst.[82] Das Ergebnis war ein ziemlich braun durchseuchtes Lexikon.

Natürlich waren diese Eingriffe, hochgerechnet auf den Gesamtumfang der Lexika, umfangs- und zahlenmäßig geringfügig, weil viele der Einträge unpolitischen Sachverhalten aus den Bereichen Astronomie, Biologie, Geografie, Medizin oder Technik galten, doch dort, wo es um »prüfungspflichtige Themen« ging, schaute die Parteiamtliche Prüfungskommission umso genauer hin.[83] Präventivzensur konnte die PPK aber nicht nur durch direkte Einflussnahme ausüben, sondern sie bestimmte auch in dem vom Reichspropagandaministerium 1941 eingesetzten Ausschuss zur Vergabe von Papierkontingenten über alle Publikationsprojekte von Verlagen mit.

Für den Knaur Verlag gab es zwei offene Eingriffe in das Programm, nämlich bei *Knaurs Konversations-Lexikon* und bei *Knaurs Gesundheits-Lexikon*.

»Knaurs Konversations-Lexikon«

Die Ausgabe von *Knaurs Konversations-Lexikon* aus dem Jahr 1932 war mit einem Vorwort des Herausgebers Richard Friedenthal erschienen; es waren dort 18 Mitwirkende namentlich genannt sowie weitere 50 fachwissenschaftliche Mitarbeiter erwähnt. In der ersten Ausgabe nach der Machtübernahme durch die Nationalsozialisten entfiel dieses Vorwort. Ein Herausgeber wurde nicht mehr genannt, obwohl Friedenthal seine Arbeit im Verlag wenigstens bis 1937 fortsetzen konnte. Während der Zeit des Nationalsozialismus erschienen bei geringer Erhöhung der Seitenzahl drei inhaltlich überarbeitete Auflagen, nämlich 1934, 1936 und 1939. Die zuletzt genannte Auflage war von Paul Zöckler bearbeitet worden.

Wie die Kontrolle bei den Neuauflagen von *Knaurs Konversations-Lexikon*, das ab 1939 in *Knaurs Lexikon A–Z* umgetitelt wurde, vonstattenging, wissen wir nicht im Detail, denn die Zensurakten der Parteiamtlichen Prüfungskommission wurden 1944 bei einem Bombenangriff vernichtet. Friedenthal hat in seinem Beitrag *Das nützlichste Buch in deutscher Sprache* zur Festschrift von 1961 darüber anekdotenhaft berichtet. Er bezieht sich wohl auf die Parteiamtliche Prüfungskommission, wenn er schreibt: »Eine dieser Stellen ließ sich dafür eigene Vordrucke herstellen: links der alte, rechts das erwünschte oder vielmehr befohlene neue Stichwort. Da hieß es etwa unter ›Bildung‹ links: ›selbständig verarbeiteter Besitz von Wissensstoff; Formung zur Persönlichkeit‹ – rechts als Zusatz ›jetzt weitgehend ersetzt durch Schulung‹. Noch monumentaler war das Blatt ›Gott‹ – ›Ändern!‹.«[84]

An einigen Einträgen lassen sich die inhaltlichen Veränderungen gut illustrieren. War in der Ausgabe von 1932 Albert Einstein mit einem längeren Artikel mit Bild vertreten, so entfiel 1934 das Bild, und der Text wurde stark zusammengestrichen. Über die biografischen Daten hinaus hieß es nun, er sei seit 1933 »im Ausland (feindliche Einstellung gegen die nationale Erhebung in Deutschland)«. 1936 erfolgte die Ergänzung: »deutsche Staatsangehörigkeit aberkannt«.

Oben der Artikel über Albert Einstein in der Ausgabe von 1932, unten die Fassung von 1939.

1939 schließlich war neben den rein biografischen Daten, dem neuen Hinweis »Jude« und der kurzen Erwähnung seiner wissenschaftlichen Erkenntnisse sowie des Nobelpreises zu lesen: »Führend beteiligt an pazifistischen und probolschewistischen Bestrebungen, wegen seiner Hetztätigkeit gegen Deutschland 1934 ausgebürgert.«

Parallel dazu verläuft die »Verschärfung« des Artikels über die Relativitätstheorie. Stimmten die Fassungen von 1934 und 1936 weitgehend mit der von 1932 überein, so war der Artikel 1939 deutlich gekürzt, und man gab ihm am Ende die Wertung bei: »Richtigkeit und Wert der Relativitätstheorie sind umstritten; gegen ihren abstrakten Formalismus wendet sich die Deutsche Physik.«

Diese »Verschärfung« lässt sich auch bei dem Eintrag über Sigmund Freud beobachten. Von 1932 bis 1936 gab nur ein Zweizeiler über ihn Auskunft, der 1939 um die Bezeichnung »Jude« sowie inhaltlich ergänzt wurde: »Begründer der dem deutschen Wesen fremden und von der Wissenschaft widerlegten Psychoanalyse.« Entsprechend wurde der Artikel über die Psychoanalyse verändert. Die ursprünglich sachliche Darstellung wurde in der Ausgabe von 1939 sehr stark zusammengestrichen und dazu noch kommentierend ergänzt: »typisches Ergebnis materialistisch, zersetzender Denkweise; wissenschaftlich widerlegt.«

Der siebenzeilige Artikel über »Rasse« in der Ausgabe von 1932 wurde in der darauf folgenden Auflage von 1934 auf fast 100 Zeilen aufgebläht und 1939 noch einmal erweitert. In allen Fassungen seit 1934 ist die Feststellung zu finden, die »arische Rasse« sei »der Träger der Menschheitskultur«.

Selbstverständlich wurde auch der Artikel über Adolf Hitler zunächst grundlegend verändert und danach immer wieder ergänzt. In der ersten Ausgabe des Lexikons von 1932 lautete der dreizeilige Eintrag nach Geburtsdatum und Geburtsort: »Dekorationsmaler, Begründer der nationalsozialistischen deutschen Arbeiterpartei.« Damit wurde der eigene lexikografische Standard deutlich unterschritten, war Hitler doch zu diesem Zeitpunkt Vorsitzender der NSDAP, die bei den Reichstagswahlen am 14. September 1930 mit 18,3 Prozent der abgegebenen Stimmen zweitstärkste Partei hinter der SPD geworden war. 1934 nahm der Artikel – natürlich jetzt mit martialischem Bild – fast eine ganze Spalte ein und endete nach dem ausführlichen Lebenslauf mit den Worten: »Am 30.1.1933 Ernennung zum Reichskanzler. Nationalsozialistische Revolution. Verwirklichung des Gedankens der Volksgemeinschaft. Hitler als Führer und Volkskanzler. Feier des 1. Mai. Arbeitsbeschaffung. Neubau des Reiches.« 1939 nimmt der Artikel fast eineinhalb Spalten ein und überhöht Hitler: »Aus tiefster Verbundenheit mit der deutschen Volksseele schöpfend, gestalten sein Genie, seine Tatkraft, sein rastloses Wirken das politische, soziale, kulturelle, vor allem auch künstlerische Leben Deutschlands und der Zeit.«

Angesichts solcher Veränderungen erscheinen die von Friedenthal berichteten Stellen ziemlich marginal. Überhaupt ist es erkenntnisreich, wenn man solche Zeitzeugenberichte am Material überprüft. 1934 und 1936 wurde der Wortlaut des Eintrags »Gott« gegenüber der Erstausgabe kaum, schon gar nicht im nationalsozialistischen Sinn, verändert; 1939 erscheint das Lemma nicht mehr, wohl aber wurde »gottgläubig« aufgenommen.

Hitler, Adolf, * 20.4.1889 in Braunau (Oberösterr.), Dekorationsmaler, Begr. der Nationalsozialist. dtsch. Arbeiterpartei. — **H.-**

Hitler, Adolf, * 20.4.1889 in Braunau am Inn, aus altem Bauerngeschlecht. Vater Zollbeamter, stirbt früh. Besuch der Realschule in Linz. Nach Tod der Mutter zwecks Ausbildung z. Architekten in Wien. Erwerb des Lebensunterhalts als Zeichner u. Bauarbeiter; im Erleben der Not des schaffenden Menschen Erkenntnis der Notwendigkeit e. völkischen deutschen Sozialismus. Daher bei Berührung mit der international organisierten, jüdisch geleiteten klassenkämpferischen Sozialdemokratie schärfste Gegnerschaft zum Marxismus u. Judentum. Studium der deutschen Geschichte durch eigene Lektüre. Kunstmaler, architektonische Entwürfe; 1912 nach München. Vom österreichischen Militärdienst befreit; meldet sich bei Kriegsausbruch freiwillig beim bayrischen Infanterieregt „List". Eisernes Kreuz 2. u. 1. Klasse. Okt. 1916 verwundet. März 1917 wieder an der Front. 1918 Vergiftung durch Gelbkreuzgas, vorübergehende Erblindung. Beim Zusammenbruch Deutschlands im Lazarett in Pasewalk, wo er den Entschluß faßt, Politiker zu werden. Nach Kriegsende Bildungsoffizier in Traunstein. Mai 1919 beim Sonderkommando zur Niederwerfung der Räterepublik in München. Eintritt als Mitglied Nr. 7 bei der Deutschen Arbeiterpartei (↪ Nationalsozialismus, Übers. II). Er setzt sich im Kampf um das deutsche Volk als Redner ein. Immer breitere Volksmassen erfaßt er durch die Kraft seiner begeisternden, aufrüttelnden Worte. Schaffung e. völlig neuartigen, das gesamte politische Leben umbrechenden u. durch alle Widerstände der Systemregierungen u. Parteien hindurch zum Siege führenden Kampfesweise. Aufbau ideenreicher, großzügigster Propaganda. Partei nach dem Führerprinzip organisiert als Vorbild d. späteren nat.soz. Staatsaufbaues. Massenversammlungen; 1920 erste Saalschlachten; Schaffung der ↪ SA. aus Ordnertruppe. 1922 setzten 800 SA.-Männer die Abhaltung des „Dtschen Tages" in Coburg durch. 1923 **Hitlererhebung,** erster Versuch einer nat.-soz. Revolution in München: 8. Nov. Beschluß gemeinsamen Vorgehens mit bayr. Regierung; 9. Nov. Verrat d. bayr. Machthaber, Blutbad vor der Feldherrnhalle, 16 Tote. Verurteilung Hitlers zu 5 Jahren Festungshaft. Bis 20.12.1924 auf Festg Landsberg; hier schreibt H. *Mein Kampf,* das grundlegende weltanschaul. u. polit. Werk d. Nationalsozialismus (1938 Auflage: 4 Mill.). Nach der Entlassung unter Redeverbot für das ganze Reich. Neuaufbau der Partei. Februar 1925 Aufhebung des Redeverbots für Bayern. Seitdem Kampf um die Macht mit legalen Mitteln. 1930 erlangt NSDAP. 107 Reichstagssitze. Bei der 2. Reichspräsidentenwahl 1932 vereinigte Hitler 13,4 Mill. Stimmen auf sich. Mehrfache Ablehnung unzureichender Angebote für Eintritt in Reichsregierung; Hitler verlangt die volle Verantwortung. Am 30.1.1933 Ernennung zum Reichskanzler. Nationalsoz. Machtergreifung. Hitler erfüllt zuerst sozialist. Grundforderungen der Arbeitsbeschaffung, organisiert den Neubau des Reiches u. verwirklicht — den Gedanken der Volksgemeinschaft. 1934 nach Hindenburgs Tod Amt des Reichspräsidenten mit dem des Reichskanzlers vereinigt: *Der Führer und Reichskanzler.* 1935 Oberster Befehlshaber der durch ihn neu errichteten ↪ Wehrmacht. 1937 volle Wiederherstellung der dtschen Wehrfreiheit. Zurückziehung der Unterschrift unter das Versailler Diktat. 1938 Führerbesuch in Italien. Mit der Heimkehr der Ostmark, des Sudetengaues u. des Memellandes ins Reich errichtet H. das ersehnte Großdtschld. — In seiner Führerschaft, die dem dtschen Volke die Erfüllung jahrhundertealter Wünsche (sozialist. Neubau, Wiedergewinnung der dtschen Freiheit und Ehre, großdtsche Einheit) verbürgt, immer wieder bestätigt durch überwältigende Mehrheiten bei den Volksabstimmungen (1934: 90%, 1938 nach der Wiedervereinigung Österreichs mit d. Reich 99 % aller Stimmen). Aus tiefster Verbundenheit mit der dtschen Volksseele schöpfend, gestalten sein Genie, seine Tatkraft, sein rastlos. Wirken das polit., soziale, kulturelle, vor allem auch künstlerische Leben Deutschlands u. der Zeit. — Abb. ↪ Taf. Deutsche Geschichte. Auch ↪ Deutsches Reich (Geschichte).

Oben der Artikel über Adolf Hitler in der Ausgabe von 1932, unten die Fassung von 1939.

Die erste Ausgabe von *Knaurs Konversations-Lexikon* unter den Nationalsozialisten wurde aufwendig im *Börsenblatt für den Deutschen Buchhandel* vom 2. November 1933 beworben. Auf die Titelseite folgten fünf Seiten im Innenteil, die in die drei Slogans mündeten: »Knaurs Konversationslexikon ist das billigste Nachschlagewerk. – Knaurs Konversationslexikon ist das wertvolle Lexikon. – Knaurs Konversationslexikon ist zugleich das zeitgemäße Jahrbuch.«

Der Verlag hat die »völlig neue Ausgabe 1934« auf der Titelseite des *Börsenblatts* und fünf Seiten im Innenteil der Fachzeitschrift beworben. Das Werk sei »im Einvernehmen mit den maßgebenden Kulturorganisationen neu geschaffen« worden und unterrichte über »das neue Deutschland« und »seine führenden Männer«.[85]

»Knaurs Gesundheits-Lexikon«

»Das Gesundheitslexikon musste auf Befehl der Nazis aus dem Verkehr gezogen werden« – so berichtete es Karl Rosner 1951.[86] Die von Josef Löbel 1930 herausgegebene Ausgabe wurde nach 1940 durch eine Edition unter der Federführung von Peter Hiron ersetzt. Vergleicht man die beiden Fassungen, so fällt zunächst auf, dass die große Mehrzahl der Stichwörter gleich geblieben ist, der Ton der Bearbeitung aber gewechselt hat. Die Fassung von 1940 enthält über die sachliche Information hinaus manch parlierende Passage, zum Beispiel beim Eintrag »Barfußgehen«: »Wenn auch der Vorstellung, etwa einen ehrwürdigen Kanzleirat abends eine Viertelstunde lang in ruhig abgemessenem Schritte in seinem Zimmer barfuß lustwandeln zu sehen, etwas Komisches anhaftet, so ist der Vorteil, den er davon hat, [...] gar nicht anzuzweifeln.«[87]

Inhaltlich deutlich wird der Unterschied bei einigen Lemmata. So fehlen Einträge wie »Angstneurose«, »Haftpsychose«, »Homosexualität« und »Individualpsychologie«, Letzteres sicher, weil dort gleich einleitend die Namen der jüdischen Wissenschaftler Alfred Adler und Sigmund Freud genannt werden. Und so ist es auch nur folgerichtig, dass der Artikel »Psychoanalyse« zwar erhalten geblieben ist, der Name des Begründers aber getilgt wurde. Entscheidend für das Verbot des *Gesundheits-Lexikons* aber war, dass Josef Löbel Jude war. Er und seine Frau nahmen sich kurz nach dem Einmarsch der deutschen Truppen in Prag im Jahr 1940 das Leben.

»Knaurs Welt-Atlas«

Der 1928 erstmals erschienene *Knaurs Welt-Atlas* wurde 1936 neu vorgelegt. In einem Vorwort des Verlags, nicht des Herausgebers Johannes Riedel, heißt es: »Die vorliegende Neuausgabe stellt nicht nur eine sorgfältige Bearbeitung, sondern in wesentlichen Teilen eine völlige Neuschöpfung des Werkes dar. [...] Der Textteil wurde grundlegend umgestaltet«[88] – und dabei um gut 40 Prozent vor allem durch Statistiken und Schaubilder sowie um Karten von sämtlichen Teilen des Deutschen Reichs und Österreichs erweitert. Politische Entwicklungen wurden dem nationalsozialistischen Sprachgebrauch angeglichen. War in der ursprünglichen Ausgabe vom »Friedenvertrag von Versailles« die Rede, so heißt es nun, das Saarland sei seit 1919 »durch Versailler Diktat« einer Regierungskommission des Völkerbunds unterstellt gewesen, und 1935 sei es nach einer Volksabstimmung zur »Rückgliederung an das Reich« gekommen.[89] Verglichen mit dem *Konversations-Lexikon* waren die Anpassungen recht moderat. Das gilt auch für die gründlich umgestaltete Neuausgabe von 1939; hier wurde der Name des Herausgebers, Johannes Riedel, von der Titelseite getilgt.

»Geschichte der Kunst«

Bei Richard Hamanns *Geschichte der Kunst,* die Knaur Ende 1932 veröffentlicht hatte, erfolgte die Anpassungsleistung durch den Autor selbst. Nach der Machtergreifung durch die Nationalsozialisten geriet Hamann zunächst in die Kritik von einigen parteitreuen Professorenkollegen, doch es gelang ihm, sich auf seiner Marburger Profes-

Begleitschreiben des Amts für Schrifttumspflege der NSDAP an die Reichsschrifttumskammer vom 21. September 1937 zum Gutachten über die zweite Auflage von Richard Hamanns *Geschichte der Kunst.* Angeregt wird, ein Publikationsverbot zu überprüfen.

sur zu halten. Das wurde allerdings durch »mehr und mehr offene Zugeständnisse an die NSDAP« erkauft.[90] In der zweiten Auflage des Buchs, die 1935 herauskam, behielt er zwar seine kunsthistorischen Ansichten bei, biederte sich aber in der Einleitung an das völkische Vokabular an und sprach von »der Verbindung zwischen Soldat und Arbeiter, von Macht und Geist, von Autorität und Arbeit«, in der sich »die neue Weltanschauung« manifestiere.[91] Doch das verhinderte nicht, dass Hamanns Buch 1937 auf die Liste mit den »nicht zu fördernden Bücher« geriet. Dem lag ein Gutachten zugrunde, das mit den Worten endete: »Das Buch ist negativ zu beurteilen, und es dürfte ratsam sein, seiner Verbreitung für die Zukunft energisch entgegenzuarbeiten.«[92]

Richard Hamann nahm daraufhin in der im Dezember des Jahres fertiggestellten dritten Auflage, dem »Höhepunkt der Anpassung«, erhebliche Änderungen vor und ließ seine Darstellung in vielen Punkten der offiziellen kulturpolitischen Linie folgen.[93] So entfernte der Autor zum Beispiel die Abbildungen von Gemälden von Künstlern, die den Nationalsozialisten als »entartet« galten wie beispielsweise Marc Chagall, Paul Klee, Oskar Kokoschka, Pablo Picasso oder Wassily Kandinsky.

Personelle Anpassungen

Anpassung erfolgte aber nicht nur in Fragen des Programms, sondern auch in Personalfragen. Zu diesem Zeitpunkt war die »Arisierung« in der deutschen Buchbranche zwar schon fortgeschritten, jedoch vor allem nach den Olympischen Spielen 1936 deutlich verschärft worden – unter tatkräftiger Mithilfe des Börsenvereins des Deutschen Buchhandels. Außenpolitische Rücksichtnahme und der Einspruch des Reichswirtschaftsministers Hjalmar Schacht hatten bis dahin dazu geführt, dass die Anordnung, auf der Grundlage der Nürnberger Rassegesetze alle »Voll-, Dreiviertel-, Halb- und Vierteljuden« sowie die mit »Voll-, Dreiviertel-, Halb- und Vierteljuden verheirateten

Personen bis zum 15. Mai 1936 auszuschließen«, für die Branche noch weitgehend folgenlos geblieben war.[94]

Der folgende Vorgang ist also in diesem Zusammenhang der Verschärfung der »Arisierung« zu sehen, der für den herstellenden und vertreibenden Buchhandel dann Ende 1938 abgeschlossen war. Der Vorgang ist gleichzeitig ein anschauliches Beispiel für Hinweise, Denunziation, Beziehungen, Bürokratie und Kompetenzwirrwarr im Dritten Reich.

Der im Oktober 1934 als zeitweise Parallelorganisation zum Börsenverein des Deutschen Buchhandels gegründete Bund Reichsdeutscher Buchhändler (BRB) hatte unter anderem die berufsständische Erfassung der im Deutschen Reich tätigen Unternehmen und Personen des deutschen Buchhandels zur Aufgabe.[95] Dazu durften in den Betrieben entsprechende Kontrollen unternommen werden. Ende 1936 ging beim Bund Reichsdeutscher Buchhändler der Hinweis eines Heinrich Grupe aus Berlin ein, der auf »Missstände in der Firma Knaur« aufmerksam machte.[96] Der zuständige Mitarbeiter des BRB, Höynck, bat daraufhin um einen schriftlichen Bericht »da auch sonst schon Nachrichten über eine kulturpolitische Unzuverlässigkeit innerhalb der Firma« vorliege, und gab dem zuständigen Bezirksobmann, dem Buchhändler Karl Bunzel in der Nicolaischen Buchhandlung, am 12. März 1937 den folgenden Auftrag: »Wir beauftragen Sie hiermit, eine Prüfung an Ort und Stelle vorzunehmen und zwar wollen Sie bitte unangemeldet möglichst in den Mittagsstunden gegen 1 Uhr an einem beliebigen Tage dort erscheinen und feststellen, wer im Betrieb arbeitet. Jeder dort tätige Angestellte hat Ihnen seinen Ausweis vorzuzeigen und Sie wollen sich bitte darüber Aufzeichnungen machen.« Außerdem sei »einwandfrei« zu klären, »ob 1. Herr Dröhmer, 2. Frau Dröhmer, 3. Herr Henderson, 4. Karl Rosner, 5. Fräulein Frank und 6. Herr Friedenthal dort tätig sind und welche Art von Arbeiten sie verrichten«.

Der beauftragte Buchhändler rapportierte am 9. April 1937 brav und listete 23 Personen auf. Am 24. Juni forderte die Reichsschrifttumskammer die regionale Untergliederung Gau Berlin auf, »im Zu-

```
Abschrift
Karl Bunzel, i.H.Nicolaische Buchhandlung, Berlin-Halensee,   am 9.4.37
BU/Ni 21                                    Kurfürstendamm 153

Bund Reichsdeutscher Buchhändler,
Gau Groß-Berlin
z.Hd.von Herrn Höynck,
Berlin W.35,
Potsdamer Privat Str.121 D

Betrifft: Th.Knaur Nachf. Berlin W.50, Pragerstr.14. IV/M

    Anbei teile ich Ihnen das Ergebnis meiner Feststellungen beim
Knaur-Verlag mit.
    Zunächst also die mir von Ihnen besonders Genannten:
1) Dröhmer,     Herr -Inhaber der Firma-besitzt Ausweis B 15949
2) Dröhmer,     Frau,Gattin des Inhabers, hat keinerlei geschäft-
                liche Verbindungen mit der Firma
3) Henderson,   Herr, ist seit 13.1.1934 weder direkt noch indirekt
                in der Firma tätig
4) Rosner,      Karl -Lektor- R.K.K.-Ausweis 12011
5) Frank,       Fräulein, hat bei der Firma eine kaufmännische
                Tätigkeit, besitzt Arb.B.41/62942
6) Friedenthal, Herr Dr. -Lektor- Ausweis A 3507
    Von den Übrigen haben Folgende buchhändlerische Ausweise:
7) Bürkner,     Margarete -Prokuristin-Ausweis B I 20470
8) Diesterer,   Erwin -Hersteller- Ausweis B 6 9264
9) Drobeljahr,  Artur, -Prokurist- Ausweis B I 20471
10) Konzak,     Berta -Prokuristin- Ausweis B 20469
    Die nachstehend Aufgeführten haben keinen buchhändlerischen Ausweis
11) Ahrens,     Hedwig -Buchhalterin- Arbeitsbuch 40/457 238
12) Dröhmer,    Willi Sohn des Inhabers, Arb.B.40/ 537 184A R.S.K.-
                Ausweis ist beantragt.
13) Göttel,     Karl, Kaufm.Angestellter- Arb.B.40/ 549 984
14) Iha,        Richard -Expedient- Arb.B/41/6294862377
15) Kotzenberg, Dorothea -i.d.Registratur- Arb.B.41/62948
16) Kratzat,    Johanna -Expedientin- Arb.B./40/456940
17) Lade,       Paul -Chauffeur- Arv.B.40/405 475
18) Lange,      Adolf -Packer- Arb.B.46/30085
19) Porth,      Dora -Buchhalterin-Arb.B./71/T E /24
20) Rodemann,   Erich -Expedient- Arb.B.40/ 44546
21) Rother,     Irene -Kontoristin- Arb.B.40/271 963
22) Wilberg,    Hildegard -Kontoristin- Arb.B.40/ 457 761
23) Witte,      Gertrud -Expedientin - Arb.B.41/13055

                            Heil Hitler!
                            gez.Bunzel
```

Der Rapport des beauftragten Buchhändlers Karl Bunzel vom 9. April 1937 über die Belegschaft des Knaur Verlags.

sammenhang mit anderen Untersuchungen gegen diese Firma« die jüdischen Mitarbeiter Rosner, Friedenthal, Frank und Henders »einer Überprüfung zu unterziehen«. Offenkundig war seinerzeit der Bericht des Buchhändlers Bunzel nicht weitergeleitet worden, was dann mit Schreiben vom 1. Juli geschah. Ebenso offenkundig lag dem Auftrag der Zentrale derselbe Beschwerdeführer Grupe zugrunde. Auf die Rückfrage an den Gau Berlin vom 27. Juli 1937, ob denn Rosner und Friedenthal jüdischer Abstammung seien, antwortet Höynck am 27. August ohne Anrede recht pikiert und belehrte die eigene Zentrale erst einmal, dass Lektoren verpflichtet seien, »sich über die Fachschaft der Angestellten bei der Reichsschrifttumskammer zu

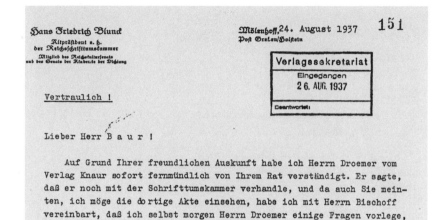

Der private Briefkopf von Hans Friedrich Blunck, dem ehemaligen Präsidenten der Reichsschrifttumskammer. Für Adalbert Droemer war er eine wichtige Kontaktperson zu den offiziellen Stellen.

melden«. Und fährt dann fort: »Herr Dr. Rosner ist, wie der Gruppe Buchhandel seit längerer Zeit bekannt sein dürfte, Halbjude, hat aber eine Ausnahmegenehmigung. Auf Grund der dort lagernden Unterlagen wird es Ihnen auch ohne weiteres möglich sein, festzustellen, ob Herr Dr. Friedenthal jüdischer Abstammung ist.«

Warum zu diesem Zeitpunkt der Knaur-Autor und frühere Präsident der Reichsschrifttumskammer, Hans Friedrich Blunck, ins Spiel kam, lässt sich nicht mehr rekonstruieren. Jedenfalls schrieb Blunck am 24. August 1937 als »Alterspräsident der Reichsschrifttumskammer und Mitglied des Reichskultursenats« – so sein privater Briefkopf – vertraulich an Wilhelm Baur, den Leiter der Gruppe Buchhandel in der Reichsschrifttumskammer und Mitglied in deren Präsidialrat. Auf dessen Rat hin hatte Blunck mit dem für »Nichtarierfragen« in der Gruppe Buchhandel zuständigen Referenten, Karl Heinrich Bischoff, vereinbart, dass er selbst »Herrn Droemer einige Fragen vorlege, auf die ich klaren Bescheid haben möchte. Ich habe mit Herrn Bischoff ferner vereinbart, dass ich ihm sofort den Inhalt der Unterredung weitergäbe und bat ihn, dass er selbst dann mit Herrn Droemer weiter verhandele.«[97]

Einen Tag später berichtete Blunck in einem dreiseitigen Brief an Bischoff von seinem Gespräch mit Droemer: »Ich habe gestern abend gemäß unserer Absprache Herrn Droemer zur Rede gestellt und ihm vorgehalten, dass, obwohl er mich über die jüdische Herkunft seiner Frau nicht im unklaren gelassen habe, ihm außer dieser Frage noch Folgendes vorgeworfen würde.

Er beschäftige bei sich den Prokuristen, Herrn Rossner [richtig: Rosner], der jüdischer Abkunft sei.

Er habe einen Lektor Friedenthal.

Seine Sekretärin sei Volljüdin.

Sein Steuerberater sei Jude.

Insgesamt: er habe in seiner Gefolgschaft eine unverhältnismäßig große Anzahl jüdischer Angestellter, sodass die Gewähr einer ordentlichen Geschäftsführung im Sinne des Dritten Reiches nicht gegeben sei.«

Blunck referiert dann die Aussage Droemers, die Darstellungen beruhten auf einer Anzeige eines entlassenen Angestellten, die sowohl an den Vizepräsidenten der Reichsschrifttumskammer als auch an das Schwarze Korps gegangen sei.

Zur Frage der jüdischen Abstammung[98] seiner zweiten Frau erklärte Droemer, er habe davon »erst jetzt erfahren« und sie sei »übrigens nicht Jüdin, sondern Halbjüdin«. Falls die Reichsschrifttumskammer das verlange, sei er bereit, seinem Sohn die Firma zu übergeben: »Mehr könne er nicht tun.« Elisabeth Droemer, geb. König, war Tschechin und stammte aus Brünn. Ihr Vater war zwar evangelisch, jedoch jüdischer Abstammung. Sie emigrierte wohl 1939 in die Schweiz und wanderte 1947 in die USA und nach Kanada aus. Elisabeth Droemer ist vermutlich 1976 in Vancouver gestorben.

Zum 67-jährigen Prokuristen Rosner brachte Droemer gegenüber Blunck vor, er »gehöre zu den wenigen Männern, denen der Herr Reichsminister [Joseph Goebbels] mit Rücksicht auf frühere Verdienste die Fortführung ihrer Tätigkeit gestattet habe. Herr Rossner sei Mitglied der Schrifttumskammer. Er erkläre mir aber hiermit, dass er Herrn Rossner, um jeder Angriffsmöglichkeit vorzubeugen, entlassen oder pensionieren werde.« Diese Erlaubnis von Goebbels geht auf ein Schreiben »seiner Kaiserlichen Hoheit des Kronprinzen« an den »lieben Dr. Goebbels« vom 26. September 1933 zurück. Darin setzt sich Wilhelm von Preußen für Rosner ein, mit dem er »seit langen Jahren [...] freundschaftlich verbunden« sei. Rosner war 1915 bis 1918 Kriegsberichterstatter im Hauptquartier des Kronprinzen und hatte 1922 Wilhelms *Erinnerungen* im Cotta Verlag herausgegeben, dessen Berliner Filiale er zwischen 1919 und 1934 leitete. Die Intervention Wilhelms erfolgte, weil die Reichsleitung des Reichsverbands Deutscher Schriftsteller beschlossen hatte, nur »arische« Schriftsteller als Mitglieder zu führen. Rosner hatte selbst Romane und Erzählungen gut nationalistischer Gesinnung veröffentlicht. Wilhelm setzte sich 1932 für die Wahl Adolf Hitlers zum Reichspräsidenten ein und wurde ein Jahr später Mitglied der Motor-Sturm-Abteilung des Nationalsozialistischen Kraftfahrerkorps (NSKK).[99]

Zu Richard Friedenthal führte Droemer aus, er sei »rein arisch, ein früherer Oberlehrer. Sein Urgroßvater war preußischer Minister.«[100] Der jüdischen Stenotypistin wolle er »noch heute kündigen«,[101] und auch das »Verhältnis« zu seinem Steuerberater, bei dem es »sich um einen früheren Mitinhaber der Firma« handle, werde »mit dem heutigen Tage abgebrochen«.[102]

»Da die 3 anderen Fälle jüdischer Mitarbeit durch die Entlassungen erledigt seien, stünde der Weiterarbeit seiner selbst im Geschäft jetzt wohl nur noch die Frage dieser jüdischen Versippung entgegen.« Droemer habe ihm, Blunck, gegenüber angedeutet, »dass das eigentliche Gewicht seines Lebens in der ersten Ehe gelegen habe, aus der ja auch der Sohn und Erbe hervorgegangen sei. Eine Trennung von der zweiten Frau, die ohne Anteilnahme an seiner eigenen Arbeit lebe, wäre in beiderseitiger Übereinstimmung schon lange erwogen, schon ehe die Frage, die jetzt hineinspräche, bekannt gewesen sei.« Blunck resümiert gegenüber Bischoff, Droemer habe »die von Ihnen vorgetragenen Wünsche in einer, wie man zugeben muss, vorbehaltlosen Form erfüllt«.

Das war wohl etwas voreilig, denn aus einem Aktenvermerk geht hervor, dass Droemer in einem Gespräch am 1. Oktober 1937 die »vollständige Bereinigung aller Fälle in allerkürzester Zeit« zusagte, dass also im Klartext bis zu diesem Zeitpunkt nichts geschehen war. Zwar wurde in dem Gespräch, an dem auch Droemers Sohn Willy sowie der Rechtsanwalt des Verlags, Dr. Runge, teilnahmen, Adalbert Droemer noch einmal mit den bekannten Vorhaltungen konfrontiert: »Herr Adalbert Droemer wurde [...] darauf aufmerksam gemacht, dass es nicht angehe, noch im Jahre 1937 eine Jüdin als Privatsekretärin zu beschäftigen, und dass, selbst wenn die Lektoren Rosner und Friedenthal über Ausnahmegenehmigungen der Kammer verfügen, es untragbar sei, wenn derartige als kulturpolitisch nicht zuverlässig zu geltende Personen als Lektoren für Lexika der Firma Knaur tätig sind.«

Adalbert Droemer unterstrich die von ihm in der Unterredung abgegebenen Erklärungen in einem Brief vom 16. November 1937 an die Landesstelle Berlin der Reichsschrifttumskammer und bestätigte, »dass auch die bei mir bisher noch tätig gewesenen Lektoren Rosner und Friedenthal trotz ihrer Mitgliedschaft in der Reichsschrifttumskammer mit dem 31. Dezember aus ihrer Tätigkeit endgültig ausscheiden und bereits jetzt von mir beurlaubt worden sind, also nicht mehr im Geschäft erscheinen. [...] Damit ist der von Ihnen gewünschte Zustand hergestellt, dass, wie ich hiermit ausdrücklich versichere, in meinem Verlag in keiner wie immer gearteten Funktion noch ein Nichtarier oder Mischling beschäftigt ist.«

In einem Gespräch des Verfassers des Aktenvermerks, wohl der oben genannte Herr Höynck, mit seinem Vorgesetzten Karl Thulke, dem Geschäftsführer der Abteilung III, Gruppe Buchhandel, der Reichsschrifttumskammer, am 25. November 1937 wurde »vereinbart, die Angelegenheit damit als erledigt zu betrachten, d.h. von einer nachträglichen Bestrafung bzw. Vorhaltungen abzusehen, damit dieser Fall endlich zum Abschluss kommt«. Die »Entjudung« des Verlags war damit abgeschlossen.

Zuvor hatte sich Blunck am 30. Oktober 1937 noch einmal eingeschaltet und Höynck darum gebeten, »im Interesse der Lektoren bzw. Bearbeiter des Knaur Verlages die Angelegenheit Knaur schnellstens zu klären«. Blunck erhielt am 29. November 1937 die offizielle Mitteilung von der Gruppe Buchhandel, dass »die Angelegenheit Knaur als erledigt gelten kann«. Den anschließenden Satz, es bestünden »selbstverständlich auch keine irgendwie gearteten Bedenken gegen eine Zusammenarbeit von Schriftstellern, Dichtern und Herausgebern mit dem Knaur-Verlag«, kann man nur richtig verstehen, wenn man weiß, dass Blunck, um sich selbst abzusichern, Wilhelm Baur in dem zitierten Brief angeboten hatte, den mit dem Verlag geschlossenen Vertrag über das *Sagen*-Buch zu lösen, »falls keine angemessene Klärung im Sinne der Wünsche der Reichsschrifttumskammer erfolgt«.

Zum Hintergrund dieses Vorgangs und der Rolle, die Hans Friedrich Blunck dabei spielte, ist zu berücksichtigen, dass Droemer ein halbes Jahr zuvor den Autor in einem Vertrag vom Januar 1937 über eine Sammlung deutscher Heldensagen mit einer Garantiesumme von 45 000 Mark fürstlich honoriert hatte. Für Hilfskräfte, die Blunck einbeziehen werde, wurden weitere 1500 Reichsmark vom Verlag bereitgestellt. Blunck schreibt dazu in einem Brief vom 14. August 1937 an Wilhelm Baur: »Der Verlag hat sich hierbei großzügig erwiesen [...] und sogar die Nebenabrede, dass er einiges zur Innenausrüstung meines neugebauten Hauses liefern würde, in hübscher Form erfüllt.« Als Vergleichszahl bietet sich die Kaufsumme für den gesamten Verlag an, die Droemer an die Familie Hendelsohn gezahlt hat, nämlich 450 000 Mark. Der zweite Vertrag über eine Märchensammlung wurde im Juni 1940 geschlossen. Blunck erhielt nun ein deutlich geringeres Garantiehonorar von 15 000 Mark.

Kurz nach dem Gespräch am 1. Oktober bestätigte die Reichsschrifttumskammer am 7. Oktober 1937 Willy Droemer als leitenden Angestellten des Verlags. Ob die Erneuerung der Gesamtprokura von Arthur Dröbeljahr (geb. 1883), Berta Konzack (geb. 1895) und Margarete Bürckner (geb. 1902) – nicht aber an Willy Droemer – zwei

Der fürstlich honorierte Vertrag mit Hans Friedrich Blunck über die *Deutschen Heldensagen*.

Monate später am 9. Dezember 1937 mit dem beschriebenen Vorgang zu tun hat, muss offenbleiben. Alle Genannten und Adalbert Droemer waren Mitglied der Reichsschrifttumskammer.

Was Adalbert Droemers Position als Inhaber und Verleger betrifft, so gibt darüber ein Briefwechsel zwischen der Reichsschrifttumskammer und dem Verlag nach dem Tod Droemers am 1. September 1939 Auskunft. Aus einem Schreiben Karl Heinrich Bischoffs vom 12. September an den Verlag geht hervor, dass Droemer, obwohl er »durch seine Versippung die für die Mitgliedschaft in meiner Kammer gültigen Voraussetzungen nicht erfüllte […], auf Veranlassung von Herrn Altpräsident Dr. Hans Friedrich Blunck durch den Vizepräsidenten meiner Kammer eine Sondergenehmigung« erteilt worden war. Diese Sondergenehmigung fußte auf der Voraussetzung, dass Droemers zweite Frau, Elisabeth Droemer, »im Verlag in keiner Weise tätig« sei und dass die Verlagsleitung »ausschließlich von Herrn Droemer sen. in Zusammenarbeit mit seinem arischen Sohn« ausgeübt werde.

Bischoff formuliert dann einen Fragenkatalog zur verantwortlichen Verlagsleitung, zur Erbfolge und zur Testamentsvollstreckung, der mit der Frage endet, bis wann »die völlige Arisierung des Unternehmens durchgeführt« sein werde. Der Verlag antwortete am 16. September: »Frau Droemer, die Witwe des Verstorbenen, erklärte gestern, dass sie auch in Zukunft in keiner Weise im Verlage tätig sein will oder irgend ein Interesse an der Leitung des Verlages hat. Laut Testament war sie zur Testamentsvollstreckerin eingesetzt; auf Grund Ihrer Erklärungen hat sie jedoch dies Amt gestern niedergelegt, was auch bereits notariell festgelegt worden ist. Der Verlag wird allein von dem Sohn des Verstorbenen, Willy Droemer, weitergeführt. Außer ihm und Frau Elisabeth Droemer sind keine weiteren Erben vorhanden.« Damit seien die Voraussetzungen, unter denen die Reichsschrifttumskammer im Jahr 1937 die Sondergenehmigung erteilt hat, erfüllt: »Es ist sogar, nachdem Willy Droemer als Sohn aus erster Ehe rein arisch ist, keine Sondergenehmigung mehr notwendig.« Das bestätigte die Reichsschrifttumskammer in einem Schreiben vom 26. September unter der Voraussetzung, dass die Mitgliedschaft Willy Droemers in der Reichsschrifttumskammer und »die Erfüllung der übrigen Ihnen bekannten Mitgliedsverpflichtungen« gewährleistet seien. »Die kapitalmäßige Auseinandersetzung der Erben muss bis zum 31.12.1939 abgeschlossen sein.«

Durch den Erbauseinandersetzungsvertrag vom 6. Dezember 1939 wurde der Witwe Droemer die Hälfte des am 1. September 1939, also dem Sterbetag ihres Mannes, ausgewiesenen Betriebsvermögens zugesprochen. Laut Steuerbericht vom 4. Februar 1941 waren das 343 600 RM. Die Auszahlung des Anteils sollte bis zum 28. Februar 1941 abgeschlossen sein.[103] Der Verlag teilte dem Börsenverein am 12. Dezember 1939 mit, dass Willy Droemer nunmehr alleiniger Inhaber der Verlage Th. Knaur Nachf., Schreiter'sche Verlagsbuchhandlung und des Verlags Jugendhort (Walter Bloch Nachf.) sei. Die Eintragung in das Handelsregister Berlin erfolgte am 27. Dezember 1939. Die Gesamtprokura von Dröbeljahr, Konzack und Bürckner blieb bestehen. Am 15. Januar 1940 wurde Willy Droemer dann rückwirkend zum 1. Oktober des Vorjahrs als Mitglied in den Börsenverein aufgenommen, wobei die Mitgliedschaft die drei genannten Verlage umfasste.

VATER UND SOHN

Wie bereits erwähnt, starb Adalbert Droemer 62-jährig nach »langjährigem Leiden«, wie es in der Todesanzeige der »Gefolgschaft« (Belegschaft) hieß, am 1. September 1939, dem Tag des Beginns des Zweiten Weltkriegs. Das *Börsenblatt* schrieb in seinem kurzen Nachruf: »Als Buchhandlungsreisender hatte der Verstorbene das Lesebedürfnis der breiteren Volksschichten erkannt und ihre Interessen studiert. So konnte er, als er den Verlag Th. Knaur erwarb, seinem Hause durch die Schaffung preiswerter Volksausgaben ein eigenes Gesicht geben. Der von ihm geschaffene Typ des billigen Buches hat das Sortiment in die Lage versetzt, neue Buchkäufer zu werben und auch alte dem Buch zurückzugewinnen.«[104]

Es gibt wenige Charakterisierungen Adalbert Droemers, daher seien hier einige zitiert. Der Wiener Universitätsbuchhändler Walter Krieg schrieb 1951: »Buchhändler unter den Weltmännern – was nicht gleichbedeutend ist mit Weltmann unter den Buchhändlern! – war Adalbert Droemer Selfmademan mit den Allüren eines richtigen Grandseigneurs; ein vollendeter Kavalier, wenn es sich darum handelte zu fördern; gutmütig den Freunden gegenüber, hilfsbereit mit stets offener Hand; wenn ein bedrängter Kollege zu ihm kam, gab er in der Stille, ohne Aufhebens davon zu machen.«[105] Krieg fährt an anderer Stelle fort: »Dabei ist dieser genussfrohe, das Leben leidenschaftlich liebende Mann, der sich am Spieltische bis in die frühen Morgenstunden dem Zauber und der Faszination Fortunens hingeben konnte, um im wahrsten Sinne des Wortes ›sein Glück zu versuchen‹, und der in einer kleinen Bar am Montmartre, in einer Heurigenschenke in Wien, in einem Prager Beisel genau so heimisch-vertraut war wie mit dem Milieu bei Horcher oder im Esplanade in Berlin, ein zäher, unermüdlicher und großer Arbeiter zu Hause an seinem Schreibtische. Er hatte eine seltene Gabe, das Wesentliche im Nu zu erfassen, es aus Büchern, Gesprächen und Briefen herauszuschälen, hatte einen Spürsinn für das, was seinen Zwecken dienen könnte.«[106]

Richard Friedenthal, der langjährige Mitarbeiter vor und nach dem Zweiten Weltkrieg, charakterisierte ihn ähnlich: »Er kannte die Lokale, die Kasinos, wo gespielt wurde, die Rennplätze. Er spielte gern und hoch, und er verlor meist. Seine Mitarbeiter konnten es erleben, dass er aus seinem Spielklub in der Von-der-Heydt-Straße noch am späten Abend oder in der Nacht – man arbeitete damals um solche Zeit nicht selten – vor dem Verlag in der Prager Straße 14 vorfuhr in seinem gewaltigen Rolls-Royce, einem der zwei oder drei Gefährte dieser Marke in Berlin.«[107]

Hans Friedrich Blunck, den Adalbert Droemer in der Auseinandersetzung um seine halbjüdische Frau um Rat gebeten und ihn als Autor gut versorgt hatte, nannte ihn den »Typ eines von Amerika rückgewanderten Deutschen«,[108] was Friedenthals Äußerung ähnelt, keiner der Verlegerkollegen sei »so im amerikanischen Sinne des Wortes ›self-made‹ wie er«.[109] Sein Sohn schließlich spricht von einem »ebenso patriarchalisch-autokratischen wie altväterlich-gemütlichen Regime«.[110]

Hervorgehoben wird aber auch sein detailbesessenes Arbeiten, das »dank einer bis ins kleinste haargenau funktionierenden Organisation des Produktionsprozesses« die Grundlage für die Volksausgaben lieferte. Er prüfte »Satz und Druckproben, Umschlagentwürfe und Zeichnungen. [...] Dabei gab es für alle Beteiligten keinen Auftraggeber, der präziser höhere Ansprüche stellte, rascher entschlossen zusagte, unerbittlicher in der Kritik geleisteter Arbeit und hartnäckiger im Verwerfen von Misslungenem sowie im neuen Ansatze war.«[111] Droemer war als Unternehmer der typische Allrounder, der selbst um den Preis »einer gewissen Mittelmäßigkeit [...] sein eigener Designer, Kalkulant, Verkäufer, Verwalter und Vorarbeiter« war.[112]

*

Der Sohn, Willy Adalbert Friedrich Droemer (1911–2000), wurde am 18. Juli 1911 in Berlin-Schöneberg geboren.[113] Nach Abschluss der Oberschule in Schondorf am Ammersee besuchte er ab 1929 die Handelsschule St. Prex in St. Moritz. 1931 bis 1934 wurde er in den

Willy Droemer in der ersten bekannten Aufnahme; sie stammt vom Beginn der 1950er-Jahre und zeigt ihn am Schreibtisch im Verlagsgebäude in der Münchner Rauchstraße.

Hamburger Buchhandlungen Glogau und Sauerberg zum Buchhändler ausgebildet, danach trat er in den Verlag ein. Als die Reichsschrifttumskammer 1937 im Rahmen der verschärften Rassegesetze die Verlage aufforderte, »Auskunftsbogen« auszufüllen, wurde er dort als leitender Angestellter bezeichnet; er hatte aber, wie erwähnt, keine Prokura. Welche Rolle er neben dem starken Vater spielte, ist unbekannt. Hans Friedrich Blunck schreibt über ihn: »Ich kenne den Sohn, er ist das gerade Gegenteil des Vaters, sehr bescheiden, zurückhaltend und allein auf die literarische Wertung eingestellt. Da er indes im Technischen noch nicht genügend ausgebildet ist, kann man die Sorge des Vaters von seinem Standpunkt aus verstehen.«[114] Die Sorge des Vaters bestand darin, dass er zu diesem Zeitpunkt – im Jahr 1937 – dem Sohn noch nicht zutraute, den Verlag zu führen und ihn gern noch »drei oder vier Jahre angelernt« hätte.[115] Willy Droemer wurde nach eigenen Angaben 1941 zur Wehrmacht einberufen. Andere Quellen nennen 1939 bzw. 1940.[116]

Paul Zöckler als Verlagsleiter

Nach der Einberufung Willy Droemers zum Kriegsdienst führte Paul Zöckler (1894–1962) die Verlagsgeschäfte. Zöckler wurde 1894 in Stanislau im damaligen zu Österreich-Ungarn gehörenden Ostgalizien geboren.[117] Er war das erste von sechs Kindern des evangelischen Pastors Theodor Zöckler, der seit 1891 als Judenmissionar der Dänischen Mission dort tätig war. 1920 heiratete er die fünf Jahre ältere Österreicherin Hedwig Kotz, die nach dem Zweiten Weltkrieg unter dem Pseudonym Rose Planner-Petelin fünf Bücher bei Droemer verlegte.[118] Nach der Teilnahme am Ersten Weltkrieg promovierte Zöckler zum Dr. phil., unterrichtete zwischen 1923 und 1934 zunächst am Deutschen Gymnasium in Bromberg und leitete ab 1926 die Deutsche Bücherei in Posen. 1927 bis 1931 war er Herausgeber der *Deutschen Blätter in Polen,* einer Monatsschrift für die Deutschen in Polen. 1935 ging er als Lektor zum Berliner Propyläen Verlag, dem 1919 gegründeten Imprint des Ullstein-Konzerns, der damals bereits »arisiert« war. Er war zu dieser Zeit polnischer Staatsbürger; Ende 1942 beantragte er die deutsche Staatsbürgerschaft, die er am 9. Juni 1943 erhielt.

Paul Zöckler (1894–1962) an seinem Münchner Schreibtisch in einer Aufnahme um 1950.

Zusammen mit einem ausführlichen Fragebogen und einem ebenso ausführlichen Lebenslauf gab er am 30. Mai 1936 die Aufnahmeerklärung in die Reichsschrifttumskammer ab, in die er am 22. Juni als »Lektor« aufgenommen wurde. Zuvor hatte er den obligatorischen »Abstammungs-Nachweis« zurück bis Anfang des 19. Jahrhunderts erbracht. Die Aufnahme in die Reichsschrifttumskammer erfolgte, obwohl der Chef des Sicherheitshauptamts beim Reichsführer-SS in einem Schreiben vom 19. Juni 1936 an den Präsidenten der Kammer Zöckler als »politisch und charakterlich unzuverlässig« bezeichnet hatte.

Am 1. Juni 1939, also kurz vor dem Tod Adalbert Droemers, wechselte Paul Zöckler als »Schriftwalter (Hauptlektor)«[119] mit einem Monatsgehalt von 1500 Mark zu Knaur und veröffentlichte im selben Jahr unter dem Pseudonym Paul Breitenkamp eine Biografie von Ernst Moritz Arndt mit dem Titel *Künder deutscher Einheit;* sie erschien bei Haude & Spener in Berlin. Im Vorwort vom Oktober 1938, also rund ein halbes Jahr nach dem »Anschluss« Österreichs an das Deutsche Reich, zog Zöckler eine Traditionslinie von Arndt zu Hitler: »Das Entstehen Großdeutschlands in diesen Tagen ist die Erfüllung der Träume und Wünsche, der Taten und Opfer des Geschlechtes der Freiheitskämpfer vor 125 Jahren. [...] diese Gedanken, die damals die besten Köpfe bewegten, die Erkenntnisse, die ihre heißen Herzen in Liebe zu Volk und Vaterland erfühlten, wirkten trotz allen dunklen Gewalten, Irrungen und Wirrungen, die von jenem Aufbruch *zu den Tagen der Erfüllung* führen.«[120]

Im Text selbst ist viel von »Volk«, »Seele des Volkes«, »völkisch« und »volksfremd«, von »nordischem Blut« und von der »Eigentümlichkeit des Blutes« sowie vom »heiligen Rhein« die Rede, der durch die Franzosen »geschändet« worden sei.

Nach dem Eintritt Zöcklers in den Knaur Verlag wurden ihm die Vorwürfe aus dem Jahr 1936 erneut vorgehalten. Doch nach einer ausführlichen Einvernahme, die in einer Aktennotiz vom 12. September 1939 dokumentiert wurde, hält die Reichsschrifttumskammer intern fest, man wolle »die Angelegenheit auf sich beruhen« lassen:

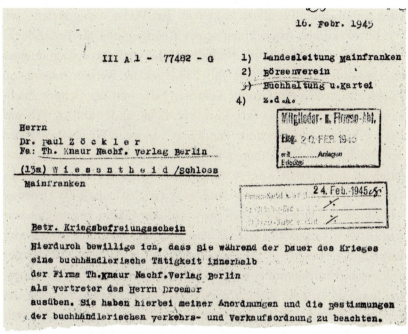

Paul Zöckler hat de facto während der Zeit, als Willy Droemer bei der Wehrmacht war, den Verlag geleitet. Die bürokratische Regelung dazu erfolgte mit dem »Kriegsbefreiungsschein« erst im Februar 1945, als der Verlag bereits nach Wiesentheid in Unterfranken übersiedelt war.

»Gerade in der jetzigen Zeit werden wir u. U. auf die besonderen Kenntnisse und Fähigkeiten des Dr. Zöckler zurückgreifen.«[121]

Die unmittelbare Zusammenarbeit zwischen dem 28-jährigen neuen Verlagsinhaber und dem bei seinem Verlagseintritt 45-jährigen Lektor Zöckler währte nicht lange, und es ist unklar, welche Befugnisse Zöckler hatte, als Willy Droemer zur Wehrmacht einberufen wurde. Er selbst erweckt in seinem kurzen Bericht *Die Zeit des Krieges. Ein Interregnum* in der Festschrift von 1951 den Eindruck, als sei ihm mit der Einberufung Droemers »Generalvollmacht« erteilt worden.[122] Erhaltene Dokumente zeigen aber, dass das wohl erst etwa vier Jahre später der Fall war. Am 22. Juni 1944 nämlich teilte der Börsenverein der Reichsschrifttumskammer mit, dass Zöckler zum 29. April des

Jahres als Generalbevollmächtigter in den Verlag »eingetreten« sei. Die bürokratische Abwicklung seiner Anerkennung als Verlagsleiter dauerte dann noch mehr als ein halbes Jahr, weil zuvor noch in einer Korrespondenz im Juni und Juli 1944 geklärt werden musste, ob Zöckler weiterhin der Gruppe Lektoren oder nun der Gruppe Buchhandel zuzuordnen sei. Erst kurz vor Kriegsende, am 16. Februar 1945, erhielt er – bereits unter der neuen Adresse in Wiesentheid – von der Reichsschrifttumskammer einen »Kriegsbefreiungsschein«, wodurch es ihm erlaubt war, »während der Dauer des Krieges [...] als Vertreter des Herrn Droemer« im Verlag tätig zu sein. Willy Droemer schreibt in der Festschrift von 1951: »In den Jahren 1941–1945 war ihm [Zöckler] das Wohl und Wehe des Verlages und der Mitarbeiter anvertraut gewesen.«[123] De facto dürfte zutreffen, was Zöckler der Reichsschrifttumskammer am 11. März 1943 in einer »Ergänzungsmeldung« über seine Aufgaben mitteilte: »Die gesamte Planung des Verlages, Beurteilung aller eingehenden Manuskripte. Die Bearbeitung von Knaurs Lexikon, des Gesundheitslexikons.«[124]

Das Tagesgeschäft konnte nur in enger Zusammenarbeit mit den Prokuristen Bürckner, Dröbeljahr und Konzack erledigt werden, denn Zöckler fehlten nach eigener Einschätzung »mancherlei buchhändlerische und kaufmännische Erfahrung«.[125] Stütze war offenkundig für Zöckler vor allem Dröbeljahr, der »seit nahezu vierzig Jahren in der Expedition des Verlages«, also im Vertrieb, tätig war.[126]

Stütze waren auch die engen Geschäftsbeziehungen »zu den Herstellungsbetrieben des Verlages und das System, das Adalbert Droemer für die Herstellung und den Vertrieb seiner Bücher aufgebaut hatte. 90 Prozent der Bücher des Verlages wurden in der weltbekannten Spamer AG in Leipzig gedruckt. [...] Wenige Schritte von der Spamerschen Druckerei entfernt lag die Großbuchbinderei Fritzsche-Hager-Sieke, die seit Jahren die Hunderttausende von Bänden jährlich aufband, die ihr als Rohdrucke von Spamer geliefert und die in riesigen Lagern aufbewahrt wurden. Sie besorgte zugleich die Großauslieferungen.«[127]

*

Die Produktion ab 1940 war bei stark reduzierter Titelzahl weitgehend durch *business as usual* gekennzeichnet. Wie oben beschrieben, sank die Zahl der publizierten Titel mit Ausnahme der Feldpostausgaben kontinuierlich, bis der Verlag im letzten Kriegsjahr die Buchproduktion ganz einstellte. Neben den erfolgreichen Hausautoren Max Brand, Ludwig Ganghofer und Luis Trenker erschienen Neuauflagen von *Knaurs Gesundheits-Lexikon* und *Bechsteins Märchen und Sagen* mit den Illustrationen von Ruth Koser-Michaëls. Die Akquisition von Paul Fechter (*Geschichte der deutschen Literatur*, erschienen 1941), Wilhelm von Scholz (*Das deutsche Gedicht*, erschienen 1941, und *Die Ballade*, erschienen 1942) sowie Hans Friedrich Blunck (*Märchen*, erscheinen 1942) ging sicher noch auf Adalbert Droemer zurück. Auffällig ist, dass 1942 und 1944 sehr völkische Titel von sehr völkischen Autoren wie *Bewährung ist alles* von Hans Franck, *Der Büttnerbauer* von Wilhelm von Polenz und *Xanthippe* von Hanns Sassmann erschienen.

Auch Knaur war selbstverständlich von den während des Kriegs immer strikteren Eingriffen der Lenkungsinstanzen betroffen, was »ein Abweichen von der eigentlichen Linie des Verlages« erzwang: »Zwar konnten noch einzelne Großauflagen herausgebracht werden, in zunehmenden Maße wurden vom allmächtigen Propagandaministerium die Auflagen auf fünftausend, höchstens zehntausend Exemplare festgesetzt.« Unter diesen Bedingungen musste die »Knauer'sche Eigenart«, nämlich Bücher zum niedrigen Preis herauszubringen, aufgegeben werden.[128] So kosteten die anordnungsgemäß nicht mehr als Leinen-, sondern als Pappbände erscheinenden Romane von Sassmann und Wilhelm von Polenz nun 6 Mark 30 bzw. 4 Mark 80 statt der gewohnten 2 Mark 85.

Zöcklers Hauptaufgaben bis Kriegsende waren neben dem verlegerischen Tagesgeschäft logistischer Natur. Am 22. November 1943 wurden bei einem Bombenangriff die Verlagsräume in der Passauer Straße 3 in Berlin-Charlottenburg so stark beschädigt,[129] dass der Verlag das vorbereitete Ausweichquartier in dem südwestlich von Posen gelegenen Lissa (heute Leszno) im damaligen Reichsgau Wartheland bezog. Von dort setzte er, wie dem Sortiment in einer *Börsenblatt*-Anzeige mitgeteilt wurde, die Geschäftstätigkeit eingeschränkt fort: »Die laufende Zuteilung wird weiter durchgeführt, wir sind aber nicht in der Lage, Reklamationen und Bestellungen anzunehmen und können keinen diesbezüglichen Schriftwechsel führen.«[130] Wie erwähnt, erschienen 1944 nur noch vier Titel.

Beim Angriff auf Leipzig in der Nacht vom 3. auf den 4. Dezember 1943 wurden neben den grafischen Betrieben 516 Verlage, Zwischenbuchhändler, Leihbüchereien und Reisebuchhandlungen getroffen und schätzungsweise 50 Millionen Bücher vernichtet.[131] Auch die Verluste von Knaur waren riesig, denn diesen Bombenangriffen fielen »nahezu restlos die großen Rohdrucklager, die laufende Produktion, vor allem aber die gesamten Druckstöcke, Matern, Platten« zum Opfer.[132] Die zweite Herausforderung Zöcklers war die Umsiedelung des Verlags im Oktober 1944, also noch vor Kriegsende, nach Wiesentheid in Unterfranken. Darüber wird im nächsten Kapitel berichtet.

DIE STELLUNG DES PUBLIKUMSVERLAGS KNAUR IM DRITTEN REICH

Welche Stellung hatte Knaur unter den Publikumsverlagen des Dritten Reichs? In dem 1935 erschienenen Überblickswerk *Der Buchhandel der Welt* wird im Kapitel über Deutschland Knaur zu den »wesentlichsten deutschen Verlegern« im belletristischen Segment gezählt. Dort sind 20 Verlage aufgeführt, darunter Cotta, Deutsche Verlagsanstalt, Fischer, Goldmann, Insel, List und Rowohlt, aber auch Verlage, die heute nicht mehr existieren oder kaum noch eine Rolle spielen, wie Grethlein, Grote, Holle, Schünemann und Tauchnitz.

Da sich Steuerprüfungsberichte aus den Jahren 1938 und 1941 erhalten haben, kennen wir einige wirtschaftliche Rahmendaten des Verlags und können diese mit denen anderer Verlage vergleichen. Knaur gehörte 1938 zu den 45 Unternehmen, die mehr als eine Million Umsatz machten; in den Jahren 1934 bis 1939 beschäftigte der Verlag zwischen 19 und 21 Mitarbeiter.[133] Der Umsatz des Unternehmens, das rechtlich eine handelsgerichtlich »eingetragene Einzelfirma« des »Einzelkaufmanns« Adalbert Droemer war, stieg in diesem Zeitraum kontinuierlich von 1,9 Millionen Mark auf 2,9 Millionen Mark.[134]

Diese Steigerung des Umsatzes um rund zwei Drittel ging mit einer deutlichen Gewinnausweitung um das Fünffache einher, nämlich von 183 900 Mark auf 936 092 Mark. Knaur war damit in den ersten Jahren des Vergleichszeitraums deutlich umsatzstärker als Bertelsmann und wurde erst 1938 von dem Gütersloher Verlag überholt.[135] Was die Gewinnsituation und damit die Umsatzrendite angeht, so war Knaur Bertelsmann deutlich überlegen. Die Umsatzrendite von Bertelsmann lag in diesen Jahren meistens unter 10 Prozent und stieg erst nach 1940 rasant an; demgegenüber betrugen die entsprechenden Zahlen bei Knaur zwischen 12,8 Prozent (1936) und 32,2 Prozent (1938). Nur 1934 lag diese Kennzahl mit 9,5 Prozent deutlich

```
- 3 -
            A. Allgemeines.
 1. Rechtsform des Unternehmens : Eingetragene Einzelfirma
 2. Inhaber des Betriebes: bis 1.September 1939 Adalbert Droemer
    ( verstorben am 1.9.1939) , zuletzt wohnhaft Berlin-Dahlem, Am Erlen-
    busch 16, seit dem 2.September 1939
    der Sohn Willi Droemer, wohnhaft in Berlin-Wannsee, Bahnhofstr.12
 3. Geschäftszweig: Verlag schöngeistiger Literatur und Haerausgabe
                    des " Knaur Lexikons ".
 4. Bilanzstichtag : 31.Dezember
 5. Auskunft haben erteilt: Der Inhaber Herr Willi Droemer, die Proku-
    ristin Frl.Konsack und die Revisions-und Treuhandgesellschaft
    Rudolf Völz & Co., Berlin , Unter den Linden 55
 6. Zugehörigkeit zu Kartellen u.s.w.:./.
 7. Ein Organverhältnis zu anderen Unternehmungen besteht nicht
 8. Anzahl der Beschäftigten        Angestellten          Arbeiter
              1937                      16                    4
              1938                      17                    3
              1939                      17                    3
 9. Gezahlte Gehälter und Löhne :
              1937                  100.284.--  RM
              1938                  109.835.--   "
              1939                  106.067.--   "
10. Sollumsätze:
              1937                2.753.358.--  RM
              1938                2.469.442.--   "
              1939                3.313.609.--   "
```

Ausschnitte aus dem Betriebsführungsbericht des Finanzamts Schöneberg vom 4. Februar 1941 mit wichtigen Kennzahlen zur wirtschaftlichen Situation des Knaur Verlags in den Jahren 1937 bis 1939. Der Bericht ist nur in einem Durchschlag einer Abschrift erhalten, daher die schlechte Abbildungsqualität.

niedriger, was aber durch die Zahlungen an die ehemaligen jüdischen Mitbesitzer zu erklären ist.[136] Wie sich die ökonomische Situation des Verlags nach Kriegsbeginn veränderte, wissen wir mangels Unterlagen nicht. Die letzte Zahl, die vorliegt, ist die Umsatzsteigerung von 2,9 Millionen Mark im Jahr 1939 auf mehr als 3,6 Millionen Mark ein Jahr darauf. Da die Zahl der Novitäten dabei von zehn auf acht zurückging, lässt die Umsatzentwicklung auf eine starke Backlist schließen. Das bestätigt ein Vorgang aus dem Jahr 1941.

Knaur beantragte am 4. Juli des Jahres bei der Reichsschrifttumskammer, 300 000 Exemplare der 1937 erschienenen Ausgabe von

Grimms Märchen und 100 000 Exemplare der ein Jahr danach publizierten *Märchen* von Hans Christian Andersen (beide mit den Illustrationen von Ruth Koser-Michaëls) in Italien produzieren zu dürfen. Als Begründung führte der Verlag an: »Ganz abgesehen von den Herstellungsschwierigkeiten in Deutschland spielt bei der Herstellung dieser Bände im Offsetverfahren eine besondere Rolle die Inanspruchnahme dieser Abteilungen durch Wehrmachtsaufträge. Selbst wenn uns das Papier genehmigt würde, wären wir nicht in der Lage, die Bände in einer auch nur einigermaßen den Anforderungen des Sortiments entsprechenden Weise herzustellen.«[137] Der Wert des Auftrags an die Druckerei in Bergamo betrug rund 350 000 Reichsmark.

Die Anfrage des Verlags rief heftige bürokratische Aktivitäten hervor. Die Reichsschrifttumskammer wollte die Verantwortung für die Genehmigung nicht übernehmen und holte die Stellungnahmen der Reichskulturkammer, des Propagandaministeriums und des Reichswirtschaftsministeriums ein. Schlussendlich genehmigten die Reichsschrifttumskammer und die Reichskulturkammer am 1. August und 12. August die Verlagerung der Herstellung unter der Voraussetzung, dass die Devisenfrage geklärt sei. Ob die Auflagen auch gedruckt wurden, lässt sich nicht mehr rekonstruieren. Beide Titel tauchten erst 1949 wieder im *Gesamtverzeichnis des deutschsprachigen Schrifttums* auf.

Die Branche insgesamt erlebte auf dem gelenkten Markt eine »Sonderkonjunktur seit dem Beginn des Zweiten Weltkrieges«, einen Boom, »der bis 1943 ungebrochen anhielt«, besonders im Bereich der Belletristik.[138] Sehr gefragt war zum Vorteil Knaurs Unterhaltungsliteratur – eine Entwicklung, die vor allem von Goebbels – durchaus in Abgrenzung zu anderen Nazigrößen – gefördert wurde. So schrieb sein Sprachrohr Helmuth Langenbucher, der Chefredakteur des *Börsenblatts für den Deutschen Buchhandel,* im Jahr 1941: »Der Unterhaltungsroman als Mittel der Entspannung und Erholung des arbeitenden Volksgenossen, ganz unabhängig davon, ob es sich um einen Handwerker oder um den geistigen Arbeiter handelt, spielt eine Rolle, die gar nicht überschätzt werden kann.«

Antrag des Knaur Verlags vom 4. Juli 1941 an die Reichsschrifttumskammer, 400 000 Exemplare von *Märchen*-Bänden mit den Illustrationen von Ruth Koser-Michaëls im Ausland produzieren zu dürfen. Der Antrag zog wegen der Höhe der Auflage heftige bürokratische Aktivitäten nach sich. Die Reichsschrifttumskammer zeigte sich »über eine solche Auflagenhöhe entsetzt«. Unklar muss bleiben, ob die beantragten Auflagen wirklich gedruckt wurden.

Und ein weiteres Sprachrohr von Joseph Goebbels, der Leiter der Abteilung Schrifttum im Propagandaministerium Wilhelm Haegert, unterstreicht die Bedeutung der Unterhaltung hinsichtlich Front und Heimatfront: »Unterschätzen wir nicht die kulturpolitische Bedeutung der Unterhaltung unseres Volkes! Der Panzerschütze des Wüstenkrieges will das unterhaltende Buch, das ihn von den eintönigen Strapazen des Wüstenlebens ablenkt. [...] Die werktätige Frau, die aus dem Rüstungswerk heimgekehrt ist, will, wenn ihr überhaupt Zeit [...] zum Lesen nach der Besorgung ihrer Kinder bleibt, Entspannung von den Sorgen, die ein ausbleibender Brief des an der Front befindlichen Mannes ihr vielleicht bereitet. Der Stoff für diese Unterhaltung muss sein.«[139]

Da die Zahl der Neuerscheinungen seit 1939 mehr oder weniger konstant blieb und gleichzeitig der Anteil der Neuauflagen in Relation zu den Erstauflagen ständig anstieg – 1942 war fast ein Gleichstand erreicht –, hat das die Gewinnsituation der Verlage deutlich verbessert. Zur Sonderkonjunktur trugen auch die oben beschriebenen guten Geschäfte der Verlage mit der Wehrmacht bei.[140]

Zur Kriegswirtschaft gehörte die Schließung von buchhändlerischen Betrieben wegen der Engpässe im Rohstoffbereich und wegen des Arbeitskräftebedarfs der kriegswichtigen Betriebe. Dabei mussten von den rund 3500 Verlagen über 1900 Unternehmen bis Ende September 1944 schließen. Schon kurz nach Kriegsbeginn hatte Knaur die Einstufung als »wehrwichtiger« Betrieb beantragt und auf Fürsprache von Karl Heinrich Bischoff, dem zuständigen Referenten in der Reichsschrifttumskammer, auch »sowohl aus devisenpolitischen als aus kulturpolitischen und propagandistischen Gründen« erhalten.[141] Aufgrund seiner Größe gehörte Knaur zu den Verlagen, die trotz der Schließungen bestehen bleiben sollten. Auf der *Liste der zu sichernden Verlage*, die dem *Börsenblatt für den Deutschen Buchhandel* vom 4. November 1944 beilag, standen nur noch 273 Verlage, darunter Knaur mit dem Verlagsort Lissa/Wartheland.[142]

*

Allzu einfach werden die Verlage im Dritten Reich neben den emigrierten Verlagen nach nationalsozialistischen und nicht nationalsozialistischen Verlagen kategorisiert. Aber die Wirklichkeit verlegerischen Überlebens in der Diktatur ist »sicher nicht mit einer bloßen Dichotomie von Fanatikern, Anpassern und Mitläufern auf der einen und vorsichtiger Distanz, ›Innerer Emigration‹ oder gar provokanter Opposition auf der anderen Seite zu erfassen«.[143] Knaur gehörte nicht zu den Verlagen, die – teilweise schon vor 1933 – »volkshafte Dichtung« verlegt hatten.[144] Dazu zählen u. a. Langen Müller, Diederichs, Insel und List.[145] Ebenso wenig zählte er zu denen, die in den Jahren 1933 und 1934 eine wahre Konjunktur von Hitler-Schriften auslösten.[146] Sicher war Droemer aber auch kein »System«-Verlag wie Kiepenheuer, Rowohlt und Zsolnay.[147] Der Buchhandelshistoriker Reinhard Wittmann hat die Spannweite der »Verhaltensvarianten und Handlungsspielräume in der Diktatur« am Beispiel einzelner Verlage eindrucksvoll vor Augen geführt: »die Spannweite zwischen dem Fanatismus von Eher und Lehmann, dem ideologischen Ehrgeiz von Langen-Müller, der heftigen Anbiederung von Westermann, dem Gesinnungswechsel von Steegemann, der völkischen Verblendung von Diederichs, dem skrupellosen Kalkül von Bertelsmann, der resignierten Distanz von Kippenberg, dem Lavieren von Reclam und Piper, der noblen Opposition von Suhrkamp, der Unerschrockenheit von Kilpper [Deutsche Verlagsanstalt], der Frechheit von Rowohlt, der scheinbar listigen Unterwerfung Zsolnays«.[148]

Wo steht Knaur in dieser Reihe? Knaur gehört zu den Verlagen, »die weiter gearbeitet und sich mehr oder weniger angepasst oder arrangiert haben. Dazu gehörte die Masse der Verlage.«[149] Die besonderen Verhaltensstrategien, »deren Anwendung im praktischen Alltag über das Schicksal von Autoren und Büchern entschied«, hat Jan-Pieter Barbian, der anerkannte Experte für nationalsozialistische Literaturpolitik, detailliert beschrieben. Es war »existentiell notwendig, stets über die aktuellen Entwicklungen informiert zu sein, persönliche Kontakte zu den Schrifttumsstellen aufzubauen und zu pflegen, ›unerwünschte‹ Autoren [und Herausgeber und Übersetzer, wäre zu ergänzen] aus dem Programm zu nehmen, Kompromisse bei der Bearbeitung von Neuauflagen bereits erschienener Bücher einzugehen, die Autoren zur politischen Zurückhaltung zu verpflichten, Manuskripte nicht mehr nur unter dem Gesichtspunkt der literarischen Qualität und des auf dem Buchmarkt zu erzielenden wirtschaftlichen Erfolgs zu lesen, sondern auch im Hinblick auf mögliche politische Beanstandungen«.[150]

Wegen seiner wirtschaftlichen Größe, die sich in der Einstufung als zu sichernder Verlag niederschlug, konnte Knaur auch nicht »im Schatten nationalsozialistischer Literaturpolitik« überdauern, wie kleinere Neugründungen das taten.[151] Vielmehr behauptete sich der Verlag in einer Mischung aus Anpassung, Opportunismus und Kollaboration im Dschungel der nationalsozialistischen Literaturpolitik: »Gerade für Belletristik- und Literaturverlage war die personelle Zusammensetzung der Kontrollinstanzen von großer Bedeutung. Ebenso wichtig wie die Befolgung der rigiden Schrifttumsdirektiven war es, im bürokratischen Labyrinth der konkurrierenden Instanzen die richtigen Kontakte zu pflegen, sie gar vorsichtig gegeneinander auszuspielen. Dabei bestand immer die Gefahr, aufs falsche Pferd zu setzen.«[152]

Die Todesanzeigen für Adalbert Droemer im *Börsenblatt für den Deutschen Buchhandel* vom 5. September 1939.

Offenkundig war Adalbert Droemer ein begnadeter Netzwerker. Dazu gehören u. a. die Autorenkontakte zu Wilhelm von Scholz und Karl Alexander von Müller, dem Herausgeber der *Weltgeschichte*. Wichtigstes Beispiel sind jedoch die von beiderseitigem Nutzen geprägten Beziehungen zu Hans Friedrich Blunck. Blunck agierte in schwierigen Situationen als Berater, vermittelte gegenüber den NS-Behörden und profitierte selbst von gut dotierten Verlagsverträgen. Droemer zeichnete wohl das aus, was über seinen Autor Richard Hamann gesagt wurde: »Pragmatismus, Kompromissbereitschaft, Anpassungsvermögen sowie diplomatisches Geschick im Umgang mit Funktionären und Behörden.«[153]

Sicher war Knaur in den Augen literarischer Ästheten (und aus Sicht von Konkurrenten) das, was Rudolf Borchardt der Deutschen Verlagsanstalt vorgeworfen hatte, nämlich eine »Bücherfabrik« und ein »seelenloses Verlagswarenhaus«.[154] Insofern agierte der Verlag auf einem anderen literarischen Niveau als konservativ-bürgerliche Verlage wie Claassen/Goverts oder die Deutsche Verlagsanstalt.[155] Doch dass Knaur und sein Verleger Adalbert Droemer dem bürgerlichen Milieu angehörten, das einerseits auf die proletenhaften Nationalsozialisten herabblickte, anderseits aber in Programm- wie Personalfragen sich anpassten, kooperierten und profitierten, steht außer Frage.

DIE ÄRA
WILLY DROEMER

1945—1981

DER NEUANFANG ALS DROEMERSCHE VERLAGSANSTALT

Die Jahre zwischen dem Neuanfang nach dem Zweiten Weltkrieg und dem Verkauf an die Verlagsgruppe Georg von Holtzbrinck waren trotz vieler wichtiger Mitarbeiter von einer Person geprägt – von Willy Droemer, dem Alleininhaber des Verlags.

Am 7. Juni 1946 erteilte das Office of Military Government of Germany, Information Control Division, den »Zulassungsinhabern« Dr. Paul Zöckler und Mr. Willi Droemer – in dieser Reihenfolge und in dieser Schreibung – die Verlagslizenz US-E-170 für die Firma Droemersche Verlagsanstalt mit dem Sitz in Wiesentheid in Unterfranken. Als Tätigkeitsbereich wurden in der zweisprachigen Urkunde »Book Publishing« bzw. »Buchverleger« genannt. Die Lizenz war inhaltlich beschränkt, denn sie berechtigte nicht »zur Heraus-

Die Lizenzurkunde für die Droemersche Verlagsanstalt, ausgestellt am 7. Juni 1946.

gabe von Wörterbüchern, Lexika und Atlanten«.[1] Das liegt sicher in der inhaltlichen Verschärfung von *Knaurs Konversations-Lexikon* im Sinn der nationalsozialistischen Ideologie in den Ausgaben seit 1934 begründet.

Daher war wohl auch der Versuch, vorher in Berlin eine Lizenz zu erhalten, fehlgeschlagen. Aus einem undatierten Fragment eines Briefs von Paul Zöckler an unbekannt geht hervor, dass zwei Prokuristen dort einen Antrag für den Knaur Verlag gestellt hatten. In dem entsprechenden Fragebogen des Magistrats von Berlin, Abteilung für Volksbildung, hatte der Verlag am 8. August 1945 die *Deutschen Heldensagen* und die *Märchen* von Hans Friedrich Blunck als »nicht mehr verlagswürdig« angegeben. Ein handschriftlicher Kommentar der Behörde am Kopf der ersten Seite lautet: »Produktion im wesentlichen gut. Die beiden Märchenbücher von H. F. Blunck beachten. Die beiden von W. v. Scholz herausgegebenen Gedichtbände auf Beiträge von NS-Dichtern hin überprüfen.«[2] Der genannte Brief von Zöckler, der mit großer Wahrscheinlichkeit aus der ersten Jahreshälfte 1946 stammt, legt nahe, dass dem Verlag verweigert wurde, unter dem alten Namen Th. Knaur Nachf. zu firmieren: »Hier möchte ich noch ausdrücklich hinzufügen, dass uns versichert worden ist, dass sonst [bezieht sich wohl auf die genannten Autoren] nichts gegen den Verlag vorläge, keinesfalls personell (denn sonst würde uns ja auch nicht der Vorschlag, eine neue Lizenz unter Namensänderung zu beantragen, gemacht werden).«

Aus einer resigniert-ironischen Bemerkung Zöcklers geht hervor, dass der Verlag auch in München versucht hat, unter dem alten Namen lizenziert zu werden: »Aber uns ist ja auch im November die Lizenz bei der Publication Section in München zugesagt worden« – was dann augenscheinlich nicht der Fall war. Zum Zeitpunkt des Schreibens rechnete Zöckler »eigentlich« mit einer »Ablehnung der Lizenz hier«, wobei unklar bleibt, für welchen Verlag und für wen die Lizenz zu diesem Zeitpunkt beantragt worden war. Aus einer beiläufigen Bemerkung von Hanns Höwing (1909–1970), dem Herstellungsleiter des Verlags, der »gute alte Knaur Verlag« sei »wider Willen in

> **Magistrat der Stadt Berlin**
> Abteilung für Volksbildung
> Verlag und Zeitschriften
>
> *Produktion im wesentlichen gut. Die beiden Märchenbücher von H.F. Blunck, die beiden von W. v. Scholz herausgegebenen Gedichtbände auf Beiträge von NS-Dichtern hin überprüfen.*
>
> Meldepflicht zum 30. Juli 1945
>
> ## Fragebogen zur Erfassung der Verlage in Groß-Berlin
>
> I. Firmenrechtliche und betriebliche Angaben
> 1. Firmenname (Stempel) Th. Knaur Nachf. Verlag   Th. Knaur Nachf., Verlag
> 2. Anschrift   Berlin-Wannsee, Bahnhofstrasse 12   Berlin - Wannsee
>   Bahnhofstraße 12
> 3. Rechtsform (Einzelkaufmann, offene Handelsgesellschaft, G. m. b. H., Genossenschaft, Aktiengesellschaft, Kommanditgesellschaft) Handelsregisterauszug beifügen, wenn vorhanden   Einzelkaufmann
> 4. Gegründet .... bzw. besteht in Berlin seit 1901
> 5. Inhaber (je nach Rechtsform) am 1. Januar 1945

Wie genau die Verlage unter Beobachtung standen, zeigt dieser handschriftliche Kommentar am Kopf des Fragebogens, den der Verlag am 8. August 1945 eingereicht hatte – damals noch in der Hoffnung, in Berlin als Th. Knaur. Nachf. lizenziert zu werden.

Droemersche Verlagsanstalt umbenannt« worden, ist zu schließen, dass zunächst auch hier eine Lizenzierung von Knaur angestrebt wurde.[3]

Willy Droemer hat später den Vorgang bestätigt, als er 1970 in einem Gespräch mit einem Journalisten auf die Frage, warum der Verlag Droemer Knaur heiße, antwortete: »Wegen der Amerikaner. Ich lebte nach 1945 in Bayern, in der amerikanischen Besatzungszone. Natürlich wollte ich den Knaur Verlag wieder auf die Beine stellen. Aber die Amerikaner gaben für die alten Verlagsnamen keine Lizenz. Also brachte ich Knaur unter meinem eigenen Namen heraus.«[4]

Was die genauen Gründe dafür waren, ist nicht zu rekonstruieren, da entsprechendes Archivmaterial nicht vorliegt. Die Alliierten, vor allem die Russen, aber auch die Amerikaner, hatten jedoch in der unmittelbaren Nachkriegszeit große Vorbehalte gegen Personen und

Verlage, die auch nur im leisesten Verdacht standen, mit den Nationalsozialisten zusammengearbeitet zu haben. Es dürften drei Gründe für die Ablehnung einer Knaur-Lizenz maßgebend gewesen sein. Zum einen hatte der Verlag einige Autoren verlegt, die dem Regime durchaus nahestanden und deren Werke auf der *Liste der auszusondernden Literatur* erschienen. Zum Zweiten stand Knaur auf der *Liste der zu sichernden Verlage,* die die Nationalsozialisten im November 1944 veröffentlicht hatten, und war damit von diesen als kriegswichtig eingestuft worden. Und schließlich waren kurz nach Kriegsende die Umstände der »Arisierung« des Verlags noch nicht geklärt.

Offenkundig bestand auch die Überlegung, eine weitere Lizenz in einer anderen Besatzungszone zu beantragen, wie andere Verlage das auch getan haben,[5] denn Zöckler schreibt, »dass wir bei einem Antrag in einer anderen Zone die Bemühungen um die Lizenz hier [in der amerikanischen Besatzungszone] nicht verheimlichen können«.[6]

Der Verlag musste wie alle anderen Verlage das entsprechende Prozedere durchlaufen, denn Teil der alliierten Besatzungspolitik war neben den politischen Gesetzesbestimmungen, Richtlinien und Verordnungen auch eine strikte Kommunikationspolitik. Grundlage dafür war das bereits vor Kriegsende erlassene Gesetz Nr. 191 über die Nachrichtenkontrolle vom 24. November 1944. Darin wurde jegliche kulturelle Tätigkeit zunächst einmal verboten, darunter auch »das Drucken, Erzeugen, Veröffentlichen, Vertreiben, Verkaufen und gewerbliche Verleihen« von u. a. Büchern, aber auch der Betrieb von Theatern, Kinos und Zirkusunternehmen. Ein Verstoß dagegen konnte sogar mit der Todesstrafe geahndet werden.

In der Nachrichtenkontrollvorschrift Nr. 1 vom 12. Mai 1945, also unmittelbar nach Kriegsende, wurde geregelt, dass diese kulturellen Tätigkeiten »nur auf Grund einer schriftlichen Zulassung der Militärregierung« ausgeübt werden durften.[7] Dabei stellten die Alliierten drei Mindestanforderungen an die Kandidaten für eine Lizenz. Erstens mussten sie als berufliche Eignung mindestens eine abgeschlossene Verlagsbuchhändlerlehre vorweisen können. Zweitens musste ihr politisches Verhalten während des Nationalsozialismus eine demokratische Gesinnung dokumentieren. Schließlich wurde gefordert, dass die potenziellen Lizenzträger ein Verlagsprogramm vorlegen konnten, dessen Verlagsrechte sie besaßen und das nicht dem Reeducation-Programm der Alliierten zuwiderlief.

Ab August 1945 standen Formulare zur Beantragung einer Lizenz für Verlage zur Verfügung. Im Lauf des Septembers gingen 726 Anträge aus ganz Bayern ein, darunter auch von bekannten Verlegern, die vorher in Berlin oder Leipzig ihren Verlagssitz hatten. Die Mehrzahl der Anträge wurde zu diesem Zeitpunkt abgelehnt, weil die Antragsteller den Amerikanern als politisch bedenklich erschienen. Die erste Lizenz in Bayern erhielt mit der Nummer E-101 am 15. November 1945 Kurt Desch für den Zinnen-Verlag. Bis Juni 1946, also bis zu dem Monat, in dem Droemer die Lizenz E-170 erhielt, wurden insgesamt 74 Verlage lizenziert. Die Lizenzierung in Berlin erfolgte nach denselben Kriterien wie in der amerikanischen Besatzungszone. So erhielten bis Ende 1946 in der britischen Besatzungszone 54, in der amerikanischen 28, in der französischen vier und in der russischen elf Verlage eine Lizenz.[8]

Die Altbestände

Noch vor der Lizenzierung erhob sich die Frage, was mit Beständen geschehen solle, die im Krieg nicht zerstört worden waren. Mit der Konstituierung des Magistrats von Berlin am 17. Mai 1945 wurde auch eine Abteilung für Volksbildung eingerichtet, die u.a. die Aufgabe hatte, wichtige Buchbestände zu sichern. Wichtig bedeutete dabei die Möglichkeit, nationalsozialistische Literatur auszusondern, aber auch »antifaschistische« Literatur vor allem Bibliotheken und Schulen nach den Kriegszerstörungen zur Verfügung zu stellen. Dabei kamen auch die Außenlager des Knaur Verlags in den brandenburgischen Städten Fehrbellin und Motzen in den Blick der Behörde. So schrieb die Unterabteilung Verlage am 6. September 1945 an den Verlag: »Wir haben davon Kenntnis erhalten, dass sich in Motzen bei

Berlin ein Ausweichlager Ihres Unternehmens befindet und dass die dort lagernden wertvollen Bücher gefährdet sind. Der allgemeine Mangel an guten Lesestoffen, der sich in allen Berliner Volksbüchereien, Leihbüchereien und Buchhandlungen schmerzlich bemerkbar macht, hat zur Folge, dass wir uns für die in Motzen befindlichen Bücher besonders interessieren.« Das besondere Interesse war wohl eine Umschreibung für eine anstehende Beschlagnahme. Auch wurde der Verlag höflich, aber bestimmt aufgefordert, die Bücher nach Berlin zu überführen und »ein genaues Verzeichnis mit Angabe der jeweiligen Stückzahl« an die Behörde einzureichen. Das geschah mit einem Schreiben des Prokuristen Arthur Dröbeljahr vom 3. November 1945, allerdings ohne die geforderte Nennung der vorhandenen Stückzahl. Die Liste umfasste 39 Titel von 19 Autoren, an der Spitze Ludwig Ganghofer mit 13 und Émile Zola mit sechs Titeln.

In den erhaltenen Akten der Behörde findet sich auch eine deutlich umfangreichere Liste, die mit hoher Wahrscheinlichkeit die Bestände des Außenlagers Fehrbellin wiedergibt.[9] Aus dem umfangreichen Programm der Klassiker-Werkausgaben sind Goethe, C. F. Meyer, Reuter, Storm und Wilde lieferbar geblieben. Unter der Überschrift »Standard-Werke und Meisterwerke der Weltliteratur« ist mehr oder weniger die gesamte Backlist des Verlags in diesem Bereich verzeichnet. Bei Ganghofer und Trenker nennt die Liste die einzelnen Werktitel; die Unterhaltungsautoren Zane Grey und Max Brand sind pauschal mit jeweils etwa 25 Titeln verzeichnet. Das gilt auch für die *Romane der Welt*, von denen noch etwa 50 Titel vorhanden waren. Gesondert aufgeführt sind *Konversations-Lexikon*, *Welt-Atlas* und *Gesundheits-Lexikon*. Auch in dieser Aufstellung fehlen die noch vorhandenen Stückzahlen; mit Bleistift ist nachträglich der Ladenpreis vermerkt worden.[10] Was mit den in den beiden Listen aufgeführten Buchbeständen geschah, ist unbekannt.

```
Burckhardt,        Die Kultur der Renaissance in Italien,
Freytag, Gust.     Die Ahnen,
   "               Die verlorene Handschrift,
Dostojewski, Fed.  Der Idiot,
   "               Raskolnikows Schuld und Sühne,
Fülöp-Miller,      Macht und Geheimnis der Jesuiten,
Ganghofer, Ludwig, Die Martinsklause,
   "               Schloss Hubertus,
   "               Edelweisskönig,
   "               Das Schweigen im Walde,
   "               Der Klosterjäger,
   "               Waldrausch,
   "               Der Dorfapostel,
   "               Das Gotteslehen,
   "               Der Jäger von Fall,
   "               Der Unfried,
   "               Der Herrgottschnitzer,
   "               Der hohe Schein,
   "               Gewitter im Mai,
Lagerlöf, Selma,   Jerusalem,
Meyer, Conr.Ferd.  Sämtliche Werke in 2 Bänden,
   "               Der Heilige,
Munthe, Axel,      Das Buch von San Michele,
Ponsonby, Freder.  Die Briefe der Kaiserin Friedrich,
Fourtalès, Guy de, Richard Wagner, Mensch und Meister,
Scherer, Wilh.     Geschichte der deutschen Literatur, (Bis Goethe)
Wallace, Lewis,    Ben Hur,
Wilde, Oscar,      Gesam. Werke in 2 Bänden,
Zola, Emile,       Lourdes,
   "               Rom,
   "               Paris,
   "               Fruchtbarkeit,
   "               Arbeit,
   "               Wahrheit,

Andersen,          Märchen,
Grimm,             Märchen,
Hauff,             Märchen,
Bechstein,         Märchen,

Hamann,            Geschichte der Kunst,
```

```
Liste der Verlagsartikel des Verlages Th. Knaur Nachf.
=======================================================

Ludwig Ganghofer Romane:

  Die Martinsklause            Schloss Hubertus
  Schweigen im Walde           Edelweisskönig
  Der Klosterjäger             Mann im Salz
  Der Dorfapostel              Waldrausch
  Das Gotteslehen              Der Ochsenkrieg
  Der hohe Schein              Der laufende Berg
  Jäger von Fall               Der Unfried
  Trutze von Trutzberg         Der Herrgottschnitzer
  Der Besondere                Die Jäger
    u.a.

Standard-Werke und Meisterwerke der Weltliteratur:

  Anzengruber, Der Schandfleck
       "       Sternsteinhof
  Aussbach, Barfüssele
  Brachvogel, Friedemann Bach
  Bulwer, Die letzten Tage von Pompeji
  Burckhardt, Kultur der Renaissance
  Braun, In Schatten der Titanen
  Bonsels, Notizen eines Vagabunden
  Dostojewski, Der Idiot
       "       Schuld und Sühne
       "       Der Spieler
       "       Brüder Karamasow
  Dumas, Der Graf von Monte Christo
       "  Drei Musketiere
  Ebner-Eschenbach, Lotti
  Fontane, Der Stechlin
       "   Effi Briest
  Francois, Die letzte Reckenburgerin
  Gustav Freytag, Soll und Haben
       "       "  Die verlorene Handschrift
       "       "  Die Ahnen
  Goethe, Faust
  Halbarten, Helene Kinderohan
  Hauff, Lichtenstein
  Hamsun, Das letzte Kapitel
  Hugo, Der Glöckner von Notre Dame
  Heimburg    10 Bände
  Feuerbach, Ein Vermächtnis
  Fülöp-Miller, Macht u. Geheimnis der Jesuiten
  Galsworthy, Jenseits
  Krieglstein, Aus dem Lande der Verdammnis
       "       Zwischen Weiss und Gelb
  Kügelgen, Jugenderinnerungen eines Alten Mannes
  Lagerlöf, Gösta Berling
       "    Jerusalem
  Munthe, Das Buch von San Michele
  Mereschkowski, Leonardo da Vinci
       "         Napoleon
  Kipling, Die Dschungelbücher
       "   Das Licht erlosch
  Marlitt    10 Bände
```

Zwei Listen mit Buchbeständen, die den Krieg überstanden haben. Entgegen den Anweisungen gab der Verlag nicht die Zahl der vorhandenen Exemplare an.

Verzögerter Start

Von der Lizenzerteilung am 7. Juni 1946 durch die Information Control Division der Militärregierung bis zum Eintrag in das Handelsregister am zuständigen Amtsgericht Kitzingen am 28. Juni 1947 verging noch gut ein Jahr, obwohl der Landrat von Kitzingen bereits am 28. Juni 1946 an Droemer geschrieben hatte:

»Auf Befehl der Militärregierung werden Sie hiermit in Kenntnis gesetzt, dass Sie politisch überprüft und Ihre Beschäftigung im Verlagshaus schriftlich genehmigt wurde.«[11] Warum das Schreiben des Verlags, das die Eintragung in das Handelsregister mit Droemer als Alleininhaber unter »Droemersche Verlagsanstalt, Wiesentheid« mit einem Geschäftsvermögen von 100 000 Reichsmark anmeldete, erst am 28. Oktober 1946 an das Amtsgericht Würzburg geschickt wurde, bleibt unklar. Das notariell beglaubigte Schreiben enthielt die folgende Erklärung Droemers: »Der NSDAP gehörte ich nicht an. [...] Ich versichere an Eides statt, dass mein Vermögen von der Militärregierung nicht gesperrt ist und dass ich mich auch nicht zu irgendeiner Zeit aktiv für eine Tätigkeit der NSDAP oder einer der ihr angegliederten Organisationen eingesetzt habe.«

Das Amtsgericht wies Droemer am 22. November darauf hin, dass bei einer Einzelfirma dem Firmennamen Vor- und Zuname des Inhabers hinzuzufügen seien. Nun dauerte es genau ein halbes Jahr, bis Droemer mit Schreiben vom 22. April 1947 erneut die Firma, nun unter der korrekten Bezeichnung »Droemersche Verlagsanstalt, Willy Droemer, Wiesentheid«, zur Eintragung in das Handelsregister anmeldete. Auch hier bleibt der Grund der erneuten Verzögerung unklar. Der Eintrag ins Handelsregister beim Amtsgericht Kitzingen erfolgte am 28. Juni 1947.

Diese Verzögerungen sind wahrscheinlich zum einen dadurch verursacht worden, dass das Entnazifizierungsverfahren gegen Willy Droemer noch nicht abgeschlossen war, zum anderen dadurch, dass der Verlag immer wieder versuchte, sich als Rechtsnachfolger von Th. Knaur Nachf. zu positionieren. So schrieb Droemer am 14. No-

Im 5. Jahre
ihres Bestehens
feiert die
DROEMERSCHE VERLAGSANSTALT
den 50. Geburtstag
des KNAUR-BUCHES

In der Festschrift des Jahres 1951 schlägt sich deutlich der Anspruch der Droemerschen Verlagsanstalt nieder, Rechtsnachfolger des Verlags Th. Knaur Nachf. zu sein. Das zeigen die Deckelprägung des Bands, der Eindruck auf dem Schmutztitel und die Titelformulierung (von links oben).

vember 1946 an das Amtsgericht Würzburg: »Die Droemersche Verlagsanstalt ist übrigens der Rechtsnachfolger des Th. Knaur Nachf. Verlages.« Auch gegenüber dem Börsenverein des Deutschen Buchhandels wurde dieses Argument ins Feld geführt. Willy Droemer betonte am 17. Juni 1946 in einem Schreiben, »dass der Knaur Verlag am 7. Juni d. Js. unter US-E-170 lizenziert worden ist und nunmehr den Namen ›Droemersche Verlagsanstalt‹ führt«, was hinsichtlich des Knaur Verlags definitiv nicht der Wahrheit entspricht.[12] Und Paul Zöckler teilte am 17. Oktober 1946 der Buchhändlerorganisation mit, »dass es sich bei unserem Verlage um eine Änderung der Firmenbezeichnung und um einen Ortswechsel handelt. Der Verlag ist der

In einer ganzseitigen Anzeige im *Börsenblatt für den Deutschen Buchhandel* vom 13. Juli 1951 verwendete die Droemersche Verlaganstalt ausschließlich das Knaur-Logo, um für die Produktion des Verlags zu werben.

ehemalige Th. Knaur Nachf. Verlag, Berlin. Sämtliche Rechte dieses Verlages liegen also weiterhin bei uns. Der Verlag ist nach wie vor Einzelfirma, der frühere Inhaber Willy Droemer ist Inhaber.«[13] Diese Position wurde in dem Schreiben vom 3. Dezember 1946 an den Börsenverein bekräftigt.[14]

Der Anspruch, Rechtsnachfolger des Verlags Th. Knaur Nachf. zu sein, schlug sich noch in der Festschrift des Jahres 1951 nieder. Die Titelformulierung des in Seide gebundenen Buches lautet *Im 5. Jahre ihres Bestehens feiert die Droemersche Verlagsanstalt den 50. Geburtstag des Knaur-Buches,* wobei »Droemersche Verlagsanstalt« und »Knaur-Buches« in Versalien hervorgehoben sind. Auf dem Schmutztitel steht ein Logo »50 Jahre Knaur-Bücher« allein, und die Prägung auf dem Umschlag zeigt kunstvoll verschlungen in Schwarz das Kürzel »ThK« und darüber in Gold die Initialen »DV« in einem Kreis mit einem Pferd als Wappentier.

Die Entnazifizierung

Im Potsdamer Abkommen vom 2. August 1945 hatten die Siegermächte Prinzipien vereinbart, wie das unterlegene Deutschland durch die Alliierten behandelt werden sollte. Ziel waren die vier D: Demilitarisierung, Denazifizierung, Demokratisierung und Dekartellisierung. Diese Formeln interpretierte jede Besatzungsmacht anders, einig nur in der Absicht, »das gesamte öffentliche Leben von nazistischen Einflüssen zu säubern«.[15] Für die amerikanische Militärregierung stellte die Entnazifizierung »einen Grundpfeiler ihrer Besatzungspolitik dar«, daher führte sie die Maßnahmen zunächst selbst

Zur Durchführung der Entnazifizierung mussten alle Deutschen über 18 Jahre den aus 131 Fragen bestehenden Fragebogen ausfüllen. Hier ein Ausschnitt der ersten Seite.

durch, ohne Mitwirkung deutscher Behörden.[16] Dabei musste in der US-Zone die Bevölkerung einen Meldebogen der Militärregierung ausfüllen, der mit der Ausgabe der Lebensmittelmarken gekoppelt war. Das Gesetz Nr. 104 zur Befreiung von Nationalsozialismus und Militarismus vom 5. März 1946 übertrug dann die Verantwortung auf deutsche Stellen. Deren Fragebogen mit 131 Fragen zur Person und dem Verhalten während der Zeit des Nationalsozialismus, den alle Deutschen über 18 Jahre ausfüllen mussten, war weitgehend identisch mit dem amerikanischen Meldebogen. Es wurden Spruchkammern mit öffentlichen Klägern eingerichtet, die die Bevölkerung je nach Verstrickung in das Naziregime nach (I) Hauptschuldige, (II) Belastete: NS-Aktivisten, Militaristen, Nutznießer, (III) Minderbelastete, (IV) Mitläufer und (V) Entlastete kategorisierte.

Die Auswertung und Ausscheidung der Nichtbetroffenen, wenn keine NS-Belastung vorlag, nahm der öffentliche Kläger (Staatsanwalt) in einem rein administrativen Verfahren vor. Insofern gibt es in solchen Fällen keine Spruchkammerakten. Der riesige bürokratische Aufwand führte zum Beispiel in Bayern dazu, dass bis zum 31. Dezember 1949 die Fragebogen von 6 780 188 Personen bearbeitet werden mussten. Fast drei Viertel aller Personen waren vom Gesetz Nr. 104 nicht betroffen und erhielten eine Entnazifizierungsbescheinigung: »Aufgrund der Angaben in Ihrem Meldebogen sind Sie von dem Gesetz zur Befreiung vom Nationalsozialismus und Militarismus vom 5. März 1946 nicht betroffen.«[17]

Nur 28 Prozent aller Fälle wurden von den Spruchkammern behandelt. Davon wurden 99,9 Prozent in erster Instanz erledigt, entweder durch Richterspruch oder – zu 80 Prozent – durch großzügige Amnestien. Nur 80 139 Personen wurden in eine der fünf Kategorien eingereiht; davon wurden 77 Prozent als Mitläufer rehabilitiert.[18] Zu Recht hat man daher von einer »Mitläuferfabrik« gesprochen.[19]

Zu Willy Droemer liegen keine Spruchkammerakten in den Archiven in München, Würzburg und Berlin vor, sodass davon ausgegangen werden kann, dass er zu den rund drei Vierteln gehörte, die vom Gesetz Nr. 104 nicht betroffen waren.

Der Abschluss des Entnazifizierungsverfahrens verzögerte sich vermutlich vor allem wegen einer Anzeige, die gegen ihn in Berlin erstattet wurde. Am 27. Januar 1947 hatte ein Otto Schaffer aus Berlin-Wilmersdorf an Eides statt erklärt, »dass Herr Drömer Mitglied der NSDAP und einer uniformierten Gliederung entweder der SA oder der NSKK gewesen ist«.[20] Schaffer erklärte weiter, er habe »Herrn Drömer auch in Uniform gesehen«.[21]

Die Prokuristin Margarete Bürckner hatte in dem von ihr unterzeichneten oben erwähnten Fragebogen zur Erfassung der Verlage in Großberlin im Namen des Verlags erklärt, Willy Droemer sei weder Mitglied der NSDAP oder einer uniformierten Gliederung gewesen. In einem Schreiben vom Tag der Erklärung Schaffers an die amerikanische Militärbehörde in Berlin erhebt die Abteilung für Volksbildung des Berliner Magistrats den Vorwurf der Fälschung: »Da Frau Bürckner bereits seit 1918 in der Firma tätig ist, dürfte es kaum möglich sein, glaubhaft nachzuweisen, dass sie von der Pg-Eigenschaft des Herrn Drömer nichts wusste.[22] Offensichtlich hat Frau Bürckner auf Veranlassung ihres Chefs den Fragebogen gefälscht. Wir sehen uns angesichts dieses Tatbestandes genötigt, gegen Herrn Drömer und Frau Bürckner Strafanzeige wegen Fragebogenfälschung bzw. Anstiftung dazu zu stellen.«[23]

Der Generalstaatsanwalt beim Landgericht Berlin teilte – sicher nach Anhörung der Prokuristin, Droemers und Schaffers – der Abteilung für Volksbildung rund drei Monate später mit, das Verfahren gegen Margarete Bürckner sei eingestellt worden (und wohl auch das gegen Droemer): »Herr Drömer bestreitet, Mitglied der NSDAP oder einer ihrer Gliederungen gewesen zu sein. Er gibt an, dass er an einem Tage bei einer Deutschlandfahrt für Automobile als Mitglied des Allgemeinen Deutschen Automobil-Club's Absperrdienst geleistet habe und wegen starken Regens einen NSKK-Übermantel, der ihm zur Verfügung gestellt worden sei, umgehängt zu haben. Der Zeuge Schaffer kann dieses nicht bestreiten.«[24] Außerdem habe Schaffer zugeben müssen, dass er von der Parteimitgliedschaft Droemers nur durch Hörensagen erfahren habe. Der Informant sei inzwischen verstorben.

DER VERLAGSSITZ IN DER PROVINZ

Zum Zeitpunkt der Erteilung der Lizenz am 7. Juni 1946 an die Droemersche Verlagsanstalt residierte der Verlag im wahrsten Sinn des Wortes bereits rund eineinhalb Jahre in Schloss Wiesentheid in Unterfranken. Paul Zöckler schreibt dazu: »Als ich im Oktober 1944, einer Einladung der Gräfin Ernestine von Schönborn folgend, mit dem Verlag im Schloss in Wiesentheid in Unterfranken Zuflucht suchte, kamen nur noch die Redaktionssekretärin, Frau Grahlow, und die Buchhalterin mit. Wir hatten einiges an Verlagskorrespondenz, sonst kaum nennenswerte Unterlagen bei uns. Die Kundenlisten und Karteien der Expedition waren von Lissa aus nach Berlin-Wannsee in das Heim Willy Droemers zurückgebracht worden. Alle Bemühungen, durch Reisen nach Berlin und Leipzig die Produktion fortzusetzen, scheiterten an dem allmählichen Versagen der Post- und Bahnverbindungen; jede Tätigkeit des Verlages hörte auf.«[25]

Der Hersteller Hanns Höwing hat die Situation in Wiesentheid plastisch beschrieben: »Die Verlagsräume entsprachen in ihren Dimensionen kleinen Festsälen. Säle lassen sich mit frisch geschlagenem Holz in zwar recht romantischen, aber heizungstechnisch nicht besonders gut konstruierten, rauchenden Kaminen schlecht erwärmen. Und draußen herrschte in jenem Winter eine krachende Kälte.«[26]

Ein nettes Aperçu am Rand ist die Meldung in der Regionalzeitung *Main-Post* vom 22. Juni 1946. Dort heißt es unter der Überschrift *Ein Weltverlag in Wiesentheid*, aus Anlass der Lizenzerteilung an Droemer und Zöckler hätten »die Inhaber des neuen Verlags ihre Freunde sowie Vertreter der amerikanischen und deutschen Behörden und der Presse zu einer würdigen Feier« eingeladen. »Die an sich erstaunliche Tatsache, dass ein weltbekannter Berliner Verlag schließlich in einem weltabgeschiedenen unterfränkischen Landstädtchen landet, erklärt sich daraus, dass die Familie Schönborn in Wahrung einer ruhmvollen kulturellen Tradition dem Verlag Knaur durch Aufnahme im Wiesentheider Schloss die Verlagerung ermöglicht hat.«[27]

Schloss Wiesentheid in Unterfranken war zwischen 1944 und 1949 Sitz des Verlags. Es gehört noch heute dem uralten Adelsgeschlecht der Grafen von Schönborn.

Die Umstände, unter denen der Wiederaufbau begann, illustriert auch die Erinnerung von Walter Sigloch, dem damaligen Inhaber der Buchbinderei Sigloch, an den ersten Besuch von Willy Droemer: »Im Herbst 1946 war's, als ein junger Mann mit ausgefransten Hosen in einem alten Ford nach Künzelsau kam und sich – unser Büro war damals noch in meiner Wohnung im dritten Stock der alten Schlossmühle – als Willy Droemer vorstellte und sagte, er sei auf dem Wege, einen Buchbinder zu suchen, der ihm helfen würde, wiederaufzubauen. [...] Dem schnellen gegenseitigen Verstehen folgte meine spontane Zusage, die bald darauf zu einem Gegenbesuch in Wiesentheid führte, [...]. Ich erinnere mich noch genau, wie ich zum Mittagessen eingeladen wurde und trotz des verlockenden ›gewöhnlichen‹ Gansbratens in Verlegenheit kam, weil ich dann den Mantel abnehmen musste und mein geflickter Hosenboden nicht länger zu verbergen war.«[28]

Warum Ernestine von Schönborn (1880–1965) den aus Berlin verlagerten Verlag Droemer im großen Schloss aufnahm, ist nicht mehr zu rekonstruieren.[29] Vermutlich war, wie oben angedeutet, das kulturpolitische Engagement der Gräfin treibende Kraft. Sie hatte während

> **Ein Weltverlag in Wiesentheid**
>
> Unter dem Namen Drömersche Verlagsanstalt ist dem Inhaber des ehemaligen Knaurschen Verlags, Willi Drömer und seinem Prokuristen, Dr. Paul Zuckler von der amerikanischen Nachrichten-Kontrolle die Lizenz für einen Buchverlag erteilt worden.
>
> Aus diesem Anlaß hatten die Inhaber des neuen Verlags ihre Freunde sowie Vertreter der amerikanischen und deutschen Behörden und der Presse zu einer würdigen Feier nach Wiesentheid eingeladen. Für die Aufnahme der Gäste hatte die Gräflich Schönbornsche Familie Räume des Fuchsbaus zur Verfügung gestellt. Die an sich erstaunliche Tatsache, daß ein weltbekannter Berliner Verlag schließlich in einem weltabgeschiedenen unterfränkischen Landstädtchen landet, erklärt sich daraus, daß die Familie Schönborn in Wahrung einer ruhmvollen kulturellen Tradition dem Verlag Knaur durch Aufnahme im Wiesentheider Schloß die Verlagerung ermöglicht hat. In den Ansprachen der Inhaber des neuen Verlags kam auch der Dank an die Familie Schönborn wie an die Verwaltungsstellen der Gemeinde Wiesentheid und die Gesamtheit der Einwohner für die rege Unterstützung bei der Einrichtung des Verlags immer wieder zu überzeugendem Ausdruck.
>
> Am Nachmittag lasen zwei Autoren des Verlags Teile aus noch unveröffentlichten Romanen vor. Dr. Bernhard Sengfelder las ein größeres Kapitel aus seinem Roman „Trutz Knoll", der die Geschichte einer fränkischen Auswanderer-Familie schildert, die vor 200 Jahren mit Salzburger Auswanderern nach Amerika ging. Frau Planner-Petelin las eine Szene aus ihrem in Kärnten spielenden Roman „Wulfenia". Der Abend wurde ein außerordentliches Erlebnis durch den Vortrag von Dr. Carl Lamb, München, über die Residenz in Würzburg. Der Vortragende hat noch wenige Monate vor der Zerstörung der Residenz im Auftrag des Bayerischen Landesamtes für Denkmalschutz etwa 500 Farbaufnahmen von den Gemälden der Residenz gemacht. Ein Teil dieser unerhört schönen Aufnahmen wurde von Dr. Lamb gezeigt und durch einen überaus lebendigen Vortrag erläutert. Es ist zu hoffen, daß dieser Vortrag möglichst bald auch in Würzburg zu hören sein wird.
>
> Wir wünschen der Drömerschen Verlagsanstalt zum Beginn ihrer Tätigkeit, die sich vor allen Dingen auf die Herausgabe von Klassikern, illustrierten Jugendbüchern, Original-Romanen und populär-wissenschaftlicher Literatur erstreckt, vollen Erfolg. rs.

Ausriss aus der *Main-Post* vom 22. Juni 1946.

des Zweiten Weltkriegs an der Rettung der Kölner Domschätze tatkräftig mitgewirkt. Ihr gelang es, die drohende Beschlagnahme des Familiensitzes Schloss Pommersfelden und der dort gelagerten Schätze durch die NSDAP im Herbst 1943 abzuwenden. Durch ihr »ungewöhnliches diplomatisches Geschick« erreichte sie zusammen mit dem Oberbürgermeister von Bayreuth und dem Polizeikommandanten von Rheinfranken, dass »eine Polizeischule nebst Feuerwehrabteilung in die Wirtschaftsgebäude« gleichsam zur Tarnung der Kunstschätze einzogen.[30]

Mit welchen materiellen Schwierigkeiten man zu kämpfen hatte und wie erfindungsreich man damit umging, schilderte später Fritz Bolle. Von den Grimmschen *Märchen* hatten den Krieg nur der Anfangs- und ein weiterer Bogen überstanden. Kurzerhand wurde umpaginiert, überklebt und der restliche Text nachgedruckt. Zwar war das Ergebnis eher unbefriedigend, denn im Inhaltsverzeichnis konnte man lesen, dass ein Märchen nicht weniger als 73 Seiten – bei 146 Seiten Gesamtumfang – lang sein solle, doch die Sortimenter hatten etwas zum Horten und Tauschen.[31]

Das Personal des Verlags im Schönbornschen Schloss bestand zunächst nur aus wenigen Personen. Das war zum einen Willy Droemer, der im August 1945 aus französischer Kriegsgefangenschaft entlassen worden war. Die Anekdote will wissen, dass er mit einem Kinderwagen in Wiesentheid eintraf, den sich sein ältester Sohn Erik und eine Liste mit den Verlagsrechten des in den Kriegswirren untergegangenen Verlags teilten. Hinzu kamen Paul Zöckler, die Redaktionssekretärin, die Buchhalterin und der spätere Prokurist Richard Ihm.

Für den Verlag tätig, aber nicht in Wiesentheid ansässig waren der Prokurist Arthur Dröbeljahr und die Prokuristin Margarete Bürckner, die die Berliner Außenstelle leitete, sowie der Vertreter Adolf Herr.[32] Damit war fast die Zahl der Mitarbeiter vom 1. Januar 1945 erreicht. Laut dem bereits zitierten Fragebogen zur Erfassung der Verlage in Großberlin waren zu diesem Zeitpunkt neben dem Inhaber Willy Droemer drei Prokuristen, ein wissenschaftlicher Mitarbeiter (Paul Zöckler) sowie drei kaufmännische Angestellte tätig.

Die Berliner Außenstelle, die in einem Zimmer der Droemer-Adresse in Berlin-Wannsee unterkam, wurde im Frühjahr 1948 eingerichtet, nachdem die amerikanische Militärbehörde am 12. November 1947 keine Einwände dagegen erhoben und das Bezirksamt Zehlendorf einen entsprechenden Registrierschein »als Auslieferungsstelle und Platzvertretung« des Verlags ausgestellt hatte.[33]

RÜCKKEHR DER ALTVERLEGER

Wie in allen Bereichen des politischen, wirtschaftlichen und kulturellen Lebens gab es auch in der Buchbranche nach Ende des Zweiten Weltkriegs keine Stunde null. Darüber ist sich heute die Forschung einig.[34] Es wurde nach 1945 zwar eine Welle von Verlagsgründungen verzeichnet, sodass bis 1953 durchschnittlich rund 60 Verlage pro Jahr entstanden, doch war Mitte der 1950er-Jahre etwa ein Drittel von den zum Zeitpunkt der Währungsreform lizenzierten rund 850 Verlagen bereits wieder vom Markt verschwunden.[35] Die »ideologischen, personellen und betrieblichen Kontinuitätsstränge«,[36] die das Kriegsende überdauerten, verdichten sich in der Formulierung von der »Rückkehr der Altverleger«.[37] Die weltanschauliche Kontinuität zur vornationalsozialistischen Zeit zeigt sich deutlich bei den konfessionellen und den aus dem Exil zurückgekehrten Verlagen, aber auch bei einem Verlagshaus wie Langen Müller, das schon in der Weimarer Republik völkisch-antisemitisch orientiert war, jedoch bereits 1952 in der Bundesrepublik wieder tätig sein durfte. Die personelle und betriebliche Kontinuität lässt sich bei so gut wie allen Verlagen außer den Neugründungen feststellen, unabhängig davon, wie sie sich in der NS-Zeit positioniert hatten. Das gilt für Carl Hanser, Ernst Rowohlt oder Joseph Caspar Witsch genauso wie für die Verlage C. H. Beck, Bertelsmann oder Reclam. Aufs Ganze gesehen hatten eineinhalb Jahrzehnte nach Ende des Kriegs knapp zwei Drittel aller Verlage und Verleger bereits vor 1945 existiert.[38]

Basis der Rückkehr der Altverleger war der Besitz von Verlagsrechten, die sie während der Weimarer Republik und der Zeit des Nationalsozialismus erworben hatten. Die Alliierten untersagten zwar einigen von ihnen zunächst die Fortführung des alten Verlags, so auch Willy Droemer als Inhaber des Verlags Th. Knaur Nachf., jedoch wurde bis zum Ende der Lizenzierungszeit oft ein anderer Verlagsname gewählt. So firmierte C. H. Beck zunächst unter Biederstein, Oldenbourg unter Leibniz – und Knaur unter Droemer.

Nicht nur durch ihre Netzwerke, sondern vor allem durch ihr Rechtepotenzial und ihre geretteten Bücherbestände hatten die Altverleger einen Startvorteil gegenüber den Neugründungen. Die Bedeutung der Altrechte zeigt zum Beispiel eine Aufstellung aus dem Jahr 1958, die die 114 erfolgreichsten Bücher nach 1945 auflistet. Etwas mehr als die Hälfte sind belletristische Werke. Davon wurden nur vier Titel nach Kriegsende erstmals aufgelegt, alle anderen waren vorher erschienen.

Am erfolgreichsten ist das harmlos-humoristische Genre mit Wilhelm Busch (elf Nennungen), Heinrich Spoerl (vier Titel), Hans Nicklisch und Eugen Roth (je ein Werk). Knaur ist mit Ludwig Ganghofer (vier Titel), Axel Munthe *(Das Buch von San Michele)* und Rudolf Herzog *(Die Wiskottens)* vertreten. Diese Liste der 114 erfolgreichsten Titel nach 1945 bestätigt auf eindrucksvolle Weise eine »Geschmackskonstanz«, die Reinhard Wittmann in seiner *Geschichte des deutschen Buchhandels* bereits für Kaiserreich, Weimarer Republik und das Dritte Reich konstatiert hat.[39]

Papierzuteilung und die Zeit des Bücherhamsterns

Nachdem die Vorzensur in der amerikanischen Zone bereits im Oktober 1945 aufgehoben worden war, diente nicht nur die Lizenzierung, sondern auch die Zuteilung von Papier als Steuerungsinstrument. Sie wurde in der amerikanischen und in der britischen Besatzungszone Mitte 1948, also nach der Währungsreform, aufgehoben – in der französischen Zone erst am 1. April 1949.

Erschwerend für eine Verlagstätigkeit in der »Zusammenbruchsgesellschaft« kamen vor allem in den westlichen Zonen die mangelnden Kapazitäten der Druckereien und Buchbindereien sowie Fragen der Verlagsräume, des Transports auf Schiene und Straße, der Post und der Telekommunikation hinzu.[40] Eindringlich hat die Situation Gottfried Bermann Fischer in seinem Vortrag *Die Rolle des Buches im Nachkriegsdeutschland* geschildert, den er am 1. Juni 1948 an der

Columbia University in New York hielt und der als umfassende Beschreibung der Situation auch heute noch die Lektüre lohnt. Einleitend konstatiert Bermann Fischer, dass Deutschland zweieinhalb Jahre nach Kriegsende »immer noch ein Land ohne Bücher« sei: »Das heißt ein Land, in dem zwar von Verlegern Bücher gedruckt und verteilt werden, aber in so geringem Ausmaß und in so unzureichender Weise, dass für den am geistigen Leben in seinen vielfältigen Formen Interessierten, insbesondere aber für die lesegierige Jugend, das Buch praktisch unerreichbar ist.«

Nach der Darstellung von Zensur, Lizenzierung und Papierbewirtschaftung für seine amerikanischen Zuhörer kommt er auf die Situa-

Mit welchen praktischen Schwierigkeiten die Verlage nach dem Zweiten Weltkrieg zu kämpfen hatten, zeigt diese Anzeige des Verlags im *Börsenblatt für den Deutschen Buchhandel* im Jahr 1948.

tion der Verlage und des Buchhandels zu sprechen: »Die Herstellung eines Buches wird so für den Verleger zu einem abenteuerlichen Unternehmen, dessen Ende er niemals voraussehen kann. Geradezu mysteriös aber gestaltet sich das Schicksal eines Buches in Deutschland, wenn es schließlich fertig geworden ist. Mit dem Moment seiner Auslieferung an den Buchhandel verschwindet es spurlos. Was mit diesen Büchern geschieht, lässt sich nur vermuten. In den zahlreichen Buchhandlungen, die sich im letzten Jahr in den größeren Städten niedergelassen haben, sind neue Bücher nicht zu finden. Bei der geringen Auflage des Einzeltitels (5000, höchstens 10 000 Exemplare) entfallen auf den einzelnen Buchhändler nur wenige Exemplare, die er zum Teil an seine ständigen Kunden verkauft, zum anderen Teil aber als wertbeständige Ware auf seinem Lager hält, um sie im schwarzen Markt als Tauschobjekte zu verwenden, oder aber, um sie für eine Zeit aufzubewahren, in der die Mark wieder einen stabilen Wert hat. Im schwarzen Markt ist ein Buch eine Ware wie jede andere und wird genau so zu Phantasiepreisen gehandelt. Der Bedarf nach Lese- und Lernstoff ist so enorm und das Angebot so gering, dass für ein wissenschaftliches Buch oder das Werk eines bekannten Autors aus der Emigration viele Hunderte Mark bezahlt werden, das Monatsgehalt eines mittleren Angestellten und mehr.«[41]

Die Zeit bis zur Währungsreform hat Ernst Umlauff, der die bisher gültige Darstellung des Büchermarkts nach 1945 vorgelegt hat, die »Zeit des Büchermangels« genannt.[42] Mangelnde Produktionskapazitäten und fehlendes Papier charakterisierten die Situation, die Gottfried Bermann Fischer beschrieben hat.[43] So konnten zunächst nur relativ wenige Titel hergestellt werden. In der amerikanischen Besatzungszone waren das 1862 Titel bis Ende 1946; fast ein Drittel davon waren religiöse Schriften und kurze Traktate und rund 20 Prozent belletristische Werke. Neben Klassikern und unpolitischer Unterhaltungsliteratur wurden einige wenige unbelastete Belletristikautoren herausgebracht.[44] Bis zur Währungsreform erschienen insgesamt 7227 Titel, wovon mehr als die Hälfte auf das letzte Jahr vor der Währungsreform, also von Mitte 1947 bis Mitte 1948 entfiel.[45]

Droemer hat in dieser Zeit deutlich mehr publiziert als in den letzten drei Kriegsjahren, was unten genauer ausgeführt wird.

Die Währungsreform vom 21. Juni 1948, also die Umstellung von Reichsmark auf Deutsche Mark im Verhältnis zehn zu eins, beendete auch für die Buchbranche die Zeit des Kaufkraftüberhangs, in der es den Verlagen problemlos und ohne Vertriebsanstrengungen möglich war, entweder noch erhaltene Lagerbestände oder neu produzierte Ware rasch abzusetzen beziehungsweise die Vorräte in Erwartung besserer Zeiten zu horten. Kurz vor der Währungsumstellung beschreibt ein Artikel im *Börsenblatt für den Deutschen Buchhandel* vom 8. Mai 1948 unter dem Titel *Falsch spekuliert* die sich abzeichnende Situation: »Es besteht wenig Aussicht, dass die bevorstehende Währungsreform die Marktlage im Buchhandel wesentlich bessern wird. Mit dieser Reform wird immer noch viel zuviel spekuliert, in allerlei Theorien und leider auch in der Praxis. Man vermutet, dass von den 5000 Auflagen, die heute so ziemlich allen Veröffentlichungen nach dem Schema F zugebilligt werden, jeweils beträchtliche Prozentsätze als stille Reserven hängenblieben, sei es gleich in den Verlagen, bei den Buchhändlern oder irgendwo auf dem Zwischenwege. Vieles spricht für die Richtigkeit dieser Vermutung, denn so spurlos, wie es heute der Fall ist, können 5000 Bücher nun doch nicht versickern. Auch Bücher sind eben hamster- und kompensationsfähig geworden!«

Für die meisten Hamsterer, so der Autor, werde es sich um eine »Fehlspekulation« handeln, denn es sei »mit einem erheblichen Bargeldmangel bei allmählicher Zunahme des [übrigen] Warenangebots« zu rechnen. Das wirke sich entscheidend auf die Absetzbarkeit von Büchern aus: »Nur wirklich gute Bücher haben Aussicht, gekauft zu werden. Die große Menge der Mittelware, vor allem die zahllosen Ausgaben von klassischen Werken oder volkstümlicher Literatur in sogenannt wohlfeiler Ausstattung, haben die besten Chancen, aus der stillen Reserve zu Ladenhütern zu avancieren.«[46] In der Tat schlitterte die Buchbranche nach der Umstellung von Reichsmark auf D-Mark in eine Absatzkrise, die bis 1953 anhielt: »Gab es vor der Währungsreform genügend flüssiges Geld, aber zu wenig Bücher, so war es nun umgekehrt: zu viele Bücher und zu wenig Geld.«[47] Das spiegelte sich in der Produktionsstatistik wider. Kamen von Mitte 1947 bis Mitte 1948 etwa 7500 Titel auf den Markt, so lag die jährliche Titelproduktion im Jahr 1951 bei 14094, was fast einer Verdoppelung in nur wenigen Jahren gleichkam.[48] Die Umsätze des herstellenden und des vertreibenden Buchhandels stiegen allerdings zwischen 1949 und 1951 nur um etwa die Hälfte. Zugleich verteilten sich diese Umsätze – wie oben beschrieben – auf mehr Marktteilnehmer, sodass der Umsatz je Betrieb in dieser Zeit nur um minimale sechs Prozent wuchs.[49] Erst zur Mitte der 1950er-Jahre erholte sich die Buchbranche im Rahmen des allgemeinen »Wirtschaftswunders«.

DAS PROGRAMM DER FRÜHEN JAHRE

Die Droemersche Verlagsanstalt hatte im Fragebogen für den Eintrag der Firma in das *Adressbuch des Deutschen Buchhandels* im September 1946 als Programmfelder »Romane, Standard- und Meisterwerke der Weltliteratur, Volksschriftsteller, Anthologien, Kunst, populärwissenschaftliche Werke, illustrierte Märchen und Jugendbücher« angegeben, was weitgehend dem Eintrag im *Handbuch der Lizenzen deutscher Verlage* im Jahr 1947 entspricht: »Klassiker, Standard und Kunst, populärwissenschaftliches Schrifttum, Märchen- und Jugendbücher, Meisterwerke der Weltliteratur«.[50]

Der erste Verlagskatalog aus dem Jahr 1947 verzeichnet 28 lieferbare Titel und kündigt das Erscheinen von zehn weiteren an.

Diese Angaben stellen mitnichten das Programm der ersten Nachkriegsjahre dar, sondern spiegeln die Programmfelder wider, die Knaur in der Weimarer Republik und während des Dritten Reichs bespielte. Tatsächlich bestand das Programm in den Jahren 1946 bis 1949, dem Jahr des Verlagsumzugs nach München, zu mehr als der Hälfte aus Titeln, die vor 1945 erschienen waren. Dieses Verhältnis ist durchaus untypisch im Vergleich mit den allgemeinen Produktionsziffern, denn 1951 zum Beispiel lag der Anteil der Neuauflagen der gesamten deutschen Produktion bei unter 30 Prozent.

Der programmatische Anspruch des Anfangs war hoch. Ziel war es – so der erste Katalog aus dem Jahr 1947 –, »dass wir um die Fortführung der alten Tradition bemüht sind, zugleich aber sehen, dass wir auf neuen Wegen an unserem Teil versuchen, zur Lösung der Nöte einer von Grund auf gewandelten kulturellen und sozialen Lage beizutragen«.[51]

Zahlenmäßig bestimmend blieben im Droemer-Programm noch für lange Zeit die Nachdrucke und Verwertung alter Substanzen.[52] Bis auf die Ausnahmen Hans Friedrich Blunck, Axel Munthe und

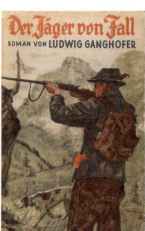
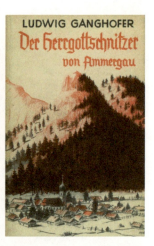

Ludwig Ganghofer war auch nach dem Zweiten Weltkrieg eine wichtige ökonomische Stütze des Verlags. Hier Bestseller, die immer wieder aufgelegt wurden: *Die Martinsklause*, *Der Jäger von Fall* und *Der Herrgottschnitzer von Ammergau*.

Luis Trenker legte der Verlag Bücher wieder auf, die er in der Weimarer Republik veröffentlicht hatte, so bei den ausländischen Autoren Max Brand, John Galsworthy mit dem einzigen Titel *Jenseits,* der gleich dreimal nach dem Krieg erschien, und Selma Lagerlöf. Bei den deutschen Unterhaltungsschriftstellern waren es Jakob Christoph Heer und Konrad Telmann, allen voran aber Ganghofer, der zwischen 1946 und 1953 die Liste der Neuauflagen mit 22 Titeln unangefochten anführte. Seine Bestseller *Die Martinsklause, Schloss Hubertus* und *Das Schweigen im Walde* wurden in diesem Zeitraum sogar viermal dem Publikum neu angeboten, *Der Ochsenkrieg* und *Der Herrgottschnitzer von Ammergau* dreimal. Besonders das Beispiel Ganghofer zeigt, wie wichtig für die Altverleger solche Rechte beim Neustart waren. Im lieferbaren Programm von 1950 stammten 13 von 39 Titeln, also genau ein Drittel, von Ganghofer.[53] Nicht umsonst hat Willy Droemer bei seinem »Einzug« in Wiesentheid neben dem Sohn Erik auch Rechtelisten im Kinderwagen transportiert.

Bei den Klassikern war das Bild differenzierter. Zum einen wurden alte Substanzen reaktiviert wie Berthold Auerbach, Alexandre Dumas, Rudyard Kipling, Henryk Sienkiewicz, Robert Louis Stevenson und Leo Tolstoi. Dabei griff der Verlag teilweise auf Werke zurück, die bereits vor dem Ersten Weltkrieg bei Knaur und auch in der Schreiter'schen Verlagsbuchhandlung erschienen waren. Nachgedruckt wurden zudem die *Deutschen Heldensagen* von Hans Friedrich Blunck.

Zum anderen ergänzte Droemer das Programm aus der Weimarer Republik um einzelne Werke von bisher nicht vertretenen Klassikern. Dazu gehörten unter den deutschsprachigen Klassikern Werke von Gottfried August Bürger und Jeremias Gotthelf, unter den fremdsprachigen Honoré de Balzac, Alexandre Dumas, Victor Hugo, Guy de Maupassant und Émile Zola. Auch die Tradition der Anthologien wurde mit der von Erwin Laaths herausgegebenen Sammlung *Das Gedicht. Deutsche Lyrik von den Anfängen bis zur Gegenwart* (1951) fortgesetzt. Sie ersetzte den Band *Deutsche Gedichte* von Wilhelm von Scholz aus dem Jahr 1943.

Erneut Gesamtausgaben der Klassiker

Bereits 1948 nahm Droemer die Tradition der Gesamtausgaben wieder auf und brachte Ausgaben der *Gesammelten Werke* von Theodor Fontane, der *Sämtlichen Werke* von Conrad Ferdinand Meyer und der *Lustspiele* von William Shakespeare im sogenannten Spaltsatz auf den Markt. Diese Bücher waren bei etwas breiterem Format zweispaltig gesetzt, um damit Papier zu sparen. Es galt die Devise, mit der später Rowohlt für seine ersten Taschenbücher warb: »Möglichst viele Buchstaben, auf möglichst wenig Papier, für möglichst wenig Geld!«

Im Sachbuch, das zahlenmäßig eine geringe Rolle spielte, legte die Droemersche Verlagsanstalt die alten Knaur-Titel *Madame Curie* von Eve Curie, *Macht und Geheimnis der Jesuiten* von René Fülöp-Miller, *Napoleon* von Dimitri Mereschkowski, Richard Hamanns *Geschichte der Kunst* in erneut angepasster Form,[54] Bismarcks *Gedanken und Erinnerungen*, *Die Renaissance* von Arthur de Gobineau und den ewigen Seller *Friedemann Bach* von Albert Emil Brachvogel

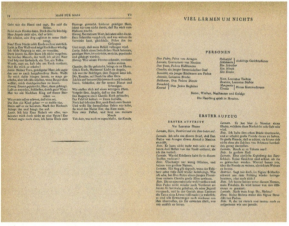

Der »Spaltsatz« diente dazu, möglichst viele Buchstaben pro Seite unterzubringen und damit Papier in Zeiten der Papierknappheit zu sparen. Hier eine Doppelseite aus den *Lustspielen* von William Shakespeare.

wieder auf. Auch hier gilt das für die Belletristik Gesagte, dass nämlich einige Werke als Neuauflage auf den Markt gebracht wurden, die bereits vor dem Ersten Weltkrieg bei Knaur und auch in der Schreiter'schen Verlagsbuchhandlung erschienen waren.

Bei diesem Nachdruck- und Wiederverwertungsprogramm ist in Rechnung zu stellen, dass Droemer wie andere Verlage auch damit Rechtesicherung betrieb, um so das wesentliche *asset*, den Bestand an Verlagsrechten, zu schützen. Das ist offenkundig bei Zane Grey nicht gelungen. Von dem überaus erfolgreichen Westernautor hatte Knaur 42 Romane zwischen 1927 und 1939 verlegt. Nach dem Krieg erschien Grey in neuer Übersetzung ab 1950 im Münchner Awa Verlag.

1949 verbreitete der Verlag die 16-seitige »Hausmitteilung« *Das springende Pferdchen*, in der die Novitäten ausführlich beschrieben waren. Hier die erste Seite.

Neues im Programm

Was war neu in einem Programm, das in dieser Zeit zu mehr als der Hälfte aus Neuausgaben bestand, im Jahr 1952 sogar zu zwei Dritteln? Unter den neuen deutschsprachigen Autoren ist aus heutiger Sicht Vicki Baum (1888–1960) die wichtigste. Sie ist mit *Stud. chem. Helene Willfüer* (1951, zuerst 1928), *Hell in Frauensee* (1952, zuerst 1927), *Zwischenfall in Lohwinkel* (1952, zuerst 1930) sowie ihrem Bestseller *Menschen im Hotel* (1952, 1929 erstmals bei Droemer erschienen) vertreten, bevor 1974 und 1975 weitere Romane folgten. Vicki Baum war durch Vermittlung des Literaturagenten Felix Guggenheim in den Verlag gekommen. Erste Kontakte zwischen Guggenheim und Willy Droemer wurden wohl bereits 1950 geknüpft.[55]

Felix Guggenheim (1904–1976) wurde 1904 in Konstanz geboren.[56] Er studierte Jura und Wirtschaftswissenschaften in München, Hamburg und Zürich und promovierte in beiden Fächern. Nach kurzer journalistischer Tätigkeit für den Wirtschaftsteil der *Vossischen Zeitung* in Berlin brachte ihn seine Arbeit bei der dortigen Privatbank

  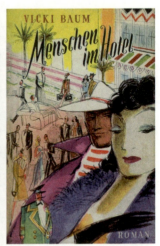

Die wichtigste neue deutschsprachige Autorin war Vicki Baum. Von ihr erschienen ab 1951 mehrere Romane, darunter ihr Bestseller *Menschen im Hotel*.

Schöneberger in Kontakt mit der Deutschen Buch-Gemeinschaft, einer der großen Buchgemeinschaften in der Weimarer Republik. 1932 begann er dort als leitender Angestellter. Trotz seiner jüdischen Abstammung konnte Guggenheim seine Position bis 1938 behalten, emigrierte aber dann zusammen mit seiner Frau, der Schauspielerin Evelyn Holt, nach einer Zwischenstation in der Schweiz zunächst nach England, 1940 dann in die USA, wo er sich in Los Angeles niederließ. Dort gründete er 1942 zusammen mit Ernst Gottlieb die Pazifische Presse, einen bibliophilen Non-Profit-Verlag, der bis 1948 elf Werke von Exilschriftstellern herausgab, darunter Alfred Döblin, Thomas Mann und Franz Werfel. Um den Lebensunterhalt zu sichern, wurde er Partner in einer Firma, die Plastikartikel aller Art herstellte, vertiefte aber gleichzeitig seine Kontakte in der literarischen Welt und war ab 1950 Agent zahlreicher Exilautoren. Bei den Verlagen war Guggenheim nach den Worten von Vicki Baum als »so effizient und so enthusiastisch wie ein Kampfhahn« gefürchtet.[57] Ab den frühen 1950er-Jahren arbeitete er erneut für die Deutsche Buch-Gemeinschaft und auf Provisionsbasis für Droemer. Für den Verlag

Felix Guggenheim (1904–1976) war für den Verlag mit seiner internationalen literarischen Agentur nicht nur wegen seiner guten Kontakte zur Deutschen Buch-Gemeinschaft wichtig, sondern vor allem als Agent von Johannes Mario Simmel, Jürgen Thorwald und Erich Maria Remarque. Guggenheim (rechts) hier mit Willy Droemer.

war Guggenheim mit seiner internationalen literarischen Agentur nicht nur wegen seiner guten Kontakte zur Deutschen Buch-Gemeinschaft wichtig, sondern vor allem als Agent von Johannes Mario Simmel, Jürgen Thorwald und Erich Maria Remarque. 1946 wurde Felix Guggenheim US-amerikanischer Staatsbürger; 1966 zeichnete ihn die Bundesrepublik mit dem Bundesverdienstkreuz erster Klasse aus. Er starb 1976 in Beverly Hills.

Neben Vicki Baum, deren Bücher 1933 verbrannt worden waren und die ins Exil gegangen war, verlegte Droemer auch einen Autor, der während des Dritten Reichs publizieren konnte, aber nicht regimekonform war. Friedrich Percyval Reck-Malleczewen (1884–1945) war ein Unterhaltungsschriftsteller, der auch für Zeitungen und Zeitschriften sowie für Film und Rundfunk tätig war. Obwohl der »erzkonservative Monarchist« in Opposition zum NS-Regime stand, das er für plebejisch und amoralisch hielt, hatte er einen erstaunlichen publizistischen Freiraum.[58] Erst im August 1944 verhängte Goebbels einen Boykott über alle Veröffentlichungen von Reck-Malleczewen, der Ende des Jahres nach einer Denunziation verhaftet wurde und im KZ Dachau an Fleckfieber verstarb. Droemer legte *Bockelson. Geschichte eines Massenwahns* (1946; zuerst 1937), *Charlotte Corday* (1947; zuerst 1939) und *Sophie Dorothee, Mutter Friedrichs des Großen* (1948;

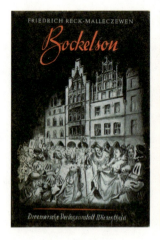

Friedrich Percyval Reck-Malleczewen (1884–1945) war ein Unterhaltungsschriftsteller, der während des Dritten Reichs publizieren konnte, aber nicht regimekonform war. Von ihm verlegte die Droemersche Verlagsanstalt u. a. *Bockelson* und posthum *Diana Pontecorvo*.

zuerst 1936) wieder auf und brachte 1948 den Roman *Diana Pontecorvo* posthum als Originalausgabe heraus.

Zusammen mit den weiter unten genannten Kinderbüchern publizierte die Österreicherin Hedwig Kotz (1899–1969) unter dem Pseudonym Rose Planner-Petelin fünf Bücher bei Droemer. Sie war die Frau von Paul Zöckler, den sie 1920 geheiratet hatte. Die christlich geprägte Autorin stand dem nationalsozialistischen Regime zwar distanziert gegenüber, bediente aber mit ihren Werken, die sich auf entsprechenden Empfehlungslisten des Regimes fanden, durchaus NS-Schemata. Ihr erfolgreichster Roman war *Das heilige Band,* der 1938 bei Propyläen erschien. Die Bücher aus der Zeit vor 1945 standen nach Kriegsende auf dem Index. Droemer veröffentlichte *Wulfenia* (1947) und *Madonna an der Wiese* (1948).

Weltanschauliche Kontinuitäten

Neben den personellen Kontinuitäten wie Hans Friedrich Blunck, Richard Hamann, Axel Munthe, Luis Trenker oder auch Karl Lerbs (1893–1946), von dem Knaur 1943 und 1944 mehrere Anekdotenbücher veröffentlicht hatte und nach dem Krieg den Roman *Manuel* (1946) verlegte, gab es durchaus auch weltanschauliche Kontinuitäten. Das gilt vor allem für Johannes von Guenther und Johannes Tralow. Diese Kontinuitäten sind auf Paul Zöckler zurückzuführen, da Willy Droemer ja die Leitung des Verlags während des Kriegs in dessen Hände hatte legen müssen.[59]

Johannes von Guenther (1886–1973) gehörte zu den Unterzeichnern des Treuegelöbnisses von 88 deutschen Schriftstellern und Schriftstellerinnen gegenüber Adolf Hitler. 1939 erschien sein erfolgreichstes Buch, der historische Roman *Rasputin*. Droemer veröffentlichte 1946 von ihm als eines der ersten Bücher nach dem Krieg *Cagliostro,* ebenfalls ein historischer Roman. Wie von Guenther gehört auch Johannes Tralow (1882–1968), der zwischen 1932 und 1937 mit der 23 Jahre jüngeren Schriftstellerin Irmgard Keun verheiratet

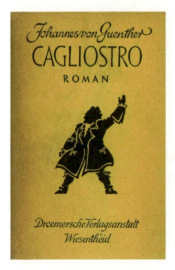

Als eines der ersten Bücher nach dem Krieg veröffentlichte die Droemersche Verlagsanstalt in Wiesentheid *Cagliostro* von Johannes von Guenther. Er gehörte zu den Unterzeichnern des Treuegelöbnisses von 88 deutschen Schriftstellern und Schriftstellerinnen gegenüber Adolf Hitler im Jahr 1933. Den Umschlag gestaltete Emil Preetorius (1883–1973), einer der bedeutenden Bühnenbildner der ersten Hälfte des 20. Jahrhunderts.

war, zu einer fragwürdigen »inneren Emigration«.[60] Auch er hatte sich den Nazis angedient. Droemer legte zwischen 1947 und 1950 in rascher Folge fünf Romane von ihm vor, nämlich *Irene von Trapezunt*, *Wind um Tortuga* (zuerst 1937 unter dem Titel *Flibustier vor Verakruz*), *Roxelane* (zuerst 1944), *Cromwell* und *Boykott*. *Cromwell* aus dem Jahr 1948 war die Neuauflage der 1933 unter dem Titel *Gewalt aus der Erde* erschienenen romanhaften Biografie des englischen Staatsmanns. Tralow unterbreitete das Buch den Nazibehörden mit einem Bekenntnis zu »den im Schriftwerk des Führers niedergelegten Grundsätzen«.[61]

In der Nachkriegszeit verlegte Droemer nur wenige ausländische Autoren; sie kamen fast ausschließlich aus dem angelsächsischen Raum und sind heute allesamt (zu Recht) in Vergessenheit geraten – zum Beispiel Gladys Hasty Carroll, Rafael Sabatini und Ernest Haycox. Erwähnenswert ist noch die Episode gebliebene Publikation von je zwei Romanen von Gilbert K. Chesterton (*Der Mann, der Donnerstag war* und *Das Geheimnis Pater Browns*, beide 1947) und von Arthur Conan Doyle (*Der blaue Karfunkel*, 1949, und *Der Hund von Baskerville*, 1950).

Ferner ergänzte Droemer das Kinder- und Jugendbuchsegment neben den Neuauflagen der illustrierten Märchensammlungen von Grimm und Andersen und des ebenfalls illustrierten Klassikers *Neewa, das Bärenkind* von James Oliver Curwood um bisher nicht verlegte internationale und deutschsprachige Klassiker wie James Fenimore Cooper und Mark Twain sowie Johanna Spyri, Emmy von Rhoden und Wilhelm Speyer. Von Rose Planner-Petelin erschienen *Der Wutzl* (1946) und die mit Strichzeichnungen illustrierten Nacherzählungen von *Rübezahl* (1953) und *Gullivers Reisen* (1954). Immer wieder wurde der Jugendroman *Alle Achtung kleiner Bud* von Stephen W. Meader bis 1972 aufgelegt; dessen erste Ausgabe war 1947 erschienen.

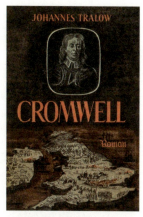

Auch Johannes Tralow hatte sich den Nazis angedient. *Cromwell*, die Neuauflage der 1933 unter dem Titel *Gewalt aus der Erde* erschienenen romanhaften Biografie des englischen Staatsmanns, wurde 1948 veröffentlicht.

Rund zehn Prozent der Produktion zwischen 1946 und 1953 waren Non-Fiction-Titel. Das ist in Zahlen kein beeindruckender Anteil, aber damit wurde der Grundstein für das spätere umfangreiche und erfolgreiche Programm in diesem Bereich gelegt. Basis waren die überarbeiteten Neuausgaben von *Knaurs Lexikon A–Z* (1949, neuer Herausgeber Paul Zöckler; zuletzt 1939), *Knaurs Weltatlas* (1950, neuer Herausgeber Günter Pähl; zuletzt 1939) und *Knaurs Gesundheits-Lexikon* (1951, Überarbeitung durch Martin Hermann, völlige Neubearbeitung 1954 durch Peter Grunow; zuletzt 1940). *Knaurs Lexikon A–Z* wurde schnell zum Erfolg. Schon 1950 wurde ein Nachdruck fällig, und unter der Jahresangabe 1950/51 legte der Verlag »eine gründliche Neubearbeitung« vor. In dieser Ausgabe wurde zum ersten Mal Richard Friedenthal als der Herausgeber der ersten Auflage genannt. Auch *Knaurs Weltatlas* wurde 1952 »völlig neu bearbeitet« wieder vorgelegt, ab 1955 dann im größeren Format.

Einer der ersten Verlagsverträge der Droemerschen Verlaganstalt nach dem Zweiten Weltkrieg. Er gewährte dem Verlag das Recht, den Roman der amerikanischen Autorin Gladys Hasty Carroll *As the Earth Turns* ins Deutsche zu übersetzen und nur in Buchform zu vertreiben. Der am 23. August 1946, also zwei Monate nach Erteilung der Verlagslizenz, geschlossene Vertrag hatte eine äußerst kurze Laufzeit; die Vertriebsrechte sollten am 30. Oktober 1948 enden. Die Auflage war auf 10 000 Exemplare beschränkt. Die Übersetzung war dem Rechtegeber zur Genehmigung vorzulegen. Der Vertrag ist besonders interessant, weil er nicht mit der Autorin oder deren Agentur geschlossen wurde, sondern Rechtegeber war die amerikanische Besatzungsbehörde in Bayern, vertreten durch die Information Control Division in Person des Colonel der Infanterie, B. B. McMahon. Das Buch erschien 1947 unter dem Titel *Heimat im Norden*.

Neu im Programm waren *Knaurs Konzertführer* und *Knaurs Opernführer* (1951 und 1952, beide von Gerhart von Westerman herausgegeben), *Knaurs Jugendlexikon* (1953, Herausgeber Richard Friedenthal), *Knaurs Schachbuch* (1953, Autor Martin Beheim-Schwarzbach) und *Knaurs Spielbuch* (1953, Herausgeberin Johanna Preetorius). Nicht unter der Marke Knaur erschienen die vergleichbaren Titel *Die Welt der Vögel* (1951) und *Die Welt der Säugetiere* von Otto Fehringer (1953). Diese Lexika und Handbücher wurden durch wissenschaftlich basierte Einzeltitel wie Richard Hamanns *Griechische Kunst* (1949; neben der Neuauflage der *Geschichte der Kunst*, 1951) und Karl Hampes *Das Hochmittelalter* (1949; eine Neuauflage von 1932) sowie die *Geschichte der Weltliteratur* von Erwin Laaths (1953) ergänzt.

Klassisches politisches Sachbuch waren die beiden Titel von Rudolf Pechel und Michael Angelo Musmanno. Rudolf Pechel (1882–1961) war seit 1919 Chefredakteur der *Deutschen Rundschau*, die ab 1933 das Sprachrohr der konservativen Gegner des Nationalsozialismus war. Aber auch die Etablierung des deutlich nazifreundlicheren Paul

Wichtige neue Titel unter den Führern und Lexika waren *Knaurs Konzertführer*, *Knaurs Opernführer* (beide mit prominenten Geleitworten) und *Knaurs Jugendlexikon*, herausgegeben von Richard Friedenthal.

Fechter als Mitherausgeber konnte nicht verhindern, dass die Zeitschrift nach einem kritischen Artikel über die Nachrichtenpolitik von Joseph Goebbels im April 1942 verboten und Pechel verhaftet wurde. Bis kurz vor Kriegsende hielten ihn die Nazis in Haft; er wurde jedoch von dem Vorwurf umstürzlerischer Kontakte zum Goerdeler-Kreis freigesprochen. Die *Deutsche Rundschau* begann ab 1946 unter seiner Chefredaktion wieder zu erscheinen. Droemer veröffentlichte von ihm 1948 den Band *Zwischen den Zeilen. Der Kampf einer Zeitschrift für Freiheit und Recht* mit Aufsätzen aus den Jahren 1932 bis 1942. Das Vorwort dazu schrieb Werner Bergengruen.

Michael Angelo Musmanno (1897–1968), ein amerikanischer Jurist, wirkte an drei der Nachfolgeprozesse des Nürnberger Prozesses mit. Während seiner Zeit in Deutschland beschäftigte er sich mit den Geschehnissen im Führerbunker, die zu Hitlers Tod führten. Musmanno war nach seiner Rückkehr in die USA von 1952 bis zu seinem Tod Richter am Obersten Gerichtshof. Die Ergebnisse seiner Recherchen und Interviews mit rund 200 Augenzeugen veröffentlichte Droemer 1950 im Buch *In zehn Tagen kommt der Tod*.

Offenkundig wurde der Text bearbeitet, wobei Teile weggelassen wurden, »welche nach Auffassung des Verlags von der deutschen Öffentlichkeit als belastend empfunden würden« – so das Bayerische Ministerium für Unterricht und Kultus an das Bayerische Staatsministerium für Wirtschaft vom 11. September 1950.[62] Die Bearbeitung erfolgte durch eine der im Buch am häufigsten genannten Personen, den Generalstabschef der deutschen Luftwaffe, Karl Koller, zu dem der Verlag Kontakt aufgenommen hatte. Eine Aktennotiz aus dem Kultusministerium hält fest: »Die Droemer'sche Verlagsanstalt und Herr Koller sind sich darüber klar, dass der deutschen Öffentlichkeit kein Buch heute mehr vorgelegt werden darf, das irgendwelche starken Diffamierungen der Deutschen enthält, nachdem der Koreakrieg heute mit den gleichen unmenschlichen Mitteln geführt wird, die man der deutschen militärischen Führung in Nürnberg vorgeworfen hat.«

Die Formulierungen sind in mehrerlei Hinsicht bemerkenswert. Zum einen durch ihren antiamerikanischen Unterton, denn mit dem

Die Ära Willy Droemer 1945–1981

Michael Musmanno schildert in seinem Buch *In zehn Tagen kommt der Tod* die letzten Tage vor Hitlers Selbstmord. Der Originaltext wurde bearbeitet. Hier ein Auszug aus dem Schreiben des Bayerischen Ministeriums für Unterricht und Kultus vom 11. September 1950 an das Bayerische Staatsministerium für Wirtschaft.

Verweis auf den Koreakrieg wird den Amerikanern implizit unterstellt, sie kämpften dort mit den Mitteln der Nazis, wo sie doch nach damaliger Einschätzung die westlichen Werte gegen den kommunistischen Norden des Landes verteidigten. Zum anderen wird deutlich, dass hier eine indirekte Zensur ausübt wird, obwohl die Zensur mit der Gründung der Bundesrepublik Deutschland am 23. Mai 1949 abgeschafft worden war. Der Verlag brauchte jedoch eine Devisenzuteilung, um das Autorenhonorar bezahlen zu können. Diese wurde erteilt, aber augenscheinlich unter der Maßgabe, dass die Bearbeitung des Textes von Michael Angelo Musmanno durch Koller den zeitgenössischen Befindlichkeiten Rechnung trage: »Die Droemer'sche Verlagsanstalt hat in längeren und freundschaftlichen Gesprächen mit Herrn General Koller festgestellt, dass von einer böswilligen Tendenz des Verfassers durchaus keine Rede sein kann, wenn er auch der amerikanischen Öffentlichkeit durch kleine Abweichungen von der Wahrheit die Darstellung schmackhaft zu machen versucht hat.«[63]

Offen muss bleiben, ob der Verlag hier in vorauseilendem Gehorsam durch Selbstzensur oder aus inhaltlicher Überzeugung gehandelt hat. Befremdlich erscheint aus heutiger Sicht vor allem, dass man mit der Bearbeitung des Buchs einen bis in die letzten Kriegstage treu zum Regime stehenden General beauftragt hatte. Es überrascht nicht, dass die Tatsache der Bearbeitung durch Koller nicht im Buch vermerkt ist.[64] 2004 legte Erik Droemer, der Sohn von Willy Droemer und Hertha Rühmann, den Zeitzeugenbericht von Musmanno in seiner kurzlebigen Edition als erstes Buch unter dem Titel *Hitlers letzte Zeugen* wieder auf.

Politische Sachbücher wie die von Pechel und Musmanno hatten zunächst keine Nachfolger im Programm. Erst ab den 1960er-Jahren veröffentlichte Droemer vergleichbare Titel, wenn auch in Relation zum gesamten Programmumfang in überschaubarer Zahl. Ein Sonderfall war die einbändige Ausgabe von Winston Churchills *Der Zweite Weltkrieg*. Sie basierte auf der vollständigen Ausgabe, die 1949 bis 1954 bei Scherz in Bern erschienen war. Droemer und Scherz produzierten eine Ausgabe mit gemeinsamer Verlagsnennung und verbanden sich dazu »zu einem gemeinsamen Unternehmen«: »Diese Verbindung bezieht sich auf nichts anderes als auf die Herstellung, Verlegung und Verteilung der Volksausgabe.«[65] Droemer durfte nicht in die Schweiz liefern. Nach der Hardcover-Ausgabe von 1960, die im selben Jahr auch bei der Deutschen Buch-Gemeinschaft, Darmstadt, und Ex Libris, Zürich, angeboten wurde, folgte zwei Jahre später eine broschierte Ausgabe.

Betrachtet man den Neubeginn Droemers unter dem Blickwinkel der Generationenfrage, so fällt auf, dass so gut wie alle Autoren – unabhängig ob Belletristik oder Non-Fiction – der Alterskohorte zwischen 1879 (Richard Hamann) und Erwin Laaths (1903) angehören. Das ist zugleich der Zeitraum, in dem Paul Zöckler (1894) und Richard Friedenthal (1896) geboren wurden. Willy Droemer (geb. 1911) dagegen war etwa eine halbe Generation jünger und auch um einige Jahre jünger als Friedenthals Nachfolger, Fritz Bolle (geb. 1908).

Reihenprinzip reloaded

Nicht nur bei einzelnen Autoren und Titeln schloss Droemer an das Programm der Weimarer Republik an, sondern auch beim Prinzip der Reihenbildung, allerdings in deutlich verringertem Maß. Schon 1948 setzte Willy Droemer die von seinem Vater initiierte Reihe *Romane der Welt* fort. In einem Brief an Richard Friedenthal vom 24. Mai 1949 schrieb er: »Vor allem die Fortführung der Reihe ›Romane der Welt‹, von denen ich Ihnen die letzten beiden Bände zuschicke, macht mir Sorgen, denn ich brauche gute neue Bücher hierfür. Es gehören in diese Reihe unbedingt noch einige Gesellschafts- und Liebesromane guter Qualität, da das Bedürfnis nach Abenteuer- und Kriminalromanen nicht mehr so groß ist. Wenn Sie also in dieser Richtung einmal an mich denken würden, wäre ich Ihnen wirklich von Herzen dankbar.«[66] Danach ist in der intensiven Korrespondenz der beiden von der Reihe nicht mehr die Rede.

Es erschienen nur wenige Titel in der wieder aufgenommenen Reihe. Darunter befanden sich einerseits Neuauflagen von alten Büchern wie Max Brands *Die Drei in der Nacht* und *Die Unbezähmbaren* sowie die Erstausgabe von dessen *Der Herr der Rocky Mountains*, andererseits Bücher von Hausautoren wie Karl Lerbs' *Manuel*, drittens heute bedeutungslose Autoren wie Ernest Haycox *(Reiter im Sternenlicht),* Eugen Hobein *(Dämon Diamant),* Rafael Sabatini *(Der schwarze Schwan),* Erwin Rosen *(Der deutsche Lausbub in Amerika)* und der bereits erwähnte Johannes Tralow *(Irene von Trapezunt)* sowie schließlich *Die Dame in Schwarz* von Gaston Leroux und *Der blaue Karfunkel* von Conan Doyle.

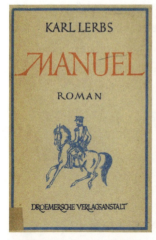
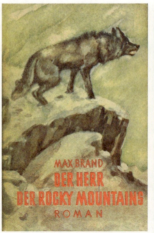
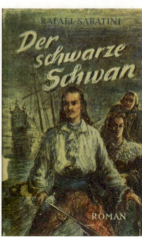

Willy Droemer nahm die von seinem Vater begonnene Reihe *Romane der Welt* wieder auf. Hier Titel, die nach dem Zweiten Weltkrieg erstmals verlegt wurden.

Die Bände wurden 1949 und 1950 unter Verwendung des alten *RdW*-Logos im *Börsenblatt für den Deutschen Buchhandel* beworben: »auf feinstem, holzfreiem Papier, Ganzleinen mit Farb- und Blindprägung, Kapitalband, Farbschnitt« und kosteten nun 4 Mark 80.

1960 versuchte Willy Droemer mit der kleinen Serie *Bücher der Welt* an die *Romane der Welt* seines Vaters anzuknüpfen. Sie wurde von ihm selbst zusammen mit Erich Pfeiffer-Belli, dem Kunst- und Theaterkritiker, der nach dem Zweiten Weltkrieg vor allem für die *Süddeutsche Zeitung* arbeitete, herausgegeben. Nach dem umfangreichen Startprogramm mit acht Büchern wurde die Serie bereits 1962 nach 15 Titeln eingestellt. Das Programm war allzu beliebig. Es reichte von Büchern aus der Knaur-Substanz wie Dantes *Göttliche Komödie* und Dimitri Mereschkowskis *Leonardo da Vinci* über Homers *Ilias* und *Odyssee* sowie Heinrich Heines *Lyrik* und *Prosa* bis zu Titeln, die in diesem klassischen Umfeld überraschten, nämlich Lizenzausgaben von Simone de Beauvoir (*Die Mandarins von Paris*, 1960, und *Das andere Geschlecht*, 1961) und von André Maurois (*Begegnung und Abschied*, 1961). Die Bände waren individuell gestaltet, und nur auf der Klappe des Schutzumschlags war der Reihenname vermerkt.

Knaurs Volksausgaben, die von 1949 bis 1952 erschienen, definierten sich ausschließlich über den Preis und nahmen die Tradition der 2,85-Mark-Bücher wieder auf. Die Reihe war sowohl programmatisch – von Johanna Spyris *Heidi* bis zu Victor Hugos *Der Glöckner von Notre Dame* – als auch optisch nicht als solche erkennbar. Gleichwohl fragte Droemer in einer Anzeige im *Börsenblatt* vom 18. April 1950: »Warum lassen sich Knaurs Volksausgaben so leicht verkaufen?« Die Antwort bestand aus acht Argumenten. Neben dem »volkstümlichen Preis« wurde vor allem auf die »bekannte und solide Ausstattung in Ganzleinenbänden, auf gutem blütenweißen Papier gedruckt« und auf die »neuen, wirkungsvollen, mehrfarbigen Schutzumschläge« hingewiesen.

Die einzige echte Reihe, auch von der Titelzahl her, war die Reihe mit dem nichtssagenden Namen *Knaur Ausgabe,* in der in den drei Jahren von 1952 bis 1954 rund 40 Titel erschienen. Die Schutzumschläge waren sehr populär und individuell gestaltet. Der Name der Reihe fand sich nur über dem Verlagslogo auf dem Schmutztitel. Es war eine reine Wiederverwertungsreihe mit zum Teil sehr alten Titeln wie Bismarcks *Gedanken und Erinnerungen,* Brachvogels kulturhistorischem Roman *Friedemann Bach* und Gobineaus *Die Renais-*

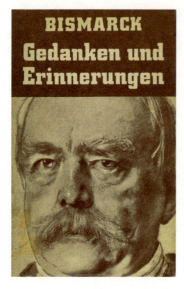

Die Reihe *Knaur Ausgabe* war eine reine Wiederverwertungsreihe, in der zum Teil sehr alte Titel wieder aufgelegt wurden. Hier *Gedanken und Erinnerungen* von Otto von Bismarck. Das Original erschien 1898 und 1919 in drei Bänden. Zusammen mit dem Verlag J. G. Cotta veranstaltete Knaur 1928 eine einbändige Ausgabe.

sance. Klassiker wie Fjodor Dostojewski, Gustave Flaubert, E. T. A. Hoffmann, Guy de Maupassant, Robert Louis Stevenson und Émile Zola ergänzten die Liste. Vor allem aber wurden nicht weniger als neun Ganghofer-Romane recycelt.

VON DER PROVINZ IN DIE GROSSSTADT

Ein Jahr nach der Währungsreform übersiedelte der Droemer Verlag aus dem unterfränkischen Provinzort Wiesentheid nach München. In einem Brief vom 3. Mai 1949 an Otto von Petersdorff, den Miteigentümer der Buchhandlung Einhorn in Wiesentheid, schrieb Willy Droemer, dass »die Übersiedelung des Verlages dringend notwendig war, man merkt es erst jetzt, wenn man hier sitzt, denn die Abgeschiedenheit von der Außenwelt wäre auf längere Sicht unmöglich gewesen«.[67] In der noch stark kriegsgeschädigten Stadt hatte Willy Droemer in der Thierschstraße 11 im gutbürgerlichen Viertel Lehel sowohl Verlagsräume als auch Wohnungen für die wichtigsten Mitarbeiter bauen lassen. Die Fotos in der Festschrift von 1951 dokumentieren, dass zu diesem Zeitpunkt neben den Lagerarbeitern etwa 25 Mitarbeiter im Verlag tätig waren, mehr als die Hälfte davon in Vertrieb und Buchhaltung.

Am 17. Mai 1949, also sechs Tage vor Gründung der Bundesrepublik Deutschland, wurde die Droemersche Verlaganstalt Willy Droemer in das Handelsregister beim Amtsgericht München unter der Nummer HRA 9013 eingetragen. Bei der Anmeldung der Sitzverlegung von Wiesentheid nach München hatte Droemer am 4. Mai 1949 angegeben, dass sich das Geschäftsvermögen auf 300 000 DM belaufe und der letzte Jahresumsatz ca. 1,4 Millionen DM betragen habe. Alleininhaber und Alleinzeichner für das Unternehmen sei weiterhin Willy Droemer.

Rund zwei Jahre später – kurz vor dem 50. Jahrestag des Starts des Verlags in Berlin – ließ Willy Droemer am 8. Juni 1951 die Firma Th. Knaur Nachf. unter der Nummer A 10 697 in München in das Handelsregister eintragen und bezog sich dabei auf die bisherige Registrierung des Unternehmens beim Amtsgericht Berlin-Charlottenburg unter HRA 87 904.

Vergleich mit den jüdischen Vorbesitzern

Die Reaktivierung der alten Firma Th. Knaur Nachf. war möglich geworden, weil Willy Droemer mit den jüdischen Mitbesitzern, von denen sein Vater den Verlag zum 1. Januar 1934 übernommen hatte, beziehungsweise mit deren Erben einen Vergleich vereinbart hatte. Solche Vergleiche waren in den Nachkriegsjahren in großer Zahl geschlossen worden, vor allem wenn es sich um Unternehmensübertragungen wie im Fall Knaur handelte. Grundlage für die Restitution in der US-Besatzungszone war das Militärregierungsgesetz Nr. 59 vom 10. November 1947.[68] Das Gesetz wurde von den Amerikanern erlassen, weil der deutsche Verhandlungspartner, der Länderrat, nicht die politische Verantwortung für die anstehenden Maßnahmen übernehmen wollte und so der Besatzungsmacht die Entscheidung zuschob. Nach Ansicht der Amerikaner fanden die berechtigten Ansprüche der Geschädigten in den Vorstellungen der Deutschen nicht genügend Beachtung: »Die Deutschen sperrten sich gegen die Einsicht, dass es durchgreifender, in manchen Bereichen mit deutschem Recht unvereinbarer Maßnahmen bedurfte, um die Folgen des nationalsozialistischen Unrechts entsprechend abzumildern.«[69]

Zweck des Gesetzes war laut Artikel 1 »die Rückerstattung feststellbarer Vermögensgegenstände an Personen, denen sie in der Zeit vom 30. Januar 1933 bis zum 8. Mai 1945 aus Gründen der Rasse, Religion, Nationalität, Weltanschauung oder politischer Gegnerschaft gegen den Nationalsozialismus entzogen worden sind«. Für die Abwicklung waren die Wiedergutmachungsämter bei den jeweiligen Landgerichten zuständig, im Fall Knaur München als aktueller Verlagssitz und Berlin als früherer Verlagssitz.

Der Vergleich, der durch Vermittlung von Felix Guggenheim zustande gekommen sein soll,[70] wurde am 2. Oktober 1950 in München geschlossen. Er musste danach auch in Berlin protokolliert werden, weil dort zum Zeitpunkt der »Arisierung« der Verlagssitz war. Das Dokument wurde von Willy Droemer, William Hendelsohn und Stefanie Henders unterschrieben. Diese handelte für ihren verstorbenen Ehemann Erich Henders und war von den Erben von Irma Rahn, der Tochter Gabriel Hendelsohns, zur Unterschrift bevollmächtigt worden.[71]

In diesem Vergleich verpflichtete sich Droemer, »zur unwiderruflichen Abgeltung aller etwaigen Ansprüche aus dem Verkaufsvertrag von 1934 gegen den Th. Knaur Nachf.-Verlag Berlin bzw. der Droemer'schen Verlaganstalt München bzw. Herrn Willi Droemer, München, und aus gegenwärtiger und zukünftiger Wiedergutmachungsgesetzgebung« den Vergleichspartnern je 15 000 Mark, also insgesamt 45 000 Mark bis zum 30. Juni 1951 zu zahlen. Dies entsprach einem Zehntel der seinerzeitigen Summe, die Adalbert Droemer für die Hälfte des Verlags an seine Miteigentümer bezahlt hatte. Berücksichtigt man, dass im Rahmen von Wiedergutmachungsverfahren zum Beispiel Rentenansprüche im Verhältnis 3:1 abgewertet wurden, so bedeutet das, dass Willy Droemer bezogen auf den Kaufpreis von 1934 den Vergleichspartnern das Äquivalent von 135 000 Reichsmark gezahlt hat, der damalige Kaufpreis also statt 450 000 Reichsmark für die Hälfte des Unternehmens 585 000 Reichsmark betragen hat. Bezogen auf den Jahresumsatz von rund 1,6 Millionen Reichsmark lag also der Kaufpreis bei fast 37 Prozent.

Einen Vergleich erlaubt der Kauf des jüdischen Verlags Otto Liebmann durch C. H. Beck Ende 1933. C. H. Beck bezahlte damals 250 000 Reichsmark. Nach dem Krieg zahlte der Verlag den Erben 50 000 Mark, was einem Äquivalent von 150 000 Reichsmark entspricht. Zu Liebmann liegen leider keine Umsatzzahlen vor.

Nach Artikel 3 des Militärregierungsgesetzes Nr. 59 konnte die »Entziehungsvermutung« widerlegt werden, wenn die Transaktion vor dem Erlass der Nürnberger Rassegesetze am 15. November 1935 stattgefunden hatte, ein angemessener Kaufpreis bezahlt worden war und der Verkäufer, also im Fall Knaurs die Familie Hendelsohn, frei über das Geld hatte verfügen können. Das heißt, dem Vergleich zwischen Droemer und den Hendelsohn-Erben liegt das Eingeständnis zugrunde, dass der seinerzeitige Kaufpreis nicht angemessen war.[72] Das Motiv vonseiten des Verlags, einen solchen Vergleich einzugehen, könnte aber auch gewesen sein, nicht in die zeitgenössische Debatte um Wiedergutmachung hineingezogen zu werden. Da die Akten, die zu diesem Vergleich führten, nicht erhalten sind, bleiben solche Überlegungen Spekulation.

Die Nachzahlung erfolgte nach Artikel 16 des Gesetzes, der statt der Restitution eine Nachzahlung des Käufers vorsah, um so den Unterschied zwischen ursprünglich erlangtem und angemessenem Entgelt auszugleichen.

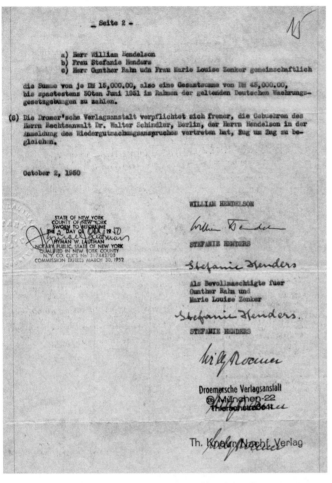

Der nur in einer Abschrift erhaltene Vergleich, den Willy Droemer mit den jüdischen Vorbesitzern des Th. Knaur Verlags Nachf. am 2. Oktober 1950 schloss und der es ihm erlaubte, 1951 den Knaur Verlag nach München umzusiedeln und später die Droemersche Verlagsanstalt Th. Knaur Nachf. zu bilden.

DIE RÜCKKEHR RICHARD FRIEDENTHALS

Cheflektor oder Verlagsleiter, die genaue Bezeichnung ist unbekannt, war zum Zeitpunkt der Eintragung der Firma Th. Knaur Nachf. in das Handelsregister in München wohl noch Paul Zöckler. Wann und warum er ausschied, lässt sich nicht mehr rekonstruieren, wie sich überhaupt nur wenige Spuren von ihm erhalten haben. Er gab 1950 die Neuauflage von *Knaurs Lexikon A–Z* heraus und stellte die im Juli 1951 erschienene schmale Festschrift zum fünfjährigen Bestehen der Droemerschen Verlagsanstalt und zu 50 Jahre Knaur-Buch zusammen. Spannungen zwischen dem Verleger und Zöckler gab es bereits 1949, als Willy Droemer den Verlag in München aufbaute, die Lexikonredaktion unter der Leitung von Zöckler jedoch in Wiesentheid verblieben war.

In einem Brief vom 9. Juni 1949 schrieb Otto von Petersdorff, der Teilhaber an der Einhorn Buch GmbH in Wiesentheid, an Droemer: »Etwas peinlich berührt mich das Geschwätz der hiesigen Plaudertaschen, die über Ihre Finanzsituation offenbar besser Bescheid wissen als Sie selbst. Nach dem, was ich darüber hörte, kann eigentlich nur der gute Zöckler – dem ich aber keine böse Absicht unterschieben möchte – die Quelle sein. Wer anders sollte wissen, dass Sie 200 000.- aufgenommen hätten und dass Zöckler Ihnen etwas vorschießen sollte.«[73]

Richard Friedenthal (1896–1979) in einer Aufnahme um 1950.

In seinem Antwortbrief zwei Tage später reagierte Droemer gereizt. Er sehe für seinen Verlag ohne Bedenken in die Zukunft: »Gerade deswegen wurmt mich das Zöckler'sche Geschwätz ganz besonders, abgesehen davon, dass es nicht stimmt, denn er selbst hat keinen Pfennig auf der Seele und mit den Plannerschen Büchern ist auch kein Staat mehr zu machen. […] Ich wäre Ihnen also dankbar, wenn Sie derartigem Geschwätz in Zukunft mit aller Schärfe entgegentreten würden, dies Wiesentheid ekelt mich an, wenn ich überhaupt daran denke und die Zöckler'sche Blase ganz besonders.[74] Täuschen Sie sich nicht, wenn Sie keine Absicht hinter seinen Redereien vermuten, dort ist alles in den Mantel christlicher Menschenliebe gehüllter Egoismus und krankhafter Geltungstrieb.«

Und er fährt fort: »Ich kann Ihnen persönlich sagen, dass ich ein neuer Mensch geworden bin, seitdem ich das Schloss verlassen habe und wenn eine Krise tatsächlich da war, dann war sie bedingt durch die von Z. angebrachten Verlagswerke, die aber restlos zu Ladenhütern erster Güte geworden sind.« Droemer spielt hier auf die oben beschriebene Programmpolitik mit den Autoren von Guenther, Heer, Telmann und Tralow sowie mit der Veröffentlichung von Romanen der Ehefrau von Zöckler, Rose Planner-Petelin, an.

Paul Zöckler wurde Anfang 1952 von Richard Friedenthal abgelöst. Friedenthal war Ende 1938 nach England emigriert, wo er zunächst als eine Art Privatsekretär von Stefan Zweig arbeitete, dessen literarischen Nachlass er später verwaltete. Er wurde auf der Isle of Man interniert und hielt sich danach mit Gelegenheitsarbeiten über Wasser. Dann arbeitete er bis 1948 unter anderem als Übersetzer für die BBC und war bei der Neugründung des deutschen PEN-Zentrums zwischen 1948 und 1951 in London führend beteiligt. 1947 wurde er *by naturalization* britischer Staatsbürger. Im Spätherbst des Jahres reiste er erstmals wieder nach Deutschland, und zwar im Auftrag der BBC.

Bevor Friedenthal bei Droemer antrat, hatte er im August 1948 über einen Berliner Anwalt seine urheberrechtlichen Ansprüche aus dem Vertrag zu *Knaurs Lexikon A – Z* geltend gemacht. Die Korrespondenz für den Verlag führte pikanterweise zunächst Paul Zöckler, der die Neuauflage des Lexikons selbst herausgeben wollte und es dann auch tat. Für diese erste Nachkriegsauflage zahlte Droemer 5000 Mark an Friedenthal; er wurde nicht als Herausgeber genannt. In einer Vereinbarung vom 8. Oktober 1949 – zu einer Zeit, als Friedenthal über das unten beschriebene Angebot von Willy Droemer noch nicht entschieden hatte – wurden Friedenthal 5 Pfennig für jedes verkaufte Exemplar zugesagt.

Schon bald spannte ihn Willy Droemer bei der Klärung praktischer Fragen ein. So bat er ihn zum Beispiel um Unterstützung, als es darum ging, die Zustimmung der Agentur Heath in London zu erlangen, angesichts der Buchhandelssituation die Auflage bei Nachdrucken von 20 000 auf 10 000 Exemplare ermäßigen zu dürfen. Auch bat er ihn immer wieder um Hinweise auf englische Bücher. Und nicht zuletzt versuchte er, ihn für weitere Arbeiten zu gewinnen. So schrieb er nach einem persönlichen Treffen im September 1949 am 4. Oktober an ihn, er sei überzeugt, »dass es zwischen uns beiden wahrscheinlich nie zu irgendwelchen Reibungen in geschäftlicher oder gar persönlicher Beziehung kommen wird und mit dieser Überzeugung verbinde ich auch die Hoffnung, dass es uns vergönnt sein wird, gemeinsam noch viele schöne Pläne zu verwirklichen«. Friedenthal arbeitete dann auch mit Zöckler bei den folgenden Überarbeitungen des Lexikons und anderen Projekten zusammen.

Die Arbeitsverbindung zwischen Droemer und dem nach wie vor in London ansässigen Friedenthal wurde immer enger, und die dichte Korrespondenz zwischen beiden wurde mehr und mehr zur Arbeitskorrespondenz über künftige Bücher. So schrieb Friedenthal zum Beispiel am 25. Februar 1951 an Willy Droemer, nachdem er über den Stand der Planung zu einer Neuauflage von *Knaurs Weltgeschichte* berichtet hatte: »Sie sehen, ich beginne schon fast mit der Redaktionsarbeit. Es wäre in der Tat, wie Sie selber vermuten, etwas reichlich viel, wenn man gleich zwei größere Sammelwerke, und noch dazu aus der Entfernung, herausgeben wollte.«

Aber neben diesem verlegerischen Austausch wurde der Ton zwischen den beiden – auch durch mehrere persönliche Begegnungen in München und London – immer vertrauter, sodass Friedenthal sich in seinem langen Brief vom 29. Januar 1951 »verschiedene väterliche Ermahnungen« erlauben konnte, von denen er sicher war, »dass mir Frau Hertha dabei heimlich applaudiert«: »Glauben Sie mir, es gibt immer noch dies oder jenes in einem Betrieb, der so auf den Inhaber abgestellt ist, was ›dringend‹ erledigt werden muss. Es gibt aber bekanntlich nichts, was so dringend ist, dass es nicht durch einiges Warten noch dringender würde.« Ob der folgende Passus über den Vater dem Sohn gefallen hat, möge dahingestellt bleiben: »Ihr Vater hatte in einem Punkte den unfehlbaren Instinkt des geborenen Kaufmanns, und ich bewunderte das an ihm: Er konnte Geschäfte auslassen. Ich glaube, dass tatsächlich die *nicht* gemachten Geschäfte einen entscheidenden, vielleicht *den* entscheidenden Teil beim Aufstieg eines Unternehmens ausmachen. (Ein Gegenbeispiel wäre etwa unter den Zeitgenossen bei den Verlegern der gute Desch, der nichts auslassen kann.) Vielleicht müssen Sie da noch resoluter werden, so zielbewusst Sie sonst die Sache angepackt haben.«

Vor allem bei längeren Gesprächen in München am Rand der Feier zum 50-jährigen Bestehen des Verlags Th. Knaur Nachf. am 18. Juli 1951 reifte der Plan, Friedenthal wieder als festen Mitarbeiter zu gewinnen. Acht Tage später unterbreitete Droemer sein Angebot: »Ich möchte Ihnen nunmehr in diesem Brief auch in offizieller Form einen Vorschlag machen und Sie bitten, wie vor dem Kriege meinem Verlag wieder als Direktor anzugehören. Für diese Tätigkeit biete ich Ihnen ein Jahresgehalt von DM 40 000.– und erkläre mich außerdem bereit, Ihnen bei der Finanzierung eines Eigenheims in jeder Form behilflich zu sein, damit auch Ihre Wohnverhältnisse hier in Deutschland die gleichen sind wie drüben.«[75]

Friedenthal bat in seinem Antwortbrief vom 6. August 1951 um Bedenkzeit: »Sie wissen ja selbst, wie viele Probleme ich dabei zu überlegen habe und wie schwerwiegend die Entscheidungen sind, die ich treffen muss.« Er fährt fort: »Inzwischen aber müssen die Arbeiten schon weitergehen. […] So sitze ich schon fast in der Thierschstraße, jedenfalls mit meinen Gedanken.«

Übersiedelung nach München

Unter dem Datum vom 12. Januar 1952 wurde ein vom 1. Januar bis 30. Juni des Jahres befristeter vorläufiger Anstellungsvertrag mit einem Monatsgehalt von 2500,– Mark geschlossen. Noch im Frühjahr 1952 wurde der Vertrag bis zum 31. März 1953 verlängert. Im Mai übersiedelte Friedenthal mit seiner Frau nach München. Der Erwerb eines Hauses kam nicht zustande; Friedenthal wohnte während der ganzen Münchner Jahre in der Schwabinger Maria-Josepha-Straße.

Wie andere Emigranten hatte auch er mit den Vorurteilen gegenüber denen zu kämpfen, die während der Nazijahre Deutschland verlassen hatten: »Es war ja zu Anfang keineswegs so, dass wir ›Emigranten‹ mit offenen Händen aufgenommen wurden; vielmehr blieben die Arme meist über der Brust gekreuzt. Die ›innere Emigration‹ hieß die Formel, und die ›bloße äußere‹ wurde eher als ein Glücksfall angesehen und als eine beneidenswerte Sache, wobei etwa das Schicksal Thomas Manns das Leitbild abgab.«[76]

Über die Gründe, nach München zu gehen, äußerte er sich nach der Rückkehr nach London in einem Brief an Manfred George, den Herausgeber der New Yorker Emigrantenzeitschrift *Aufbau*. Am 15. November 1956 schrieb er: »Ich ging, um das kurz abzustecken, nach München zu dem früheren Knaur Verlag, in dem ich so lange Jahre tätig gewesen war, auf dringende Einladung des Inhabers und um mir auf diese Weise meine inzwischen verfallenen Ansprüche auf eine Pension zu sichern, die ich im ach so kümmerlichen Wiedergutmachungswege nie hätte durchsetzen können.«[77] Diese Einschätzung war angesichts der schleppenden Abwicklung von Wiedergutmachungsfragen in der frühen Bundesrepublik nur allzu berechtigt, zumal Friedenthal zum Zeitpunkt der Rückkehr nach München bereits Mitte 50 war.

Richard Friedenthal hat bei seiner Tätigkeit für Droemer nach dem Krieg zwei Programmbereiche nachhaltig geprägt, nämlich die Fortführung der traditionellen *Knaur Klassiker*, aber vor allem das Segment der Lexika und Nachschlagewerke. Zwischen 1952 und 1957 erschienen unter dem Label *Knaur Klassiker* Werkausgaben im Dünndruck von Theodor Fontane, Johann Wolfgang von Goethe, Gottfried Keller, Heinrich von Kleist, Conrad Ferdinand Meyer, William Shakespeare und Theodor Storm. Die ein- oder zweibändigen Ausgaben schlossen an die Tradition auch insofern an, als sie keine Auskunft über die Textgrundlage gaben und unkommentiert waren. Die ergänzenden Texte waren, wenn vorhanden, von unterschiedlicher Qualität. So wurde der während des Dritten Reichs unterdrückte umfangreiche Text von Thomas Mann über Storm wieder aufgenommen. Gerhart Hauptmann dagegen lieferte gerade einmal drei Seiten über Goethe.

In der Festschrift zum fünfjährigen Bestehen der Droemerschen Verlagsanstalt im Jahr 1951 präsentiert der Verlag die bisherige Produktion auf zwei Seiten.

Neben den bereits oben erwähnten Lexika, darunter das von Friedenthal herausgegebene *Jugendlexikon,* das im Erscheinungsjahr 1953 vom Börsenverein des Deutschen Buchhandels als eines »der schönsten Bücher des Jahres« ausgezeichnet wurde und bereits ein Jahr später Verkäufe von 200 000 Exemplaren erreicht hatte,[78] erschienen in den Folgejahren *Knaurs Heilpflanzenbuch* (Hugo Hertwich, 1954), das von Lothar-Günther Buchheim herausgegebene *Knaurs Lexikon moderner Kunst* (1955), *Knaurs Geschichte der Entdeckungsreisen* (Ernst Samhaber, 1955), *Knaurs Foto- und Filmbuch* (Heinrich Freytag, 1955), *Knaurs Kostümbuch* (Henry Harald Hansen, 1956), *Knaurs Buch vom Film* (Rune Waldekranz und Verner Arpe, 1956) sowie die Reihe *Knaurs Tierreich in Farben* (ab 1956).

Friedenthals Ausscheiden

Die Zusammenarbeit von Friedenthal mit Willy Droemer sollte recht bald wieder enden. Streitpunkt war das von Friedenthal herausgegebene *Knaurs Jugendlexikon,* das für 1952 angekündigt war und von den Vertretern dem Buchhandel entsprechend angeboten wurde. Die Fertigstellung des Manuskripts verzögerte sich immer weiter, sodass als Erscheinungstermin Weihnachten 1953 festgelegt wurde. Als sich abzeichnete, dass auch dieser Termin in Gefahr war, führten Willy Droemer und sein Anwalt am 17. und 18. Juni 1953 Gespräche, von denen umfangreiche Aktennotizen angefertigt wurden. Friedenthal verpflichtete sich, die vorgegebenen Termine einzuhalten, und stimmte zugleich bei Nichteinhaltung den Modalitäten seines Ausscheidens aus dem Verlag zu. Da das Lexikon rechtzeitig erschien, konnte Friedenthal seine Tätigkeit zunächst fortsetzen.

Weshalb sich die Auseinandersetzung etwa ein Jahr später zuspitzte, ist unklar, doch bestätigte Droemer in seinem Brief vom 13. Juli 1954 ein Gespräch, das einen Tag zuvor stattgefunden hatte. Dabei hielt er fest: »Ich hatte Ihnen bereits im vorigen Jahr sagen müssen, dass die Erwartungen, die ich in die Zusammenarbeit mit Ih-

WILLY DROEMER

Alleininhaber
der Droemerschen Verlagsanstalt
München 22 · Thierschstraße 11

München, den 13.7.1954

Herrn
Dr. Richard Friedenthal

M ü n c h e n - 23
==================
Maria-Josepha-Strasse 2b

Sehr geehrter Herr Dr.Friedenthal!

Ich sehe mich doch gezwungen, im Anschluss an unser gestriges
Gespräch nochmals schriftlich Stellung zu nehmen.

Ich hatte Ihnen bereits im vorigen Jahr sagen müssen, dass die
Erwartungen, die ich in die Zusammenarbeit mit Ihnen gesetzt
hatte, von Ihnen von Anfang an in keiner Weise erfüllt wurden.
Aufgrund unserer vor Vertragsschluss geführten Besprechungen
sollten Sie als Verlagsleiter verantwortlich die Leitung des
gesamten Verlags übernehmen und mich hierbei nicht nur unterstützen, sondern weitgehend ersetzen, wie ja auch Ihr Vertrag
für eine Anstellung als Verlagsleiter lautet. Sie haben aber
Ihre Aufgabe durchaus verkannt, sich auf reine Lektorats- und
Planungsarbeit beschränkt und sich um die Übernahme der Leitung
des Verlags selbst nicht bekümmert. Dies kam schon dadurch zum
Ausdruck, dass Sie völlig ungeregelte Arbeitsstunden einhielten,
während die Leitung eines Verlags voraussetzt, dass man die
gleichen Arbeitsstunden, wie alle anderen Mitarbeiter, einhält.
Die Arbeit im Verlag beginnt aber um 8 Uhr morgens. Selbst die
Lektoratsarbeit wurde sehr unregelmässig ausgeführt, verlor
sich vielfach in unfruchtbaren Projekten und wurde häufig nicht
termingemäss fertiggestellt.

Ich hatte deshalb schon im Vorjahr durch Herrn Dr.Rothe mit
Ihnen Verhandlungen über Ihr Ausscheiden führen lassen. Trotz
meiner berechtigten Kritik habe ich jedoch dann in Anbetracht
der gegenseitigen Bindungen nochmals versucht, eine Basis der
Zusammenarbeit zu finden und Sie zu Verständnis für die gesamten
Notwendigkeiten des Verlags zu veranlassen. Dies ist mir aber

-2-

Auszug aus dem Brief Willy Droemers vom 13. Juli 1954 an Richard Friedenthal, der die endgültige Trennung bedeutete und an dessen Ende Droemer Friedenthal beurlaubte.

nen gesetzt hatte, von Ihnen von Anfang an in keiner Weise erfüllt wurden.« Er fährt fort: »Aufgrund unserer vor Vertragsschluss geführten Besprechungen sollten Sie als Verlagsleiter verantwortlich die Leitung des gesamten Verlags übernehmen und mich hierbei nicht nur unterstützen, sondern weitgehend ersetzen, wie ja auch Ihr Vertrag für eine Anstellung als Verlagsleiter lautet.« Droemer wirft Friedenthal vor: »Sie haben aber Ihre Aufgabe durchaus verkannt, sich auf reine Lektorats- und Planungsarbeit beschränkt und sich um die Übernahme der Verlags selbst nicht bekümmert. Dies kam schon dadurch zum Ausdruck, dass Sie völlig ungeregelte Arbeitsstunden einhielten, während die Leitung eines Verlags voraussetzt, dass man die gleichen Arbeitsstunden, wie alle anderen Mitarbeiter, einhält. Die Arbeit im Verlag beginnt um 8 Uhr morgens.«

Doch selbst mit der Tätigkeit Friedenthals in der eingeschränkten Form, wie Droemer sie konstatierte, war der Verleger unzufrieden: »Selbst die Lektoratsarbeit wurde sehr unregelmäßig ausgeführt, verlor sich vielfach in unfruchtbaren Projekten und wurde häufig nicht termingemäß fertiggestellt. [...] Vielmehr wird mir auch von den anderen Mitarbeitern bestätigt, dass eine geordnete Zusammenarbeit in der bisherigen Form nicht möglich ist.« Droemer beurlaubte Friedenthal und bot ihm Verhandlungen über die Modalitäten des Ausscheidens und späterer freier Mitarbeit – bei deutlicher Herabsetzung der Bezüge – an.

Dass es bei dieser Auseinandersetzung recht kleinlich zuging, zeigt eine Aufstellung über die Belegexemplare, die Friedenthal zustanden. So hatte er laut einer Aufstellung vom 26. Juli 1954 aus einem ihm zustehenden Kontingent im Wert von 432 Mark 95 noch ein »Guthaben« von 11 Mark 80!

Naturgemäß beurteilte Richard Friedenthal die Situation ganz anders. Unter dem Eindruck des Droemer-Schreibens legt er in einem ausführlichen Brief vom 20. Juli 1954 an Hannah und Manfred Altmann[79] – also ganz kurz nach Erhalt des zweiseitigen Briefs von Droemer – seine Sicht der Dinge dar. Er war der Ansicht, dass der Verlag in den vorangegangenen beiden Jahren vor allem aufgrund seiner Arbeit beispiellose Erfolge zu verzeichnen gehabt hätte. Diese Erfolge hätten jedoch Droemer »völlig den Kopf verdreht und ihn größenwahnsinnig gemacht«. Dazu komme der Einfluss von Droemers zweiter Frau Vera, die selbst im Verlag mitarbeiten wolle und am Abend bis 11 Uhr mit dem Verleger jeden Brief und jede Rechnung durchgehe. Sie versuche, ihren Mann in seinem stets wackligen Selbstgefühl zu stärken. So äußere dieser jetzt immer häufiger, er könne das »alles sehr gut auch machen« oder »allein machen«, woraus hervorgehe, dass Droemer auf ihn neidisch sei.[80]

Über die Darstellung in diesem Brief hinaus hat Friedenthal die Vorgänge aus seiner Sicht im Tagebuch von 1956/57 kommentiert. Hier behauptet er, dass rückblickend erst nach und nach zutage gekommen sei, wie Droemer ihn ständig, und zwar von Anfang an, benachteiligt habe. Die erhaltene Korrespondenz nach seinem Ausscheiden bestätigt diese Vorwürfe der systematischen Benachteiligung nicht, auch wenn der Verlag einzelne Positionen der Abrechnungen korrigieren musste.

Recht schlecht kam bei Friedenthals Resümee seiner Verlagszeit Willy Droemer im Vergleich zu seinem Vater weg. In einem Brief vom 18. Mai 1956 an Erich Kästner, mit dem er seit PEN-Zeiten eng verbunden war, schreibt er: »Es kommt mir vor, als läge die Droemerei so weit hinter mir wie die Berliner Zeit, die ja auch lange genug – vielleicht zu lange – in Droemerei bestand. Nur dass der Alte immerhin ein Kerl war. Ein Viechskerl, aber ein Kerl.«[81]

Friedenthal hat sich in *... und unversehens ist es Abend,* der Skizze einer Autobiografie, nicht zu den Vorgängen im Jahr 1954 geäußert. Er schreibt dort nur: »Dann fand ich jedoch, dass es nun an der Zeit sei, ernstlich an das ›Eigentliche‹ zu gehen«,[82] nämlich an das Schreiben der großen Biografien über Leonardo da Vinci, Goethe, Luther und Marx, die ihn berühmt machten und die zwischen 1959 und 1967 erschienen. Am 31. Juli 1954 verließ Friedenthal den Verlag zum zweiten Mal und kehrte 1956 nach London zurück.

Nach der Scheidung Willy Droemers von seiner zweiten Frau renkte sich das Verhältnis zwischen ihm und Friedenthal augenscheinlich wieder ein, und Droemer wollte sogar erneut mit ihm zusammenarbeiten.[83] In dem bereits erwähnten Brief Droemers zum achtzigsten Geburtstag seines ehemaligen Verlagsleiters im Jahr 1976 geht der ehemalige Chef – wie Friedenthal in seinen autobiografischen Aufzeichnungen – nicht auf die damalige Trennung ein, sondern schreibt: »Dann jedoch zog es Sie zurück nach London, das Ihnen zu Ihrer wahren Heimat geworden war: 1955 nahmen wir abermals Abschied voneinander. Doch nun war es anders als 1938. Damals wussten wir nicht, wann uns je das Glück einer Wiederbegegnung beschert sein werde. Jetzt wussten wir, dass wir einander sehen konnten, so oft wir nur wollten – und ich bin sehr froh, dass wir tatsächlich immer und immer wieder zusammenkamen zu freundschaftlichem Gespräch und Gedankenaustausch.«[84] Friedenthal seinerseits hatte sich in seinem Beitrag zur Droemer-Festschrift von 1971 eher formell-höflich und mit den gedenktagüblichen Wortgirlanden geäußert und viel Raum den Erinnerungen an den Vater, Adalbert Droemer, gewidmet. Richard Friedenthal starb 1979.[85]

*

Die Situation des Verlags beim Ausscheiden Friedenthals charakterisiert Walter Flemmer in seinem Buch *Verlage in Bayern* pointiert, aber richtig: »Bis 1954 war der Knaur/Droemer Verlag noch ein literarisches Unternehmen, das sich vornehmlich auf den Nachdruck problemloser Titel beschränkte, das das Gängige, Altbekannte bevorzugte und jedes verlegerische Abenteuer scheute, doch scheinbar ohne eigene Ideen zu überleben schien.«[86] Doch der Verlag »überlebte« gut, denn der Umsatz erhöhte sich von 1950, dem ersten Jahr nach der Übersiedelung nach München, von 4,4 Millionen auf sieben Millionen im Jahr 1954.[87]

DIE ZEIT VON FRITZ BOLLE

Nachfolger von Richard Friedenthal wurde Fritz Bolle; am 1. Januar 1955 trat er in den Verlag ein. Rund ein halbes Jahr zuvor hatte Droemer Maria Hönigschmied, geb. Zandler, Richard Ihm und Hubert Schmidt Gesamtprokura übertragen, am 4. Juni 1954 für die Droemersche Verlagsanstalt, vier Tage danach für den Verlag Th. Knaur Nachf. Damit konnten je zwei von ihnen gemeinschaftlich die Firma vertreten. Dass weder Paul Zöckler noch Richard Friedenthal, noch Fritz Bolle Prokura hatten, zeigt deutlich, dass Willy Droemer sich im Programm die letzte Entscheidung vorbehalten wollte.

Fritz Bolle (1908–1982)[88] wurde »als richtiger und echter Berliner in Berlin dort geboren, wo es am berlinischsten ist, in Berlin O, zwischen Zentralviehhof und Friedrichshain«, wie er in seinen launigen autobiografischen Aufzeichnungen schrieb.[89] Er studierte ab 1926 Zoologie in Jena und brach die Promotion in Berlin ab, weil durch den Verlust des Familienvermögens am Schwarzen Freitag im Okto-

Fritz Bolle (1908–1982) war von 1955 bis 1973 Cheflektor von Droemer Knaur. Er gab in dieser Zeit *Knaurs Lexikon A–Z* heraus. Seine Briefe unterzeichnete er oft mit dem »Bolle-Männchen«, das hier dem Autor Jürgen Thorwald Geburtstagsgrüße überbrachte.

ber 1929 kein Geld zur Überbrückung der einkommenslosen Zeit als Assistent an der Universität mehr vorhanden war. Politisch changierte Bolle zwischen linkem Wandervogel zu Schülerzeiten, NSDAP (Mitglied von 1926 bis Anfang 1930) und der Schwarzen Front von Ernst Niekisch und Gregor Strasser,[90] wo er 1930 »glücklich ›zwischen allen Stühlen‹« landete.[91]

Nach Abbruch der Promotion stieg er als Ofensetzerlehrling in den elterlichen Betrieb ein und beendete die Ausbildung 1938 als Meister.[92] Im Frühjahr 1940 wurde er zur Wehrmacht eingezogen, aber schon im Spätherbst 1943 entlassen und für einen »Schlüsselbetrieb des V2-Programms« dienstverpflichtet.[93] Zweck der unterirdischen Anlage, zu deren Bau Zwangsarbeiter eingesetzt wurden, war neben der Erprobung von Triebwerken für die V2-Raketen die Produktion von Flüssigsauerstoff und Stickstoff. Bolle war in dem Unternehmen »›Chefassistent‹ und damit ›Mädchen für alles‹«.[94]

Ab 1946 arbeitete er für den Murnauer Lux Verlag als Redakteur und als Autor der *Lux-Lesebogen,* der naturwissenschaftlich-technisch orientierten Zeitschrift *Orion* und der *Orionbücher*. Bei Droemer war er von 1955 bis 1974 Herausgeber von *Knaurs Lexikon A–Z.* Der Münchner Zoologieprofessor Alfred Kaestner hat Bolle folgendermaßen beschrieben: »Nichts von der kühlen Distanziertheit der Geschäftswelt. Um den Besucher war die Atmosphäre des besten Teils des einstigen geistigen Berlins: Weltläufigkeit, amüsante Schlagfertigkeit, eine originelle, oft auch originale Ausdrucksweise auch für sehr ernste wissenschaftliche Probleme und die so angenehme Form des fröhlichen Selbstbewusstseins, das unverkennbar mit Wohlwollen statt mit Prätention gepaart ist.«[95]

Bolle, der seit 1960 als Lektoratsleiter fungiert hatte, schied kurz nach seinem 65. Geburtstag zum 30. Juni 1973 aus dem Verlag aus. Nachfolger wurde der Althistoriker Dieter Harnack (geb. 1938), der zuvor zweieinhalb Jahre bei Bertelsmann in Gütersloh im Sachbuch gearbeitet hatte. Weiteres ist nicht bekannt. Gleichberechtigt neben ihm erscheint 1974 in der *Dokumentation deutschsprachiger Verlage*[96] Franz N. Mehling, über den unten zu berichten ist.

Die Ära Willy Droemer 1945–1981

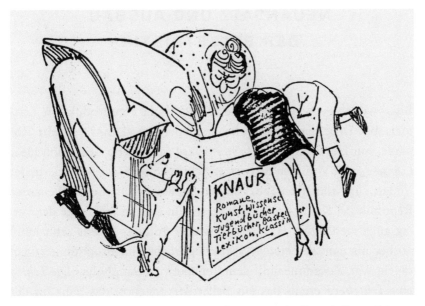

Die Spannbreite des Programms zeigt dieser Cartoon aus der Festschrift von 1961.

Während des Cheflektorats von Fritz Bolle ist die Programmentwicklung des Verlags durch die folgenden Faktoren charakterisiert: deutliche Erhöhung der jährlichen Titelproduktion; Neuansatz und Ausbau der Belletristik; starke Fokussierung auf den Non-Fiction-Bereich; Einführung des Knaur Taschenbuchs.

Ab 1960 erhöhte der Verlag die jährliche Titelproduktion deutlich. Sie stieg von bis dahin durchschnittlich rund 20 Titeln um mehr als die Hälfte und erreichte 1968 mit 44 Titeln die Spitze, um danach wieder auf den Durchschnitt von rund 30 Titeln abzufallen. Neuauflagen von Knaur-Titeln, die vor 1933 erschienen waren und die das Programm der ersten Nachkriegsjahre geprägt hatten, entfielen ab 1955 bis auf sehr wenige Ausnahmen.

NEUANSATZ UND AUSBAU DER BELLETRISTIK

Bis 1963 gab es so gut wie keine belletristische Neuproduktion. Erstmals bei Droemer veröffentlicht wurden bis dahin vielmehr Romane von Hermann Stehr (1864–1940) und Jakob Christoph Heer (1859–1925). Von dem Schweizer Schriftsteller Heer publizierte der Verlag 1957 fünf Romane, von denen zwei bereits in der Weimarer Republik bei Knaur erschienen waren. In diesem Jahr legte der Verlag auch Stehrs *Der Heiligenhof* wieder auf, das bereits zehn Jahre vorher als eine der ersten Nachkriegsbücher im Programm aufgetaucht war. Zusammen mit dem Remake von Ganghofers *Die Trutze von Trutzberg* ergab das ein Belletristikangebot, das ganz an der Ganghoferschen Hochlandideologie orientiert und weitab jeglicher moderner Belletristik war. Immerhin veröffentlichten in diesem Jahr andere Verlage Max Frischs *Homo faber,* Hans Magnus Enzensbergers *Verteidigung der Wölfe* und Martin Walsers *Ehen in Philippsburg.* Auch ein Jahrzehnt später gehörte Droemer Knaur nicht gerade zur Avantgarde in der Buchbranche; die »Politisierung des Buchmarkts« nach 1968 ging am Programm spurlos vorüber.[97]

Die Schlüsseljahre für die spätere Belletristik bei Droemer sind 1962 und 1964. 1962 erschien mit *Bis zur bitteren Neige* der erste Roman von Johannes Mario Simmel im Verlag, und zwei Jahre später gelang mit Mary McCarthys *Die Clique* der Durchbruch mit internationaler Belletristik.

Johannes Mario Simmel

Die zeitgenössische deutsche Belletristik bei Droemer Knaur – jenseits der Neuauflagen von zum Teil sehr alten Titeln – begann 1962 mit *Bis zur bitteren Neige* von Johannes Mario Simmel.[98] Es war sein erstes Buch im Verlag. Bis zu diesem Zeitpunkt hatte er seit 1946 in anderen Verlagen elf Bücher, darunter mehrere Kinderbücher und vor allem den Roman veröffentlicht, dessen Titel sprichwörtlich geworden ist, *Es muss nicht immer Kaviar sein* (1960 im Schweizer Verlagshaus, Zürich).

Johannes Mario Simmel (1924–2009) wurde als Sohn eines Hamburger Chemikers und einer Lektorin in Wien geboren und wuchs in Österreich sowie England auf. Nach seiner Ausbildung zum Chemieingenieur war Simmel während des Zweiten Weltkriegs in der Forschungsabteilung eines Elektrokonzerns tätig. Nach Kriegsende arbeitete er als Dolmetscher für die amerikanische Militärregierung. Seine ersten Werke, die Novellensammlung *Begegnung im Nebel* und der Roman *Mich wundert, dass ich so fröhlich bin,* erschienen 1947 und 1949 im Zsolnay Verlag. Zugleich arbeitete er als Redakteur bei der Wiener Tageszeitung *Welt am Abend*. 1950 übersiedelte Simmel nach München, wo er für die Illustrierte *Quick* unter mehreren Pseudonymen Reportagen und Serienromane schrieb. Nach dem Durchbruch als Romanautor widmete er sich ganz der Schriftstellerei. Simmel lebte vorwiegend in München, hatte aber auch einen Wohnsitz in Monte Carlo, bis er sich schließlich in Zug (Schweiz) niederließ, wo er 2009 starb.

Johannes Mario Simmel (1924–2009) brachte mit *Bis zur bitteren Neige,* seinem ersten Roman bei Droemer Knaur, für den Verlag den Durchbruch in der deutschsprachigen Belletristik.

Johannes Mario Simmel kam durch Vermittlung von Felix Guggenheim in den Verlag. Das erste Telefonat zwischen Verleger und Autor hat er in der von ihm zusammengestellten Festschrift von 1971 wiedergegeben. In dem lesenswerten Beitrag gibt er Guggenheim mit den Worten wieder: »Der [Willy Droemer] führte bisher einen fast reinen Sach- und Kunstbuch-Verlag. Jetzt baut er gerade eine belletristische Abteilung auf. Viele ausländische Bestseller-Autoren hat er schon. Sie wären mit der *Neige* sein erster deutscher Romancier der Gegenwart. Da würden Sie gleich vom Start weg mehr gefördert werden können als in einem Verlag mit einem Dutzend deutscher Roman-Autoren.«[99]

Bis zur bitteren Neige war der Beginn einer ungeheuer erfolgreichen Zusammenarbeit zwischen Verlag und Autor. Alle zwei bis drei Jahre erschien ein neues Werk, darunter *Liebe ist nur ein Wort* (1963), *Und Jimmy ging zum Regenbogen* (1970), *Der Stoff aus dem die Träume sind* (1971), *Niemand ist eine Insel* (1975) und *Doch mit den Clowns kamen die Tränen* (1987). Über 20 Titel veröffentlichte Simmel bis 1999 bei Droemer, zusammen mit den früheren Werken alle auch als Knaur Taschenbuch.

Doch nicht nur mit seinen Romanen, sondern auch mit seinen Drehbüchern erlangte Simmel Berühmtheit. Insgesamt 22 Filme entstanden nach seinen Büchern oder nach Drehbüchern, die er eigens geschrieben hat, darunter *Es geschehen noch Wunder* (1951) mit Hildegard Knef und *Robinson soll nicht sterben* (1957) mit Romy Schneider und Horst Buchholz. *Es muss nicht immer Kaviar sein* wurde sogar in Form einer 13-teiligen Fernsehserie ausgestrahlt.

Johannes Mario Simmel war ein ungemein politischer Schriftsteller und stets bemüht, auf die Probleme und Krisen in der Welt aufmerksam zu machen. Er war ein leidenschaftlicher Pazifist und griff in seinen Büchern neben dem Nationalsozialismus immer wieder brisante Zeitthemen wie Drogenhandel, organisiertes Verbrechen, Genforschung oder Umweltverschmutzung auf. Seine akribischen Recherchen waren berühmt; laut eigener Aussage sind seine Romane zu mindestens achtzig Prozent wahr.

Die Ära Willy Droemer 1945–1981

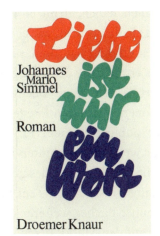

Von Anfang an zeichnete die Simmel-Titel optisch die charakteristische Schriftlösung aus. Die Gestaltung stammte von Fritz Blankenhorn (1921–2011), dem Chefgrafiker des Deutschen Bücherbunds. Gegen Nachahmer musste sich der Verlag gerichtlich wehren. Nur der letzte Roman des Autors, *Liebe ist die letzte Brücke*, der 1999 erschien, war optisch anders gestaltet.

Simmel erhielt zahlreiche Auszeichnungen, unter anderem den Kulturpreis deutscher Freimaurer (1981), das Österreichische Ehrenkreuz für Wissenschaft und Kunst I. Klasse (1992) und das Große Silberne Ehrenzeichen für Verdienste um die Republik Österreich (2004). Doch Simmel litt zeit seines Lebens darunter, dass die etablierte Literaturkritik ihn lange Zeit ignorierte oder als Trivialautor abtat. Immerhin sind drei seiner großen Romane in *Kindlers Neues Literaturlexikon* eingegangen, und die *Frankfurter Allgemeine Zeitung* bezeichnete ihn als »demokratischen Gebrauchsschriftsteller«.

Das dürfte ihm gefallen haben, denn er wollte »gerne ein Volksschriftsteller wie Hans Fallada« sein, wie er einmal bekannte. Dass er diese Volkstümlichkeit erreicht hat, ohne tümlich zu sein, bestätigen auch die Fakten, dass er der erste deutsche Schriftsteller mit eigenem Fanclub war und große Erfolge in Buchgemeinschaften feierte.[100] Trotz seiner 75 Millionen verkauften Exemplare in 30 Sprachen war Simmel jedoch eher publizitätsscheu. Er verabscheute öffentliche Auftritte und gab nur wenige Fernsehinterviews.

Trotz oder vielleicht gerade wegen des großen Erfolgs von Johannes Mario Simmel kamen erst mehr als ein Jahrzehnt nach der Initialzündung durch Simmel Bücher weiterer deutschsprachiger Unterhaltungsschriftsteller auf den Markt, deren Zahl und Verkaufszahlen trotz einiger Erfolge letztlich überschaubar blieben.[101] Dazu gehörten Hans Herlin (*Freunde,* 1974; danach zwei weitere Titel bis 1978), Lilli Palmer (nach der Autobiografie *Dicke Lilli, gutes Kind,* 1974, sechs Romane bis 1986) und Sandra Paretti (*Der Wunschbaum,* 1975; danach bis 1983 sechs weitere Titel).

Mary McCarthy

Ganz anders war die Entwicklung bei der internationalen Belletristik, die von den Titelzahlen her ihr deutsches Pendant eindeutig überwog. Wie bereits erwähnt, ist der Roman *Die Clique* von Mary McCarthy der Ausgangspunkt dieser Erfolgsgeschichte. Das Buch wurde 1963 in den USA publiziert und war nicht zuletzt wegen der Deflorationsszene im zweiten Kapitel im prüden Amerika ein riesiger Erfolg. Es stand dort fast zwei Jahre auf der Bestsellerliste der *New York Times*. Willy Droemer kaufte die Rechte – Rowohlt hatte durch Fritz J. Raddatz hochmütig wegen fehlender literarischer Qualität abgelehnt:[102] »Das ganze Haus war gegen dieses Buch, die Vertreter waren unglücklich. Gegen alle wohlmeinenden Ratschläge und allen pessimistischen Prognosen zum Trotz ist der Verleger bei seinem Entschluss geblieben.«[103]

Die Ära Willy Droemer 1945–1981

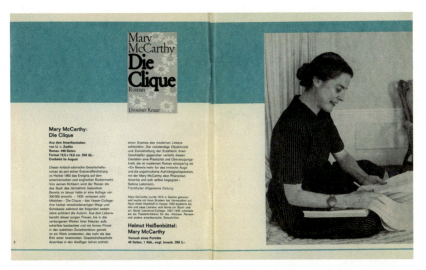

Dem Stellenwert Johannes Mario Simmels für die deutschsprachige Belletristik entsprach Mary McCarthy für die internationale schöne Literatur bei Droemer Knaur. Ihr Roman war Spitzentitel im Herbst 1964. Hier die Doppelseite aus der Vorschau. Bemerkenswert, dass der Verlag den in den 1960er-Jahren führenden experimentellen Schriftsteller Helmut Heißenbüttel für ein Porträt der Autorin gewann.

Droemer investierte nicht nur in die Lizenz, sondern machte das Buch durch eine große Marketingkampagne, bei der 200 000 Mark eingesetzt worden sein sollen, zum Bestseller. Die Zahl tauchte erstmals in dem *Spiegel*-Artikel vom 8. Oktober 1973 »*Wir haben uns alle total heiß gemacht*«. *Spiegel-Report über Bestseller und Bestseller*[104] auf, also fast zehn Jahre später, und wurde seither immer wieder – auch in wissenschaftlichen Arbeiten – kommentarlos kolportiert.[105] Die Kostenaufstellung für die Publikumswerbung des zweiten Halbjahrs 1964, also dem Erscheinungszeitraum der *Clique,* ist im Verlagsarchiv erhalten geblieben. Auch konnten die Anzeigen für das Buch im *Börsenblatt für den Deutschen Buchhandel* rekonstruiert werden. Insgesamt ergibt sich daraus ein Werbebudget von rund 100 000 Mark. Das ist rund ein Drittel des Werbeaufkommens in diesem Programmhalbjahr.

Im *Börsenblatt für den Deutschen Buchhandel* schaltete Droemer Knaur zwischen dem 14. Juli und dem 10. Oktober 1964 insgesamt 15 Anzeigen, teils doppelseitig. Hier die Anzeige vom 7. August 1964, in der der Verlag den Buchhandel auf die umfangreiche Publikumswerbung hinwies.

In der *Süddeutschen Zeitung* erschienen zwischen Anfang August und Ende Oktober 1964 drei Anzeigen, allerdings nicht ganzseitig, wie dem Buchhandel versprochen. Hier die Anzeige vom 31. Oktober 1964.

Nach Erscheinen am 5. August 1964 kletterte der Titel schnell auf Platz 1 der *Spiegel*-Bestsellerliste und hielt sich dort unter den ersten zehn bis in den Herbst des kommenden Jahres.

Mary McCarthy (1912–1989) begann nach dem Studium als Literaturkritikerin und Redakteurin. 1942 erschien ihre erste Kurzgeschichtensammlung, die erst nach dem Erfolg der *Clique* unter dem Titel *Sie und die Anderen* 1965 auf Deutsch publiziert wurde. Sie war eine scharfe Kritikerin des Vietnamkriegs; Droemer veröffentlichte den *Vietnam-Report* 1967 und *Hanoi* 1968. Insgesamt erschienen von Mary McCarthy bei Droemer bis 1981 zehn Titel. Seit Ende der 1940er-Jahre war sie mit Hannah Arendt befreundet, was in einem eindrucksvollen

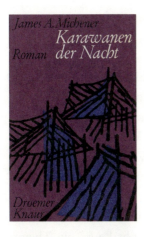

Nach Mary McCarthy kamen innerhalb weniger Jahre eine Reihe ausländischer Autoren ins Programm, die den Verlag bis in die 1990er-Jahre prägten. Hier Beispiele mit dem jeweils ersten von Droemer Knaur verlegten Buch.

Briefwechsel und in der Tatsache, dass McCarthy die Nachlassverwalterin der deutschen Philosophin war, dokumentiert ist.

Nach McCarthy[106] kamen eine Reihe von Autoren ins Programm, die den Verlag bis in die 1990er-Jahre prägten. Das sind vor allem James A. Michener (ab 1964 mit neun Romanen), Irving Wallace (ab 1964 mit vier Romanen), Norman Mailer (ab 1965 mit zehn Titeln, darunter seine Marilyn-Monroe-Biografie), James Clavell (ab 1967 mit fünf Romanen), Michael Crichton (ab 1972 mit fünf Romanen) und Morris L. West (ab 1974 mit sieben Romanen).

FOKUSSIERUNG AUF NON-FICTION

Die klare Positionierung Droemers als Non-Fiction-Verlag mit einem umfangreichen Programm hat nach einigen Vorläufern 1955 begonnen. Dieser Programmteil bestimmte in seinem zahlenmäßigen Umfang und seiner inhaltlichen Ausrichtung das Verlagsprofil auf Jahrzehnte hinaus. Willy Droemer hat dazu die Vorgabe gemacht, dass 60 Prozent oder mehr des Programms Sachbücher zu den verschiedensten Themenbereichen, Nachschlagewerke, Ratgeber oder Kunstbände sein sollten.[107] Prägend für den Verlag wurden die Bücher, die unter der Marke *Knaurs* verlegt wurden. Es gibt kaum ein Thema oder Hobby, das hier nicht abgedeckt worden wäre.

Die Marke Knaur

Anschließend an die markenbestimmenden Titel *Knaurs Konversations-Lexikon* (später *Knaurs Lexikon A–Z*), *Knaurs Weltatlas* und *Knaurs Gesundheits-Lexikon* aus der Weimarer Republik und der Wiederaufnahme und Ergänzung in den ersten Nachkriegsjahren, u.a. durch *Knaurs Konzertführer*, *Knaurs Opernführer* und *Knaurs Jugendlexikon*, erschien 1955 *Knaurs Lexikon moderner Kunst*, herausgegeben von Lothar-Günther Buchheim.[108] Mit diesem Titel begann eine dichte Produktion von rund 140 Titeln bis 1981. Die Themen reichten von Naturwissenschaft und Technik mit Titeln wie *Knaurs Buch der Energie* (1958), *Knaurs Buch der modernen Physik* (1969) und *Knaurs Buch der Elektronik* (1974) über Kultur und Kunst mit Werken wie *Knaurs Jazz-Lexikon* (1957), *Knaurs Lexikon der modernen Architektur* und *Knaurs Weltgeschichte der Musik* (1968) bis zu klassischen Ratgebern wie *Knaurs Gartenbuch* (1957), *Knaurs Bastelbuch* (1959) und *Knaurs Mal- und Zeichenbuch* (1962).

Hinzu kamen mehrbändige Reihenwerke wie *Knaurs Tierreich in Farben* (13 Bände von 1956 bis 1970), *Knaurs Pflanzenreich in Far-

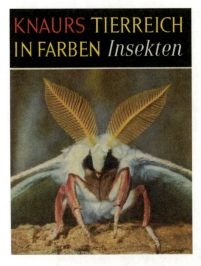

Als Beispiel für die mehrbändigen Reihenwerke hier der Titel *Insekten* aus der Serie *Knaurs Tierreich in Farben*.

ben (3 Bände von 1964 bis 1967) und *Knaurs Kontinente in Farben* (5 Bände von 1962 bis 1969). 1976 startete mit dem *Deutschland*-Band die umfangreichste Reihe unter dem Label *Knaurs,* nämlich *Knaurs Kulturführer in Farbe.* Unter der Regie von Franz N. Mehling publizierte Droemer bis 1996 fast 100 Bände, die wie alle Titel der *Knaurs*-Bücher immer wieder neu aufgelegt, überarbeitet und ergänzt wurden. Darüber wird im nächsten Kapitel zu berichten sein.

Das weitere Non-Fiction-Programm, das nicht unter dem Markennamen *Knaurs* lief, umfasste die Themenfelder Kunst, Kulturgeschichte, Geografie, Geschichte, Natur und Naturwissenschaft sowie in den späteren Jahren auch Lebenshilfe.

In den Segmenten Kunst, Kulturgeschichte und Geografie bildeten reich illustrierte, großformatige, hochpreisige Werke den Schwerpunkt. Die Kunstbände reichten von Werkdarstellungen wie zum Beispiel *Picassos Welt der Kinder* (1966), *Chagall* (1966) und Oskar Kokoschkas *Aquarelle und Zeichnungen* (1963) über Länder- und Epochenbände wie *Japan. Geschichte und Kunst* (1965) und *Kunst der Romantik* (1960) bis zu Bänden wie die *Kunstschätze im Britischen Museum* (1958), die *Die Tate-Galerie London* und *Die Natio-*

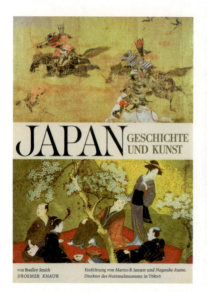 

Beispiele für reich illustrierte, großformatige, hochpreisige Werke sind die internationalen Koproduktionen *Japan. Geschichte und Kunst* (1965) und *Picassos Welt der Kinder* (1966).

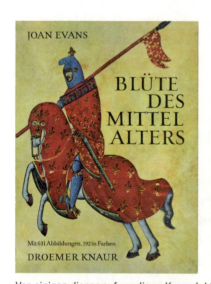 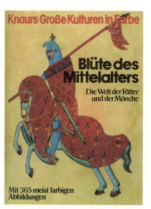

Von einigen dieser aufwendigen Koproduktionen brachte Droemer Knaur in Eigenregie bearbeitete, format- und preisreduzierte Sonderausgaben heraus.

nal-Galerie London (beide 1959). Die Geografiewerke deckten Städte wie *London* (1964), *New York* (1966) und *Wien* (1970) und Länder beziehungsweise Kontinente wie *Die Türkei* (1960), *Ägypten* (1964) und *Spanien* (1966) sowie *Afrika* (1966) und *Südamerika und Mittelamerika* (1968) ab. Die Kulturgeschichte war u. a. durch *Römisches Afrika in Farben* (1968), *Die Renaissance* (1968) und *Kultur des europäischen Mittelalters* von Jacques Le Goff (1970) vertreten.

Einen breiten Raum nahmen Naturbücher wie *Vögel* (1959), *Fische* (1961), *Das Wunder des Lebens* (1961), *Vögel der Welt* (1963) und *Der menschliche Körper* (1967) ein. Mit Beginn der 1970er-Jahre tauchten solche opulenten Werke deutlich seltener im Programm auf. Die drei Titel *Das achtzehnte Jahrhundert* (1971), *Das neunzehnte Jahrhundert* (1972) und *Das zwanzigste Jahrhundert* (1973) waren die letzten Bände der 1955 mit *Die Welt, in der wir leben* und *Die Welt, aus der wir kommen* (1961) begonnenen Serie *Knaurs Große Kulturen in Farbe* und bildeten mehr oder weniger den Schlusspunkt solcher aufwendiger Produktionen. Von einigen dieser Bücher brachte Droemer in Eigenregie bearbeitete, format- und preisreduzierte Sonderausgaben heraus.

Pionier der internationalen Koproduktion

Aufwendige, großformatige Bildbände werden auch heute noch in der Regel als internationale Koproduktionen hergestellt, weil die Addition der nationalen Teilauflagen zu einer möglichst hohen Gesamtauflage zu einer Kostenreduktion je Exemplar führt. Federführend ist dabei der Verlag, der das Projekt entwickelt und internationale Partner dafür akquiriert, oder auf solche Geschäfte spezialisierte Packager. Der jeweilige nationale Verlag liefert den sogenannten Schwarzfilm zu, also die Textpartien, während das Bildlayout für alle Ausgaben identisch ist.

Droemer gilt zu Recht als der Pionier solcher Koproduktionen auf dem deutschen Buchmarkt. Der erste Titel war jedoch zunächst eine

Koproduktion auf Umwegen. Lothar-Günther Buchheim, der Verleger, Maler, Kunstsammler und spätere Autor des Bestsellers *Das Boot,* hatte mit dem französischen Verlag Fernand Hazan in Paris einen Vertrag über dessen Werk *Dictionnaire de la peinture moderne* geschlossen, der zunächst im Buchheim Verlag erscheinen sollte. Dazu war zwischen beiden die Lieferung von 5000 Rohbogen mit den farbigen Abbildungen, jedoch ohne deutschen Text, sowie Duplikatfilmen der Abbildungen vereinbart worden. Doch bald stellte sich heraus, dass Buchheim den angezielten Ladenpreis von knapp 40 Mark bei der vorgesehenen Auflage von 5000 Exemplaren nicht würde halten können.[109] Kurz entschlossen sprang Willy Droemer ein und schloss bei Zustimmung von Hazan mit Buchheim einen »Lizenz-Verlagsvertrag« – was ein durchaus unüblicher verlagsrechtlicher Terminus ist. Darin wurden Droemer die deutschsprachigen Rechte uneingeschränkt übertragen und eine erste Auflage von 50 000 Exemplaren vereinbart. Zudem stellte Buchheim dem Verlag die deutsche Übersetzung zur Verfügung. Bei einem vorgesehenen Ladenpreis von 9 Mark 80 hatte Droemer eine Mark je Exemplar als Lizenzgebühr zu entrichten. Offenkundig war in dem Ursprungsvertrag zwischen Hazan und Buchheim keine Regelung über die Nebenrechte getroffen worden. Das mag der Schlitzohrigkeit Buchheims oder der Naivität Hazans oder beidem geschuldet gewesen sein. Jedenfalls behauptete Fernand Hazan in einem Brief vom 6. Juni 1983 an den Droemer Verlag: »Ich erkläre feierlich, dass ich von Herrn Buchheim bis auf den heutigen Tag nicht einen Centime als Anteil von diesem Honorar [dem Stückhonorar] erhalten habe.«[110]

Das Werk erschien im September 1955 als *Knaurs Lexikon der modernen Kunst* und wurde ein großer Erfolg. Bis Ende des Jahres setzte der Verlag über 100 000 Exemplare ab. 1962 war die zehnte Auflage erreicht. Wegen der von Droemer in Abstimmung mit Hazan publizierten überarbeiteten und völlig neu übersetzten Neuausgabe im Jahr 1981 kam es mit dem durchaus prozessfreudigen Lothar-Günther Buchheim zu einer juristischen Auseinandersetzung. Dabei wurde festgehalten, dass Droemer bis 1983 mindestens 300 000 Ex-

Willy Droemer mit seinen engsten Mitarbeitern, von links Erich Knapp, Maria Hönigschmied, Karl H. Kaesbach, Willy Droemer, Fritz Bolle, Richard Ihm und Hubert Schmidt.

emplare verkauft hatte,[111] nicht gerechnet die Taschenbuchausgabe, die 1963, im Startjahr der Knaur Taschenbücher, veröffentlicht worden war. Die Hardcoverausgabe erschien auch in verschiedenen Buchgemeinschaften, jedoch verglichen mit der Verlagsausgabe in geringer Menge.

Dieser erste Koproduktionstitel war auch insofern nicht typisch, als anders als bei den folgenden durch die Risikofreude von Willy Droemer ein extrem niedriger Ladenpreis für die deutsche Ausgabe angesetzt werden konnte. Der erste »richtige« Koproduktionstitel war *Die Welt, in der wir leben* von Lincoln Kinnear Barnett, der im Februar 1956 (mit der Impressumsangabe 1955) in die Buchläden kam. Das war der Beginn einer Zeit der erfolgreichen internationalen Koproduktionen, deren thematische Bandbreite oben beschrieben wurde.

Wichtigster Koproduktionspartner war in den Folgejahren der englische Verlag Thames & Hudson. Der Verlag wurde im September 1949 von Walter Neurath, der 1938 von Wien nach London emigriert war, und seiner Frau Eva gegründet. Im Unterschied zum damals führenden Kunstbuchverlag Phaidon Press setzte Thames & Hudson auf durchgängigen Farbdruck und in den Text integrierte Abbildungen, während in den Phaidon-Büchern die Abbildungen auf einzelnen Tafeln zwischen die Textblöcke eingeschossen waren. Zwischen 1958 und 1965 veröffentlichte Droemer in Koproduktion mit Thames & Hudson nicht weniger als elf hochpreisige, opulent ausgestattete *coffee table books,* die man damals »Bildsachbücher« nannte. Die Ladenpreise lagen zwischen 45 und 85 Mark. Zum Vergleich: Romane kosteten in dieser Zeit zwischen 9 Mark 80 und 12 Mark 80, Sachbücher in der Regel 16 Mark 80.

Weitere Lizenzgeber und Koproduktionspartner waren Harry M. Abrams, Doubleday und Random House, alle in New York ansässig, sowie George Weidenfeld in London. Oft wurden diese Buchprojekte, wie erwähnt, von Packagern für diese Verlage entwickelt.[112]

Exemplarische Beispiele sind auch die beiden großen Atlanten im Programm, nämlich *Knaurs großer Weltatlas* und *Knaurs großer historischer Weltatlas.* Der *Weltatlas* erschien 1971 als Lizenz von *The Times Atlas of the World* zum ersten Mal. Die siebte, neu bearbeitete Auflage kam 1980, die 13., ebenfalls neu bearbeitete Auflage 1992, die 24. und letzte Auflage 2004 zum Preis von 149 Euro auf den Markt. Der *große historische Weltatlas* war ebenfalls eine Lizenz von Times Books in London und wurde 1979 erstmals vorgelegt; vollständig überarbeitet kam die sechste und letzte Auflage im Jahr 2000 zum Preis von 99 Euro auf den Markt.

Das deutsche Sachbuch

Das klassische Sachbuch, das auf ein breites Publikum zielt, deshalb auch relativ preisgünstig sein muss, »ohne fachspezifisches Vorwissen verständlich ist« und sich »bei der Darstellung auch unterhaltender und literarischer Elemente« bedient, war sowohl an den Themen, wie sie oben genannt wurden, als auch an wichtigen Autorennamen orientiert.[113] Was Johannes Mario Simmel und Mary McCarthy für die

Jürgen Thorwald (1915–2006) und zwei seiner berühmtesten Bücher, *Die Entlassung* und *Das Jahrhundert der Detektive*.

deutsche und internationale Belletristik im Droemer-Programm waren, das waren Jürgen Thorwald und John Kenneth Galbraith für das Sachbuch.

Jürgen Thorwald (1915–2006) wurde 1915 als Heinz Bongartz in Solingen geboren.[114] Nach dem Studium der Germanistik und der Geschichte arbeitete er während des Dritten Reichs als Journalist »unter dem Schirm und der Förderung des nationalsozialistischen Regimes«.[115] Nach dem Krieg schrieb er für die Stuttgarter Wochenzeitung *Christ und Welt* Artikel, die sich mit dem Schicksal der Deutschen bei Flucht und Vertreibung befassten. Da die Amerikaner das Blatt ohnehin als »under cover Nazi-paper« einstuften und ihm aufgrund der Artikel von Bongartz »Nationalismus und Militarismus« vorwarfen, schrieb dieser von nun an unter dem Pseudonym Jürgen Thorwald, das er später auch als offiziellen Namen führen durfte.[116] Den Durchbruch als Sachbuchautor schaffte er 1956 mit dem *Jahrhundert der Chirurgen*, dem ein Jahr später *Das Weltreich der Chirurgen* folgte. Beide Titel erschienen wie frühere Werke im Steingrüben Verlag, einem Ableger von *Christ und Welt*.

Knaurs Buch der modernen Physik von Walter Robert Fuchs war das erste Buch der erfolgreichen Reihe *Exakte Geheimnisse*. Hier eine Anzeige, die 1968 u. a. zielgruppengenau in den Zeitschriften *Kosmos, Naturwissenschaftliche Rundschau* und *Bild der Wissenschaft* erschien.

Durch Vermittlung seines Agenten Felix Guggenheim wechselte Thorwald danach zu Droemer und hatte 1960 dort mit *Die Entlassung. Das Ende des Chirurgen Ferdinand Sauerbruch* seinen nächsten Bestsellererfolg auf dem Gebiet der Medizingeschichte. Mit *Das Jahrhundert der Detektive* (1964) und *Die Stunde der Detektive* (1966) entdeckte Thorwald das Gebiet der Kriminalistik als Gegenstand seiner populären Sachbücher. Beide Themen hat er neben mehreren weiteren Sachbüchern auch in Romanen abgehandelt. Insgesamt erschienen bei Droemer bis 1994 sechzehn Titel des Autors. Jürgen Thorwald starb 2006 in Lugano.

Im selben Jahr wie Thorwald kam auch Werner Keller (1909–1980) zu Droemer. Auch er hatte zuvor mit *Und die Bibel hat doch recht* (1955) in einem anderen Verlag seinen ersten Bestsellererfolg gelandet, der in mehr als 20 Sprachen übersetzt wurde. An diesen Erfolg konnten die fünf Droemer-Titel nicht anschließen, obwohl zum Beispiel das erste Buch im Verlag, *Ost minus West = Null. Der Aufbau Russlands durch den Westen* (1960) ausführlich und positiv im *Spiegel*[117] besprochen worden war und die folgenden Bücher Themen hatten, für die Keller stand – so über die nachbiblische Geschichte des jüdischen Volks (*Und wurden zerstreut unter alle Völker*, 1966), die

S. Fischer-Fabian (1922–2011) beschäftigte sich in seinem umfangreichen Werk immer wieder mit den Deutschen – in den verschiedensten Facetten.

Etrusker (*Denn sie entzündeten das Licht,* 1970) und über Herodot (*Da aber staunte Herodot,* 1972).

Ein Erfolgsautor auf einem ganz anderen Gebiet war Walter Robert Fuchs (1937–1976). Der promovierte Naturwissenschaftler, Wissenschaftsredakteur beim Bayerischen Rundfunk und Erfinder des *Telekollegs* verstand es, komplizierte naturwissenschaftlich-technische Zusammenhänge verständlich aufzubereiten; mit *Knaurs Buch der modernen Physik* (1965) lieferte er das erste Buch der erfolgreichen Reihe *Exakte Geheimnisse,* zu der er selbst weitere drei Titel beisteuerte. Unter den neun Titeln, die bis 1971 erschienen, waren u.a. Bücher über Biologie, Soziologie und Chemie. Die Reihe wurde auch erfolgreich als Lizenz in 18 Länder exportiert. In mehreren Büchern brachte Fuchs didaktisch geschickt den verunsicherten Eltern die »neue Mathematik« nahe, die Begriffe der Mengenlehre schon in Grundschulen behandeln wollte (*Knaurs Buch der modernen Mathematik,* 1966, und *Eltern entdecken die neue Mathematik,* 1970).

S. Fischer-Fabian (1922–2011, eigentlich Siegfried Fischer) war nach der Promotion über ein theaterhistorisches Thema zunächst journalistisch tätig; ab 1958 schrieb er Sachbücher, Romane und humoristische Werke. Nur ein kleinerer Teil seines umfangreichen

Œuvres erschien zwischen 1975 und 1987 bei Droemer. Wie sein Bestseller *Die ersten Deutschen. Der Bericht über das rätselhafte Volk der Germanen* (1975) hatten bis auf eine Ausnahme alle Titel die deutsche Geschichte zum Gegenstand, u.a. in *Preußens Gloria* (1979) und *Preußens Krieg und Frieden* (1981), aber auch in *Vergesst das Lachen nicht. Der Humor der Deutschen* (1982).

Erfolge im Bereich der Lebenshilfe sind vor allem mit den Autorennamen Kirschner und Köhnlechner verbunden. Der Jurist Manfred Köhnlechner (1925–2002) machte zunächst Karriere beim Bertelsmann-Konzern, wo er von 1957 bis 1970 dessen Generalbevollmächtigter war. Danach ließ er sich zum Heilpraktiker ausbilden und gründete mehrere Institute und Stiftungen. Von seinen rund 30 Büchern erschienen acht bei Droemer, darunter *Leben ohne Krebs* (1980), *Leben ohne Schmerz* (1981) und *Die sieben Säulen der Gesundheit* (1982). Der österreichische Journalist und Fernsehmoderator Josef Kirschner (1931–2016) war einer der Ersten, der Ego-Training zum Programm gemacht hatte. Er veröffentlichte bei Droemer zwischen 1974 und 1994 elf Titel, darunter den legendären Erfolg *Die Kunst, ein Egoist zu sein* (1976), der auch in viele Sprachen übersetzt wurde.

Das internationale Sachbuch

Die wichtigsten ausländischen Sachbuchautoren in dieser Programmphase waren John Kenneth Galbraith, Desmond Morris und Jacques-Yves Cousteau. Der Wirtschaftswissenschaftler und langjährige US-Präsidentenberater John Kenneth Galbraith (1908–2006) gehörte zu den einflussreichsten Ökonomen des 20. Jahrhunderts. Als Keynesianer trat er strikt für eine staatliche Politik der Nachfragestärkung ein. In Deutschland hat Droemer ihn zuerst publiziert, und zwar mit dem Werk *The Affluent Society* (*Gesellschaft im Überfluss*, 1959). Unter den weiteren sieben Büchern im Verlag war *Die moderne Industriegesellschaft* (1968) sicher das wichtigste. Galbraiths Erinnerungen

Die Ära Willy Droemer 1945–1981

John Kenneth Galbraith (1908–2006) gehörte zu den einflussreichsten Ökonomen des 20. Jahrhunderts. Sein Klassiker *Die moderne Industriegesellschaft* erschien 1968 bei Droemer Knaur.

In 23 Sprachen wurde der Welterfolg *Der nackte Affe* von Desmond Morris übersetzt. Droemer Knaur veröffentlichte das Buch 1968.

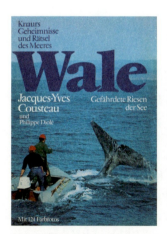

Der französische Pionier der Meeresforschung Jacques-Yves Cousteau war zugleich auch Meister der multimedialen Verwertung seiner Erkenntnisse. Das Buch *Wale* erschien 1972 bei Droemer Knaur.

über die Jahre mit John F. Kennedy erschienen 1970 unter dem Titel *Tagebuch eines Botschafters*.

Weltberühmt wurde der britische Zoologe Desmond Morris (geb. 1928) mit seinem Buch *Der nackte Affe*, das in 23 Sprachen übersetzt wurde. Droemer brachte die deutsche Ausgabe 1968. Es folgten fünf Titel zur Verhaltensforschung, die aber bei Weitem nicht an den Verkaufserfolg des *Nackten Affen* anknüpfen konnten. Das war wohl der Grund, warum die späteren Bücher von Morris von einem anderen deutschen Verlag publiziert wurden.

Mit Jacques-Yves Cousteau (1910–1997) gewann Droemer den Pionier der Meeresforschung als Autor für sich; er war zugleich auch Meister der multimedialen Verwertung seiner Erkenntnisse. Cousteau schrieb etwa 60 Bücher und drehte mehr als 100 Filme. In Deutschland lief die Fernsehserie *Geheimnisse des Meeres* 13 Jahre lang. Bei Droemer erschienen zwischen 1971 und 1979 unter der Marke *Knaurs Geheimnisse und Rätsel des Meeres* neun illustrierte Bücher u. a. über Haie, Wale und Delfine, die Cousteau zusammen mit seinem Koautor Philippe Diolé verfasst hatte. Auch diese Bücher entstanden als eine groß angelegte internationale Koproduktion.

Politik und Prominenz

Neben dem breiten Programm von Natur und Naturwissenschaft, von Kunst und Kultur, von allgemeiner Geschichte und Geschichte von Teildisziplinen machte das politische Sachbuch nur einen sehr kleinen Teil aus. In den Jahrzehnten unseres Betrachtungszeitraums erschienen etwa 25 Titel. Darunter waren Bücher zu aktuellen Themen wie der Ermordung Kennedys (*J. F. Kennedy* von Jim Bishop, 1964) und dem Scheitern von Alexander Dubček in der Tschechoslowakei (*Dubček* von William Shawcross, 1970) sowie Bücher, die sich mit der Zeitgeschichte seit dem Zweiten Weltkrieg befassten wie *Russland im Krieg, Russland im Frieden* von Alexander Werth (1965 und 1969) oder *Ehrgeiz und Illusion* von Paul Reynaud über Frank-

Muhammad Alis Autobiografie *Der Größte* erschien 1976 bei Droemer Knaur. Zur Promotion hatte ihn der Verlag zur Frankfurter Buchmesse 1975 geholt und mit Fotos von diesem Event in einer doppelseitigen Anzeige in der Fachzeitschrift *Buchmarkt* geworben.

reich unter Charles de Gaulle (1964). Mit Willy Brandts *Porträt und Selbstporträt* (1971), Rainer Barzels *Es ist noch nicht zu spät* (1976) und Alex Möllers *Genosse Generaldirektor* (1978) fand auch bundesrepublikanische Politprominenz ihren Weg ins Droemer-Programm.

Zwei Bücher widmeten sich der Aufarbeitung der deutschen Vergangenheit unter dem nationalsozialistischen Regime. Das waren Albert Wuchers *Eichmanns gabs viele* (1961) und Simon Wiesenthals *Doch die Mörder leben* (1967), eine Lizenz von Opera Mundi, Paris.[118] Der österreichische Jude Simon Wiesenthal (1908–2005), selbst ehemaliger KZ-Häftling, machte die Suche nach Gerechtigkeit für die Holocaust-Opfer zu seiner Lebensaufgabe und fahndete nach NS-Verbrechern. Er wurde als »Nazi-Jäger« bekannt – und kritisiert. Sein größter Erfolg war die Verhaftung Adolf Eichmanns, die er in dem 1961 im S. Mohn Verlag, Gütersloh, erschienenen Tatsachenbericht *Ich jagte Eichmann* schilderte.

Über ein weiteres Buch zu diesem Themenkreis hatte Droemer 1963 mit Quadrangle Books in Chicago einen Vertrag geschlossen, nämlich über Raul Hilbergs *The Destruction of the European Jews*, und dessen Übersetzung in Auftrag gegeben. Hilberg schildert den

Der damals noch überschaubare Stand des Verlags auf der Frankfurter Buchmesse im Jahr 1967.

Fortgang der Dinge in seinem 1994 veröffentlichten Bericht *Unerbetene Erinnerung. Der Weg eines Holocaust-Forschers.* Im August 1964 reiste er nach Deutschland, um u. a. »mit irgendwem vom Verlag zu sprechen und vor allem mögliche Probleme mit dem Übersetzer zu klären«. In einem Münchner Café traf er einen »Vertreter von Droemer/Knaur, der indes nicht mein zuständiger Lektor war, sondern vorgab, weder den Stand der Übersetzung noch den konkreten Zeitplan zu kennen. […] Von unserem zwanglosen Geplauder blieb mir nur seine wie beiläufig eingestreute Bemerkung erinnerlich, dass er ein ›Mischling‹ sei. Danach reiste ich sofort ab.«

Erst im Juni 1965, also fast ein Jahr danach, »kam eine Nachricht von meinem zuständigen Lektor bei Droemer/Knaur, Fritz Bolle. ›Wenn Sie so lange nichts von uns gehört haben, so liegt das daran, dass wir uns immer wieder mit den Schwierigkeiten einer deutschen Ausgabe Ihres Werkes beschäftigt haben.‹ Die Probleme lägen nicht im Dokumentarischen, sondern in der These zur – in Anführungszeichen – jüdischen ›Kollaboration‹. Nach langen Überlegungen und gründlichen Diskussionen habe man im Verlag beschlossen, dass eine deutsche Ausgabe ›recht gefährliche Folgen haben könnte‹, dann nämlich, wenn Böswillige solche Frage stellten wie: ›Warum haben die Juden kollaboriert‹ und ›Warum haben sie denn keinen Widerstand geleistet?‹, woraus dann antisemitische Schlüsse gezogen werden könnten. ›Dass es diese Böswilligen gibt, wissen *Sie*‹, schrieb er. ›Dass sie gefährlich werden können, wissen *wir*.‹ [Hervorhebung im Original.] Blätter der Neonazis wie Die Deutsche Nationalzeitung könnten großes Unheil anrichten und die öffentliche Meinung völlig vergiften.« Hilberg kommentiert trocken: »Ich konnte Fritz Bolles Argumentation nicht sonderlich ernst nehmen.«

Als Hintergrund für den Vertragsbruch von Droemer sah Hilberg die Reaktionen auf die Publikation von Hannah Arendts Buch *Eichmann in Jerusalem* im August 1964: »Buchhändler hatten Piper [den Verlag Arendts] davon unterrichtet, dass sie diesen Titel nicht verkaufen wollten.«[119] Bei der Entscheidung des Verlags, das Buch nicht zu publizieren, hat wohl auch ein Gutachten aus dem Münchner Institut für Zeitgeschichte mitgespielt, das Ende 1963 oder im Lauf des Jahres 1964 entstand. Es ist nur teilweise erhalten und ohne Verfasserangabe. Sein Fazit lautet, dass »aus allgemeinen Erwägungen heraus« eine deutsche Übersetzung nicht zu empfehlen sei. Begründet wird das mit in nächster Zeit zu erwartenden Publikationen, vor allem aber mit dem Argument: »Die notwendige Aufklärung über die Judenverfolgung unter dem Nationalsozialismus, wie sie in Deutschland angestrebt und gegeben worden ist, hat sich in der bisherigen Form wohl weitgehend totgelaufen, da sie mehr mit Abschreckung und bloß dokumentarischer Schilderung arbeitete.[120]

Nachdem u.a. Rowohlt und C. H. Beck Hilbergs Buch abgelehnt hatten, erschien es 1982 in dem Berliner Kleinverlag Olle & Wolter. 1990 veröffentlichte der Fischer Taschenbuch Verlag eine überarbeitete dreibändige Ausgabe, die von einem Mäzen gefördert wurde und dank eines niedrigen Ladenpreises eine Auflage von fast 30 000 Exemplaren erreichte.«

Marketing für das Sachbuch

1962 gründeten 14 deutsche und Schweizer Verleger auf Initiative des Econ-Verlegers Erwin Barth von Wehrenalp den Zusammenschluss »Das moderne Sachbuch« (dms). Später kam Ullstein als weiterer Verlag hinzu. Vorbild waren die »Bücher der Neunzehn« (1954–1972), ein loser Verbund belletristischer Verlage zur Promotion ihrer Werke zu sehr günstigen Preisen. Wie bei den »Bücher der Neunzehn« hatte bei der Sachbuch-Initiative jeden Monat »einer der beteiligten Verlage ein – vorher in Ausschüssen genehmigtes – Werk in gut ausgestatteter, einmaliger Großauflage preisgünstig herauszubringen. Eine zentrale Werbestelle erhielt den Auftrag, den gemeinsam festgelegten Werbeetat zu verwalten, Presseanzeigen und Sortimenterwerbung zu machen, einen Adressenpool aufzubauen und jährlich die Werbekostenanteile der Mitgliederverlage zu verrechnen«.[121] Insgesamt erschienen 98 Bände. Überraschenderweise war Droemer nicht Mitglied dieser Werbegemeinschaft, die 1971 ihre Tätigkeit einstellte – überraschend deshalb, weil Willy Droemer in anderen Fällen ja sehr vertriebsorientiert war. Über die Gründe lässt sich nur spekulieren. Vielleicht resultierte die Nichtbeteiligung in einem gewissen Rivalitätsverhältnis zu dem Econ-Verleger Erwin Barth von Wehrenalp.

SPÄT, ABER ERFOLGREICH: DIE KNAUR TASCHENBÜCHER

Neben der Entstehung der Buchgemeinschaften wurde das Taschenbuch zum prägenden Faktor der Buchbranche der Nachkriegszeit. Was Willy Droemer und sein kleines Team bewog, im Jahr 1963 mit Knaur Taschenbüchern auf den Markt zu gehen, wissen wir nicht im Detail. Es gibt keine Dokumente dazu. Selbst in der Festschrift von 1971 werden die Taschenbücher nur am Rand erwähnt.

Knaur hat zu einem Zeitpunkt mit der Publikation von Taschenbüchern begonnen, als mit den Verlagen Rowohlt, Goldmann, Fischer, List, Ullstein, Heyne und dem Deutschen Taschenbuch Verlag (dtv) bereits Verlage auf dem Markt waren, die auch heute noch – mit Ausnahme von List – wichtige Player auf dem deutschen Taschenbuchmarkt sind. Im selben Jahr wie Knaur gingen auch Suhrkamp, Bastei-Lübbe und Ravensburger mit Taschenbüchern an den Start. Der Markt war also bereits dicht besetzt. Nachzügler waren später Piper und Luchterhand (1970) sowie Diogenes (1971).

Der Umfang der Produktion im ersten Jahr war mit 29 Titeln recht bescheiden und machte nur einen geringen Anteil an den rund 1700 Taschenbüchern aus, die 1963 von insgesamt über 50 Taschenbuchverlagen auf den Markt gebracht wurden. Die Taschenbuchverlage der 1950er- und frühen 1960er-Jahre starteten durchweg mit Fiction. Relativ wenige Non-Fiction-Bücher finden sich unter den ersten 100 Titeln der Verlage Rowohlt, Fischer, Ullstein, Heyne, dtv und Suhrkamp. Mit Ausnahme des Heyne Verlags, der konsequent auf massentaugliche Unterhaltungsliteratur setzte, publizierten die übrigen Verlage – entgegen manchen Gründungsmythen – durchaus marktgängige belletristische Literatur von verschiedenem Anspruchsniveau. Einzig Suhrkamp setzte kompromisslos auf anspruchsvolle Literatur – und wichtige Non-Fiction-Autoren wie Theodor W. Adorno, Walter Benjamin und Ernst Bloch.

Hier unterscheidet sich Knaur deutlich von den Konkurrenten. Es hat für die künftige Entwicklung des Knaur Taschenbuchs programmatische Bedeutung, dass der Band Nr. 1 ein Sachbuch war, nämlich *Welten des Glaubens* von Peter Bamm. So waren unter den ersten zehn Bänden nur zwei Romane, nämlich *Der Himmel kennt keine Günstlinge* von Erich Maria Remarque (Nr. 3) und *Billard um halb zehn* von Heinrich Böll (Nr. 8), beides Lizenzen von Kiepenheuer & Witsch. Die Nr. 2, das *Gesundheitslexikon*, vertrat die große Lexikontradition des Hauses. Die übrigen sechs Titel waren Geschichtsthemen gewidmet.

Betrachtet man bei den anderen Taschenbuchverlagen die ersten 100 Titel, so ist dort die Gewichtung völlig anders, nämlich zugunsten der Belletristik. Bei Knaur dagegen sind fiktionale Literatur und Sachbücher etwa gleichgewichtig vertreten. Allerdings ist festzustellen, dass mit fortlaufender Produktion (Nr. 100 erschien Ende 1965) die Zahl der belletristischen Titel zunahm, was auf Absatzschwierigkeiten wohl vor allem bei den Lexika schließen lässt. Gleichwohl sind 1973, nach zehn Jahren Taschenbuchproduktion, belletristische und Non-Fiction-Titel zahlenmäßig exakt gleichauf. Bis Ende der 1970er-Jahre behalten die Non-Fiction-Titel sogar ein leichtes Übergewicht.

Die drei Säulen des Taschenbuchgeschäfts

Es bleibt die historische Leistung von Knaur, die Sachbücher und Lexika taschenbuchfähig gemacht zu haben, sodass Taschenbücher nicht nur das Unterhaltungsbedürfnis, sondern auch das nach Bildung und Information befriedigen konnten, eine Programmkonzeption, die unter den führenden Taschenbuchverlagen nur der Deutsche Taschenbuch Verlag in vergleichbarer Weise vorzuweisen hat.

Die ersten drei Bände im Startjahr 1963 repräsentierten die drei Säulen des Taschenbuchgeschäfts: Unterhaltung, Bildung und Information. Willy Droemer verstand es, seine Aktivitäten auf diesem verlegerischen Gebiet mit einer verkaufsträchtigen Mischung aus

Die ersten drei Bände im Startjahr 1963 repräsentierten die drei Säulen des Knaur-Taschenbuchgeschäfts, Unterhaltung, Bildung und Information: *Der Himmel kennt keine Günstlinge* von Erich Maria Remarque (Nr. 3), *Welten des Glaubens* von Peter Bamm (Nr. 1) und das von Peter Hiron herausgegebene *Gesundheitslexikon* (Nr. 2).

Bestsellerautoren und einem Nachschlagewerk zu starten. Für die (unterhaltende) Belletristik war Erich Maria Remarque (1898–1970) seit seinem legendären, in 32 Sprachen übersetzten Weltbestseller *Im Westen nichts Neues* (1929) paradigmatisch. Droemer war es gelungen, im Rahmen eines größeren Lizenzpakets mit Kiepenheuer & Witsch auch den 1961 in dem Kölner Verlag als Hardcover veröffentlichten Roman *Der Himmel kennt keine Günstlinge* für das Startprogramm zu gewinnen. Es folgten noch zwei weitere Bücher des 1939 in die USA emigrierten Schriftstellers, *Die Nacht von Lissabon* (ebenfalls als Lizenz von Kiepenheuer & Witsch, Nr. 131, 1967) und der 1971 posthum im Hardcover von Droemer veröffentlichte Roman *Schatten im Paradies* (1974, Nr. 363).

Für das populäre, zum Teil opulent bebilderte Sachbuch stand Peter Bamm (1897–1975), der Bestsellerautor humorvoller Feuilletons und Essays sowie fachkundiger Sachbücher. Sein 1952 erschienenes Buch *Die unsichtbare Flagge*, das als zweiter Bamm-Titel noch im Startjahr der Knaur Taschenbücher veröffentlicht wurde (Nr. 16), zählte Mitte der 1960er-Jahre mit über 700 000 verkauften Exemplaren zu den acht erfolgreichsten Büchern im Nachkriegsdeutschland. Bamm war seit den 1930er-Jahren Autor der Deutschen Verlags-Anstalt und danach des Kösel Verlags gewesen. 1958 erschien der erste Titel bei Droemer, *Wiege unserer Welt* (1970, Nr. 236). *Welten des Glaubens* war das zweite Buch, das Willy Droemer im Hardcover verlegte. Danach folgten etliche weitere Werke einschließlich der Autobiografie *Eines Menschen Zeit* (1972), die auch als Taschenbuch erschienen, bis hin zur fünfbändigen Ausgabe der *Sämtlichen Werke* (1976, Nr. 451).

Das von Peter Hiron herausgegebene *Gesundheitslexikon* schließlich war eine »ungekürzte Textausgabe« aus dem eigenen Haus. Der umfangreiche Band war 1951 erstmals nach dem Zweiten Weltkrieg zum Preis von 8 Mark 50 wieder erschienen und hatte sich zu einem Steadyseller des Knaur-Lexikonprogramms im Hardcover entwickelt. Bis 1970 wurden mehr als eine halbe Million Exemplare verkauft. Im Knaur Taschenbuch waren in den folgenden Jahren Nachschlagewerke mit opulenter (farbiger) Bebilderung ein fester Bestandteil. Nach dem von Lothar-Günther Buchheim herausgegebenen *Lexikon der modernen Kunst* (1963, Nr. 19, ca. 350 Abbildungen), dem *Lexikon der modernen Plastik* (1964, Nr. 30, fast 500 Abbildungen) und dem *Lexikon der modernen Architektur* (1966, Nr. 119) erschien *Knaurs Lexikon A–Z* 1966 als Nr. 135.

Zumindest in den Anfangsjahren hatte Knaur hiermit ein Alleinstellungsmerkmal. Beispielhaft ist Richard Hamanns sechsbändige *Geschichte der Kunst* mit über 1000 Abbildungen (1963 und 1964, Nr. 24–26 und 35–37). Um das Preis-Leistungs-Verhältnis zu unterstreichen, wurde auch in den Bänden vermerkt, dass es sich hier wie in anderen Fällen um »vollständige Ausgaben« handelte. In den Anfangsjahren des deutschen Taschenbuchs war es nämlich durchaus üblich, die Hardcoverausgaben zu kürzen, um einen angemessen niedrigen Preis für das Taschenbuch zu erreichen.

*

Die Ära Willy Droemer 1945–1981

Für die Etablierung des Knaur Taschenbuchs war der verlegerische Schachzug Willy Droemers wichtig, renommierte literarische Autoren zu verlegen, um so die Kritik zu konterkarieren, im Taschenbuch werde nur »Konsumgut« an den Verbraucher gebracht.

Das Taschenbuch war zur Zeit seiner Einführung in Deutschland keinesfalls unumstritten; vor allem der Sortimentsbuchhandel begegnete ihm mit Misstrauen. Der Vorwurf der »Amerikanisierung« des literarischen Lebens war allgegenwärtig. Besonders hervorgetan bei der Kritik am Taschenbuch hat sich Hans Magnus Enzensberger, dessen Essay mit dem Titel *Bildung als Konsumgut* nach einer Zeitschriftenpublikation 1959 im Jahr 1962 paradoxerweise in einem Taschenbuch veröffentlicht wurde. Klug und wichtig für die Etablierung des Knaur Taschenbuchs war in dieser kulturpolitischen Situation der verlegerische Schachzug Willy Droemers, renommierte literarische Autoren zu verlegen, um so die Kritik zu konterkarieren, im Taschenbuch werde nur »Konsumgut« an den Verbraucher gebracht. In den Jahren 1964 und 1965 erschienen Werke von Martin Walser (Nr. 34), Theodor W. Adorno (Nr. 54), Hermann Hesse (Nr. 61), Thomas Bernhard (Nr. 80) und Gottfried Benn (Nr. 85). Und die Jubiläumsnummer 100 war Max Frisch vorbehalten.

In den ersten 15 Jahren blieb die jährliche Titelproduktion von Knaur Taschenbüchern überschaubar und stieg von 29 im Startjahr auf nur 41 im Jahr 1976. Knaur blieb damit mengenmäßig weit hinter den großen Konkurrenten zurück. Diese verhältnismäßig geringe Produktion schlägt sich auch in den Umsatzanteilen des Taschenbuchs am Gesamtverlag nieder. So wurden 1969 nur zehn Prozent des Umsatzes mit Taschenbüchern erzielt. Die Sachbücher steuerten 70 Prozent bei, und der Rest war Belletristik im Hardcover.

Wie alle Taschenbuchverlage begann auch Knaur sein Programm mit *einer* Reihe, in der Bücher verschiedener Genres veröffentlicht wurden. 1976 erfolgte nach über 400 Titeln die erste Ausdifferenzierung: Die Reihe *Kochbuch* begann zu erscheinen. Daran schlossen sich in den 1970er-Jahren sechs weitere neue Reihen an, darunter wichtige und langlebige Reihen wie *Science Fiction* (1978), *Historischer Roman* und *Krimi* (beide 1979).

Quellen des Taschenbuchprogramms

Alle Taschenbuchverlage speisen ihr Programm aus vier Quellen. Sie verwerten Eigenlizenzen, also Titel, die sie selbst zunächst als Hardcoverausgaben publiziert haben. Zum Zweiten veröffentlichen sie Lizenzausgaben von Büchern, die zuerst in einem anderen deutschen Verlag erschienen sind. Drittens bringen sie sogenannte deutsche

Erstausgaben (DE), also Bücher, die als Übersetzung direkt – ohne eine vorherige Hardcoverausgabe – im Taschenbuch erscheinen. »Originalausgaben« (OA) schließlich sind Bücher deutscher Autoren, die unmittelbar im Taschenbuch publiziert werden.

Droemer war für die Taschenbücher zunächst in hohem Maß auf Lizenzen anderer deutscher Verlage angewiesen, nicht nur für belletristische Titel, sondern auch im Sachbuch. Von so gut wie allen damals wichtigen Verlagen wurden Taschenbuchrechte erworben. Wichtigster Belletristik-Lizenzgeber waren vor allem in den ersten Jahren mit deutlichem Abstand Suhrkamp und Insel mit Werken von Thomas Bernhard, Marguerite Duras, Max Frisch, Hermann Hesse und Martin Walser, obwohl Suhrkamp – im selben Jahr wie Droemer – eine eigene Taschenbuchlinie, die Edition Suhrkamp, eröffnet hatte. Im Non-Fiction-Sektor dominierte Econ die Phase der zahlenmäßig relativ geringen Produktion bis 1977 mit Autoren wie Erich von Däniken, Peter F. Drucker, John F. Kennedy, Vance Packard und Rudolf Pörtner.

Durch geschicktes Marketing vermochten die Knaur Taschenbücher, sich einen Platz auf dem bereits gut besetzten Markt zu verschaffen. Hier der »Knaur-Tower« aus dem Jahr 1982; damit konnten über 100 Titel präsentiert werden.

Wichtige Lizenzgeber sowohl für Belletristik wie Sachbuch waren Desch und Kiepenheuer & Witsch. Von Letzterem stammte auch die bereits erwähnte Lizenz von Heinrich Bölls Roman *Billard um halb zehn*. Dieser Deal führte zu erheblichen Verstimmungen zwischen dem Verleger des Deutschen Taschenbuch Verlags, Heinz Friedrich, und seinem Kollegen Joseph Caspar Witsch, denn Friedrich hatte vom Mitbegründer des dtv erwartet, dass er die Lizenz des damals bereits berühmten Autors Böll an dtv geben würde, zumal dessen *Irisches Tagebuch* 1961 der erste Titel des Deutschen Taschenbuch Verlags gewesen war.

Ein frühes Logo für die Knaur Taschenbücher, das nur kurzzeitig verwendet wurde. Es erinnert doch stark an die damalige dtv-Gestaltung durch den Schweizer Grafiker Celestino Piatti (1922–2007).

Dass bei diesen Lizenzgeschäften hohe Garantiesummen die ausschlaggebende Rolle gespielt haben sollen, wurde von Zeitgenossen immer wieder angeführt; Belege dafür existieren (leider) nicht (mehr). Nach Branchengerüchten soll Willy Droemer für den Taschenbuchstart die damals exorbitante Summe von 1,1 Millionen Mark für die Lizenzeinkäufe bei anderen Verlagen investiert haben. Erfolgreich war dieser Lizenzeinkauf in jedem Fall, denn bereits im Mai 1963 konnte der Verlag stolz vermelden, dass Bölls Buch der Spitzenreiter der neuen Taschenbücher sei. Wie geschickt die Lizenzpolitik war, zeigt schon das Startjahr 1963. Drei der dort vertretenen Autoren standen auf der Jahresbestsellerliste: Heinrich Böll mit *Ansichten eines Clowns* (Platz 2), Peter Bamm mit *Anarchie mit Liebe* (Platz 6) und Erich Maria Remarque mit *Die Nacht von Lissabon* (Platz 10).

Betrachtet man den Zeitraum von 1963 bis 1977 (im Jahr darauf setzte die deutliche Titelsteigerung ein, die im Grunde bis zur Spitze im Jahr 1998 anhielt), so springt ins Auge, dass jeweils 45 Prozent von den insgesamt 509 erschienenen Titeln Eigenlizenzen von bei Droemer Knaur erschienenen Werken oder Lizenzen von anderen Verlagen waren. Mit Ausnahme der 1976 etablierten Kochbuch-Reihe gab es so gut wie keine Originalausgaben, und nur fünf Prozent waren deutsche Erstausgaben angelsächsischer Unterhaltungsliteratur. Die erste Originalausgabe im Knaur Taschenbuch überhaupt war elf Jahre nach dem Start S. Fischer-Fabians heiterer Roman *Aphrodite ist an allem schuld* (1974, Nr. 364).

Diese Programmpolitik konnte in den ersten eineinhalb Jahrzehnten des Knaur Taschenbuchs erfolgreich sein, denn »bis zur Mitte der 70er Jahre war es für die Taschenbuchverlage ein leichtes, an den begehrten ›Rohstoff‹ Lizenz heranzukommen: Zu günstigen Konditio-

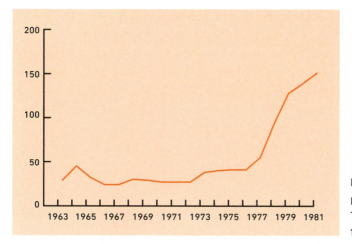

Die jährliche Titelproduktion der Knaur Taschenbücher zwischen 1963 und 1981.

nen standen eine Fülle von Taschenbuchrechten zur Verfügung, die sich bei den Hardcover-Verlagen im Verlauf vieler Jahrzehnte angesammelt hatten.«, so Hans-Peter Übleis in dem Aufsatz *Der Taschenbuchmarkt. Eine Standortbestimmung* aus dem Jahr 1989. Danach änderte sich die Situation, und die großen Verlage und Verlagsgruppen mussten die Strategie der zunehmenden Eigenversorgung mit Lizenzen einschlagen. Das geschah entweder durch weitere Zukäufe, durch Kooperationen oder durch Gründung von Imprints.

DIE BÜCHERMACHER

Bereits vor dem Ausscheiden Fritz Bolles und der Übernahme der Lektorate durch Dieter Harnack und Franz N. Mehling gab es offenkundig häufige Wechsel im Lektorat – ja, es soll sogar eine Zeit gegeben haben, in der Willy Dromer alle Lektoren entlassen hatte. Das berichtet Franz N. Mehling in seinen Erinnerungen: »Als ich mich im Oktober 69 […] vorgestellt hatte, war das ganze Lektorat verwaist.« Zu Fritz Bolle soll Willy Droemer gesagt haben: »Du warst von Anfang an da. Du sollst dein Gnadenbrot haben.« Nach einem Sinneswandel wurden wieder Lektoren engagiert. Mehling bemerkt dazu bissig: »Teure Leute wurden engagiert: Der ehemalige Verlagsleiter des Kindler Verlages, der einen teuren Sportwagen fuhr und aus einer Teetasse seinen Wodka schlürfte. Der stellvertretende Chefredakteur der *AZ* saß mit mir im Zimmer. Er sprach zwar gut Englisch, aber das war es dann auch schon. Alle Kollegen – auch die, die später zu uns kamen – waren aus wichtigen Positionen abgeworben worden und bezogen enorme Gehälter. Der stellvertretende Chefredakteur und Betriebsratschef der *Quick,* der Feuilleton-Chef der Münchner *Abendzeitung* und und und. […] Kaum einer hielt es mal ein Jahr aus.«[122]

Zu denen, die es nicht lange aushielten, gehörte auch Hans F. Nöhbauer (1929–2014), der in einem Gespräch mit dem Bayerischen Rundfunk nicht ohne Selbstgefälligkeit erzählte: »Ich kannte Willy Droemer natürlich, so wie ich damals praktisch alle Verleger kannte. Er hatte schon davor immer wieder zu mir gesagt: ›Wollen Sie nicht mein Cheflektor werden?‹ Ich habe immer nur mit Nein geantwortet. Bei irgendeiner Veranstaltung saßen wir dann eines Tages an einem großen runden Tisch: 15 Journalisten und vielleicht fünf Verleger. Neben mir saß eine Münchner Journalistin, die zu mir sagte: ›Wollen Sie nicht zu uns kommen?‹ […] Der Willy Droemer, der ein schlaues Kind war, saß uns beiden gegenüber. Er hat gemerkt, dass da irgendetwas passiert. Er meinte nur: ›Nein, kommen Sie zu mir! Ich gebe

Die Ära Willy Droemer 1945–1981

Das Verlagsgebäude in der Rauchstraße mit dem aus den 1960er-Jahren stammenden modernen Anbau.

Für die Festschrift zum sechzigsten Geburtstag von Willy Droemer 1971 haben sich die Mitarbeiter vor dem Eingang des Verlagsgebäudes versammelt.

Ihnen 100 000 Mark! [...] Es ist dann in der Tat ein recht hohes Gehalt geworden. Dadurch, dass diese ganze Geschichte ja öffentlich wie auf einem Saumarkt ausgehandelt worden war, wusste das natürlich sofort jeder in der ganzen Branche, und so hieß es eben: ›Der Nöhbauer ist der höchstbezahlte Cheflektor Deutschlands!‹« Auf den Einwurf des Interviewers »Sie sind jedenfalls relativ schnell wieder weggegangen vom Droemer Verlag« sagt Nöhbauer: »Ja, ich habe dort das Handtuch geworfen.«[123]

Was die personelle Ausstattung des Lektorats angeht, so benennt der 1977 erschienene fünfte Band der von Curt Vinz und Günter Olzog herausgegebenen *Dokumentation deutschsprachiger Verlage* wie auch der Folgeband von 1980 neben Dieter Harnack und Franz N. Mehling zum ersten Mal Herbert Neumaier als Lektor.

EINE WIRTSCHAFTLICHE STÜTZE: DIE BUCHGEMEINSCHAFTEN

Neben dem hauseigenen Taschenbuch waren für Droemer auch die Geschäfte mit den Buchgemeinschaften ein weiterer wichtiger wirtschaftlicher Eckpfeiler. Nach dem Zweiten Weltkrieg wurden in der Weimarer Republik gegründete Buchgemeinschaften wieder tätig,[124] neue wurden gegründet, darunter 1950 der Bertelsmann Lesering, der nach und nach zur mitgliederstärksten Buchgemeinschaft aufstieg. Wie schon in der Weimarer Republik gab es auch nach dem Zweiten Weltkrieg einen starken Interessengegensatz zwischen dieser Vertriebsform und dem stationären Buchhandel, und erneut war das Sortiment über die Konkurrenz beunruhigt. Nachdem der Plan einer Gruppe von Verlegern gescheitert war, eine Buchgemeinschaft zu gründen, die ausschließlich mit dem Sortimentsbuchhandel arbeiten

Titel	Summe	HC	TB	Sonder- ausgaben	Buchklub	Ausland Lizenzen
Blut	48.806	4.899	16.707	–	19.200	8.000
Entlass.	199.131	26.821	60.189	2.484	30.000	79.637
Flucht	142.973	–	–	13.296	90.310	39.367
Elbe	65.818		65.818			
Weichsel	72.854		72.854			
Gewürz	52.701	18.501	12.200		22.000	
Illusion	57.614	11.294	20.338		8.000	17.982
Jagd	322.863			15.913	306.950	
JH Chir.	134.377		74.082	6.852		53.443
JH Det.	518.264	41.927	190.330	23.364	40.000	222.643
Ärzte	212.840	41.687	105.599			65.554
Kliff	64.896	22.208	18.550		23.000	1.138
Monteverdi	15.597	15.597				
Patienten	600.954	27.883	34.448		361.720	176.903
St. Det.	202.042	19.372	82.969	13.656	5.000	81.045
Traumoase	105.868	14.432	21.656		17.000	52.780
Weltreich	81.600		50.880	4.442		26.278
Kaprun	43.226		43.226			

Welche ökonomische Bedeutung die Buchgemeinschaften für den Verlag hatten, dokumentiert die Aufstellung der Verkaufszahlen von Jürgen Thorwald aus dem Jahr 1983. Die Buchklubzahlen machen rund ein Drittel der Gesamtverkäufe in Höhe von knapp drei Millionen Exemplaren aus und liegen über den hauseigenen Taschenbuchverkäufen.

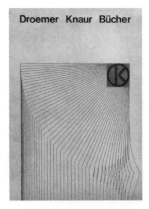

In den 1970er-Jahren veranstaltete Droemer Knaur einen öffentlich ausgeschriebenen Plakatwettbewerb. Den ersten Preis errang der Entwurf links oben, daneben die Preise zwei und drei. Ob einer der Entwürfe realisiert wurde, lässt sich nicht mehr feststellen.

sollte, wurde am 14. Juni 1952 das Hamburger Abkommen geschlossen, dem jedoch nicht alle 38 damals existierenden Buchgemeinschaften beitraten. In diesem Abkommen wurde eine Abstandsfrist von zwei Jahren zwischen Verlags- und Buchgemeinschaftsausgabe vereinbart, und die Buchgemeinschaften erklärten sich bereit, mit dem Sortiment als Ausgabestelle zur Belieferung von Buchgemeinschaftsmitgliedern zusammenzuarbeiten, wie der Bertelsmann Lesering es bereits seit seinem Start am 1. Juni 1950 praktiziert hatte.

In der Festschrift des Jahres 1971 präsentiert der Verlag stolz Bestsellerlisten von 1965 (oben) und 1970, auf denen er prominent vertreten war, 1970 sogar mit zwei Top-Positionen.

Ähnlich wie dem neuen Medium Taschenbuch warf man auch den Buchgemeinschaften eine Uniformierung und Präformierung des Geschmacks vor und sprach vom »organisierten Leser«. Bezeichnenderweise hat Reinhold Neven DuMont, der langjährige Verleger von Kiepenheuer & Witsch, seiner Dissertation aus dem Jahr 1961 den Titel *Die Kollektivierung des literarischen Konsums in der modernen Gesellschaft durch die Arbeit der Buchgemeinschaften* gegeben.

Die Leistungen der Buchgemeinschaften hat der Buchhandelshistoriker Ernst Umlauff wie folgt beschrieben: »Die Buchgemeinschaften haben dem Buch neue Leserkreise erschlossen, sie sind in Schichten vorgestoßen, die der traditionelle Buchhandel nicht oder nur ausnahmsweise erreicht. Ob diese neugewonnenen Bücherleser im Laufe der Zeit, wie es vielfach zuversichtlich erwartet wurde, auch Buchkäufer, d.h. Kunden der Sortimentsbuchhandlungen, werden, ist wohl nicht so gewiss.«[125] Der Verleger Joseph Caspar Witsch sah hier in einem Vortrag im Mai 1957 durchaus auch Versäumnisse aufseiten des Buchhandels: »Die Entstehung und geradezu hypertrophische Entwicklung des Handels mit Büchern außerhalb des Buchhandels ist nicht nur eine Folge, wie die Buchgemeinschaften sagen, soziologischer und bildungssoziologischer Veränderungen, sondern auch eine Folge unzeitgemäßer, unüberlegter oder allzu vorsichtiger Handlungsweisen unserer Buchhändler.«[126] Dass die Sorgen des stationären Buchhandels einen realen Hintergrund hatten, zeigt die Tatsache, dass Mitte der 1970er-Jahre jedes dritte Buch von einer der Buchgemeinschaften an die Leserin oder den Leser abgesetzt wurde.[127]

Das Programmangebot der Buchgemeinschaften hatte den eindeutigen Schwerpunkt in der Belletristik. Bei den beiden großen Buchgemeinschaften, Bertelsmann Lesering und Deutscher Bücherbund, betrug 1961 der Anteil 63 Prozent beziehungsweise 53 Prozent an der Zahl der Titel.[128] Wie wichtig die Buchgemeinschaften für die Verlage und die Verlage als Lizenzgeber für die Buchgemeinschaften waren, zeigen zwei empirische Untersuchungen, die zusammen den Zeitraum von 1962 bis 1977 umfassen.[129] Droemer Knaur belegt hier jeweils nach den mit großem Abstand führenden Verlagen der Bertelsmann-Gruppe die zweite Position, was die Lizenzvergabe an die vier bzw. sechs größten Buchgemeinschaften angeht. Johannes Mario Simmel war nach Marie Louise Fischer und Enid Blyton der Autor mit den meisten Büchern in den sechs Buchgemeinschaften zwischen 1972 und 1977; als einziger Autor wurde er mit *Die Antwort kennt nur der Wind* und *Niemand ist eine Insel* von allen Buchgemeinschaften jeweils als Hauptvorschlagsband eingesetzt.

WEITERE UNTERNEHMERISCHE AKTIVITÄTEN

Man muss es nicht gleich »Geschäftskosmos« nennen, aber Willy Droemer hat neben dem Verlag und in Ergänzung dazu zahlreiche unternehmerische Aktivitäten entwickelt.[130]

Die Einhorn Buch GmbH

Wie sein Vater war Willy Droemer ein stark vertriebsorientierter Verleger, und so hat er wie dieser früh der Bedeutung des Reise- und Versandbuchhandels in der Nachkriegszeit Rechnung getragen. Zusammen mit dem Buchhändler Otto von Petersdorff gründete er 1948 die Einhorn Buch GmbH mit Sitz in Wiesentheid. Schon im ersten erhaltenen Schreiben, das von Petersdorff an den bereits nach München übersiedelten Droemer richtete, heißt es: »Die Rentabilität macht mir große Sorge.«[131]

Neben Routineangelegenheiten ging es in der Korrespondenz auch danach immer wieder um die prekäre finanzielle Situation bei Einhorn. Dabei machten sich die beiden Geschäftspartner zunehmend gegenseitig Vorwürfe, nicht einwandfrei gehandelt zu haben. Die Querelen gingen so weit, dass Droemer Petersdorff vorwarf, dessen Hausmädchen habe Kohlen, die dem Verlag gehörten, aus dem Wiesentheider Keller entnommen.[132]

Am 16. August 1949 machte Willy Droemer den Vorschlag, ihn auszuzahlen oder die Firma aufzulösen. Schlussendlich übernahm er die Anteile von Petersdorffs und übersiedelte Einhorn nach München. Vermutlich endete die Geschäftstätigkeit im Jahr 1951.[133]

Die Phaidon Verlags GmbH

Ein weiteres kurzfristiges unternehmerisches Engagement Willy Droemers war die Beteiligung an der Phaidon Verlags GmbH.[134] Sie wurde am 31. Juli 1950 in München gegründet. Droemer hielt 49 Prozent der Anteile; Mehrheitseigner war die Züricher Niederlassung der Phaidon Press in London.[135] Der Phaidon Verlag wurde 1923 in Wien gegründet und war in den 1930er-Jahren Pionier des preisgünstigen, aber dennoch qualitativ hochwertigen Kunstbuchs, durchaus vergleichbar mit der Rolle des Taschen Verlags in den 1980er-Jahren. Den beiden jüdischen Besitzern Béla Horovitz und Ludwig Goldscheider gelang es, den Verlag vor dem Zugriff der Nazis zu schützen; sie emigrierten 1938 nach London und führten dort das Unternehmen fort. Nach dem Krieg wurden Tochtergesellschaften in Zürich und New York gegründet.

Das Stammkapital der Münchner Phaidon Verlags GmbH betrug 20 000 Mark. Hauptgeschäftszweck waren »Verlag, Herstellung und Vertrieb von deutsch- und anderssprachigen Verlagwerken, insbesondere Phaidon-Büchern«.[136] Sitz waren die Droemer-Verlagsräume in der Münchner Thierschstraße. Als Geschäftsführer fungierten zunächst Willy Droemer und der Anwalt Gerhart F. Rothe, der Bevollmächtigte von Phaidon Aktiengesellschaft für den Vertrieb von Werken der Kunst und Literatur – so der volle Name – in Zürich. Um den Namen Phaidon führen zu dürfen, wurde eine Zahlung von 50 000 Mark an Béla Horovitz vereinbart. Mit Gesellschafterbeschluss vom 13. April 1951 wurde Horovitz zum weiteren Geschäftsführer bestellt.

Um die neu gegründete Firma handlungsfähig zu machen, gab Willy Droemer ihr ein verzinsliches, unkündbares Darlehen in Höhe von 200 000 Mark für die Dauer der Gesellschaft. Der Kredit war durch Bücher zum Herstellungspreis, Rohmaterialien zum Einkaufspreis sowie Forderungen gegen Dritte aus Bücherverkäufen abgesichert. Für jeden einzelnen Titel wurden Lizenzverträge mit Phaidon Press abgeschlossen. Der Bielefelder Kommissionsbuchhändler Erich Vogel besorgte die Auslieferung.

Willy Droemer in einer Aufnahme aus den 1980er-Jahren. Zu diesem Zeitpunkt hatte er sich bereits aus dem Verlag zurückgezogen.

Schon bald entstanden heftige Auseinandersetzungen über die Lieferqualität der Bücher, über – angeblich ausgebliebene – Zahlungen von Vogel nach London, aber vor allem über viele Details der Kooperation. Willy Droemer schrieb dazu am 16. Januar 1951 einen zwölfseitigen Brief, auf dessen Einzelheiten Horovitz aus Droemers Sicht nur unzureichend antwortete. Droemer schickte am 9. März die Bilanz des Unternehmens zum 31. Dezember 1950 nach London. Aufgrund der festgestellten Überschuldung brachte er die Auflösung des Unternehmens in die Diskussion. Vor allem aber beklagte er sich über die bisherige Zusammenarbeit: »Bisher hat doch tatsächlich die Phaidon Verlags-GmbH nur als prompter und gutzahlender Abnehmer für die im Ausland hergestellten Phaidon-Ausgaben fungiert und ist, ohne ein wirkliches, eigenes Verlags-Programm zu haben, als eine Art Kommissionär tätig gewesen, ohne selbst als solcher wenigstens entsprechend zu verdienen.«[137]

Horovitz antwortete bereits am 13. März und warf Droemer vor: »Ohne mich auf Einzelheiten und die Richtigkeit Ihrer Bilanz per Ende Dezember 1950 einzulassen, stelle ich fest, dass der von Ihnen errechnete Verlust mit den wahren Tatsachen nichts zu tun hat.« Er befürchtete eine Rufschädigung seines Unternehmens und drohte: »[…] ich muss Sie daher mit allem Nachdruck auf diese Folgen aufmerksam machen: Dieselben bestehen darin, dass Sie durch Maßnahmen in der von Ihnen angedrohten Art die Reputation meiner Firma schwer schädigen würden und dass ich Sie für einen solchen Schaden in vollstem Umfang und mit unerbittlicher Energie haftbar machen würde.«

Trotz der Bemühungen des zwischen allen Stühlen sitzenden Anwalts Gerhart F. Rothe war spätestens zu diesem Zeitpunkt klar, dass das wechselseitige Misstrauen zwischen Droemer und Horovitz eine Fortführung der Phaidon Verlags GmbH nicht erlauben würde. Hinzu kam, dass sich auch die finanzielle Situation weiter verschlechterte. Und gleichzeitig wurde der Ton zwischen den beiden Verlegern immer schärfer. Beteuerungen, den Verlag fortführen zu wollen, wechselten mit Vorwürfen ab, die darauf hinausliefen, der eine wolle den anderen über den Tisch ziehen.[138]

Am 26. September 1951 beschlossen die Gesellschafter in einer außerordentlichen Gesellschafterversammlung gegen die Stimmen von Willy Droemer, dass die Bücher von Phaidon nicht länger durch die Droemer-Vertreter angeboten werden sollten und die neu zu bestellenden Vertreter von Phaidon keine Verlagswerke der Droemerschen Verlagsanstalt dem Sortiment anbieten dürften. Droemer kündigte daraufhin Phaidon die Verlagsräume und seinen beiden Vertretern in ihrer Eigenschaft als Phaidon-Vertreter. Zugleich bat er Horovitz in einem Brief vom darauf folgenden Tag um baldige Vorschläge für sein Ausscheiden aus der Gesellschaft oder die Auflösung von Phaidon in Erwägung zu ziehen.

Am 11. Februar 1952 übertrug Willy Droemer seinen Geschäftsanteil an der Phaidon Verlags GmbH an den Verlag Kiepenheuer & Witsch in Köln.[139] Sein bis dahin auf 100 000 Mark rückgeführtes Darlehen von ursprünglich 200 000 Mark löste der neue Anteilseigner zusammen mit dem GmbH-Anteil in Höhe von 9800 Mark mit 70 000 Mark ab.

Von den ursprünglichen verlegerischen Ambitionen wurden nur sechs Titel gemeinsam umgesetzt und erschienen unter der Verlagsangabe Phaidon Verlags GmbH. Im Segment der großformatigen illus-

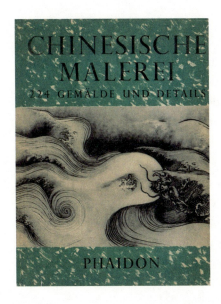

Eines der wenigen Projekte, das unter der Verlagsangabe Phaidon Verlags GmbH realisiert wurde, war der großformatige Band *Chinesische Malerei*.

trierten Kunstbände waren das *Dürer und seine Zeit* von Wilhelm Waetzoldt, Michelangelos *Skulpturen* sowie *Chinesische Malerei*. Ferner brachten die kurzzeitigen Kooperationspartner *Novellen* von Guy de Maupassant sowie *Der Kreidekreis* und *Romane der Leidenschaft* von Klabund auf den Markt. Die immer wieder in der Korrespondenz besprochenen Projekte *Rodin* und *Französische Impressionisten* erschienen dann bei Phaidon in Köln. *Van Gogh* brachte Phaidon in London 1951 selbst auf den deutschen Markt.

Die Deutsche Verlags- und Fernsehgesellschaft mbH (DVF)

Mit einem weiteren unternehmerischen Engagement wollte Willy Droemer der verstärkten Bedeutung des Fernsehens Rechnung tragen. Nach Vorgesprächen ab Januar 1961 gründeten neun deutsche Verlage sowie die Firma Filmaufbau, für die der spätere ARD-Programmdirektor Hans Abich zeichnete, am 27. Januar 1962 die Deutsche Verlags- und Fernsehgesellschaft mbH (DVF) mit Sitz in

München und einer Zweigniederlassung in Hamburg. Geschäftsführer war neben anderen der renommierte Branchenjurist Ferdinand Sieger.[140] Beteiligt waren neben Droemer die Verlage C. H. Beck, Deutsche Verlagsanstalt, Goverts, Hanser, Hegner, Insel, Kiepenheuer & Witsch und Piper. Jeder der Anteilseigner legte 2000 Mark in die Gesellschaft ein. Am 1. Juli 1964 trat noch Georg von Holtzbrinck mit dem Deutschen Bücherbund dem Unternehmen bei, wodurch sich das Stammkapital auf 22 000 Mark erhöhte. Rowohlt, Suhrkamp und Fischer wollten sich nicht beteiligen. Zweck der Firma waren »Geschäfte auf dem Gebiet der Fernseh-Dramaturgie, der Fernsehproduktion und des Vertriebes von Fernsehproduktionen sowie auf dem Gebiete aller damit zusammenhängender Verlagsgeschäfte«.[141] Die Verleger planten, aus der eigenen Rechtesubstanz über die DVF Programm vor allem für das in der Gründungsphase befindliche Zweite Deutsche Fernsehen (ZDF) zu liefern.[142] Bereits 1960 hatte Bertelsmann mit der gleichen Intention die Bertelsmann Fernsehproduktion ins Leben gerufen.

Einer der Initiatoren, Joseph Caspar Witsch, sah die Betätigung auf einem verlagsfremden Feld als »eine verlegerische Aufgabe in einer Zeit, in der die Medien Fernsehen und Funk immer mehr an Bedeutung gewinnen und wahrscheinlich heute schon mehr zur Bildung der öffentlichen Meinung beitragen, als wir vermuten«.[143] Die Teilhaber der DVF glaubten, mit eigenen Investitionen im niedrigen fünfstelligen Bereich auszukommen. Dazu gründeten die Gesellschafter am 27. August 1965 eine Kommanditgesellschaft mit einer Einlage von je 28 000 Mark.[144] Sie hofften auf private Investoren. Doch trotz einiger weniger Produktionen war schnell klar, dass mit der Eigenproduktion von Filmen auf der Basis literarisch eher anspruchsvoller Stoffe kein Geschäft mit den Fernsehanstalten zu machen war. Vor allem mit Unterhaltungsware besorgte dieses Geschäft Leo Kirch, der 1955 seine erste Filmfirma, die Sirius Film und Einkauf GmbH, gegründet hatte. Die DVF-GmbH und die Kommanditgesellschaft gingen in Konkurs und wurden am 19. Oktober 1967 beziehungsweise am 30. Januar 1968 aus dem Handelsregister München gelöscht.

Der Superkonzern

Im September 1969 überraschte Georg von Holtzbrinck in einer Presseinformation und auf einer Veranstaltung im Droemer Verlag die Buchbranche mit der Mitteilung, dass die in seinem Besitz befindlichen Unternehmen mit den Firmen Droemer, Econ und Deutsche Buch-Gemeinschaft zu einer Verlagsgruppe als Gegengewicht zum Bertelsmann-Konzern zusammengeschlossen würden.[145] Holtzbrinck wolle die Verlage S. Fischer, Goverts, Stahlberg und Krüger sowie den Deutschen Bücherbund einbringen, die Econ-Gruppe neben ihren Verlagen Econ, Marion von Schröder und Claassen auch die Wirtschaftszeitung *Handelsblatt*. Die Deutsche Buch-Gemeinschaft war zu diesem Zeitpunkt die drittgrößte Buchgemeinschaft in Deutschland.

Vorgesehen waren auch ein gemeinsamer Taschenbuchverlag und eine gemeinsame Lexikonproduktion. Aber auch die Zeitungs- und Druckereibeteiligungen sowie Fachzeitschriften und Auslandsaktivitäten sollten in das neue Großunternehmen, das einen Gesamtumsatz von 250 Millionen DM haben würde, eingebracht werden. Auf der Buchmesse 1969 in Frankfurt präsentierten die beteiligten Verleger Georg von Holtzbrinck, Willy Droemer, Egon Barth von Wehrenalp (Econ) und Ernst Leonhardt (Deutsche Buch-Gemeinschaft) die geplante Fusion. Doch aus den hochfliegenden Plänen wurde nichts, Willy Droemer avancierte nicht zum »Superverlagschef«.[146] Zum einen opponierte die Geschäftsführung des Fischer Verlags, der nach München unter das Dach von Droemer kommen sollte, heftig gegen die Pläne, zum anderen verlor der Econ-Verleger das Interesse an dem Zusammenschluss. Er hatte ihn zunächst angestrebt – einigen Quellen zufolge war er sogar der Initiator gewesen –, um damit seine kränkelnde Gruppe zu sanieren, sei aber dann davon abgerückt, nachdem der im Jahr zuvor erschienene Erstling von Erich von Däniken, *Erinnerungen an die Zukunft*, sich zum Bestseller entwickelte und damit den Verlag gesunden ließ. Geblieben sind enge Kontakte, die später zunächst zur Beteiligung, dann zur vollständigen Übernahme Droemers durch die Holtzbrinck-Gruppe führten.

VON GESELLSCHAFTSFORMEN, UMSÄTZEN UND GEHÄLTERN

Die firmenrechtliche Entwicklung nach der Eintragung in das Handelsregister beim zuständigen Amtsgericht Kitzingen am 28. Juni 1947 ist schnell erzählt. Wie oben erwähnt, verlegte der bis dahin in Berlin ansässige Verlag Th. Knaur Nachf. am 8. Juni 1951 seinen Verlagssitz nach München. Am 14. Juni 1956 erfolgte die Eintragung der Droemerschen Verlagsanstalt Th. Knaur Nachf. in das Handelsregister beim Amtsgericht München. Einen Tag zuvor war die 1947 gegründete Droemersche Verlagsanstalt dort gelöscht worden. Formal bestanden die Verlage Jugendhort und Schreiter'sche Verlagsbuchhandlung weiter. Der Verlag war vor der Verschmelzung von Droemer und Knaur im August 1955 von der Münchner Thierschstraße in eine Villa in der Rauchstraße 11 im vornehmen Viertel Bogenhausen umgezogen, wo der Verlag bis zum Jahr 2000 residierte.

Im Jahr des Umzugs gründete Willy Droemer die Droemersche Verlagsanstalt AG, Zürich. Die Aktiengesellschaft hatte ein Stamm-

Diese Villa war von 1955 bis zum Jahr 2000 Sitz des Verlags Droemer Knaur. Die Aufnahme zeigt den ursprünglichen Zustand ohne späteren Anbau.

kapital von 50 000 Schweizer Franken. Aus aktienrechtlichen Gründen mussten zwei Schweizer Staatsbürger eine Aktie im Wert von je 1000 Schweizer Franken übernehmen. Der Zweck des Unternehmens, das am 23. Mai 1955 von den deutschen Behörden genehmigt wurde, war »der Verlag und Vertrieb von Büchern sowie die Beteiligung an und der Erwerb von ähnlichen Unternehmungen sowie die Tätigung von Geschäften, die mit dem Gesellschaftszweck direkt oder indirekt zusammenhängen oder ihn zu fördern geeignet sind«.[147] Mit dieser Niederlassung sollte die starre Regelung, dass Droemer mit einem Rabatt von 55 Prozent in die Schweiz zu liefern hatte, aufgebrochen und so die Vertriebsstärke erhöht werden.

Mit dem Vertrag vom 9. Dezember 1970 verkaufte Droemer die Züricher AG an den Verlag Schoeller & Co. in Zürich. Persönlich haftende Gesellschafterin war mit einer Beteiligung von 46 Prozent Monika Schoeller, die Tochter Georg von Holtzbrincks. Willy Droemer als Kommanditist hielt die übrigen 54 Prozent. Schoeller & Co. schloss Verträge mit Autoren und übertrug Nutzungsrechte an Droemer Knaur in München. Deutsche Finanzbehörden sahen darin einen Steuerumgehungstatbestand und griffen die Steuererklärung von 1977 gerichtlich an. Sie unterlagen in einem langwierigen Pro-

Die 1955 gegründete Droemersche Verlagsanstalt AG in Zürich hatte auf der Frankfurter Buchmesse einen eigenständigen Auftritt – hier der Stand im Jahr 1966.

zess, der 1984 begann, schlussendlich im Jahr 2000: Der Bundesfinanzhof entschied, dass die Firma rechtens gehandelt hatte.[148]

Bis 1970 war Willy Droemer Alleininhaber des Droemer Knaur Verlags. Zum 1. Juli dieses Jahres trat die Droemer Beteiligungs- und Verwaltungsgesellschaft mit beschränkter Haftung als persönlich haftende Gesellschafterin in die Firma ein, und der bisherige Alleininhaber war nun Kommanditist mit einer Einlage von 1,35 Millionen Mark. Etwa ein halbes Jahr danach, am 28. Januar 1971, wurde Georg von Holtzbrinck Minderheitseigentümer mit einer Einlage als Kommanditist von 1,15 Millionen Mark. Eine weitere Veränderung der Gesellschaftsform fand am 5. Januar 1977 statt, durch die das Unternehmen fortan als Droemersche Verlagsanstalt Th. Knaur Nachf. GmbH & Co. firmierte.

*

Nachdem Willy Droemer und die Verlagsgruppe von Holtzbrinck im Sommer 1980 angekündigt hatten, dass Holtzbrinck den Verlag zu 100 Prozent übernehmen werde, und nachdem das Bundeskartellamt nach eingehender Prüfung diese Übernahme der restlichen Anteile genehmigt hatte, schied der Kommanditist Droemer Beteiligungs- und Verwaltungsgesellschaft mit beschränkter Haftung am 8. Mai 1981 aus. Dessen Einlage übernahm der Deutsche Bücherbund, ein Unternehmen Holtzbrincks, sodass der Verlag damit ganz in den Besitz der Verlagsgruppe Georg von Holtzbrinck überging.

Von der Holtzbrinck-Gruppe wurde bei dieser Transaktion auch die Firma Schoeller & Co., Ascona, erworben, die inzwischen von Zürich nach Locarno, dann nach Ascona und schließlich erneut nach Locarno übergesiedelt war. Diese Sitzverlegungen waren durch unterschiedliche gemeindliche Steuersätze in der Schweiz veranlasst. Willy Droemer schied aus dem Unternehmen aus. Schoeller & Co. wurde 2006 aus dem Handelsregister Locarno gelöscht.

*

Die Ära Willy Droemer 1945–1981

Buchhaltung in Vorcomputerzeiten: Im Verlagsarchiv haben sich Ringbücher aus den Jahren 1948 bis 1958 erhalten. Darin wurden handschriftlich neben den Umsätzen die täglichen Zahlungseingänge, Zahlungsausgänge und Kontostände festgehalten, zudem die Außenstände, die Kreditansprüche und die Guthaben bzw. Schulden.

Die Ära Willy Droemer, der 1980 aus seinem Verlag ausschied, war auch eine wirtschaftliche Erfolgsgeschichte. 1948, im ersten Jahr nach dem Eintrag in das Handelsregister, betrug der Umsatz etwas über eine Million Mark, ein Jahr später hatte er sich mit nahezu 2,7 Millionen Mark fast verdreifacht[149] und erreichte 1950, dem ersten Jahr nach der Übersiedelung nach München, 4,4 Millionen Mark. Die Zehn-Millionen-Marke wurde erstmals 1961 überschritten, und neun Jahre später gab der Verlag den Umsatz mit 20 Millionen Mark an.[150] 1978, weitere acht Jahre später, wurde die 30-Millionen-Schwelle erreicht.[151] Bei der vollständigen Übernahme des Verlags Droemer Knaur durch die Verlagsgruppe von Holtzbrinck dürfte der Umsatz bei etwa 35 Millionen Mark gelegen haben.

Aufgrund der gesetzlichen Aufbewahrungsfrist von in der Regel zehn Jahren für Geschäftsunterlagen haben sich in den meisten Verlagsarchiven keine detaillierten Unterlagen zur wirtschaftlichen Seite des Unternehmens erhalten. Man ist hier auf Kompilationen aus verschiedenen Quellen oder auf Zufallsfunde angewiesen. Bei Droemer Knaur sind für die Jahre 1954 und 1957 bis 1962 Daten zu den Löhnen und Gehältern von Mitarbeitern erhalten geblieben, ab 1957 leider nur rudimentär. Die »Gehälterkarten« verzeichnen für das Jahr 1954 insgesamt 62 Mitarbeiter, darunter auch nur kurzfristig eingesetzte Aushilfskräfte und Arbeitnehmer, die nicht das ganze Jahr über beschäftigt waren. Die Kernmannschaft bestand aus 31 Mitarbeitern, was auf eine erhebliche Fluktuation schließen lässt. Die Spanne der Löhne und Gehälter reicht von rund 1 500 Mark für Putzkräfte bis 30 000 Mark für den Verlagsdirektor Richard Friedenthal. Stenotypistinnen und Lageristen verdienten zwischen 3 500 und 5 500 Mark. Wichtig waren für Willy Droemer offenkundig die drei Sekretärinnen. Sie gehörten mit 6 250 Mark, 7 250 Mark und 8 790 Mark zu den Spitzenverdienern. Darüber rangierten neben Friedenthal nur noch der Vertriebsleiter Richard Ihm mit knapp 13 000 Mark und der Herstellungsleiter Hubert Schmidt mit rund 12 500 Mark. Auffallend ist, dass offenkundig kein Lektor angestellt war. Das durchschnittliche Bruttoeinkommen eines Arbeitnehmers in Deutschland betrug im

Die Ära Willy Droemer 1945–1981

Ausschnitt aus der »Gehaltskarte« von Fritz Bolle im Jahr 1962.

Jahr 1954 laut amtlicher Statistik 4234 Mark. Bei Droemer lagen etwa zwei Drittel der Mitarbeiter darüber.

Spitzenverdiener 1962, dem letzten Jahr der erhaltenen Aufzeichnungen, waren Fritz Bolle als Lektoratsleiter und Maria Hönigschmied, die als »Sekretärin, Prokuristin« geführt wurde. Beide erhielten rund 45 000 Mark. Darauf folgten die Prokuristen Richard Ihm mit 32 000 Mark sowie Hubert Schmidt mit knapp 30 000 Mark. Auf dieser Gehaltsstufe lag auch Erich Knapp, der Leiter des Rechnungswesens. Auf einer Ebene darunter verdiente der Buchhaltungsleiter Herbert Müller fast 16 000 Mark, der Lektor Hermann Reidt 12 000 Mark. Das durchschnittliche Bruttoeinkommen eines Arbeitnehmers in Deutschland lag im Jahr 1962 bei 7328 Mark. Wegen der Unvollständigkeit der Unterlagen kann kein Vergleich mit der Gehaltsstruktur bei Droemer angestellt werden. Insgesamt bestätigen die Zahlen jedoch Willy Droemers eigene Einschätzung, er habe »weit über dem Durchschnitt liegende Gehälter«[152] gezahlt, dazu zumindest in den 1960er-Jahren Weihnachtsgratifikationen für alle Mitarbeiter und auch zusätzliche Gratifikationen für Einzelne.

Für die Gesamtsituation des Verlags ist der erhaltene Erhebungsbogen sehr aufschlussreich, mit dem sich der Verlag am Betriebsvergleich 1960 beteiligt hat,[153] und eine ebenfalls erhaltene interne Auswertung dieses Betriebsvergleichs, in dem die Position des Verlags hinsichtlich vergleichbarer konkurrierender Unternehmen dargestellt wurde. Im Jahr 1960 beschäftigte Droemer Knaur neben dem Inhaber insgesamt 46 Mitarbeiter, darunter vier Arbeiter und zwei Lehrlinge. Die größte Abteilung war der Vertrieb mit 13 Mitarbeitern, wobei zu berücksichtigen ist, dass in jener Zeit die Auslieferung noch nicht an Fremdfirmen vergeben war. Es folgten das Lektorat (fünf männlich, drei weiblich) und die Buchhaltung (vier männlich, vier weiblich) mit je acht Beschäftigten. Jeweils sieben Mitarbeiter hatten die Herstellung (vier männlich, drei weiblich) und die Verwaltung (drei männlich, vier weiblich). Die bei Weitem kleinste Abteilung war die Werbung mit jeweils einem männlichen und einem weiblichen Arbeitnehmer. Die Zahlen zu Gehältern und Löhnen zeigen deutlich, dass die wichtigen Positionen in allen Abteilungen männlich besetzt waren. So betrug beispielsweise im Lektorat die Gehaltssumme für männliche Mitarbeiter 5800 Mark je Monat – die höchste Summe in allen Abteilungen –, für die weiblichen 1700 Mark. In der Summe wurden 32900 Mark je Monat gezahlt, worin der »Unternehmerlohn« Willy Droemers in Höhe von 6000 Mark eingeschlossen war. Die Betriebsfläche betrug 461 Quadratmeter. Hinzu kam das Hauslager mit 146 Quadratmetern.

Droemer Knaur produzierte im Jahr des Betriebsvergleichs 29 Titel und hatte 151 Titel in der Backlist. Hergestellt wurden 1,41 Millionen Exemplare. Daraus resultierte ein Buchumsatz von 9,4 Millionen Mark. Hinzu kamen 250 000 Mark aus sonstigen Erlösen, insbesondere aus Nebenrechten. Der Buchumsatz resultierte zu mehr als zwei Dritteln aus der Belletristik und dem Sachbuch, zu rund 18 Prozent aus dem Programm Kunst und zu knapp 15 Prozent aus Kinder- und Jugendbüchern. Den Durchschnittsrabatt über alle Vertriebswege gibt der Verlag mit 45 Prozent an. Die interne Auswertung vergleicht Zahlen der Verlagsgruppe »populärwissenschaftliche und schöne Li-

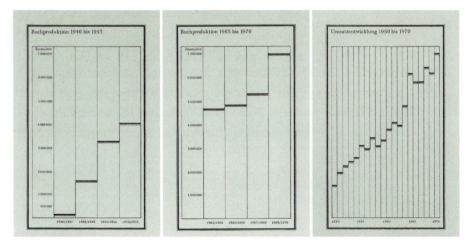

Die Entwicklung der Buchproduktion und der Umsätze in der Darstellung des langjährigen Herstellers Hubert Schmidt.

teratur« des Betriebsvergleichs von 1951 mit denen von 1959. Danach hat Droemer die Beschäftigtenzahl in diesem Zeitraum deutlich weniger erhöht, weshalb auch die Personalkosten geringer ausfielen. Die Messzahl für den Umsatz je Beschäftigtem lag 1959 bei Droemer um etwa 15 Prozent über der der Vergleichsunternehmen. Waren Personal- und Verwaltungskosten deutlich niedriger als bei den anderen Teilnehmern des Betriebsvergleichs, so lag Droemer bei den Honorarkosten geringfügig, bei den Herstellungskosten deutlich über den Vergleichszahlen. Sehr deutlich war der Unterschied bei der Gewinnsituation. Bei den Vergleichsunternehmen betrug der Gewinn ein Prozent vom Umsatz, bei Droemer Knaur acht Prozent. Als historische Kuriosität sind hier die Grafiken abgebildet, die der langjährige Hersteller des Verlags, Hubert Schmidt, in seinem Beitrag *Droemers Mount Evereste*[154] in der Festschrift von 1971 präsentiert hatte. Schmidt war einer der ersten Wiesentheider Mitarbeiter und seit 1948 für den Verlag tätig.

Trotz aller personeller Wechsel gab es in der langen Geschichte seit der frühen Nachkriegszeit eine personelle Konstante neben Willy

Droemer: Maria Hönigschmied (geborene Zandler, 1924–2014). Sie wurde in Lukau, dem heutigen Luková, in Tschechien geboren. Nach der Flucht begann sie im September 1948 für 250 Mark monatlich als Sekretärin von Willy Droemer, damals noch im unterfränkischen Wiesentheid. 1954 erhielt sie zusammen mit Richard Ihm und Hubert Schmidt Gesamtprokura. Nur vier Jahre später folgte die Einzelprokura, das heißt, sie war nun allein für den Verlag zeichnungsberechtigt.

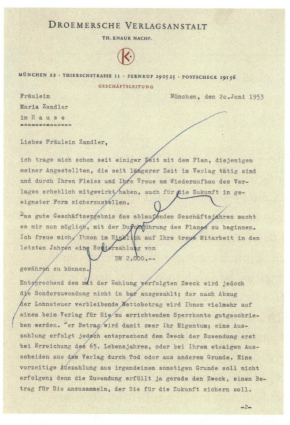

Maria Hönigschmied (1924–2014) begann im Jahr 1948 als Sekretärin von Willy Droemer, wurde Prokuristin und schließlich 1976 Geschäftsführerin. Nach der Übernahme des Verlags durch die Holtzbrinck-Gruppe verließ sie Ende 1980 das Haus. Hier eine Aufnahme aus dem Jahr 1976 sowie das Schreiben Willy Droemers vom 20. Juni 1953, in dem er ihr (unter ihrem Mädchennamen) eine Sonderzahlung von 2000 Mark ankündigte.

Der Dienstvertrag aus dem Jahr 1972 hält fest, dass ihr »bereits vor längerer Zeit die Stabsfunktion als Verlagsleiterin« übertragen worden war.[155] 1976 wurde sie Geschäftsführerin des Verlags, weshalb die Einzelprokura erlosch. Nach der vollständigen Übernahme des Verlags durch die Holtzbrinck-Gruppe verließ sie nach 32 Jahren Ende 1980 das Haus, in dem sie als Frau zu einer Zeit Karriere gemacht hatte, als das die absolute Ausnahme war (und es heute noch ist). Danach blieb sie dem Verlag durch ihre Mitgliedschaft im Beirat verbunden.

Die wenigen erhaltenen Glückwünsche zu den Geburtstagen sowie die Schreiben Willy Droemers zu Gratifikationen und sonstigen Zuwendungen am Jahresende zeigen eine starke persönliche Verbundenheit und zeugen von hohem wechselseitigem Respekt. Johannes Mario Simmel berichtet in einem Artikel zu ihrem 75. Geburtstag: »Willy Droemer bezeichnete Maria als ihren mutigen Förderer, der ihr von Anbeginn jede Freiheit ließ.«[156] In den erwähnten egozentrischen Erinnerungen von Franz N. Mehling ist sie die einzige Person, die er neben sich gelten lässt und der er Respekt zollt. Sie war »die Frontfrau, die für alles ihren Kopf hinhalten musste […] Sie war klug und tüchtig. Sie war über alle Maßen loyal.«[157] Simmel hat an anderer Stelle ihren Spitznamen in der Branche, »Bloody Mary«, verraten, nicht ohne hinzuzufügen: »und sie war begeistert von diesem ›Ehrentitel‹«.[158] In dem Geburtstagsartikel konstatierte Simmel mit charmanter Übertreibung: »Forever and a day wird sie die wunderbarste Grande Dame im Reich unserer Verleger und Verlage bleiben.« Maria Hönigschmied starb 2014 im Alter von fast 90 Jahren.

Aus der so gut wie vollständig erhaltenen Personalakte von Maria Hönigschmied wissen wir, dass sie und Fritz Bolle eine Pensionszusage des Verlegers sowie zeitweilig eine Umsatzbeteiligung hatten. Die Zahlen für Hönigschmied zeigen vor allem ab Ende der 1960er-Jahre eine ansehnlich steigende Jahresvergütung. Anlässlich der dreißigjährigen Verlagszugehörigkeit erhielt sie ein opulentes Geschenk, und ihre Ruhestandsbezüge erreichen einen fünfstelligen Eurobetrag pro Monat.

DAS ENDE EINER ÄRA

Bezeichnend für die meinungsbildenden Feuilletons ist, dass Non-Fiction-Verleger wie Willy Droemer, aber auch Erwin Barth von Wehrenalp, der Gründer des Econ Verlags, in den Medien lange nicht die wohlwollende Aufmerksamkeit genossen, wie sie den Vertretern der sogenannten Suhrkamp-Kultur zuteilwurde.[159] Das wird besonders deutlich in einem Artikel des damaligen Feuilletonchefs der *Frankfurter Allgemeinen Zeitung*, Günther Rühle, anlässlich der Frankfurter Buchmesse 1975. Unter der Überschrift *Die Herren des Buchmarkts* sieht Rühle Suhrkamp und Droemer an den entgegengesetzten Enden einer Skala. Die Suhrkamp-Kultur, das sei »das beharrliche Bestehen auf dem Vorrang dichterischer Sprache, der Willen, das große literarische Werk durchzusetzen und in Geltung zu halten«. Die Droemer-Kultur dagegen, das sei »ein Begriff des Popularismus, der volksläufig Sachaufklärung verbindet mit dem Versorgungsaspekt der Leserschaft mit unterhaltsamem Reizstoff«. Die hochnäsige Verachtung des High-End-Feuilletons für große (und erfolgreiche) Publikumsverlage gipfelt in der Behauptung, Verlage wie Droemer würden nur »Werbefeldzüge« für ihre Titel durchziehen, während – als leuchtendes Beispiel – Suhrkamps Strategie mehr sei: »richtige Programmierung und Durchsetzung des Programms«.[160] Verwundert fragt man sich, was Willy Droemer und sein Team zu ihren besten Zeiten anderes getan haben.

Gleichwohl liefert Günther Rühle in diesem Artikel ein sensibles Porträt des Menschen Willy Droemer: »Innenbild: freundlich, zart, flüchtend; Außenbild: besessen, hart, aggressiv. Zunehmende Sehnsucht nach Menschen. Der Verlag stellt ihn dar, nicht er sich selbst.«[161] Doch Rühle kann auch anders. Im beliebten Feuilletonstil der großen Gegensätze doziert er: »Droemer scheut Öffentlichkeit, er ist zärtlich zu sich selbst (Bonbonglas und Rosen am Schreibtisch), im großen Direktionszimmer wabert noch der Jugendtraum, der größte Verleger der Welt zu werden. Wo Rowohlt Weltstoff vermittelt, vermittelt

Droemer episch-dramatische Bücher. Während Unseld Johnson aufbaute, baute Willy Droemer Simmel auf. Die Welt erscheint ihm als das, was er druckt. Drucken andere Bücher, um die Welt zu verändern, so er, um sich an ihnen zu wärmen.«[162]

Bei aller Kritik an Rühle muss man konstatieren, dass sein Text einer der ganz wenigen ist, die nicht anlässlich eines Jubiläums, eines runden Geburtstags oder seines Todes erschienen sind. Diese besondere Textsorte der Anlasstexte ist nur eingeschränkt tatsachenbasiert[163] oder erheiternd anekdotenlastig.[164]

Der scheue, zurückhaltende, zögerliche Johannes Mario Simmel hat Willy Droemer gleich dreimal gewürdigt. Zum einen dadurch, dass er die Festschrift zum doppelten Anlass – dem sechzigsten Geburtstag Willy Droemers und dem 25-jährigen Bestehen der Droemerschen Verlagsanstalt – herausgab, dort selbst einen liebevollen Artikel beisteuerte und, was nun wirklich ein Geburtstagsgeschenk der besonderen Art war, dass er einen Artikel in der *Frankfurter Allgemeinen Zeitung* zu Droemers achtzigstem Geburtstag im Jahr 1991 schrieb. Darin zitierte er einen der Erfolgsautoren des Hauses, Jürgen Thorwald: »Ich maße mir nicht an, einen Mann deuten zu können, hinter dessen scheinbarer Widersprüchlichkeit sich so viel Wärme und Menschlichkeit verstecken – und sich scheuen hervorzutreten, weil Willy aus der Erfahrung eines Lebens weiß, wie sehr man in dieser Welt bereit ist, menschliche Wärme und Güte zu missbrauchen.«[165]

Willy Droemer starb am 3. April 2000, kurz nach Klaus Piper und einige Monate vor Rolf Heyne – drei Verleger, die den Verlag von ihren Vätern übernommen, ihn wirklich groß gemacht und ihn dann in ein größeres Unternehmen eingebracht hatten, weil sie nur so die Chance sahen, die Zukunft ihres Unternehmens zu sichern.

Willy Droemer in seinem Arbeitszimmer in einer Aufnahme um 1960.

DER ERFOLG WIRFT SEINE SCHATTEN VORAUS

1981–1998

Die weitere Entwicklung von Droemer Knaur ist stark unter dem Blickwinkel der seit Anfang der 1960er-Jahre in der Verlagsbranche einsetzenden Konzentrationsbewegung zu sehen.[1] Die wesentlichen Gründe für diese Entwicklung sind schlagwortartig zusammengefasst: die Regelung der Unternehmensnachfolge, die Finanzierungsprobleme des Kapitalbedarfs für Expansion, die Kostenvorteile durch höhere Produktion, die Risikominderung durch Diversifikation und die organisatorischen Probleme beim Wachstum.[2] Die Konzentrationsbewegung begann 1961 in kleinem Rahmen mit der Übernahme des Verlags Marion von Schröder durch Bertelsmann und 1963 durch den Kauf des traditionsreichen Insel Verlags durch den nach dem Krieg gegründeten Suhrkamp Verlag. Seit 1962 formierte sich in München die Fleissner-Gruppe mit den Verlagen Amalthea, Herbig, Langen Müller Verlag und dem Nymphenburger Verlag. Die Konzentrationsbewegung im Bereich der Publikumsverlage beschleunigte sich in den 1970er-Jahren und danach deutlich.

Die Verlagsgruppe von Holtzbrinck erwarb seit den 1960er-Jahren eine Reihe von deutschen Publikumsverlagen. Holtzbrinck legte Wert darauf, dass in der Regel während einer Übergangszeit der jeweilige Verleger und Inhaber an Bord blieb. Die Phase der Akquisitionen begann 1963 mit einer ersten Beteiligung von 40 Prozent am S. Fischer Verlag in Frankfurt. Es folgten u.a. die Übernahmen des Henry Goverts Verlags in Stuttgart und des Stahlberg Verlags in Karlsruhe. 1971 erwarb Holtzbrinck einen Anteil von 26 Prozent am Rowohlt Verlag in Hamburg, und im selben Jahr erfolgte der Einstieg bei Droemer. Nach und nach übernahm Holtzbrinck die restlichen Anteile an den Firmen, an denen die Verlagsgruppe beteiligt war. 1983 wurde diese erste Phase der Expansion mit dem vollständigen Erwerb von Rowohlt abgeschlossen.[3] Treibende Kraft war neben Georg und später Dieter von Holtzbrinck der Geschäftsführer und Generalbevollmächtigte des Hauses, Werner Schoenicke. Wie eng die Kontakte zum Haus Droemer Knaur waren, zeigt allein die Tatsache, dass in der kleinen Festschrift zu Schoenickes sechzigstem Geburtstag am 21. Juni 1985 neben Willy Droemer und Maria Hönigschmied auch

Georg von Holtzbrinck (1909–1983) erwarb 1948 die Stuttgarter Hausbücherei, eine Buchgemeinschaft, die ab 1959 unter dem Namen Deutscher Bücherbund firmierte. Er legte damit den Grundstein für ein Medienunternehmen, das heute weltweit tätig ist. Dieter von Holtzbrinck, sein ältester Sohn (geb. 1941), trat 1980 die Nachfolge seines Vaters an. 2001 übertrug er die Geschäftsführung auf seinen Bruder Stefan von Holtzbrinck (geb. 1963) und schied weitere fünf Jahre später aus dem Unternehmen aus.

die Droemer-Autoren S. Fischer-Fabian, Alex Möller, Sandra Paretti, Jürgen Thorwald und der begnadete Festschriften-Beiträger Johannes Mario Simmel einen Beitrag leisteten.[4]

Im Unterschied zu Holtzbrinck verfolgte der Konkurrent Bertelsmann stets die Strategie, die akquirierten Unternehmen sofort zu 100 Prozent zu übernehmen. Nach dem oben erwähnten Kauf des Verlags Marion von Schröder, der dem Sigbert Mohn Verlag in Gütersloh angegliedert worden war, folgten mit Blanvalet 1974 und Goldmann 1977 zwei große Publikumsverlage. In den 1980er-Jahren wurde Goldmann der größte deutsche Taschenbuchverlag und löste Heyne in dieser Position ab. Ein wesentlicher Akquisitionsschub renommierter Verlage erfolgte erst in den 1990er- und 2000er-Jahren. Heute sind unter dem Dach der Verlagsgruppe Random House GmbH in München 46 Verlage und Imprints versammelt.

Die Erfolge im Buchgemeinschaftsgeschäft bildeten sowohl bei Bertelsmann als auch bei Holtzbrinck die ökonomische Basis dieser gezielten Expansion in den Markt der Publikumsverlage.[5] 1948 hatte Georg von Holtzbrinck die Stuttgarter Hausbücherei gegründet und 1959 den Deutschen Bücherbund, 1960 die Deutsche Hausbücherei und 1966 den Deutschen Buchklub hinzugekauft.[6] Die Buchklubs firmierten dann als Deutscher Bücherbund und waren nach dem Bertelsmann Lesering der zweitgrößte Anbieter auf diesem Sektor. Vier Jahrzehnte blieb der Buchklub eines der Kerngeschäfte des Unternehmens. 1989 wurde der Bücherbund an die Kirch-Gruppe verkauft; drei Jahre später übernahm die Bertelsmann AG das Unternehmen.

Die Buchgemeinschaften waren jedoch für Holtzbrinck nicht nur die Basis für ein buchorientiertes Medienunternehmen, sie bildeten darüber hinaus in den ersten Jahrzehnten das finanzielle Fundament der entstehenden Verlagsgruppe, die 1969 und 1971 bei der *Saarbrücker Zeitung* und bei der Wirtschaftszeitung *Handelsblatt* einstieg. Mitte der 1980er-Jahre begann die Ausdehnung in das englischsprachige Ausland, vor allem durch die Großakquisition MacMillans rund zehn Jahre später. Der Verkauf des Deutschen Bücherbunds im Jahr 1989 an die Kirch-Gruppe erfolgte zugunsten massiver Investitionen in die Bereiche Zeitungen sowie Bildungs- und Wissenschaftspublizistik. 2015 haben die Holtzbrinck Publishing Group und der Investor BC Partners den Zusammenschluss eines Großteils von Macmillan Science and Education mit Springer Science+Business Media, dem größten deutschen Verlag, vereinbart. Mit dem Joint Venture entstand eine Verlagsgruppe mit rund 1,5 Milliarden Euro Umsatz. Holtzbrinck hält 53 Prozent der Anteile.

DIE NEUE VERLAGSLEITUNG

Im Jahr 1981 erwarb Holtzbrinck die restlichen Anteile an Droemer Knaur. Da die Verlagsgruppe bereits die Verlage S. Fischer und Rowohlt besaß, musste das Kartellamt der Übernahme zustimmen. Daher erfolgte am 6. August 1980 die »Anmeldung eines Zusammenschlussvorhabens«. Das Kartellamt forderte daraufhin ausführliche Unterlagen zu den Holtzbrinck-Verlagen im Bereich der Publikumsverlage an, darunter auch die Umsätze der drei Vorjahre in den Kategorien Belletristik, Sachbuch, Hardcover und Taschenbuch. Entscheidender Punkt waren die Marktanteile in diesem Sektor, die Holtzbrinck besitzen würde. Nach einem Termin mit dem Bundes-

Die erste Seite des Schreibens vom 6. August 1980 an das Bundeskartellamt mit der »Anmeldung eines Zusammenschlussvorhabens«.

Das Kartellamt forderte ausführliche Unterlagen zu den Holtzbrinck-Verlagen im Bereich der Publikumsverlage an, darunter auch die Umsätze der drei Vorjahre. Hier die Zahlen von Droemer Knaur in der handschriftlichen Zusammenstellung.

kartellamt im Oktober des Jahres und Prüfung aller Unterlagen stimmte die Behörde dem »Zusammenschlussvorhaben« zu, und die Verlagsgruppe von Holtzbrinck konnte die Mehrheitsbeteiligung von 54 Prozent, die Willy Droemer noch am Unternehmen besaß, übernehmen. Interessant in diesem Zusammenhang ist die Tatsache, dass die Übernahme der Anteile bereits in einer Pressemitteilung verkündet wurde, die am 8. und 9. August 1980 in vielen überregionalen und regionalen Zeitungen abgedruckt wurde.

Bereits ein Jahr zuvor waren Willy Droemer und Maria Hönigschmied ausgeschieden; Gerald Trageiser (geb. 1942), der zuvor Programmleiter der Deutschen Buch-Gemeinschaft in Darmstadt war, hatte die Programmgeschäftsführung übernommen. Er schied aber bereits nach acht Monaten wieder aus und kehrte zur Buch-Gemeinschaft zurück. Ihm folgte zum 1. Oktober 1982 Karl H. Blessing. Kaufmännischer Geschäftsführer war ab 1981 Rüdiger Hildebrandt

Zum ersten Mal in der Geschichte des Verlags leiteten angestellte Manager das Unternehmen (von links): Gerald Trageiser (geb. 1942) war ab 1980 für wenige Monate Programmgeschäftsführer. Ihm folgte Karl H. Blessing (1941–2005), der den Verlag bis 1995 prägte. Kaufmännischer Geschäftsführer war von 1981 bis 1988 Rüdiger Hildebrandt (1929–2007).

(1929–2007), der zuvor in gleicher Funktion bei Hoffmann & Campe in Hamburg und beim Verlag K. G. Saur in München tätig gewesen war. Damit leiteten zum ersten Mal in der Geschichte des Verlags angestellte Manager das Unternehmen.

Karl H. Blessing (1941–2005) war nach der Promotion über Alfred Döblin und Volontariaten bei Piper und Hugendubel drei Jahre Assistent von Werner Schoenicke bei Holtzbrinck gewesen, bevor er für fünf Jahre die »Auswahlbücher« im Verlag Das Beste/Reader's Digest in Stuttgart verantwortete. Mit der Akquisition eines einzigen Buchs prägte Blessing die Entwicklung des Verlags für ein ganzes Jahrzehnt. Ein Jahr nach der Originalausgabe in den USA erschien 1987 der Roman *Der Medicus* von Noah Gordon bei Droemer.

Noah Gordon (geb. 1926) war zunächst Journalist beim *Boston Herald,* bevor er begann, Erzählungen zu veröffentlichen. In Deutschland erschienen seine beiden ersten Romane *Der Rabbi* und *Die Klinik* im Wiener Zsolnay Verlag, die im Erscheinungsjahr des *Medicus* als Knaur Taschenbuch veröffentlicht wurden. Den Roman um

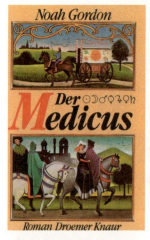 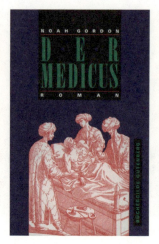 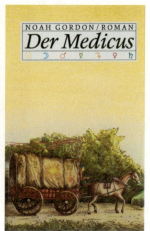

Der amerikanische Autor Noah Gordon prägte mit einem einzigen Buch, dem historischen Roman *Der Medicus*, die Entwicklung des Verlags für ein ganzes Jahrzehnt. Hier neben der Originalausgabe (links) die Ausgabe der Büchergilde Gutenberg und des Deutschen Bücherbunds.

den fiktiven Mediziner Rob Cole im 11. Jahrhundert in London hatte Noah Gordon mit *Der Schamane* (bei Droemer 1992) und *Die Erben des Medicus* (bei Droemer 1995) zu einer Trilogie ergänzt. Alle drei Romane waren zum Teil mehrere Jahre hintereinander auf der Hardcover-Bestsellerliste des *Spiegel* zu finden. Der *Medicus* führte mit weitem Abstand die Liste der bestplatzierten Belletristiktaschenbücher zwischen 1978 und 1998 an. Bei Droemer erschien 1993 ferner der *Diamant des Salomon*. Gordons Bücher wurden in 42 Ländern publiziert. *Der Medicus* verkaufte sich in Europa, besonders in Deutschland, besser als in Noah Gordons Heimatland, den USA. Sein im Jahr 2000 erschienener Roman *The Last Jew* wurde dann in Deutschland unter dem Titel *Der Medicus von Saragossa* im Blessing Verlag veröffentlicht, hat jedoch inhaltlich nichts mit dem *Medicus* zu tun.

Nach durchaus konservativen Schätzungen hat der Verlag mit dem *Medicus* im Hardcover und im Taschenbuch mehr als 100 Millionen Mark Umsatz bei entsprechend hohen Deckungsbeiträgen gemacht. Allein die 1996 veranstaltete Taschenbuch-Sonderausgabe verkaufte sich zum Preis von 5 Mark mehr als eine Million Mal. Bei den übrigen Gordon-Titeln dürfte der Umsatz bei mehr als 60 Millionen gelegen haben.

Das war die ökonomische Basis für eine deutliche Erhöhung der Titelzahl. Hatte Blessing nach seinem Antritt das Programm seit 1984 vor allem im Bereich der Knaur-Bücher bereits kräftig ausgeweitet, so setzte er diese Titelexpansion auf der Basis des exorbitanten Gordon-Erfolgs mit deutlichem Schwerpunkt im Non-Fiction-Bereich fort. Ab 1994 wurde die Titelproduktion hier sogar fast verdoppelt; neue thematische Segmente wurden besetzt.

Reiseführer und Kulinarik

Ein neues Programmfeld waren die Reiseführer. Der Einstieg in dieses Marktsegment erfolgte nach einigen hochpreisigen Vorläufern im Bereich Reisebildband wie zum Beispiel den drei Büchern über die Alpen (1986 und 1987) von Ernst Höhne 1976 mit *Knaurs Kulturführern in Farbe*. Der erste Band, *Deutschland*, hatte einen Umfang von über 800 Seiten und kostete 29 Mark 80. Droemer Knaur knüpfte also hier an das Prinzip »Viel Buch für wenig Geld« an. Bis 1981 folgten drei weitere Titel. Erst ab 1982 wurden die Titelzahlen deutlich erhöht; über eineinhalb Jahrzehnte hinweg produzierte der Verlag danach im Durchschnitt sechs Titel pro Jahr. Unter der Regie von

In der Reihe *Knaurs Kulturführer in Farbe* erschienen zwischen 1976 und 1996 über 90 Bände.

Franz N. Mehling wurden bis 1996 insgesamt über 90 Bände veröffentlicht, die wie alle Titel der Knaur-Nachschlagewerke immer wieder neu aufgelegt, überarbeitet und ergänzt wurden. Die Themen reichten von den klassischen Länderbänden *(Frankreich, Schweiz, Spanien)*, Regionenbänden *(Bayern, Burgund, Südtirol)* und Städtebänden *(Berlin, London, Moskau)* bis zu Titeln über *Rhein, Donau* und die *Romantische Straße*.

Franz N. Mehling (1936–2013) begann nach breitem Studium, der Promotion in Volkskunde und nach Verlagsstationen bei Ullstein und dem Arena Verlag am 1. April 1970 bei Droemer. Zunächst betreute er *Knaurs Lexikon A–Z*, als Cheflektor Sachbuch war er dann für den Non-Fiction-Bereich zuständig. Unter seiner Leitung entstanden die Auflagen 42 bis 72 von Knaurs Markenartikel, dem Lexikon. Dabei wurde das Format deutlich vergrößert. Seit 1975 zeichnete Mehling auch als Herausgeber verantwortlich. Er koordinierte darüber hinaus die Redaktion für das zehnbändige Lexikon *Der Neue Knaur*, das in Zusammenarbeit mit dem Deutschen Bücherbund entstand und 1974 und 1975 auf den Markt kam.[7] Die bleibende Leistung Mehlings für den Verlag waren Konzeption und Umsetzung von

Knaurs Kulturführer in Farbe. Von der Reihe wurden Lizenzen an Verlage in elf Ländern verkauft, darunter so große Märkte wie die USA, Großbritannien und Frankreich. Franz Mehling war zunächst als Lektor und Herausgeber der Serie tätig, ab 1982 gab seine Ehefrau, Marianne Mehling, mit ihrem Redaktionsbüro die Reihe heraus, während Mehling als Lektor zuständig blieb – eine Konstellation, die der damalige Marketinggeschäftsführer Rüdiger Hildebrandt angeregt hatte und die für Mehling recht lukrativ war, zumal er auch als Autor und Fotograf für die Reihe arbeitete. Nach eigenen Angaben kamen für Mehling auf diese Weise »erkleckliche Summen« zusammen – was ein vornehmes

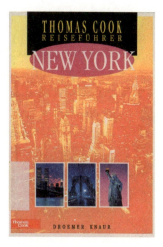

Der erfolgreichste Titel in der Reihe *Thomas Cook Reiseführer.*

Understatement gewesen sein dürfte, zumal das Redaktionsbüro Marianne Mehling später die Bände auch produzierte.[8] Mehling schied 1994 oder 1995 aus dem Droemer Verlag aus.[9] Die letzten Neubearbeitungen der *Kulturführer* kamen 1997 auf den Markt; bereits ein Jahr später wurden die recht umfangreichen Restbestände der Reihe verkauft.

Über die etablierte Reihe der *Knaurs Kulturführer in Farbe* hinaus verstärkte Droemer sein Engagement bei den Reiseführern ab 1990. Bis 1999 wurden rund 100 Titel produziert. Der Einstieg erfolgte mit der Reihe *Hotels für Kenner und Liebhaber,* die es aber bis 1997 nur auf elf Titel brachte. Ähnlich übersichtlich blieben die Reihen *Knaurs Stadtführer* (sieben Titel zwischen 1992 und 1996), *Knaurs Reiseführer für Individualisten* (6 Titel in den Jahren 1994 und 1995) sowie *Geheimtips für Genießer* (zehn Titel zwischen 1996 und 1998). Einzig die *Thomas Cook Reiseführer,* eine internationale Koproduktion, erreichte eine höhere Titelzahl. Hier brachte der Verlag zwischen 1994 und 1997 jährlich jeweils zehn Bücher heraus.

Rückblickend ist zu fragen, ob der Einstieg in das Reiseführergeschäft über die sehr gut etablierte hauseigene Marke der *Knaurs*

Kulturführer hinaus zu einem Zeitpunkt strategisch geschickt war, als mit den *Marco Polo Reiseführern* aus dem Reiseverlag Mair seit 1991 eine starke Marke sich am Markt etabliert hatte. Zudem stand Droemer mit seinen mittelpreisigen Büchern mit einem Ladenpreis zwischen 20 und 30 Mark im Niemandsland zwischen den Billigpreis-Reiseführern und den teuren Reisebildbänden. In diesem Segment war Droemer mit nur wenigen Titeln wie *Deutschland* (1992) von Ulrich Kerth, *Traumhotels der Welt* (1995) von Peter von Gerdes, *Spanien* (1997) von Marina Zaslaskaja und Hans Siwik und *Traumhotels im Schnee* (1998) von Gerd Otto-Rieke vertreten. Aufs Ganze gesehen war das Engagement auf diesem Sektor ökonomisch wohl kein Erfolg, denn selbst von den *Thomas Cook Reiseführern* erreichten nur wenige Bände Nachauflagen – bei zum Teil erheblichen Lagerbeständen. Selbst so beliebte Reiseziele wie Amsterdam, London, New York und Wien kamen nicht über die zweite Auflage hinaus.

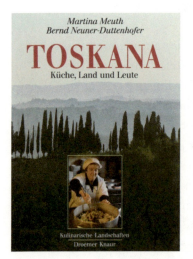 

Türöffner für das neue Programmfeld der Bücher zu kulinarischen Themen war der opulent illustrierte Band *Toskana* von Martina Meuth und Bernd Neuner-Duttenhofer, der 1987 auf den Markt kam.

Ein völlig neues Programmfeld waren Bücher zu kulinarischen Themen. Türöffner war hier sicher der opulent illustrierte Band *Toskana* von Martina Meuth und Bernd Neuner-Duttenhofer, der 1987 auf den Markt kam. Wie der Untertitel *Küche, Land und Leute* ankündigte, war das eine innovative Mischung, die sich nicht in Rezepten erschöpfte, sondern diese mit Informationen über die Region verband. Nach diesem Konzept erschienen bis 2003 weitere zwölf Bände.

Auch die Bücher des Journalisten und Gründers des Kunstmagazins *Art*, Wolf Uecker (u.a. *Brevier der Genüsse*, 1986; *Dinner for one*, 1988, und *Im Zeichen der Pfanne*, 1990) trugen dazu bei, Droemer in diesem Marktsegment erfolgreich zu positionieren. Im selben Jahr wie das erste Uecker-Buch brachte Droemer die jeweils sechsbändigen Serien *Knaurs kleine Schlemmer-Bücher* und *Knaurs vegetarische Küche* auf den Markt. Die Titel waren teilweise internationale Koproduktionen, teilweise Originalausgaben.

Daneben erschienen zahlreiche Einzeltitel wie *11 x deutsche Küche* von Bernd Neuner-Duttenhofer (1988), *Israel kulinarisch* (1990), *Das Kochbuch* von Martina Meuth und Bernd Neuner-Duttenhofer

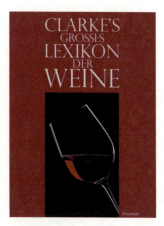

Auf dem hart umkämpften Markt der Wein-Bücher sicherte sich Droemer Knaur mit den Titeln des englischen Autors Oz Clarke seinen Platz.

(1998) sowie etliche Weinbücher im Gefolge vom *Hachette-Weinatlas Frankreich* (1989), darunter die Weinführer von Oz Clarke. Mit der Übernahme der Edition Spangenberg im Jahr 1994 wurde das kulinarische Programm noch einmal deutlich erweitert.[10] Bis zum Jahr 2000 erschienen unter diesem Label insgesamt 37 Titel.

Zwischen 1986 und 1999 veröffentlichte Droemer in dem neuen Segment Kulinarik fast 100 Titel. Ökonomisch erfolgreich waren nur die meisten Bücher von Martina Meuth und Bernd Neuner-Duttenhofer sowie einige der sogenannten Schachtelbücher, aufwendig gestaltete und im Schuber verpackte Geschenkbücher zu Themen wie Öl, Essig, Destillate und Pasta.

In den Segmenten Reiseführer und Kulinarik publizierte der Verlag in diesem Programmzeitraum rund 300 Titel, was etwa 40 Prozent der gesamten Non-Fiction-Produktion entsprach.

Kindler – die »Nelke im Knopfloch«[11]

Im Jahr des Einstiegs von Karl H. Blessing wurden die verlegerischen Möglichkeiten von Droemer Knaur erweitert. Die Verlagsgruppe Georg von Holtzbrinck hatte zum 1. April 1977 eine Minderheitsbeteiligung von 49 Prozent am Münchner Kindler Verlag erworben; 1982 wurde Kindler dann ganz übernommen. Helmut Kindler schied als Verleger aus; von nun an führten die jeweiligen Geschäftsführer Droemer Knaur und Kindler in Personalunion.

Helmut Kindler (1912–2008)[12] hatte den Verlag 1945 mit seiner Frau Nina und Heinz Ullstein in Berlin gegründet. Der Schwerpunkt lag zunächst mit der Illustrierten *Revue* und der Jugendpostille *Bravo* auf dem Zeitschriftengeschäft. Dieses gab Kindler 1965 auf und investierte Gewinne und Erlöse in den Buchverlag.

Helmut Kindler (1912–2008)

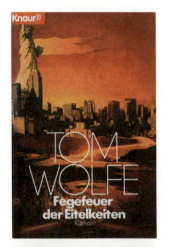

Mit Tom Wolfe (oben) und Salman Rushdie verlegte Kindler zwei international renommierte Autoren erfolgreich in Deutschland. *Fegefeuer der Eitelkeiten* erschien 1988 (hier in der Knaur-Taschenbuch-Ausgabe von 1990), *Des Mauren letzter Seufzer* 1996.

Mit Biografien und Memoiren, u.a. von Willy Brandt, Fritz Kortner und Albert Schweitzer, sowie politischen Sachbüchern etablierte er sein Haus unter den wichtigen zeitgenössischen Verlagen, nicht zuletzt durch Titel wie *Der SS-Staat* von Eugen Kogon (1946 zuerst im Verlag Karl Alber; erweiterte Neuauflage 1974), *Der Atom-Staat* von Robert Jungk (1977) und *Anmerkungen zu Hitler* von Sebastian Haffner (1978). Bereits 1947 hatte er die von Richard Drews und Alfred Kantorowicz herausgegebene Anthologie *Verboten und ver-*

brannt. Deutsche Literatur 12 Jahre unterdrückt publiziert. Bei Weitem erfolgreichster Einzeltitel waren die Memoiren *Das war mein Leben* von Ferdinand Sauerbruch (1951), einer der Megabestseller der Nachkriegszeit.[13] Der wichtigste belletristische Autor war Leon Uris, den Kindler auch in seiner Taschenbuchreihe veröffentlichte. Als Taschenbuch erschien auch die verdienstvolle Reihe *Geist und Psyche,* deren Spiritus Rector Nina Kindler war. Untrennbar mit Helmut Kindlers Namen verbunden sind die großen Enzyklopädien und Reihenwerke *Kindlers Kulturgeschichte, Kindlers Literatur Lexikon, Kindlers Literaturgeschichte der Gegenwart, Kindlers Malerei Lexikon, Grzimeks Tierleben* und *Kindlers Enzyklopädie Der Mensch.* Der enorme Finanzbedarf solcher Mammutwerke überforderte letztendlich den selbstständigen Verlag, sodass es zum Verkauf an Holtzbrinck kam.

Im Sachbuch erschienen deutsche Autoren wie Hans Herbert von Arnim, Walter Jens und Horst Stern sowie internationale Autoren wie Richard Dawkins, Francis Fukuyama und Jeremy Rifkin, in der Belletristik Salman Rushdie und Tom Wolfe. Neu hinzu kamen Bücher großer Kabarettisten wie Dieter Hildebrandt, Hanns Dieter Hüsch und Werner Schneyder. 1982 wurde der Kindler Verlag nach der vollständigen Übernahme durch die Verlagsgruppe von Holtzbrinck als eigenständiger Verlag Droemer Knaur angegliedert.

Danach wurde *Kindlers Neues Literatur Lexikon* völlig neu bearbeitet. Von 2000 bis 2004 residierte der Verlag nach Bildung der Verlagsgruppe Droemer Weltbild in Berlin; seither ist er ein Imprint des Rowohlt Verlags in Reinbek bei Hamburg.

Nicht nur Noah Gordon

Droemer verlegte nicht nur mit Noah Gordon erfolgreich internationale Belletristik; in den Jahren zwischen 1986 und 1994 war der Verlag über den *Medicus*-Autor (und Johannes Mario Simmel) hinaus so gut wie in jedem Jahr auf der Jahresbestsellerliste Belletristik des

Der Erfolg wirft seine Schatten voraus 1981–1998

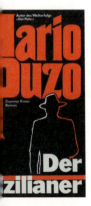
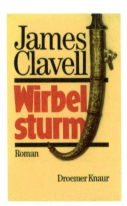

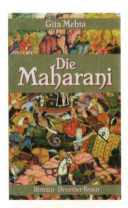

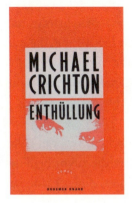
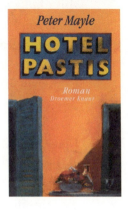
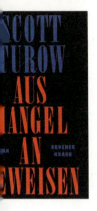

Mit diesen Büchern war Droemer Knaur zwischen 1986 und 1994 auf der Jahresbestsellerliste Belletristik des *Spiegel* vertreten.

Spiegel vertreten: 1986 mit *Der Sizilianer* von Mario Puzo, 1988 mit *Wirbelsturm* von James Clavell, 1989 mit *Salz auf unserer Haut* von Benoît Groult, die sich dort mit diesem Titel bis 1992 festsetzte, und *Die Maharani* von Gita Mehta, 1990 mit *Ein Mensch namens Jesus* von Gerald Messadié, 1991 mit *Der Fisch ohne Fahrrad* von Elizabeth Dunkel und 1994 mit *Enthüllung* von Michael Crichton und *Hotel Pastis* von Peter Mayle.

Neben den genannten Autorinnen und Autoren prägten bei Sortiment und Publikum vor allem P. D. James mit mehreren Romanen seit 1982, Edward Rutherford mit *Sarum* (1988), Scott Turow mit *Aus Mangel an Beweisen* (1988) und Len Deighton mit drei Thrillern (1990 und 1991) das Erfolgsimage des Verlags. Nicht reüssieren konnte dagegen Erica Jong, die mit *Fallschirme und Küsse* (1985) bei Weitem nicht die Verkaufszahlen von *Angst vorm Fliegen* (im amerikanischen Original 1973, auf Deutsch 1976 bei S. Fischer) erreichte.

*

Unter den deutschen Autoren gelang neben Johannes Mario Simmel einzig Eva Heller, die zuvor bei Fischer mit *Beim nächsten Mann wird alles anders* (1987) einen Erfolgstitel gelandet hatte, der Sprung auf die Jahresbestsellerliste: 1993 mit *Der Mann, der's wert ist* und 1997 mit *Erst die Rache, dann das Vergnügen*. Autoren wie Ingeborg Bayer, Ashley Carrington (ein Pseudonym eines deutschen Autors), Brigitte Riebe oder Annemarie Schoenle erreichten nur in wenigen Fällen niedrige fünfstellige Verkaufszahlen und konnten am Buchmarkt nicht durchgesetzt werden, wenngleich der Verlag auch nach 1998 an ihnen festhielt. Letztlich gilt für die schöne Literatur auch in diesem Zeitabschnitt, was im letzten Kapitel über das Verhältnis von deutscher und internationaler Belletristik gesagt wurde. Im Schatten Simmels entwickelte sich kein deutscher Autor, der sich hätte dauerhaft etablieren können, während es Karl Blessing – nicht zuletzt durch Einsatz hoher finanzieller Mittel – gelang, neben Noah Gordon weitere wichtige und umsatzträchtige internationale Autoren an den Verlag zu binden.

Zum Erfolg der Belletristik trug ein geschicktes Marketing bei. Neben der Fokussierung auf den Autor als Marke gehörte auch die Generierung von Aufmerksamkeit durch buchhändlerische Themen. Dabei ist die Diskussion um die »40-Mark-Schwelle« ein gutes Beispiel. Vor dem Erscheinen des fast tausendseitigen Romans *Noble House Hongkong* von James Clavell startete der Marketinggeschäftsführer Rüdiger Hildebrandt im März 1982 eine Umfrage unter mehreren Hundert Sortimentern. Zentrale Frage war, ob angesichts des Bestsellerpotenzials von Clavell der Verlag es wagen könne, die damals diskutierte Preisschwelle von 40 Mark zu überschreiten. Die Antwort war – bei einer Rücklaufquote von rund 50 Prozent – eindeutig: Fast die Hälfte der antwortenden Buchhändlerinnen und Buchhändler waren für einen Ladenpreis von 39 Mark 80; nur 15 Prozent sprachen sich für einen Preis von 42 bis 44 Mark aus.

Hildebrandt berichtete in einem umfangreichen Artikel im *Börsenblatt für den Deutschen Buchhandel* vom 2. April 1982 ausführlich über die Ergebnisse, nicht ohne Branchenbeschimpfung: »Über die Befragung wären nicht viele Worte zu verlieren, müsste man deren Ergebnis nicht als ärgerlich für die ganze Branche einstufen. Es kann

Vorderseite der Postkarte zur Umfrage, mit der Droemer Knaur die 40-Mark-Schwelle für sehr umfangreiche Romane branchenweit zur Diskussion stellte.

nicht gut gehen, wenn die vorwiegend resignative Haltung zur Durchsetzung von Preisen so verbreitet ist.« Damit löste er eine heftige Diskussion aus. Schlussendlich wurde der Verkaufspreis durch den Verlag mit 39 Mark 80 festgelegt. Zwar war das Ziel der Überschreitung der 40-Mark-Schwelle nicht erreicht worden, der Verlag hatte aber viel Aufmerksamkeit erregt.

Doch nicht immer waren kostenträchtige Marketinganstrengungen von Erfolg gekrönt. So scheiterte die Idee, zusammen mit dem Jeanshersteller Mustang anlässlich des Erscheinens von James Micheners Roman *Texas* im Jahr 1986 Jeansjacken zum Preis von 65 Mark an den ordernden Buchhandel zu verkaufen. Der Verlag blieb auf einem Großteil der 1000 bestellten Jacken sitzen, und so bat der Marketinggeschäftsführer Rüdiger Hildebrandt in einem Rundschreiben vom 17. September 1986 Mitarbeiter und Vertreter, die Jacken auf der Frankfurter Buchmesse nicht nur erneut anzubieten, sondern »am Stand das gute Stück« zu tragen, »wer immer dazu bereit ist und eine genügend widerstandsfähige Natur gegen Hallenwärme hat«.[14]

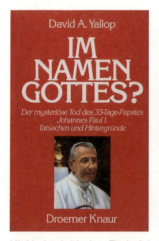

Mit kirchenkritischen Titeln feierte Droemer Knaur ab Mitte der 1980er-Jahre große Verkaufserfolge.

Das allgemeine Sachbuchprogramm führte Autoren des Hauses wie S. Fischer-Fabian, Josef Kirschner, Manfred Köhnlechner und Jürgen Thorwald fort. Das gilt auch für Programmlinien wie Naturwissenschaft mit Carl Sagans *Unser Kosmos* (1982) und *Der Komet* (1985), Kunst – ergänzt um einige Design-Bände – mit den Büchern von Georgia O'Keeffe und der wunderschönen Edition *Das Tagebuch* von Andy Warhol und deutsche Politprominenz mit Klaus von Dohnanyis *Das deutsche Wagnis* (1990).

Drei Themenbereiche brachten große wirtschaftliche Erfolge, die kirchenkritischen Titel ab Mitte der 1980er-Jahre, die weltpolitischen Titel im Gefolge der Umwälzung in der Sowjetunion am Ende dieses Jahrzehnts und die wirtschaftskritischen Titel in den 1990er-Jahren. Wie in der Belletristik werden auch hier nur die Titel erwähnt, die in die Jahresbestsellerliste Sachbuch des *Spiegel* Eingang gefunden hatten. Unter den kirchenkritischen Büchern waren das 1985 und 1986 David A. Yallop mit *Im Namen Gottes?*, 1989 Peter de Rosa mit *Gottes erste Diener* sowie 1992 und 1993 Michael Baigent und Richard Leigh mit *Verschlusssache Jesus*.

Michail S. Gorbatschows (geb. 1931) *Perestroika* erschien 1987 bei Droemer Knaur und stand 1988 und 1989 auf der Jahresbestsellerliste Sachbuch des *Spiegel*.

Die weltpolitischen Titel werden durch den riesigen Erfolg von Michail S. Gorbatschows *Perestroika* angeführt; das Buch erschien 1987 auf Deutsch und stand in den Jahren 1988 und 1989 auf der Jahresbestsellerliste. 1994 kamen die *Politischen Erinnerungen* von Valentin M. Falin hinzu, der 1971 bis 1978 Botschafter der Sowjetunion in der Bundesrepublik war und bei den Verhandlungen zur deutschen Wiedervereinigung eine wichtige Beraterrolle für Gorbatschow spielte. In diesen Umkreis gehören auch die *Aufzeichnungen eines Unbequemen* (1990) von Boris Jelzin, der nach dem Zerfall der Sowjetunion von 1991 bis 1999 der erste Präsident Russlands war.

Einen anhaltenden Erfolg hatten die wirtschaftskritischen Titel von Günter Ogger. Der Autor hatte 1978 und 1982 bereits zwei historische Titel über die Augsburger Kaufmannsfamilie Fugger und über den frühen Kapitalismus bei Droemer publiziert, doch griff er 1992 mit *Nieten in Nadelstreifen. Deutschlands Manager im Zwielicht* ein Thema auf, mit dem er in den beiden Folgejahren jeweils Platz eins der Jahresbestsellerliste belegte und selbst 1995 dort noch vertreten war. Bis 1999 folgten vier weitere Bücher ähnlichen Inhalts, von denen *Das Kartell der Kassierer* 1994 ebenfalls auf der Jahresbestsellerliste zu finden war, sodass Ogger in diesem Jahr gleich zwei Spitzenplätze dort belegte. Im Unterschied zu den kirchenkritischen Titeln konnte Droemer hier kein Programmumfeld für weitere erfolgreiche Bücher aufbauen.

Im Überschwang der Gordon-Erlöse und der Umsätze mit den anderen Bestsellern wurde das Non-Fiction-Programm aufgebläht. Seit 1994 verdoppelte sich die Zahl der verlegten Titel fast. Mit Ausnahme der oben beschriebenen Bereiche Kulinarik und Touristik hinaus war das ein eher ungesteuertes Wachstum; das Programm zerfaserte mehr und mehr. Das ließe sich anhand zahlreicher Beispiele belegen; hier nur einige wenige. Neben den Ausflügen in die klassische Musik mit den drei aufwendigen *Kompendien* zu Mozart,

Mit seinen beiden wirtschaftskritischen Titeln *Nieten in Nadelstreifen* und *Das Kartell der Kassierer* war Günter Ogger (geb. 1941) 1994 auf der Jahresbestsellerliste Sachbuch des *Spiegel* platziert.

Beethoven und Wagner (zwischen 1991 und 1996) und in die Popkultur mit den Büchern über *The Rolling Stones* (1994) von Philip Norman und zwei Biografien über John Lennon (1985 und 1989) standen Bücher zu spekulativen Themen wie *Sie kommen von fremden Sternen* (1986) von Johannes von Butlar, *Ufos, es gibt sie* (1990) von Ed Walters und Frances Walter sowie *Engel und andere Außerirdische* (1993) von Keith Thompson. Beziehungsbücher jeglichen Niveaus wie Helen E. Fishers *Anatomie der Liebe* (1993) oder *Mit den Waffen einer Frau* (1987) von Viv Quillin, *Wenn Männer sich nicht binden wollen* (1988) von Sonya Rhodes und Marlin Potash fanden sich unter einem Dach mit Ratgebern (*Grundlagen des Desktop Publishing* von Lutz Kredel, 1988, und *Reflexzonentherapie* von Stephanie Rick, 1987) und Hobbybüchern (*Das Basteljahr* von Barbara Pohle, 1986, und *Kinder, das wird ein Fest,* 1991). Schließlich veröffentlichte Droemer auch Bücher wie *Wir bezwangen den Amazonas* (1990) von Joe Kane, *Wir kämpfen für die Elefanten* (1992) von Ian und Oria Douglas-Hamilton oder über die Eroberung des Aztekenreichs (*Der Tod der gefiederten Schlange* von Richard Lee Marks, 1993).

An manchen Stellen drängte sich der Eindruck auf, dass alles mitgenommen wurde, was ökonomischen Erfolg versprach, so bei dem umstrittenen Enthüllungsbuch *Anpfiff* (1987) des ehemaligen Torwarts der deutschen Fußballnationalmannschaft Harald Schumacher, bei *Journalistenleben* (1995) von Hanns Joachim Friedrichs, dem langjährigen Moderator der Nachrichtensendung *Tagesthemen*, dessen Buch im Jahr seines Todes veröffentlicht wurde. Und nicht zu vergessen die sechs Bücher des Cartoonisten Gray Jolliffe über den besten Freund des Mannes, zu denen Peter Mayle den Text beisteuerte (1985 bis 1992).

In diesem bunten Reigen hatten gewichtige Sachbücher mitunter zwar punktuell Erfolge, doch wurden sie nicht als programmprägend wahrgenommen. Dazu gehörten die Autobiografie von Benazir Bhutto (1989), *Das 21. Jahrhundert* (1991) von David Halberstam, der durch die Enthüllungen über die amerikanische Kriegsführung in

Erfolgreiche Sachbücher aus dem Programm von Droemer Knaur im Jahrzehnt von 1985 bis 1995.

Vietnam Aufsehen erregt hatte, genauso wie *Wilde Schwäne* (1991) von Jung Chang, die die Familiengeschichte der Autorin von der Kaiserzeit bis zur Herrschaft Mao Zedongs und seiner Nachfolger in der Volksrepublik China erzählte. Mit *Nationale Wettbewerbsvorteile* (1991) von dem führenden US-amerikanischen Wirtschaftswissenschaftler Michael E. Porter oder mit John Bradshaws *Das Kind in uns* (1992) oder mit Ernst Ulrich von Weizsäckers *Faktor vier* (1995) publizierte Droemer Bücher, die auf ihre eigene Weise die Diskussion der Zeit prägten.

DAS KNAUR TASCHENBUCH: VIELE REIHEN, VIELE TITEL

Bei den Knaur Taschenbüchern lassen sich bei den Titelproduktionszahlen deutlich zwei Phasen unterscheiden. Fünfzehn Jahre lang blieb nach der Einführung im Jahr 1963 die Zahl der Titel gering. Darauf folgte in den zwanzig Jahren zwischen 1978 und 1998 eine stürmische Wachstumsphase. Besonders deutlich wurde die Zahl der Taschenbuchnovitäten zwischen 1978 (94 Titel) und 1985 (240 Titel) gesteigert. Auch danach stieg die Produktion ständig weiter an. So produzierte Knaur 1998 monatlich rund 45 neue Titel und lag damit nach Heyne an zweiter Stelle.

In den 1980er- und 1990er-Jahren nahm auch die Zahl der Reihen inflationär zu; zeitweilig gab es bis zu 56 Reihen. Neben großen Reihen, die zum Teil bis in die jüngere Zeit existierten (*Thriller*, 1980–2011; *Ratgeber*, 1980–2010; *Esoterik*, 1982–1999; *Alternativ heilen*, 1987–2000), wurden kleine und kleinste Reihen gestartet, die in einigen Fällen bereits im selben Jahr wieder eingestellt wurden (*Reisen in Europa, Entdecker*, beide 1982; *Ökologie*, 1984; *Elektronik. Franzis' Bücher bei Knaur, Computerwissen*, beide 1985).

Auffallend ist, dass von den in den 1990er-Jahren gestarteten Reihen nur eine länger als vier Jahre existierte, nämlich die Fantasyreihe *Excalibur*.

Wie bei anderen Verlagen verlangte die erhebliche Ausweitung der Produktion auch bei Knaur nach neuen Beschaffungswegen. Nach den ersten eineinhalb Jahrzehnten Knaur Taschenbücher war der Verlag stark auf Lizenzkäufe auf dem deutschen Markt angewiesen, da die eigene Produktion bei Weitem zu klein war, um den rasch steigenden Bedarf zu decken. Die Übersetzungen aus fremden Sprachen bildeten eine zusätzliche Rechtequelle. Bei den Originalausgaben im Taschenbuch hinkte Knaur stark hinterher. Noch 1988, als die großen Taschenbuchkonkurrenten von Heyne bis Goldmann, von Ull-

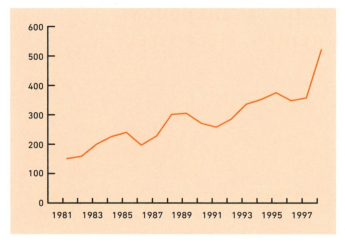

Die jährliche Titelproduktion der Knaur Taschenbücher zwischen 1981 und 1998.

stein bis Bastei-Lübbe zwischen 40 und 60 Prozent Originalausgaben in den Monatsprogrammen hatten, lag dieser Anteil bei Knaur bei nur etwa 20 Prozent.

Die Knappheit der Ressource Lizenz war nicht zuletzt eine Folge der zunehmenden Verlagskonzentration. Verlagsgruppen bzw. Konzerne vergaben keine Lizenzen mehr an andere Taschenbuchverlage, sondern verwerteten sie in den eigenen Reihen selbst. Konzernunabhängige Verlage wie Heyne oder Bastei-Lübbe versuchten, durch Kooperationen oder Verlagszukäufe das Rechtereservoir aufzustocken.

Anfang der 1990er-Jahre hatte sich das Verhältnis zwischen Eigen- und Fremdlizenzen im Knaur Taschenbuch gravierend verschoben. Die Eigenlizenzen machten nur noch weniger als 30 Prozent aus. Die Eigenversorgung des Verlags war also deutlich zurückgegangen. Gleichzeitig stieg der Anteil der deutschen Erstausgaben auf knapp 40 Prozent gegenüber den oben genannten fünf Prozent eineinhalb Jahrzehnte zuvor.

Gisela Anna Stümpel war von 1980 bis 1986 Cheflektorin Taschenbuch. Ihr folgten Hans Ewald Dede (1986–1989) und ab 1989 Dorothee Grisebach.

Die Professionalisierung im Sinn einer Spezialisierung und Fokussierung erfolgte bei Droemer Knaur im Lektorat erst 1980, als Gisela Anna Stümpel, die seit 1978 dort tätig war, die Verantwortung für das Taschenbuch als Cheflektorin übernahm. Danach folgte schrittweise die Professionalisierung in Vertrieb und Presse, und es wurden auch in diesen Abteilungen entsprechende Zuständigkeiten festgeschrieben.

Firmenrechtlich war 1986 der Kommanditist Georg von Holtzbrinck ausgeschieden; seine Anteile übernahmen seine drei Kinder Dieter von Holtzbrinck, Monika Schoeller und Stefan von Holtzbrinck. Nach dem Verkauf des Deutschen Bücherbunds an die Kirch-Gruppe im Jahr 1989 wurden dessen Anteile an Droemer Knaur auf die Georg von Holtzbrinck GmbH & Co. übertragen.

Streit im Hause Droemer Knaur

Die mangelnde Durchsetzung neuer Autoren und rückläufige Umsätze führten in dem erfolgsverwöhnten Verlag zu dem klassischen Konflikt zwischen Programmleitung einerseits und Vertriebs- und Marketingleitung andererseits. Warf die Programmseite Vertrieb und Marketing vor, mühsam und teuer erworbene Verlagsrechte nicht optimal zu verwerten, so konterte die Gegenseite mit dem Vorwurf, die akquirierten Titel seien nicht in dem Maße marktkonform, um eine optimale Verwertung zu gewährleisten. Der Konflikt zwischen dem Programmgeschäftsführer Karl H. Blessing und dem seit 1988 für Marketing und Vertrieb zuständigen Geschäftsführer Peter Schaper eskalierte.[15] Die Branchenzeitschrift *Buchmarkt* berichtete in der Septemberausgabe 1995: »Es steigt Rauch auf bei Droemer in der Münchner Rauchstraße – er deutet auf einen Schwelbrand hin. [...] Die beiden Geschäftsführer, Dr. Karl Heinz Blessing (Programm) und Peter Schaper (Marketing, Personal) sind sich, so pfeifen es die Spat-

Peter Schaper (1949–2008) war zwischen 1988 und 2000 als Geschäftsführer für Marketing und Vertrieb zuständig.

Einer der wenigen Bestseller in den 1990er-Jahren war Lea Rabins Buch *Ich gehe weiter auf seinem Weg*, das 1997 erschien.

zen dort von den Dächern, nicht mehr grün. Steht Dieter von Holtzbrincks ›Dream Team‹ vor einem Auseinanderbrechen?«[16]

Das gut informierte Nachrichtenmagazin *Focus* berichtete am 4. Dezember 1995: »Der Machtkampf [zwischen Blessing und Schaper] begann im Frühjahr und lähmte den Verlag, der sich in zwei Lager spaltete: die Kreativen gegen die Kaufleute. Einen absoluten Höhepunkt erreichte er nach der Frankfurter Buchmesse, als Blessing nach Stuttgart zitiert wurde, wo ihm Dieter von Holtzbrinck im Beisein von Schaper ein sechsseitiges Papier zur Paraphierung präsentierte. Blessing sah darin eine Beschränkung seiner Kompetenzen – er verweigerte die Unterschrift. Die Konzernspitze hatte sich auf die Seite des kaufmännischen Geschäftsführers gestellt.«[17]

Auch nach persönlichen Auseinandersetzungen unter den beiden Geschäftsführern wurde Karl H. Blessing durch die Stuttgarter Verlagsgruppenführung im Herbst 1995 »fristlos beurlaubt«.[18] Unter dem Dach von Bertelsmann – heute Random House – konnte er 1996 unter eigenem Namen einen Verlag gründen. Neben dem erfolgsträchtigsten Autor des Droemer Verlags, Noah Gordon, folgten ihm u.a. Michael Crichton, Peter Mayle und Scott Turow (bei Kindler waren es u.a. Dieter Hildebrandt und Tom Wolfe) sowie einige Mitglieder des Lektorats.

Analysiert man die Entwicklung von Droemer Knaur rückblickend, so kommt man um die Tatsache nicht herum, dass es dem Verlag Anfang der 1990er-Jahre nicht mehr gelang, einen neuen Autor oder eine neue Autorin auf den Jahresbestsel-

Neben dem *Focus* berichtete auch das Nachrichtenmagazin *Der Spiegel* am 27. November 1995 über den Konflikt zwischen den beiden Geschäftsführern des Droemer Knaur Verlags.

lerlisten des *Spiegel* zu platzieren – sei das nun einer verfehlten Einkaufspolitik oder vertrieblichen Fehlleistungen geschuldet. Eine Ausnahme war das Buch *Ich gehe weiter auf seinem Weg* (1997) von Lea Rabin, was aber nicht Ergebnis eines Autorenaufbaus gewesen war, sondern den biografischen Umständen der Ermordung ihres Mannes Jitzchak Rabin im Jahr 1995 geschuldet war.

Innerhalb der Publikumsverlage der Verlagsgruppe von Holtzbrinck fiel Droemer in den 1990er-Jahren zurück. Während S. Fischer und Rowohlt ihre Hardcover- und Taschenbuchumsätze zum Teil deutlich ausweiten konnten, stagnierte die Umsatzentwicklung bei Droemer mehr oder weniger.[19] Die großen Erfolge in der Belletristik und eine Reihe von Sachbuchbestsellern hatten die strukturellen Schwächen des Hauses überdeckt.[20]

Da war – wie oben gezeigt – zum einen das stark ausufernde und zerfransende Non-Fiction-Programm. Zum anderen hat das Geschäftsführerduo Blessing und Schaper der Bedeutung des Taschenbuchgeschäfts viel zu wenig Aufmerksamkeit geschenkt. Im Eigenverständnis des Hauses war Droemer ein Hardcoververlag, ein

Bewusstsein für die wirtschaftliche Bedeutung des Taschenbuchs existierte kaum. Auch fehlte über weite Strecken hinweg dafür der organisatorische Unterbau. In gewisser Weise setzten die beiden angestellten Geschäftsführer das Denken des Inhaberverlegers Willy Droemer fort, für den das Taschenbuch ebenfalls nicht im Fokus der Bemühungen stand. Die rückläufige Bedeutung des Lizenzgeschäfts mit den Buchgemeinschaften wurde zu wenig durch steigende Taschenbucherträge kompensiert. Bezeichnenderweise hatte Droemer unter den Publikumsverlagen der Holtzbrinck-Gruppe den proportional kleinsten Taschenbuchumsatz.

Zu spät wurde erkannt, wie wichtig die Selbstversorgung mit Lizenzen für das Taschenbuch geworden war. Standen in den ersten eineinhalb Jahrzehnten des Knaur Taschenbuchs auf dem Lizenzmarkt genügend Titel zu annehmbaren Konditionen zur Verfügung, so änderte sich das spätestens nach der Mitte der 1980er-Jahre drastisch. Die großen Verlage und Verlagsgruppen mussten die Strategie der zunehmenden Eigenversorgung mit Lizenzen einschlagen. Das geschah entweder durch Zukäufe, durch Kooperationen oder durch Gründung von Imprints. So hatte etwa der Heyne Verlag ab 1985 das Hardcoverprogramm verstärkt ausgebaut. Zur Versorgung mit Taschenbuchlizenzen kooperierte der Verlag dabei mit Hoffmann & Campe, wodurch die Akquisition von u.a. Stephen King und Thomas Harris gelang. 1993 und 1995 ging Heyne umfangreiche Taschenbuchkooperationen mit den Verlagen Haffmans, Beltz-Quadriga und Campus ein, und 1996 wurde der Diana Verlag erworben.

Droemer war nicht nur spät, sondern nicht konsequent genug in der Verknüpfung von Hardcover und Taschenbuch. Mit der niedrigen Titelproduktion in der Belletristik – zwischen 1981 und 1997 wurden nie mehr als 15 Titel auf den Markt gebracht – vernachlässigten die Verantwortlichen für Programm und Marketing gerade den Bereich, der in der Zweitverwertung als Taschenbuch die höchsten Umsätze und Deckungsbeiträge erbringt. Non-Fiction-Substanzen sind im Taschenbuch deutlich weniger ertragreich in der Zweitverwertung. Das galt und gilt vor allem bei aktuellen Sachbuch-Spitzentiteln. Die Reiseführer und die kulinarischen Titel mit ihrem erheblichen Anteil am Gesamtprogramm waren durch Buchtyp und Packaging für eine Verwertung im eigenen Taschenbuch gänzlich ungeeignet und fielen damit als Umsatz- und Ertragbringer aus.

Eine tief greifende Organisationsveränderung im Vertrieb war zudem keine Hilfe in der aktuellen Situation. Peter Schaper hatte die eingeführten freien Handelsvertreter durch fest angestellte, oft junge und nicht sehr erfahrene Verlagsvertreter ersetzt. Das war deutlich kostengünstiger und versprach dem Verlag verbesserte Möglichkeiten der Vertretersteuerung, wurde aber zumindest in der Anfangszeit durch einen Vertrauensverlust im Buchhandel bezahlt. Später allerdings hat sich die Maßnahme als zielführend erwiesen. Auch andere Verlage strukturierten ihre Vertreterarbeit um.

Neben diesen hausgemachten Schwierigkeiten, strukturellen Problemen und Programmschwächen kam der exogene Faktor hinzu, dass um 1995 der Wiedervereinigungsboom auch auf dem Buchmarkt zu Ende gegangen war. Die leichten Erlösmöglichkeiten in den neuen Bundesländern, die auch längst abgeschriebene Backlisttitel teilweise wie ein Schwamm aufsogen, waren *tempi passati*.

EINE KURZE INTERIMSZEIT

In der Zeit nach dem Ausscheiden von Karl H. Blessing führte zunächst Peter Schaper, der kaufmännische Geschäftsführer, zusammen mit Dorothee Grisebach als Cheflektorin den Verlag alleinverantwortlich. Blessing hatte Grisebach 1989 als Cheflektorin Taschenbuch vom Piper Verlag geholt, wo sie mehr als 15 Jahre für Rechte und Lizenzen verantwortlich gewesen war.

Zum 1. September 1996 übernahm dann Günther Fetzer die Funktion des Programmgeschäftsführers bei Droemer Knaur. Fetzer (geb. 1946) war nach dem Studium zunächst Assistent des Hanser-Verlegers Christoph Schlotterer, dann zehn Jahre für das Heyne-Taschenbuchprogramm verantwortlich und ab Ende 1994 Geschäftsführer des damals noch selbstständigen Scherz Verlags in Bern gewesen. Nach den Modalitäten eines Geschäftsbesorgungsvertrags zwischen Holtzbrinck und Scherz aus dem Jahr 1990 übernahm die Stuttgarter Verlagsgruppe den Schweizer Verlag zum 1. Juli 1996.

Nach dem Ausscheiden von Karl H. Blessing war Dorothee Grisebach Cheflektorin für Hardcover und Taschenbuch.

Die Bemühungen sowohl von zunächst Schaper als auch dann von Fetzer waren darauf gerichtet, Schadensbegrenzung zu betreiben. Das erzwungene Ausscheiden von Blessing hatte nicht nur Autoren und Buchhandel verunsichert, sondern fand auch große mediale Resonanz, die nicht immer positiv für den Verlag war. Es galt, abwanderungswillige Autoren zu halten und andere gegebenenfalls zur Rückkehr zu bewegen. Das war recht schwierig und in etlichen Fällen auch erfolglos, weil Blessing zu seinen Autoren eine intensive Bindung aufgebaut hatte – durchaus auch durch gut dotierte Verträge, ohne damit ein typischer Scheckbuchverleger zu sein.

Autoren konnten in einigen Fällen nur durch zum Teil hohe Garantiesummen gehalten werden, von denen man von vornherein wusste, dass diese nicht würden eingespielt werden können. Der damit produzierte hohe Abschreibungsbedarf verschlechterte seinerseits die ökonomische Situation des Verlags.

Neben der dringlichen und aktuellen Aufgabe, Autoren zu halten oder zurückzugewinnen, ergriffen Fetzer und Schaper drei wesentliche verlegerische Maßnahmen. Mit der Etablierung dreier Imprints verbreiterten sie die Basis des Verlags und konnten so die zeitgenössische Philosophie umsetzen, durch eine höhere Novitätenzahl mehr Regalmeter im Sortiment zu belegen und gleichzeitig die Eigenversorgung des Taschenbuchs zu erhöhen. Organisatorisch wurde die Stärkung des Taschenbuchs durch das Engagement von Beate Kuckertz als Cheflektorin Taschenbuch untermauert; Dorothee Grisebach konzentrierte sich auf das Hardcoverprogramm.

Die wichtigste der verlegerischen Maßnahmen war die Entscheidung, künftig unter der Marke Knaur neben den traditionellen Ratgebern auch Hardcoverbelletristik zu verlegen. Im Frühjahr 1998 startete das Label für Unterhaltungsbelletristik unter der Federführung von Christine Steffen-Reimann mit fünf Titeln; im Herbst des Jahres folgten weitere elf Novitäten. Dass diese strategische Entscheidung richtig war, zeigt sich am Beispiel der irischen Erfolgsautorin Maeve Binchy. Der erste Roman der Autorin, *Unter der Blut-*

Günther Fetzer (geb. 1946) war zwischen 1996 und 1999 Programmgeschäftsführer von Droemer Knaur.

Um der Bedeutung des Knaur Taschenbuchs Rechnung zu tragen und dieses weiter zu stärken, übernahm Beate Kuckertz 1998 das Cheflektorat Taschenbuch, während Dorothee Grisebach sich auf das Hardcoverprogramm konzentrierte.

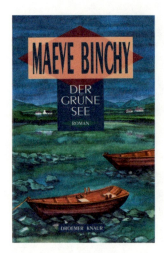

Der auflagenstärkste Titel der irischen Autorin Maeve Binchy war beim Start der Knaur-Belletristik im Hardcover ihr Buch Der grüne See aus dem Jahr 1996.

buche, war 1994 als deutsche Erstausgabe im Knaur Taschenbuch erschienen; ab 1996 publizierte Droemer drei Romane als Hardcover, danach wurde sie als Spitzentitel und Paradeautorin des neuen Labels verlegt.

Die zweite strategische Entscheidung war die Reaktivierung des Verlags Lichtenberg. Helmut und Nina Kindler hatten ihn am 30. Juli 1962 als Tochtergesellschaft des Kindler Verlags gegründet. Hier wurden unter anderem Unterhaltungsromane verlegt, die zuvor als Fortsetzungsromane in Kindlers Illustrierte *Revue* und in der Jugendzeitschrift *Bravo* abgedruckt worden waren. Zu den wichtigsten deutschen Autoren zählten Marie Louise Fischer, Hans Habe und Heinz G. Konsalik, dessen berühmtester Roman, *Der Arzt von Stalingrad,* zuerst im Kindler Verlag erschienen war. Unter den fremdsprachigen Autoren war Alistair MacLean mit den meisten Titeln vertreten. Publiziert wurde auch erotische Literatur und Science-Fiction. Über 100 Titel erschienen als Lichtenberg Taschenbuch, darunter die Reihe *Sexualwissen*. Der Verlag stellte 1987 die Produktion ein. Der Firmenmantel blieb jedoch bestehen. Dieser wurde 1997 von Droemer Knaur reaktiviert. Unter dem Verlagsleiter Harry Olechnowitz erschien eine Programmmischung aus Belletristik, Sachbuch, Kunstbuch und Lifestyle-Titeln, die allerdings nur zum geringeren Teil taschenbuchkompatibel war. Die Produktion wurde nach knapp 70 Titeln im Jahr 2000 eingestellt.

Ebenfalls 1997 startete das Imprint Delphi bei Droemer Knaur. Der Verlag reagierte damit auch auf die veränderte Situation am Buchmarkt. Waren Esoteriktitel außer in Spezialverlagen in den großen Verlagshäusern zuvor fast ausschließlich als Taschenbuch erschienen, so entdeckten die Publikumsverlage in den 1990er-Jahren das Segment Esoterik; das Thema war hardcoverfähig geworden. Der

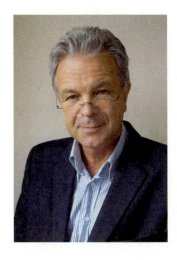 

Die Reaktivierung des 1962 durch Helmut Kindler gegründeten Lichtenberg Verlags im Jahr 1997 (links das neue Logo) hatte zum Ziel, die Eigenversorgung des Knaur Taschenbuchs mit Lizenzen zu stärken. Das Programm war allerdings nur zum Teil taschenbuchkompatibel. Verlagsleiter war Harry Olechnowitz (geb. 1952).

mit dem O. W. Barth Verlag gut positionierte Scherz Verlag in Bern hatte die hoch spezialisierten Verlage Ansata und Integral, Letzterer mit dem Megaseller *Die fünf Tibeter,* erworben. Aber auch ein in Hinblick auf esoterische Stoffe eigentlich unverdächtiger Verlag wie Hoffmann & Campe pflegte seinerzeit ein – allerdings kurzlebiges – Esoteriklabel.

Droemer Knaur hatte im Taschenbuch eine große Esoteriktradition. Die 1982 mit den ersten Bänden erschienene Reihe *Esoterik* brachte es bis 1999 auf fast 300 Titel und die ab 1987 sehr erfolgreiche und in der Branche allseits beneidete Reihe *Alternativ heilen* bis 2000 auf über 180 Titel.

Delphi legte im ersten Jahr 18 Titel vor, danach 15 (1998) beziehungsweise elf (1999). Die Programmleitung hatte in freier Mitarbeit Gerhard Riemann inne, der auch die beiden genannten Taschenbuchreihen herausgegeben hatte. Die Zusammenarbeit wurde Ende 1997 beendet, da Riemann inzwischen unter dem Dach von Random House unter seinem Namen einen Verlag gestartet hatte und das Esoterikprogramm bei Goldmann leitete. Von 1998 bis 2017 war Olivia Baerend zunächst für Delphi und anschließend für das neu entwickelte MensSana-Programm verantwortlich.

Ein sowohl umfangreiches als auch sehr erfolgreiches Programm zeichnete die beiden Reihen *Esoterik* (links) und *Alternativ heilen* aus. Hier jeweils der erste Titel von beiden Reihen.

Mit dem 1997 gestarteten Imprint Delphi trug Droemer Knaur dem Trend Rechnung, dass das Segment Esoterik in den 1990er-Jahren hardcoverfähig geworden war. Die Programme verantwortete von 1998 bis 2017 Olivia Baerend.

Sinkende Umsätze, vor allem auch in der Backlist, höhere Remissionen aus dem Buchhandel und erhebliche Investitionen in Rechte mit nachfolgendem Wertberichtigungsbedarf führten schließlich zu einem deutlich negativen Betriebsergebnis. Das waren wohl auch die Gründe, weshalb am 14. Dezember 1998 die Verlagsgruppe Droemer Weltbild GmbH & Co. KG in München gegründet wurde. Die Verlagsgruppe Georg von Holtzbrinck und Weltbild hielten jeweils 50 Prozent der Anteile an Droemer Weltbild. Günther Fetzer schied Anfang 1999 aus dem Unternehmen aus.

DER GROSSE COUP UND DIE RÜCKKEHR ZU DROEMER KNAUR

1998—2017

Mit der Stuttgarter Verlagsgruppe Georg von Holtzbrinck und der Augsburger Weltbild Verlag GmbH verbanden sich 1999 in einer strategischen Allianz zwei Partner, die unterschiedlicher nicht sein konnten. Hier der international agierende Medienkonzern Holtzbrinck mit über vier Milliarden Mark Umsatz mit den inhaltlichen Schwerpunkten Belletristik und Sachbuch, Bildung und Wissenschaft sowie Wirtschaftsinformationen und mit einer dezidert dezentralen Führungsphilosophie. Dort das hoch spezialisierte Buchhandelsunternehmen, von wenigen Personen straff zentral geführt, das sich erst seit Ende der 1980er-Jahre auch auf dem Verlagssektor engagiert hatte, mit rund 1,5 Milliarden Mark Umsatz.

Weltbild ging aus dem 1948 gegründeten Winfried-Werk hervor, das auf die Herausgabe von Büchern und Zeitschriften zu christlichen Themen und christlicher Lebensweise fokussiert war. Die Monatszeitschrift *Mann in der Zeit* erreichte in den 1960er-Jahren eine Auflage von 700 000 Exemplaren; 1968 wurde sie in *Weltbild* umbenannt. Zum Zeitschriftengeschäft kam 1972 der Katalogbuchhandel unter dem Namen Welt-Bücherdienst hinzu, der zum Kerngeschäft der Unternehmensgruppe wurde. Erst 1994 stieg Weltbild mit der

Der Sitz der Verlagsgruppe Georg von Holzbrinck in Stuttgart.

Ladenkette Weltbild plus in das Filialgeschäft mit Büchern ein. Eigentümer von Weltbild waren bis zum Insolvenzantrag im Jahr 2014 neben der Soldatenseelsorge Berlin 13 Diözesen und Erzdiözesen der katholischen Kirche in Deutschland. Geschäftsführer und treibende Kraft hinter dem Aufstieg war ab 1975 der Niederländer Carel Halff.

Das Verlagsgebäude der Weltbild Verlag GmbH in der Steinernen Furt in Augsburg zum Zeitpunkt der Bildung der neuen Verlagsgruppe Droemer Weltbild.

DIE NEUE VERLAGSGRUPPE

Mit der Bildung der Verlagsgruppe Droemer Weltbild am 14. Dezember 1999 fanden sich 16 Verlage und Imprints unter einem Dach wieder. Das waren von Holtzbrinck-Seite aus München *Droemer Knaur*, das Hardcoverlabel *Knaur*, die *Knaur-Taschenbücher*, *Lichtenberg* und *Edition Spangenberg*, aus Bern der *Scherz* Verlag mit dem Imprint *Fretz & Wasmuth* und den Verlagen *O. W. Barth*, *Ansata* und *Integral*. Die Augsburger Weltbild-Gruppe brachte neben *Pattloch* und *Schneekluth* die Ratgeberverlage *Augustus*, *Battenberg*, *Midena*, *Naturbuch* und *Steiger* sowie den *Bechtermünz & Weltbild Buchhandelsvertrieb* ein.

Der Scherz Verlag wurde 1938 von Alfred Scherz in Bern gegründet. Ab 1956 setzte sein Schwiegersohn Rudolf Streit-Scherz die Entwicklung zum Publikumsverlag in Gang, der dank seiner klugen Politik des ertragreichen Verkaufs von Taschenbuchlizenzen, durch seine seit 1943 bestehenden Scherz-Krimis im Taschenbuch und durch die beiden Erfolgsbücher von Dale Carnegie *Sorge dich nicht, lebe* und *Wie man Freunde gewinnt* seine Selbstständigkeit bis 1996 erhalten konnte, bevor die Aktien von der Verlagsgruppe von Holtzbrinck erworben wurden.

Der O. W. Barth Verlag wurde 1924 in Planegg bei München gegründet. Er spezialisierte sich auf Grenzwissenschaften, Mystik, okkulte Philosophie und später auf fernöstliche Weisheitsbücher. 1941 wurde der Verlag von den Nationalsozialisten stillgelegt, 1946 dann vor allem durch Ursula von Mangoldt-Reibold reaktiviert. 1973 übernahm Scherz den Verlag und siedelte ihn in München an.

Fretz & Wasmuth wurde 1928 in Zürich gegründet. Dort erschienen u.a. die erste Sammelausgabe von Hermann Hesses Gedichten sowie 1943 sein Roman *Das Glasperlenspiel*. Im Zweiten Weltkrieg und danach veröffentlichte der Schweizer Verlag zwölf Werke von William Faulkner, als deutsche Lizenz bei Scherz & Goverts. Wann Scherz den Verlag übernommen hat, ist unbekannt. Später gehörte er

der *Neuen Zürcher Zeitung*. 1986 wurde er als Aktiengesellschaft in Lachen (Schweiz) wieder gegründet, ohne wohl verlegerisch tätig gewesen zu sein. Scherz reaktivierte den Verlag 1997; 2003 wurde er schließlich aus dem Handelsregister gelöscht.

Der Pattloch Verlag, ursprünglich 1827 in Aschaffenburg entstanden, wurde 1946 als katholischer Verlag im Besitz der Familie Pattloch wieder gegründet. Diese verkaufte das Unternehmen 1987 an die Weltbild-Gruppe. Der Verlag wurde neben seinem religiösen Programm durch seine von berühmten Künstlern wie Marc Chagall, Friedensreich Hundertwasser und Arnulf Rainer gestalteten Bibeln berühmt.

Der Schneekluth Verlag wurde 1949 durch Franz Schneekluth in Celle gegründet. 1967 übernahm Ulrich Staudinger den Verlag, der vor allem Unterhaltungsbelletristik deutscher und internationaler Autoren publizierte, darunter bereits 1977 Stephen King. Seit 1996 gehörte der Verlag zur Weltbild-Gruppe; zwei Jahre später wurde Hans-Peter Übleis Anteilseigner. Die Produktion wurde Ende 2003 eingestellt.

Zwischen 1989 und 1996 hatte Weltbild eine Gruppe von Ratgeberverlagen aufgebaut, teils als Eigengründung, teils durch Akquisition. Der Augustus Verlag war eine Eigengründung der Gruppe aus dem Jahr 1989. Basis war das übernommene Programm des Bauverlags, Berlin und Wiesbaden, der vor allem Bücher zu künstlerischen Techniken publiziert hatte. Weltbild erweiterte die Palette auf praktische Ratgeber, Hobbys, Kochen, Garten und Heimtiere. Augustus publizierte das umfangreichste Ratgeberprogramm innerhalb der Weltbild-Gruppe. 2002 wurde die Produktion eingestellt; entsprechende Titel erschienen fortan als Knaur Ratgeber.

Wie der Augustus Verlag ist auch der Naturbuch Verlag eine Neugründung von Weltbild, zunächst unter dem Namen Natur Verlag. Er entstand 1990 und basierte auf dem Kauf von Programmteilen des Verlags Neumann-Neudamm in Melsungen. Schwerpunkt waren großformatige Bild- und Textbände zum Thema Natur. 1999 wurde der Verlag in den Augustus Verlag überführt, Ende 2002 die Verlagstätigkeit eingestellt.

Der Battenberg Verlag wurde von Ernst Battenberg 1956 in Stuttgart gegründet und spezialisierte sich ab 1965 auf Numismatik, Heraldik und Ordenskunde. Battenberg verlegte Bücher für Sammler jeglicher Couleur. 1990 erwarb die Weltbild-Gruppe den Verlag; 2005 wurde er an den H. Gietl Verlag in Regenstauf verkauft.

Der Steiger Verlag wurde 1980 in Berwang (Österreich) von Johannes Steiger gegründet. Er verlegte Bildbände zu Berg- und Skisport, Spezialreiseführer sowie aufwendige Bücher der National Geographic Society. 1995 kaufte Weltbild den Verlag, im Jahr 2000 wurde die Buchproduktion eingestellt.

Der Midena Verlag wurde 1989 in Küttigen (Schweiz) gegründet und kooperierte ab 1992 mit Weltbild, bevor er 1996 von der Gruppe übernommen wurde. Programmfelder waren Gesundheit, Fitness, Beauty und gesunde Ernährung. Ende 2002 wurde die Produktion eingestellt. Einschlägige Titel erschienen fortan als Knaur Ratgeber.

Der Bechtermünz & Weltbild Buchhandelsvertrieb ging aus dem 1988 in Eltville gegründeten Verlag Bechtermünz hervor, der 1995 in den Besitz von Weltbild überging. Das Imprint war auf den Markt des Modernen Antiquariats spezialisiert, also auf den Handel mit preisgünstigen Restauflagen von Verlagen oder auf eigens für dieses Marktsegment hergestellte Auflagen von früher erschienenen Titeln. Die Geschäftstätigkeit wurde zum 31. Dezember 2002 eingestellt.

Was unter der Firmierung Verlagsgruppe Droemer Weltbild zusammengeführt wurde, entsprang deutlich verschiedenen Verlagskulturen. Droemer Knaur war ein – ob inhabergeführt oder nach 1981 managementgeführt – über Jahrzehnte erfolgreicher Publikumsverlag mit dem eindeutigen Vertriebsschwerpunkt im Sortimentsbuchhandel. Scherz, Schneekluth und Pattloch waren bis zur Übernahme durch Holtzbrinck beziehungsweise Weltbild eigenständige, inhabergeführte und auf ihrem Sektor profilierte Verlage. Die Weltbild-Ratgeberverlage waren demgegenüber Eigengründungen oder Akquisitionen recht junger Verlage und ganz darauf ausgerichtet, die Weltbild-Vertriebsmaschine zu füttern, die zur Zeit der Fusion klar den Versandbuchhandel über Katalog dominierte. Gefragt, ob ihn mehr der programmliche oder der vertriebliche Aspekt bei der Bildung der neuen Verlagsgruppe gereizt habe, antwortete der Weltbild-Geschäftsführer Carel Halff in einem Interview mit dem *Börsenblatt für den Deutschen Buchhandel:* »Eindeutig das Programm. Die Holtzbrinck-Verlage sind seit Jahrzehnten eingeführte und erfolgreiche Verlage. Sie haben ausgesprochenen Markencharakter – fast einen Garantieschein auf vordere Plätze in den Bestsellerlisten. Was mich

Geschäftsführer und treibende Kraft hinter dem Aufstieg von Weltbild war ab 1975 der Niederländer Carel Halff (geb. 1951).

immer fasziniert hat, sind das verlegerische Selbstverständnis und das publizistische Ethos, die Unabhängigkeit, die man den einzelnen Verlagen einräumt, und der Respekt gegenüber den Autoren.« Im Vertrieb – so Halff weiter – werde es »im Wesentlichen bei den heutigen Strukturen bleiben«.[1]

Aus Sicht der Verlagsgruppe von Holtzbrinck mag das anders ausgesehen haben. Zwar wurde auch von dieser Seite versichert, dass »die eigenständigen Verlags- und Programmprofile« der in München und Bern angesiedelten Holtzbrinck-Verlage »unverändert erhalten« bleiben sollen, doch war offenkundig, dass man sich über die Befreiung aus den finanziellen Kalamitäten hinaus vor allem vertriebliche Vorteile durch die Kombination von einem schlagkräftigen Buchhandelsvertrieb bei Droemer mit der legendären und in jener Zeit viel bewunderten Vertriebspower von Weltbild versprach.[2] Nicht zuletzt erhoffte sich Holtzbrinck auch eine zumindest teilweise Substitution der immer mehr wegbrechenden Geschäfte mit der einzig verbliebenen relevanten Buchgemeinschaft, dem Club von Bertelsmann. Psychologisch mag mitgespielt haben, dass es in der Stuttgarter Holding schon seit Längerem Stimmen gab, die darauf drängten, mit dem faszinierenden (und im Stillen bewunderten) Aufsteiger Weltbild etwas gemeinsam zu machen – der Aufsteiger, der seit vielen Jahren den Direktvertrieb via Katalog beherrschte und kurz zuvor auch in den stationären Buchhandel eingestiegen war. So hoffte man auf beiden Seiten, dass zusammenwachsen würde, was nicht zusammengehörte.

Es war ein Verlagskonglomerat mit einem, nach eigenen Angaben, Umsatz von über 200 Millionen Mark zusammengeschmiedet worden – größer als der ewige Konkurrent Bertelsmann, dessen Publikumsverlage damals noch nicht unter dem Label Random House zusammengefasst waren. Die Verlagsgruppe beschäftigte fast 250 Mitarbeiter und warf rund 850 Novitäten im Hardcover – einschließlich Bechtermünz & Weltbild – und fast 600 Neuerscheinungen im Knaur- und im Scherz-Taschenbuch auf den Markt. Die Zahl der lieferbaren Titel lag bei rund 6500, davon fast 3700 im Taschenbuch. Die Programmpalette im allgemeinen Publikumssegment reichte nun von Friedrich Anis *German Angst*, Hans Herbert von Arnims *Vom schönen Schein der Demokratie*, Oz Clarkes *Kleiner Weinschule* und dem Megaseller *1000 ganz legale Steuertricks* von Franz Konz bei Droemer über Ilse von Bredows *Kartoffeln mit Stippe*, Fynns *Hallo, Mister Gott, hier spricht Anna* und *Mit Dale Carnegie durchs Jahr* bei Scherz bis zu Patricia Shaws *Feuerbucht* bei Schneekluth. Pattloch als religiös orientierter Verlag brachte die *Arnulf-Rainer-Bibel*, Niccolò Del Res *Vatikanlexikon*, Hermann-Josef Zoches *Papa, was ist der Tod?* sowie Geschenkbücher wie Ilka Heinemanns *Ich schenk dir tausend Sonnenstrahlen* ein.

Im Ratgeber- und Lebenshilfesegment deckte die Gruppe alle Interessenlagen, Hobbys und Problemsituationen der verschiedenen Zielgruppen ab. Für Augustus, den Verlag mit dem bei Weitem umfangreichsten Programm, stehen Bücher wie Norbert Müllers *Brunch & Katerfrühstück*, Christiane Diabos *Tierkinder selbst genäht* sowie Bernhard Steins *Meisterschule Modellbahnbau* und für Midena Rita Irlesbergers *10-Minuten-Workout für einen Superbody* sowie das *Trainingsprogramm Bauch, Beine, Po* von Christof Baur und Bernd Thurner. Steiger hatte zahlreiche touristische Bücher verlegt und Naturbuch Gerald Bassleers *Bildatlas der Fischkrankheiten im Süßwasseraquarium* sowie Ute Bauers *Der Garten für Ungeduldige*. Für Battenberg, den Verlag für Sammlerliteratur, stehen beispielhaft die vielen Münzkataloge und für O. W. Barth Ayya Khemas *Die Suche nach dem Selbst*.

Die Verlagsgruppe in einem reifen Markt

Die Verlagsgruppe Droemer Weltbild wurde zu einem Zeitpunkt zusammengeführt, als die Buchbranche als reifer, gesättigter Markt zu beschreiben war.[3] Die Situation zeichnete sich durch eine beginnende Stagnation der Buchumsätze, durch eine Verschiebung vom Sorti-

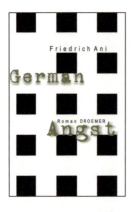  
 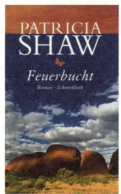 

mentsbuchhandel zum Versandbuchhandel und durch wachsende Schwierigkeiten im Ratgebersegment aus.

Die Umsätze der Buchbranche hatten sich von 1989, also dem Jahr vor der Wiedervereinigung, von 11,4 Milliarden Mark bis 1996 um die Hälfte auf 17,2 Milliarden Mark ausgeweitet. Nach diesem Wiedervereinigungsboom begann der Markt zu stagnieren – eine Stagnation, die auch die Situation in den ersten eineinhalb Jahrzehnten des neuen Jahrtausends charakterisierte. Betrug der Branchenumsatz 1999 rund 9,2 Milliarden Euro, so lag er 2015 praktisch unverändert bei 9,3 Milliarden. Ökonomisch ist die Branche damit eher randständig, ein Handelsunternehmen wie die Rewe-Gruppe zum Beispiel

Die neu formierte Verlagsgruppe Droemer Weltbild bot eine breite Produktpalette vom Roman bis zum Ratgeber, vom Geschenkbuch bis zum Reisebuch, vom Sammlerlexikon bis zum esoterischen Buch an.

machte 2014 in Deutschland einen Umsatz von über 37 Milliarden Euro. Der Konzernumsatz von Volkswagen lag 2015 bei mehr als 213 Milliarden Euro, das heißt, die gesamte deutsche Buchbranche erlöste weniger als ein Zwanzigstel des Umsatzes von VW.

Der Anteil des Sortimentsbuchhandels, des nach wie vor wichtigsten Handelspartners der Verlage, betrug 1989 knapp über 63 Prozent und ging bis 1999 auf 58,8 Prozent zurück. Der Anteil des Reise- und Versandbuchhandels stieg im selben Zeitraum von 5,9 Prozent auf 7,3 Prozent. 1999 begann auch der Boom des Internetbuchhandels. In diesem Jahr verdreifachten sich die Umsätze des Vorjahrs fast und hatten sich ein Jahr später erneut verdoppelt.[4]

Im Ratgebersegment war nach der Wiedervereinigung der Markt sprunghaft angewachsen und erreichte seinen Höhepunkt just im Jahr der Gründung der Verlagsgruppe Droemer Weltbild. Die Umsätze hatten sich in diesem Zeitraum mehr als verdoppelt. Danach schrumpfte der Markt sowohl mengen- als auch wertmäßig deutlich und bewegte sich seither auf einem Niveau, das dem von Mitte der 1990er-Jahre entspricht.[5] Aber nicht nur Holtzbrinck und Weltbild setzten in dieser Zeit auf den Ratgebermarkt, 1995 erwarben Christian Strasser mit seiner Gruppe Econ-Ullstein-List den Ratgeberverlag Südwest und Bertelsmann den zwar kränkelnden, aber dennoch als Marktführer geltenden Falken Verlag.

DIE ERSTEN MASSNAHMEN

Programmgeschäftsführer der neuen Verlagsgruppe wurde Hans-Peter Übleis (geb. 1951). Übleis war nach dem betriebswirtschaftlichen und juristischen Doppelstudium und der Promotion über internationales Marketing Universitätsassistent an der Wirtschaftsuniversität Wien. 1975 begann er in der Buchbranche im Verlag des legendären österreichischen Verlegers Fritz Molden, zuletzt als Verlagsdirektor in Wien und Geschäftsführer von Molden München. 1982 wechselte er zu Rolf Heyne und wurde 1991 Programmgeschäftsführer des Wilhelm Heyne Verlages und von Zabert Sandmann. Nach erfolgreichen Jahren verließ er Heyne überraschend und übernahm Anfang 1998 die Leitung der Weltbild Verlage mit der strategischen Zielrichtung, der auf Ratgeber fokussierten aufstrebenden Verlagsgruppe mit dem Ausbau der Belletristik bei Schneekluth sowie der Anbahnung neuer Kooperationen auch als allgemeinem Publikumsverlag eine Zukunftsperspektive zu eröffnen. 2013 wurde Übleis zum Verleger des Jahres gewählt.

Die dreiköpfige Verlagsführung – neben Übleis als Programmgeschäftsführer waren das Peter Schaper als vorübergehender Marke-

Hans-Peter Übleis (geb. 1951) war von 1998 bis 2017 verlegerischer Geschäftsführer der Verlagsgruppe Droemer Weltbild (seit 2013 Verlagsgruppe Droemer Knaur).

Das Organigramm der Verlagsgruppe Droemer Weltbild, Stand Mai 1999.

tinggeschäftsführer und der kurzzeitige kaufmännische Geschäftsführer Thomas Baumann – hatte alle Hände voll zu tun, das neue Konstrukt zu stabilisieren. Die Titelzahl musste stark beschnitten werden. Die restrukturierte Vertretermannschaft mit fünf Stämmen hatte bereits ab Herbst 1999 die undankbare Aufgabe, dem gegenüber Weltbild ohnehin kritisch eingestellten Sortimentsbuchhandel nun ein riesiges Ratgeberprogramm schmackhaft zu machen. Der Vertriebsinnendienst war entsprechend zu reorganisieren.[6]

Die Finanzen mussten von den übernommenen Altlasten beider Seiten befreit werden. Droemer verzeichnete einen erheblichen Abschreibungsbedarf bei den Rechten, Weltbild bei den enormen Beständen. In der Branche munkelte man von 30 Millionen Mark Verlust im ersten Jahr des Bestehens der neuen Verlagsgruppe. Hinzu kam ein drastischer Personalabbau um ein Drittel – um 80 Stellen auf rund 160 Stellen. Außerdem mussten die Voraussetzungen geschaffen werden, dass der Kindler Verlag, der seit 1982 mit Droemer Knaur verlegerisch und vertrieblich unter einem Dach verbunden gewesen war, durch einen Geschäftsbesorgungsvertrag von der neuen Gruppe

Die Hilblestraße 54 im Münchner Stadtteil Neuhausen ist seit dem Jahr 1999 Sitz der Verlage.

betreut werden konnte, denn Kindler war nicht Teil des Droemer-Weltbild-Deals.[7] Und schließlich war der Umzug aus der angestammten Bogenhausener Villa, die später verkauft wurde, in das nüchterne, aber funktionale Bürogebäude in der Neuhausener Hilblestraße 54 zu managen.

Als im Dezember 1998 in den verschiedenen Verlagen den Mitarbeitern in kurzfristig einberufenen Betriebsversammlungen die Bildung der Verlagsgruppe Droemer Weltbild bekannt gegeben wurde, waren die Vertretersitzungen für das Frühjahrsprogramm 1999 längst gelaufen, die Vorschauen an den Buchhandel verschickt, die Vertreter bereiteten sich auf die Reise ab Januar vor. Im Mai 1999 kündigte der Verlag dann die Neustrukturierung der Programmarbeit in sechs Profitcentern an: Droemer Knaur, Scherz, Schneekluth, Pattloch, Ratgeberverlage und Bechtermünz & Weltbild. Bereits für den Herbst des Jahres versprach man dem Buchhandel »eine deutliche Programmstraffung« mit einer Reduktion der Novitäten, vor allem auch im Taschenbuch, um 25 bis 30 Prozent.[8]

Zudem musste rasch das sogenannte Eso-Problem gelöst werden. Weltbild argumentierte, dass aufgrund der Eigentümerstruktur – Besitzer war, wie oben erwähnt, die katholische Kirche in Deutschland – es unmöglich sei, dass es in der neuen Verlagsgruppe Verlage, Imprints oder Reihen gäbe, die esoterische Bücher publizierten.[9] So wurden die Scherz-Akquisitionen Ansata und Integral an Bertelsmann verkauft und der O. W. Barth Verlag zum Verlag mit dem Fokus auf fernöstliche Weisheitsbücher und Titel zu fernöstlicher und abendländischer Religiosität deklariert, was diesem den Verbleib in der Verlagsgruppe erlaubte. Das esoterische Droemer-Imprint Delphi publizierte im Frühjahr 1999 sein letztes Programm. Die Taschenbuchreihen *Esoterik* und *Alternativ heilen* wurden 1999 beziehungsweise 2000 eingestellt und in einem geschickten Schachzug durch *MensSana* ersetzt. Diese Taschenbuchreihe startete mit drei Novitäten pro Monat und übernahm Longseller der alten Reihen in Neuausstattung.

Darunter befanden sich Titel wie *Wie Engel uns lieben* von Sabrina Fox, *Schule der Geomantie* von Marko Pogacnik und *Enertree. Heilung durch Energie der Bäume* von Peter Salocher und Dieter Buchser, denen man einen gewissen esoterischen Charakter nicht absprechen kann. Ab 2001 veröffentlichte *MensSana* neben dem Taschenbuchprogramm auch ausgewählte Titel als Hardcover.

Den ersten Programmbereinigungen folgten weitere; die Imprints Fretz & Wasmuth bei Scherz sowie Lichtenberg und Edition Spangenberg bei Droemer Knaur wurden im Jahr 2000 eingestellt.[10] Dort bereits angekündigte oder unter Vertrag befindliche Titel erschienen in den entsprechenden Programmen anderer Verlage der Verlagsgruppe. Zugleich wurde aber das Scherz-Taschenbuchprogramm, das bis dahin ein durchaus ertragreiches Agatha-Christie- und Recycling-Programm alter Rechte gewesen war, mit Originalausgaben, deutschen Erstausgaben und Lizenzen anderer Verlage ausgebaut, was angesichts der Gesamtsituation der Gruppe rückblickend nur schwer verständlich ist.

Droemer Weltbild kam trotz aller Anstrengungen nicht aus den Schlagzeilen. Nicht nur die Branchenpresse mit immer neuen Meldungen zu Umstrukturierungen und Neupositionierungen, sondern auch führende Tageszeitungen wie *Süddeutsche Zeitung, Frankfurter Allgemeine Zeitung* und *Die Welt* brachten detaillierte Artikel – zum Teil mit nachgerade hämischen Überschriften wie *Aus dem Tal der roten Zahlen in die Zukunft*.[11] Sie griffen das Thema auf, als bekannt wurde, dass die Unternehmensberatung McKinsey sowohl bei den Holtzbrinck-Verlagen Fischer und Rowohlt als auch bei der Münchner Verlagsgruppe zugange war.

Unter der Überschrift *Die Milchmädchenrechner* war im Juni 2000 in der *Süddeutschen Zeitung* zu lesen: »Die Programmstärke von Holtzbrinck, die Vertriebsmacht von Weltbild, das schien die Formel. Aber irgend etwas hat da ganz und gar nicht geklappt.« Mit guter Kenntnis der Verlagsszene (oder gutem Briefing durch die Presseabteilungen) wurde hier analysiert, was generelle Ursache der Misere sei, denn »die Krise bei Droemer Weltbild ist eine Krise der ganzen Branche«. Der Poker um Bestseller mit entsprechend hohen Honorarforderungen – unter tatkräftiger Mitwirkung der Literaturagenten – und der Verfall des lange Zeit stabilen Sektors der Ratgeber

Der Artikel *Die Milchmädchenrechner* in der *Süddeutschen Zeitung* im Juni 2000 war einer von vielen, in denen sich die Presse mit der Situation bei Droemer Weltbild auseinandersetzte.

durch Überproduktion hätten, so die Analyse, die Verlage in die Bredouille gebracht. Das gelte eben auch für den Sektor, der bislang für das Geldverdienen gerühmt oder gescholten wurde: »Bis jetzt schien wenigstens eines klar: Wer ›anspruchsvolle Literatur‹ verlegt, macht eher Verlust, ist aber Schöngeist geblieben; Ratgeber und Unterhaltungsware hingegen versprechen Erfolg.«[12]

Die Intervention von McKinsey mit dem externen Sachverstand einer weltweit tätigen Unternehmensberatung war einerseits sicher wichtig, was die Analyse von Zahlen, Strukturen und Geschäftsprozessen angeht, andererseits hatte sie für die Geschäftsführung auch eine nicht zu unterschätzende Entlastungsfunktion, wenn es galt, den Mitarbeitern die unangenehme Nachricht der drastischen Personalreduktion zu vermitteln.

DER GROSSE SCHNITT

Der große Schnitt im Programm kam 2003. Mit einem Kraftakt wurden alle Weltbild-Ratgeberverlage bis auf den Battenberg Verlag eingestellt, ebenso der Verlag Bechtermünz & Weltbild, der Verlag für das moderne Antiquariat, der erst Ende 2001 mit großem Aufwand relauncht worden war.[13] Das war ein erstes Eingeständnis, dass die erhofften Synergien bei der Fusion nicht eingetreten waren. Die Weltbild-Ratgeberverlage hatten in der vertikalen Diversifizierung innerhalb des Konzerns als Zulieferer für die hauseigenen Absatzwege perfekt funktioniert, doch erwies sich ihr Programm als nicht marktfähig für den allgemeinen Buchhandel. Das musste der Vertrieb von Droemer Weltbild in den ersten Jahren des Joint Ventures schmerzhaft erleben.

Von den Weltbild-Verlagen, die 1999 mit hohen Erwartungen in die Gruppe kamen, blieben nur Schneekluth mit einem kleinen Programm überwiegend belletristischer Titel – darunter Stephen Kings *Das Mädchen* – und Pattloch. Dieser Verlag konzentrierte sich fortan auf die drei Themenfelder Sachbuch, Geschenkbuch und religiöses Kinderbuch. Zudem wurden im Rahmen dieser Neupositionierung die Verlage Scherz und O. W. Barth organisatorisch und vertrieblich herausgelöst und bei dem zur Holtzbrinck-Gruppe gehörenden Verlag S. Fischer in Frankfurt angebunden. 2010 jedoch dockte Holtzbrinck den Verlag O. W. Barth wieder bei Droemer Knaur an.

Die Zahl der Novitäten, die nach einer ersten Reduktion auf unter 1000 – davon rund ein Drittel Knaur-Taschenbücher – zurückgegangen war, sank im Jahr 2003 auf 700 und wurde bis 2006 auf jährlich rund 500 Neuerscheinungen zurückgefahren. Diese Titelzahlen pro Jahr wurden mit leichten Schwankungen bis heute eingehalten.

Folgerichtige Konsequenz der drastischen Reduktion des Weltbild-Programmanteils war die Rückbenennung der Verlagsgruppe Droemer Weltbild in Verlagsgruppe Droemer Knaur. Die Neufirmierung ab Jahresbeginn 2013 begründete Programmgeschäftsführer Hans-Peter Übleis im Branchenblatt *Buchreport:* »Zum einen gab es immer wieder Verwechslungen mit der Verlagsgruppe Weltbild. Zum anderen wollten wir den Namen eines Marktteilnehmers, der als marktführender Versender auch Konkurrent des Buchhandels ist, heraustrennen. Denn der Buchhandel ist und bleibt unser Hauptpartner.«[14] Das ist im Rückblick eine erste vorsichtige Distanzierung vom 50-Prozent-Anteilseigner Weltbild und damit nicht zuletzt ein Eingeständnis, dass die große Vision des Jahres 1999 gescheitert war. Firmenrechtlich wurden 2003 Schneekluth und Lichtenberg mit der Verlagsgruppe Droemer Knaur GmbH & Co. KG verschmolzen.

Organisatorisch bedeutete diese Neustrukturierung des Programms, dass es nun zwei Verlagsbereiche gab, nämlich den für Belle-

Margit Ketterle

Steffen Haselbach

Bernhard Meuser

Carlo Günther

tristik und Sachbuch unter der Leitung von Beate Kuckertz und den für Ratgeber und das Pattloch-Geschenkbuch unter der Leitung von Bernhard Meuser. Zugleich war mit dieser Neuorganisation auch die Abkehr von der an Publikationsformen orientierten Lektoratsstruktur mit der Trennung in Hardcover- und Taschenbuchlektorat vollzogen. Die neue, auf Inhalte ausgerichtete Organisationsform wertete zum einen vor allem die Taschenbuchlektorinnen und -lektoren auf, zum anderen war sie auch wesentlich autorenfreundlicher, da diese von nun an nur noch einen Ansprechpartner im Lektorat hatten, der sie auf dem Weg ihres Buchs begleitete.

Die personelle Entwicklung sah in den kommenden Jahren wie folgt aus: Doris Janhsen war von 2004 bis 2006 für das Droemer-Programm (Belletristik und Sachbuch) verantwortlich, während sich Beate Kuckertz auf das Knaur-Programm und das Knaur Taschenbuch konzentrierte. Im Herbst 2006 übernahm Kuckertz die gesamte Belletristik des Hauses, Margit Ketterle den Non-Fiction-Bereich, und Steffen Haselbach wurde Verlagsleiter Knaur Ratgeber bis 2010. Bernhard Meuser blieb weiterhin für Pattloch verantwortlich, bis er im Jahr 2011 den Verlag verließ. Das Pattloch-Sachbuchprogramm verantwortete in der Folge Margit Ketterle. Nach dem Ausscheiden von Beate Kuckertz im Jahr 2010 übernahm der Verleger Hans-Peter

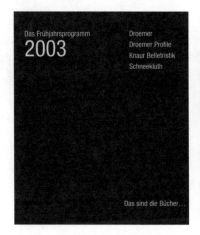

Die Buchhandelsvorschauen des Frühjahrs 2003 spiegeln die Neustrukturierung der Programmarbeit wider.

Übleis die unmittelbare Leitung des Belletristiksegments, bis Steffen Haselbach nach einem Ausflug zu Bastei-Lübbe 2013 als Verantwortlicher für diesen Bereich zurückkehrte. 2015 übernahm Carlo Günther die Verlagsleitung für Pattloch-Geschenkbuch sowie den Programmbereich *Bewusst leben*.

Die Gliederung in Belletristik, Sachbuch, Ratgeber und Geschenkbuch schlug sich gegenüber dem Buchhandel darin nieder, dass für das Frühjahr 2003 und für die Folgeprogramme eine Vorschau der gesamten Belletristik der Gruppe gewidmet war und dass in einer zweiten Vorschau die übrigen Bereiche zusammengefasst waren. Im Prinzip ist diese Programmstruktur bis heute bei allen personellen Veränderungen und bei allen Anpassungen der Vorschaustrukturen gültig. Modifiziert wurde sie nur durch die Etablierung der Programmbereiche des elektronischen Publizierens (seit 2010) und *Bewusst leben* (seit 2015).

Eine Ausnahme bildete das Knaur-Ratgeber-Programm, das zunächst durch die Übernahme von Titeln aus den eingestellten Weltbild-Verlagen kräftig ausgebaut wurde. Die Zahl der Novitäten stieg von 13 im Jahr 2002 auf 95 im darauffolgenden Jahr und auf 107 im

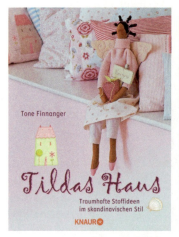
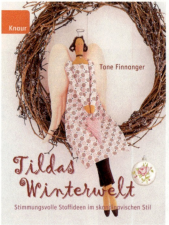

Die sehr erfolgreiche Reihe *Tildas Welt* der norwegischen Designerin Tone Finnanger erscheint seit 2007 bei Droemer Knaur.

Jahr 2004. Diese drastische Programmexpansion geschah zu einem Zeitpunkt, als der Ratgebermarkt bereits heftig stagnierte. Das Programm deckte jetzt die Themensegmente Mensch und Gesundheit, Mutter und Kind, Essen und Trinken, Hobby und Freizeit sowie Rat und Wissen ab. Hier erschienen auch die Standardwerke wie Atlanten und Nachschlagewerke. 2009 stellte der Verlag das traditionell zum Verlagsprofil (»Dafür steht Knaur seit über 100 Jahren«[15]) gehörende Programm der Lebenshilfe im umfänglichsten Sinn ein und verkaufte rund 100 Ratgeber aus dem Programmbereich *Gesund leben* einschließlich des lexikalischen Werks *Gesundheit heute* an die Stuttgarter Thieme-Gruppe. Fortgeführt wurde einzig in kleinster Titelzahl das Themensegment *Kreativ leben*. Das lag nahe, da hier seit 2007 die sehr erfolgreiche Reihe *Tildas Welt* der norwegischen Designerin Tone Finnanger erschien. Die Bücher boten trendige Stoff- und Dekoideen mit praktischen Anleitungen. Nach Verlagsangaben wurden von den zehn Titeln, die bisher erschienen sind, insgesamt mehr als eine halbe Million Exemplare verkauft. Unter dem neuen Label *Kreativ* mit eigener Programmvorschau für den Buchhandel wurden neben den Büchern zu *Tildas Welt* Titel zu den Themen Nähen, Stricken, Häkeln und Basteln angeboten. Doch angesichts des Gesamtprogramms bleibt die Titelzahl dieses Programmsegments sehr überschaubar.

STÄRKUNG DER BELLETRISTIK

Die Situation der Belletristik zunächst in der Verlagsgruppe Droemer Weltbild, dann im Verlag Droemer Knaur ist durch eine relativ konstante Zahl der jährlichen Belletristiknovitäten gekennzeichnet, doch hat sich der Verlag im Lauf der Jahre eine breitere Basis von »Abspielstationen«, wie man das in der Branche nennt, geschaffen.

Die Reihe *Droemer Profile* zwischen 2000 und 2007 erlaubte, belletristische (und einige Sachbücher) aus der Menge der übrigen Romane hervorzuheben und damit prominent herauszustellen. Dazu gehörten u.a. Dave Eggers (*Ein herzzerreißendes Werk von umwerfender Genialität*, 2001, sowie *Ihr werdet (noch) merken, wie schnell wir sind*, 2003) und Zadie Smith (*Der Autogrammhändler*, 2003). Unter dem Verlagsnamen Droemer veröffentlichte man ab Herbst 2011 bis 2014 die *Droemer Paperbacks,* hochwertig ausgestattete Klappenbroschuren im Format 13,5 mal 21,0. Hier erschienen entweder Originalausgaben deutscher oder deutsche Erstausgaben internationaler Autoren. Droemer griff damit einen Trend auf, bei dem der Deutsche Taschenbuch Verlag Vorreiter war, weil er aufgrund der Gesellschaftersituation keine Hardcoverbücher verlegen durfte. Da auch andere Verlage hier auf den Markt drängten, der immer mehr ökonomisches Gewicht gewann, gibt es seit 2012 die *Spiegel*-Bestsellerliste Paperback. Im selben Jahr kreierte der Verlag neben dem seit 1998 bestehenden Belletristikprogramm als Knaur Hardcover nun auch die *Knaur Paperbacks Belletristik*. Zugleich erhöhte man durch die Ausweitung der Belletristik den Grad der Versorgung des Taschenbuchs mit hauseigenen Lizenzen.

Was die Autoren angeht, so hat der Verlag die Zusammenarbeit mit erfolgreichen Autoren selbstverständlich fortgesetzt. Das waren vor allem Maeve Binchy *(Der grüne See)*, P. D. James *(Tod an heiliger Stätte)*, Val McDermid *(Echo einer Winternacht)*, Julie Parsons *(Mary Mary)* und das Autorenduo Douglas J. Preston und Lincoln Child *(Relic),* und von Gerald Messadié veröffentlichte der Verlag weitere

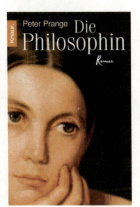

Das Genre der historischen Romane war immer ein Feld, das von Droemer Knaur erfolgreich bestellt wurde – auch heute noch.

fünf historische Romane. Kurz nach Bildung der Verlagsgruppe erschien der letzte Roman Johannes Mario Simmels, *Liebe ist die letzte Brücke* (1999).

In den bei Droemer Knaur traditionell starken Genresegmenten der historischen Romane und der Spannungs- und Krimiliteratur jeglicher Couleur gelang es den Programmmachern, neue Autorinnen und Autoren durchzusetzen, teils durch Neuentdeckung, teils indem sie sich zuerst im Taschenbuch etablierten, teils dadurch, dass sie zum Verlagswechsel bewegt werden konnten.

Für den historischen Roman stehen vor allem Sabine Ebert *(1813. Kriegsfeuer* und *1815. Blutfrieden)*, Tanja Kinkel *(Säulen der Ewig-*

An der Spitze der verkaufsstarken historischen Romane steht unbestritten die *Wanderhuren*-Saga des Autoren-Duos Iny Lorentz, die sechs Bände umfasst.

keit), Kari Köster-Lösche *(Mit der Flut kommt der Tod)*, Peter Prange *(Die Philosophin)*, Wolfram Fleischhauer *(Die Frau mit den Regenhänden)* und Wolf Serno *(Der Wanderchirurg)*.

Jenseits all dieser Erfolge steht jedoch Iny Lorentz, ein Pseudonym des schreibenden Ehepaars Iny Klocke und Elmar Wohlrath. 2004 veröffentlichte Knaur den Roman *Die Wanderhure* als Hardcover mit dem zu jenem Zeitpunkt optimistischen Claim in der Vorschau: »Der Stoff, aus dem die Bestseller sind.« Doch die Prognose wurde rasch Wirklichkeit, vor allem als durch die folgenden Bände der *Wan-*

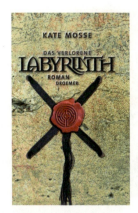
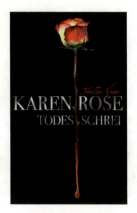

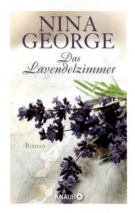

Die Riege der deutschen und internationalen Spannungsautoren ist beeindruckend.

derhuren-Saga auch der erste Band immer wieder ins Spiel kam. 2005 erschien *Die Kastellanin*, 2006 *Das Vermächtnis der Wanderhure*, 2009 *Die Tochter der Wanderhure*, 2011 *Töchter der Sünde* und 2014 *Die List der Wanderhure*. Einen großen Push bekamen die Verkäufe durch die Fernseh-Verfilmungen, die auch für den Privatsender Pro Sieben SAT 1 ein Megaerfolg waren: *Die Wanderhure* 2010 und im Jahr 2012 die Fortsetzungen *Die Kastellanin* (unter dem Titel *Die Rache der Wanderhure*) und *Das Vermächtnis der Wanderhure*. Von Iny Lorentz sind im Hardcover, Taschenbuch und E-Book über 30 Titel bei Droemer Knaur publiziert worden.

 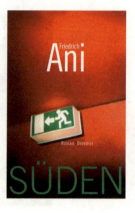

Friedrich Ani (geb. 1959) ist ein außerordentlich produktiver und vielseitiger Schriftsteller. Der Zyklus von Kriminalromanen um den Ermittler Tabor Süden umfasst inzwischen 20 Romane.

Für die neuen internationalen Spannungsautoren stehen stellvertretend Kate Atkinson *(Die vierte Schwester)*, John Katzenbach *(Der Patient)*, Kate Mosse *(Das verlorene Labyrinth)* und Karen Rose *(Todesschrei)*. Die Riege der deutschen Autoren ist mit Friedrich Ani, Michael Böckler mit seinen kulinarischen Krimis, Sebastian Fitzek, Andreas Föhr *(Schwarze Piste)*, Andreas Franz *(Mörderische Tage)*, Nina George *(Das Lavendelzimmer)*, dem Autorenduo Klüpfel/Kobr und Thomas Thiemeyer *(Medusa)* noch umfangreicher.

Friedrich Ani (geb. 1959) ist ein sehr produktiver und vielseitiger Schriftsteller. Der Zyklus von Kriminalromanen um den Ermittler Tabor Süden, der inzwischen 20 Romane umfasst, begann bei Droemer mit *German Angst* (2000), nachdem der erste Band der Serie *(Die Erfindung des Abschieds)* bei Heyne erschienen war. Ani schreibt neben seinen Krimis auch Erzählungen, Jugendromane und Drehbücher. Für sein Werk erhielt er zahlreiche Auszeichnungen, darunter den Tukan-Preis und dreimal den Deutschen Krimipreis.

Sebastian Fitzek (geb. 1971) ist das prominenteste Beispiel für einen Autor, der im Taschenbuch einen rasanten Aufstieg erlebte und diese Erfolgsserie dann ungebrochen im Hardcover fortsetzte. Als erstes Taschenbuch erschien 2006 *Die Therapie,* zwei Jahre später mit *Das Kind* das erste Hardcover. Fitzek gehört zu den wenigen deutschen Thrillerautoren, die sich auch im Ausland durchsetzen

Sebastian Fitzek (geb. 1971) ist das prominenteste Beispiel für einen Autor, der zunächst im Taschenbuch einen rasanten Aufstieg erlebte und diese Erfolgsserie dann ungebrochen im Hardcover fortsetzte. Die Doppelseite aus der Taschenbuchvorschau wirbt für eine limitierte Sonderedition von zehn Titeln des Autors.

konnten. Inzwischen sind seine Romane in 24 Sprachen übersetzt. Die Gesamtauflage beträgt nach Angaben des Verlags acht Millionen Exemplare. Mit *Das Paket* (2016) stand der Autor an der Spitze der *Spiegel*-Bestsellerliste Belletristik. Ebenso hoch ist die Zahl der im deutschsprachigen Raum verkauften Exemplare der Kluftinger-Krimis von Volker Klüpfel (geb. 1971) und Michael Kobr (geb. 1973). Bei Droemer Knaur erschienen *Herzblut* (2013), *Grimmbart* (2014) und *Himmelhorn* sowie der humorvolle Adria-Roman *In der ersten Reihe sieht man Meer* (beide 2016). Der Erfolg ist nicht zuletzt einer perfekten Marketingmaschinerie zu verdanken, die weit über die Buchbranche hinausreicht. So werden Führungen zu Schauplätzen der Romane und eine Kluftinger-Allgäu-Karte angeboten, und man kann sogar auf Kommissar Kluftingers Spuren durch Altusried, den Geburtsort der beiden Autoren, wandeln.

Vom Autorenduo Volker Klüpfel (geb. 1971) und Michael Kobr (geb. 1973) erschienen drei Kluftinger-Krimis bei Droemer Knaur.

Mit der Riege dieser verkaufsträchtigen Autoren gelang es Droemer, an frühere belletristische Erfolge anzuknüpfen und sich wieder unter den führenden Bestsellerverlagen zu etablieren.

DAS BREITE SACHBUCHPROGRAMM

Die große thematische Spannbreite des Droemer-Sachbuchprogramms seit 1999 dokumentieren die Schwerpunkte Biografien und Autobiografien, Bücher mit aufklärerischem Impetus zu den verschiedensten, oft aktuellen Themen sowie Memoirs – ein Genre, in dem der Verlag auf dem deutschen Buchmarkt führend war.

Die porträtierten Politiker reichten von Václav Havel (John Keane, 2000) und Hillary Clinton (Carl Bernstein, 2007) über die Obamas (Jodi Kantor, 2012) bis zu Wolfgang Schäuble (Hans Peter Schütz, 2012) und Peer Steinbrück (Eckart Lohse und Markus Wehner, 2012). Neben den Autobiografien der beiden ehemaligen amerikanischen Außenministerinnen Madeleine Albright (*Der Mächtige und der Allmächtige*, 2006) sowie Hillary Clinton (*Entscheidungen*, 2014) haben vor allem *Mein Tagebuch 1998–2000* und die *Erinnerungen* des ehemaligen Bundeskanzlers Helmut Kohl für Aufsehen – und für großen Erfolg – gesorgt. Die drei Bände der Memoiren, die die Jahre bis 1994 umfassen, erschienen zwischen 2004 und 2007. Es gab ein unschönes Nachspiel, weil Kohl dem Ghostwriter dessen zweifelhaftes Vorgehen, nicht autorisierte Texte in einem weiteren Buch zu veröffentlichen, erfolgreich gerichtlich verbieten lassen musste.

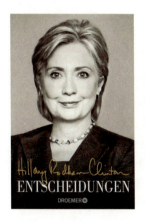
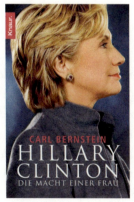

Hillary Clintons *Entscheidungen* verlegte Droemer Knaur im Jahr 2014, also lange bevor sie für die amerikanische Präsidentschaft kandidierte. Daneben die Biografie von Carl Bernstein aus dem Jahr 2007.

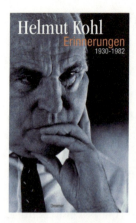  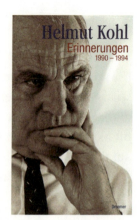
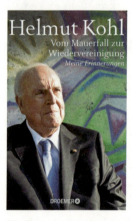  

Die *Erinnerungen* des ehemaligen Bundeskanzlers Helmut Kohl sorgten für Aufsehen – und für großen Erfolg. Die drei Bände, die die Jahre bis 1994 umfassen, erschienen zwischen 2004 und 2007. Danach verlegte Droemer Knaur noch drei weitere Bücher Kohls.

In Biografien aus dem Showbusiness wurden internationale Stars wie Tom Cruise (Andrew Morton, 2008), Angelina Jolie (ebenfalls Andrew Morton, 2010) und Robert Redford (Michael Feeney Callan, 2011) porträtiert. Deutsche Prominente wie Uschi Glas (*Mit einem Lächeln*, 2004), Heiner Lauterbach (*Nichts ausgelassen*, 2006) und Ben Becker (*Na und, ich tanze*, 2011) präsentierten ihre eigene Sicht der Dinge. Das gilt auch für die Sportheroen Diego Maradona

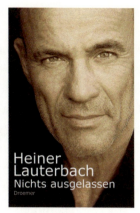
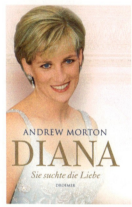

Auch Größen aus dem Showbusiness wurden im Programm präsentiert – ob in Biografien oder Autobiografien.

(*El Diego*, 2001), Oliver Kahn (*Nummer eins*, 2004), Andre Agassi (*Open*, 2009) und Johan Cruyff (*Mein Spiel*, 2016).

Die Größen der Popmusik John Lennon (Philip Norman, 2008), Paul McCartney (Howard Sounes, 2010) und Mick Jagger (Philip Norman, 2012) wurden genauso biografisch gewürdigt wie Persönlichkeiten aus der Yellow Press: Silvia von Schweden (Norbert Loh, 2003), Diana (Andrew Morton, 2004), Rainier von Monaco (Norbert Loh, 2005), Máxima (Gonzalo Álvarez Guerrero und Ferrari

Die Suppe lügt von Hans-Ulrich Grimm erschien 1997 zum ersten Mal. Für die Neuausgabe im Jahr 2014 wurde der Text komplett überarbeitet, aktualisiert und erheblich erweitert.

Soledad, 2013) und William & Kate (Ulrike Grunewald, 2011).

Das kritische Sachbuch war traditionsgemäß immer ein Bestandteil des Non-Fiction-Programms von Droemer Knaur – mit wechselnden Schwerpunkten über die Jahre hinweg. Stellvertretend aus der großen Zahl wichtiger Autoren und Titel werden hier genannt: Wilhelm Dietl mit *Die BKA-Story* (2000), der frühere Kindler-Autor Hans Herbert von Arnim mit *Das System. Die Machenschaften der Macht* (2001), Jürgen Grässlin mit *Ferdinand Piëch* (2000) und *Das Daimler-Desaster* (2005), die ernährungskritischen Bücher von Hans-Ulrich Grimm wie *Die Ernährungslüge* (2003) und *Die Suppe lügt* (zuerst 1997, 2014) und Werner Bartens mit *Körperglück* (2010) und *Heillose Zustände* (2012) sowie eine Reihe von Büchern von Hamed Abdel-Samad, der sich kritisch mit dem Islam auseinandersetzt, vor allem in seinen Bestsellern *Der islamische Faschismus* (2014), *Mohamed. Eine Abrechnung* (2015) und *Der Koran. Botschaft der Liebe, Botschaft des Hasses* (2016). Und schließlich seien noch Manfred Spitzer mit *Digitale Demenz* (2012) und Michael Tsokos mit *Die Klaviatur des Todes* (2013) und *Deutschland misshandelt seine Kinder* (2014, zusammen mit Saskia Guddat) sowie *Die globale Überwachung* von Glenn Greenwald (2014) und *Letzte Gespräche* von Benedikt XVI. und Peter Seewald (2016) genannt.

Im Genre des Memoirs war Droemer Knaur im deutschen Buchmarkt führend. Dafür stehen repräsentativ zwei Bücher, nämlich Sabine Kueglers *Dschungelkind* aus dem Jahr 2005 und *Ich bin Malala* von der Friedensnobelpreisträgerin Malala Yousafzai aus dem Jahr 2013. In die lange Reihe der Titel gehören auch Carmen Bin Ladins *Der zerrissene Schleier* (2003) und Sophie van der Staps *Heute bin ich blond. Das Mädchen mit den neun Perücken* (2008). Im Jahr

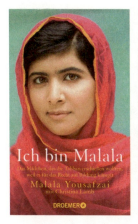  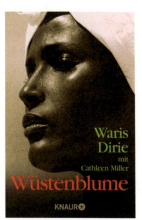

Im Genre des Memoirs war Droemer Knaur auf dem deutschen Buchmarkt führend. Dafür stehen repräsentativ *Ich bin Malala* von der Friedensnobelpreisträgerin Malala Yousafzai sowie von Waris Dirie das Buch *Schwarze Frau, weißes Land*, die Fortsetzung des 1998 bei Schneekluth veröffentlichten Bestsellers *Die Wüstenblume*, der als Knaur Taschenbuch erschien.

2010 publizierte Droemer *Schwarze Frau, weißes Land,* die Fortsetzung des 1998 bei Schneekluth veröffentlichten Bestsellers *Die Wüstenblume* von Waris Dirie. Memoir-Titel erschienen ab 2008 auch als Knaur-Hardcover, so zum Beispiel *So einfach ist die Liebe. Die Geschichte meiner wunderbaren Ehe* von Ellen Green (2009) und *Das Mädchen mit dem blauen Faden. Wie die argentinische Junta meine Familie zerstörte* (2009) von Victoria Donda und *Sklavenkind* (2011) von Urmila Chaudhary.

Der früher umfangreiche, teils sehr hochpreisige kulinarische Bereich wurde vor allem durch die Einstellung des Labels Edition Spangenberg im Jahr 2000 stark zurückgefahren, später eingestellt. Nur vereinzelt erschienen in diesem Segment Titel, die eher der (Fernseh-)Prominenz geschuldet waren, als dass sie ein konsistentes Programm ergeben hätten. Neben *Hemmungslos kochen* (2002), dem Buch der österreichischen Haubenköche Karl und Rudi Obauer, sind hier die Bücher von Sarah Wiener (u.a. *Das große Sarah-Wiener-Kochbuch*, 2007) zu erwähnen.

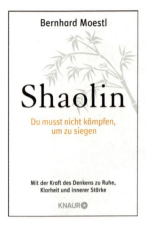

Aus dem vielfältigen Programm der Lebenshilfebücher stechen die *Shaolin*-Bücher von Bernhard Moestl heraus.

Im Knaur-Hardcoverprogramm erschienen zu den zahlenmäßig bei Weitem überwiegenden Belletristiktiteln ab 2008 zunehmend auch Sachbücher. Neben Memoirs, etwa Latifa Nabizadas »*Greif nach den Sternen, Schwester!« Mein Kampf gegen die Taliban* (2014), waren das vor allem Lebenshilfebücher. Das reichte von allgemeinen Themen wie *Das elfte Gebot. Mit Gelassenheit das Leben meistern* (2010) von Ursula Nuber und *Shaolin. Du musst nicht kämpfen, um zu siegen* (2008) von Bernhard Moestl bis zu Büchern, die auf die modische Egozentrierung abzielten wie *Der Ich-Code* (2012) von Woody Woodward, *Mein Glücks-Trainings-Buch* (2011) von Heide-Marie Smolka und der Bestseller *Mind Fuck. Wie Sie mentale Selbstsabotage überwinden* (2013) von Petra Bock. Dazu gehörten nicht zuletzt Bücher, die dezidiert ein weibliches Publikum ansprachen wie *Die Mona-Lisa-Strategie* (2008) von Harriett Rubin und *Ich hatte mich jünger in Erinnerung* von Monika Bittl und Silke Neumayer (2016).

Wichtigster Umsatzträger des Knaur-Sachbuchs war aber in den letzten Jahren die Geschenkbuchreihe der Ausfüllbücher von Elma van Vliet. Unter dem Serientitel *Erzähl mal* erschienen seit 2007 zunächst zehn Titel nach dem Muster *Mama, erzähl mal!*. Dann wurde die Produktfamilie durch Quizbücher wie *Erzähl mal! Das Dinnerquiz* und Danke-Bücher wie *Danke, dass du meine Oma bist!* ausgeweitet. Insgesamt sind – so der Verlag – über 1,8 Millionen Exemplare verkauft worden.

Das Pattloch-Sachbuch war von der Herkunft und den Besitzerverhältnissen her stark religiös geprägt. Titel wie *Pater Pio und die Wunder des Glaubens* (2003) von Bernd Harder oder *Glaubensspaltung ist Gottesverrat* (2006) von Klaus Berger sind charakteristisch. Nachdem im Jahr 2013 die Verlagsgruppe Georg von Holtzbrinck den 50-Prozent-Anteil von Weltbild an Droemer Knaur übernommen

Drei Beispiele aus der von Elma van Vliet kreierten Produktfamilie *Erzähl mal!*, die sich millionenfach verkauft hat.

hatte, wurde das Pattloch-Sachbuch freier in der Themenwahl, doch genau das machte es letztlich kaum unterscheidbar vom Sachbuch bei Droemer und bei Knaur, sodass es 2016 eingestellt wurde. Ein Titel wie *Unser Gehirn und die Welt* von Dick Swaab hätte genauso unter dem Droemer-Label erscheinen können, ein Buch wie *Liebe und Sex in Zeiten der Untreue* von Dirk Revenstorf hätte bestens in das Knaur-Sachbuchprogramm gepasst.

Das zahlenmäßig kleinste Segment bei Pattloch war das Kinderbuch. Hier wurden »Bücher mit Botschaft« verlegt, darunter Kinderbibeln, Bücher zur Kommunion, Firmung und Konfirmation sowie Titel wie *Chris, die Kerze und Die Geschichte von Brot und Wein* (2004) von Werner Tiki Küstenmacher. Nach und nach wurde dieser Bereich ebenfalls so gut wie ausschließlich mit Geschenkbüchern bestückt, wie an Titeln wie *Mein tierisch starkes Schulstart-Heft* und der *Wunschfisch*-Produktfamilie zu sehen ist Zudem wurden hier Artikel, die nicht ladenpreisgebunden sind, wie *25 Spiele für die Pause. Dose mit 25 Kärtchen* angeboten.

In den Bereich des Sachbuchs gehörten schließlich die Titel, die unter der Marke *Bewusst leben* zusammengefasst wurden. Hier posi-

Seit 2015 erscheinen praxisnahe Lebenshilfebücher unter der Marke *Bewusst leben*. Unter diesem Dach sind der Verlag O. W. Barth sowie die Reihen *MensSana* und *Knaur Balance* versammelt. Hier die Vorschau Herbst / Winter 2016.

tionierte man ab 2013 die traditionellen Titel aus dem Verlag O. W. Barth (»Das spirituelle Wissen der Welt«) und *MensSana* (»Eins mit sich«) neu und ergänzte und erweiterte ab 2015 die Themenpalette durch *Knaur Balance*. Diese Programmlinie inszenierte die beliebten Themen eines modernen Lifestyles wie gesunde Küche, Wellness und kreative Persönlichkeitsentwicklung neu. Charakteristisch dafür waren *Natürlich sein. Das ganzheitliche Life-Coaching-Programm* von Felix Klemme (2015), *All you need is soup!* von Susanne Seethaler (2016) und *Yoga Girl* von Rachel Brathen (2016). Ergänzt wurde die Programmpalette durch trendige Ausmalbücher wie *Das Aufmerksamkeits-Malbuch* von Emma Farrarons (2015) mit den unvermeidlichen Folgetiteln wie *Das Aufmerksamkeits-Tagebuch zum Ausmalen* und *Das Meditations-Malbuch* (2016).

WACHSENDE BEDEUTUNG DES GESCHENKBUCHS

Das Geschenkbuch hat bei Droemer Knaur eine lange Tradition. So waren die sogenannten Schachtelbücher, aufwendig gestaltete und im Schuber verpackte kulinarische Titel in der Edition Spangenberg, nichts anderes als Geschenkbücher für eine spezifische Zielgruppe. Im Knaur-Hardcover erschienen immer wieder vereinzelt Geschenkbücher, bevor dieses Segment dann systematisch mit der *Erzähl mal!*-Reihe von Elma van Vliet bedient wurde.

Bei Pattloch waren Geschenkbücher der bei Weitem größte Bereich. Ab Herbst 2007 wurde in diesem Segment die Novitätenzahl

Die umfangreiche Programmpalette im Pattloch-Geschenkbuch war in »Themenwelten« oder »Geschenkwelten« strukturiert. Hier ein Beispiel aus der Buchhandelsvorschau Frühjahr / Sommer 2013.

stark erhöht und 2014 und 2015 erneut ausgeweitet. Die umfangreiche Programmpalette war in »Themenwelten« oder »Geschenkwelten« wie zum Beispiel Hochzeit, Geburt und Taufe, Geburtstag, Danke, Trost und Aufmunterung, Ruhestand und Anteilnahme strukturiert, sodass der (Buchhandels-)Kunde zu jedem Anlass das entsprechende Geschenkobjekt fand. Dargeboten wurden die Themen in Büchern verschiedenster Formate (Mini-Querformat, Libretto-Format) und Ausstattung (mit wattiertem Einband, mit Stanzung) und als Kalender (Buchkalender, Aufstellkalender, immerwährende Kalender).

In den letzten Jahren baute Pattloch den Non-Book-Sektor, der nicht der Buchpreisbindung unterliegt, stark aus. So wurden Geschenkverpackungen für ein Geldgeschenk *(Zum Abitur),* Figuren wie die *Oommh-Katze, Gustav Glücksschwein,* der *Alltagsheld: Alles wird gut* (dieser mit Wackelkopf) und die erfolgreichen *Klick-Fernseher* angeboten.

PROGRAMMREDUKTION UND PROFILIERUNG IM TASCHENBUCH

Der Titelausstoß bei den Knaur-Taschenbüchern erreichte 1998 mit 522 Titeln den Gipfel. Durch einen radikalen Kurswechsel war vier Jahre später die Zahl auf 305 Titel reduziert. Knaur folgte hier dem Branchentrend, der sich nach der Jahrtausendwende von der Titelflut und der Inflation von Minireihen abwandte, die unter der Flagge der Zielgruppenorientierung installiert worden waren. Der Verlag führte anschließend mit zwischenzeitlichen Anstiegen den jährlichen Produktionsausstoß auf rund 210 Titel im Jahr 2013 zurück. Durch die Markteinführung des Droemer Taschenbuchs im Herbst 2014 erhöhte sich die Zahl dann wieder, sodass unter den Marken Droemer und Knaur 2016 rund 240 Taschenbücher erschienen. Das Droemer Taschenbuch startete im Herbst 2014; publiziert wurden fünf Titel monatlich. Der Verlag schuf sich damit eine Möglichkeit der Qualitäts- und Mengenprofilierung. Zudem wurde er damit auch für literarisch anspruchsvollere Autoren wie Don Winslow (*Das Kartell*,

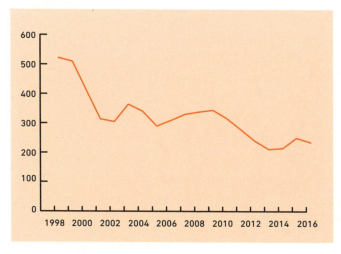

Die jährliche Titelproduktion der Knaur Taschenbücher zwischen 1998 und 2016.

Die ersten drei Droemer Taschenbücher.

2015) attraktiv. Zu den strategischen Überlegungen sagte der verlegerische Geschäftsführer Hans-Peter Übleis im Interview mit der Branchenzeitschrift *Buchmarkt*: »Der wichtigste Grund vorweg: Das Taschenbuch hat Zukunft und ist unverändert das wichtigste Format für den Buchkäufer. Aber hinzukommt: Droemer ist eine der bekanntesten Verlagsmarken, bestens eingeführt und bewährt im Handel, in den Medien und beim Leser – und das müssen wir einfach auch im Taschenbuch nutzen.«[16]

Die Rechteherkunft hat sich in den Jahren seit 1999 deutlich verschoben. Der Lizenzeinkauf auf dem deutschen Markt war stark rückläufig, weil es nur noch wenige Verlage gab, die Lizenzen auf dem freien Markt anboten. Die deutschen Erstausgaben sowie das Titelrecycling durch unveränderte Nachdrucke deckten einen wesentlichen Teil des Titelbedarfs ab. Den größten Anteil an der Lizenzversorgung der Taschenbücher jedoch stellten etwa gleichgewichtig die Eigenlizenzen von hauseigenen Hardcovern und die Originalausgaben deutscher Autoren. Inzwischen waren die beiden Taschenbuchprogramme im belletristischen Segment ein wichtiges Feld zur Gewinnung und Durchsetzung neuer Autoren geworden, die dann mit späteren Büchern im Hardcoverprogramm erschienen und reüssierten.

  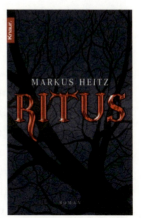

Das Taschenbuch ist ein wichtiges Feld zur Gewinnung und Durchsetzung neuer Autoren, die dann mit späteren Büchern im Hardcoverprogramm erscheinen und reüssieren.

Herausragende Beispiele sind hier Sebastian Fitzek, Andreas Franz, Iny Lorentz und Markus Heitz. Befördert wurde diese Entwicklung durch die zunehmende Bedeutung deutschsprachiger Autoren in der Unterhaltungsbelletristik, nicht zuletzt im Genre der Krimi- und Spannungsliteratur.

NEUE PROGRAMMFELDER

Wie alle innovativen und kreativen Verlage hat auch Droemer Knaur immer wieder versucht, sich auf neuen Feldern zu positionieren und zu etablieren. Nicht immer ist das geglückt, letztlich stand immer die Rückkehr zum Kerngeschäft und damit zu den zentralen Marken Droemer und Knaur am Ende der Entwicklung. Vor allem im Jahr 2002, als den Verantwortlichen in der Verlagsgruppe Droemer Knaur offenkundig klar wurde, dass die Fusion mit den Weltbild-Ratgebern nicht erfolgreich sein würde, wurden drei Projekte gestartet, um das Kerngeschäft auszuweiten. Das war zum einen die Kooperation mit KiKA, dem Kinderkanal von ARD und ZDF. Hier erschienen zwischen Herbst 2002 und Frühjahr 2004 rund 20 Titel zu KiKA-Serien, aber auch Kalender, *Kinderwitze* und ein *Kinderquiz*. Zum Zweiten versuchte Droemer, auf dem Hörbuchmarkt Fuß zu fassen, allerdings zu einem Zeitpunkt, als die hohen Wachstumsraten der Vergangenheit angehörten. Das Programm umfasste Romane von Erfolgsautoren wie Friedrich Ani, Val McDermid, Wolf Serno und Linn Ullmann, aber auch ein Memoir wie *Sklavin* von Mende Nazer und Damien Lewis. Strategisch war die Lizenzsicherung das Ziel, doch wurde das Segment bereits im Jahr des Starts nach nur 18 Titeln wieder eingestellt. Ab 2005 bündelte dann die Holtzbrinck-Gruppe das Hörbuchgeschäft im Argon Verlag. Und schließlich startete die Verlagsgruppe im Jugendbuchsegment den Verlag der Vampire, ein Experiment, das nach acht Büchern abgebrochen werden musste.

Ein erneuter Versuch in diesem Segment mit etwas längerer Lebensdauer begann im Herbst 2009 unter dem Label Pan. Obwohl die »phantastische Unterhaltung für junge Leser« – so der Claim – in einer aufwendigen Programmvorschau präsentiert wurde, hatte sie nicht den nötigen Erfolg, sodass Pan nach rund 40 Büchern im Jahr 2012 eingestellt wurde.

DIE ELEKTRONISCHE HERAUSFORDERUNG

Droemer Knaur gehört neben Bastei-Lübbe und Oetinger zu den digitalen Vorreitern unter den Publikumsverlagen. E-Books hat der Verlag seit 2009 veröffentlicht.[17] Erster Titel war *Das Vermächtnis der Wanderhure* von Iny Lorentz. Inzwischen erscheinen so gut wie alle E-Book-fähigen Titel in dieser elektronischen Publikationsform, was allerdings branchenüblich geworden ist.

Mit Neobooks hat Droemer Knaur als erster Publikumsverlag im Herbst 2010 eine Plattform gestartet, die es Autorinnen und Autoren ermöglichte, ihre Texte selbstständig hochzuladen und damit sowohl einer interessierten Community als auch dem Verlag anzubieten. Die Urheber konnten selbst entscheiden, ob sie ihre Texte dem Publikum kostenlos zur Verfügung stellten oder ob sie einen entsprechenden Preis dafür verlangten. Die Mitglieder der Community hatten die Möglichkeit, die Texte zu kommentieren und zu bewerten. Der Verlag seinerseits gab das Anfangsversprechen, dass sich das Lektorat aus den zehn von der Community am besten bewerteten Manuskripten einzelne Werke auswählen, sie professionell betreuen und entweder als Original-E-Book oder als Knaur Taschenbuch publizieren würde.

Für dieses Konzept erhielt Neobooks ein Jahr nach dem Start den AKEP Award. Mit diesem Preis zeichnete der Börsenverein des Deutschen Buchhandels die beste verlegerische Leistung im Bereich des elektronischen Publizierens aus.

Böse Zungen mögen behaupten, Neobooks sei eine perfekt konstruierte Manuskriptablehnungsmaschine. Tatsache ist, dass auf dieser Grundlage in den Folgejahren eine technisch ausgezeichnet funktionierende Plattform für Selfpublisher geschaffen worden ist. Eine Zwischenbilanz aus dem Jahr 2012, die auf den Aussagen der damaligen Verantwortlichen beruhte, war allerdings ernüchternd: »Von den 6000 bis 7000 Autoren, die bisher 11 000 Titel auf der Plattform veröffentlicht haben, kamen bisher nur wenige für eine Verlagspublikation in Frage: Gut 40 Bücher wurden bisher für das Knaur E-Book-Programm akquiriert, nur drei Werke fanden den Weg in das Print-Programm von Knaur.«[18] Heute ist hier die Perspektive für Selfpublisher positiver, denn es gibt für sie feste Programmplätze im Taschenbuchprogramm. Ein Beispiel für diesen Weg vom Selfpublisher zur Printautorin ist Susanna Ernst. Sie hat nach zahlreichen E-Books auch Printausgaben im Knaur Taschenbuch veröffentlicht.

Neben Droemer Knaur kam 2014 mit dem Holtzbrinck-Verlag Rowohlt ein weiterer Kooperationspartner aus dem Verlagsbereich hinzu. Das gilt seit Oktober 2016 auch für die Holtzbrinck-Publikumsverlage S. Fischer mit dem Fantasy-Imprint Fischer Tor und Kiepenheuer & Witsch. In diesem Jahr wurde Neobooks mit Epubli unter dem Dach von Holtzbrinck Digital zusammengeführt. Epubli bietet seit 2008 Autoren die Möglichkeit, ihr Buch unabhängig zu veröffentlichen und weltweit zu verkaufen – gedruckt und/oder als E-Book. Die entsprechende Pressemeldung von Holtzbrinck Digital spricht davon, dass »neue Synergien im Wachstumsmarkt SelfPublishing erzeugt werden« sollen.[19]

Das E-Book-Geschäft kennt andere Präsentations- und Verwertungsformen und bedarf anderer Vermarktungsstrategien als das herkömmliche Buchgeschäft. Droemer Knaur hat schon bald nach dem

Start von Neobooks mit *eRiginals* eine Möglichkeit geschaffen, um sich in diesem Bereich zu positionieren. Wichtigste Genres waren eindeutig Frauenromane jeglicher Couleur, Krimis und Fantasy. Um die starke Klientel der weiblichen Zielgruppe noch besser adressieren zu können, startete der Verlag 2014 mit *feelings – emotional eBooks* ein Label für ein Lesepublikum, das einen unterhaltenden Liebesroman in unterschiedlichen Varianten bis hin zur Erotik sucht. Anfang 2017 wurde das Digital-Label *Topkrimi – exciting eBooks* gelauncht. Hier werden sowohl Kriminalromane im engeren Sinn als auch Spannungsliteratur veröffentlicht.

Die Verwertungsformen im E-Book sind vielfältig. Prägend sind Originalausgaben wie einige der Krimis von Michael Connelly, der nur als E-Book verfügbare Roman *Der Sohn der Mätresse* von Iny Lorentz und das *eSerial* dieses Autorenduos *Die Wanderapothekerin*. Dieser Titel wurde in sechs Teilen publiziert und erreichte den absoluten Spitzenwert von über 200 000 Downloads.[20] Kurze Texte werden als *eSingles* zu niedrigem Preis angeboten, umfangreiche Sagas als *eBundles*. E-Books werden oft auch als Vorlauf zu einer Taschenbuchausgabe auf den Markt gebracht.

Ein wichtiger Punkt ist die Wiederverwertung von Hardcover und Taschenbuchsubstanzen – in etlichen Fällen auch zur Rechtesicherung. Beispiele sind hier Titel wie *Was der Tod uns lehren kann* von Elisabeth Kübler-Ross und Hillary Clintons *Entscheidungen* sowie juristische und Gesundheitsratgeber.

Zum E-Book-Marketing gehört das preisreduzierte oder kostenlose Angebot von Titeln über einen kurzen Zeitraum hinweg bei der Markteinführung. Seit Herbst 2015 bietet Droemer Knaur einzelne Original-E-Book-Titel auch als Printversion an. Produziert wird jedoch erst auf Bestellung.

Welche Bedeutung das elektronische Geschäft für den Verlag nach nur etwas mehr als einem halben Jahrzehnt hat, zeigt die Tatsache, dass Droemer Knaur inzwischen nach eigenen Angaben etwa ein Sechstel des Umsatzes mit E-Produkten macht.

Ende 2016 hat die Verlagsgruppe von Holtzbrinck ihre Digitalkräfte neben Holtzbrinck Digital in München in der neu gegründeten Holtzbrinck ePublishing GmbH (HeP) mit offiziellem Sitz in Stuttgart, jedoch von München aus operierend, gebündelt. Unter der Verantwortung des kaufmännischen Geschäftsführers von Droemer Knaur, Josef Röckl, leitet Michael Döschner-Apostolidis, der seit 2013 als Verlagsleiter für das E-Book und die digitale Produktentwicklung verantwortlich war, den neuen Geschäftsbereich. Unter dem Dach von HeP sind auch Snapbooks Publishing und die Plattform Lovelybooks angesiedelt.

Nach dieser Neuorganisation erscheinen *feelings* und *Topkrimi* als Labels von Snapbooks Publishing, woran sich seit Oktober 2016 auch die anderen drei Publikumsverlage des Holtzbrinck-Konzerns, also S. Fischer, Kiepenheuer & Witsch sowie Rowohlt, beteiligen.

NEUE BESITZVERHÄLTNISSE

Im Sommer 2013 kündigte Droemer Knaur an, dass die Verlagsgruppe Georg von Holtzbrinck den 1999 von Weltbild erworbenen 50-Prozent-Anteil an der Verlagsgruppe Droemer Weltbild übernehmen werde. Dadurch war nach der Zustimmung durch das Bundeskartellamt der Verlag wieder im Alleinbesitz von Holtzbrinck. Der Programmgeschäftsführer Hans-Peter Übleis bemerkte dazu im Gespräch mit dem *Börsenblatt für den Deutschen Buchhandel*: »Die strategischen Voraussetzungen haben sich in den letzten Jahren schlicht und einfach verändert. Da liegt die Erkenntnis nahe, dass gemeinsame Zielsetzungen, wie man sie bei der Gründung des Joint Ventures hatte, heute weniger Sinn machen. 14 Jahre sind eine lange, lange Zeit.«[21]

»Wir haben keine Fesseln getragen« – so der verlegerische Geschäftsführer Hans-Peter Übleis in einem Interview mit dem *Börsenblatt für den Deutschen Buchhandel* vom 5. Juli 2013 als Fazit der rund fünfzehnjährigen Zusammenarbeit zwischen Droemer Knaur und Weltbild. Am Ende des Jahres der Rückkehr zu Holtzbrinck wurde Übleis zum »Verleger des Jahres« gewählt.

Und im *Buchmarkt* ergänzte er: »In einem sich dramatisch verändernden Markt, in dem Handel und Verlage sich permanent neu positionieren müssen, sehen wir in der neuen Inhaberstruktur mit der Verlagsgruppe Georg von Holtzbrinck als Alleingesellschafter hervorragende und noch bessere Chancen, im Buchhandel für unsere Autoren und Bücher möglichst viele Leser zu erreichen und zu begeistern. Das ist ein starkes und positives Signal an die ganze Branche.«[22] Liest man diese Aussagen in dem Kontext, dass zu diesem Zeitpunkt Weltbild in einer tiefen Krise steckte, die ein Jahr später in den Insolvenzantrag mündete, so heißt das nichts anderes, als dass die Verbindung nach 14 Jahren gescheitert war.

Droemer Knaur war nun wieder ganz in die Holtzbrinck-Struktur eingebettet, die sich in den zurückliegenden Jahren ebenfalls gewandelt hatte. Nach dem Erwerb der Restanteile der Familie Macmillan hatte der Stuttgarter Konzern 1999 die US-Aktivitäten der Verlagsgruppe und Macmillans im Bereich Belletristik und Sachbuch unter dem Dach der Holding Holtzbrinck Publishers zusammengeführt und seit 2015 die internationalen Aktivitäten auf dem Publikumsmarkt unter Macmillan Publishers mit Sitz in New York gebündelt. Dieser Bereich trug 2014 mehr als 40 Prozent zum Umsatz der Verlagsgruppe von über 1,7 Milliarden Euro bei.

Die Frankfurter Buchmesse ist nach wie vor die wichtigste Branchenveranstaltung. Trotz allen Aufwands hat sich aber ein Funktionswandel vollzogen. Aus Sicht der Verlage steht dort heute der Rechtehandel im Zentrum der Aufmerksamkeit. Als Publikumsmesse hat sich die Leipziger Buchmesse etabliert.

DER MARKT IM WANDEL

Was sind die wichtigen Faktoren bei der Beschreibung des heutigen Markts im Unterschied zu vor zwanzig Jahren, als der Wiedervereinigungsboom zu Ende gegangen und der Buchmarkt insgesamt in eine Phase der Sättigung und Stagnation eingetreten war? Selbstverständlich sind die im Folgenden genannten Tendenzen nicht genau in diesem Zeitraum zutage getreten, aber sie bilden doch wesentliche Rahmenbedingungen für die Entwicklung in dieser Zeit.

Ökonomisch stagniert die Branche seit der Jahrtausendwende. Nach einem Zwischenhoch im Jahr 2010 liegt der Gesamtumsatz bei weniger als 9,2 Milliarden Euro. Unter Berücksichtigung der Inflationsrate dürfte der Umsatz seither real um fast zwölf Prozent gesunken sein.[23] Dabei muss zur Kenntnis genommen werden, dass die Absatzzahlen für Bücher abgenommen haben und durch höhere Ladenpreise kompensiert worden sind.[24] Auch die optimistischen Prognosen, was die Steigerung der Umsätze mit E-Books angeht, haben sich bisher nicht bewahrheitet und werden bei sinkenden Wachstumsraten auch unerfüllt bleiben. Bei einer Steigerung der Produktion in Deutschland zwischen 2000 und 2013 von rund 83 000 auf knapp 94 000 Titel, was einem Zuwachs von rund 13 Prozent entspricht, ist bei stagnierendem Umsatz die Rentabilität stark gefallen.

Die Buchbranche steht in einer doppelten Medienkonkurrenz. In der Konkurrenz um das monetäre Budget und um das Zeitbudget rivalisiert sie mit einer expandierenden Freizeitindustrie und einem wachsenden Medienangebot. So stieg der Fernsehkonsum von rund drei Stunden täglich im Jahr 1997 auf fast vier Stunden im Jahr 2015. Vermutlich werden Streamingdienste wie Netflix und Co. mit ihren rasant wachsenden Userzahlen weiter am Zeitbudget für die Buchlektüre knabbern, das während dieses Zeitraums so gut wie gleich geblieben ist.

Der Konzentration im Verlagsbereich steht eine mindestens ebenso deutliche Entwicklung im Handelsbereich gegenüber, vor allem was die Buchhandelsketten angeht, wenngleich durch die Insolvenz von Weltbild und die nachfolgende starke Einschränkung der Geschäftsfelder des Unternehmens die Konzentration sich nicht weiter verstärkt hat. Doch machen die vier größten Anbieter Amazon, Thalia, Weltbild und Hugendubel nach wie vor einen großen Teil des Buchhandelsumsatzes unter sich aus.[25]

Eine wesentliche Tendenz ist die Beschleunigung. Konnten sich früher Bestseller[26] manchmal jahrelang auf den Listen halten – etwa Noah Gordons *Medicus* –, so ist die Verweildauer auf den Bestsellerlisten radikal zurückgegangen. Insgesamt sind die Laufzeiten der Titel, auch durch das verkürzte Vorhalten im Handel, stark gesunken. Damit einher ging der dramatische ökonomische Bedeutungsverlust der Backlist. Das wiederum zwingt die Unternehmen zu ständig steigenden Innovationen. Diese Schnelllebigkeit des Marktes ist aber auch dem raschen Wechsel der Moden, Trends und Wellen in der Gesellschaft geschuldet. Den Drang nach dem Neuen bekommt auch die Buchbranche zu spüren.

Eine weitere Herausforderung ist – wie für die gesamte Wirtschaft – die Digitalisierung. In der Buchbranche geht es hier um die Digitalisierung der Herstellung, also den Workflow vom Manuskript zum Buch, die Digitalisierung des Produkts in verschiedenen Ausgabeformen, die Digitalisierung des Marketings (Stichwort Social Marketing) und die Digitalisierung des Vertriebs in den verschiedenen Kanälen.

Wie in allen Branchen einer modernen Volkswirtschaft stellt die wachsende Bedeutung von Marketing und Vertrieb eine der zentralen Verschiebungen dar. War es zu Zeiten eines Verkäufermarkts für einen Verlag wichtig, aber auch ausreichend, möglichst viele Vertriebskanäle zu bespielen, in denen die Bücher dann irgendwie ihre Käufer fanden, so ist es auf einem Käufermarkt entscheidend, die Kunden für die eigenen Produkte zu gewinnen. Der moderne Marketingbegriff stellt den Kunden und den Kundennutzen in den Mittelpunkt. Daran müssen sich alle Aktivitäten des Unternehmens orientieren.[27] Daraus resultiert konsequenterweise eine deutliche personelle Aus-

Der große Coup und die Rückkehr zu Droemer Knaur 1998–2017

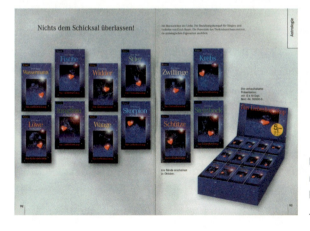

Das Taschenbuchmarketing im Wandel – hier Beispiele aus dem Jahr 2000.

weitung der entsprechenden Abteilungen, um all die Aufgaben erfüllen zu können, die nach der Fertigstellung eines Buchs anfallen (Werbung, Kundenbetreuung, insbesondere Key-Account-Management, Vertreterbetreuung, Messen, Public Relations). Die Bedeutung des Marketings zeigt sich auch in der Tatsache, dass die Holtzbrinck-Verlage heute drei Geschäftsführer (für Programm, Marketing sowie für das Kaufmännische) haben.

Die Fokussierung auf das Marketing schlägt sich bis in die Details der Programmpräsentation gegenüber dem Buchhandel nieder.[28] Für Droemer Knaur führt ein Vergleich der Vorschauen für das Knaur Taschenbuch in den Jahren 2000 und 2016 den Wandel plastisch vor Augen. In der Vorschau Mai bis Oktober 2000 sind je Doppelseite in der Regel drei oder vier Novitäten abgebildet, bei Genrereihen sogar zwölf. Nur Spitzentitel des jeweiligen Monats werden auf drei Seiten hervorgehoben. Am Ende der Vorschau wird das gesamte Halbjahresprogramm mit rund 170 Novitäten als Tabelle zusammenfasst. Die Backlist einzelner Autoren bleibt unberücksichtigt.

Die entsprechende Vorschau des Jahres 2016 präsentiert dem Handel 75 Novitäten, also weniger als die Hälfte. In der Regel werden ein oder zwei Bücher auf einer Doppelseite angeboten. Spitzentitel sind auf vier Seiten herausgehoben. Die Präsentation ähnelt sehr in Struktur und Aufbau der in den Hardcovervorschauen. Der deutlichste Unterschied zur früheren Taschenbuchvorschau ist die Berücksichtigung der Backlist der Novitätenautoren sowie die ausführliche Darstellung der Marketingaktivitäten. Die Vorschau beginnt in diesem Fall sogar mit der Backlistaktion zu zehn Büchern von Sebastian Fitzek. Am Ende der Vorschau werden die 19 Sachbücher im Überblick dargestellt, um sie nicht zwischen der Belletristik verschwinden zu lassen.

*

Was bleibt nach etwas mehr als eineinhalb Jahrzehnten der wechselvollen Geschichte seit Bildung der Verlagsgruppe Droemer Weltbild? Auch ökonomisch war die Geschichte wechselvoll. Nach dem Um-

Der große Coup und die Rückkehr zu Droemer Knaur   1998–2017

Und hier Beispiele aus dem Jahr 2016.

satz im Startjahr von rund 97 Millionen Euro sank dieser nach dem großen Schnitt mit der Aufgabe des großen Weltbild-Programmteils im Jahr 2003 auf knapp 60 Millionen – Zahlen, die nichts über die Rentabilität des Unternehmens aussagen. In den Jahren mit Helmut Kohl, Sabine Kuegler und Iny Lorentz auf den Jahresbestsellerlisten wurden etwas über 70 Millionen Euro umgesetzt. Seither hat sich der Umsatz bei 60 Millionen stabilisiert. Das Taschenbuch war seit 2005 daran kontinuierlich mit über 50 Prozent bei einem Spitzenwert von 60 Prozent im Jahr 2007 beteiligt.

Heute ist durch die größere Bedeutung des Taschenbuchs und die Substituierung von Printumsätzen durch E-Book-Erlöse die Zurechenbarkeit erschwert. Alles in allem bewegt sich der Gesamtumsatz in diesen Segmenten bei verringerter Titelzahl etwa auf dem Niveau von 2008. Die Zahl der jährlichen Novitäten liegt mit einigen Schwankungen seit einigen Jahren bei etwa 500 Titeln, davon in jüngster Zeit rund 250 Taschenbücher und deutlich über 100 Geschenkbücher. Der Verlag beschäftigt seit 2003 zwischen 135 und 150 Mitarbeiter.[29]

Definierte sich Droemer Knaur beziehungsweise die damalige Verlagsgruppe Droemer Weltbild noch mit dem Slogan »gute Unterhaltung, aktuelles Sachbuch, guter Rat«,[30] so sind heute die Schlagworte gute Unterhaltung, aktuelles Sachbuch, bewusste Lebensführung und vielfältiges Geschenkbuch treffend. Dem Publikum und dem Buchhandel präsentiert sich der Verlag auf der Website mit den Marken Droemer, Pattloch Geschenkbuch, O. W. Barth, Knaur Hardcover, Knaur Balance, Knaur MensSana, Knaur Kreativ und Knaur Taschenbuch. Personell sind auf der Ebene der Verlagsleiter Steffen Haselbach für die Belletristik, Margit Ketterle für das Sachbuch bei Droemer und Knaur sowie Carlo Günther für das Pattloch Geschenkbuch und für *Bewusst leben* mit O. W. Barth, *MensSana* und *Knaur Balance* verantwortlich.

In der Geschäftsführung entwickelte der Verlag eine bemerkenswerte personelle Stabilität. Nach anfänglichen schnellen Wechseln in der Leitung des Vertriebs und Marketings[31] sowie auf der Position des kaufmännischen Geschäftsführers[32] bildeten Hans-Peter Übleis als

Von links nach rechts: Christian Tesch, Marketinggeschäftsführer von 2000 bis 2014, sein Nachfolger Bernhard Fetsch (seit 2015) und der kaufmännische Geschäftsführer Josef Röckl (seit 2011).

Verleger und Christian Tesch als Vertriebs- und Marketinggeschäftsführer ein erfolgreiches Duo, ergänzt um den jeweiligen kaufmännischen Geschäftsführer. Tesch verließ 2014 den Verlag, im Jahr darauf übernahm Bernhard Fetsch die Marketingverantwortung. Josef Röckl ist seit 2011 kaufmännischer Geschäftsführer.

Nach über 18 Jahren schied Hans-Peter Übleis Mitte 2017 aus dem Verlag aus. Dazu schrieb das Branchenmagazin *Buchmarkt* im Februar des Jahres: »Hervorgehoben werden müssen die Beharrlichkeit und Kreativität, die Konsequenz und Systematik im unternehmerischen Denken und Handeln, mit der Hans-Peter Übleis jede anstehende Schwierigkeit zu meistern verstand. Er hat, und darin mag er für seine Generation beispielhaft sein, hier wie in seinen früheren Positionen, eine langfristige Einstellung und Unternehmensloyalität wie früher Inhaber-Verleger bewiesen.«[33]

Seine Nachfolge trat zum 1. Juli des Jahres Doris Janhsen (geb. 1961) an. Janhsen begann nach dem Studium der Germanistik und der Amerikanistik 1995 im Münchner Verlagshaus Goethestraße, wo sie zunächst als Lektorin tätig war und danach den List Verlag, später auch den Claassen Verlag leitete. Nach ihrer Zeit bei Droemer Knaur

Geschäftsführung und Verlagsleitung – stehend von links: Carlo Günther (Programm Bewusst Leben / Geschenkbuch), Hans-Peter Übleis, Norbert Stengelin (Herstellung), Steffen Haselbach (Programm Belletristik), Günter Grimm (Controlling), Bernhard Fetsch, Thomas Altmann (IT Services), Josef Röckl. Sitzend von links: Margit Ketterle (Programm Sachbuch), Katharina Ilgen (Presse), Antje Buhl (Vertrieb), Bettina Halstrick (Marketing).

(2004–2006) führte sie den Pendo Verlag und gründete ein Jahr später den literarisch orientierten Fahrenheit Verlag. Sie blieb auch nach dem Verkauf der beiden Verlage an Piper deren Verlagsleiterin. 2010 wechselte sie zur Hamburger Verlagsgruppe Friedrich Oetinger, wo sie zunächst den gleichnamigen Verlag führte und 2014 zur Programmgeschäftsführerin der gesamten Gruppe aufstieg.

Im Herbst 2016 gliederte die Verlagsgruppe von Holtzbrinck das deutsche Buchgeschäft im Bereich der Publikumsverlage unter dem Dach Holtzbrinck Buchverlage neu. Joerg Pfuhl, der frühere Chef von Random House in München, schuf ein gemeinsames Entscheidungsgremium, dem die verlegerischen Geschäftsführer der Verlage angehören und damit die Geschäftsleitung bilden. Das sind Hans-Peter Übleis für Droemer Knaur, Jörg Bong für S. Fischer, Helge Malchow für Kiepenheuer & Witsch sowie Barbara Laugwitz für Rowohlt. Ergänzt wird das Führungsteam durch Peter Kraus vom

Cleff als Chief Operating Officer (COO) und Claudia Häußermann als Chief Financial Officer (CFO), jeweils in Ergänzung zu ihren Geschäftsführungsaufgaben bei Rowohlt beziehungsweise Kiepenheuer & Witsch, sowie durch Uwe Rosenfeld, der als Chief Marketing Officer (CMO) die Vertriebs- und Marketinginitiativen der Gruppe unterstützt. Pfuhl sagte zu dieser Umstrukturierung im Branchenorgan *Buchmarkt:* »Das Erfolgsrezept der Holtzbrinck Verlage bestand immer in einem hohen Grad an Eigenständigkeit – an diesem Rezept wollen wir nichts ändern, aber bei relevanten übergreifenden Themen zusammenarbeiten.«[34]

Verlegerische Geschäftsführerin der Verlagsgruppe Droemer Knaur ist seit 1. Juli 2017 Doris Janhsen.

Bei aller gepflegten Eigenständigkeit der Verlage und bei allen Freiheiten in Sachen Programm ist es das Ziel, Synergieeffekte durch Prozessoptimierung, durch gemeinsame IT-Konzepte, durch gemeinsamen Einkauf von Papier und Druckkapazitäten sowie durch Standardisierungen z. B. der unzähligen Buchformate innerhalb der Gruppe zu erzielen. Zusammengefasst geht es dabei um den Einkauf von externen Leistungen, um die Optimierung interner Prozesse, um eine gemeinsame Konditionenpolitik gegenüber den großen Handelspartnern wie Amazon, Thalia und Hugendubel sowie um Bündelungen vor allem in vertrieblichen Fragen. Diese Neustrukturierung soll die Verlage für die Herausforderungen der kommenden Jahre stärken. Wie sehen diese aus?

In der Produktpolitik wird ein Verlag mit der Geschichte und Programmstruktur von Droemer Knaur weiterhin auf den Autor als Marke setzen – eine Entwicklung, die der Programmgeschäftsführer Karl H. Blessing bereits in den 1980er-Jahren begonnen und mit Noah Gordon zu einem großen Erfolg geführt hatte. Autoren wie Sebastian Fitzek und Iny Lorentz setzen heute diese Ausrichtung eindrucksvoll fort. In der Frage der Programmkreativität dürfte die Akquisition über literarische Agenturen ihr höchstes Level erreicht haben und weitgehend ausgeschöpft sein. Daher muss auch die interne Kreativität gestärkt werden und bei der unternehmerischen Entscheidung von »make or buy« zunehmend das »make« in den Vordergrund rücken. Eine dementsprechende Personalpolitik trägt dazu bei. Eine neue Lektorin oder ein neuer Lektor muss so etwas wie ein »Perlentaucher« abseits der ausgetretenen Trampelpfade sein und zum Beispiel Kompetenz auf anderen Gebieten wie den branchenüblichen mitbringen.

Die Konkurrenz durch das boomende Selfpublishing kann Droemer Knaur gelassen sehen. Nicht nur weil ohnehin über 80 Prozent aller Selfpublisher letztendlich eine Publikation in einem klassischen Verlag anstreben und weil der Verlag über die oben beschriebene Plattform Neobooks an diesem Markt teilhat sowie (in überschaubarem Maß) daraus Titel für das Printprogramm rekrutiert, sondern vor allem weil der Verlag hier auf seine Programmbreite, seine prägende Kraft als Selektionsinstanz und sein Qualitätsversprechen für Autor und Handel setzt.

Neben der permanenten Programmentwicklung wird der Megatrend Digitalisierung die Verlage künftig weiterhin in Atem halten. Zwar gehört Droemer Knaur bei der Digitalisierung des Produkts und der Herstellung zu den Vorreitern und hat hier die Prozesse weitgehend optimiert, doch gilt das nicht in vergleichbarem Maß für die Digitalisierung des Marketings und des Vertriebs. Zwar wurden die personellen Kapazitäten gerade im Social-Media-Marketing ausgebaut, doch bleibt die Branche insgesamt – und damit auch Droemer Knaur – noch weit hinter den Möglichkeiten zurück.

So arbeitet man heute zum Beispiel im Bereich der Vorschauen noch sowohl analog als auch digital (bei somit doppelten Kosten). Zwar ist der Verlag auf vlbTIX, der Plattform des Börsenvereins für elektronische Vorschauen, vertreten, doch ist die Entwicklung dieser Plattform nicht so weit fortgeschritten, dass der Verlag die Möglichkeit hätte, einer Buchhandlung oder einer Buchhandelskette zum Beispiel maßgeschneiderte Vorschauen zu präsentieren, die auf das Käuferpublikum dieser Vertriebspartner zugeschnitten sind. Hier liegt eine wichtige Zukunftsaufgabe.

Entscheidungen im Marketing sind in der Regel in hohem Maß kostenrelevant. Das heißt, der optimale Einsatz der finanziellen Ressourcen wird immer wichtiger. Dem dient die Kooperation des Verlags mit Jellybooks – einer Internetplattform, von der angemeldete Testleser sich ein E-Book kostenlos herunterladen können. Dafür bezahlen die Leser mit ihren Daten. In einem ergänzenden Fragebogen wird beispielsweise abgefragt, ob der Leser das Buch weiterempfehlen wird und wie der Umschlag zum Inhalt des Buchs passt. Diese Daten werden dem auftraggebenden Verlag zur Verfügung gestellt. Die Zahl der Probanden ist so hoch, dass die Ergebnisse statistisch recht valide sind. Diese Methode wird Droemer einsetzen, um zum einen mithilfe der Empfehlungsquote über Marketingbudgets zu entscheiden. Zum anderen soll das recht preisgünstige Verfahren auch für Pretests auf der Ebene der Programmentscheidung sowie der Covergestaltung dienen.

Im Allgemeinen geht die Branche von einer weiteren Verschiebung der Distributionskanäle weg vom klassischen Sortimentsbuchhandel aus. Spannend wird es sein, zu beobachten, wie man als Verlag den hohen Anteil von Amazon am Umsatz im besten Fall sogar zurückführen kann. Nach Branchenberichten hat Amazon mit einem Umsatz von 1,5 bis 1,8 Milliarden Euro einen Anteil von deutlich mehr als 15 Prozent zu Ladenpreisen erreicht und ist damit annähernd doppelt so groß wie die Buchhandelskette Thalia mit geschätzten 980 Millionen Euro Umsatz. Der Sortimentsbuchhandel wird dem Endkunden seine Vorteile gegenüber dem Onlinebuchhandel noch deutlicher machen müssen. Das betrifft vor allem die Intensivierung des emotionalen Einkaufserlebnisses und das Ausspielen der Beratungskompetenz vor Ort. Unterstützend für den Buchhandel wird sich hier die Tendenz zum regionalen und lokalen Einkauf auswirken. Dem tragen Anstrengungen wie die 2012 gestartete Initiative »buy local« im Rahmen des Buchhandels Rechnung. Auf Verlagsseite stehen dementsprechende Anforderungen der stationären Kunden wie zum Beispiel Besuchsrhythmus der Vertreter, Beratungsqualität und zielgerichtete Materialien gegenüber.

Die Intensivierung des Direktverkaufs wird für die Verlage ein zentrales Thema der kommenden Jahre sein. Dabei können diese im Gegensatz zur Diskussion von vor 20 Jahren heute auf ein größeres Verständnis des Sortimentsbuchhandels hoffen. Wie man hier der Konkurrenz von Amazon entgegentreten kann, ist in erster Linie eine Frage der Erhebung der Kundendaten. Die Holtzbrinck-Gruppe hat mit der Plattform Lovelybooks eine gute Grundlage. Lovelybooks ist das größte webbasierte deutschsprachige soziale Büchernetzwerk; es besteht seit 2006. Hier können angemeldete User über die von ihnen favorisierte Literatur diskutieren. Derzeit bietet Lovelybooks 1,5 Millionen Buchtipps, Rezensionen und Buchbewertungen von Lesern für Leser. Die User hinterlassen so digitale Spuren, die durchaus für Endkundenmarketing genutzt werden können.

Ein wichtiges Thema ist schon heute die Visibility. Auf die Verlagsbranche übertragen bedeutet das die Problemlösung für die Frage: Wie findet der Kunde das Buch, das er sucht, und zwar nicht nur beim zielgerichteten Suchen, sondern auch beim Stöbern? Ein entscheidender Punkt ist hier die semantische Suche, also die Suche nach Bedeutungen und Inhalten. Zwar arbeitet der Börsenverein des Deutschen Buchhandels schon seit Längerem an VLB+, einer um Metadaten erweiterten Version des *Verzeichnisses Lieferbarer Bücher*. Ziel ist es, Bücher durch zusätzliche und vertiefende Informationen besser auffind- und damit verkaufbar zu machen. Doch steckt diese Brancheninitiative noch in ihren Anfängen. Droemer Knaur geht daher hier eigene Wege und nutzt die Kompetenz von Holtzbrinck ePublishing (HeP). Im Mittelpunkt steht die semantische Anreicherung von Metadaten. Der Verlag schult die Lektorats- und Marketingmitarbeiter hinsichtlich der Erstellung von Produkttexten der verschiedensten Art. Es kommt dabei auf die Platzierung von *keywords* an, um so die Chance des Auffindens zu erhöhen. Zu dieser Suchmaschinenoptimierung (SEO) gehört auch die Erstellung von Varianten durch Textroboter, um so zu vermeiden, dass die Suchmaschine diese inhaltlichen Doppelungen erkennt und dann aus dem Suchergebnis eliminiert.

Das zentrale Thema der kommenden Jahre wird eine intensivierte

Adressierung der Zielgruppen sein – nicht zuletzt um so der Entwicklung Rechnung zu tragen, dass in der vielfältigen Medienlandschaft von heute die Aufmerksamkeit des Kunden der Engpassfaktor schlechthin geworden ist. Die unmittelbare Adressierung des Endkunden ist für einen Publikumsverlag wie Droemer Knaur deutlich schwieriger als für einen Fachverlag oder einen wissenschaftlichen Verlag. Eine nur auf soziodemografischen Daten basierende Konzeption springt viel zu kurz. Daher setzt Droemer Knaur (wie zum Beispiel auch die Buchhandelskette Thalia) auf das Konzept der Limbic® Types, das Hans-Georg Häusel entwickelt hat.[35] Dieses funktionale Grundmodell von Motiven, Emotionen und Persönlichkeitsstrukturen bricht der Verlag in Schulungen seiner Mitarbeiter bis auf die Ebenen der Programmentscheidung, der Covergestaltung, der sprachlichen Ansprache der Zielgruppen, aber auch der Transferprozesse auf Vertreter und Buchhandel herunter.

Gänzlich unterbelichtet in der Branche sind derzeit noch modernste Entwicklungen des *audience targeting,* der Zielgruppenansprache, wie sie sich zum Beispiel der später siegreiche Kandidat Donald Trump im amerikanischen Präsidentschaftswahlkampf 2016 zunutze gemacht hat. Durch die Analyse der Facebook-Likes eines Users erstellt die Firma Cambridge Analytica Persönlichkeitsprofile, die nach ihren Aussagen von hoher Treffsicherheit sind. Schon aus durchschnittlich 68 Facebook-Likes sollen in den USA mit Wahrscheinlichkeiten von mehr als 85 Prozent Hautfarbe, sexuelle Orientierung und Parteipräferenz vorhersehbar sein.[36] Sicher wird dieses Analyseinstrument und seine Umsetzung in gezielte Werbebotschaften auf absehbare Zeit nicht auf einzelne Titel in der Buchbranche heruntergebrochen werden können, doch zeigt auch dieses Verfahren – wie die Limbic® Types –, welch wichtige Rolle in Zukunft (re)konstruierte Persönlichkeitsprofile bei der Ansprache segmentierter Zielgruppen spielen werden.

So ist es offenkundig, dass die Herausforderungen der kommenden Jahre für eine Verlagsgruppe wie Droemer Knaur eher auf der Seite des Marketings als im Programmbereich liegen.

Die Entwicklung seit 1999 ist durch eine klare Orientierung an den Kernmarken Droemer und Knaur gekennzeichnet. Das gilt auch und gerade für die in der Buchbranche immer wichtiger werdende Bestsellerorientierung. Zwar weist die Entwicklung auch einige Umwege auf, doch diese erhöhen, wie der Volksmund sagt, die Ortskenntnis. Und so ist der Verlag heute in jeder Hinsicht stabil aufgestellt.

Nimmt man als Erfolgsvoraussetzungen für einen Verlag ein profiliertes und verkäufliches Programm, ein exzellentes Marketing, eine effiziente Organisation und solides kaufmännisches Wirtschaften, dann ist Droemer Knaur – von außen betrachtet – gut gerüstet für eine Zukunft in einem enger und schwieriger werdenden Markt.

Das ökonomische Fundament ist gelegt. Nach den »fetten« Jahren 2005 bis 2008, als der Verlag im Jahresbestseller-Ranking des *Buchreports* jeweils den ersten Platz belegte, folgten einige Jahre mit weniger Bestsellern. In den beiden Jahren 2016 und 2017 hat Droemer Knaur wieder an die erfolgreichen Jahre angeschlossen.

NACHWORT

In schöner Alltagssprache und ganz ohne Theorie hat der große Buchhistoriker Robert Darnton das weite Feld des Büchermachens beschrieben: »Bücher betreffen einen so weiten Bereich menschlicher Tätigkeit – alles vom Lumpensammeln bis zur Verkündigung des Wortes Gottes. Sie waren Erzeugnisse handwerklicher Arbeit, Objekte ökonomischen Tauschs, Vehikel von Ideen und Elemente in der religiösen und politischen Auseinandersetzung.«[1] Er weist damit der Forschung die Aufgabe zu, Inhalte und die Materialität der Objekte zu beschreiben und die wirtschaftliche Verflechtung und gesellschaftliche Wirkung zu erforschen.

Dieser weit gespannte, anspruchsvolle Rahmen braucht jedoch für die praktische Verlagsgeschichtsschreibung einen operationalisierbaren Rahmen. In Anlehnung an Werner Plumpe, eine der Koryphäen der Unternehmensgeschichtsschreibung, lassen sich Verlage als »Organisationen zur Risikostrukturierung« beschreiben, »die an sich unwahrscheinliche ökonomische Transaktionen erst ermöglichen«.[2] Fehlende Risikostrukturierung führt zum schnellen Ende einer (Verlags-)Organisation, effiziente Risikostrukturierung in einem höchst komplexen Umfeld wie der Buchbranche liegt bei Verlagen vor, die eine lange Lebensdauer erreicht haben. Dazu gehört ohne Zweifel Droemer Knaur; gleichwohl zählt der Verlag nicht zu den bevorzugten Gegenständen der Forschung wie die Kulturverleger zu Beginn des 20. Jahrhunderts.

Wie wir gesehen haben, war Knaur seit den Anfängen bis in die Weimarer Republik hinein ein Nebenmarktverlag und damit außerhalb des Blickfelds verlagsgeschichtlicher Forschung. Das war nicht zuletzt deshalb der Fall, weil bis in die jüngere Zeit hinein Verlagsgeschichte als Kulturgeschichte geschrieben wurde: »Die Verlage erscheinen in diesen Untersuchungen als organisatorische Gebilde, die abgehoben von den Zwängen der (markt-)wirtschaftlichen Gegebenheiten Bücher und/oder Zeitschriften erscheinen lassen.«[3] Zunehmend jedoch wird Verlagsgeschichte auch als Wirtschaftsgeschichte einerseits und als Distributions- und Kommunikationsgeschichte andererseits verstanden.[4] Das buchwissenschaftliche Credo vom Doppelcharakter des Buchs als Kulturgut *und* Ware hat auch hier Einzug gehalten.[5]

Wenn wir mit Toni Pierenkemper, einem weiteren Spezialisten der Unternehmensgeschichtsschreibung, zwischen »Jubelschriften«, »wissenschaftlich orientierten« und »wissenschaftlichen« Schriften unterscheiden, so nimmt diese Geschichte des Verlags Droemer Knaur für sich in Anspruch, wissenschaftlich orientiert zu sein.[6] Das kann jedoch keine strenge Orientierung an einem wissenschaftlich-theoretischen Ansatz bedeuten, denn Reinhard Wittmann hat zu Recht hervorgehoben, dass eine verlagshistorische Darstellung »sich nach den Quellen zu richten [hat], was einen gewissen Methodenpluralismus und Wechsel der Perspektiven« bedingt.[7]

In unserem Fall ist die Quellenlage eher dürftig und diffus. Durch die starke Beschädigung der Verlagsräume bei dem Bombenangriff im November 1943 ging auch das Verlagsarchiv verloren, sodass aus der Zeit davor keine Dokumente im Verlag erhalten geblieben sind. Wie etliche Publikumsverlage hatte auch Droemer Knaur lange Zeit kein archivalisches Bewusstsein für die eigene Historie.[8] Das spiegelt sich im Zustand des Verlagsarchivs wider. Aus der Ära Willy Droemers finden sich dort außer einigen privaten Materialien und eher zufällig erhalten gebliebenen Dokumenten keine aussagekräftigen Unterlagen. Das gilt in noch höherem Maß für die Zeit der darauf folgenden Verlagsleitungen. Das Bucharchiv ist aus der Zeit vor 1945 teilweise erhalten beziehungsweise rekonstruiert worden, danach ist es relativ vollständig. Das Lektoratsarchiv ist seit den späten 1980er-Jahren in weiten Teilen erhalten, jedoch nicht geordnet. Das gilt auch für Teile der Herstellungsunterlagen, die teilweise seit 1989, ab dem Jahr 2000 vollständig elektronisch archiviert wurden. Gut erhalten und kontinuierlich gepflegt sind das Presse- und das Vertragsarchiv. Im Allgemeinen sind die Unterlagen, vor allem die betriebswirtschaftlichen, nach Ablauf der gesetzlichen Aufbewahrungsfrist – in der Regel zehn Jahre – dem Reißwolf übergeben worden.

So war es ein Teilziel dieser Arbeit, das Verlagsarchiv sowohl hinsichtlich der Buchbestände als auch der Dokumente – soweit es ging –

zu rekonstruieren. Wichtig waren dabei die Unterlagen im Deutschen Buch- und Schriftmuseum in Leipzig, u.a. mit der Sammlung der Buchhändlerischen Geschäftsrundschreiben, sowie die Firmenakten des Börsenvereins im Sächsischen Staatsarchiv in Leipzig. In ihrer Kooperationsbereitschaft waren die amtlichen Archive sehr hilfreich, was von Privatpersonen nicht in allen Fällen behauptet werden kann. Mit einiger Sicherheit kann gesagt werden, dass alle öffentlich zugänglichen Unterlagen sich jetzt in Kopie im Archiv des Verlags befinden, zumindest aber – wie bei umfangreichen Privatnachlässen wie dem von Felix Guggenheim – der Standort bekannt ist. In generöser Weise hat mir dabei David Oels, Berlin, geholfen, indem er mir die Ergebnisse seiner archivalischen Recherchen überlassen hat.

Eine weitere Quelle für diese Darstellung war die Auswertung der Branchenpresse, historisch vor allem das *Börsenblatt des Deutschen Buchhandels,* in jüngerer Zeit auch die Branchenzeitschriften *Buchmarkt* und *Buchreport.* Auf eingehende Zeitzeugeninterviews wurde verzichtet, da sich hier recht schnell die Frage der Ergiebigkeit und der Nachprüfbarkeit der Angaben stellte.

An Vorarbeiten wurden die drei Festschriften von 1951, 1961 und 1971 genutzt, doch blieb hier eine Lücke von fast einem halben Jahrhundert. Sie konnte durch die Skizze der Verlagsgeschichte von Lisa Penner-Moßner und Tanja Wendenius[9] und die kurze Geschichte und Chronologie des Verlags in der Veröffentlichung *50 Jahre Knaur Taschenbuch*[10] geschlossen werden. Wichtig war die Archivdurchsicht und Groberfassung durch die drei Erlanger Buchwissenschaftlerinnen Johanna Heuering, Lisa Hofmann und Vera Kraus im Jahr 2012.

Als »Grundstein« für die Gesamtdarstellung diente die Rekonstruktion des Programms durch Erstellung einer Verlagsbibliografie.[11] Die Hauptarbeit hat hier auf der Basis der (nicht immer zuverlässigen) Deutschen Nationalbibliothek (DNB) Lisa Hofmann geleistet, ergänzt durch intensive Nachforschungen für die Frühzeit des Verlags durch Katharina Muschiol. Hilfsmittel waren neben der DNB der Karlsruher Virtuelle Katalog (KVK) und das Zentralverzeichnis Antiquarischer Bücher (ZVAB). Auf dieser Grundlage ließen sich Produktionsumfang sowie Profil und Image des Verlags und seine Stellung in den jeweiligen historischen Abschnitten rekonstruieren.

Diese Geschichte des Verlags Droemer Knaur leidet – dessen ist sich der Verfasser bewusst – neben der beschränkten Archivsituation unter Defiziten, die zugleich Forschungsdesiderata sind. Es fehlen Studien zur konkreten Branchenentwicklung im Ersten Weltkrieg, vertiefte Untersuchungen zu Vertriebswegen jenseits des etablierten Buchhandels und vor allem zur historischen Entwicklung des Verlagsrechts, besonders des Lizenzrechts. Das ist gerade im Fall des Knaur Verlags bedauerlich, bestand das Programm doch in den Jahren bis zur Mitte der 1920er-Jahre fast ausschließlich aus Lizenzen bereits in anderen Verlagen erschienener Titel oder im Fall der Klassikerausgaben durch Paralleleditionen.

Auch über die Gestalter der Einbände und der Schutzumschläge weiß man recht wenig. Ihre Arbeit wurde eher in den Hintergrund gedrängt.[12] Bei Knaur wurde bis in die Zeit des Dritten Reichs im Impressum nur der Drucker angegeben, danach und bis in die 1970er-Jahre hinein finden sich Angaben zu Satz, Druck und Bindung, nicht aber zum Umschlaggestalter. Heute ist dieser Vermerk selbstverständlich. Da detaillierte Unterlagen fehlen und entsprechende Recherchen weit über Ziel und Zweck dieser Verlagsgeschichte hinausgingen, müssen an dieser Stelle einige summierende Angaben genügen. Für Droemer Knaur arbeiteten seit den 1970er-Jahren das Atelier Blaumeiser und das Atelier Höpfner Thoma, seit Mitte der 1980er-Jahre die Münchner Werbeagentur ZERO. Einzelne Titel wurden an andere Grafiker vergeben oder auch im Verlag selbst entworfen. Die Gestaltung aller Knaur Taschenbücher bis 1971 stammte von dem österreichischen Designer Hermann Rastorfer (1930–2009), der zuvor das Gesicht der Ullstein Taschenbücher geprägt hatte und Verpackungen für die Konsumgüterindustrie entwarf. 1984 übernahm Adi Bachmann die Gesamtausstattung; seit 1990 entwirft ZERO die Knaur Taschenbuchumschläge. Neben einzelnen Grafikern ist heute für das gesamte Programm aus Hardcover und Taschenbuch außer ZERO auch die Münchner Werbeagentur Network! für den Verlag tätig.

Abschließend sei noch gesagt, dass dieser Verlagsgeschichte kein »hagiografischer Impetus«[13] zugrunde liegt und somit die Geschichte des Unternehmens nicht »auf das Walten ›großer Männer‹ unzulässig verkürzt« wird, sondern dass – wo immer entsprechende Unterlagen und Informationen vorlagen – auch wichtige Mitarbeiter in die Darstellung mit einbezogen wurden.[14]

Neben den oben namentlich Genannten sei allen herzlich gedankt, die durch Hinweise, Anregungen und konstruktive Kritik zu diesem Werk beigetragen haben – und nicht zuletzt und ganz besonders den Beteiligten des Droemer-Knaur-Teams von der Verlagsspitze bis zur Archivarin.

ANHANG

ANMERKUNGEN

VORBEMERKUNG

1. Estermann, Monika: Neuere Verlagsgeschichten. In: *Archiv für Geschichte des Buchwesens* 61, 2007, S. 217. Wesentlich differenzierter zur Problematik der Auftragsarbeiten siehe Booth, Charles, u.a.: Accounting for the dark side of corporate history: Organizational culture perspectives and the Bertelsmann case. In: *Critical Perspectives on Accounting* 18, 2007, S. 634 f.
2. Rebenich, Stefan: *C. H. Beck 1763–2013. Der kulturwissenschaftliche Verlag und seine Geschichte*. München 2013 und Wesel, Uwe: *250 Jahre rechtswissenschaftlicher Verlag C. H. Beck 1763–2013*. München 2013.
3. Der C. H. Beck Verlag hatte im Dezember 1933 den jüdischen juristischen Verlag von Otto Liebmann erworben und war damit zu einem der größten juristischen Verlage in Deutschland aufgestiegen. Ob die gezahlte Kaufsumme von 305 000 Reichsmark angemessen war oder nicht, entzweite die beiden Autoren. Während Wesel sie für angemessen hielt, widersprach Rebenich dem deutlich. Beide Autoren konnten ihre Position uneingeschränkt vertreten.

VON DER BUCHBINDEREI ZUM KLASSIKERVERLAG. 1846–1901

1. Böhme, Luise: Bericht über die alte Firma Th. Knaur, Leipzig. Verlagsarchiv Droemer Knaur.
2. Vgl. die detailreiche Darstellung bei Sohl, Klaus (Hg.): *Neues Leipzigisches Geschicht-Buch*. Hg. im Auftrag des Rates der Stadt Leipzig anlässlich des 825jährigen Bestehens der Messestadt Leipzig vom Stadtgeschichtlichen Museum Leipzig. Leipzig 1990, S. 149–166.
3. Lorck, Carl B.: *Die Druckkunst und der Buchhandel in Leipzig in vier Jahrhunderten*. Leipzig 1897, S. 137.
4. Dazu Kofel, Heinrich: *Chronik der Buchbinderinnung zu Leipzig 1544–1894. Zum 350-jährigen Jubiläum*. Leipzig 1894.
5. Helwig, Hellmuth: *Das deutsche Buchbinderhandwerk. Handwerks- und Kulturgeschichte*. Zwei Bde. Stuttgart 1965, Bd. 2, S. 283.
6. Anzeige aus den 1890er-Jahren. Verlagsarchiv Droemer Knaur.
7. *Adressbuch des Deutschen Buchhandels*, 1896, S. 286.
8. Dazu Biesalski, Ernst-Peter: Die Mechanisierung der deutschen Buchbinderei 1850–1900. In: *Archiv für Geschichte des Buchwesens* 36, 1991, S. 1–94.
9. Stümpel, Rolf: Die Revolutionierung der Buchherstellung in der Zeit zwischen 1830 und 1880. In: *Buchhandelsgeschichte* 1987, Heft 2, S. B57–B66.
10. Detailliert dazu Biesalski: Mechanisierung. 1991.
11. Vgl. Knopf, Sabine/Titel, Volker: *Der Leipziger Gutenbergweg. Geschichte und Topografie einer Buchstadt*. Beucha 2001, S. 25.
12. Krüger, Ulrich: Dampfmaschinen in Leipzig 1830–1875. In: Zwahr, Hartmut/Schirmer, Uwe/Steinführer, Henning (Hg.): *Leipzig, Mitteldeutschland und Europa. Festgabe für Manfred Straube und Manfred Unger zum 70. Geburtstag*. Beucha 2000, S. 136 und S. 139.

13. Vgl. Biesalski, Mechanisierung. 1991, S. 35–40 und S. 75–79.
14. Jäger, Georg: Verbindung des Verlagsbuchhandels mit herstellenden Betrieben – der »gemischte Betrieb« und der »Gesamtbetrieb«. In: Jäger, Georg (Hg.): *Geschichte des deutschen Buchhandels im 19. und 20. Jahrhundert. Bd. 1: Das Kaiserreich 1870–1918*, Teil 1. Frankfurt 2001, S. 319 f.
15. Die Anfänge des Th. Knaur Verlages. In: Zöckler, Paul (Hg.): *Im 5. Jahre ihres Bestehens feiert die Droemersche Verlagsanstalt den 50. Geburtstag des Knaur-Buches.* München 1951, S. 19.
16. Knopf, Sabine: *Buchstadt Leipzig. Der historische Reiseführer*. Berlin 2011, S. 3.
17. *Börsenblatt für den Deutschen Buchhandel*, 1875, Nr. 100, S. 1540.
18. Vgl. Sohl (Hg.): *Leipzigisches Geschicht-Buch*. 1990, S. 180–191.
19. Rarisch, Ilsedore: *Industrialisierung und Literatur. Buchproduktion, Verlagswesen und Buchhandel in Deutschland im 19. Jahrhundert in ihrem statistischen Zusammenhang*. Berlin 1976, S. 45.
20. Vgl. Estermann, Monika / Füssel, Stephan: Belletristische Verlage. In: Jäger, Georg (Hg.): *Geschichte des deutschen Buchhandels im 19. und 20. Jahrhundert. Bd. 1: Das Kaiserreich 1870–1918*, Teil 2. Frankfurt 2003, S. 169 f.
21. Bucher, Max, u. a. (Hg.): *Realismus und Gründerzeit. Manifeste und Dokumente zur deutschen Literatur 1848–1880. Mit einer Einführung in den Problemkreis und einer Quellenbiographie*. 2 Bde. München 1981, Bd. 1, S. 167.
22. Kastner, Barbara: Statistik und Topographie des Verlagswesens. In: Jäger (Hg.): *Geschichte des deutschen Buchhandels*. Bd. 1, Teil 2. 2003, S. 301.
23. A. a. O., S. 315. Zur Signatur der Epoche siehe Jäger, Georg: Medien. In: Berg, Christa (Hg.): *Handbuch der deutschen Bildungsgeschichte*. Bd. 4: *1870–1918. Von der Reichsgründung bis zum Ende des Ersten Weltkriegs*. München 1991, S. 473–499.
24. Zu früheren preiswerten Klassikerausgaben vor der Neuregelung des Urheberrechts siehe Estermann / Füssel: Belletristische Verlage. 2003, S. 173–175. Mit seiner Bemerkung, »die Auflagen der Klassiker pendelten sich bald nach 1867 wieder beim alten [= niedrigen] Cottaschen Stand ein«, lässt Reinhard Wittmann in seinem Standardwerk zur *Geschichte des deutschen Buchhandels* (München 1999, S. 269) diesen Markt der Volksausgaben außer Betracht.
25. Noltenius, Rainer: *Dichterfeiern in Deutschland. Rezeptionsgeschichte als Sozialgeschichte am Beispiel der Schiller- und Freiligrath-Feiern*. München 1984, S. 87.
26. Wittmann: *Geschichte des deutschen Buchhandels*. 1999, S. 268.
27. *Börsenblatt für den Deutschen Buchhandel* vom 16. Mai 1868, S. 1304; zit. nach Fouquet-Plümacher, Doris: *Kleist auf dem Buchmarkt. Klassikerausgaben für das Bürgertum*. Hildesheim / Zürich / New York 2014, S. 22.
28. In den Bibliothekskatalogen werden die Knaur-Ausgaben, die durchweg ohne Jahreszahl erschienen sind, auf diese Zeit datiert. Vgl. Fouquet-Plümacher: *Kleist auf dem Buchmarkt*. 2014, S. 140, Anm. 159.
29. Werbebroschüre um 1895. Verlagsarchiv Droemer Knaur. Daraus auch die folgenden Zitate.
30. Die im weiteren Verlauf genannten Beispiele legen nahe, dass auch weitere Knaur-Ausgaben auf Parallelausgaben in anderen Verlagen beruhen. Das könnte nur durch eine aufwendige Recherche belegt werden, die aber für eine Verlagsgeschichte wie die hier vorliegende nicht geleistet werden kann. Auch ist die Fragestellung eher editionswissenschaftlich als buchhandelsgeschichtlich interessant.
31. Siehe Fouquet-Plümacher, Doris: *Katalog*

der Sammlung »Kleist in Klassikerausgaben« im Kleist-Museum, Frankfurt (Oder). Berlin 2014, S. 188–230.
32. Fouquet-Plümacher: *Kleist auf dem Buchmarkt*. 2014, S. 49.
33. A. a. O., S. 139, Anm. 157.
34. Fouquet-Plümacher, Doris: *Klassikerausgaben im nationalen Kulturerbe: Das Beispiel Heinrich von Kleist*. In: http://edocs.fu-berlin.de/docs/receive/FUDOCS_document_000000001249, S. 4.
35. Siehe die entsprechenden Angaben im Karlsruher Virtuellen Katalog. Wie fehlerhaft diese Angaben allerdings teilweise sind, zeigt die Angabe zur genannten Schiller-Ausgabe »Berlin [u. a.]: Knaur, [1892]«: Im Jahr 1892 war der Verlagssitz von Knaur Leipzig.
36. Zur Verzeichnungsqualität der Bibliothekskataloge: Alle vier Einträge im Karlsruher Virtuellen Katalog nennen »Meitze« als Verlag. Die Mutze-Ausgabe ist zwar in der Titelei mit 1880 datiert, auf dem letzten Blatt ist als Jahr aber 1879 vermerkt. Das könnte darauf hinweisen, dass Mutze für die eigene Ausgabe Druckbogen der Knaur-Ausgabe verwendet hat, deren letzte Seite mit der Mutze-Ausgabe identisch ist.
37. Zu den Details des technischen Verfahrens ausführlich Wilkes, Walter: Die Stereotypie. In: Wilkes/Schmidt/Hanebutt-Benz: *Die Buchkultur im 19. Jahrhundert. Bd. 1: technische Grundlagen*. Hamburg 2010, S. 183–214.
38. Zit. nach Fouquet-Plümacher: *Kleist auf dem Buchmarkt*. 2014, S. 27 f.
39. Uhl, Gustav: *Unterrichtsbriefe für Buchhändler. Ein Handbuch der Praxis des gesamten Buchhandels*. 1. Band: *Der praktische Sortimenter*. Leipzig 1903, S. 51 (zit. nach Jäger, Georg: Die kaufmännische Führung des Verlags. Buchführung, Kalkulation, Herstellungskosten). In: Jäger (Hg.): *Geschichte des deutschen Buchhandels im 19. und 20. Jahrhundert*. 2003. Bd. 1, Teil 1, S. 294.
40. »[…] je ein Drittel des Ladenpreises entfiel auf Vertriebskosten und Gewinnspanne des Sortiments, auf Vertriebskosten und Gewinnspanne des Verlags und schließlich auf Herstellungskosten und Honorar« (Wittmann: *Geschichte des deutschen Buchhandels*. 1999, S. 303).
41. Bücher, Karl: *Der deutsche Buchhandel und die Wissenschaft*. Leipzig 1903, S. 228.
42. Vgl. Bry, Gerhard: *Wages in Germany 1871–1945*. Princeton 1960 und Kuczynski, Jürgen: *Darstellung der Lage der Arbeiter in Deutschland von 1871–1900*. Berlin 1962.
43. Bry: *Wages*. 1960, S. 354.
44. A. a. O., S. 52.
45. Zum Warenhausbuchhandel aus zeitgenössischer Sicht vgl. die detaillierte Studie von Lux, Käthe: *Studien über die Entwicklung der Warenhäuser in Deutschland*. Jena 1910, S. 94–142.
46. A. a. O., S. 126.
47. Jäger, Georg: Kaufhausbuchhandel. In: Jäger (Hg.): *Geschichte des deutschen Buchhandels*, Bd. 1, Teil 2. 2003, S. 626.
48. Hansen, Fritz: Der Buchhandel im Warenhaus. In: *Presse, Buch, Papier* 1900, S. 317 f.
49. Uhl: *Unterrichtsbriefe*, S. 398 und 399.
50. Storim, Mirjam: Kolportage-, Reise- und Versandbuchhandel. In: Jäger (Hg.): *Geschichte des deutschen Buchhandels*. Bd. 1, Teil 2. 2003, S. 533.
51. Streissler, Friedrich: *Der Kolportagehandel. Praktische Winke für die Einrichtung und den Betrieb der Kolportage in Sortimentsgeschäften*. Leipzig-Reudnitz 1887, S. 46.
52. Martino, Alberto: *Die deutsche Leihbibliothek. Geschichte einer literarischen Institution (1754–1914). Mit einem zusammen mit Georg Jäger erstellten Verzeichnis der erhaltenen Leihbibliothekskataloge*. Wiesbaden 1990, S. 404–415.
53. Fouquet-Plümacher: *Kleist auf dem Buchmarkt*. 2014, S. 57.

54. Siehe dazu Fetzer, Günther: Der verzögerte Erfolg. Joseph Victor von Scheffel und sein Publikum. In: *Badische Heimat* 56, 1976, Heft 1, S. 27–35.
55. Jäger, Georg: Juristischer Verlag. In: Jäger (Hg.): *Geschichte des deutschen Buchhandels*. Bd. 1, Teil 1. 2001, S. 487 f.
56. Steinen, Helmut von den: *Das moderne Buch*. Berlin 1912.
57. A. a. O., S. 12.
58. A. a. O., S, 33.
59. Franz Pfemfert: Bruchstück einer Unterhaltung. In: *Die Aktion* 4, 1914, Sp. 603.
60. Vgl. Sarkowski, Heinz: Vom Kolportagebuchhandel zur Buchgemeinschaft. Die »Bibliothek der Unterhaltung und des Wissens«. In: Ramsegger, Georg/Schoenicke, Werner (Hg.): *Das Buch zwischen gestern und morgen. Zeichen und Aspekte. Georg von Holtzbrinck zum 11. Mai 1969*. Stuttgart 1969, S. 33. Der Verfasser wollte zwei wissenschaftliche Abschlussarbeiten zum Thema Knaur im *Börsenblatt für den Deutschen Buchhandel* zwischen 1880 und 1900 bzw. 1900 und 1920 vergeben. Doch Voruntersuchungen ergaben, dass Knaur vor allem in den ersten drei Jahrzehnten so gut wie nicht im *Börsenblatt* aufscheint.
61. *Börsenblatt für den Deutschen Buchhandel* vom 18. Juli 1901, S. 5768, vom 25. Juli, S. 5920, und vom 1. August, S. 6072.

»AUCH KNAUR MUSS SEIN, DENN ER IST MÖGLICH.«. 1901–1933

1. *Verlagsveränderungen 1900–1932*. Leipzig 1933, S. 36.
2. *Berlin um 1900. Ausstellung der Berlinischen Galerie in Verbindung mit der Akademie der Künste*. Berlin 1984, S. 19.
3. *Verzeichnis der Mitglieder des Börsenvereins*. Sächsisches Staatsarchiv, Staatsarchiv Leipzig, Nr. 566.
4. Das Unternehmen G. Hendelsohn Geschäfts- und Schriftbücherfabrik existierte wohl nur kurz und taucht nach 1901 nicht mehr in den Adressbüchern auf.
5. Böhme, Luise: *Bericht über die alte Firma Th. Knaur, Leipzig*. Verlagsarchiv Droemer Knaur.
6. Nach dem Krieg wurde das Unternehmen in der DDR 1953 unter offizielle Verwaltung gestellt und 1971 im Rahmen einer Verstaatlichungswelle von der Großbuchbinderei Sperling übernommen.
7. *Adressbuch des Deutschen Buchhandels* 1905, S. 213.
8. Nachweisbar sind zwei schmale Schriften von Theodor Rudert (*Das letzte Wort der Philosophie*, 1904, und *Skizze eines Moralsystems als praktische Grundlage der künftigen Weltreligion*, 1905). Erst 1942 wurde der Geschäftszweig Verlag aufgegeben und die Firma daher im *Adressbuch des Deutschen Buchhandels* gestrichen (*Verlagsveränderungen im deutschen Buchhandel 1937–1943*. Leipzig 1943, S. 14).
9. Pfannkuche, A. H. Th.: *Was liest der deutsche Arbeiter? Auf Grund einer Enquete beantwortet*. Tübingen/Leipzig 1900, Tabelle der am meisten gelesenen Bücher, unpag.
10. Ab 1911 finden sich im Karlsruher Virtuellen Katalog keine Einträge mehr; die Deutsche Nationalbibliothek meldet keinen Treffer.
11. Die letzten in der Deutschen Nationalbibliothek verzeichneten Titel sind unter dem erschlossenen Datum »um 1930« verzeichnet.
12. Der letzte Eintrag in der Staatsbibliothek Berlin, der Ablieferungsstelle für die Pflichtstücke der Bücher, ist mit dem erschlossenen Jahr 1915 verzeichnet.
13. Links, Christoph: *Das Schicksal der DDR-Verlage. Die Privatisierung und ihre Konsequenzen*. Berlin 2009, S. 150.
14. Diese und die folgenden Angaben zu

Kleist-Ausgaben beruhen auf der akribischen Arbeit von Doris Fouquet-Plümacher, die mehr als 400 Kleist-Ausgaben gesammelt und analysiert hat: Fouquet-Plümacher, Doris: *Kleist auf dem Buchmarkt. Klassikerausgaben für das Bürgertum.* Hildesheim/Zürich/New York 2014.
15. Fouquet-Plümacher: *Kleist auf dem Buchmarkt.* 2014, S. 152.
16. A. a. O., S. 152 f.
17. Diese Standortangabe des Verlags findet sich nur in den Büchern, nicht jedoch in Verzeichnissen wie dem *Adressbuch des Deutschen Buchhandels.*
18. Vor allem Schneider, Ute: *Der unsichtbare Zweite. Die Berufsgeschichte des Lektors im literarischen Verlag.* Göttingen 2005.
19. Siehe dazu die einschlägigen Artikel in Jäger, Georg (Hg.): *Geschichte des deutschen Buchhandels im 19. und 20. Jahrhundert.* Bd. 1: *Das Kaiserreich 1870–1918.* 3 Teilbände. Frankfurt a. M. 2001, 2003 und 2010 und Fischer, Ernst/Füssel, Stephan (Hg.): *Geschichte des deutschen Buchhandels im 19. und 20. Jahrhundert.* Bd. 2: *Die Weimarer Republik 1918–1933.* 2 Teilbände. München 2007 und Berlin/Boston 2012.
20. Deutsches Buch- und Schriftmuseum der Deutschen Nationalbibliothek Leipzig, Sammlung Geschäftsrundschreiben. Hervorhebung im Original.
21. *Börsenblatt für den Deutschen Buchhandel,* Nr. 56 vom 8. März 1912, S. 2981 f.
22. *Börsenblatt für den Deutschen Buchhandel,* Nr. 238 vom 11. Oktober 1912, S. 12241.
23. Vgl. Hansen, Fritz: Der Buchhandel im Warenhaus. In: *Presse, Buch, Papier* 1900, S. 318.
24. Ebd.
25. *Börsenblatt für den Deutschen Buchhandel,* 1920, Nr. 85, S. 378 (zit. nach Haug, Christine: Der Warenhausbuchhandel. In: Fischer/Füssel (Hg.): *Geschichte des deutschen Buchhandels.* Bd. 2, Teil 2. 2012, S. 494).
26. Reinhardt, Dirk: *Von der Reklame zum Marketing. Geschichte der Wirtschaftswerbung.* Berlin 1993, S. 437.
27. Storim, Mirjam: Kolportage-, Reise- und Versandbuchhandel. In: Jäger (Hg.): *Geschichte des deutschen Buchhandels.* Bd. 1, Teil 2. 2003, S. 529 f.
28. Fischer/Füssel (Hg.): *Geschichte des deutschen Buchhandels.* 2007 und 2012.
29. Colportage-Buchhandel und Hausirhandel. In: *Fach-Zeitung für den Colportage-Buchhandel und verwandte Geschäftszweige* 8, 1892, Nr. 9, S. 77 f. (zit. nach Scheidt, Gabriele: *Der Kolportagebuchhandel (1869–1905). Eine systemtheoretische Rekonstruktion.* Stuttgart 1994, S. 149 f.). Vgl. auch Haug, Christine/Kruse, Natalie: *Geschichte des Versandbuchhandels. Von seinen Anfängen in den 1860er Jahren bis zur Gegenwart.* Wiesbaden 2004, S. 12 f.
30. Haug/Kruse: *Geschichte des Versandbuchhandels.* 2004, S. 17.
31. Siehe a. a. O., S. 29–36.
32. Karl Bücher hat sich in seinem Buch *Der deutsche Buchhandel und die Wissenschaft* aus dem Jahr 1903 über die Breite des Angebots lustig gemacht. Ein ausführliches Zitat bei Haug/Kruse: *Geschichte des Versandbuchhandels.* 2004, S. 66.
33. Storim: Kolportage-, Reise- und Versandbuchhandel. 2003, S. 540.
34. Die Anfänge des Th. Knaur Verlages. In: Zöckler, Paul (Hg.): *Im 5. Jahre ihres Bestehens feiert die Droemersche Verlagsanstalt den 50. Geburtstag des Knaur-Buches.* München 1951, S. 19.
35. Krieg, Walter: Adalbert Droemer. Erinnerungen eines jüngeren Freundes. In: a. a. O., S. 21. Im Berliner Adressbuch taucht Droemer erstmals 1910 mit dem Wohnsitz in der Potsdamer Straße 123 auf, hier bereits in der Schreibung »Droemer«.
36. Sarkowski, Heinz: Der Verlagsvertreter. Ein historischer Rückblick. In: *Buchhandelsgeschichte* 1993, S. B 95.

37. Zit. nach Mendelssohn, Peter de: *S. Fischer und sein Verlag.* Frankfurt 1970, S. 599.
38. Paschke, Max/Rath, Philipp: *Lehrbuch des Deutschen Buchhandels.* 3. Aufl. Leipzig 1912, Bd. 1, S. 304 (zit. nach Sarkowski: Der Verlagsvertreter. 1993, S. B 95).
39. Banger, Walter: Der Verlagsvertreter. In: Hiller, Helmut/Strauß, Wolfgang (Hg.): *Der deutsche Buchhandel. Wesen, Gestalt, Aufgabe.* Hamburg 1975, S. 176.
40. Fouquet-Plümacher: *Kleist auf dem Buchmarkt.* 2014, S. 193.
41. A. a. O., S. 131 und 212.
42. A. a. O., 153.
43. *Börsenblatt für den Deutschen Buchhandel,* Nr. 97 vom 28. April 1916, S. 496.
44. 1921 schied Martha Hendelsohn als Kommanditistin aus, 1925 Friedrich Maurer. Persönlich haftende Gesellschafter waren nun Erich Henders und Irma Maurer. 1926 wurde die Gesellschafterstruktur etabliert, die bis 1933 bestand. Alle Daten nach den entsprechenden Jahrgängen des *Adressbuchs des Deutschen Buchhandels.*
45. Die Anfänge des Th. Knaur Verlages. In: Zöckler (Hg.): *Im 5. Jahre.* 1951, S. 19.
46. Rosner, Karl: Neue Wege und Aufstieg des Verlages. In: Zöckler (Hg.): *Im 5. Jahre.* 1951, S. 34.
47. Siehe den sehr guten Überblick bei Unger, Thorsten (Hg.): *Weltliteratur – Feldliteratur. Buchreihen des Ersten Weltkriegs. Eine Ausstellung.* Hannover 2015.
48. Zur Situation von Verlagen und Buchhandel im Ersten Weltkrieg siehe Lokatis, Siegfried: Der militarisierte Buchhandel im Ersten Weltkrieg. In: Jäger (Hg.): *Geschichte des deutschen Buchhandels.* Bd. 1, Teil 3. 2010. Die genannten Beispiele dort auf S. 459 f.
49. Grieser, Thorsten: Buchhandel und Verlag in der Inflation. Studien zu wirtschaftlichen Entwicklungstendenzen des deutschen Buchhandels in der Inflation nach dem Ersten Weltkrieg. In: *Archiv für Geschichte des Buchwesens* 51, 1999, S. 7.
50. Detaillierte Zahlen a. a. O., S. 17 und 170.
51. A. a. O., S. 166.
52. So Karl Nötzel in der Einleitung *Die geistige Versorgung des deutschen Volkes* zu Rauch, Karl (Hg.): *Die planmäßige Arbeit zur geistigen Versorgung des deutschen Volkes. 36 Selbstdarstellungen deutscher Verleger.* Dessau 1924, S. 4.
53. Ebd.
54. Fischer, Samuel/Fischer, Hedwig: *Briefwechsel mit Autoren.* Frankfurt 1989, S. 239; der zitierte Kommentar S. 919.
55. Das Geleitwort erschien auch in mehreren Tageszeitungen, zuerst und noch vor Erscheinen des Bands am 23. März 1927 in der *Prager Presse.*
56. Brief Thomas Manns vom 27. Oktober 1928 an Hanns Martin Elster, den Herausgeber der Zeitschrift *Die Horen,* in dem er auf eine Kritik von Winifred Katzin an den *Romanen der Welt* antwortet (*Die Horen* 5, 1929, S. 274).
57. Armbrust, Heinz J./Heine, Gert: *Wer ist wer im Leben von Thomas Mann?.* Frankfurt 2008, S. 163.
58. Brief Manns an Elster, 1929, S. 274.
59. Einen Überblick über die Kritik geben Kaes, Anton (Hg.): *Weimarer Republik. Manifeste und Dokumente zur deutschen Literatur 1918–1933.* Mit einer Einleitung und Kommentaren hg. von A. K. Stuttgart 1983, S. 289 f. und Füssel, Stephan: Belletristische Verlage. In: Fischer/Füssel (Hg.): *Geschichte des deutschen Buchhandels.* Bd. 2, Teil 2. 2012, S. 51–53.
60. Herbert Ihering: Romane der Welt. In: *Berliner Börsen-Courier* vom 24. Mai 1927; zit. nach Kaes (Hg.): *Weimarer Republik.* 1983, S. 290.
61. Zit. nach Füssel: Belletristische Verlage. 2012, S. 52.
62. Vesper, Will: Romane der Welt. In: *Die schöne Literatur* 28, 1927, H. 7, S. 314; zit. nach Kaes (Hg.): *Weimarer Republik.* 1983, S. 292.

63. In: *Der Gral. Monatsschrift für schöne Literatur* 21, 1927, S. 606; zit. nach Füssel: Belletristische Verlage. 2012, S. 52 f. In dem Brief an Hanns Martin Elster berichtet Mann von dem kolportierten Gerücht, er »zöge aus der Romanserie monatlich 60 000 Mark« (Mann an Elster. 1929, S. 274). Gegenüber dem Schriftsteller Rudolf G. Binding erklärt Mann in einem Brief vom 6. April 1927, »dass es materielle Gründe seien, die ihn das Angebot« von Knaur annehmen ließen (Bürgin, Hans/Mayer, Hans-Otto [Hg.]: *Die Briefe Thomas Manns. Regesten und Register*. Band 1. Frankfurt 1977, S. 475).
64. Großmann, Stefan: Frage an Thomas Mann. In: *Das Tagebuch* 8, 1927, S. 754.
65. Großmann, a. a. O., S. 753 und 754.
66. Mann, Thomas: Die Romane der Welt. In: *Das Tagebuch* 8, 1927, S. 856.
67. A. a. O., S. 858.
68. Bürgin/Mayer (Hg.): *Die Briefe Thomas Manns*. 1977, S. 484.
69. A. a. O., S. 480.
70. A. a. O., S. 484.
71. Brief Manns an Elster. 1929, S. 275. Dieser Brief ist ein Dokument der tiefen Verunsicherung Thomas Manns durch die Kritik an seiner Herausgeberschaft. Mann reagiert damit eineinhalb Jahre nach dem Start der Serie auf einen längeren, sehr detailliert und kenntnisreich argumentierenden Text von Winifred Katzin. Die Zeitschrift *Die Horen* hat diese Polemik der für einen New Yorker Verlag in Berlin arbeitenden Engländerin zusammen mit der Antwort Manns in Heft 3 des Jahres 1929 veröffentlicht: »Vielleicht ist dieser Katalog der ›Romane der Welt‹ doch ein Witz, den Thomas Mann in einer Koboldlaune seinem gläubigen Volk vorgesetzt hat« (Katzin, Winifred: Ein literarisches Kuriosum. In: *Die Horen* 5, 1929, S. 273.).
72. Bürgin/Mayer (Hg.): *Die Briefe Thomas Manns*. 1977, S. 490.
73. So die Verlagswerbung. Einige der Kritiker mokierten sich über die »Grellheit« (Stefan Großmann) der Schutzumschläge.
74. Durch die Zeitläufte sind nur noch sehr wenige Bücher mit Schutzumschlag erhalten.
75. *Börsenblatt für den Deutschen Buchhandel*, 1927, Nr. 66, S. 2721 und 2723.
76. *Die literarische Welt*, Nr. 12 vom 25. März 1927, S. 8.
77. Ebd.
78. *Börsenblatt für den Deutschen Buchhandel*, Nr. 180 vom 4. August 1927, S. 6859.
79. Siehe Füssel: Belletristische Verlage. 2012, S. 50.
80. *Börsenblatt für den Deutschen Buchhandel*, Nr. 72 vom 24. März 1928, S. 2809–2815.
81. Wie eine Liste, die vermutlich aus dem Jahr 1939 stammt, dokumentiert, wurden Spannungsromane dieser Art verlagsintern wohl weiterhin unter *Romane der Welt* geführt. Die Liste nennt 162 Titel, ab Position 129 mit einer Ausnahme ausschließlich Bücher von Max Brand und Zane Grey (Verlagsarchiv Droemer Knaur).
82. Bermann Fischer, Gottfried: *Bedroht – Bewahrt. Der Weg eines Verlegers*. Frankfurt 1991, S. 55.
83. Mann, Thomas: *Briefe III*. Frankfurt 2011, S. 418–421. Dort auch alle folgenden Zitate.
84. »Thomas Mann hatte sich im August zum Kauf eines Grundstücks in Nidden an der Kurischen Nehrung entschlossen, wo er bauen wollte.« (Pfäfflin, Friedrich/Kussmaul, Ingrid: *S. Fischer Verlag. Von der Gründung bis zur Rückkehr aus dem Exil*. Marbach 1985, S. 368.)
85. Siehe dazu S. 130.
86. Bermann Fischer: *Bedroht – Bewahrt*. 1991, S. 56–65.
87. Pfäfflin/Kussmaul: *S. Fischer Verlag*. 1985, S. 370.
88. Eugen Diederichs: Arbeitsbericht von der 1. Lauensteiner Tagung: In: *Börsenblatt*

für den Deutschen Buchhandel, 1922, Nr. 235, S. 1397 ff.; zit. nach Brohm, Berthold: Das Buch in der Krise. Studien zur Buchhandelsgeschichte in der Weimarer Republik. In: *Archiv für Geschichte des Buchwesens* 51, 1999, S. 309.
89. Pfäfflin/Kussmaul: *S. Fischer Verlag.* 1985, S. 372.
90. Bry, Carl Christian: *Buchreihen. Fortschritt oder Gefahr für den Buchhandel?.* Gotha 1917, S. 43. Siehe auch Estermann, Monika/Füssel, Stephan: Belletristische Verlage. In: Jäger, Georg (Hg.): *Geschichte des deutschen Buchhandels.* Bd. 1, Teil 2. München 2003, S. 275–283.
91. A. a. O., S. 18.
92. A. a. O., S. 19.
93. Fischer, Samuel: Der Verleger und der Büchermarkt. In: Bermann Fischer, Brigitte/Bermann Fischer, Gottfried (Hg.): *In Memoriam S. Fischer. 24. Dezember 1859–1959.* Frankfurt 1960, S. 14.
94. Bry: *Wages in Germany.* 1960, S. 19.
95. Reinhardt, Dirk: *Von der Reklame zum Marketing. Geschichte der Wirtschaftswerbung.* Berlin 1933, S. 442.
96. Rosner: Neue Wege. 1951, S. 36. Er nennt fälschlicherweise Gerhart Hauptmann statt Thomas Mann als Herausgeber.
97. Nachlass Richard Hamann. Universitätsbibliothek Marburg, W 1932c, 6. Die Expertise stammt von der Graphischen Kunstanstalt Sinsel & Co. Sie liegt als Abschrift vor. Unklar muss bleiben, wer sie in Auftrag gegeben hat.
98. Alle Daten bei Kastner, Barbara: *Der Buchverlag in der Weimarer Republik 1918–1933. Eine statistische Analyse.* München 2005, S. 149 f.
99. Zusammenfassend dazu Brohm: Krise. 1999 und Göpfert, Herbert G.: Die »Bücherkrise« 1927 bis 1929. Problem der Literaturvermittlung am Ende der zwanziger Jahre. In: Raabe, Paul (Hg.): *Das Buch in den zwanziger Jahren.* Hamburg 1978, S. 33–45.
100. Füssel, Stephan: Das Buch in der Medienkonkurrenz. In: *Gutenberg-Jahrbuch* 71 1996, S. 333.
101. Ebd.
102. Kurt Wolff: Der Verleger hat das Wort. In: *Börsenblatt für den Deutschen Buchhandel*, 1927, S. 1366; zit. nach Schneider, Ute: Buchkäufer und Leserschaft. In: Fischer/Füssel (Hg.): *Geschichte des Deutschen Buchhandels.* Bd. 2, Teil 1. 2007, S. 154.
103. Tucholsky, Kurt: Ist das deutsche Buch zu teuer? In: *Die Weltbühne* 24, 1928, H. 6, S. 208–212; zit. nach Tucholsky, Kurt: *Gesammelte Werke 6: 1928.* Reinbek 1975; hier S. 44.
104. Vincentz, Frank: Die Entwicklung der deutschen Bücherpreise. In: *Börsenblatt für den Deutschen Buchhandel*, 1958, S. 265.
105. A. a. O., S. 265, und Bry: *Wages.* 1960, S. 422.
106. Fischer, Samuel: Bemerkungen zur Bücherkrise. In: *Das 40. Jahr. Almanach des Fischer Verlages 1926.* Frankfurt 1926, S. 81; zit. nach Bermann Fischer/Bermann Fischer: *In Memoriam.* 1960, S. 30.
107. Eine detaillierte Analyse der Studie findet sich bei Schneider, Ute: Lektürebudgets in Privathaushalten der zwanziger Jahre. In: *Gutenberg-Jahrbuch* 71, 1996, S. 341–351.
108. A. a. O., S. 351.
109. Füssel, Stephan: Das Buch in der Medienkonkurrenz. 1996, S. 340.
110. Brohm: Das Buch in der Krise. 1999, S. 256.
111. Walter Hofmann: Buchpolitik. Vortrag, gehalten am 17. März 1929 im Alten Theater zu Leipzig anlässlich des »Tages des Buches«; zit. nach a. a. O., S. 296.
112. So Otto August Ehlers in *Westermanns Monatsheften* vom Juni 1933; zit. nach Jeremias, Günther: *Das billige Buch. Entwicklungs- und Erscheinungsformen.* Berlin 1938, S. 50.
113. 1929/30 betrug laut Bilanz der Umsatz des Verlags 3,86 Millionen Mark; 1933/34

nur 833 000 Mark (Füssel: Belletristische Verlage. 2012, S. 12).
114. Bermann Fischer: *Bedroht – Bewahrt. 1991*, S. 59.
115. Göpfert: Die »Bücherkrise«. 1978, S. 42.
116. Zit. nach Brohm: Das Buch in der Krise. 1999, S. 293.
117. Ebd.
118. Dazu ausführlich Mehlis, Urban van: *Die Buchgemeinschaften in der Weimarer Republik. Mit einer Fallstudie über die sozialdemokratische Arbeiterbuchgemeinschaft »Der Bücherkreis«*. Stuttgart 2002.
119. Krieg: Adalbert Droemer. 1951, S. 21.
120. Brohm: Das Buch in der Krise. 1999, S. 240.
121. Vgl. Mehlis, Urban van: Buchgemeinschaften. In: Fischer/Füssel (Hg.): *Geschichte des Deutschen Buchhandels.* Bd. 2, Teil 2. 2012, S. 582–584.
122. Brohm: Das Buch in der Krise. 1999, S. 255 f.
123. Das sind auffallende Ähnlichkeiten zu Ullsteins *Gelben Romanen* bzw. den *Gelben Ullstein-Büchern*. 1926 startete der Ullstein Verlag die Romanserie; die Bände kosteten broschiert drei Mark. Da der Erfolg ausblieb, wurde die Reihe ein Jahr später umbenannt und der (aufgedruckte) Preis auf eine Mark, ab 1932 sogar auf 90 Pfennig reduziert. Zwischen 1927 und 1933 erschienen 169 Bände. Vgl. dazu Göbel, Wolfram: Was tu ich jetzt am Stölpchen-See? Die Erfolgsstory der Gelben Ullstein-Bücher. In: Enderlein, Anne (Hg.): *Ullstein-Chronik 1903–2011.* Berlin 2011, S. 190–197.
124. Harold Effberg, Hans Jacob, Werner Jacobi, Felix Joskey, Josef Kastein, Ernst Klein, Franz Roswalt, Georg Strelisker, Louis de Wohl.
125. Richard Friedenthal nennt in seinen Erinnerungen als Auflage die kaum glaubliche Zahl von 300 000 Exemplaren (Piper, Klaus [Hg.]: *... und unversehens ist es Abend. Von und über Richard Friedenthal*. München 1976, S. 48).
126. Droemer, Adalbert: Warum Mk. 2.85-Dämmerung?. In: *Börsenblatt für den Deutschen Buchhandel*, Nr. 162 vom 16. Juli 1931, S. 676.
127. Krieg: Adalbert Droemer. 1951, S. 29 f.
128. Pecher, Claudia Maria/Stegherr, Marc: Das »Hochland« im Weltbild Ganghofers und seiner Zeit. Eine kulturgeschichtliche Untersuchung. In: Pellengahr, Astrid/Kraus, Jürgen: *Kehrseite eines Klischees. Der Schriftsteller Ludwig Ganghofer.* Thalhofen 2005, S. 73.
129. Berkhan, Carl: Fünfzig Jahre Adolf Bonz & Comp. In: *Zeitschrift des Deutschen Vereins für Buchwesen und Schrifttum. Sondernummer: Jubiläen buchgewerblicher Firmen*, 9, 1926, Nr. 1, S. 1.
130. Richards, Donald Ray: *The German Bestseller in the 20th Century. A Complete Bibliography and Analysis 1915–1940.* Bern 1986, S. 133–135.
131. 1912: *Die Hochzeit von Valeni* – Regie: Adolf Gärtner; 1913: *Die Hochzeit von Valeni* – Regie: Jakob Fleck und Carl Rudolf Friese; 1918: *Der Jäger von Fall* – Regie: Ludwig Beck; 1919: *Gewitter im Mai* – Regie: Ludwig Beck; 1920: *Der Klosterjäger* – Regie: Franz Osten; 1920: *Der Ochsenkrieg* – Regie: Franz Osten; 1921: *Der Mann im Salz* – Regie: Peter Ostermayr; 1921: *Die Trutze von Trutzberg* – Regie: Peter Ostermayr (?), Ernst B. Hey; 1924: *Sklaven der Liebe* – Regie: Carl Boese; 1924: *Die Bacchantin* – Regie: William Karfiol; 1926: *Der Jäger von Fall* – Regie: Franz Seitz senior.
132. Krieg: Adalbert Droemer. 1951, S. 30.
133. Piper (Hg.): *... und unversehens*. 1976, S. 47. Dort auch weitere Details zur Arbeit an *Knaurs Konversations-Lexikon*.
134. Rosner: Neue Wege. 1951, S. 39.
135. Herder, der dritte große und traditionsreiche Anbieter von mehrbändigen Lexika, hatte 1926 den Zweibänder *Der Kleine Herder. Nachschlagebuch über alles für alle* herausgebracht, der 1930 die zweite Auflage erlebte. Das Werk hatte etwa den

doppelten Umfang der Einbänder, war aber mit 40 Mark für die Leinenausgabe erheblich teurer und damit keine Konkurrenz.

136. Oldenbourg, Friedrich: *Buch und Bildung. Eine Aufsatzfolge.* München 1925, S. 93 f.
137. Droemer, Willy: Zum 9. Juni 1976. In: Piper (Hg.): *... und unversehens.* 1976, S. 196 f.
138. Friedenthal, Richard: Das nützlichste Buch in deutscher Sprache. In: Satter, Heinrich (Hg.): *Ein Haus feiert Geburtstag. Droemer Knaur 1901–1961.* München 1961, unpag.
139. Die Entwicklung des Knaur-Verlages. In: Satter (Hg.): *Ein Haus.* 1961, unpag.
140. Willy Droemer in Piper (Hg.): *... und unversehens.* 1976, S. 197.
141. Wetscherek, Hugo (Hg.): *Bibliotheca lexicorum. Kommentiertes Verzeichnis der Sammlung Otmar Seemann,* bearb. von Martin Peche. Wien 2001, S. 316.
142. Richard Friedenthal; zit. nach Wetscherek (Hg.): *Bibliotheca.* 2001 S. 316. Dort auch weitere Stimmen, S. 316 f.
143. Zur »Biographie des großen Biographen« – so der Untertitel – siehe Wagener, Hans: *Richard Friedenthal.* Gerlingen 2002.
144. Droemer: Zum 9. Juni 1976. In: Piper (Hg.): *... und unversehens.* 1976, S. 195.
145. Richard Friedenthal an Willy Droemer, 6. November 1948. Verlagsarchiv Droemer Knaur, Akte Friedenthal.
146. Die jüdischen Vorfahren des Vaters hatten sich bereits in der Generation der Urgroßeltern taufen lassen. Die Reichsschrifttumskammer verlangte aber einen lückenlosen »Ariernachweis« bis 1800 zurück. Die Mutter stammte aus einer Pastorenfamilie. Das immer wieder genannte Datum 1936 stammt aus dem zitierten Brief Willy Droemers. Es ist falsch, da Friedenthal noch 1937 Angestellter des Verlags war. Friedenthal selbst nennt in seinen autobiografischen Aufzeichnungen keine Jahreszahl.
147. Die Ausführungen zu Richard Hamann beruhen auf der akribischen Darstellung von Ruth Heftrig in ihrer Dissertation *Fanatiker der Sachlichkeit* (2014). Sie hat den Nachlass Hamanns detailliert ausgewertet. Alle Einzelbelege finden sich auf den S. 100–108.
148. Auch bei der Preisgestaltung von Hamanns *Geschichte der Kunst* setzte sich die Diskussion um die Niedrigpreispolitik von Knaur fort. Der Schweizer Verleger Eugen Rentsch fuhr im *Börsenblatt für den Deutschen Buchhandel* schweres Geschütz auf und wirft Knaur vor, »eine sinnlose Verschleuderung von geistigen und materiellen Werten, eine Verschleuderung von Substanz, von stillen Reserven« zu unterstützen. Das rufe »eine Verkümmerung unseres Schrifttums, eine allgemeine Verarmung des ganzen Berufsstandes, vor allem des Verlags« hervor (*Börsenblatt für den Deutschen Buchhandel,* Nr. 72 vom 23. März 1933, S. 217).
149. Heftrig: *Fanatiker der Sachlichkeit.* 2014, S. 93. Zu den Versuchen, Übersetzungsrechte zu verkaufen, siehe a. a. O., S. 123–126. Bis 1945 kam nur eine polnische Ausgabe zustande.
150. Richards: *The German Bestseller.* 1986, S. 108 f.
151. Mann: *Briefe III.* 2011, S. 509 f.
152. A. a. O., S. 511.
153. Ebd.
154. Ebd.
155. A. a. O., S. 510.
156. A. a. O., S. 519.
157. A. a. O., S. 520.
158. Ebd.
159. A. a. O., S. 30.
160. Auch findet man den Namen Bruno Frank, doch war der Roman *Trenck,* der 1930 bei Knaur erschien, eine Lizenzausgabe des vier Jahre zuvor bei Rowohlt veröffentlichten Werks.
161. Daten laut der Knaur-Ausgabe Feuchtwanger, Lion: *Jud Süß.* München 1931, S. 4.

162. Zit. nach Barbian, Jan-Pieter: *Literaturpolitik im NS-Staat. Von der »Gleichschaltung« bis zum Ruin.* Frankfurt 2010, S. 42.
163. In dieser Zahl sind auch die Neuauflagen enthalten; ohne diese veröffentlichte Knaur während der Weimarer Republik rund 280 Titel.
164. Alle Zahlen bei Schönrock, Ludwig: Statistische Zahlen über den Deutschen Verlags-Buchhandel. In: *Börsenblatt für den Deutschen Buchhandel,* 1929, Nr. 178, S. 837–843.
165. Nachlass Richard Hamann. Universitätsbibliothek Marburg, W1932c,6.

ZWISCHEN OPPORTUNISMUS, ANPASSUNG UND KOLLABORATION. 1934–1945

1. Betriebsprüfungsbericht des Landesfinanzamts Berlin, Finanzamt Wilmersdorf-Nord, vom 7. April 1938. Historisches Archiv des Börsenvereins des Deutschen Buchhandels in der Deutschen Nationalbibliothek, Frankfurt. Dort auch die folgenden Zitate.
2. In der Forschung finden sich viele Indexzahlen, aber kaum absolute Zahlen.
3. Landesamt für Bürger- und Ordnungsangelegenheiten, Berlin, Registernummer 310120.
4. Anlage 1 zum Sozialgesetzbuch, Sechstes Buch. Siehe www.gesetze im internet.de/sgb_6/anlage_1.html
5. Bajohr, Frank: »Arisierung« als gesellschaftlicher Prozess. Verhalten, Strategien und Handlungsspielräume jüdischer Eigentümer und »arischer« Erwerber. In: Wojak, Irmtrud / Hayer, Peter: *»Arisierung« im Nationalsozialismus. Volksgemeinschaft, Raub und Gedächtnis.* Frankfurt 2000, S. 15. Zum Begriff und als Forschungsüberblick siehe Nietzel, Benno: Die Vernichtung der wirtschaftlichen Existenz der deutschen Juden 1933–1945. Ein Literatur- und Forschungsbericht. In: *Archiv für Sozialgeschichte* 49, 2009, S. 561–613.
6. Bajohr: »Arisierung«. 2000, S. 17.
7. Bajohr, Frank: *»Arisierung« in Hamburg. Die Verdrängung der jüdischen Unternehmer 1933–1945.* Hamburg, 1997, S. 16 f.
8. Bajohr: »Arisierung«. 2000, S. 17. Zum formalen Verfahren sowie zur Kaufpreisermittlung siehe Köhler, Ingo: *Die »Arisierung« der Privatbanken im Dritten Reich. Verdrängung, Ausschaltung und die Frage der Wiedergutmachung.* München 2008, S. 193–201.
9. Für die Verlage fehlt eine Studie, wie sie Ingo Köhler mit seiner Dissertation *Die »Arisierung« der Privatbanken im Dritten Reich* vorgelegt hat. Er unterscheidet zwischen »Arisierung« durch Unternehmen, »Arisierung« durch Einzelpersonen sowie Liquidation und Geschäftsaufgabe (a. a. O., S. 193).
10. Barbian, Jan-Pieter: Die organisatorische, personelle und rechtliche Neuordnung des deutschen Buchhandels. In: Fischer, Ernst / Wittmann, Reinhard (Hg.): *Geschichte des deutschen Buchhandels.* Bd. 3: *Drittes Reich,* Teil 1. Berlin / Boston 2015, S. 85.
11. Zit. nach Barbian: a. a. O., S. 111.
12. Einzelheiten dazu bei Barbian: a. a. O., S. 110–122.
13. Barbian, Jan-Pieter: *Literaturpolitik im »Dritten Reich«. Institutionen, Kompetenzen, Betätigungsfelder.* München 1995, S. 577.
14. Vgl. auch das Beispiel der Rosenthal AG bei Lillteicher, Jürgen: *Raub, Recht und Restitution. Die Rückerstattung jüdischen Eigentums in der frühen Bundesrepublik.* Göttingen 2007, S. 180–183.
15. Im März 1939 forderte das Reichswirtschaftsministerium auf, den Begriff »Arisierung« durch »Entjudung« zu ersetzen, ohne dass sich »Entjudung« in der nationalsozialistischen Behördentermi-

nologie eindeutig hätte durchsetzen können (Bajohr: »Arisierung«. 2000, S. 15 f.).
16. Eidesstattliche Erklärung von William Hendelson. Landesamt für Bürger- und Ordnungsangelegenheiten, Berlin, Registernummer 310120.
17. Bajohr: »Arisierung«. 2000, S. 315–319.
18. Nietzel: Die Vernichtung. 2009, S. 583.
19. Köhler: Die »Arisierung«. 2008, S. 193 und S. 324.
20. Vgl. auch die Parallelen in der Geschichte des Beck-Verlags. Dessen Historiograf Stefan Rebenich zählt Heinrich Beck zu den »stillen Teilhabern« des nationalsozialistischen Regimes, »der keinen Druck auf den jüdischen Verkäufer ausübte und die Transaktion juristisch korrekt abwickelte, aber letztlich doch im eigenen ökonomischen Interesse« das Unternehmen erwarb (Rebenich, Stefan: C. H. Beck 1763–2013. Der kulturwissenschaftliche Verlag und seine Geschichte. München 2013, S. 373).
21. Verlagsveränderungen im deutschen Buchhandel 1933–1937. Leipzig 1937, S. 11.
22. Weitere Details in der Akte zum Wiedergutmachungsverfahren im Landesamt für Bürger- und Ordnungsangelegenheiten, Berlin, Registernummer 64654. Dort auch die Steuererklärungen der Jahre 1933 sowie 1935–1937.
23. Hepp, Michael (Hg.): Die Ausbürgerung deutscher Staatsangehöriger 1933–45 nach den im Reichsanzeiger veröffentlichten Listen. Bd. 1. München 1985.
24. Sarkowicz, Hans / Mentzer, Alf: Literatur in Nazi-Deutschland. Ein biografisches Lexikon. Hamburg / Wien 2002, S. 17.
25. Hederich, Karl Heinz: Parteiamtliche Prüfungskommission und Buch. In: Langenbucher, Hellmuth (Hg.): Die Welt des Buches. Eine Kunde vom Buch. Ebenhausen 1938, S. 193 f. Eine umfassende Darstellung der beteiligten staatlichen Behörden findet sich bei Barbian, Jan-Pieter: Literaturpolitik im NS-Staat. 2010, S. 81–140.
26. Basierend auf Barbian: Literaturpolitik im »Dritten Reich«. 1995 und Barbian: Literaturpolitik im NS-Staat. 2010 hat Thomas Keiderling 2013 diese Phasen prägnant zusammengefasst (Keiderling, Thomas: Strategisches Unternehmerverhalten im Dritten Reich. Eine Fallstudie zum Konzern Koehler & Volckmar AG & Co. In: Saur, Klaus G. [Hg.]: Verlage im »Dritten Reich«. Frankfurt 2013, S. 112–115).
27. Silomon, Karl H.: Die erste Arbeitswoche der Verlagsvertreter in der Reichsschrifttumskammer. In: Börsenblatt für den Deutschen Buchhandel, Nr. 140 vom 20. Juni 1939.
28. Aus SS-Akten über Karl Thulke, der seit 1933 der SS angehörte; zit. nach Barbian: Die organisatorische, personelle und rechtliche Neuordnung. 2015, S. 108.
29. Zit. nach Vinz, Curt: Die Aufgaben des Verlagsvertreters im Dritten Reich. Ein Zeitzeugenbericht. In: Buchhandelsgeschichte 1993, Heft 2, S. B 66.
30. Vinz: a. a. O., S. B67. Bei diesen Äußerungen ist zu berücksichtigen, dass Vinz seinen Zeitzeugenbericht 1993 veröffentlichte.
31. Anordnung des Präsidenten. In: Liste des schädlichen und unerwünschten Schrifttums. Stand vom 31. Dezember 1938 und Jahreslisten 1939–1941. Vaduz 1979, unpag.
32. Anordnung zur Förderung guter Unterhaltungsliteratur. In: Karl-Friedrich Schrieber (Hg.): Das Recht der Reichskulturkammer. Bd. 3. Berlin 1936, S. 125 f.
33. Akte Knaur, Blatt 131–139. Bundesarchiv Berlin, Akte Reichsschrifttumskammer R 56-V.
34. Zit. nach Barbian: Die organisatorische, personelle und rechtliche Neuordnung. 2015, S. 149.
35. Detailliert bei Wittmann, Reinhard: Verlagsbuchhandel. In: Fischer, Ernst /

35. Wittmann, Reinhard (Hg.): *Geschichte des deutschen Buchhandels im 19. und 20. Jahrhundert*. Bd. 3: *Drittes Reich,* Teil 1. Berlin/Boston 2015, S. 296 f. und Strothmann, Dietrich: *Nationalsozialistische Literaturpolitik. Ein Beitrag zur Publizistik im Dritten Reich*. Bonn 1960, S. 358.
36. Wittmann: a. a. O., S. 297.
37. In seinem *Geheimreport* charakterisierte ihn Carl Zuckmayer als »boshaft, neidisch, unehrlich, gesinnungslos und eitel. [...] ein inferiorer und subalterner Schreibsklave« (Göttingen 2002, S. 101).
38. Hesse, Hermann/Mann, Thomas: *Briefwechsel*. Hg. von Anni Carlsson und Volker Michels. Dritte erw. Ausgabe. Frankfurt 1999, S. 122 und S. 126. Aufschlussreich, dass Thomas Mann hier nicht die *Romane der Welt* erwähnt.
39. Schneider, Tobias: Bestseller im Dritten Reich. Ermittlung und Analyse der meistverkauften Romane in Deutschland 1933–1944. In: *Vierteljahrshefte für Zeitgeschichte* 2004, Heft 1, S. 84.
40. A. a. O., S. 80–86.
41. Adam, Christian: *Lesen unter Hitler. Autoren, Bestseller, Leser im Dritten Reich*. Berlin 2010, S. 201.
42. Zit. nach Barbian: *Literaturpolitik im »Dritten Reich«*. 1995, S. 449.
43. Joseph Goebbels im Tagebuch vom Februar 1942; zit. nach Strothmann: *Nationalsozialistische Literaturpolitik*. 1960, S. 188. *Der Mythus des 20. Jahrhunderts* (1930) war das Hauptwerk von Alfred Rosenberg, dem kulturpolitischen Widersacher von Goebbels.
44. Zur US-amerikanischen Literatur im nationalsozialistischen Deutschland siehe Barbian, Jan-Pieter: Zwischen Faszination und Verbot. US-amerikanische Literatur im nationalsozialistischen Deutschland. In: Saur, Klaus: *Verlage im »Dritten Reich«*. 2013, S. 133–164, vor allem S. 148–157.
45. Barbian, Jan-Pieter: Leser und Leserlenkung. In: Fischer/Wittmann (Hg.): *Geschichte des deutschen Buchhandels*. Bd. 3, Teil 1. 2015, S. 209.
46. *Verzeichnis deutscher und nordamerikanischer Schriftsteller*. Leipzig 1942.
47. Siehe dazu Sturge, Kate: *»The Alien Within«. Translation into German during the Nazi Regime*. München 2004.
48. A. a. O., S. 71.
49. Müller, Karl Alexander von/Rhoden, Peter Richard (Hg.): *Knaurs Weltgeschichte*. 1935, S. 7.
50. A. a. O., S. 818 f.
51. *Liste der auszusondernden Literatur*. Berlin 1946 mit Nachträgen 1948 und 1953.
52. Rosner, Karl: Neue Wege und Aufstieg des Verlages. In: Zöckler (Hg.): *Im 5. Jahre*. 1951, S. 43.
53. Fechter, Paul: *Dichtung der Deutschen. Eine Geschichte der Literatur unseres Volkes von den Anfängen bis zur Gegenwart*. Berlin 1932, S. 798.
54. Fechter, Paul: *Geschichte der deutschen Literatur. Von den Anfängen bis zur Gegenwart*. Berlin 1941, S. 741.
55. A. a. O., S. 758. In seinem *Geheimreport* kommt Carl Zuckmayer zu einer überraschend positiven Einschätzung: »Fechter ist ein gradliniger, einfacher, in seinem Denk- und Phantasieradius begrenzter Kopf [...] – mit einem Bildungsniveau, das sich von Rosenberg-Mythen nicht einnebeln lässt, und mit einem unantastbar sauberen Charakter« (Göttingen 2002, S. 110).
56. *Liste der auszusondernden Literatur*. Berlin 1953.
57. Die folgende Darstellung beruht auf der Schilderung durch Gottfried Bermann Fischer. Inwieweit die Einzelheiten von ihm den Tatsachen entsprechend dargestellt wurden, lässt sich nicht nachprüfen, da keine weiteren Dokumente zu diesem Vorgang erhalten geblieben sind. Die folgenden Zitate bei Bermann Fischer, Gottfried: *Bedroht – Bewahrt. Wege eines Verlegers*. Frankfurt 1991, S. 148–153.

58. Verlagsarchiv Droemer Knaur, Vertragsakten.
59. Es mag ein kalendarischer Zufall sein, doch am 31. Oktober 1938, also wenige Tage vor dem Telefonat des Knaur-Anwalts mit Bermann Fischer, erfolgte die Anweisung des Propagandaministeriums, den stark überschuldeten Verlag zu liquidieren. Im Lauf der Verhandlungen zeigte auch Knaur Interesse an der Übernahme von Beständen und Rechten (Dahm, Volker: *Das jüdische Buch im Dritten Reich.* 2. überarb. Aufl. München 1993, S. 136–139).
60. Nach den damaligen Branchenusancen entspricht eine Auflage 1000 Exemplaren.
61. Seit 1936 war Peter Suhrkamp Leiter des S. Fischer Verlags. Um das Unternehmen im »Dritten Reich« fortführen zu können, benannte er ihn in Suhrkamp Verlag vormals S. Fischer um. Die Verlage S. Fischer und Suhrkamp trennten sich 1950.
62. Über Ruth Koser-Michaëls und die Zusammenarbeit mit ihrem Mann Martin Koser (1903–1971) siehe Blunck, Jürgen (Hg.): *Beseelte brüderliche Welt. Gedenkschrift für Hans Friedrich Blunck 1888–1988.* Husum 1988, S. 131–146.
63. Krieg, Walter: Adalbert Droemer. Erinnerungen eines jüngeren Freundes. In: Zöckler (Hg.): *Im 5. Jahre.* 1951, S. 25. Siehe auch die 1941 bei der Reichsschrifttumskammer beantragten Nachdruckquoten (dazu unten S. 254 f.).
64. Berendsohn, Walter A.: *Die humanistische Front. Einführung in die deutsche Emigranten-Literatur. Teil 1: Von 1933 bis zum Kriegsausbruch 1939.* Zürich 1946, S. 32.
65. Scholz, Kai-Uwe: Chamäleon oder Die vielen Gesichter des Hans Friedrich Blunck. Anpassungsstrategien eines prominenten NS-Kulturfunktionärs vor und nach 1945. In: Fischer, Ludwig, u.a. (Hg.): *Studien zur literarischen Kultur in Hamburg.* Hamburg 1999, S. 153. Dort auch eine eingehende Darstellung, wie Blunck nach dem Zweiten Weltkrieg versuchte, seine Rolle im nationalsozialistischen Deutschland umzudeuten.
66. Barbian: Die organisatorische, personelle und rechtliche Neuordnung. 2015, S. 55, Anm. 238.
67. *Liste der auszusondernden Literatur* 1946, 1948a, 1948b, 1953.
68. Brief vom 1. August 1937 von Hans Friedrich Blunck an einen Herrn Schirmer, Abteilung VIII des Reichsministeriums für Volksaufklärung und Propaganda. Bundesarchiv Berlin, Akte Reichsschrifttumskammer.
69. Brief vom 14. August 1937 von Hans Friedrich Blunck an Karl Baur. Bundesarchiv Berlin, Akte Reichsschrifttumskammer.
70. Helmuth Langenbucher: *Volkhafte Dichtung der Zeit.* Berlin 1933 sowie weitere Kanonisierungsschriften. Vgl. dazu Barbian: Leser und Leserlenkung. 2015, S. 197–205.
71. Dabei mag eine Rolle gespielt haben, dass Göring mit einer schwedischen Adeligen verheiratet war.
72. In diesem Schreiben vom 1. August 1937 schildert Hans Friedrich Blunck die Vorgänge im Rückblick. Er war vom Propagandaministerium aufgefordert worden, »über den Fall Munthe zu berichten«. Blunck hat sich in Briefen vom 5. und 7. August sowie vom 1. Oktober des Jahres an Droemer weiterhin um die Angelegenheit gekümmert.
73. Zit. nach Barbian: *Literaturpolitik im NS-Staat.* 2010, S. 364.
74. Zit. nach Bühler, Hans-Eugen/Kirbach, Klaus: Die Wehrmachtsausgaben deutscher Verlage von 1939–1945. Teil 1: Feldpostausgaben zwischen 1939 und 1945 und die Sonderaktion Feldpost 1942. In: *Archiv für Geschichte des Buchwesens* 50, 1998, S. 258.
75. A.a.O., S. 260–262.
76. A.a.O., S. 266.
77. Friedländer, Saul, u.a.: *Bertelsmann im*

Dritten Reich. Unter Mitarbeit von Hans-Eugen Bühler u.a. München 2002, S. 427 und 430 f.
78. Bühler/Kirbach: Die Wehrmachtsausgaben. 1998, S. 261.
79. Adam: *Lesen unter Hitler*. 2010, S. 295.
80. Wittmann: Verlagsbuchhandel. 2015, S. 366.
81. Hederich: Parteiamtliche Prüfungskommission und Buch. 1938, S. 209.
82. Barbian: *Literaturpolitik im »Dritten Reich«*. 1995, S. 174.
83. So eine Anweisung des stellvertretenden Vorsitzenden der PPK, Karl-Heinz Hederich; zit. nach Barbian: a.a.O., S. 174.
84. Friedenthal, Richard: Das nützlichste Buch in deutscher Sprache. In: Satter, Heinrich (Hg.): *Ein Haus feiert Geburtstag. Droemer Knaur 1901–1961*. München 1961, unpag.
85. *Börsenblatt für den Deutschen Buchhandel* vom 2. November 1933, S. 5119.
86. Rosner: Neue Wege. 1951, S. 33.
87. Hiron, Peter (Hg.): *Knaurs Gesundheits-Lexikon*. Berlin 1940, S. 52 f. Richard Friedenthal verwechselt hier offenkundig die beiden Auflagen, wenn er über die Löbel-Fassung etwas von oben herab schreibt: »Das Buch war freilich eher eine Sammlung von sehr gescheiten und auch sehr nützlichen Plaudereien, [...]« als ein Lexikon (Friedenthal, Richard: Das nützlichste Buch in deutscher Sprache. München 1961, unpag.).
88. Riedel, Johannes (Hg.): *Knaurs Welt-Atlas*. Berlin 1936, S. 5.
89. A.a.O., S. 71.
90. Heftrig, Ruth: *Fanatiker der Sachlichkeit. Richard Hamann und die Rezeption der Moderne in der universitären deutschen Kunstgeschichte 1930–1960*. Berlin/Boston 2014, S. 123.
91. A.a.O., S. 128.
92. Das anonyme Gutachten wurde am 21. September 1937 vom Amt für Schrifttumspflege der NSDAP an die Reichsschrifttumskammer mit der Bitte übersandt, »zu überprüfen, ob hier nicht ein Verbot angebracht wäre« (Bundesarchiv Berlin, R 56-V, Archivnummer 256).
93. Heftrig: *Fanatiker der Sachlichkeit*. 2014, S. 211.
94. Zit. nach Barbian: Die organisatorische, personelle und rechtliche Neuordnung. 2015, S. 113.
95. Siehe dazu Barbian: *Literaturpolitik im NS-Staat*. 2010, S. 114–117.
96. Alle Zitate im Folgenden, soweit nicht anders vermerkt, aus der Akte Th. Knaur Nachf., Bundesarchiv Berlin, R 9361_V, Archivnummer 24 887.
97. Bundesarchiv Berlin, Signatur DY/30/IV. As/2.024/77. Um sich selbst abzusichern, bot Blunck an, den mit Droemer geschlossenen Vertrag über das *Sagen*-Buch zu lösen, »falls keine angemessene Klärung im Sinne der Wünsche der Reichsschrifttumskammer erfolgt«. Gleichzeitig dachte er aber im eigenen Interesse an die »gewünschten kindertümlichen Bücher der deutschen Märchen und Sagen«, die »billig und gut unserem Volk zuzuführen« seien. Er hielt fest, »dass an sich keine Bedenken bestehen, wenn ich diese Bestrebungen im Rahmen Ihrer Wünsche fortsetze«. Das *Sagen*-Buch erschien 1938, das *Märchen*-Buch 1942 bei Knaur.
98. Zur Frage, welcher Personenkreis unter die »Entjudung« in Verlagen und Buchhandel fiel, siehe ausführlich Dahm: *Das jüdische Buch*. 1993, S. 100–105.
99. Akte Karl Rosner, Bundesarchiv Berlin, R 9361-V, Archivnummer 32 822. Aus der Akte geht auch hervor, dass Rosner bereits in einem Schreiben vom 18. Mai 1936 an den Bund Reichsdeutscher Buchhändler als »Nichtarier« im Knaur Verlag genannt worden ist. Dort erscheint ferner der Hinweis, dass Adalbert Droemer »jüdisch versippt« und seine Ehefrau Jüdin sei. Der Empfänger des Briefs wird aufgefordert, seine »Judenliste zu vervollständigen«.
100. Vgl. dazu S. 156, Anm. 146 im vorherigen Kapitel.

101. In diesem Zusammenhang nennt Droemer die Zahl von 119 Angestellten. Der Verlag hatte zu diesem Zeitpunkt 19 Angestellte, wie der oben zitierte Steuerbericht von 1938 ausweist. Es handelt sich hier entweder um einen Schreibfehler Bluncks oder um eine Fehlinformation Droemers, um so den Anteil der jüdischen Mitarbeiter zu relativieren. Auch die Formulierung Bluncks, Droemer habe »in seiner Gefolgschaft eine unverhältnismäßig große Anzahl jüdischer Angestellter«, kann sich nur auf eine Zahl von rund 20 Beschäftigten beziehen. Im Auskunftsbogen für die Reichsschrifttumskammer vom 11. März 1937 gab der Verlag 20 Angestellte an.
102. Es handelte sich um Erich Henders.
103. Steuerbericht vom 4. Februar 1941, S. 10 und 4. Historisches Archiv des Börsenvereins des Deutschen Buchhandels in der Deutschen Nationalbibliothek, Frankfurt. Steuerakten Drittes Reich.
104. *Börsenblatt für den Deutschen Buchhandel*, Nr. 208 vom 7. September 1939, S. 642.
105. Krieg: Adalbert Droemer. 1951, S. 30.
106. A.a.O., S. 26.
107. Friedenthal, Richard: Erinnerung und Glückwunsch. In: Simmel, Johannes Mario (Hg.): *Grüße und Wünsche zum sechzigsten Geburtstag und zum fünfundzwanzigjährigen Bestehen der Droemerschen Verlagsanstalt*. München 1971, S. 89.
108. In dem oben zitierten Brief vom 24. August 1937.
109. Friedenthal: Erinnerung. 1971, S. 88.
110. Droemer, Willy: Zum 9. Juni 1976. In: Piper, Klaus (Hg.): *... und unversehens ist es Abend. Von und über Richard Friedenthal*. München 1976, S. 195.
111. Krieg: Adalbert Droemer. 1951, S. 25.
112. Fröhlich, Erwin/Pichler, J. Hanns: *Werte und Typen mittelständischer Unternehmer*. Berlin 1988, S. 59. Vgl. auch Fetzer, Günther: Rolf Heyne, ein patriarchalischer, pragmatischer Macherstratege. In: Rautenberg, Ursula (Hg.): *Jahresbericht der Erlanger Buchwissenschaft*. Erlangen 2016, S. 42–49.
113. Bei eigenhändigen Unterschriften schwankte in den Jahren 1939 und 1940 die Schreibung zwischen »Drömer« und »Droemer«.
114. Brief vom 14. August 1937 von Hans Friedrich Blunck an Karl Baur. Bundesarchiv Berlin, Akte Reichsschrifttumskammer.
115. Ebd.
116. Das *Munzinger-Archiv* nennt das Jahr 1939, Paul Zöckler spricht von 1940.
117. Heute Iwano-Frankiwsk in der Westukraine.
118. Die christlich geprägte Autorin stand dem nationalsozialistischen Regime zwar distanziert gegenüber, bediente aber mit ihren Werken, die sich auf entsprechenden Empfehlungslisten fanden, durchaus NS-Schemata. Daher standen die Bücher nach Kriegsende auf dem Index.
119. Schreiben Zöcklers an die Reichsschrifttumskammer vom 1. Juni 1939. Akte Paul Zöckler. Bundesarchiv Berlin, R 9361-V, Archivnummer 12255.
120. Breitenkamp, Paul: *Künder deutscher Einheit. Das Leben Ernst Moritz Arndts*. Berlin 1939, S. 3. Hervorhebung GF.
121. Akte Paul Zöckler. Bundesarchiv Berlin, R 9361-V, Archivnummer 12255.
122. So stellt Zöckler das auch in einem Schreiben vom 19. November 1942 an die Reichsschrifttumskammer dar (ebd.).
123. Droemer, Willy, Meine Mitarbeiter. In: Zöckler (Hg.): *Im 5. Jahre*. 1951, S. 86.
124. Akte Paul Zöckler. Bundesarchiv Berlin, R 9361-V, Archivnummer 12255.
125. Zöckler, Paul: Die Zeit des Krieges – ein Interregnum. In: Zöckler (Hg.): *Im 5. Jahre*. 1951, S. 48.
126. A.a.O., S. 47.
127. A.a.O., S. 48.
128. Ebd.
129. »Auf behördliche Veranlassung verlegte die Firma ihren Geschäftssitz am

1.11.1939 von der Pragerstr. 14 in Wilmersdorf nach der Passauerstraße 3 in Charlottenburg« (Steuerbericht 4. Februar 1941, S. 3). Weshalb diese Anordnung erfolgte, ist unbekannt. Zöckler bestätigt den angeordneten Umzug, nennt aber das Jahr 1940 (Zöckler: Die Zeit des Krieges. 1951, S. 48).
130. Als Anzeige dreimal im Dezember 1943 im *Börsenblatt für den Deutschen Buchhandel* veröffentlicht.
131. Barbian: Die organisatorische, personelle und rechtliche Neuordnung. 2015, S. 151 f.
132. Zöckler: Die Zeit des Krieges. 1951, S. 49.
133. Barbian, Jan-Pieter: Der Buchmarkt: Marktordnung und statistische Marktdaten. In: Fischer/Wittmann (Hg.): *Geschichte des deutschen Buchhandels*. Bd. 3, Teil 1. 2015, S. 177. Da es in dieser Zeit noch keine Buchhandelsketten gab, sind das Verlage, abzüglich einiger großer Zwischenbuchhändler.
134. In einem Fragebogen der Reichsschrifttumskammer vom 11. März 1937 wurden nach unten abweichende Umsätze angegeben: 1934: 1 540 022 Mark; 1935: 1 915 250 Mark; 1936: 2 234 677 Mark.
135. Vgl. Friedländer u. a.: *Bertelsmann im Dritten Reich*. 2002, S. 568.
136. Die Zahlen des C. H. Beck Verlags, München, sind nicht ohne Weiteres vergleichbar, da hier die Bilanzsumme, nicht aber der Umsatz genannt ist. In den Jahren 1934 bis 1939 erreichte Beck im Durchschnitt 50 Prozent der Bilanzsumme von Knaur. Der Reingewinn des Münchner Unternehmens lag in den ersten Jahren des Vergleichszeitraums in absoluten Zahlen bei rund 10 Prozent des Knaur-Gewinns und erreichte 1939 den Höchststand mit 43 Prozent.
137. Brief von Paul Zöckler vom 4. Juli 1941 an die Reichsschrifttumskammer. Bundesarchiv Berlin, Akte Reichsschrifttumskammer, Paul Zöckler.
138. Barbian: Der Buchmarkt. 2015, S. 179, und Wittmann: Verlagsbuchhandel. 2015, S. 365–368.
139. Beide Zitate nach Wittmann: a. a. O. 2015, S. 368.
140. Bertelsmann steigerte zwischen 1933 und 1941 den Umsatz um das Siebenfache, die Gewinne verdreißigfachten sich. Die Umsatzrendite erreichte ihren Spitzenwert 1943 mit 61,9 Prozent (Friedländer u. a.: *Bertelsmann im Dritten Reich*. 2002, S. 430 und 584).
141. Bestätigung durch Karl Heinrich Bischoff vom 18. Oktober 1939 (Akte Th. Knaur. Nachf. Bundesarchiv Berlin, R 9361-V, Archivnummer 24 887).
142. Die gesamte Liste bei Bühler, Hans-Eugen: *Der Frontbuchhandel 1939–1945. Organisationen, Kompetenzen, Verlage, Bücher. Eine Dokumentation*. Frankfurt am Main 2002, S. 76–80.
143. Wittmann: Verlagsbuchhandel. 2015, S. 296.
144. Die weitverbreitete Literaturgeschichte von Hellmuth Langenbucher trug den Titel *Volkhafte Dichtung der Zeit* (zuerst 1933, zehn Auflagen bis 1944).
145. Strothmann: *Nationalsozialistische Literaturpolitik*. 1960, S. 355.
146. A. a. O., S. 389.
147. Wittmann: Verlagsbuchhandel. 2015, S. 357–365.
148. A. a. O., S. 365.
149. Saur, Klaus G.: Verlage im Nationalsozialismus. In: Saur (Hg.): *Verlage im »Dritten Reich«*. 2013, S. 11.
150. Barbian: Literaturpolitik im NS-Staat. 2010, S. 409 f. Vgl. auch Altenhein, Hans: Im Jahr 1934: Neue Verlage im »Neuen Staat«. In: *Marginalien. Zeitschrift für Buchkunst und Bibliophilie*, 214. Heft, 2014, S. 39.
151. Altenhein: a. a. O., S. 36.
152. Wittmann: *Verlagsbuchhandel*. 2015, S. 314.
153. So der Kunsthistoriker Martin Papenbrock (zit. nach Heftrig: *Fanatiker der Sachlichkeit*. 2014, S. 213).

154. Zit. nach Wittmann: Verlagsbuchhandel. 2015, S. 353.
155. Zu diesem Verlagstypus siehe Wittmann: a.a.O., S. 339–357. Wittmann zählt hierzu u.a. auch S. Fischer/Suhrkamp, Piper und Insel.

DIE ÄRA WILLY DROEMER. 1945–1981

1. Akte Droemersche Verlagsanstalt Willy Droemer. Staatsarchiv München, Amtsgericht München, Registergericht.
2. Fragebogen zur Erfassung der Verlage in Großberlin. Landesarchiv Berlin, Akten Droemer Knaur Verlag.
3. Höwing, Hanns: Der Droemer Verlag – ein neuer Verlag. In: Zöckler, Paul (Hg.): *Im 5. Jahre ihres Bestehens feiert die Droemersche Verlagsanstalt den 50. Geburtstag des Knaur-Buches.* München 1951, S. 54.
4. Seeberger, Kurt: Verlagsprofil Droemer/Knaur. In: *Welt und Wort* 25, 1970, S. 115.
5. Prominentestes Beispiel dafür ist der Rowohlt Verlag, der in allen vier Besatzungszonen lizenziert worden war.
6. Akte Th. Knaur Nachf. Verlag. Archiv des Börsenvereins der Deutschen Buchhändler zu Leipzig, Sächsisches Staatsarchiv, Staatsarchiv Leipzig.
7. Runge, Kurt: *Urheber- und Verlagsrecht. Systematische Darstellung unter Berücksichtigung des internationalen Urheberrechts, der Urheberrechtsreform und der Nachkriegslage.* Bonn 1948, S. 872 und S. 874.
8. Umlauff, Ernst: Der Wiederaufbau des Buchhandels. Beiträge zur Geschichte des Büchermachens in Westdeutschland nach 1945. In: *Archiv für Geschichte des Buchwesens* 17, 1977/78, Sp. 92.
9. Landesarchiv Berlin, C Rep. 120, Akte Th. Knaur Nachf. Verlag. Aufgeführt sind fälschlicherweise die Autorinnen Wilhelmine Heimburg und Eugenie Marlitt mit je zehn Bänden. Beide sind nicht bei Knaur erschienen.
10. Die Frage, inwiefern durch eine solche Liste die Aussage Paul Zöcklers relativiert wird, den Bombenangriffen im Dezember 1943 seien »nahezu restlos die großen Rohdrucklager, die laufende Produktion« zum Opfer gefallen (Zöckler, Paul: Die Zeit des Krieges – ein Interregnum. In: Zöckler [Hg.]: *Im 5. Jahre.* 1951, S. 49), kann nicht beantwortet werden.
11. Akte Droemersche Verlagsanstalt Willy Droemer. Staatsarchiv München, Amtsgericht München, Registergericht.
12. Akte Th. Knaur Nachf. Verlag. Sächsisches Staatsarchiv Leipzig, Archiv des Börsenvereins der Deutschen Buchhändler zu Leipzig.
13. Ebd.
14. Für den Eintrag in das *Adressbuch des Deutschen Buchhandels* liegen zwei vom Verlag ausgefüllte Fragebogen vor, der erste mit dem Eingangsstempel vom 9. Juli 1946, der zweite mit dem Eingangsstempel vom 9. September 1946. Im ersten wird Paul Zöckler neben dem Inhaber Willy Droemer als »Geschäftsleiter« genannt, im zweiten fehlt sein Name. Ob es in der Zwischenzeit zu einem Zerwürfnis zwischen Droemer und Zöckler gekommen ist, muss ungeklärt bleiben. Doch hat Zöckler die Festschrift zum fünfjährigen Bestehen des Verlags herausgegeben, und Droemer findet darin sehr anerkennende Worte für Zöckler (Droemer, Willy, Meine Mitarbeiter. In: Zöckler [Hg.]: *Im 5. Jahre.* 1951, S. 85 f.).
15. Vollnhals, Clemens (Hg.): *Entnazifizierung. Politische Säuberung und Rehabilitierung in den vier Besatzungszonen 1945–1949.* München 1991, S. 8.
16. A.a.O., S. 9.
17. Ein Beispiel siehe www.hdg.de/lemo/

bestand/objekt/dokument-entnazifizierungsbescheinigung.html

18. Alle Zahlen bei Hoser, Paul: Entnazifizierung. In: https://www.historisches-lexikon-bayerns.de/Lexikon/Entnazifizierung. Vgl. auch Hoser, Paul: Die Entnazifizierung in Bayern. In: Schuster, Walter/Weber, Wolfgang (Hg.): *Entnazifizierung im regionalen Vergleich*. Linz 2004, S. 473–510.

19. Niethammer, Lutz: *Die Mitläuferfabrik. Die Entnazifizierung am Beispiel Bayerns*. Bonn u. a. 1982.

20. Das Nationalsozialistische Kraftfahrkorps (NSKK) war eine paramilitärische Unterorganisation der NSDAP.

21. Akte Knaur. Landesarchiv Berlin, C Rep 120, Nr. 1001.

22. Pg: zeitgenössisch für »Parteigenosse«.

23. Akte Knaur. Landesarchiv Berlin, C Rep 120, Nr. 892.

24. Schreiben vom 6. Mai 1947. Ebd.

25. Zöckler: Die Zeit des Krieges. 1951, S. 49.

26. Höwing: Der Droemer Verlag. 1951, S. 54.

27. Akte Th. Knaur Nachf. Verlag. Archiv des Börsenvereins der Deutschen Buchhändler zu Leipzig, Sächsisches Staatsarchiv, Staatsarchiv Leipzig.

28. Sigloch Gruppe (Hg.): *Von Büchern und Wein. Sigloch – die Geschichte eines Familienunternehmens*. Künzelsau 2008, S. 110.

29. Mehrfache Anfragen beim Haus Schönborn in Wiesentheid blieben ohne Antwort.

30. Siehe den anekdotenreichen Bericht des für die Verlagerung zuständigen Domvikars M. Loosen: *Die Odyssee der Kölner Domschätze im Kriege 1939–1945*. In: Neuss, Wilhelm (Hg.): *Krieg und Kunst im Erzbistum Köln und Bistum Aachen*. Mönchengladbach 1948, S. 28–34.

31. Bolle, Fritz: Wie Willy von Willy gefeuert wurde oder Das Unglaubliche an Herrn Droemer. In: Simmel, Johannes Mario (Hg.): *Grüße und Wünsche zum sechzigsten Geburtstag und zum fünfundzwanzigjährigen Bestehen der Droemerschen Verlagsanstalt*. München 1971, S. 64 f.

32. Wie schwierig die Kommunikation in den Nachkriegsjahren war, zeigt die Tatsache, dass eine Reise der Prokuristin Bürckner von Berlin nach Wiesentheid von der Abteilung für Volksbildung genehmigt werden musste (Akte Knaur, interne Notiz der Behörde vom 6. August 1946. Landesarchiv Berlin, C Rep 120, Nr. 892).

33. Akte Knaur, Schreiben vom 20. Januar 1948. Landesarchiv Berlin, C Rep 120, Nr. 892.

34. Adam, Christian: *Der Traum vom Jahre Null. Autoren, Bestseller, Leser: Die Neuordnung der Bücherwelt in Ost und West nach 1945*. Berlin 2016.

35. Nach *Buch und Buchhandel in Zahlen* (1955) betrug die entsprechende Zahl während der Weimarer Republik 20, während der 1930er-Jahre rund 15 (S. 55). Ein vergleichbarer Gründungsboom herrschte auch bei den Buchhandlungen.

36. Blaschke, Olaf: *Verleger machen Geschichte. Buchhandel und Historiker seit 1945 im deutsch-britischen Vergleich*. Göttingen 2010, S. 76.

37. Schwenger, Hannes: Buchmarkt und literarische Öffentlichkeit. In: Fischer, Ludwig (Hg.): *Literatur in der Bundesrepublik Deutschland bis 1967*. München/Wien 1986, S. 105–107.

38. Blaschke: *Verleger*. 2010, S. 79.

39. Wittmann, Reinhard: *Geschichte des deutschen Buchhandels*. München 1999, S. 378. Vgl. auch Wittmann, Reinhard: Verlagsbuchhandel. In: Fischer, Ernst/Wittmann, Reinhard (Hg.): *Geschichte des deutschen Buchhandels*. Bd. 3: *Drittes Reich*, Teil 1. Berlin/Boston 2015, S. 305–309. Für die Zeit nach 1945 finden sich viele Beispiele bei Adam: *Der Traum vom Jahre Null*. 2016.

40. Vgl. Kleßmann, Christoph: *Die doppelte Staatsgründung. Deutsche Geschichte 1945–1955*. 5., überarb. und erw. Auflage. Bonn 1991, S. 37–65.

41. Bermann Fischer, Gottfried: Die Rolle des Buches im Nachkriegsdeutschland. In: Pfäfflin, Friedrich/Kussmaul, Ingrid: *S. Fischer Verlag. Von der Gründung bis zur Rückkehr aus dem Exil.* Marbach 1985, S. 655 und 659.
42. So die Überschrift bei Umlauff: Wiederaufbau. 1977/78, Sp. 401–628.
43. Detailliertes Zahlenmaterial zur Papierwirtschaft siehe Umlauff: a.a.O., Sp. 1557 f.
44. Zur bayerischen Situation siehe Benz, Wolfgang: Amerikanische Literaturpolitik und deutsche Interessen. Verlagswesen und Buchhandel in Bayern 1945–1946. In: *Zeitschrift für bayerische Landesgeschichte* 42, 1979, S. 712.
45. Zahlen bei Umlauff: Wiederaufbau. 1977/78, Sp. 481–492 und 1569 f.
46. Zit. nach a.a.O., Sp. 632 ff., Anm. 53.
47. A.a.O., Sp. 669.
48. Für die Zeit zwischen 1948 und 1950 liegen keine Produktionszahlen vor.
49. Detailzahlen in: Die Umsätze des Buchhandels von 1949 bis 1954. In: *Börsenblatt für den Deutschen Buchhandel,* Nr. 14a vom 20. Februar 1956, S. 189 f.
50. Handbuch der Lizenzen deutscher Verlage. Zeitungen, Zeitschriften, Buchverlage. Berlin 1947, S. 124.
51. Faksimile in Simmel (Hg.): *Grüße und Wünsche.* 1971. S. 12.
52. Einen gedrängten, informativen Überblick über das Programm bietet Nöhbauer, Hans F.: Ein Verleger und seine Bücher. In: Simmel (Hg.): *Grüße und Wünsche.* 1971, S. 22–44.
53. Brief Willy Droemers vom 6. September 1949 an das bayerische Kultusministerium. Hauptstaatsarchiv München, MK 66 567. Im Anhang befindet sich eine maschinenschriftliche Liste des lieferbaren Programms. Mit 39 Titeln ist diese Liste wesentlich kürzer als die Zahl der Titel, die zwischen 1946 und 1950 bibliografisch zu ermitteln sind, nämlich 101 Titel. Das deutet zum einen darauf hin, dass nicht alle alten Titel in Neuauflage ihre Käufer fanden. Zum anderen ist zu vermuten, dass man den einen oder anderen Autor aus der Zeit des Nationalsozialismus wie Blunck, von Guenther, Lerbs, Munthe oder Trenker aus antragstechnischen Gründen nicht aufführte.
54. Im Vorwort zur Ausgabe von 1952 heißt es: »Der Text ist kaum verändert, nur in der neuesten Entwicklung um Erörterungen von Problemen der Gegenwart bereichert« (S. 8).
55. Aus diesem Jahr stammen die ersten Dokumente im Guggenheim-Nachlass an der University of Southern California, Los Angeles.
56. Vgl. Ullmann, Michaela: Immigrant Entrepreunership. Felix Guggenheim (1904–1976). http://immigrantentrepreneurship.org/entry.php?rec=114, Bosch, Manfred: Felix Guggenheim. Jurist, Verleger, Literaturagent. In: *Konstanzer Almanach* 2012, S. 73–75 und Jaeger, Roland: Die Pazifische Presse. In: Spalek, John M./Feilchenfeldt, Konrad/Hawrylchak, Sandra H. (Hg.): *Deutschsprachige Exilliteratur seit 1933.* Bd. 3: USA. Bern/München 2001, S. 311–342.
57. Zit. nach Möller, Frank: *Dem Glücksrad in die Speichen greifen. Joseph Caspar Witsch, seine Autoren, sein Verlagsprogramm und der Literaturbetrieb der frühen Bundesrepublik.* Köln 2015, S. 145.
58. Sarkowicz, Hans/Mentzer, Alf: *Literatur in Nazi-Deutschland. Ein biografisches Lexikon.* Erw. Neuausgabe. Hamburg/Wien 2002, S. 334.
59. Diese Rolle Paul Zöcklers wird auch aus einem Briefwechsel mit dem Schriftsteller Heinrich Bauer (1896–1975) zwischen September und Dezember 1948 deutlich. Bauer hatte dem Verlag alte Werke angeboten, darunter den 1935 (im Verlag Blut und Boden!) erschienenen historischen Roman *Florian Geyer,* der aus nicht viel mehr als der völkischen Ideologie der Zeit bestand. Zöckler umgarnte den Autor

regelrecht, der nach eigener Aussage 1931 oder 1932 der NSDAP beigetreten war. Als Zöckler den Autor um Stellungnahmen zu seiner Tätigkeit im Dritten Reich bat und Bauer in seinem Brief vom 4. Oktober 1948 schrieb, die NSDAP sei »keine Verbrecherpartei« gewesen, nahm der Verlag Abstand von der Veröffentlichung der angebotenen Werke. Bauer blieb hartnäckig und offerierte dem Verlag 1964 erneut verschiedene Bücher und Manuskripte, wurde aber von dem damaligen Verlagsleiter Albrecht Knaus abschlägig beschieden (Akte Droemersche Verlagsanstalt. Niedersächsisches Landesarchiv, Standort Wolfenbüttel).

60. Vgl. Braese, Stephan: *In der Sprache der Täter. Neue Lektüren deutschsprachiger Nachkriegs- und Gegenwartsliteratur.* Opladen/Wiesbaden 1998, S. 55.
61. Zit. nach ebd.
62. Akte Droemersche Verlagsanstalt. Hauptstaatsarchiv München, MK 66567.
63. Droemersche Verlagsanstalt. Alle Zitate aus der Aktennotiz vom 7. September 1950. Hauptstaatsarchiv München, MK 66567.
64. Ein Textvergleich mit der amerikanischen Originalausgabe ist an dieser Stelle nicht möglich.
65. Vertrag zwischen Droemer Knaur und dem Scherz Verlag vom 30. April 1959. Verlagsarchiv Droemer Knaur.
66. Akte Friedenthal. Verlagsarchiv Droemer Knaur.
67. Akte Einhorn Buch GmbH. Verlagsarchiv Droemer Knaur.
68. Der Gesetzestext bei Godin, Reinhard/Godin, Hans: *Rückerstattung feststellbarer Vermögensgegenstände in der amerikanischen Besatzungszone. Militärgesetz Nr. 59 vom 10. November 1947 mit Ausführungsvorschriften.* Berlin 1948. Grundlegend zur Restitutionsproblematik siehe Lillteicher, Jürgen: *Raub, Recht und Restitution.* Göttingen 2007.
69. Lillteicher: a. a. O., S. 83.
70. So in der Erinnerung Maria Hönigschmieds; siehe Penner-Mossner, Lisa/Wendenius, Tanja: Droemersche Verlagsanstalt Th. Knaur Nachf. Eine Skizze zur Verlagsgeschichte. Unter Mitarbeit von David Oels. In: *Non-Fiktion* 6, 2011, H 1/2, S. 196.
71. Das Dokument befindet sich im Landesarchiv Berlin, B Rep 025-01, Nr. 4481/50. Das Münchner Original des Vergleichs konnte trotz intensiver Recherchen nicht gefunden werden. Damit bleiben auch Details der Verhandlungen, die zu diesem Vergleich führten, unbekannt.
72. Wie schwierig es ist, zu ermitteln oder auch nur einzuschätzen, was angemessen war, zeigt die auch öffentlich ausgetragene Kontroverse zwischen den Autoren der beiden Bände der C. H. Beck-Verlagsgeschichte aus Anlass des 250-jährigen Bestehens des Verlags. Während der Verfasser des Bands über den kulturwissenschaftlichen Verlag, Stefan Rebenich, den Kaufpreis für den Liebmann-Verlag für nicht angemessen hält, ist Uwe Wesel, der Autor des Teilbands über den rechtswissenschaftlichen Verlag, genau der gegenteiligen Meinung. Siehe Rebenich, Stefan: *C. H. Beck 1763–2013. Der kulturwissenschaftliche Verlag und seine Geschichte.* München 2013, S. 374 f., sowie Wesel, Uwe/Beck, Hans Dieter: *250 Jahre rechtswissenschaftlicher Verlag C. H. Beck 1763–2013.* München 2013, S. 132.
73. Akte Einhorn Buch GmbH. Verlagsarchiv Droemer Knaur.
74. Auch die Tochter von Paul Zöckler, Dagmar Zöckler-Swart (1923–2002), war für den Verlag tätig, nämlich als Übersetzerin.
75. In einem Brief vom 26. Juli 1951 bedankt sich Friedenthal »für die freundliche Aufnahme in Ihrem Hause und in Ihrem Verlag« und gebraucht die Anrede »Lieber Willy Droemer«. Danach kehrt er aber wieder zum bisherigen »Lieber Herr Droemer« zurück. Willy Droemer verwen-

dete stets die Begrüßungsformel »Lieber Herr Dr. Friedenthal«.
76. Piper, Klaus (Hg.): *...und unversehens ist es Abend. Von und über Richard Friedenthal*. München 1976, S. 59.
77. Zit. nach Wagener, Hans: *Richard Friedenthal. Biographie des großen Biographen*. Gerlingen 2002, S. 162.
78. A. a. O., S. 164.
79. Manfred Altmann war der Bruder von Stefan Zweigs zweiter Frau, Lotte.
80. Der Brief war leider nicht im Original zugänglich. So stützt sich die Darstellung hier auf Wagener: *Richard Friedenthal*. 2002, S. 171.
81. Zit. nach a. a. O., S. 173.
82. Piper (Hg.): *...und unversehens*. 1976, S. 60.
83. Siehe dazu Wagener: *Richard Friedenthal*. 2002, S. 290, Anm. 46.
84. Droemer: *Zum 9. Juni 1976*. 1976, S. 199.
85. Alle Zitate in diesem Abschnitt über Richard Friedenthal stammen, soweit nicht anders vermerkt, aus der Akte Friedenthal im Verlagsarchiv Droemer Knaur.
86. Flemmer, Walter: *Verlage in Bayern. Geschichte und Geschichten*. Pullach 1974, S. 232.
87. Ringbücher mit Aufzeichnungen zur wirtschaftlichen Situation des Verlags. Verlagsarchiv Droemer Knaur.
88. Siehe Lamm, Hans (Hg.): *Fritz Bolle zum 10. Juni 1968*. München 1968 und Kaufmann, Walter/Reineke, Eva (Hg.): *Fritz Bolle. Lebenshaltestelle Lux Verlag Murnau*. Murnau 2002.
89. Lamm (Hg.): *Fritz Bolle*. 1968, S. 126.
90. Gemeint dürfte dessen Bruder Otto sein, denn Gregor Strasser gehörte bis zu seiner Ermordung 1934 der NSDAP an.
91. Lamm (Hg.): *Fritz Bolle*. 1968, S. 126.
92. Dabei entstand sein schmales, mehrfach wieder aufgelegtes Fachbuch *Der Ofensetzer. Merk- und Arbeitsbuch für das Ofensetzerhandwerk mit Fach- und Rechenaufgaben*. Wittenberg/Gräfenhainichen 1937.
93. Lamm (Hg.): *Fritz Bolle*. 1968, S. 137.
94. Ebd.
95. Zit. nach Lamm (Hg.): *Fritz Bolle*. 1968, S. 53.
96. Vinz, Curt/Olzog, Günter (Hg.): *Dokumentation deutschsprachiger Verlage*. 5. Ausgabe. München/Wien 1974, S. 139.
97. Füssel, Stephan (Hg.): *Die Politisierung des Buchmarkts. 1968 als Branchenereignis*. Wiesbaden 2007.
98. Zu Simmel siehe Langenbucher, Wolfgang R. (Hg.): *»Berichte über die Zeit, in der ich lebe«. Johannes Mario Simmel und seine Romane. Eine Dokumentation*. München 1978 und Hamburg, Andrea: *Zwischen Verriss und Bestsellertum. Die Rezeption von Johannes Mario Simmel*. Frankfurt 2012.
99. Simmel, Johannes Mario: Wie das ist, wenn Willy einen aufbaut. In: Simmel (Hg.): *Grüße und Wünsche*. 1971, S. 205.
100. Umfassend zur Rezeption von Simmel siehe Hamburg: *Zwischen Verriss und Bestsellertum*. 2012.
101. Der Vollständigkeit halber ist noch die achtbändige Werkausgabe von Erich Kästner im Jahr 1969 zu erwähnen. Ihr folgten Einzelausgaben bis 1980.
102. In seiner Gratulation in der Festschrift von 1971 schreibt Heinrich Maria Ledig-Rowohlt: »Ich habe zwar Mary McCarthy geküsst, Du aber hast sie verlegt.« (Ein Altruist gratuliert. In: Simmel [Hg.]: *Grüße und Wünsche*. 1971, S. 165.)
103. Nöhbauer: *Ein Verleger und seine Bücher*. 1971, S. 33.
104. *Der Spiegel* 1973, Heft 41 vom 8. Oktober 1973.
105. Besonders Lauterbach, Burkhart R.: *Bestseller. Produktions- und Verkaufsstrategien*. Tübingen 1979. Die *Clique* wird dort redundant als Beispiel herangezogen und dabei die entsprechende Stelle aus dem *Spiegel* mehrfach zitiert.

106. Bereits 1963 veröffentlichte Droemer Knaur Alexander Solschenizyns Kurzroman *Ein Tag im Leben des Iwan Denissowitsch,* der im Jahr zuvor vom russischen Partei- und Regierungschef Nikita Chruschtschow zur Publikation freigegeben worden war.
107. Seeberger, Kurt: *Verlagsprofil Droemer/Knaur.* 1970, S. 116.
108. Selten hat ein Verlag so konsequent seinen Namen als Marke aufgebaut. Das begann, wenn auch eher unbewusst, bereits bei *Knaur's Klassiker-Octav-Ausgaben* Ende des 19. Jahrhunderts.
109. Der Vertrag zwischen Buchheim und Hazan soll einen Rohbogenpreis bei einer Auflage von 5000 Exemplaren von 6 Mark 70 festgehalten haben, was zu einem Ladenpreis von über 40 Mark geführt hätte. Siehe Nöhbauer: *Ein Verleger und seine Bücher.* 1971, S. 24.
110. Vertragsakte Buchheim. Verlagsarchiv Droemer Knaur.
111. Die erhaltene Korrespondenz mit Lothar-Günther Buchheim anlässlich der Übersendung der Belegexemplare weist Ende 1962 eine Gesamtauflage von 293 500 Exemplaren aus. Sicher ist der Absatz der Hardcoverausgabe nach dem Erscheinen des Taschenbuchs zurückgegangen, doch dürften in den folgenden zwei Jahrzehnten noch weitere Exemplare verkauft worden sein. So wurde zum Beispiel 1965 mit Buchheim ein höheres Stückhonorar entsprechend dem gestiegenen Ladenpreis vereinbart (Vertragsakte Buchheim. Verlagsarchiv Droemer Knaur).
112. Zur Frühgeschichte solcher Koproduktionen und die Rolle der Packager siehe Körber, Silke: Isotype und Adprint. Die Demokratisierung des Wissens und eine neue Kultur der Visualisierung im Sachbuch. In: Reh, Sabine/Kollmann, Stefanie (Hg.): *Zeigen und Bildung. Das Bild als Medium der Unterrichtung seit der frühen Neuzeit.* Bad Heilbrunn 2017, S. 187–205.
113. Fetzer, Günther: Sachbuch. In: Rautenberg, Ursula (Hg.): *Reclams Sachlexikon des Buches. Von der Handschrift bis zum E-Book.* 3., vollständig überarb. und aktual. Auflage. Stuttgart 2015, S. 343.
114. Siehe Oels, David (Hg.): *Jürgen Thorwald.* Hannover 2011.
115. Katins, Janine: Jürgen Thorwald. Eine Auto(r)biografie. In: Oels (Hg.): *Jürgen Thorwald.* 2011, S. 19.
116. Ebd.
117. *Der Spiegel* vom 23. November 1960.
118. Das Buch von Christian Wilhelm Haucks mit dem unglücklich-missverständlichen Titel *Endlösung Deutschland* (1963) handelt von den Möglichkeiten der Wiedervereinigung Deutschlands.
119. Alle Zitate Hilberg, Raul: *Unerbetene Erinnerung. Der Weg eines Holocaust-Forschers.* Frankfurt 2008, S. 139 f. und S. 141.
120. Da weder Lektoratsakten Fritz Bolles noch der Verlagsvertrag mit Hilberg erhalten sind, muss das eine begründete Vermutung bleiben. Der Verfasser dankt Götz Aly, Berlin, der ihm das Gutachten zugänglich gemacht und mit Erläuterungen versehen hat.
121. Diederichs, Ulf: Annäherungen an das Sachbuch. Zur Geschichte und Definition eines umstrittenen Begriffs. In: Radler, Rudolf: *Die deutschsprachige Sachliteratur.* München/Zürich 1978, S. 12. Zur Werbegemeinschaft dms siehe S. 11–16.
122. Mehling, Franz N.: *Ein ganzes Leben lang.* Norderstedt 2012, S. 245 f.
123. Hans F. Nöhbauer im Gespräch mit Walter Flemmer. BR-Forum, Sendung vom 28. Oktober 2004.
124. Siehe dazu Kollmannsberger, Michael: *Buchgemeinschaften im deutschen Buchmarkt. Funktionen, Leistungen, Wechselwirkungen.* Wiesbaden 1995.
125. Umlauff: Wiederaufbau. 1977/78, Sp. 790.
126. Zit. nach a.a.O., Sp. 788.

127. Dürr, Heidi: Eine Idee macht Umsatz. In: *Die Zeit* Nr. 39 vom 19. September 1975.
128. Hiller, Helmut: Die Buchgemeinschaften. In: Gonski, Heinrich, u.a.: *Der deutsche Buchhandel unserer Zeit*. Göttingen 1961, S. 89.
129. Langenbucher, Wolfgang R./Truchseß, Wolfhard F.: *Buchmarkt der neuen Leser. Studien zum Programmangebot der Buchgemeinschaften (1962–1971)*. Berlin 1974 und Hutter, Martin/Langenbucher, Wolfgang R.: *Buchgemeinschaften und Lesekultur. Studie zum Programmangebot von sechs Buchgemeinschaften (1972–1977)*. Berlin 1980.
130. So Frank Möller über Joseph Caspar Witsch in dem ausgezeichneten Buch *Dem Glücksrad in die Speichen greifen* (Köln 2015).
131. Schreiben vom 25. April 1949. Akte Einhorn Buch GmbH. Verlagsarchiv Droemer Knaur.
132. Willy Droemer am 13. Oktober 1949 an Otto von Petersdorff. Akte Einhorn Buch GmbH. Verlagsarchiv Droemer Knaur.
133. Leider liegen weder beim Amtsgericht Würzburg noch beim Amtsgericht München Handelsregisterauszüge vor.
134. Hier liegen relativ umfangreiche Akten vor, die an dieser Stelle nur knapp ausgewertet werden können. Vor allem kann nicht auf das komplizierte Vertragswerk sowie die vielen produktions- und vertriebstechnischen Details eingegangen werden. Eine eigene Aufarbeitung würde sich lohnen.
135. Zur Geschichte von Phaidon Press siehe Spivey, Nigel: *Phaidon 1923–98*. London 1999.
136. Gründungsurkunde, Akte Phaidon Verlag. Verlagsarchiv Droemer Knaur. Aus devisentechnischen Gründen übernahm zunächst der Bielefelder Kommissionsbuchhändler Erich Vogel die Züricher Anteile, deren Weiterverkauf an die Phaidon AG, Zürich, am 5. Oktober 1950 von der Landeszentralbank Bayern genehmigt wurde.
137. Akte Phaidon Verlag. Verlagsarchiv Droemer Knaur.
138. In seinem Brief vom 29. Januar 1951 beschrieb Richard Friedenthal Horovitz sehr negativ: »Ich weiß nicht, wie sich Ihre Zusammenarbeit mit Horovitz gestaltet. So ganz einfach wird sie wohl nicht laufen. Er ist eine merkwürdige Mischung von durchaus geschicktem und sogar getriebenem Geschäftsmann und Faselhans.« Als Friedenthal vorschlug, beim Projekt einer Weltgeschichte eventuell mit Phaidon zu kooperieren, schrieb Droemer am 29. Mai 1951: »Auch Horovitz sollten wir bei der ganzen Sache aus dem Spiel lassen. Er ist dazu viel zu schwierig und wohl auch zu habgierig.« Beide Briefe befinden sich in der Akte Friedenthal. Verlagsarchiv Droemer Knaur.
139. Die Darstellung durch Möller: *Dem Glücksrad*. 2015, S. 320 und 322, die auf der Selbstdarstellung Joseph Caspar Witschs beruht, ist hier zu korrigieren. Kiepenheuer & Witsch führte die Phaidon GmbH weiter und produzierte bereits im Jahr der Übernahme zehn Titel. Doch der langfristige geschäftliche Erfolg blieb aus. 1969 erschien der letzte Phaidon-Titel. Siehe dazu a.a.O., S. 323–328. Der Züricher Ableger der Londoner Phaidon Press wurde 1963 aus dem Handelsregister gestrichen.
140. Amtsgericht München, HRB 73, Nr. 6020.
141. Gesellschaftsvertrag, Akte Deutsche Verlags- und Fernsehgesellschaft. Verlagsarchiv Droemer Knaur.
142. Der Staatsvertrag über die Errichtung dieser Anstalt des öffentlichen Rechts wurde am 6. Juni von den Ministerpräsidenten der Bundesländer unterzeichnet und trat am 1. Dezember des gleichen Jahres in Kraft. Programmstart war der 1. April 1963.
143. Brief an Klaus Piper vom 7. Juni 1962; zit. nach Möller: *Dem Glücksrad*. 2015,

S. 372. Da im Verlagsarchiv keine Dokumente zu den Aktivitäten der Firma überliefert sind, beruht dieser Abschnitt weitgehend auf Möller: a.a.O., S. 370–375.
144. Amtsgericht München, HRA 99, Nr. 18484.
145. Die Darstellung beruht auf Flemmer: *Verlage in Bayern*. 1974, S. 314–317. Der Autor zitiert zwar ausführlich die genannte Presseinformation im Wortlaut, ohne allerdings die Quelle anzugeben. Vgl. auch den Artikel *Nie Komplexe* in *Der Spiegel*, Nr. 39, 1969.
146. *Der Spiegel*, a.a.O.
147. Hauptstaatsarchiv München, Akte MWi 15 496.
148. Akten Schoeller & Co. Verlagsarchiv Droemer Knaur.
149. Diese Zahlen finden sich in drei Ringbüchern, die sich im Verlagsarchiv Droemer Knaur erhalten haben. Dort wurden penibel handschriftlich die täglichen Zahlungseingänge, Zahlungsausgänge und Kontostände festgehalten, zudem die Kreditansprüche und die Guthaben bzw. Schulden. Die Zahlen reichen bis 1958.
150. Seeberger: *Verlagsprofil Droemer/Knaur*. 1970, S. 116.
151. Handschriftliche Übersicht über die Umsätze der Jahre 1977 bis 1979. Verlagsarchiv Droemer Knaur.
152. Brief an Maria Hönigschmied vom 19. Dezember 1952. Personalakte Hönigschmied. Verlagsarchiv Droemer Knaur.
153. Der Betriebsvergleich wurde seit Anfang der 1950er-Jahre zunächst vom Bucharchiv München, später als sogenannter Kölner Betriebsvergleich vom Institut für Handelsforschung (IfH) in Köln durchgeführt. Auf Basis einer anonymisierten Umfrage, die auf Eigenauskunft der Unternehmen beruht, werden Branchenkennzahlen ermittelt. Diese erlauben den einzelnen Unternehmen die Einschätzung ihrer Position innerhalb der Branche. Wegen der geringen Teilnehmerzahl ist der Kölner Betriebsvergleich heute allerdings bedeutungslos geworden.
154. Schmidt stellt erheiternde Rechenbeispiele über die Höhe der übereinandergestapelten Einzeltitel, über die Höhe der insgesamt produzierten Titel, die Länge des Eisenbahnzugs, der die benötigte Papiermenge transportiert, etc. an. Siehe Schmidt, Hubert: Droemers Mount Everseste. In: Simmel (Hg.): *Grüße und Wünsche*. 1971, S. 172–178.
155. Personalakte Hönigschmied. Verlagsarchiv Droemer Knaur.
156. Simmel, Johannes Mario: Happy Birthday, dear Mary. In: *Buchmarkt* 1999, Heft 12, S. 188.
157. Mehling: *Ein ganzes Leben lang*. 2012, S. 252 f.
158. Simmel, Johannes Mario: Die Taten des Igels oder Von Bestellungen bitten wir abzusehen. In: *Frankfurter Allgemeine Zeitung* vom 18. Juli 1991, S. 25.
159. Den Begriff prägte 1973 der amerikanische Literaturwissenschaftler und Literaturkritiker George Steiner.
160. Rühle, Günther: *Die Herren des Buchmarkts*. Frankfurt 1985, S. 38 f.
161. Rühle: a.a.O., S. 37 f.
162. Ebd.
163. Siehe dazu besonders die beiden Festschriften von 1961 und 1971: Satter, Heinrich (Hg.): *Ein Haus feiert Geburtstag. Droemer Knaur 1901–1961*. München 1961 und Simmel (Hg.): *Grüße und Wünsche*. 1971.
164. So Fritz Bolles Beitrag *Wie Willy von Willy gefeuert wurde oder Das Unglaubliche an Herrn Droemer zur Festschrift von 1971*. In: Simmel (Hg.): *Grüße und Wünsche*. 1971, S. 63–68.
165. Simmel: Taten des Igels. 1991, S. 25.

DER ERFOLG WIRFT SEINE SCHATTEN VORAUS. 1981–1998

1. Leider gibt es bislang keine zusammenhängende Darstellung dieser Entwicklung. In Einzelstudien finden sich statistische Daten für die Zeit nach dem Zweiten Weltkrieg bis Anfang der 1980er-Jahre bei Stockem, Arno: Vom Individualverlag zum Verlagskonzern. In: Vodosek, Peter: *Das Buch in Praxis und Wissenschaft. 40 Jahre Deutsches Bucharchiv München. Eine Festschrift.* Wiesbaden 1989, S. 49–70, für die 1960er-Jahre bei Diederichs, Helmut H.: *Konzentration in den Massenmedien.* München 1973, S. 156–166, und für das Jahrzehnt 1965–1974 bei Schaper, Friedrich-Wilhelm: Die Stunde der Kooperation. Konzentration und Kooperation im Verlagswesen der Bundesrepublik Deutschland. In: *Gutenberg-Jahrbuch* 1976, S. 500–509. Für den Sortimentsbuchhandel siehe Emrich, Kerstin: *Konzentration im Sortimentsbuchhandel.* Wiesbaden 2011, S. 185–258.
2. Fetzer, Günther: Konzentration. In: Rautenberg, Ursula (Hg.): *Reclams Sachlexikon des Buches. Von der Handschrift bis zum E-Book.* 3., vollständig überarbeitete und aktualisierte Auflage. Stuttgart 2015, S. 237 f. Im Unterschied zur branchenüblichen Betrachtungsweise, die oft ideologisch oder emotional gefärbt ist, gibt es aus wirtschaftswissenschaftlicher Sicht unter Verwendung traditioneller Konzentrationsmaße wie des Herfindahl-Indexes oder des CR-Indexes (Concentration Ratio) keine Konzentration in der Verlagsbranche. Im Gesetz gegen Wettbewerbsbeschränkungen (§ 18 GWB) wird eine bedenkliche Konzentration ökonomischer Marktmacht angenommen, wenn die fünf umsatzstärksten Unternehmen (CR-5) einen Anteil von mehr als zwei Dritteln haben.
3. Mit der Übernahme des Alfred Scherz Verlags in Bern 1996 und des Verlags Kiepenheuer & Witsch in Köln mit einem Anteil von zunächst 45 Prozent seit 1998 wurde diese Politik fortgesetzt.
4. Störig, Hans Joachim (Hg.): *Briefe an einen Freund. Werner Schoenicke zum 21. Juni 1985.* Stuttgart 1985.
5. Mit dem 1950 gegründeten Bertelsmann Lesering schuf das westfälische Unternehmen die ökonomische Basis für eine beispiellose Expansion auf dem Gebiet der Publikumsverlage.
6. Zur Vorgeschichte des Unternehmens und des Unternehmers siehe Garke-Rothbart, Thomas: »*... für unseren Betrieb lebensnotwendig ...*«*. Georg von Holtzbrinck als Verlagsunternehmer im Dritten Reich.* München 2008.
7. Mangels entsprechender Dokumente beruhen diese Angaben auf der etwas hypertrophen Autobiografie Franz N. Mehlings *Ein ganzes Leben lang.* Norderstedt 2012. Dort wird der Eindruck erweckt, als sei es Mehling gleichgültig gewesen, wer unter ihm Chef des Hauses war.
8. Mehling: *Ein ganzes Leben lang.* 2012, S. 328.
9. Mehling nennt beide Daten in seiner Autobiografie (S. 224: 1995, und S. 236).
10. Eberhard Spangenberg war von 1988 bis 1992 Verleger der Edition Spangenberg, die u. a. Klaus Mann, Alfred Kubin und eine Reihe kulinarischer Bücher herausgebracht hat, dann bis 2000 Herausgeber der Edition Spangenberg bei Droemer Knaur.
11. So der *Buchreport*, Nr. 41 vom 13. Oktober 1999, S. 9.
12. Vgl. auch Helmut Kindlers Autobiografie *Zum Abschied ein Fest.* München 1991.
13. Adam, Christian: *Der Traum vom Jahre Null. Autoren, Bestseller, Leser: Die Neuordnung der Bücherwelt in Ost und West nach 1945.* Berlin 2016, S. 362.
14. Verlagsarchiv Droemer Knaur.
15. Rüdiger Hildebrandt war 1988 nach

Querelen mit Blessing ausgeschieden und hatte in der Verlagsgruppe von Holtzbrinck andere Funktionen übernommen. Peter Schaper (1949–2008), der im selben Jahr als sein Nachfolger zu Droemer Knaur kam, hatte in der früheren Douglas AG begonnen und war nach einer Zwischenstation als Bereichsverkaufsleiter für den Bertelsmann Buchclub von 1977 bis 1982 Geschäftsführer der Buchladenkette montanus aktuell, dann bis 1988 Geschäftsführer für Marketing und Vertrieb beim Econ Verlag in Düsseldorf. Schaper schied Anfang des Jahres 2000 bei der Verlagsgruppe Droemer Weltbild aus.

16. *Buchmarkt* 1995, Heft 9, S. 7.
17. *Focus,* Nr. 49 vom 4. Dezember 1999, S. 62.
18. Blessing warf Schaper vor, Scientologe zu sein – ein Vorwurf, den dieser mit einer gerichtlichen Klage beantwortete. Siehe dazu ausführlich *Buchreport,* Nr. 48 vom 30. November 1995, S. 40.
19. Eine Übersicht in *Buchreport,* Nr. 41 vom 13. Oktober 1999, S. 9.
20. Droemer Knaur war laut einer Statistik des *Buchreports* der erfolgreichste Belletristikverlag zwischen 1961 und 1996. Mit 23 Titeln von neun Autoren stand der Verlag 425 Wochen auf Platz 1 der Bestsellerliste des *Spiegel*. Mit großem Abstand folgte Hoffmann & Campe (*Buchreport,* Nr. 4 vom 23. Januar 1997, S. 74).

DER GROSSE COUP UND DIE RÜCKKEHR ZU DROEMER KNAUR. 1998–2017

1. *Börsenblatt für den Deutschen Buchhandel,* Nr. 78 vom 29. September 1998.
2. *Verlagsgruppe Georg von Holtzbrinck.* Stuttgart 2000, S. 25.
3. Ausführlich dazu Wilking, Thomas: Marktübersicht und Marktentwicklung. In: Clement, Michel/Blömeke, Eva/Sambeth, Frank (Hg.): *Ökonomie der Buchindustrie. Herausforderungen in der Buchbranche erfolgreich managen.* Wiesbaden 2009, S. 27–42.
4. Alle Zahlen aus den entsprechenden Jahresbänden von *Buch und Buchhandel in Zahlen.*
5. Dazu Kessler, Georg: *Der Buchverlag als Marke. Typik und Herausforderungen des markengeprägten Publizierens am Beispiel der Ratgeberliteratur Deutschlands.* Wiesbaden 2013, besonders die statistischen Angaben S. 30 und 31.
6. Siehe das Organigramm in *Börsenblatt für den Deutschen Buchhandel,* Nr. 26 vom 1. April 1999, S. 7.
7. Im Herbst 2000 beschloss die Verlagsgruppe Georg von Holtzbrinck, den Verlag programmatisch eigenständig zu machen, ihn vertrieblich bei Rowohlt anzubinden und wieder in Berlin, seinem Ursprungsort, anzusiedeln.
8. *Börsenblatt für den Deutschen Buchhandel,* Nr. 40 vom 21. Mai 1999, S. 6.
9. Weniger prinzipientreu war man in einer anderen Frage: Weltbild sah sich 2011 in seiner Verbindung mit dem Großbuchhändler Hugendubel dem Vorwurf erzkonservativer katholischer Kreise ausgesetzt, Millionen mit Pornografie verdient zu haben – und es in früheren Jahren versäumt zu haben, dagegen etwas zu unternehmen.
10. *Börsenblatt für den Deutschen Buchhandel,* Nr. 20 vom 10. März 2000, S. 5.
11. *Die Welt,* Nr. 132 vom 8. Juni 2000, S. 29.
12. *Süddeutsche Zeitung,* Nr. 133 vom 10./11./12. Juni 2000, S. 15.
13. Noch im Frühjahr 2002 hatte man verkündet, Midena sei Marktführer im Bereich Sport und Fitness (buchmarkt.de vom 18. April 2002), um vier Tage später zu melden, die Verlagsleiterin der Droemer-Weltbild-Ratgeberverlage werde die Verlagsgruppe verlassen.

14. *Buchreport Express,* Nr. 40 vom 2. Oktober 2002, S. 16.
15. So in der Frühjahrsvorschau 2003.
16. »Klein, aber fein«. Warum macht Droemer einen zweiten Taschenbuchverlag? In: *Buchmarkt,* Heft 6, 2015, S. 77.
17. Aus heutiger Sicht fast rührend ist die Meldung, die der *Buchmarkt* am 12. Oktober 2009 verbreitete: »Das war kein leichter Entschluss, das merkt man, doch jetzt ist klar, die Verlage der Verlagsgruppe Georg von Holtzbrinck bekennen sich zum E-Book: Zur Frankfurter Buchmesse bieten die Verlage Droemer Knaur, Fischer, Kiepenheuer & Witsch und Rowohlt jetzt auch E-Books an.«
18. Neobooks. Self-Publishing auf allen Kanälen In: boersenblatt.net vom 10. Oktober 2012.
19. »Wachstumsmarkt SelfPublishing«: epubli und neobooks sollen ab 2016 gemeinsam geführt werden. In: buchmarkt.de vom 10. Dezember 2015.
20. Die Zahl ist umso eindrucksvoller, wenn man weiß, dass in der Branche eine Downloadzahl von 1000 pro Jahr durchaus als Erfolg gilt.
21. »Wir haben keine Fesseln getragen«. In: boersenblatt.net vom 5. Juli 2013.
22. »Starkes Signal an die ganze Branche: Holtzbrinck-Gruppe kauft Weltbild-Anteile von Droemer zurück«. In: buchmarkt.de vom 3. Juli 2013.
23. Karl-Ludwig von Wendt im Sonntagsgespräch der Branchenzeitschrift *Buchmarkt* vom 26. Juni 2016.
24. Wolters, Detlef / Schmitt, Christina / Wiesenfeller, Ayla: *Verlagsranking 2013.* Düsseldorf 2012, S. 10. Vgl. auch Pfuhl, Joerg: »Wir haben Millionen Buchkäufer verloren«. In: *Buchreport Magazin* 2017, Heft 1, S. 10–16.
25. Die vier Unternehmen setzen zusammen nach Schätzungen der Branchenzeitschrift *Buchreport* rund 3,3 Milliarden Euro um. (Die größten Buchhändler im deutschsprachigen Raum. In: *Buchreport Magazin* 2016, Heft 3, S. 21–35. Leider hat der *Buchreport* das Ranking der 100 größten Buchhandlungn im Jahr 2013 aufgegeben.)
26. Die Suche nach der Bestsellerformel geht weiter. Aus der computergestützten Analyse von 5000 Büchern wollen Jodie Archer und Mathew Jockers Merkmale herausdestilliert haben, die einen Bestseller charakterisieren (*The Bestseller Code.* New York 2016).
27. Dazu grundlegend Bruhn, Manfred: *Marketing. Grundlagen für Studium und Praxis.* 9., überarb. Aufl. Wiesbaden 2009 und Meffert, Heribert / Burmann, Christoph / Kirchgeorg, Manfred: *Marketing. Grundlagen marktorientierter Unternehmensführung. Konzepte, Instrumente, Praxisbeispiele.* 10., vollst. überarb. und erw. Aufl. Wiesbaden 2008.
28. Für das Knaur Taschenbuch siehe detailliert Hofmann, Lisa: 50 Jahre Taschenbuchmarketing. In: Fetzer, Günther, unter Mitarbeit von Lisa Hofmann sowie Johanna Heuering und Vera Kraus: *50 Jahre Knaur Taschenbuch 1963–2013. Chronik des Verlages. Verzeichnis aller erschienenen Titel.* München 2013, S. 31–45.
29. Alle Zahlen sind der jährlichen *Buchreport*-Aufstellung *Die hundert größten Verlage* entnommen, deren Angaben auf Selbstauskünften der Verlage beruhen.
30. Auch Droemer Weltbild muss sich von bis zu 80 Mitarbeitern trennen. In: buchmarkt.de vom 7. Juni 2000.
31. Peter Schaper schied im Januar 2000 aus; sein Nachfolger wurde Christian Tesch, der zuvor Vertriebs- und Marketingleiter bei Heyne war.
32. Thomas Baumann verließ die Verlagsgruppe bereits nach nur einem Jahr; sein Nachfolger wurde bis 2002 Frieder Schuppert. Ihm folgte Ralf Müller bis 2010.
33. Beckmann, Gerhard: Konsequenz und Systematik. Wie Hans-Peter Übleis durch

Erfahrungen mit Katastrophen im modernen Bestsellergeschäft die Existenz von Droemer Knaur retten lernte und dort ein Erfolgsmodell heutigen Verlegens entwickelte. In *Buchmarkt,* 2017, Heft 2, S. 23.
34. Buchmarkt.de vom 16. September 2016.
35. Häusel, Hans-Georg: Die wissenschaftliche Fundierung des Limbic-Ansatzes. München 2011.
36. Vgl. dazu Zastrow, Volker: Wie Trump gewann. In: www.faz.net/aktuell/politik/wahl-in-amerika/wie-der-wahlsieg-von-donald-trump-mit-big-data-gelang-14568868.html und Grasegger, Hannes/Krogerus, Mikael: Ich habe nur gezeigt, dass es die Bombe gibt. In: www.dasmagazin.ch/2016/12/03/ich-habe-nur-gezeigt-dass-es-die-bombe-gibt

NACHWORT

1. Darnton, Robert: *Glänzende Geschäfte. Die Verbreitung von Diderots Encyclopédie oder: Wie verkauft man Wissen mit Gewinn?.* Frankfurt 1998, S. 13.
2. Plumpe, Werner: Perspektiven der Unternehmensgeschichte. In: Schulz, Günther (Hg.): *Sozial- und Wirtschaftsgeschichte. Arbeitsgebiete, Probleme, Perspektiven.* Stuttgart 2004, S. 417.
3. Triebel, Florian: Theoretische Überlegungen zur Verlagsgeschichte. In: *IASL online (Forum Geschichtsschreibung des Buchhandels),* S. 1.
4. Siehe dazu u.a. Rebenich, Stefan: *C. H. Beck 1763–2013. Der kulturwissenschaftliche Verlag und seine Geschichte.* München 2013, S. 13–17.
5. Zu vier Ansätzen einer wissenschaftlichen Verlagsgeschichtsschreibung siehe Trinckauf, Korinna: Nicht nur Festschrift. Methodische Überlegungen zur wissenschaftlichen Verlagsgeschichtsschreibung. In: *IASL online (Forum Geschichtsschreibung des Buchhandels).*
6. Pierenkemper, Toni: »Moderne« Unternehmensgeschichte auf vertrauten (Irr-)Wegen? In: *Zeitschrift für Unternehmensgeschichte* 2012, H. 1, S. 70 f.
7. Wittmann, Reinhard: *Ein Verlag und seine Geschichte. Dreihundert Jahre J. B. Metzler.* Stuttgart 1982, S. 12.
8. Die eher seltenen Ausnahmen haben inzwischen ihre ausführlichen Verlagsgeschichten. Deren Autoren oder Autorinnen mögen diese Pauschalierung verzeihen.
9. Penner-Moßner, Lisa/Wendenius, Tanja: Droemersche Verlagsanstalt Th. Knaur Nachf. Eine Skizze zur Verlagsgeschichte. Unter Mitarbeit von David Oels. In: *Non Fiktion* 6, 2011, H. 1/2, S. 191–199.
10. Fetzer, Günther, unter Mitarbeit von Lisa Hofmann sowie Johanna Heuering und Vera Kraus: *50 Jahre Knaur Taschenbuch 1963–2013. Chronik des Verlages. Verzeichnis aller erschienenen Titel.* München 2013.
11. Gastell, Daniela: Verlagsgeschichtsschreibung ohne Verlagsarchiv. In: Norrick, Corinna/Schneider, Ute (Hg.): *Verlagsgeschichtsschreibung. Modelle und Archivfunde.* Wiesbaden 2012, S. 50.
12. Im Gegensatz zum angelsächsischen Raum gibt es für die Geschichte des deutschen Buchumschlags nur rudimentäre Darstellungen. Ausnahmen sind die jüngst erschienenen opulenten Werke von Holstein, Jürgen: *Buchumschläge in der Weimarer Republik.* Köln 2015 und Klimmt, Reinhardt/Rössler, Patrick: *Reihenweise. Die Taschenbücher der 1950er Jahre und ihre Gestalter.* Butjadingen/Hamburg/Saarbrücken 2016.
13. Pierenkemper: »Moderne« Unternehmensgeschichte. 2012, S. 76.
14. A. a. O., S. 70.

LITERATURVERZEICHNIS

Adam, Christian: Der Traum vom Jahre Null. Autoren, Bestseller, Leser: Die Neuordnung der Bücherwelt in Ost und West nach 1945. Berlin 2016.

Adam, Christian: Lesen unter Hitler. Autoren, Bestseller, Leser im Dritten Reich. Berlin 2010.

Adressbuch des Deutschen Buchhandels. 1888 ff.

Altenhein, Hans: Im Jahr 1934: Neue Verlage im »neuen Staat«. In: Marginalien. Zeitschrift für Buchkunst und Bibliophilie, 214. Heft, 2014, S. 29-40.

Die Anfänge des Th. Knaur Verlages. In: Zöckler, Paul (Hg.): Im 5. Jahre ihres Bestehens feiert die Droemersche Verlagsanstalt den 50. Geburtstag des Knaur-Buches. München 1951.

Anordnung zur Förderung guter Unterhaltungsliteratur. In: Karl-Friedrich Schrieber (Hg.): Das Recht der Reichskulturkammer. Bd. 3. Berlin 1936, S. 125 f.

Archer, Jodie/Jockers, Mathew: The Bestseller Code. New York 2016.

Armbrust, Heinz J./Heine, Gert: Wer ist wer im Leben von Thomas Mann? Ein Personenlexikon. Frankfurt 2008.

Bajohr, Frank: »Arisierung« als gesellschaftlicher Prozess. Verhalten, Strategien und Handlungsspielräume jüdischer Eigentümer und »arischer« Erwerber. In: Wojak, Irmtrud/Hayer, Peter: »Arisierung« im Nationalsozialismus. Volksgemeinschaft, Raub und Gedächtnis. Frankfurt 2000, S. 15-30.

Bajohr, Frank: »Arisierung« in Hamburg. Die Verdrängung der jüdischen Unternehmer 1933-1945. Hamburg 1997.

Banger, Walter: Der Verlagsvertreter. In: Hiller, Helmut/Strauß, Wolfgang (Hg.): Der deutsche Buchhandel. Wesen, Gestalt, Aufgabe. 5., überarb. und verb. Aufl. Hamburg 1975, S. 174-184.

Barbian, Jan-Pieter: Der Buchmarkt: Marktordnung und statistische Marktdaten. In: Fischer, Ernst/Wittmann, Reinhard (Hg.): Geschichte des deutschen Buchhandels. Bd. 3: Drittes Reich, Teil 1. Berlin/Boston 2015, S. 161-196.

Barbian, Jan-Pieter: Die organisatorische, personelle und rechtliche Neuordnung des deutschen Buchhandels. In: Fischer, Ernst/Wittmann, Reinhard (Hg.): Geschichte des deutschen Buchhandels. Bd. 3: Drittes Reich, Teil 1. Berlin/Boston 2015, S. 73-159.

Barbian, Jan-Pieter: Leser und Leserlenkung. In: Fischer, Ernst/Wittmann, Reinhard (Hg.): Geschichte des deutschen Buchhandels. Bd. 3: Drittes Reich, Teil 1. Berlin/Boston 2015, S. 197-227.

Barbian, Jan-Pieter: Literaturpolitik im »Dritten Reich«. Institutionen, Kompetenzen, Betätigungsfelder. Überarb. und aktualisierte Ausg. München 1995.

Barbian, Jan-Pieter: Literaturpolitik im NS-Staat. Von der »Gleichschaltung« bis zum Ruin. Frankfurt 2010.

Barbian, Jan-Pieter: Zwischen Faszination und Verbot. US-amerikanische Literatur im nationalsozialistischen Deutschland. In: Saur, Klaus G. (Hg.): Verlage im »Dritten Reich«. Frankfurt 2013, S. 133-164.

Beckmann, Gerhard: Konsequenz und Systematik. Wie Hans-Peter Übleis durch Erfahrungen mit Katastrophen im modernen Bestsellergeschäft die Existenz von Droemer Knaur retten lernte und dort ein Erfolgsmodell heutigen Verlegens entwickelte. In: Buchmarkt, 2017, Heft 2, S. 22 f.

Benz, Wolfgang: Amerikanische Literaturpolitik und deutsche Interessen. Verlagswesen und Buchhandel in Bayern 1945-1946. In: Zeitschrift für bayerische Landesgeschichte 42, 1979, S. 705-731.

Berendsohn, Walter A.: Die humanistische

Front. Einführung in die deutsche Emigranten-Literatur. Teil 1: Von 1933 bis zum Kriegsausbruch 1939. Zürich 1946.
Berkhan, Carl: Fünfzig Jahre Adolf Bonz & Comp. In: Zeitschrift des Deutschen Vereins für Buchwesen und Schrifttum. Sondernummer: Jubiläen buchgewerblicher Firmen, 9, 1926, Nr. 1, S. 1–4.
Berlin um 1900. Ausstellung der Berlinischen Galerie in Verbindung mit der Akademie der Künste. Berlin 1984.
Bermann Fischer, Gottfried: Bedroht – Bewahrt. Der Weg eines Verlegers. Frankfurt 1991.
Bermann Fischer, Gottfried: Die Rolle des Buches im Nachkriegsdeutschland. In: Pfäfflin, Friedrich / Kussmaul, Ingrid: S. Fischer Verlag. Von der Gründung bis zur Rückkehr aus dem Exil. Marbach 1985, S. 655–663.
Biesalski, Ernst-Peter: Die Mechanisierung der deutschen Buchbinderei 1850–1900. In: Archiv für Geschichte des Buchwesens 36, 1991, S. 1–94.
Blaschke, Olaf: Verleger machen Geschichte. Buchhandel und Historiker seit 1945 im deutsch-britischen Vergleich. Göttingen 2010.
Blunck, Jürgen (Hg.): Beseelte brüderliche Welt. Gedenkschrift für Hans Friedrich Blunck 1888–1988. Husum 1988.
Blunck, Jürgen: Die Märchenillustrationen von Martin und Ruth Koser-Michaels. In: Blunck, Jürgen (Hg.): Beseelte brüderliche Welt. Gedenkschrift für Hans Friedrich Blunck 1888–1988. Husum 1988, S. 131–146.
Bolle, Fritz: Wie Willy von Willy gefeuert wurde oder Das Unglaubliche an Herrn Droemer. In: Simmel, Johannes Mario (Hg.): Grüße und Wünsche zum sechzigsten Geburtstag und zum fünfundzwanzigjährigen Bestehen der Droemerschen Verlagsanstalt. München 1971, S. 63–68.
Booth, Charles, u.a.: Accounting for the dark side of corporate history: Organizational culture perspectives and the Bertelsmann case. In: Critical Perspectives on Accounting 18, 2007, S. 625–644.
Börsenblatt für den Deutschen Buchhandel, 1834 ff.
boersenblatt.net. URL: http://www.boersenblatt.net/
Bosch, Manfred: Felix Guggenheim. Jurist, Verleger, Literaturagent. In: Konstanzer Almanach 2012, S. 73–75.
Braese, Stephan (Hg.): In der Sprache der Täter. Neue Lektüren deutschsprachiger Nachkriegs- und Gegenwartsliteratur. Opladen / Wiesbaden 1998.
Brohm, Berthold: Das Buch in der Krise. Studien zur Buchhandelsgeschichte der Weimarer Republik. In: Archiv für Geschichte des Buchwesens 51, 1999, S. 189–331.
Bruhn, Manfred: Marketing. Grundlagen für Studium und Praxis. 9., überarb. Aufl. Wiesbaden 2009.
Bry, Carl Christian: Buchreihen. Fortschritt oder Gefahr für den Buchhandel?. Gotha 1917.
Bry, Gerhard: Wages in Germany 1871–1945. Princeton 1960.
Buch und Buchhandel in Zahlen. Hg. vom Börsenverein des Deutschen Buchhandels e.V. Frankfurt a.M. / Leipzig 1955 ff.
Bücher, Karl: Der deutsche Buchhandel und die Wissenschaft. Leipzig 1903.
Bucher, Max, u.a. (Hg.): Realismus und Gründerzeit. Manifeste und Dokumente zur deutschen Literatur 1848–1880. Mit einer Einführung in den Problemkreis und einer Quellenbiographie. 2 Bde. München 1981.
Buchmarkt. Das Ideenmagazin für den Buchhandel. 1966 ff.
buchmarkt.de. URL: http://www.buchmarkt.de/
Buchreport. 1970 ff.
buchreport.de. URL: https://www.buchreport.de/
Bühler, Hans-Eugen: Der Frontbuchhandel 1939–1945. Organisationen, Kompetenzen,

Verlage, Bücher. Eine Dokumentation. Frankfurt am Main 2002.

Bühler, Hans-Eugen/Kirbach, Klaus: Die Wehrmachtsausgaben deutscher Verlage von 1939–1945. Teil 1: Feldpostenausgaben zwischen 1939 und 1945 und die Sonderaktion Feldpost 1942. In: Archiv für Geschichte des Buchwesens 50, 1998, S. 251–294.

Bürgin, Hans/Mayer, Hans-Otto (Hg.): Die Briefe Thomas Manns. Regesten und Register. Band 1. Frankfurt 1977.

Dahm, Volker: Das jüdische Buch im Dritten Reich. 2., überarb. Aufl. München 1993.

Darnton, Robert: Glänzende Geschäfte. Die Verbreitung von Diderots *Encyclopédie* oder: Wie verkauft man Wissen mit Gewinn?. Frankfurt 1998.

Diederichs, Eugen: Arbeitsbericht von der 1. Lauensteiner Tagung: In: Börsenblatt für den Deutschen Buchhandel, 1922, Nr. 235, S. 1397 ff.

Diederichs, Helmut H.: Konzentration in den Massenmedien. Systematischer Überblick zur Situation in der BRD. Mit einem Nachwort von Dieter Prokop. München 1973.

Diederichs, Ulf: Annäherungen an das Sachbuch. Zur Geschichte und Definition eines umstrittenen Begriffs. In: Radler, Rudolf (Hg.): Die deutschsprachige Sachliteratur. München/Zürich 1978, S. 1–37.

Droemer, Adalbert: Warum Mk. 2.85-Dämmerung? In: Börsenblatt für den Deutschen Buchhandel, Nr. 162 vom 16. Juli 1931, S. 676.

Droemer, Willy: Meine Mitarbeiter. In: Zöckler, Paul (Hg.): Im 5. Jahre ihres Bestehens feiert die Droemersche Verlagsanstalt den 50. Geburtstag des Knaur-Buches. München 1951, S. 85–88.

Droemer, Willy: Zum 9. Juni 1976. In: Piper, Klaus (Hg.): ... und unversehens ist es Abend. Von und über Richard Friedenthal. München 1976, S. 195–200.

Dürr, Heidi: Eine Idee macht Umsatz. Schon jedes dritte Buch wird von einem Lesering abgesetzt. In: Die Zeit, Nr. 39 vom 19. September 1975.

Emrich, Kerstin: Konzentration im Sortimentsbuchhandel. Diagnose, Prognose und Handlungsempfehlungen. Wiesbaden 2011.

Estermann, Monika: Neuere Verlagsgeschichten. In: Archiv für Geschichte des Buchwesens 61, 2007, S. 216–224.

Estermann, Monika/Füssel, Stephan: Belletristische Verlage. In: Jäger, Georg (Hg.): Geschichte des deutschen Buchhandels im 19. und 20. Jahrhundert. Bd. 1: Das Kaiserreich 1870–1918. Teil 2. Frankfurt a. M. 2003, S. 164–299.

Fetzer, Günther, unter Mitarbeit von Lisa Hofmann sowie Johanna Heuering und Vera Kraus: 50 Jahre Knaur Taschenbuch 1963–2013. Chronik des Verlages. Verzeichnis aller erschienenen Titel. München 2013.

Fetzer, Günther: Der verzögerte Erfolg. Joseph Victor von Scheffel und sein Publikum. In: Badische Heimat 56, 1976, Heft 1, S. 27–35.

Fetzer, Günther: Konzentration. In: Rautenberg, Ursula (Hg.): Reclams Sachlexikon des Buches. Von der Handschrift bis zum E-Book. 3., vollständig überarb. und aktual. Auflage. Stuttgart 2015, S. 237 f.

Fetzer, Günther: Rolf Heyne, ein patriarchalischer, pragmatischer Macherstratege. In: Rautenberg, Ursula (Hg.): Jahresbericht der Erlanger Buchwissenschaft. Erlangen 2016, S. 42 49.

Fetzer, Günther: Sachbuch. In: Rautenberg, Ursula (Hg.): Reclams Sachlexikon des Buches. Von der Handschrift bis zum E-Book. 3., vollständig überarb. und aktual. Auflage. Stuttgart 2015, S. 343.

Fischer, Ernst/Füssel, Stephan (Hg.): Geschichte des Deutschen Buchhandels im 19. und 20. Jahrhundert. Bd. 2: Die Weimarer Republik 1918–1933, 2 Teilbände. München 2007 und Berlin/Boston 2012.

Fischer, Samuel: Bemerkungen zur Bücherkrise. In: Bermann Fischer, Brigitte/Bermann Fischer, Gottfried (Hg.): In Memoriam S. Fischer. 24. Dezember 1859–1959. Frankfurt 1960, S. 30–33.

Fischer, Samuel: Der Verleger und der Büchermarkt. In: Bermann Fischer, Brigitte/Bermann Fischer, Gottfried (Hg.): In Memoriam S. Fischer. 24. Dezember 1859–1959. Frankfurt 1960, S. 9–15.

Fischer, Samuel/Fischer, Hedwig: Briefwechsel mit Autoren. Hg. von Dierk Rodewald und Corinna Fiedler. Mit einer Einführung von Bernhard Zeller. Frankfurt 1989.

Flemmer, Walter: Verlage in Bayern. Geschichte und Geschichten. Pullach 1974.

Fouquet-Plümacher, Doris: Katalog der Sammlung »Kleist in Klassikerausgaben« im Kleist-Museum, Frankfurt (Oder). Berlin 2014. URL: http://edocs.fu-berlin.de/docs/servlets/MCRFileNodeServlet/FUDOCS_derivate_000000003674/Kleist-Klassikerausgaben-Katalog.pdf?hosts=

Fouquet-Plümacher, Doris: Klassikerausgaben im nationalen Kulturerbe: Das Beispiel Heinrich von Kleist. URL: http://edocs.fu-berlin.de/docs/receive/FUDOCS_document_000000001249

Fouquet-Plümacher, Doris: Kleist auf dem Buchmarkt. Klassikerausgaben für das Bürgertum. Hildesheim/Zürich/New York 2014.

Friedenthal, Richard: Das nützlichste Buch in deutscher Sprache. In: Satter, Heinrich (Hg.): Ein Haus feiert Geburtstag. Droemer Knaur 1901–1961. München 1961, unpag.

Friedenthal, Richard: Erinnerung und Glückwunsch. In: Simmel, Johannes Mario (Hg.): Grüße und Wünsche zum sechzigsten Geburtstag und zum fünfundzwanzigjährigen Bestehen der Droemerschen Verlagsanstalt. München 1971.

Friedländer, Saul, u.a.: Bertelsmann im Dritten Reich. Unter Mitarbeit von Hans-Eugen Bühler u.a. München 2002.

Fröhlich, Erwin/Pichler, J. Hanns: Werte und Typen mittelständischer Unternehmer. Berlin 1988.

Füssel, Stephan: Belletristische Verlage. In: Fischer, Ernst/Füssel, Stephan (Hg.): Geschichte des Deutschen Buchhandels im 19. und 20. Jahrhundert. Bd. 2: Die Weimarer Republik 1918–1933, Teil 2. Berlin/Boston 2012, S. 1–90.

Füssel, Stephan: Das Buch in der Medienkonkurrenz. In: Gutenberg-Jahrbuch 71, 1996, S. 323–340.

Füssel, Stephan (Hg.): Die Politisierung des Buchmarkts. 1968 als Branchenereignis. Wiesbaden 2007.

Garke-Rothbart, Thomas: »... für unseren Betrieb lebensnotwendig ...«. Georg von Holtzbrinck als Verlagsunternehmer im Dritten Reich. München 2008.

Gastell, Daniela: Verlagsgeschichtsschreibung ohne Verlagsarchiv. In: Norrick, Corinna/Schneider, Ute (Hg.): Verlagsgeschichtsschreibung. Modelle und Archivfunde. Wiesbaden 2012, S. 46–59.

Göbel, Wolfram: Was tu ich jetzt am Stölpchen-See? Die Erfolgsstory der Gelben Ullstein-Bücher. In: Enderlein, Anne (Hg.): Ullstein-Chronik 1903–2011. Berlin 2011, S. 190–197.

Godin, Reinhard/Godin, Hans: Rückerstattung feststellbarer Vermögensgegenstände in der amerikanischen Besatzungszone. Militärgesetz Nr. 59 vom 10. November 1947 mit Ausführungsvorschriften. Berlin 1948.

Göpfert, Herbert G.: Die »Bücherkrise« 1927 bis 1929. Problem der Literaturvermittlung am Ende der zwanziger Jahre. In: Raabe, Paul (Hg.): Das Buch in den zwanziger Jahren. Hamburg 1978, S. 33–45.

Grasegger, Hannes/Krogerus, Mikael: Ich habe nur gezeigt, dass es die Bombe gibt. In: www.dasmagazin.ch/2016/12/03/ich-habe-nur-gezeigt-dass-es-die-bombe-gibt

Grieser, Thorsten: Buchhandel und Verlag in der Inflation. Studien zu wirtschaftlichen Entwicklungstendenzen des deutschen Buchhandels in der Inflation nach dem Ersten Weltkrieg. In: Archiv für Geschichte des Buchwesens 51, 1999, S. 1–187.

Großmann, Stefan: Frage an Thomas Mann. In: Das Tagebuch 8, 1927, S. 753 f.

Hamburg, Andrea: Zwischen Verriss und

Bestsellertum. Die Rezeption von Johannes Mario Simmel. Frankfurt 2012.

Handbuch der Lizenzen deutscher Verlage. Zeitungen, Zeitschriften, Buchverlage. Berlin 1947.

Handbuch für Leipzig auf das Jahr 1847. Leipzig 1847.

Hansen, Fritz: Der Buchhandel im Warenhaus. In: Presse, Buch, Papier 1900, S. 317 f.

Haug, Christine: Der Warenhausbuchhandel. In: Fischer, Ernst/Füssel, Stephan (Hg.): Geschichte des deutschen Buchhandels. Bd. 2: Die Weimarer Republik 1918–1933, Teil 2. Berlin/Boston 2012, S. 491–514.

Haug, Christine/Kruse, Natalie: Geschichte des Versandbuchhandels. Von seinen Anfängen in den 1860er Jahren bis zur Gegenwart. Wiesbaden 2004.

Häusel, Hans-Georg: Die wissenschaftliche Fundierung des Limbic-Ansatzes. München 2011. URL: www.haeusel.com/wp-content/uploads/2016/03/wiss_fundierung_limbic_ansatz.pdf

Hederich, Karl Heinz: Parteiamtliche Prüfungskommission und Buch. In: Langenbucher, Hellmuth (Hg.): Die Welt des Buches. Eine Kunde vom Buch. Ebenhausen 1938, S. 208–210.

Heftrig, Ruth: Fanatiker der Sachlichkeit. Richard Hamann und die Rezeption der Moderne in der universitären deutschen Kunstgeschichte 1930–1960. Berlin/Boston 2014.

Helwig, Hellmuth: Das deutsche Buchbinder-Handwerk. Handwerks- und Kulturgeschichte. 2 Bde. Stuttgart 1962 und 1965.

Hepp, Michael (Hg.): Die Ausbürgerung deutscher Staatsangehöriger 1933–45 nach den im Reichsanzeiger veröffentlichten Listen. Bd. 1. München 1985.

Hesse, Hermann/Mann, Thomas: Briefwechsel. Hg. von Anni Carlsson und Volker Michels. Dritte erw. Ausgabe. Frankfurt 1999.

Hilberg, Raul: Unerbetene Erinnerung. Der Weg eines Holocaust-Forschers. Frankfurt 1994.

Hiller, Helmut: Die Buchgemeinschaften. In: Gonski, Heinrich, u.a.: Der deutsche Buchhandel in unserer Zeit. Göttingen 1961, S. 85–101.

Hofmann, Lisa: 50 Jahre Taschenbuchmarketing. In: Fetzer, Günther, unter Mitarbeit von Lisa Hofmann sowie Johanna Heuering und Vera Kraus: 50 Jahre Knaur Taschenbuch 1963–2013. Chronik des Verlages. Verzeichnis aller erschienenen Titel. München 2013, S. 31–45.

Holstein, Jürgen: Buchumschläge in der Weimarer Republik. Köln 2015.

Hoser, Paul: Die Entnazifizierung in Bayern. In: Schuster, Walter/Weber, Wolfgang (Hg.): Entnazifizierung im regionalen Vergleich. Linz 2004, S. 473–510.

Hoser, Paul: Entnazifizierung. In: www.historisches-lexikon-bayerns.de/Lexikon/Entnazifizierung

Höwing, Hanns: Der Droemer Verlag – ein neuer Verlag. In: Zöckler, Paul (Hg.): Im 5. Jahre ihres Bestehens feiert die Droemersche Verlagsanstalt den 50. Geburtstag des Knaur-Buches. München 1951, S. 53–67.

Hutter, Martin/Langenbucher, Wolfgang R.: Buchgemeinschaften und Lesekultur. Studie zum Programmangebot von sechs Buchgemeinschaften (1972–1977). Berlin 1980.

Jaeger, Roland: Die Pazifische Presse. In: Spalek, John M./Feilchenfeldt, Konrad/Hawrylchak, Sandra H. (Hg.): Deutschsprachige Exilliteratur seit 1933. Bd. 3: USA. Bern/München 2001, S. 311–342.

Jäger, Georg: Die kaufmännische Führung des Verlags. Buchführung, Kalkulation, Herstellungskosten. In: Jäger, Georg (Hg.): Geschichte des deutschen Buchhandels im 19. und 20. Jahrhundert. Bd. 1: Das Kaiserreich 1870–1918. Teil 1. Frankfurt a. M. 2001, S. 281–310.

Jäger, Georg (Hg.): Geschichte des deutschen Buchhandels im 19. und 20. Jahrhundert. Bd. 1: Das Kaiserreich 1870–1918, 3 Teilbände. Frankfurt a.M. 2001, 2003 und 2010.

Jäger, Georg: Juristischer Verlag. In: Jäger,

Georg (Hg.): Geschichte des deutschen Buchhandels im 19. und 20. Jahrhundert. Bd. 1: Das Kaiserreich 1870–1918. Teil 1. Frankfurt a. M. 2001, S. 486–506.

Jäger, Georg: Kaufhausbuchhandel. In: Jäger, Georg (Hg.): Geschichte des deutschen Buchhandels im 19. und 20. Jahrhundert. Bd. 1: Das Kaiserreich 1871–1918. Teil 2. Frankfurt 2003, S. 621–640.

Jäger, Georg: Medien. In: Berg, Christa (Hg.): Handbuch der deutschen Bildungsgeschichte. Bd. 4: 1870–1918. Von der Reichsgründung bis zum Ende des Ersten Weltkriegs. München 1991, S. 473–499.

Jäger, Georg: Verbindung des Verlagsbuchhandels mit herstellenden Betrieben – der »gemischte Betrieb« und der »Gesamtbetrieb«. In: Jäger, Georg (Hg.): Geschichte des deutschen Buchhandels im 19. und 20. Jahrhundert. Bd. 1: Das Kaiserreich 1870–1918. Teil 1. Frankfurt a. M. 2001, S. 311–325.

Jeremias, Günther: Das billige Buch. Entwicklungs- und Erscheinungsformen. Berlin 1938.

Kaes, Anton (Hg.): Weimarer Republik. Manifeste und Dokumente zur deutschen Literatur 1918–1933. Mit einer Einleitung und Kommentaren hg. von A. K. Stuttgart 1983, S. 287–289.

Kastner, Barbara: Der Buchverlag der Weimarer Republik 1918–1933. Eine statistische Analyse. Diss. München 2005. URL: http://edoc.ub.unimuenchen.de/archive/00004278/01/Kastner_Barbara_W.pdf

Kastner, Barbara: Statistik und Topographie des Verlagswesens. In: Jäger, Georg (Hg.): Geschichte des deutschen Buchhandels im 19. und 20. Jahrhundert. Bd. 1: Das Kaiserreich 1870–1918. Teil 2. Frankfurt a. M. 2003, S. 300–367.

Katins, Janine: Jürgen Thorwald. Eine Auto(r)biografie. In: Oels, David (Hg.): Jürgen Thorwald. (Non Fiktion. Arsenal der anderen Gattungen 6, 2011, Heft 1/2.) Hannover 2011, S. 19–34.

Katzin, Winifried: Ein literarisches Kuriosum. In: Die Horen 5, 1929, S. 268–273.

Kaufmann, Walter / Reineke, Eva (Hg.): Fritz Bolle. Lebenshaltestelle Lux Verlag Murnau. Murnau 2002.

Keiderling, Thomas: Strategisches Unternehmerverhalten im »Dritten Reich«. Eine Fallstudie zum Konzern Koehler & Volckmar AG & Co. In: Saur, Klaus G. (Hg.): Verlage im »Dritten Reich«. Frankfurt 2013, S. 109–132.

Kessler, Georg: Der Buchverlag als Marke. Typik und Herausforderungen des markengeprägten Publizierens am Beispiel der Ratgeberliteratur Deutschlands. Wiesbaden 2013.

Kindler, Helmut: Zum Abschied ein Fest. Die Autobiographie eines deutschen Verlegers. München 1991.

Kleßmann, Christoph: Die doppelte Staatsgründung. Deutsche Geschichte 1945–1955. 5., überarb. und erw. Auflage. Bonn 1991.

Klimmt, Reinhardt / Rössler, Patrick: Reihenweise. Die Taschenbücher der 1950er Jahre und ihre Gestalter. Butjadingen / Hamburg / Saarbrücken 2016.

Knopf, Sabine: Buchstadt Leipzig. Der historische Reiseführer. Berlin 2011.

Knopf, Sabine / Titel, Volker: Der Leipziger Gutenbergweg. Geschichte und Topographie einer Buchstadt. Beucha 2001.

Kofel, Heinrich: Chronik der Buchbinder-Innung zu Leipzig, 1544–1894. Zum 350jährigen Jubiläum. Leipzig 1894.

Köhler, Ingo: Die »Arisierung« der Privatbanken im Dritten Reich. Verdrängung, Ausschaltung und die Frage der Wiedergutmachung. 2. Aufl. München 2008.

Kollmannsberger, Michael: Buchgemeinschaften im deutschen Buchmarkt. Funktionen, Leistungen, Wechselwirkungen. Wiesbaden 1995.

Körber, Silke: Isotype und Adprint. Die Demokratisierung des Wissens und eine neue Kultur der Visualisierung im Sachbuch. In: Reh, Sabine / Kollmann. Stefanie (Hg.): Zeigen und Bildung. Das Bild als Medium der Unterrichtung seit der frühen Neuzeit. Bad Heilbrunn 2017, S. 187–205.

Krieg, Walter: Adalbert Droemer. Erinnerungen eines jüngeren Freundes. In: Zöckler, Paul (Hg.): Im 5. Jahre ihres Bestehens feiert die Droemersche Verlagsanstalt den 50. Geburtstag des Knaur-Buches. München 1951, S. 21–30.

Krüger, Ulrich: Dampfmaschinen in Leipzig 1830 bis 1875. In: Zwahr, Hartmut / Schirmer, Uwe / Steinführer, Henning (Hg.): Leipzig, Mitteldeutschland und Europa. Festgabe für Manfred Straube und Manfred Unger zum 70. Geburtstag. Beucha 2000, S. 135–148.

Kuczynski, Jürgen: Darstellung der Lage der Arbeiter in Deutschland von 1871 bis 1900. Berlin 1962.

Lamm, Hans (Hg.): Fritz Bolle zum 10. Juni 1968. München 1968.

Langenbucher, Hellmuth (Hg.): Die Welt des Buches. Eine Kunde vom Buch. Ebenhausen 1938, S. 193f.

Langenbucher, Hellmuth: Volkhafte Dichtung der Zeit. Berlin 1933.

Langenbucher, Wolfgang R. (Hg.): »Berichte über die Zeit, in der ich lebe«. Johannes Mario Simmel und seine Romane. Eine Dokumentation. München 1978.

Langenbucher, Wolfgang R. / Truchseß, Wolfhard F.: Buchmarkt der neuen Leser. Studien zum Programmangebot der Buchgemeinschaften (1962–1971). Berlin 1974.

Lauterbach, Burkhart R.: Bestseller. Produktions- und Verkaufsstrategien. Tübingen 1979.

Ledig-Rowohlt, Heinrich Maria: Ein Altruist gratuliert. In: Simmel, Johannes Mario (Hg.): Grüße und Wünsche zum sechzigsten Geburtstag und zum fünfundzwanzigjährigen Bestehen der Droemerschen Verlagsanstalt. München 1971, S. 165.

Lillteicher, Jürgen: Raub, Recht und Restitution. Die Rückerstattung jüdischen Eigentums in der frühen Bundesrepublik. Göttingen 2007.

Links, Christoph: Das Schicksal der DDR-Verlage. Die Privatisierung und ihre Konsequenzen. Leipzig 2009.

Liste der auszusondernden Literatur. Hg. v. der Deutschen Verwaltung für Volksbildung in der sowjetischen Besatzungszone. Vorläufige Ausgabe nach dem Stand vom 1. April 1946. Berlin 1946.

Liste der auszusondernden Literatur. Hg. v. der Deutschen Verwaltung für Volksbildung in der sowjetischen Besatzungszone. Erster Nachtrag nach dem Stand vom 1. Januar 1947. Berlin 1948. (a)

Liste der auszusondernden Literatur. Hg. v. der Deutschen Verwaltung für Volksbildung in der sowjetischen Besatzungszone. Zweiter Nachtrag nach dem Stand vom 1. September 1948. Berlin 1948. (b)

Liste der auszusondernden Literatur. Hg. vom Ministerium für Volksbildung der Deutschen Demokratischen Republik. Dritter Nachtrag nach dem Stand vom 1. April 1952. Berlin 1953.

Liste des schädlichen und unerwünschten Schrifttums. Stand vom 31. Dezember 1938 und Jahreslisten 1939–1941. Vaduz 1979.

Lokatis, Siegfried: Der militarisierte Buchhandel im Ersten Weltkrieg. In: Jäger, Georg (Hg.): Geschichte des deutschen Buchhandels im 19. und 20. Jahrhundert. Bd. 1: Da Kaiserreich 1870–1918. Teil 3. Frankfurt a. M. 2010, S. 444–469.

Loosen, M.: Die Odyssee der Kölner Domschätze im Kriege 1939–1945. In: Neuss, Wilhelm (Hg.): Krieg und Kunst im Erzbistum Köln und Bistum Aachen. Mönchengladbach 1948, S. 28–34.

Lorck, Carl B.: Die Druckkunst und der Buchhandel in Leipzig in vier Jahrhunderten. Leipzig 1879.

Lux, Käthe: Studien über die Entwicklung der Warenhäuser in Deutschland. Jena 1910.

Mann, Thomas: Brief an Hanns Martin Elster vom 27. Oktober 1928. In: Die Horen 5, 1929, S. 273–275.

Mann, Thomas: Briefe III. Ausgewählt und hg. von Thomas Sprecher, Hans R. Vaget und Cornelia Bernini. Frankfurt 2011.

Mann, Thomas: Die Romane der Welt. In: Das Tagebuch 8, 1927, S. 856–858.

Martino, Alberto: Die deutsche Leihbibliothek. Geschichte einer literarischen Institution (1754–1914). Mit einem zusammen mit Georg Jäger erstellten Verzeichnis der erhaltenen Leihbibliothekskataloge. Wiesbaden 1990.

Meffert, Heribert/Burmann, Christoph/Kirchgeorg, Manfred: Marketing. Grundlagen marktorientierter Unternehmensführung. Konzepte, Instrumente, Praxisbeispiele. 10., vollst. überarb. und erw. Aufl. Wiesbaden 2008.

Mehling, Franz N.: Ein ganzes Leben lang. Norderstedt 2012.

Mehlis, Urban van: Buchgemeinschaften. In: Fischer, Ernst/Füssel, Stephan (Hg.): Geschichte des Deutschen Buchhandels im 19. und 20. Jahrhundert. Bd. 2: Die Weimarer Republik 1918–1933. Teil 2. Berlin/Boston 2012, S. 553–588.

Mehlis, Urban van: Die Buchgemeinschaften in der Weimarer Republik. Mit einer Fallstudie über die sozialdemokratische Arbeiterbuchgemeinschaft »Der Bücherkreis«. Stuttgart 2002.

Mendelssohn, Peter de: S. Fischer und sein Verlag. Frankfurt 1970.

Möller, Frank: Dem Glücksrad in die Speichen greifen. Joseph Caspar Witsch, seine Autoren, sein Verlagsprogramm und der Literaturbetrieb der frühen Bundesrepublik. Köln 2015.

Neven DuMont, Reinhold: Die Kollektivierung des literarischen Konsums in der modernen Gesellschaft durch die Arbeit der Buchgemeinschaften. Köln 1961.

Niethammer, Lutz: Die Mitläuferfabrik. Die Entnazifizierung am Beispiel Bayerns. Bonn u. a. 1982.

Nietzel, Benno: Die Vernichtung der wirtschaftlichen Existenz der deutschen Juden 1933–1945. Ein Literatur- und Forschungsbericht. In: Archiv für Sozialgeschichte 49, 2009, S. 561–613.

Nöhbauer, Hans F.: Ein Verleger und seine Bücher. In: Simmel, Johannes Mario (Hg.): Grüße und Wünsche zum sechzigsten Geburtstag und zum fünfundzwanzigjährigen Bestehen der Droemerschen Verlagsanstalt. München 1971, S. 22–44.

Nöhbauer, Hans F., im Gespräch mit Walter Flemmer. Sendung vom 28.10.2004. URL: https://www.br.de/fernsehen/ard-alpha/sendungen/alpha-forum/hans-f-noehbauer-gespraech100.html

Noltenius, Rainer: Dichterfeiern in Deutschland. Rezeptionsgeschichte als Sozialgeschichte am Beispiel der Schiller- und Freiligrath-Feiern. München 1984.

Oels, David (Hg.): Jürgen Thorwald. (Non Fiktion. Arsenal der anderen Gattungen 6, 2011, Heft 1/2). Hannover 2011.

Oldenbourg, Friedrich: Buch und Bildung. Eine Aufsatzfolge. München 1925.

Paschke, Max/Rath, Philipp: Lehrbuch des Deutschen Buchhandels. 3. Aufl. Leipzig 1912.

Pecher, Claudia Maria/Stegherr, Marc: Das »Hochland« im Weltbild Ganghofers und seiner Zeit. Eine kulturgeschichtliche Untersuchung. In: Pellengahr, Astrid/Kraus, Jürgen: Kehrseite eines Klischees. Der Schriftsteller Ludwig Ganghofer. Thalhofen 2005, S. 70–83.

Penner-Moßner, Lisa/Wendenius, Tanja: Droemersche Verlagsanstalt Th. Knaur Nachf. Eine Skizze zur Verlagsgeschichte. Unter Mitarbeit von David Oels. In: Oels, David (Hg.): Jürgen Thorwald. (Non Fiktion. Arsenal der anderen Gattungen 6, 2011, Heft 1/2). Hannover 2011, S. 191–199.

Pfäfflin, Friedrich/Kussmaul, Ingrid: S. Fischer Verlag. Von der Gründung bis zur Rückkehr aus dem Exil. Marbach 1985.

Pfannkuche, A. H. Th.: Was liest der deutsche Arbeiter? Auf Grund einer Enquete beantwortet. Tübingen/Leipzig 1900.

Pfemfert, Franz: Bruchstück einer Unterhaltung. In: Die Aktion 4, 1914, Sp. 601–605.

Pfuhl, Joerg; »Wir haben Millionen Buchkäufer verloren«. In: Buchreport Magazin 2017, Heft 1, S. 10–16.

Pierenkemper, Toni: »Moderne« Unternehmensgeschichte auf vertrauten (Irr-)Wegen? In: Zeitschrift für Unternehmensgeschichte 2012, H. 1, S. 70–85.

Piper, Klaus (Hg.): ... und unversehens ist es Abend. Von und über Richard Friedenthal. München 1976.

Plumpe, Werner: Perspektiven der Unternehmensgeschichte. In: Schulz, Günther (Hg.): Sozial- und Wirtschaftsgeschichte. Arbeitsgebiete, Probleme, Perspektiven. Stuttgart 2004, S. 403–425.

Rarisch, Ilsedore: Industrialisierung und Literatur. Buchproduktion, Verlagswesen und Buchhandel in Deutschland im 19. Jahrhundert in ihrem statistischen Zusammenhang. Berlin 1976.

Rauch, Karl (Hg.): Die planmäßige Arbeit zur geistigen Versorgung des deutschen Volkes. 36 Selbstdarstellungen deutscher Verleger. Dessau 1924.

Rebenich, Stefan: C. H. Beck 1763–2013. Der kulturwissenschaftliche Verlag und seine Geschichte. München 2013.

Reinhardt, Dirk: Von der Reklame zum Marketing. Geschichte der Wirtschaftswerbung. Berlin 1993.

Richards, Donald Ray: The German Bestseller in the 20th Century. A Complete Bibliography and Analysis 1915–1940. Bern 1986.

Rosner, Karl: Neue Wege und Aufstieg des Verlages. In: Zöckler, Paul (Hg.): Im 5. Jahre ihres Bestehens feiert die Droemersche Verlagsanstalt den 50. Geburtstag des Knaur-Buches. München 1951, S. 33–44.

Rühle, Günther: Die Herren des Buchmarkts. Frankfurt 1985.

Runge, Kurt: Urheber- und Verlagsrecht. Systematische Darstellung unter Berücksichtigung des internationalen Urheberrechts, der Urheberrechtsreform und der Nachkriegslage. Bonn 1948.

Sarkowicz, Hans / Mentzer, Alf: Literatur in Nazi-Deutschland. Ein biografisches Lexikon. Erw. Neuausgabe. Hamburg/ Wien 2002.

Sarkowski, Heinz: Der Verlagsvertreter. Ein historischer Rückblick. In: Buchhandelsgeschichte 1993, S. B 94–B 100.

Sarkowski, Heinz: Vom Kolportagebuchhandel zur Buchgemeinschaft. Die »Bibliothek der Unterhaltung und des Wissens«. In: Ramsegger, Georg / Schoenicke, Werner (Hg.): Das Buch zwischen gestern und morgen. Zeichen und Aspekte. Georg von Holtzbrinck zum 11. Mai 1969. Stuttgart 1969, S. 33–64.

Satter, Heinrich (Hg.): Ein Haus feiert Geburtstag. Droemer Knaur 1901–1961. München 1961.

Saur, Klaus G.: Verlage im Nationalsozialismus. In: Saur, Klaus G. (Hg.): Verlage im »Dritten Reich«. Frankfurt 2013, S. 9–15.

Schaper, Friedrich-Wilhelm: Die Stunde der Kooperation. Konzentration und Kooperation im Verlagswesen der Bundesrepublik Deutschland. In: Gutenberg-Jahrbuch 1976, S. 500–509.

Scheidt, Gabriele: Der Kolportagebuchhandel (1869–1905). Eine systemtheoretische Rekonstruktion. Stuttgart 1994.

Schmidt, Hubert: Droemers Mount Everestes. In: Simmel, Johannes Mario (Hg.): Grüße und Wünsche zum sechzigsten Geburtstag und zum fünfundzwanzigjährigen Bestehen der Droemerschen Verlagsanstalt. München 1971, S. 172–178.

Schneider, Tobias: Bestseller im Dritten Reich. Ermittlung und Analyse der meistverkauften Romane in Deutschland 1933–1944. In: Vierteljahrshefte für Zeitgeschichte 2004, Heft 1, S. 77–97.

Schneider, Ute: Buchkäufer und Leserschaft. In: Fischer, Ernst / Füssel, Stephan (Hg.): Geschichte des Deutschen Buchhandels im 19. und 20. Jahrhundert. Bd. 2: Die Weimarer Republik 1918–1933. Teil 1. München 2007, S. 149–196.

Schneider, Ute: Der unsichtbare Zweite. Die Berufsgeschichte des Lektors im literarischen Verlag. Göttingen 2005.

Schneider, Ute: Lektürebudgets in Privathaushalten der zwanziger Jahre. In: Gutenberg-Jahrbuch 71, 1996, S. 341–351.

Scholz, Kai-Uwe: Chamäleon oder Die vielen Gesichter des Hans Friedrich Blunck. Anpassungsstrategien eines prominenten NS-Kulturfunktionärs vor und nach 1945. In: Fischer, Ludwig, u. a. (Hg.): Studien zur literarischen Kultur in Hamburg. Hamburg 1999, S. 131–167.

Schönrock, Ludwig: Statistische Zahlen über den Deutschen Verlags-Buchhandel. In: Börsenblatt für den Deutschen Buchhandel, 1929, Nr. 178, S. 837–843.

Schwenger, Hannes: Buchmarkt und literarische Öffentlichkeit. In: Fischer, Ludwig (Hg.): Literatur in der Bundesrepublik Deutschland bis 1967. München / Wien 1986, S. 99–124.

Seeberger, Kurt: Verlagsprofil Droemer / Knaur. In: Welt und Wort 25, 1970, S. 115 f.

Sigloch-Gruppe (Hg.): Von Büchern und Wein. Sigloch – Die Geschichte eines Familienunternehmens. Künzelsau 2008.

Silomon, Karl H.: Die erste Arbeitswoche der Verlagsvertreter in der Reichsschrifttumskammer. In: Börsenblatt, 1939, Nr. 140 vom 20.06.1939, S. 505 f.

Simic, Anna: Fritz Bolle, ein kleiner Künstler. In: Oels, David (Hg.): Jürgen Thorwald. (Non Fiktion. Arsenal der anderen Gattungen 6, 2011, Heft 1/2). Hannover 2011, S. 255–257.

Simmel, Johannes Mario: Die Taten des Igels oder Von Bestellungen bitten wir abzusehen. In: Frankfurter Allgemeine Zeitung vom 18. Juli 1991, S. 25.

Simmel, Johannes Mario (Hg.): Grüße und Wünsche zum sechzigsten Geburtstag und zum fünfundzwanzigjährigen Bestehen der Droemerschen Verlagsanstalt. München 1971.

Simmel, Johannes Mario: Happy Birthday, dear Mary. In: Buchmarkt 1999, Heft 12, S. 188.

Simmel, Johannes Mario: Wie das ist, wenn Willy einen aufbaut. In: Simmel, Johannes Mario (Hg.): Grüße und Wünsche zum sechzigsten Geburtstag und zum fünfundzwanzigjährigen Bestehen der Droemerschen Verlagsanstalt. München 1971, S. 202–214.

Sohl, Klaus (Hg.): Neues Leipzigisches Geschicht-Buch. Hg. im Auftrag des Rates der Stadt Leipzig anlässlich des 825jährigen Bestehens der Messestadt Leipzig vom Stadtgeschichtlichen Museum Leipzig. Leipzig 1990.

Spivey, Nigel: Phaidon 1923–98. London 1999.

Steinen, Helmut von den: Das moderne Buch. Berlin 1912.

Stockem, Arno: Vom Individualverlag zum Verlagskonzern. In: Vodosek, Peter: Das Buch in Praxis und Wissenschaft. 40 Jahre Deutsches Bucharchiv München. Eine Festschrift. Wiesbaden 1989, S. 49–70.

Störig, Hans Joachim (Hg.): Briefe an einen Freund. Werner Schoenicke zum 21. Juni 1985. Stuttgart 1985.

Storim, Mirjam: Kolportage-, Reise- und Versandbuchhandel. In: Jäger, Georg (Hg.): Geschichte des deutschen Buchhandels im 19. und 20. Jahrhundert. Bd. 1: Das Kaiserreich 1871–1918, Teil 2. Frankfurt 2003, S. 523–593.

Streissler, Friedrich: Der Kolportagehandel. Praktische Winke für die Einrichtung und den Betrieb der Kolportage in Sortimentsgeschäften. Leipzig-Reudnitz 1887.

Strothmann, Dietrich: Nationalsozialistische Literaturpolitik. Ein Beitrag zur Publizistik im Dritten Reich. Bonn 1960.

Stümpel, Rolf: Die Revolutionierung der Buchherstellung in der Zeit zwischen 1830 und 1880. In: Buchhandelsgeschichte, 1987, Heft 2, S. B57–B66.

Sturge, Kate: »The Alien Within«. Translation into German during the Nazi Regime. München 2004.

Triebel, Florian: Theoretische Überlegungen zur Verlagsgeschichte. In: IASL online (Forum Geschichtsschreibung des Buchhandels). URL: http://www.iasl.unimuenchen.de/discuss/lisforen/Triebel_Theorie.pdf

Trinckauf, Korinna: Nicht nur Festschrift. Methodische Überlegungen zur wissenschaftlichen Verlagsgeschichtsschreibung. In: IASL online (Forum Geschichtsschreibung des Buchhandels). URL: http://www.iasl.uni-muenchen.de/discuss/lisforen/Trinckauf_Verlagsgeschichtsschreibung.pdf

Tucholsky, Kurt: Gesammelte Werke 6: 1928. Reinbek 1975.

Uhl, Gustav: Unterrichtsbriefe für Buchhändler. Ein Handbuch der Praxis des gesamten Buchhandels. 1. Band: Der praktische Sortimenter. Leipzig 1903.

Ullmann, Michaela: Immigrant Entrepreneurship. Felix Guggenheim (1904–1976). URL: http://immigrantentrepreneurship.org/entry.php?rec=114

Umlauff, Ernst: Der Wiederaufbau des Buchhandels. Beiträge zur Geschichte des Büchermachens in Westdeutschland nach 1945. In: Archiv für Geschichte des Buchwesens 17, 1977/78, Sp. 1–1750.

Unger, Thorsten (Hg.): Weltliteratur – Feldliteratur. Buchreihen des Ersten Weltkriegs. Eine Ausstellung. Hannover 2015.

Verlagsgruppe Georg von Holtzbrinck. Stuttgart 2000.

Verlagsveränderungen im deutschen Buchhandel 1900–1932. Leipzig 1933.

Verlagsveränderungen im deutschen Buchhandel 1933–1937. Leipzig 1937.

Verlagsveränderungen im deutschen Buchhandel 1937–1943. Leipzig 1943.

Verzeichnis englischer und nordamerikanischer Schriftsteller. Hg. v. Reichsministerium für Volksaufklärung und Propaganda, Abteilung Schrifttum. Leipzig 1942.

Vincentz, Frank: Die Entwicklung der deutschen Bücherpreise. In: Börsenblatt für den Deutschen Buchhandel 14, 1958, S. 253–291.

Vinz, Curt: Die Aufgaben des Verlagsvertreters im Dritten Reich. Ein Zeitzeugenbericht. In: Buchhandelsgeschichte 1993, Heft 2, S. 65–67.

Vinz, Curt / Olzog, Günter (Hg.): Dokumentation deutschsprachiger Verlage. 5. Ausgabe. München / Wien 1974.

Vollnhals, Clemens (Hg.): Entnazifizierung. Politische Säuberung und Rehabilitierung in den vier Besatzungszonen 1945–1949. München 1991.

Wagener, Hans: Richard Friedenthal. Biographie des großen Biographen. Gerlingen 2002.

Wesel, Uwe: 250 Jahre rechtswissenschaftlicher Verlag C. H. Beck 1763–2013. München 2013.

Wetscherek, Hugo (Hg.): Bibliotheca lexicorum. Kommentiertes Verzeichnis der Sammlung Otmar Seemann, bearb. von Martin Peche. Wien 2001.

Wilkes, Walter: Die Stereotypie. In: Wilkes, Walter / Schmidt, Frieder / Hanebutt-Benz, Eva-Maria: Die Buchkultur im 19. Jahrhundert. Bd. 1: technische Grundlagen. Hamburg 2010, S. 183–214.

Wilking, Thomas: Marktübersicht und Marktentwicklung. In: Clement, Michel / Blömeke, Eva / Sambeth, Frank (Hg.): Ökonomie der Buchindustrie. Herausforderungen in der Buchbranche erfolgreich managen. Wiesbaden 2009, S. 27–42.

Wittmann, Reinhard: Ein Verlag und seine Geschichte. Dreihundert Jahre J. B. Metzler. Stuttgart 1982.

Wittmann, Reinhard: Geschichte des deutschen Buchhandels. Durchges. und erw. Aufl. München 1999.

Wittmann, Reinhard: Verlagsbuchhandel. In: Fischer, Ernst / Wittmann, Reinhard (Hg.): Geschichte des deutschen Buchhandels. Bd. 3: Drittes Reich, Teil 1. Berlin / Boston 2015, S. 295–379.

Wolters, Detlef / Schmitt, Christina / Wiesenfeller, Ayla: Verlagsranking 2013. Düsseldorf 2012.

Zastrow, Volker: Wie Trump gewann. In: www.faz.net/aktuell/politik/wahl-in-amerika/wie-der-wahlsieg-von-donald-trump-mit-big-data-gelang-14568868.html

Zöckler, Paul: Die Zeit des Krieges – ein

Interregnum. In: Zöckler, Paul (Hg.): Im 5. Jahre ihres Bestehens feiert die Droemersche Verlagsanstalt den 50. Geburtstag des Knaur-Buches. München 1951, S. 47–49.

Zöckler, Paul (Hg.): Im 5. Jahre ihres Bestehens feiert die Droemersche Verlagsanstalt den 50. Geburtstag des Knaur-Buches. München 1951.

Zuckmayer, Carl: Geheimreport. Hg. von Gunther Nickel und Johanna Schön. Göttingen 2002.

PERSONENREGISTER

– A –

Abdel-Samad, Hamed 454
Abich, Hans 369
Adelung, Sophie von 49
Adler, Alfred 231
Adorno, Theodor W. 349, 353 f.
Agassi, Andre 453
Albright, Madeleine 451
Ali, Muhammad 345
Altmann, Hannah 318
Altmann, Manfred 318, 515
Altmann, Thomas 478
Álvarez Guerrero, Gonzalo 453
Aly, Götz 517
Andersen, Hans Christian 51, 64, 68, 213, 255, 295
Ani, Friedrich 429 f., 448, 464
Aram, Kurt 113 f.
Arendt, Hannah 330, 347
Arnau, Frank 142, 188
Arndt, Ernst Moritz 49, 53, 248
Arnim, Hans Herbert von 400, 429 f., 454
Arnold, Max 49 f., 52 f.
Arpe, Verner 316
Atkinson, Kate 448
Auerbach, Bertold 141, 287

– B –

Bachmann, Adi 489
Baerend, Olivia 419
Baigent, Michael 405
Bajohr, Frank 179
Balzac, Honoré de 287
Bamm, Peter 350 ff., 356
Barbian, Jan-Pieter 178, 258
Barfus, Eginhard 68
Barnett, Lincoln Kinnear 337
Baroja, Pio 112

Bartens, Werner 454
Barth von Wehrenalp, Erwin 348, 371, 382
Barzel, Rainer 345
Bassleer, Gerald 429
Battenberg, Ernst 426
Baudisch, Paul 102
Bauer, Heinrich 513 f.
Bauer, Ute 429
Baum, Vicki 290 ff.
Baumann, Thomas 434, 522
Baur, Christof 429, 431
Baur, Karl 507, 509
Baur, Wilhelm 178, 235, 240
Bayer, Ingeborg 402
Beauvoir, Simone de 303
Bechstein, Ludwig 68, 213, 251
Beck, Heinrich 504
Becker, Ben 452
Becker, Carl Heinrich 112 f.
Beecher-Stowe, Harriet 64, 68
Beeg, Marie 69
Beethoven, Ludwig van 407
Beheim-Schwarzbach, Martin 297
Belloc, Hilaire 188
Benedikt XVI., Papst 454
Benjamin, Walter 349
Benn, Gottfried 196, 353 f.
Bennett, Arnold 142, 169
Bergengruen, Werner 298
Berger, Klaus 456
Bermann Fischer, Gottfried 123, 127 f., 137, 209, 211 f., 280 ff., 506
Bern, Maximilian 83
Bernhard, Thomas 353 ff.
Bernstein, Carl 451
Beste, Oskar 112 f.
Bhutto, Benazir 407
Bin Ladin, Carmen 454

Binchy, Maeve 417 f., 444
Binder von Krieglstein, Eugen 112 ff., 119
Binding, Rudolf G. 196, 498
Birch-Pfeiffer, Charlotte 64
Birt, Theodor 208 f.
Bischoff, Karl Heinrich 236 ff., 241 f., 257, 510
Bishop, Jim 344
Bismarck, Otto von 65, 144, 288, 303 f.
Bittl, Monika 456
Blankenhorn, Fritz 327
Blessing, Karl H. 390 f., 393, 398, 402, 411 ff., 416, 479, 520
Bloch, Ernst 349
Bloch-Wunschmann, Walther 61
Blunck, Hans Friedrich 112, 197, 213 ff., 217 f., 223, 236 ff., 240 f., 245 f., 251, 260, 263, 286 f., 293, 506 ff., 513
Blyton, Enid 364
Bock, Petra 456
Böckler, Michael 448
Bodenstedt, Friedrich von 83
Böhme, Luise 12 ff., 62, 492, 495
Böll, Heinrich 350, 355 f.
Bolle, Fritz 277, 301, 321 ff., 337, 346 f., 358, 377, 381, 517
Bölsche, Wilhelm 100
Bong, Jörg 478
Bongartz, Heinz 339 siehe auch Thorwald, Jürgen
Bonsels, Waldemar 165
Borchardt, Rudolf 360
Borrmann, Mechtild 462

Böttger, Adolf 49
Bouhler, Philipp 225
Brachvogel, Albert Emil 83, 166, 288, 303
Bradshaw, John 408
Brand, Max 117f., 123, 142, 146, 165, 192ff., 201f., 223, 251, 267, 287, 301f., 499
Brandt, Willy 345, 399
Brathen, Rachel 458
Braun, Lilli 188
Bredow, Ilse von 429
Breitenkamp, Paul 248
Buchheim, Lothar-Günther 316, 332, 336, 352, 516
Buchholz, Horst 326
Büchmann, Georg 143, 159
Buchser, Dieter 436
Buhl, Antje 478
Bulwer-Lytton, Edward 66
Bunzel, Karl 234f.
Burckhardt, Jacob 144
Bürckner, Margarete 174, 240, 243, 250, 274, 278, 512
Bürger, Gottfried August 287
Busch, Wilhelm 280
Butlar, Johannes von 407

– C –

Callan, Michael Feeney 452
Campe, Joachim Heinrich 68
Carlyle, Thomas 166
Carnegie, Dale 424, 429
Carrington, Ashley 402
Carroll, Gladys Hasty 294, 296
Cendrars, Blaise 188, 198, 223
Cervantes, Miguel de 49
Chagall, Marc 233, 333, 425
Chailly, George 118 siehe auch Brand, Max
Chamisso, Adelbert von 29–34, 47f., 75, 79
Chang, Jung 408

Chaudhary, Urmila 455
Chesterton, Gilbert K. 294
Child, Lincoln 444
Christie, Agatha 436
Chruschtschow, Nikita 516
Churchill, Winston 300
Clarke, Oz 397f., 429
Clavell, James 331, 401ff.
Clinton, Hillary 451, 468
Cobbaert, Anne-Marie 420
Cohn, Fritz 147
Connelly, Michael 467
Cooper, James Fenimore 64, 68, 295
Corday, Charlotte 292
Cotta, Johann Friedrich 27
Cousteau, Jacques-Yves 342ff.
Crichton, Michael 331, 401f., 412
Cron, Klara 66
Cruise, Tom 452
Cruyff, Johan 453
Curie, Eve 188, 209ff., 288
Curie, Marie 209ff.
Curwood, James Oliver 142, 201, 214, 295

– D –

Dahmen, Joseph 76
Däniken, Erich von 355, 371
Dante 144, 303
Darnton, Robert 486
Daudet, Alphonse 65
Davidis, Henriette 66
Dawkins, Richard 400
Dede, Hans Ewald 410
Defoe, Daniel 64
Deighton, Len 402
Del Re, Niccolò 429
Desch, Kurt 266, 313
Diabo, Christiane 429, 431
Diana, Princess of Wales 453
Dickens, Charles 65f., 81f.
Diederichs, Eugen 128
Dietl, Wilhelm 454
Diolé, Philippe 344

Dirie, Waris 455
Döblin, Alfred 137, 209, 291, 391
Dohnanyi, Klaus von 405
Donda, Victoria 455
Doré, Gustav 49, 144
Döschner-Apostolidis, Michael 468
Dostojewski, Fjodor 67, 143, 163, 304
Douglas-Hamilton, Ian 407
Douglas-Hamilton, Oria 407
Doyle, Arthur Conan 294, 301f.
Drews, Richard 399
Dröbeljahr, Arthur 174, 240, 243, 250, 267, 278
Droemer, Adalbert 90–96, 112f., 123–128, 139, 146ff., 150, 155, 159f., 166f., 172, 174ff., 179f., 198f., 209, 215, 234, 236–242, 244f., 248, 250f., 253f., 259f., 307, 319f., 508
Droemer, Elisabeth, geb. König 237, 242
Droemer, Erik 278, 287, 300
Droemer, Vera 319
Droemer, Willy 91, 156, 212, 239f., 242f., 245ff., 249f., 254, 261f., 264, 266, 269ff., 273–279, 287, 290f., 293, 300ff., 305ff., 310ff., 316–321, 326, 328, 332, 336f., 348ff., 352ff., 356, 358f., 365–369, 371ff., 376–383, 386, 390, 413, 487, 502, 511, 513, 515, 517
Drömer, Friedrich 91
Drömer, Karoline 91
Drucker, Peter F. 355
Dubček, Alexander 344
Dumas, Alexandre 47, 66, 287
Dunkel, Elizabeth 401f.
Duras, Marguerite 355

Anhang / Personenregister

Dürer, Albrecht 369
Düsel, Friedrich 81
Dwinger, Edwin Erich 217

– E –

Eberhardt, Fritz 52
Ebers, Georg 51 f.
Ebert, Sabine 445
Ebner, Theodor 66
Eckermann, Johann Peter 82, 141
Eckstein, Franz 211, 223
Effberg, Harold 501
Egger, Dave 444
Eggert-Windegg, Walther 76
Ehlers, Otto August 500
Eichendorff, Joseph von 47 f., 199
Eichmann, Adolf 345, 347
Einstein, Albert 226 f.
Elster, Hanns Martin 102 f., 113, 498
Engel, Otto Heinrich 82 f.
Enzensberger, Hans Magnus 324, 353
Erelle, Anna 475
Ernst, Mary 91
Ernst, Susanna 466
Estermann, Monika 9
Evans, Joan 334
Ewers, Hanns Heinz 114, 119

– F –

Faber, Helene 65 f.
Faesi, Robert 162
Falin, Valentin M. 405
Fallada, Hans 328
Farrarons, Emma 458
Faulkner, William 424
Faust, Frederick Schiller 117 f. siehe auch Brand, Max
Faust, Frederick Schiller 118
Fechter, Paul 206 f., 223 f., 251, 297 f., 506
Fehringer, Otto 297
Fein, Franz 115
Ferry, Gabriel 64

Fetsch, Bernhard 477 f.
Fetzer, Günther 416 f., 420
Feuchtwanger, Lion 112, 169 f., 188, 224
Feuerbach, Anselm 144
Fichte, Johann Gottlieb 28
Finnanger, Tone 442 f.
Fischer, Hans 114
Fischer, Marie Louise 364, 418
Fischer, Melchior 123
Fischer, Rudolf 74, 76
Fischer, Samuel 55, 93, 101, 124–128, 130, 134, 139, 167 f., 199, 209, 211
Fischer-Fabian, S. 341, 356, 387, 405
Fisher, Helen E. 407
Fitzek, Sebastian 448 f., 463, 467, 474, 479
Fitzgerald, Scott 142, 169
Flaubert, Gustave 67, 304
Fleischer, Friedrich 24
Fleischhauer, Wolfram 463
Flemmer, Walter 320
Föhr, Andreas 447 f.
Fontana, Oskar Maurus 112 f.
Fontane, Theodor 143, 163, 220 f., 288, 315
Forbes, Rosita 142
Fox, Ralph 188
Fox, Sabrina 436
Franck, Hans 196 ff., 217, 251
François, Louise von 67, 143
Frank, Bruno 146, 188, 502
Frank, Walter 205
Franz, Andreas 447 f., 463
Freiligrath, Ferdinand 72, 75, 77 ff.
Frenssen, Gustav 217
Freud, Sigmund 227, 231
Freytag, Gustav 52, 66 f., 82 f., 143, 163, 203
Freytag, Heinrich 316
Friedenthal, Richard 155 f., 176, 204, 226, 230,

234–239, 245, 295, 297, 301, 310–321, 376, 502, 507, 514 f., 517 f.
Friedrich III., Kaiser 208
Friedrich, Heinz 355
Friedrichs, Hanns Joachim 407 f.
Frisch, Max 324, 353 ff.
Fuchs, Walter Robert 340 f.
Fukuyama, Francis 400
Fülöp-Miller, René 166, 188, 288
Fürst, Rudolf 81
Fynn 429 f.

– G –

Galbraith, John Kenneth 339, 342 f.
Galsworthy, John 112, 115, 121 f., 146, 215, 287
Ganghofer, Ludwig 100, 143, 146–153, 165, 170, 192 ff., 196, 200, 215, 220 f., 251, 267, 280, 286 f., 304, 324
Gaulle, Charles de 345
Geibel, Emanuel 49, 54
Gellert, Georg 69
George, Manfred 314
George, Nina 447 f.
Gerdes, Peter von 396
Gerstäcker, Friedrich 47, 66
Giustiniani, Maria 209, 211
Glas, Uschi 452 f.
Gobineau, Arthur de 67, 144 f., 288, 303
Goebbels, Joseph 177, 179, 184 f., 187 f., 200, 237 f., 255, 257, 292, 298, 505
Goethe, Johann Wolfgang von 27 ff., 32, 41 f., 46, 74 f., 80 ff., 100, 104 f., 143, 156, 162 f., 166 ff., 267, 315, 319
Goetz, Wolfgang 223
Gogh, Vincent van 369
Goldscheider, Ludwig 366
Goll, Ivan 198, 223

Gorbatschow, Michail S. 405
Gordon, Noah 391 ff., 400, 402, 406, 412, 414, 472, 479
Göring, Hermann 205, 218, 507
Gotthelf, Jeremias 287
Gottlieb, Ernst 291
Gottschall, Rudolf von 75
Grässlin, Jürgen 454
Green, Ellen 455
Greenwald, Glenn 454
Grey, Zane 116 ff., 123, 142, 165, 193, 201 f., 223, 267, 289, 499
Griebenow, Hermann 49
Grillparzer, Franz 72, 74 ff., 78
Grimm, Brüder 68, 213 f., 277, 295
Grimm, Günter 478
Grimm, Hans-Ulrich 454
Grisebach, Dorothee 410, 416 f.
Großmann, Stefan 111 f., 499
Groult, Benoît 401 f.
Grundmann, Marie Magdalene 66
Grunewald, Ulrike 454
Grunow, Peter 295
Grupe, Heinrich 234 f.
Guddat, Saskia 454
Guenther, Johannes von 197, 293 f., 311, 513
Guggenheim, Felix 290 ff., 306, 326, 340, 488
Gumpert, Thekla von 69
Gunnarsson, Gunnar 121
Günther, Carlo 440 f., 476, 478

– H –
Haas, Willy 155 f.
Habe, Hans 418
Hackewitz, J. von 66
Hackländer, Friedrich Wilhelm 47, 66
Haegert, Wilhelm 257
Haffner, Sebastian 399
Halberstam, David 407
Halff, Carel 423, 427 f.
Haller, Johannes 205
Halstrick, Bettina 478
Hamann, Richard 131, 156, 159 ff., 176, 204, 208, 232 f., 260, 288, 293, 297, 301, 352, 500, 502 f.
Hampe, Karl 297
Hamsun, Knut 143
Hansen, Fritz 44
Hansen, Henry Harald 316
Hanser, Carl 279
Harder, Bernd 456
Harich, Walther 113 f.
Harnack, Dieter 322, 358, 360
Harris, Thomas 414
Hartung, Ludwig 186
Haselbach, Steffen 440 f., 476, 478
Haucks, Christian Wilhelm 516
Hauff, Wilhelm 29 f., 32, 46 ff., 68, 76, 78 f., 81, 88, 143, 213
Hauptmann, Gerhart 101, 137, 163, 315, 500
Häusel, Hans-Georg 483
Haushofer, Karl 206
Häußermann, Claudia 478
Havel, Václav 451
Haycox, Ernest 294, 301
Hazan, Fernand 336, 516
Hebbel, Friedrich 72, 74, 76, 80, 162
Hederich, Karl-Heinz 507
Heer, Jacob Christoph 150 ff., 287, 311, 324
Hegel, Georg Wilhelm Friedrich 28
Heimburg, Wilhelmine 67, 511
Heine, Heinrich 30, 36, 46 ff., 74, 76, 78, 81 f., 141, 303
Heinemann, Ilka 429, 431
Heinemann, Leopold 159
Heißenbüttel, Helmut 329
Heitz, Markus 463, 475
Heller, Eva 401 f.
Helwig, Hellmuth 16
Hendelsohn, Benjamin 61
Hendelsohn, Edith Maria 182
Hendelsohn, Erich 95, 181 siehe auch Henders, Erich
Hendelsohn, Gabriel 57, 60 f., 64, 66, 69–73, 84 ff., 90 f., 94 ff., 176, 181, 307
Hendelsohn, Irma siehe Rahn, Irma
Hendelsohn, Martha Marion 182
Hendelsohn, Martha, geb. Sandberg 61, 95, 497
Hendelsohn, Willy/William 95, 160, 174, 182, 306, 308 f., 504
Henders, Erich 95, 174, 176, 180 ff., 234 f., 307 f., 497, 508
Henders, Martha 181 f.
Henders, Stefanie 181, 306, 308 f.
Herder, Johann Gottfried 27
Herlin, Hans 329
Hermann, Hans 94
Hermann, Martin 295
Herodot 341
Herr, Adolf 185 f., 278
Herrmann, Wolfgang 186
Hertwich, Hugo 316
Hervey, Harry 142
Herzog, Rudolf 146, 150 f., 197, 280
Heß, Rudolf 205
Hesse, Hermann 93, 121, 137, 198 f., 353 ff., 424
Heuering, Johanna 488
Heyking, Elisabeth von 165
Heyne, Rolf 383, 433
Hilberg, Raul 345 ff., 517
Hildebrandt, Dieter 400, 412

Hildebrandt, Rüdiger 390 f., 395, 403 f., 520
Hindenburg, Paul von 169
Hiron, Peter 230, 351 f.
Hirzel, Salomon 23
Hitler, Adolf 177, 194, 196 ff., 202, 205 ff., 209, 215 f., 225, 228 ff., 238, 248, 258, 293 f., 298 ff., 399
Hobein, Eugen 301
Hobrecker, Karl 213, 216
Höcker, Gustav 66
Höcker, Oskar 65
Hoffmann, E. T. A. 114, 304
Hofmann, Lisa 488
Hofmann, Walter 136
Hofmannsthal, Hugo von 209
Höhne, Ernst 393
Hölderlin, Johann Christian Friedrich 28
Holle, Luise 96
Holt, Evelyn 291
Holtzbrinck, Dieter von 386 f., 411 f.
Holtzbrinck, Georg von 370 f., 373 f., 386 ff., 398, 411
Holtzbrinck, Stefan von 387, 411
Homer 303
Hönigschmied, Maria, geb. Zandler 321, 337, 377, 380 f., 386, 390, 514, 518 f.
Horovitz, Béla 366 ff., 517 f.
Höwing, Hanns 263, 275
Hubert, Eduard 52
Hugo, Victor 67, 287, 303
Huizinga, Johan 204
Hülsen, Elisabeth von 64
Humboldt, Alexander von 28
Hundertwasser, Friedensreich 425
Hüsch, Hanns Dieter 400

– I –

Ibsen, Henrik 72, 77 f., 80 f., 100

Ihering, Herbert 109
Ihm, Richard 278, 321, 337, 376 f., 380
Ilgen, Katharina 478
Irlesberger, Midena Rita 429

– J –

Jacob, Hans 119, 501
Jacobi, Werner 501
Jacobs, Monty 74, 80, 94
Jacobsen, Jens Peter 141
Jagger, Mick 453
James, P. D. 402, 444
Janhsen, Doris 440, 477, 479
Jean Paul 28
Jelzin, Boris 405
Jens, Walter 400
Johnson. Uwe 383
Johst, Hanns 187
Jolie, Angelina 452
Jolliffe, Gray 407 f.
Jong, Erica 402
Joskey, Felix 501
Jung, G. 51
Jungk, Robert 399

– K –

Kaesbach, Karl H. 337
Kaestner, Alfred 322
Kahn, Oliver 453
Kaiser, Georg 103
Kampf, Arthur 198, 215
Kandinsky, Wassily 159, 233
Kane, Joe 407
Kant, Immanuel 143
Kantor, Jodi 451
Kantorowicz, Alfred 399
Karstadt, Rudolph 43
Kasack, Hermann 196
Kastein, Josef 188, 501
Kästner, Erich 319, 516
Kate, Duchess of Cambridge 454
Katzenbach, John 447 f.
Katzin, Winifred 498
Keane, John 451

Keller, Gottfried 81, 100, 143, 315
Keller, Werner 340
Kennedy, John F. 344, 355
Kern, J. H. O. 68
Kerr, Alfred 209
Kerth, Ulrich 396
Kessel, Joseph 188
Ketterle, Margit 440 f., 476, 478
Keun, Irmgard 293
Khema, Ayya 429, 431
Kindler, Helmut 398, 400, 418 f.
Kindler, Nina 400, 418
King, Stephen 414, 426, 439
Kinkel, Tanja 445
Kipling, Rudyard 197 f., 287
Kippenberg, Anton 129
Kirch, Leo 370
Kirschner, Josef 342, 405
Klaar, Alfred 72–76
Klabund 103, 369
Klaußmann, Anton Oskar 68
Klee, Paul 233
Klein, Ernst 501
Kleist, Heinrich von 28, 30 f., 36 f., 39, 41, 73 f., 76, 80, 94, 100, 162, 315, 496
Klemme, Felix 458
Kliemann, Horst 131
Klocke, Iny 446 siehe auch Lorentz, Iny
Klopstock, Friedrich Gottlieb 27
Klüpfel, Volker 448 ff.
Knapp, Erich 337, 377
Knaur, Wilhelm Emil Otto 22 ff., 27, 56 f., 62 f., 84
Knaur, Wilhelm Theodor 12–17, 21 f., 62
Knaus, Albrecht 514
Knef, Hildegard 326
Kneschke, Emil 23, 49, 55
Knopf, Alfred A. 103
Kobr, Michael 448 ff.

Koeppen, Fedor von 68
Kogon, Eugen 399
Kohl, Helmut 451 f., 476
Köhnlechner, Manfred 342, 405
Kohut, Adolph 74, 76, 82
Kokoschka, Oskar 233, 333
Kolbenheyer, Erwin Guido 217
Koller, Karl 298 ff.
Konsalik, Heinz G. 418
Konz, Franz 429 f.
Konzack, Berta 174, 240, 243, 250, 254
Körner, Theodor 29, 31 f., 34, 46, 75 f., 79, 100
Kortner, Fritz 399
Koser-Michaëls, Martin 214, 506
Koser-Michaëls, Ruth 213 f., 251, 255 f., 506
Köster-Lösche, Kari 445 f.
Kotz, Hedwig 247 siehe auch Planner-Petelin, Rose
Krabbé, Tim 473
Kraus, Peter 478
Kraus, Vera 488
Krauß, Rudolf 74, 76
Kredel, Lutz 407
Krieg, Walter 91, 139, 147, 149 f., 244
Kröner, Adolf 43, 84
Kubin, Alfred 520
Kübler-Ross, Elisabeth 468
Kuckertz, Beate 417, 440 f.
Kuegler, Sabine 454, 476
Kühn, Franz 68
Küstenmacher, Werner Tiki 457

– L –

Laaths, Erwin 81, 287, 297, 301
Lachenmaier, Gotthilf 76
Lagerlöf, Selma 82, 141, 143, 287

Lamb, Carl 277
Langenbucher, Hellmuth 183 f., 255
Laugwitz, Barbara 478
Lauterbach, Heiner 452 f.
Le Goff, Jacques 335
Leblanc, Maurice 67, 116, 142
Ledig-Rowohlt, Heinrich Maria 516
Leigh, Richard 404 f.
Lenau, Nikolaus 30 f., 46, 76
Lennon, John 407, 453
Leonardo da Vinci 319
Leonhardt, Ernst 371
Lerbs, Karl 191, 213, 293, 301 f., 513
Leroux, Gaston 142, 301 f.
Lessing, Gotthold Ephraim 27, 29–34, 39, 41, 46, 48, 74 ff., 78 f.
Lewis, Damien 464
Lewis, Sinclair 112, 115, 146, 188
Liebmann, Otto 176, 492
Löbel, Josef 157 f., 188, 230 f., 507
Loh, Norbert 453
Lohse, Eckart 451
Lorentz, Iny 446 f., 463, 465, 467, 476, 479
Lowe-Porter, Helen Tracy 103
Ludwig, Otto 163
Luther, Martin 319

– M –

MacDonald, Philip 123
MacLean, Alistair 418
Mailer, Norman 331
Malchow, Helge 478
Mangoldt-Reibold, Ursula von 424
Mann, Heinrich 170, 334
Mann, Klaus 520
Mann, Thomas 102–114, 118, 120–131, 147, 163, 166 ff.,

187, 198 f., 209, 215, 223 f., 291, 314 f., 498 ff.
Mao Zedong 408
Maradona, Diego 452
Marks, Richard Lee 407
Marlitt, Eugenie 67, 511
Marx, Karl 319
Matisek, Marie 475
Maupassant, Guy de 287, 304, 369
Maurer, Friedrich 61, 95, 181, 497
Maurer, Irma siehe Rahn, Irma
Maurer, Marie Luise 181
Maurois, André 303
Máxima der Niederlande 453
May, Karl 100
Mayle, Peter 401 f., 407 f., 412
McCarthy, Mary 324, 328 ff., 338, 516
McCartney, Paul 453
McDermid, Val 444, 464
McMahon, B. B. 296
Meader, Stephen W. 295
Mehling, Franz N. 323, 333, 358, 360, 381, 394 f., 520
Mehling, Marianne 395
Mehring, Walter 112, 188
Mehta, Gita 401 f.
Meinecke, Friedrich 205
Melville, Herman 115, 119
Mereschkowski, Dmitri 165, 288, 303
Merriman, John 67
Messadié, Gerald 401 f., 444
Meuser, Bernhard 440 f.
Meuth, Martina 396 ff.
Meyer, Conrad Ferdinand 143, 162 f., 267, 288, 315
Meyerstein, Karl 76
Michelangelo 369
Michener, James A. 331, 404
Miegel, Agnes 217
Mitchell, Margaret 201

Moestl, Bernhard 456
Molden, Fritz 433
Möller, Alex 345, 387
Monroe, Marilyn 331
Mörike, Eduard 49, 72, 76
Morris, Desmond 342 ff.
Morris, William 21
Morton, Andrew 452 f.
Mosse, Kate 447 f.
Mosse, Rudolf 60
Mozart, Wolfgang Amadeus 406
Muckermann, Friedrich 110
Mühlbach, Luise 46
Mühlen, Hermynia zur 115
Müller, Herbert 377
Müller, Karl Alexander von 204 ff., 260
Müller, Norbert 429
Müller, Ralf 522
Münchhausen, Börries von 123
Munthe, Axel 217 f., 280, 286, 293, 507, 513
Musäus, Johann Carl August 66
Muschiol, Katharina 488
Musmanno, Michael Angelo 297 ff.
Mussolini, Benito 194

– N –

Nabizada, Latifa 456
Nakamura, T. 420
Nazer, Mende 464
Nestroy, Johann 72, 76
Neumaier, Herbert 360
Neumann, Alfred 121
Neumayer, Silke 456
Neuner-Duttenhofer, Bernd 396 ff.
Neurath, Eva 337
Neurath, Walter 337
Neven DuMont, Reinhold 363
Nicklisch, Hans 280
Niekisch, Ernst 322

Nöhbauer, Hans F. 358, 360
Norman, Philip 407, 453
Nötzel, Karl 498
Nuber, Ursula 456

– O –

O'Flaherty, Liam 187 f.
O'Keeffe, Georgia 405
Obama, Barack 451
Obama, Michelle 451
Obauer, Karl 455
Obauer, Rudi 455
Oels, David 488
Oertel von Horn, Wilhelm 68
Ogger, Günter 406
Ohnesorge, Friedrich 56
Oldenbourg, Friedrich 154
Olechnowitz, Harry 418 f.
Olzog, Günter 360
Opitz, Hermann 23, 39, 51
Otto-Rieke, Gerd 396

– P –

Packard, Vance 355
Pähl, Günter 295
Palfy, Ottilie 53
Palmer, Lilli 329
Papenbrock, Martin 510
Paretti, Sandra 329, 387
Parsons, Julie 444
Paschke, Max 93
Pechel, Rudolf 297 f., 300
Peeples, Edward T. 296
Penner-Moßner, Lisa 488
Petersdorff, Otto von 305, 310, 365, 517
Petsch, Robert 74, 76
Pfau, Karl Friedrich 51 f.
Pfau, R. Carl 51 f.
Pfeiffer-Belli, Erich 303
Pfemfert, Franz 55
Pfuhl, Joerg 478 f.
Piatti, Celestino 356
Picasso, Pablo 233, 333 f.
Pichler, Caroline 64, 69
Pichler, Luise 66
Piëch, Ferdinand 454

Pierenkemper, Toni 487
Pilz, Hermann 52
Piper, Klaus 383, 518
Planner-Petelin, Rose 214, 247, 277, 293, 295, 310 f.
Plumpe, Werner 486
Plüschow, Günther 97
Poe, Edgar Allan 102
Pogacnik, Marko 436
Pohle, Barbara 407
Polenz, Wilhelm von 196, 251
Polko, Elise 64
Ponsonby, Frederick 208
Ponten, Josef 113
Porter, Michael E. 408
Pörtner, Rudolf 355
Potash, Marlin 407
Pourtalès, Guy de 166
Prange, Peter 445 f.
Preetorius, Emil 294
Preetorius, Johanna 297
Preston, Douglas J. 444
Puttkamer, Eberhard von 431
Puzo, Mario 401 f.

– Q –

Quillin, Viv 407

– R –

Rabin, Jitzchak 412
Rabin, Lea 412 f.
Raddatz, Fritz J. 328
Rahn, Günther 181, 308 f.
Rahn, Irma, verw. Maurer geb. Hendelsohn 95, 174, 181, 307 f., 497
Raimund, Ferdinand 72, 76
Rainer, Arnulf 425, 429
Rainier von Monaco 453
Rastorfer, Hermann 489
Rath, Philipp 93
Rauch, Karl 99
Rebenich, Stefan 492
Reck-Malleczewen, Friedrich Percyval 292
Reclam, Philipp 23

Redford, Robert 452
Reichl, Otto 129
Reid, Thomas Mayne 64
Reidt, Hermann 377
Reinhold, Helen 66
Remarque, Erich Maria 170, 224, 291 f., 350 f., 356
Rentsch, Eugen 502
Reuter, Fritz 32, 35, 39, 72, 76 ff., 203, 267
Revenstorf, Dirk 457
Reynaud, Paul 344
Rhoden, Emmy von 295
Rhodes, Sonya 407
Richter, Johannes 157
Richthofen, Bolko von 206
Rick, Stephanie 407
Riebe, Brigitte 402
Riedel, Johannes 231 f.
Riemann, Gerhard 419
Rifkin, Jeremy 400
Röckl, Josef 468, 477 f.
Rodin, Auguste 369
Rogowska, Friederike 61
Rohden, Peter Richard 204 ff.
Rolland, Romain 110
Rosa, Peter de 404 f.
Rose, Karen 447 f.
Rosen, Erwin 301 f.
Rosenberg, Alfred 185, 200, 219, 505 f.
Rosenberg, Mary S. 161
Rosenberger, Arthur 209
Rosenfeld, Uwe 479
Rosner, Karl 96, 131, 147, 206, 230, 234–239, 508
Rosner, Leopold 76
Roswalt, Franz 501
Roth, Eugen 280
Rothe, Gerhart F. 317, 366, 368
Rowohlt, Ernst 279, 382
Rubin, Harriett 456
Rudert, Theodor 496
Rühle, Günther 382 f.
Rühmann, Hertha 300, 312

Ruppius, Otto 49
Rushdie, Salman 399 f.
Rutherford, Edward 402

– S –

Sabatini, Rafael 294, 301 f.
Sagan, Carl 405
Saint-Pierre, Jaques-Henri Bernardin de 51
Salocher, Peter 436
Samhaber, Ernst 316
Sandberg, Martha siehe Hendelsohn, Martha
Saphir, Moritz Gottlieb 49, 72, 76
Sassmann, Hanns 196 f., 251
Sauerbruch, Ferdinand 340, 400
Schacht, Hjalmar 233
Schäfer, Thomas 81
Schaffer, Otto 274
Schaper, Peter 411 ff., 415 ff., 433, 520, 522
Schaub, J. 49
Schäuble, Wolfgang 451
Schefer, Leopold 49
Scheffauer, Hermann Georg 102 f., 112, 115, 118 f., 122, 130
Scheffel, Joseph Victor von 52, 66 f., 72 ff., 100, 143
Schelling, Friedrich Wilhelm Joseph von 28
Schenzinger, K. A. 200
Scherer, Wilhelm 144
Scherl, August 60
Scherz, Alfred 424
Schey von Koromla, Philipp 101
Schiller, Friedrich 27, 29, 31 f., 34, 39 ff., 46, 48, 76, 81 f., 100, 494
Schindler, Walter 309
Schirach, Baldur von 205
Schlotterer, Christoph 416
Schmidt, Henriette 66

Schmidt, Hubert 321, 337, 376 f., 379 f.
Schmidt-Weißenfels, Eduard 75
Schneekluth, Franz 425
Schneider, Romy 326
Schneider-Schelde, Rudolf 112 f.
Schneyder, Werner 400
Schnitzler, Arthur 137
Schoeller, Monika 373, 411
Schoenicke, Werner 386, 391
Schoenle, Annemarie 402
Scholz, Wilhelm von 112, 189, 191, 197, 213, 216 f., 223, 251, 260, 263, 287
Schönborn, Ernestine von 275 ff.
Schulte-Markwort, Michael 475
Schultz, Franz 74 f.
Schumacher, Harald 407
Schuppert, Frieder 522
Schütz, Hans Peter 451
Schwab, Gustav 64, 66, 68
Schweitzer, Albert 399
Scipio, Rudolf 66
Scott, Walter 47, 141
Secker, Martin 169
Seethaler, Susanne 458
Seewald, Peter 454
Segercrantz, Gösta 142
Seidel, Ina 196
Sengfelder, Bernhard 277
Serno, Wolf 445 f., 464
Shakespeare, William 29–33, 46, 74 ff., 288, 315
Shaw, George Bernard 112, 115, 119
Shaw, Patricia 429 f.
Shawcross, William 344
Sieger, Ferdinand 370
Sienkiewicz, Henryk 141, 287
Sieveking, Nikolaus 51
Sigloch, Walter 276
Silvia von Schweden 453

Simmel, Johannes Mario 291 f., 324–329, 338, 364, 381, 383, 387, 400, 402, 445, 515
Siwik, Hans 396
Smith, Bradley 334
Smith, Zadie 444
Smolka, Heide-Marie 456
Sochaczewer, Hans 110
Soledad, Ferrari 453 f.
Solschenizyn, Alexander 516
Sounes, Howard 453
Spangenberg, Eberhard 520
Sperling, Karl Wilhelm Heinrich 21
Speyer, Wilhelm 295
Spitta, Karl Johann Philipp 51
Spitzer, Manfred 454, 462
Spoerl, Heinrich 280
Spyri, Johanna 295, 303
Stap, Sophie van der 454
Stapel, Wilhelm 138
Staudinger, Ulrich 425
Steffen-Reimann, Christine 417
Stehr, Hermann 324
Steiger, Johannes 426
Stein, Bernhard 429
Steinbrück, Peer 451
Stengelin, Norbert 478
Stern, Adolf 74, 76
Stern, Horst 400
Stevenson, Robert Louis 287, 304
Stiegler, J. 68
Stifter, Adalbert 72, 76
Storm, Theodor 81, 146, 163, 168, 199, 223 f., 267, 315
Strasser, Christian 432
Strasser, Gregor 322, 515
Strauß, Emil 47
Streissler, Friedrich 46
Streit-Scherz, Rudolf 424
Strelisker, Georg 501
Strüver, Wilhelm 115
Stümpel, Gisela Anna 410 f.

Sue, Eugène 47
Suhrkamp, Peter 209, 506
Swaab, Dick 457
Swift, Jonathan 64, 68

– T –

Tauchnitz, Carl Christoph Traugott 23
Tegnér, Esaias 30 f., 33, 35, 51, 56, 76
Telmann, Konrad 287, 311
Tesch, Christian 477 f.
Teubner, Benedictus Gotthelf 23
Thiemeyer, Thomas 448
Thompson, Keith 407
Thorwald, Jürgen 291 f., 321, 339 f., 361, 383, 387, 405
Thulke, Karl 185, 239, 504
Thurner, Bernd 429, 431
Tietz, Hermann 44
Tietz, Leonhard 43
Tietz, Oscar 43
Tolstoi, Leo 65, 67, 287
Trageiser, Gerald 437, 390 f.
Tralow, Johannes 293 ff., 301, 311
Trenker, Luis 192–196, 217, 220 f., 251, 267, 287, 293, 513
Trump, Donald 483
Tsokos, Michael 454
Tucholsky, Kurt 133 f., 170, 224
Turow, Scott 401 f., 412
Twain, Mark 295

– U –

Übleis, Hans-Peter 357, 426, 433 f., 437, 439, 441, 462, 469, 476 f.
Uecker, Wolf 397
Uhl, Gustav 46
Uhland, Ludwig 29–34, 41 f., 57, 74 ff.
Ullmann, Linn 464
Ullstein, Heinz 398

Ullstein, Leopold 60
Umlauff, Ernst 282, 363
Unseld, Siegfried 383
Uris, Leon 400

– V –

Vesper, Will 110, 217
Victoria, Queen Victoria von Großbritannien und Irland 208
Viebig, Clara 146 f.
Villinger, Hermine 64
Vinz, Curt 185, 360
Vliet, Elma van 456 f., 459
Vogel, Erich 366 f., 517
Volckmar, Friedrich 13, 24
Voß, Richard 146, 150 f.

– W –

Waetzoldt, Wilhelm 369
Wagner, Richard 166, 407
Waldekranz, Rune 316
Wallace, Edgar 142, 188
Wallace, Irving 331
Wallace, Lewis »Lew« 66, 141, 143
Walpole, Hugh 102 f., 107 f., 120 f., 123
Walser, Martin 324, 353 ff.
Walter, Frances 407
Walters, Ed 407
Warhol, Andy 405
Weber, Wilhelm 206
Weck, Gustav 51, 53
Weger, A. 54
Wehner, Markus 451
Weizsäcker, Ernst Ulrich von 408
Wendenius, Tanjy 488
Wendt, Karl-Ludwig von 522
Werdermann, Fritz 66
Werfel, Franz 291
Werth, Alexander 344
Wertheim, Abraham 43 ff.
Wertheim, Ida 43
Wesel, Uwe 492
Wesendonck, Mathilde 166

West, Morris L. 331
Westermann, Gerhart von 297
Wieland, Christoph Martin 27
Wiener, Alfred 95
Wiener, Sarah 455
Wiesenthal, Simon 345
Wilbrandt, Adolf 76
Wilde, Oscar 143, 163, 223, 267
Wildermuth, Ottilie 69
Wilhelm von Preußen 238
William, Duke of Cambridge 454
Winslow, Don 461 f.
Witkowski, Georg 168 f.
Witsch, Joseph Caspar 279, 355, 364, 370, 517 f.
Wittmann, Reinhard 258, 280, 487
Wodehouse, P. G. 115
Wohl, Louis de 501
Wohlrath, Elmar 446 siehe auch Lorentz, Iny
Wolfe, Tom 399 f., 412
Wolff, Julius 52, 196 f.
Wolff, Kurt 99 f., 131, 133, 500
Woodward, Woody 456
Wucher, Albert 345

– Y –

Yallop, David A. 404 f.
Young, Francis Brett 142
Yousafzai, Malala 454 f.

– Z –

Zander, Louis 24
Zapf, Ludwig 49
Zaslaskaja, Marina 396
Zenker, Marie Louise 308 f.
Zoche, Hermann-Josef 429 f.
Zöckler, Hedwig, geb. Kotz, 247 siehe auch Planner-Petelin, Rose
Zöckler, Paul 226, 247–252, 262 f., 265, 270, 275, 277 f., 293, 295, 301, 310 ff., 321, 509 ff., 513 ff.
Zöckler, Theodor 247
Zöckler-Swart, Dagmar 515
Zola, Émile 65, 146, 163, 267, 287, 304
Zschokke, Heinrich 72, 74, 76, 79
Zuckmayer, Carl 209
Zweig, Arnold 123, 163, 170, 223 f.
Zweig, Lotte 515
Zweig, Stefan 156, 311, 515

BILDNACHWEIS

S. 299 li. Bayerisches Hauptstaatsarchiv, München, MK 66567; S. 16 Bibliothek des Börsenvereins der Deutschen Buchhändler; S. 19 Biesalski, Ernst-Peter: Die Mechanisierung der deutschen Buchbinderei 1850–1900. In: Archiv für Geschichte des Buchwesens 36, 1991, S. 66; S. 330 Börsenblatt für den Deutschen Buchhandel; S. 469 Börsenblatt für den Deutschen Buchhandel/Foto Daniel Hintersteiner; S. 277 Börsenverein Leipzig; S. 232, 235 Bundesarchiv Berlin, Akte Reichsschrifttumskammer R 56-V, Akte Knaur, Archivnummer 256, S. 191 ebd. Blatt 131 und 132, S. 236 ebd. Blatt 151, S. 218 ebd. Blatt 158 und 159, S. 256 ebd. Blatt 167, S. 249 ebd. Akte Paul Zöckler; S. 71, 85 Deutsches Buch- und Schriftmuseum der Deutschen Nationalbibliothek, Leipzig, Sammlung Geschäftsrundschreiben; S. 387 Mi. DvH Medien GmbH; S. 427 Foto Behrbohm, Augsburg; S. 433, 477 Gerald von Foris; S. 391 li. Werner Gabriel; S. 440 Jurga Graf; S. 477 li. Helmut Henkensiefken; S. 175, 254 Historisches Archiv des Börsenvereins des Deutschen Buchhandels, Frankfurt. Steuerakten Drittes Reich; S. 387 re. und li., 422 Holtzbrinck Publishing Group, Stuttgart; S. 37 Kleist-Museum, Frankfurt (Oder); S. 62 Knopf, Sabine: Buchstadt Leipzig. Der historische Reiseführer. Berlin 2011, S. 8; S. 479 Jörg Kretzschmar; S. 308, 309 Landesarchiv Berlin, B Rep. 025-01, Nr. 4481/50, Blatt 21 und 22, 264, 268 ebd C Rep. 120, Nr. 1001, Blatt 76 und 77; S. 94 Landesdenkmalamt Berlin; S. 184 Langenbucher, Hellmuth (Hg): Die Welt des Buches. Eine Kunde vom Buch, Ebenhausen 1938, S. 193 f.; S. 419 Dr. Harry Olechnowitz, Autoren- & Verlagsagentur; S. 44, 126, 148, 272 picture alliance (pa)/akg-images, S. 399 o. li. pa/AP Images/ Mark Seliger, S. 195 pa/arkivi, S. 399 u. li. pa/Berliner Zeitung/Ponizak Paulus, S. 103, 199, 211 pa/dpa Bildarchiv, S. 115 pa/Everett Collection, S. 115 li. pa/Glasshouse Images, S. 115 Mi. pa/HIP, S. 398 pa/KEYSTONE/ Niklaus Stauss; S. 440 privat; S. 145 Privatbesitz, München; S. 162 Privatbesitz, München; S. 420 u. li., 435, 440 u. re., S.440 o. li., 477 Mi., 478 Markus Röleke/Verlagsgruppe Droemer Knaur; S. 12 Sächsische Landesbibliothek – Staats- und Universitätsbibliothek Dresden; S. 25 Sächsische Landesbibliothek/ Blumenau, E., Zeichner; Busch, G., Lithograf; S. 14, 289 Sächsisches Staatsarchiv Leipzig; S. 155, 323, 337, 383 Satter, Heinrich (Hg.): Ein Haus feiert Geburtstag. Droemer Knaur 1901–1961. München 1961, unpag.; S. 321 Simic, Anna: Fritz Bolle, ein kleiner Künstler. In: Oels, David (Hg.): Jürgen Thorwald. (Non Fiktion. Arsenal der anderen Gattungen 6, 2011, Heft 1/2). Hannover 2011, S. 255; S. 363, 379 Simmel, Johannes Mario (Hg.): Grüße und Wünsche zum sechzigsten Geburtstag und zum fünfundzwanzigjährigen Bestehen der Droemerschen Verlagsanstalt. München 1971, S. 31; S. 262 Staatsarchiv München. Amtsgericht München, Registergericht 5431; S. 413 DER SPIEGEL 48/1995; S. 437 Süddeutsche Zeitung Nr. 133, S. 15; S. 172 Universitätsbibliothek Marburg, Nachlass Richard Hamann, W 1932c, 6; S. 423 Weltbild GmbH & Co. KG; S.103 Wikimedia; S. 182 www.myheritage.de; S. 247, 310 Zöckler, Paul (Hg.): Im 5. Jahre ihres Bestehens feiert die Droemersche Verlagsanstalt den 50. Geburtstag des Knaur-Buches. München 1951, S. 13, S. 276 ebd., S. 17, S. 90 ebd., S. 5, S. 246 ebd., S. 9

Alle übrigen Abbildungen: Verlagsgruppe Droemer Knaur.